Helmy, Träris / ECUADOR, PERU, BOLIVIEN

Band 31 der Reihe "Selbst entdecken"

Die Autoren

Mäged Helmy wurde 1960 in Ägypten geboren. Dort, im Sudan, in Deutschland und in der Schweiz verbrachte er seine Jugend. Die frühe Begegnung mit verschiedenen Kulturen prägten seine Persönlichkeit. Er arbeitete bereits während des wirtschaftswissenschaftlichen Studiums als Journalist, Fotograf und Reiseleiter. Er ist Mitautor eines Stadtbuchs über Basel. Ihn interessiert, ob nicht schon vor Jahrtausenden zwischen der alten und neuen Welt kulturelle Kontakte bestanden.

Donald Träris kam 1958 in Peru zur Welt. Seine Jugendjahre verlebte er dort, in Spanien und in der Schweiz. Auch er begann schon während des Studiums als Reiseleiter zu arbeiten. Dank zahlreicher privater Reisen rund um die Erdkugel wurde er zum gewieften Globetrotter. Am liebsten ist er zu Fuß in den Anden oder per Boot im Dschungel unterwegs, wo er einmal für immer leben möchte. Donald Träris ist peruanischer und schweizerischer Doppelbürger.

Mit Textbeiträgen von *Cecilia Dhejne* (Gesundheit) und *Philippe Litzler* (Krimi im Cuzco-Kapitel).
Mit Zeichnungen von *Thomas Bruske* (Tiere) und *Maria Österberg* (Früchte).

Mäged Helmy / Donald Träris

Ecuador
(mit Galapagosinseln)
Peru, Bolivien
selbst entdecken

Mit 34 Karten und Stadtplänen

Regenbogen-Verlag

Wir geben uns alle Mühe, diesen Reiseführer auf dem neuesten Stand zu halten. Alle Preisangaben sind in US-Dollar angegeben. In dieser Währung sind die Preise über Jahre hinweg erstaunlich stabil. Trotzdem sind alle Preis-, Fahrplan-Angaben oder Adressen ohne Gewähr.

Hotelkategorien:

Ein Stern (*): Sehr einfach, nur mit Gemeinschaftsbad
Zwei Sterne (**): Mit oder ohne Privatbad, Mittelklasseunterkunft
Drei Sterne (***): Für gehobene Ansprüche
«Für Genießer»: Luxusbunker, romantische Strandhütten und so weiter
DZ = Doppelzimmer, EZ = Einzelzimmer

CIP-Kurztitelaufnahme der Deutschen Bibliothek

Helmy, Mäged:
Ecuador, Peru, Bolivien selbst entdecken: mit Galapagos – Inseln/Mäged Helmy; Donald Träris – Zürich; Cochabamba: Regenbogen-Verl., 1989
(Selbst entdecken; Bd. 31)
ISBN 3–85862–044–0
NE: Träris, Donald:; GT

PEB882E1

Cover: Fischerboote an der Nordküste Perus
Gestaltung: Peter Zimmermann
Lektorat und Redaktion: Markus Stadler
Satz: OptiPage
Druck: Fuldaer Verlagsanstalt, Fulda
Printed in West Germany

Mit besonderem Dank an: Agfa Schweiz AG, Canon Optics Schweiz AG, Excom Schweiz AG, TAME-Fluggesellschaft Ecuador, Studio Lars Dhejne, Stockholm.

INHALT

Galapagosinseln

Peru

Bolivien

DODGE
HPA-093
BOLIVIA

¡HOLA!

Wir freuen uns, daß ihr euch für dieses Reisebuch entschieden habt! Der Kaufpreis ist schnell wettgemacht. Das Buch richtet sich in erster Linie an Einzelreisende, aber auch Gruppenreisende werden mit den zahlreichen Hintergrundreportagen oder den Restauranttips etwas anzufangen wissen.

Die Andenländer Ecuador, Peru und Bolivien bilden zusammen eine erstaunliche kulturelle Einheit, Nachwirkung der Inkaherrschaft, die bis in den Süden Kolumbiens und den Norden Chiles reichte. Doch schon vor den Inkas breiteten sich in dieser Ecke des Kontinents hochentwickelte Kulturen aus, darunter die ältesten der neuen Welt. Wir sind ihren Spuren genauso nachgegangen wie jenen der Spanier, die ab 1532 das Ende der Inkas besiegelten.

Die drei Länder sind nicht nur Schauplätze großer Geschichte, sondern auch weite und einsame Naturparadiese. Trecker, die modernen Wanderer von heute, kommen sowohl an den Vulkanen Ecuadors wie an den Hängen Perus voll auf ihre Rechnung. Wer auf Badeferien aus ist, wird Ecuador oder Nordperu als Reiseziel wählen. Ein letztes, noch unzerstörtes Paradies liegt vor der Küste des Kontinents: die Galapagos-Inseln.

Man sollte nicht vergessen, daß die Andenstaaten zur sogenannten Dritten Welt gehören. Armut und soziale Ungerechtigkeit mit all ihren Folgen werden genauso Bestandteil des Reiserlebnisses sein wie die wunderbare Natur oder die menschlichen Zeugnisse der Vergangenheit.

Dem Faktenteil über Unterkünfte, Restaurants, Sehenswertem und Verkehrsmitteln sind Reportagen über Vergangenheit und Gegenwart, Tiere, Tropenfrüchte, Götterpflanzen, Indianermärkte, Urwald und Anden hinzugefügt.

Sehr viele Leute haben uns bei der Arbeit geholfen; allen vielen herzlichen Dank.

So, viel Spaß und gute Reise!

Lesertips

■ Eine Bitte: Schreibt uns, wenn ihr Fehler entdeckt und auch, wenn ihr Ergänzungsvorschläge habt. Wir werden das Buch regelmäßig überarbeiten. In einer revidierten Ausgabe veröffentlichte Lesertips werden mit einem Freiexemplar (eins je Einsender) honoriert. Hinweis: An uns gesandte Bücher mit persönlichen Notizen können wir leider nicht zurückschicken. Unsere Adresse:

Regenbogen – Verlag
«Peru, Ecuador, Bolivien»
Postfach 472
CH – 8027 Zürich

◀ *Camionetas sind in den Anden häufig benutzte Transportmittel*

VOR DER REISE

Einreise-bestimmungen

■ Touristen aus der Bundesrepublik Deutschland, der Schweiz oder aus Österreich benötigen, um nach Ecuador, Peru oder Bolivien einzureisen, einen sechs Monate nach dem Rückreisedatum gültigen **Reisepaß**.

■ Die maximale Aufenthaltsdauer ohne Unterbruch beträgt in allen drei Ländern 90 Tage (was nicht dasselbe ist wie drei Monate). Falls man vom Grenzbeamten nur 30 Tage bewilligt bekam, kann man die Aufenthaltsdauer auf 90 Tage schnell und kostenlos in den Büros der *migración* verlängern lassen: In Quito, Guayaquil, Lima und La Paz. Möchte jemand länger als 90 Tage bleiben, geht er oder sie schnell über die nächste Grenze und kommt gleich wieder zurück. Diese Spiel funktioniert in Ecuador nicht: Dort muß man bis zum nächsten Kalenderjahr warten, um zurückkommen zu können. Die längste Aufenthaltsdauer holt man dort so: Man kommt am 3. Oktober an, reist am 31. Dezember aus und am 1. Januar wieder ein.

■ **Botschaften in Deutschland:** Ecuador: Koblenzerstraße 37, 5300 Bonn 2, Tel. 0228-35 25 44/45. Peru: Mozartstraße 34, 5300 Bonn 1, Tel. 0228-63 80 12/13. Bolivien: Konstantinstraße 16, 5300 Bonn 2, Tel. 0228-36 20 38. **Peruanisches Fremdenverkehrsamt:** Roßmarkt 14, 6000 Frankfurt/a.M., Tel. 069-29 29 96. **Bolivianisches Fremdenverkehrsamt:** Einsteinstraße 34, 8000 München 80, Tel. 089-470 44 61.

■ **Botschaften in der Schweiz:** Ecuador: Helvetiastrasse 19A, 3005 Bern, Tel. 031-43 17 55. Peru: Spitalackerstrasse 20A, 3013 Bern, Tel. 031-41 83 59. Bolivien (Generalkonsulat): Rue Lion-d'or 2, 1003 Lausanne, Tel. 021-23 14 81.

■ **Botschaften in Österreich:** Ecuador: Goldschmiedgasse 10, 1010 Wien, Tel. 01-535 32 08/18. Peru: Gottfried Keller-Gasse 2, 1030 Wien, Tel. 01-713 437 70 oder 715 74 86. Bolivien (Generalkonsulat): Doblhoffgasse 3, 1010 Wien, Tel. 01-43 14 93.

Anreise

■ **Graumarkt-Billigflüge:** Von einer Fluggesellschaft selbst kann man kein ausgesprochen billiges Ticket erwarten. Dazu muß man sich schon in ein Reisebüro bemühen – zu finden in jeder großen europäischen oder nordamerikanischen Stadt. Es verkauft sogenannte *Graumarkttickets.*

Das sind Flugscheine, die entweder für einen anderen (aufgrund der Konkurrenzsituation billigeren) Markt bestimmt waren, jetzt aber hier verkauft werden, oder es sind Tickets, die die Fluggesellschaften an die Reisebüros abgeben, um schlecht ausgebuchte Flüge zu füllen. Diese Tickets sind durchaus legal.

Billigflüge werden in Tageszeitungen, häufiger noch in Sonntagszeitungen, in Reise-, Jugend- und «Szene»-Zeitschriften angeboten. Wer sich früh genug umschaut, sollte einen Hin- und Rückflug Europa-Lima-Europa zu einem Preis von etwa 1000 $ bekommen. Quito und La Paz sind etwa 10–40 Prozent teurer. In Lateinamerika gibt es keine Billigflugbüros, man zahlt die offiziellen Preise. Einzig Acroflot-Flüge werden über Reisebüros billiger als über die Fluggesellschaft selbst angeboten.

■ **Schiffspassagen:** Die wichtigsten Schiffshäfen sind Guayaquil und Callao (Lima); eine Frachtschiffreise dauert lang, ist oft gleich teuer oder teurer als ein Flug und überhaupt schwierig zu machen. Denn die heutigen Containerschiffe fahren ohnehin mit einem Minimum an Mannschaft, geschweige denn mit Passagieren.

Klima

Das Reisen an der Küste (*costa*) ist während des ganzen Jahres problemlos. Im Gebirge (*sierra*) und im Dschungel (*selva*) sind während der Regenzeit Landverbindungen zum Teil unterbrochen. Viele kleinere Flüsse sind nur zu bestimmten Jahreszeiten mit Booten befahrbar.

Vor Trekkings in 3000–4500 m Höhe sind mindestens ein paar Tage Zeit zur Akklimatisierung notwendig. Der Körper braucht Zeit, um sich an die dünne Höhenluft zu gewöhnen. Auch im Urwald sollte man sich genügend Zeit zur Gewöhnung an Hitze, Feuchtigkeit und Moskitostiche (viele reagieren während der ersten Tage allergisch darauf) gönnen, bevor man auf abenteuerliche Urwaldtrips geht.

Klima in Ecuador

Jahreszeiten sind in Ecuador unbekannt. Das Klima wird an der Küste von den Meeresströmungen bestimmt und ist in der Sierra abhängig von der Höhenlage und den vom Amazonas her wehenden Winden. Die ecuadorianische Küste bis auf die Höhe von Manta steht noch im Einflußbereich des Humboldtstroms, sie ist trocken und heiß bei Temperaturen zwischen 23° und 26° C. Der Sommer ist nur kurz, er dauert von Januar bis April, es wird sehr heiß, und nur dann ist mit kurzen, aber heftigen Regenfällen zu rechnen.

Nördlich von Manta im Einflußbereich der warmen Niño-Meeresströmung ist es tropisch schwül und heiß, genauso wie im westlichen Tiefland zwischen der niedrigen Küstenhügelkette und den Anden. Der Sommer dauert von Dezember bis Mai, es ist noch heißer als sonst und regnet häufig. Die trockensten Wintermonate sind Juli/August.

In der tropischen Bergzone bis 1500 m sind Niederschläge sehr rar, die Durchschnittstemperatur bewegt sich zwischen 20 und 25°. Oberhalb von 1500 m sind die Niederschläge sehr unregelmäßig, die Temperaturen schwanken von 15–20 °. Zwischen 2500 und 3500 m aber, der neben der Küste am dichtesten besiedelten Region des Landes, unterscheidet man zwei deutliche Jahreszeiten: Winter von Januar bis Juni und Sommer von Juli bis Dezember. Winter ist die Jahreszeit mit den häufigsten Niederschlägen, Schwerpunkt im April. Der Sommer ist trocken: In der Nacht wird es sehr kalt, am Tag kann die Quecksilbersäule aber auf 26° steigen. Die beste Jahreszeit für Trekkings ist Ende des Jahres.

Klima in Peru und Bolivien

In Peru und Bolivien sind die vier Jahreszeiten nicht sehr ausgeprägt, oft werden nur **Regen-** und **Trockenzeit** unterschieden. Der **Sommer** beginnt Ende Dezember und dauert bis März. An der Küste benötigt man nur leichte Kleidung. Die Strände locken zum Sonnenbaden, Schwimmen und Wellenreiten. Weihnachten wird unter strahlendem Sonnenschein gefeiert! Januar und Dezember ist die zweitwichtigste Reisesaison für Nordamerikaner und Europäer.

In Sierra und Selva beginnt im Dezember die Regenzeit. Eine Trekkingtour (vor allem in der regenreichen Region um Huaraz) fällt während dieser Zeit ins Wasser. Kleine Bäche werden zu reißenden Flüssen, die Straßen und Brücken wegspülen. Die Landverbindungen sind häufig während Tagen unterbrochen. In der Sierra, vor allem aber in der Selva, spült der Regen Abfall und Fäkalien in die Flüsse. Das Infektionsrisiko durch verunreinigtes Trinkwasser nimmt zu. Der Machu-Picchu-Treck ist auch während der Regenzeit begehbar; es regnet durchaus nicht immer und auch nicht ununterbrochen.

■ In den **Herbstmonaten** April, Mai und Juni sinkt die Temperatur an der Küste nur um wenige Grad (die Durchschnittstemperatur in Lima beträgt am Tag 19–24 °C). Doch der Himmel ist immer häufiger von einem Nebelschleier bedeckt. Nur noch begeisterte Wellenreiter (mit Surfanzug) zieht's an die Strände.

Der Herbst ist ideal für Reisen und Trekking in der Sierra, denn die Regenzeit ist beendet, die Nachttemperaturen sind noch nicht so niedrig wie im Winter, und der europäische und nordamerikanische Touristenstrom hat noch nicht begonnen. Die Tagestemperaturen ändern übers Jahr hinweg nur wenig (die durchschnittliche Tagestemperatur schwankt während des ganzen Jahres zwischen 20 °C und 23 °C). Die Nächte aber sind im Herbst etwas kühler; es wird 4 °C bis 1 °C kalt.

■ Im **Winter** von Juli bis September sinkt die Temperatur in Lima auf

17 °C; die Strände sind menschenleer. Die Küste steckt unter einem Nebelschleier, *garúa* genannt. Der Südwinter ist die Hauptreisesaison der Europäer und Nordamerikaner. In der Sierra sinkt die Nachttemperatur im Winter oft unter den Gefrierpunkt; ein warmer Schlafsack ist für Trekkings besonders wichtig. Mit Regenfällen ist kaum noch zu rechnen, es ist Trockenzeit (auch in der Selva).

■ Der **Frühling** beginnt im Oktober und dauert bis Dezember. An der Küste ist der Himmel noch oft bewölkt, im November und Dezember bricht die Sonne immer öfter durch.

In der Sierra ist es nachts nicht mehr bitterkalt. Der Frühling gilt als ideale Reisezeit; der ausländische Touristenstrom ebbt ab, und starke Regenfälle sind erst Ende Dezember zu erwarten.

Reiserouten

In Ecuador

Von Peru nach Ecuador gibt es zwei Anfahrten. Die erste führt über die Grenzstadt **Tumbes** beziehungsweise **Huaquillas** nach **Machala.** Von dort aus geht es nach **Guayaquil** oder in die Sierra nach **Cuenca.** Der zweite Weg führt vom peruanischen **Sullana** an die Grenze bei **Macará** an den Ausläufern der südlichen Anden. Von dort geht die Fahrt weiter nach **Loja** und **Cuenca.**

Von Cuenca kann man weiter die Anden entlang nach **Riobamba, Ambato, Latacunga** und **Quito.** Will man aber von Guayaquil nach Quito gelangen, führt der Weg über das ecuatorianische westliche Tiefland. Die Sierra wird dann bei **Santo Domingo** überquert.

Nördlich von Quito führt die Andenstraße bis hinauf nach **Ibarra** und **Tulcán** an der kolumbianischen Grenze. Von Ibarra kann man mit der Eisenbahn einen Abstecher an die Küste nach **San Lorenzo** machen.

An die Küste kann man aber auch von Quito aus, und zwar nach **Esmeraldas** und zum Badeort **Atacames.** Es ist auch möglich, die Küste entlang zu reisen: Von Guayaquil nach **Playas** auf der **Santa Elena Halbinsel** bis hinauf nach **San Lorenzo.**

Vier Straßen führen in den **Urwald:** Von **Quito** und von **Ambato** über **Baños** in den **Nordoriente;** von **Cuenca** *oder* **Loja** hinein in den **Südoriente.**

Es gibt zurzeit keine Möglichkeit, über den **Río Napo** von Peru nach Ecuador oder umgekehrt zu fahren: die Grenze ist wegen Grenzzwistigkeiten gesperrt.

1988 waren in Ecuador nur wenige **Bahnlinien** in Betrieb: Von **Ibarra** in der nördlichen Sierra nach **San Lorenzo** an der Küste; von **Quito** nach **Ríobamba** in der südlichen Sierra und von **Chunchi** nach **Cuenca.** Die Strecke **Quito – Guayaquil (Durán)** war bis auf zwei Teilstücke unterbrochen. Offen waren **Alausí – Sibambe – Huigra** und **Durán – Bucay.**

In Peru

Von Ecuador reisen dic meisten Leute auf der Panamericana bis **Lima**, mit Aufenthalt an den Stränden südlich von **Tumbes**, von **Chiclayo** oder von **Trujillo** und je einem Abstecher nach **Cajamarca** und **Huaraz** (Trekking und Bergsteigen). Wer abenteuerliche Pisten nicht scheut und Zeit hat, wählt auf dem Weg nach Süden statt der Panamericana die Piste durch den Bergurwald. Die von Touristen wenig benutzte Route führt von **Chiclayo** nach **Chachapoyas** (großartige Ruine von **Kuelap**), **Moyobamba** und **Tarapoto**. Von Tarapoto erreicht man über **Tingo María** und **Huánuco** Lima. Urwaldfans reisen von Tarapoto nach **Yurimaguas**, um mit einem Schiff nach **Pucallpa** zu gelangen. Von dort über **Tingo María** und **Huánuco** nach **Lima.**

Von **Lima** führt die übliche «Gringoroute» zuerst die Küste entlang nach Süden bis **Pisco**, **Ica**, **Nazca** und **Arequipa** oder **Tacna** an der chilenischen Grenze. Eine alternative Fahrt nach Süden bietet von Lima aus die höchste Eisenbahnlinie der Welt mit einem Umweg über **Huancayo** und **Huancavelíca**, anschließend per Bus nach **Pisco** zurück an die Küste oder über abenteuerliche Pisten weiter durch die Sierra nach **Ayacucho** und **Cuzco.**

Von **Arequipa** geht's per Eisenbahn nach **Puno** am Titicacasee, Ausgangspunkt für einen Abstecher oder den Grenzübergang nach Bolivien. Von Puno per Eisenbahn nach **Cuzco.**

Den einfachsten Einstieg von Cuzco aus in den Urwald nach **Puerto Maldonado** schafft man mit dem Flugzeug. Wer nur kurz Urwaldluft schnuppern möchte, fliegt von Lima nach **Pucallpa** oder **Iquitos.** Doch auch die Piste von Lima über **Huánuco – Tingo María** bis Pucallpa ist gut ausgebaut. Eine interessante Alternative, um von Lima nach Pucallpa zu gelangen, führt über **Tarma** nach **Chanchamayo.** Von **San Ramón** im Chanchamayo-Tal fliegen fast täglich Kleinflugzeuge in die abgelegene Urwaldsiedlung von **Puerto Bermúdez**, Ausgangsort für den Flußtrip in kleinen Booten nach Pucallpa.

Von Pucallpa nach Iquitos geht's nur per Schiff oder Flugzeug. Von Iquitos fahren Schiffe außer nach Pucallpa auch nach Yurimaguas und nach Brasilien.

In Peru stehen nur fünf **Eisenbahnstrecken** mit einer Gesamtlänge von 1706 km für den Personenverkehr zur Verfügung, sie wurden bereits kurz erwähnt: die berühmten Andenbahnen **Lima – Huancayo, Huancayo – Huancavelica, Arequipa – Puno, Puno – Cuzco** und **Cuzco – Machu Picchu – Quillabamba.**

In Bolivien

Wer nicht mit dem Flugzeug in **La Paz** oder **Santa Cruz** landet, hat zahlreiche Landübergänge zur Verfügung. Einer der am häufigsten benutzten führt vom peruanischen **Puno** über **Yunguyo/Copacabana** oder über

Desaguadero/Tiahuanaco nach La Paz. Der zweite wichtige Anfahrtsweg ist eine Eisenbahnstrecke, die von Brasilien her in **Corumbá/Quijarro** die Grenze überquert und in Santa Cruz endet.

Von La Paz kann man nach Norden in die **Yungas**, der Bergurwaldregion, und in der Trockenzeit weiter ins **Beni-** und **Pando-Departement** gelangen, wo sich ebenfalls Grenzübergänge zu Brasilien befinden. Auch von Santa Cruz führt eine Piste nach Norden zum Beni, genauer: zur Departementshauptstadt **Trinidad.**

Fährt man von La Paz nach Süden, erreicht man **Oruro,** dann über eine Abzweigung nach Osten **Potosí** und **Sucre** oder ganz im Süden die argentinische Grenze bei **Villazón/La Quiaca**. Auf dieser Strecke kann man einen Abstecher in die südbolivianische Stadt **Tarija** machen und sich von dort aus nach **Bermejo** begeben, um erst hier die argentinische Grenze zu überqueren.

Südlich von Oruro, bei **Uyuni,** kann man auch den Zug nach Westen nehmen und nach Chile fahren. Eine zweite Möglichkeit, nach Chile zu gelangen: von La Paz aus nach Westen mit der Bahn fahren (Grenzort **Charaña**). Die billigste Variante führt allerdings über Tiahuanaco/Desaguadero/Ilave in Peru.

Biegt man kurz vor Oruro nach Osten ab, erreicht man **Cochabamba.** Von da aus kann man über die Bergurwaldregion **Chapare** oder durch die östlichen Andenausläufer nach Santa Cruz. Von Santa Cruz aus führt eine Piste direkt nach Süden bis **Yacuiba**, einem weiteren bolivianisch/argentinischen Grenzübergang.

Bahnstrecken: Wie schon gesagt, gibt es von **La Paz** eine Zugverbindung nach Westen über **Charaña** nach Chile. Nach Süden geht's über **Oruro** und **Uyuni** nach **Villazón** an der **argentinischen Grenze.** Von Uyuni zweigt auch eine Linie nach Westen zur **chilenischen Grenze ab.** Südlich von Oruro fährt die Bahn nach Osten nach **Potosí, Sucre** und **Tarabuco.** Auch zwischen **Santa Cruz** und **Quijarro/Corumbá** an der **brasilianischen Grenze** verkehren Züge und Schienenbusse (*ferrobuses*) sowie zwischen Santa Cruz und der **argentinischen Grenze** bei **Yacuiba.**

Budgetplanung

■ Ein superbilliges Hotelzimmer kostet in Ecuador und Peru pro Nacht etwa 1 $ pro Person, in Bolivien 2.5 – 3 $. Die billigsten Mahlzeiten sind Frühstück (*desayuno*), Mittagessen (*almuerzo*) und Abendessen (*cena* oder in Ecuador *merienda*). Sie kosten in den einfachsten Lokalen Perus und Ecuadors etwa 0.5 $, in Bolivien 1 $. Pro Tag in Peru benötigt man somit weniger als 3 $, in Bolivien 5.5 – 6 $.

■ Wer ab und zu eine Pizza ißt, sich mal einen *Pisco sour* (peruanisches Nationalgetränk) gönnt, den Lieben zu Hause zweimal die Woche einen Brief schreibt und auch etwas herumreist, sollte in Peru und Ecuador mit einem Budget von 5 $ pro Tag rechnen, in Bolivien mit etwa 10 $.

■ Leistet man sich nach anstrengenden Reisetagen den Luxus eines Hotelzimmers mit Privatbad, nimmt mal für eine lange Strecke das Flugzeug anstatt den Dreitagebus, fährt mit schwerem Gepäck im Taxi und kauft ein paar Souvenirs, so braucht man in Ecuador und Peru etwa 10 $ im Tag, in Bolivien aber 20 $.

■ Auf den **Galapagosinseln** herrschen andere Preisverhältnisse: Mit rund 550 $ muß ein ein- bis dreiwöchiger Abstecher veranschlagt werden. Vergleiche Seite 192ff.

Geld

Nachdem man ungefähr ausgerechnet hat, wieviel Geld man auszugeben gedenkt, stellt sich die Frage: Bargeld, Kreditkarten oder Travellerchecks?

■ **Bargeld**, und zwar ausschließlich in **US-Dollars**, wird von Perureisenden eindeutig bevorzugt. Bar-Dollars kann man nicht nur fast überall und zum besten Kurs wechseln, in Bolivien sind sie sogar ein übliches Zahlungsmittel: Man kann Taxifahrer oder Hotelrechnungen zum Marktkurs und ohne Verlust bezahlen – vorausgesetzt natürlich, man führt auch **kleine Noten** mit.

■ Wer in Ecuador und Bolivien reist, wird *American Express*- und *Citibank*-**Travellerchecks** in allen Städten zu einem recht guten Kurs los, nicht aber in abgelegenen Gebieten. In Bolivien kann man auch – beispielsweise vor der Weiterreise nach Peru – Travellerchecks mit nur 1–2 Prozent Verlust in bare Dollars tauschen, seltener aber in Ecuador. In Peru kann man nur in Lima und Cuzco Travellerschecks auf der Straße tauschen. Kurs etwa 10 Prozent unter dem Bargeldkurs.

■ Am internationalsten ist das Bankensystem von Ecuador ausgerichtet: **Geldüberweisungen** von Europa sind problemlos und beanspruchen etwa eine halbe Woche. Vorher sollte man sich von der auszahlenden Bank bestätigen lassen, daß das überwiesene Geld auf Wunsch in Dollars ausbezahlt wird und nicht in der Landeswährung.

■ Nur in wenigen Wechselstuben und Banken großer Städte werden **D-Mark** und **Schweizer Franken** getauscht, **österreichische Schillinge** sind unbekannt.

■ In allen drei Ländern existiert neben dem offiziellen Devisenmarkt ein **Parallelmarkt:** Fliegende Händler und Händlerinnen, zu erkennen an ihrer kleinen Handtasche, einem Aktenkoffer oder ihrer obligaten Sonnenbrille, finden sich an bestimmten Plätzen und Straßen ein, um zu tauschen. Sie schauen sich dabei gegenseitig auf die Finger und lassen schwarze Schafe nicht zu. Dort zu tauschen ist ziemlich risikolos. Trotzdem sollte man sich immer präzise auf den Wechselkurs einigen und genau nachzählen.

Die aktuellen Straßenkurse erfährt ihr in Europa aus der Freitagsausgabe der amerikanischen Zeitung «Wall Street Journal».

■ **Kreditkarten** kann man in Peru vergessen, in Bolivien und Ecuador sind sie in großen Hotels, Restaurants sowie bei Fluggesellschaften und Reisebüros benutzbar. Am gebräuchlichsten sind *Visa*, *Diners Club* und *American Express.* Automiete ohne Kreditkarte ist nur gegen eine horrend hohe Kaution möglich.

■ Die **Währung in Ecuador** heißt *Sucre.*

In **Peru** haben die *Intis* die alten *Soles* abgelöst. 1000 Soles sind neu 1 Inti. Viele Peruaner geben die Preise nach wie vor in Soles an. Will jemand von dir 100 000 Soles, so gibst du 100 Intis. Auch Soles-Banknoten sind noch im Umlauf und gültig.

In **Bolivien** gibt es keine *Pesos* mehr sondern neu *Bolivianos.* Eine Million Pesos sind neu ein Boliviano. Auch hier werden manchmal Preise in Pesos angegeben, allerdings nicht in Millionen sondern in Tausendern. Wenn also etwa 10 000 kostet, kostet es in Wirklichkeit 10 Millionen, also 10 neue Bolivianos.

Post und Telefon

■ **Post:** Nach unseren Erfahrungen funktioniert in keinem der drei Andenländer die Post sehr zuverläßig. Von wichtigen Briefen sollte man deshalb eine Fotokopie machen und sie ein zweites Mal, ein paar Tage später schicken oder sich schicken lassen. Pakete bis zu 5 kg können gewöhnlich an jeder Poststelle aufgegeben werden, schwerere Pakete müssen zuerst vom Zoll inspiziert werden, die Damen an den Schaltern wissen Bescheid. Ein Paket sollte man immer offen zum Schalter bringen, damit der Inhalt kontrolliert wird. Erst dort packt man es in Packpapier oder in ein Leinentuch (auf jedem Markt erhältlich), das ums Paket geschlagen und zugenäht wird.

Gewöhnliche Postsendungen heißen *comun*, eingeschriebene Sendungen *certificado.*

■ **Telefon:** Ein sehr gutes Telefonsystem haben Ecuador und seit kurzem auch Peru. Dennoch muß man manchmal Wartezeiten von zwei bis drei Stunden für ein Auslandsgespräch in Kauf nehmen. Am einfachsten ruft man vom Telefonamt, das in Bolivien und Peru *Entel* und in Ecuador *Ietel* heißt, an. Zuerst meldet man das Gespräch am Schalter an, dann hinterlegt man an der Kasse eine Garantiesumme für das Gespräch. Nach dem Gespräch wird abgerechnet, man erhält das zuviel bezahlte Geld sofort zurück.

Es gibt zwei Gesprächskategorien, die sogenannten *llamadas personales* oder *llamadas persona a persona* sowie die *llamads aparato a aparato* oder *llamadas teléfono a teléfono.*

Bei der ersten Kategorie, den persönlichen Gesprächen, beginnt die Uhr erst zu zählen, wenn die gewünschte Person antwortet.
Ist dein Gesprächspartner unauffindbar, zahlst du nur eine Grundgebühr. Bei der anderen Kategorie beginnt die Uhr, sobald am anderen Ende der Hörer abgenommen wird. Solche Gespräche sind billiger; man muß aber in jedem Fall die Minimaltaxe von 3 Minuten bezahlen.

■ Die **Zeitverschiebung** beträgt in Peru und Ecuador 6 Stunden hinter unserer mitteleuropäischen Zeit, in Bolivien nur 5 Stunden, auf Galapagos 7 Stunden. Wenn in Europa auf Sommerzeit umgeschaltet wird, beträgt der Zeitunterschied 1 Stunde mehr.

Ausrüstung

Je weniger Kilos auf dem Rücken, um so bequemer ist zwar die Reise, doch nicht alle werden glücklich dabei: Musiker können nicht auf die Gitarre verzichten, Fotografen nicht auf ihre Ausrüstung und so weiter. Man kann mit schwerem Gepäck durchaus in öffentlichen Verkehrsmitteln reisen, doch einfacher wird die Reise dadurch nicht.

■ Das **Gepäck** sollte robust sein. Beim Verlad in Flugzeuge und Busse wird nicht zimperlich damit umgegangen. Ob Rucksack, Reisetasche, Seesack oder Koffer, ist für Komforttouristen, die nicht viel zu Fuß unterwegs sind, egal. Wer hingegen treckt, braucht einen bequemen Rucksack. Rucksäcke mit Innengestell und gepolstertem Hüftgurt sind bedeutend bequemer als die (zudem sperrigen) billigen Außengestell-Rucksäcke. Um den teuren Rucksack zu schonen und es den Taschendieben und -aufschlitzern schwerzumachen, stülpt man ihm während des Transports einen Reis- oder Seesack über. Reissäcke findet man billig auf allen Märkten.

■ Einen kleinen **Tagesrucksack** oder eine Umhängetasche dabeizuhaben ist sehr bequem. Oft läßt man das große Gepäck im «Basislager» und macht ein paar Ausflüge oder Trekkings mit leichtem Gepäck.

■ **Kleidung:** 2 Paar Hosen, 2 Hemden, 3 T-Shirts, Socken, Unterwäsche (für Frauen auch ein BH), ein leichter Pullover, ein Schlafanzug (gegen die Kälte und gegen Moskitos), ein Regenschutz (Regenponcho, der auch über dem Rucksack paßt oder ein Schirm), ein Paar Turnschuhe und ein Paar Badesandalen (für Duschen, im Boot, am Strand), Badehose oder Badeanzug sowie die Notfallapotheke gehören zum Minimalgepäck. Jeansstoff ist schwer und trocknet langsam, im Tropenwald ist leichter Baumwollstoff angenehmer.

Wer nicht nur im Urwald und an sommerlichen Küsten herumschwirrt, packt auch lange, warme Unterwäsche ein, ein Paar Sportsokken, einen dicken Pullover (den man auch an Ort und Stelle kaufen kann), Handschuhe und eine warme, wasserabstoßende Jacke mit Mütze (Anorak oder Daunenjacke). In den Anden sinkt die Temperatur nachts unter den Gefrierpunkt. Besser als ein einziges dickes Kleidungsstück isolieren mehrere dünne Schichten übereinander. Für Trekkings genügen leichte Wanderschuhe, wer ins Eis steigt, braucht Hochgebirgsausrüstung.

■ **Zelt, Schlafsack, Kocher:** Sowohl während Trekkings als auch beim Bergsteigen befindet man sich im Hochgebirge: Ein Zelt mitzunehmen ist sehr ratsam, um bei Wettersturz warmen Unterschlupf zu finden. Zusätzlich sind eine Liegeunterlage, ein Schlafsack und eventuell ein Kocher ganz nützlich.

Alles (außer einem Spitzenrucksack, Trekking- und Bergschuhen, einer guten Daunen- oder Regenjacke, einem warmen Schlafsack und superleichtem Material) ist bei Bedarf überall preiswert in den Andenländern käuflich, sofern man nicht mehr als 1.80 m mißt oder über Schuhgröße 42 hat. Schlafsäcke, Liegeunterlagen, Zelte und Kocher kann man in Cuzco, Huaraz, Quito, Baños und La Paz manchmal mieten, sind aber oft in miserablem Zustand.

Das **Zelt** sollte möglichst leicht sein (rund 2 –2.5 kg) und trotzdem groß genug, damit man darin bequem mit dem gesamten Gepäck (Regen und Diebstahl!) Platz findet. Gut, wenn das Zelt ein kleines Vordach hat, unter dem man windgeschützt kochen oder zur Not den Rucksack unterstellen kann.

Schlafsack: Daunen- oder Kunstfaserfüllung? Daunenschlafsäcke (ca. 1.5 kg) isolieren optimal gegen Kälte und sind im Verhältnis zu Kunstfaserschlafsäcken (ca. 2–2.5 kg) von geringerem Volumen und Gewicht, sind aber teurer und nässeempfindlich. Es gibt moderne Kunstfasern, deren Wärmeeigenschaften mit denen der Daune durchaus vergleichbar sind. Der Kunstfaserschlafsack ist preiswerter, pflegeleichter und isoliert auch dann noch, wenn er naß ist.

Ohne **Liegematte** (billig) aus festem Schaumstoff schützt auch der beste Schlafsack nicht vor der Bodenkälte. Wer die Liegematte unters Zelt legt, statt ins Zeltinnere, schont den Zeltboden.

Einen sehr leichten Baumwollsack (Jugendherbergeschlafsack) oder ein Leintuch benötigt man aus hygienischen Gründen in Billigstunterkünften und auch während Urwaldtrips.

■ Ein **Kocher** ist bei mehrtägigen Trekkings nur erforderlich, wenn man nicht immer kalt essen will. Holzfeuer lehnen wir aus ökologischen Gründen ab.

Wir haben Trecker getroffen, deren Gaskocher selbst auf 5000 m einwandfrei funktionierten, die Gaskartuschen sind aber schnell verbraucht. Außerhalb von Huaraz, Cuzco, Quito und Guayaquil sind sie nicht erhältlich, und sie im Flugzeug zu befördern, ist verboten.

Beim Kauf eines Flüssigbrennstoff-Kochers sollte man mehrere Kriterien beachten: niedriges Gewicht

(½ – 1 kg) und die Möglichkeit, wahlweise verschiedene Brennstoffe benutzen zu können, außer Reinbenzin auch Autobenzin (*gasolina*), Petroleum (*kerosena*) und Alkohol oder Spiritus (*alcohol para quemar*).

Für den Brennstoff benötigt man eine Aluminiumflasche; fürs Kochen einen Aluminiumtopf mit Deckel (um den Brennstoffverbrauch zu mindern und als Teller), einen Topf- oder Pfannenhalter, einen Löffel und ein Messer; fürs Trinken Wasserflasche und Becher (für Gäste, für die Suppe).

■ **Moskitonetz** und **Hängematte** sind *die* Utensilien für Urwaldtrips. Beides kann man vor Ort kaufen, leider nicht in superleichter Ausführung. Auf Flußdampfern ist fürs Moskitonetz oft kein Platz, so dicht hängt Hängematte über Hängematte. Für die Übernachtung an Land bewährt sich als Alternative zu Hängematte und Moskitonetz ein Zelt. Wichtig ist, daß das Innenzelt moskitodicht und luftdurchläßig ist und auch *ohne Außenzelt* aufgestellt werden kann – sonst fühlt man sich schnell wie in einem Brutofen.

■ Nützlicher **Kleinkram:** Taschenmesser, Taschenlampe, Wasserentkeimungsfilter (Katadyn) oder -tabletten (Micropur, Chlor oder Yodkristalle, siehe S. 27), kleines Vorhängeschloß, Reisewecker, Rasierzeug, kleines Spanischlexikon, Feuerzeug oder Streichhölzer, Kerze, kleine und große Plastiktüten (um Kleider, Kamera oder Rucksack trocken zu halten), Notizblock und Schreibzeug, Nähnadel und Faden (es kann auch mit Zahnseide genäht werden), Fotos der Lieben zu Hause, Paßfotos, Kopie von Paß und Flugschein (getrennt von den Originalen aufbewahren).

■ **Geschenke** dürfen natürlich möglichst nichts wiegen. In Peru sind amerikanische Zigaretten nicht erhältlich, Raucher (etwa die Hälfte der Bevölkerung) würden sie zu schätzen wissen. Andere Aufmerksamkeiten sind *ausgefallene* Feuerzeuge und Kugelschreiber. Sehr neugierig ist man meist auf Fotos von Freunden und Familienmitgliedern (zum Zeigen, nicht zum Schenken) und auf ausgefallene Postkarten (zum Beispiel von der Fasnacht, von der Insel Helgoland und so weiter). Ein gutes Geschenk für Kinder und für Erwachsene, die danach fragen, sind Münzen. Frauen und Mädchen freuen sich über (kußfeste) Kosmetik.

Bei Neuanschaffung von Taschenlampe, Rasierapparat, Kamera, Blitzgerät, Reisewecker, Walkman oder Taschenradio darauf achten, daß alle denselben Batterietyp schlucken, am besten die überall erhältlichen 1.5 Volt-Batterien. **Tip:** Wer nachts gerne liest, kauft sich drüben eine 100-Watt-Glühbirne und tauscht sie in jedem Hotelzimmer gegen die immer schwache Glühbirne aus.

In ganz Ecuador und in Boliviens Hauptstadt La Paz beträgt die **elektrische Spannung** 110 Volt, im Rest Boliviens und in ganz Peru aber 220 Volt.

Einen Transformatoren, der die Spannung von 110 Volt in 220 Volt umwandelt, ist am besten in Europa oder den USA erhältlich. Für manche Steckdosen benötigt man einen (amerikanischen) Zwischenstecker, der in jedem Elektrogeschäft am Ort gekauft werden kann.

Fotografieren

■ **Kompakt- oder Spiegelreflexkamera?** Wer nur einfache Erinnerungsfotos knipsen möchte, dem oder der genügt eine Kompaktkamera. Schön, wenn sie alles automatisch kann: scharf einstellen, korrekt belichten und bei Bedarf auch blitzen. Mit einer solchen Kamera kann man fast alles genausogut wie mit einer Spiegelreflexkamera fotografieren.

Spiegelreflexkameras eröffnen größere gestalterische Möglichkeiten, da Objektive ausgewechselt und Verschlußzeiten selbst bei vollautomatischen Kameras beeinflußt werden können.

■ Eine bereits anspruchsvolle **Fotoausrüstung** für die Reise besteht aus einem oder zwei Gehäusen, einem 28–70 mm Zoom und einem 80–200 mm Zoom. Die angegebenen Brennweiten können je nach Hersteller leicht variieren. Eine Zoomlinse deckt zwar in einem einzigen Objektiv bei wenig Gewicht einen großen Bereich an Perspektiven ab, doch ist die Anfangsöffnung des Objektivs meist kleiner als an einem einfachen Objektiv, zum Beispiel Blende 3.5 statt 2.0. Das heißt: Man benötigt mehr Licht zum Fotografieren oder einen empfindlicheren Film. Billige Zoomobjektive lassen zudem in der Schärfe oft zu wünschen übrig.

■ **Filme** von *Agfa, Fuji* und *Kodak* gibt es in allen Großstädten, das Preisniveau entspricht unserem, ist oft sogar höher. Wer Filme vor Ort kauft, sollte darauf achten, daß sie kühl gelagert werden.

Alle Filme, besonders aber die, sogenannten *Professional-Filme* sollte man sofort nach der Belichtung entwickeln lassen. Wir haben unsere Filme jeweils Bekannten mitgegeben, die auf dem Weg nach Europa waren. Nicht benutzte und belichtete Filme immer in die Originaldose (luft- und feuchtigkeitsdicht) stecken und zwischen Unterhosen und Alpakapullovern vor der größten Hitze schützen.

Für die meisten Motive in der Sierra und an der Küste genügt eine Filmempfindlichkeit von 100 ISO. Der Dschungel aber ist verhältnismäßig dunkel. Eine Filmempfindlichkeit von 400 ISO ist dann angebracht.

■ **Pflege der Ausrüstung:** In feuchten Gebieten, im Urwald oder am Meer, hatten wir die Kamera immer in einer oder zwei starken Plastiktüten verpackt, in die wir ein Loch schnitten, so daß nur das Ende des Objektivs der Luft ausgesetzt war. Benutzten wir die Kamera nicht, steckten wir sie nochmals in eine Plastiktüte, die wir mit einem Knoten verschlossen. Zusätzlich steckten wir

am Abend das Trockenmittel *Silicagel* zur Kamera hinein. Es vermag Feuchtigkeit zu absorbieren und kann in einem Ofen regeneriert werden. Es ist in Kristallform in jeder Drogerie Europas zu bekommen. Ein anderes, billiges Trockenmittel ist *Reis.*

■ **Wann fotografieren?** Am Morgen ist das Licht weich, die Schatten sind lang, die Farben kräftig. Wer Tiere fotografiert, macht dies vor dem Frühstückskaffee, da sie dann am muntersten sind. In Äquatornähe steigt die Sonne schneller als wir dies von unseren Breitengraden gewohnt sind. Am Mittag sind die Schatten blau, die Farben sind ausgebleicht, Menschen und Tiere gleichermaßen sind faul und machen Siesta. Vom späten Nachmittag an sind die Farben wieder kräftiger und auch etwas wärmer (röter) als am Morgen, die Schatten wieder länger.

■ **Landschaftsaufnahmen** wirken auf einem kleinen Foto oft fad und perspektivlos. Dem kann man abhelfen, indem man beispielsweise Menschen mitfotografiert, um die Größenverhältnisse zu dokumentieren oder indem man einen Vordergrund, zum Beispiel einen Baum oder ein Haus mitfotografiert, um Distanzen und Größenunterschiede aufzuzeigen.

■ **Fotos von Menschen:** Menschen zu fotografieren verlangt Geschick und Fingerspitzengefühl. In Südamerika ist unter der einfachen Landbevölkerung ein Aberglaube verbreitet: Wer von einer Person ein Foto besitzt, hat ein Stück ihrer Seele und somit Macht über sie. Wir haben deshalb oft die Menschen zuvor gefragt, ob wir ein Erinnerungsfoto machen dürften (*¿Me permite un recuerdo?*).

■ Aufnahmen von **Kindern und Tieren** werden wirkungsvoller, wenn man sich auf deren Augenhöhe begibt, sich also auf die Knie oder gar auf den Bauch legt.

Gesundheit

Vor der Reise

■ **Zum Arzt, zum Zahnarzt, zum Optiker:** Wer unter Asthma, Allergien, Herz- oder Zuckerkrankheit leidet, sollte die bevorstehende Reise mit dem Hausarzt besprechen: Aber nicht einschüchtern lassen, auch kranke Menschen können sich die Welt anschauen. Für den Fall, daß das Gepäck verlorengeht, läßt man sich vom Arzt eine Liste der chemischen Zusammensetzung seiner *persönlichen* Medikamente geben. Das meiste nämlich kann auch in Südamerika gekauft werden, hat aber oft einen anderen Handelsnamen. Wer auf bestimmte Medikamente allergisch ist, sollte eine entsprechende, in Spanisch geschriebene Mitteilung dabei haben, ebenso, wer Spritzen und Ampullen benötigt.

Wer vor der Abreise seine Zähne kontrollieren läßt, wird ruhiger ins Flugzeug steigen.

Brillen- und Kontaktlinsenträger

◀ *Wer um ein Foto bittet, bekommt nicht immer eine Absage (oben)*
Landschaftsaufnahme im warmen Nachmittagslicht (unten)

haben natürlich eine Extrabrille dabei, dazu die Gläserverordnung. Linsenflüssigkeiten können in Großstädten gekauft werden (teuer!).

■ **Versicherungen:** Es beruhigt, ausreichend versichert zu sein. Eine Versicherung, die dich bei Krankheit oder Unfall kostenlos nach Hause fliegt, schadet auch nicht. Doch wer nicht transportfähig ist, kann sie meist gar nicht in Anspruch nehmen. Auch wenn's etwas unangenehm ist, daran zu denken: Eine Versicherung sollte auch die (sehr teuren) Transportkosten im Todesfall decken.

Reiseapotheke

Diese Liste umfaßt Sachen für den Notfall (Not) und Medikamente, die man nur in Europa (Eu) kaufen kann. Die Notfallapotheke gehört ins Handgepäck und nicht aufs Busdach.

* Persönliche Medikamente z.B. gegen Allergien, Herzmittel etc.
* Malariatabletten
* Durchfalltabletten (Not)
* Tabletten oder «Pflaster» gegen Reisekrankheit (*mareo*) (Not)
* Tampons (Not, Eu), Binden (Not)
* Schmerzmittel (Not)
* Desinfektionsmittel (Not)
* Pflaster, steriler Verbandmull, 2 elastische Binden, Schere, Pinzette, Sicherheitsnadeln (Not)
* Kondome («Not»), Antibabypille (Eu, Antibabypillen gibt es auch vor Ort, jedoch nicht alle Marken)
* Insektenschutzmittel (*repelente*) mit hohem Anteil an *Diethyl-metatoluamid* (Not, Eu)
* Wasserdesinfektionsmittel oder -filter (Not, Eu)
* Sonnenschutzmittel Faktor 6–10 (Eu)
* Zahnbürste, -pasta, WC-Papier (Not)

Mehr ist nicht nötig. Was man sonst noch brauchen könnte, aber überall kaufen kann: Sonnenbrille, Hut oder Mütze, Lippenschutzstift, Rasierzeug, entzündungsbekämpfendes Breitband-Antibiotikum (mit Wirkstoffen *Tetracyclin* oder *Ampicillin)* , Antiallergietabletten oder Juckreizsalbe (hydrocortisonhaltig, unbedenklich, falls nur selten und nur äußerlich angewandt), Schlafmittel (Tabletten oder Ohrstöpsel), Salbe gegen Hautpilzbefall (z.B. *Pevaryl* oder *Canesten*), Nasen- und Augentropfen (*gotas para nariz, gotas para los ojos*), Wundsalbe (mit *Zinkoxid, crema con óxido de zinc*).

Einwegspritzen kann man in jeder Apotheke problemlos kaufen. Fast alle Medikamente sind in den Andenländern ohne Rezept erhältlich.

Speziell für Frauen

Es kann nicht schaden, vor der Reise beim Gynäkologen oder bei der Gynäkologin reinzuschauen, Empfängnisverhütung und Menstruationsregel zu diskutieren und eventuell einen Schwangerschaftstest machen zu lassen. Wer schwanger ist, sollte es sich zweimal überlegen, wegzufliegen. Warum? Einige Impfungen dürfen bei schwangeren Frauen nicht vorgenommen werden. Malaria verläuft bei schwangeren Frauen schwerer als üblich. Durchfallerkrankungen können auch dem Baby schaden, ebenso unbekannte, im Krankheitsfall unerwartet benötigte Medikamente.

■ **Empfängnisverhütung:** Auch wenn du nicht planst, sexuell aktiv zu sein, das Leben bringt manche Überraschung, und es ist gut, darauf vorbereitet zu sein. Kondome gehören ins Handgepäck. Abgesehen davon, sollte frau nicht kurz vor der Reise ihre bewährten Verhütungsmittel wechseln: Jedes hat seine Vor- und Nachteile, und das beste ist dasjenige, an das sich frau hat gewöhnen können. Eine kurze Gewöhnungszeit ist auch nach dem Tausch einer alten Spirale gegen eine neue nötig. Manche Antibabypille wird unwirksam, wenn sie nicht absolut pünktlich eingenommen wird. Bei Durchfall kann die Pille auch rausflutschen, bevor sie wirkt. In diesem Fall bis zur nächsten Periode auch Kondome verwenden.

■ **Menstruation:** Minitampons können in Ecuador und in Bolivien in großen Warenhäusern und Apotheken manchmal gekauft werden, nicht aber in Peru, normale und große Tampons nirgends. Binden sind kein Problem. Wer nur einen Kurztrip macht, kann den Menstruationszeitpunkt mit Pillen hinauszögern.

Impfungen

Wer schwanger ist, HIV-positiv oder eine andere Immunschwäche hat, sollte das dem Impfarzt mitteilen. Um alle Impfungen durchzuführen, beginnt man damit ein bis zwei Monate vor Abreise.

■ **Gelbfieber** (*fiebre amarilla*) ist eine schwere Viruskrankheit, übertragen durch Mücken. Sie verursacht hohes Fieber, zerstört die Leber und ist manchmal tödlich. Sie ist in Urwaldregionen am häufigsten. Einige Länder, in denen Gelbfieber vorkommt, verlangen bei der Einreise ein entsprechendes Impfzertifikat, das im internationalen **gelben Impfausweis** eingetragen wird. Andere Länder verlangen das Zertifikat, wenn man eben aus einem solchen Land kommt. Die Impfung besteht aus einer Spritze und wirkt 10 Jahre.

■ Folgende Impfungen sollte man vor einem längeren Auslandaufenthalt auffrischen: **Starrkrampf (Tetanus)**, **Diphterie**, **Kinderlähmung (Polio)** und **Typhus. Tuberkulose** ist selten; doch da die Krankeit sehr langwierig und schwer ist, werden die meisten Reisenden vorziehen, sich auch dagegen impfen zu lassen.

■ **Gelbsucht (Hepatitis A)** ist eine Viruskrankheit, welche die Leber angreift. Der Überträger befindet sich in mit Fäkalien verseuchtem Wasser oder Essen. Ansteckung auch durch Sexualkontakt. Symptome in der ersten Krankheitswoche: starke Müdigkeit, Kopfschmerzen, leichtes Fieber, Übelkeit, Widerwillen gegen fettiges Essen und Alkohol. Zweite Woche: Augäpfel und Haut färben sich gelblich, Juckreiz, der Urin ist dunkel, der Stuhl sehr hell, man fühlt sich aber ein wenig besser. Dritte und vierte Woche: Die gelbe Farbe verblaßt, sehr starke Müdigkeit. Fünfte bis zehnte Woche: immer noch müde, doch es geht aufwärts. Die Ansteckungsgefahr für andere beginnt bereits zwei Wochen bevor Auge und Haut gelb werden, und dauert von diesem Zeitpunkt an nochmals drei Wochen.

99 Prozent der Fälle heilen von alleine, es gibt keine medikamentöse Behandlung, allenfalls Linderung des Juckreizes. Wichtig ist Bettruhe. Um die Leber zu schonen, sollte man fetthaltiges Essen vermeiden, Antibabypillen, Medikamente und Alkohol mindestens auch sechs Monate nach der Krankheit. Gegen Hepatitis A gibt es keine Impfung, welche das eigene Immunsystem aktiviert. Man kann sich aber fremde Antikörper (*Gammaglobulin*) spritzen lassen, sie gewähren recht guten Schutz für die Dauer von 3 bis 6 Monaten.

■ **Hepatitis B** verläuft ähnlich wie A, aber heftiger und dauert länger. Die Ansteckung erfolgt hauptsächlich über Bluttransfusionen, Sex und selten auch durch Wasser und Nahrung. Für Leute, die in Krankenhäusern arbeiten oder risikoreich (mit hoher Unfallgefahr, Bluttransfusionen!) reisen, gibt es eine Schutzimpfung.

■ **Malaria** (*paludismo*) wird durch einen Einzellenparasiten verursacht, dem *Plasmodium*, welches die roten Blutkörperchen angreift. Überträgerin ist die *Anopheles-Mücke*, die hauptsächlich nach Sonnenuntergang aktiv wird. Am verbreitetsten ist sie in feuchten Gebieten: an den subtropischen Küstenstreifen in Ecuador und im Urwald aller drei Länder, nicht aber auf Höhen über 1500 m. Im typischen Fall sind erste Krankheitssymptome Schüttelfrost, Kopfschmerzen, gefolgt von hohem Fieber (39–40°), das 5–6 Stunden andauert, gefolgt von starkem Schwitzen. Nach 8–12 Stunden ist alles vorbei, doch kommt ein neuer Schub 2–3 Tage später. Das Krankheitsbild kann aber auch ganz anders verlaufen. Bei hohem Fieber im Dschungel deshalb immer auf Malaria hin behandeln, bis geklärt ist, daß es keine ist. Einheimische Ärzte wissen über diese Krankheit sehr gut Bescheid, man suche sie bei Krankheitsverdacht unverzüglich auf!

Man muß sich vor Malaria auf zwei Arten schützen: lange Ärmel und Hosen nach Sonnenuntergang, Moskitoschutzmittel mit hohem Anteil an *Diethyl-metatoluamid* (in Europa kaufen) einreiben, auch am Kopf, am Nacken und an den Füßen, und unterm Moskitonetz schlafen.

Die Mücken haben weltweit unterschiedliche Widerstandsfähigkeit gegen Malariatabletten entwickelt. Es gibt deshalb Dutzende davon, und jeder Arzt empfiehlt ein anderes. *Kein* Medikament gewährt einen absolut 100prozentigen Schutz. Wichtig ist, beim einmal gewählten Medikament zu bleiben und es sehr regelmäßig einzunehmen, schon 1 Woche vor der Einreise und auch 4–6 Wochen nach der Abreise aus dem Malariagebiet. Die häufigste Tablette *Chloroquinin-phosphat* wird in einer Dosis von 500 mg pro Woche eingenommen.

Durchfall

Durchfallursachen sind sehr vielfältig. Wer den Dünnschiß kriegt, soll nichts essen, aber unbedingt viel trinken. Am besten ist, abgekochtes Wasser mit Zusatz von *acht Teelöffeln Zukker, einem Teelöffel Salz* und *einem Glas Orangensaft* pro Liter Wasser. Ziel ist, die Austrocknung des Körpers durch den starken Flüssigkeitsverlust zu verhindern. Eine zusätzliche Behandlung mit *Antibiotika* ist meist unnötig. Durchfallstoppende Tabletten wie *Immodium* nur nehmen, wenn's auf lange Busreisen geht. Dauert die Krankheit mehr als drei Tage an, ist sie von Fieber begleitet oder findet sich Blut oder Schleim im Stuhl, ist ein Arztbesuch angebracht.

Folgende Vorsichtsmaßnahmen vermindern das Durchfallrisiko:

* Nur gekochtes oder desinfiziertes Wasser trinken und nur damit auch die Zähne putzen, auf Eiswürfel verzichten.

* Nur frischgekochte oder gegrillte Sachen essen.

* Keinen *rohen* Fisch und keine *rohen* Meeresfrüchte essen.

* Vorsicht mit rohem Gemüse und ungeschälten Früchten, gut waschen, kochen beziehungsweise schälen.

* Fleisch nicht roh oder halbroh essen.

* Vorsicht mit Speiseeis, kalten Saucen und kaltem oder lauwarmem (körperwarmem) Essen.

* Am Markt darauf achten, ob die Köchin fließendes Wasser hat, ob die Wassereimer sauber sind und ob für den Abwasch Seife benutzt wird. Wegwerfgeschirr (Ecuador) bevorzugen oder Essen, das auf Bananenblättern serviert wird.

* Nach der Toilette und vor dem Essen immer Hände waschen.

Wasser

■ Eine sichere Methode, um Wasser zu desinfizieren, ist **langes Kochen**, was aber aus verdrecktem Wasser noch kein klares Wasser macht und unnötig Energie verschwendet.

■ Als taugliche Alternative gilt die Desinfizierung mit **Tabletten**, zum Beispiel *Micropur.* Solche Tabletten (*pastillas para desinfectar agua*) erhält man in Peru auch in großen Apotheken. Sie hinterlassen keinen Beigeschmack im Wasser, da sie auf Silber basieren. Micropur gewährt in den Tropen nur einen 70 – 80 prozentigen Schutz. Denn stark sporenbildende Bakterien oder Viren, die mit einem Schutzmantel umgeben sind, läßt das Silber kalt. Kein chemisches Mittel ist aber wirklich 100prozentig sicher, auch Jodkristalle nicht, auf die Globetrotter sonst schwören. Um keine schädliche Überdosis an Jod zu sich zu nehmen, wendet man folgende Methode an: Man legt in ein kleines, etwa 5 cm hohes *Glas*fläschchen etwa 2 – 3 mm hoch Jodkristalle hinein. Benötigt man sauberes Wasser, füllt man das Fläschchen mit Wasser, schüttelt es gut durch und wartet 15 Minuten. Diese Wassermenge (ohne die Kristalle) nun dem Trinkwasser in der Wasserflasche beigeben. Die Kristalle können während der ganzen Reise wiederverwendet werden. **Hinweis:** Silber- und Jodtabletten nur für die Reinigung von klarem Wasser verwenden, nicht für trübes Wasser.

■ Die dritte, chemiefreie und absolut sichere Methode ist die Filterung von Wasser mit einem **Keramikfilter.** Es gibt ihn in der Tramperversion als 650 g schweren Taschenfilter. Mit einem solchen Filter kann auch trübes Wasser gereinigt werden.

Höhenkrankheiten

Manche Menschen kriegen auf den Andenhochebenen Probleme wegen Sauerstoffmangels. Symptome sind Müdigkeit, Appetitlosigkeit, kurzer Atem, Herzklopfen und Kopfschmerzen. Seltener treten starke Kopfschmerzen, Übelkeit, unruhiger Schlaf unregelmäßiges Atmen während des Schlafs auf. Die ersten ein bis zwei Tage auf dem Altiplano sollte man gemütlich nehmen, viel trinken, aber keinen Alkohol, viel schlafen und nicht rauchen. Gegen Kopfschmerzen hilft ein Aspirin, und Andentramper schwören auf das Kauen von Kokablättern oder Trinken von Kokatee. Sind die Beschwerden sehr stark, sollte man zum Arzt oder in ein Krankenhaus, um Sauerstoff zu tanken. Gehen die Symptome auch nach Tagen nicht weg, muß man tiefere Höhenlagen aufsuchen. Leichte Höhenkrankheiten (*soroche*) sind ungefährlich. Sie können aber bei Bergsteigern, die zu schnell extremen Höhen zustreben, sogar zum Tod führen.

Kleine und große Wehwehchen

■ **Sonne:** Selbst wenn es bewölkt ist oder eine frische Meeresbrise weht, sind die UV-Strahlen am Äquator und in den Bergen stark und Sonnencreme ist nötig, Faktor 6–10.

■ **Hitze:** Wenn du viel schwitzst, solltest du besonders viel trinken und während der ersten zwei Wochen in der Hitze mehr Salz als üblich aufs Essen streuen. Bei Hitze besteht vermehrt Hautpilzgefahr, vor allem unter der Brust (bei Frauen), zwischen den Beinen und zwischen den Zehen. Baumwollkleider tragen, sie oft wechseln und sich selbst häufig mit Seife waschen.

■ Auch kleine **Wunden** immer gut mit sauberem Wasser und Seife reinigen und desinfizieren sowie mit Pflaster schützen.

■ Durch **Bisse** von tollwütigen **Hunden** und wilden Tieren kann Tollwut (*rabia*), eine schwere, tödlich verlaufende Viruskrankheit, übertragen werden. Sie ist bei schnellem Behandlungsbeginn heilbar. Es gibt auch eine Schutzimpfung. Nach einem Biß sollte man die Wunde während 20 Minuten mit Wasser und Seife oder 70 prozentigem Alkohol und einer Bürste gut reinigen und zum Arzt gehen.

■ **Stiche** und **Bisse** von **Insekten** und **Würmern** (zum Beispiel Hakenwürmern) können durch Insektenschutzmittel, lange Kleider und das Tragen von Schuhen verhindert werden. Gegen den Juckreiz hilft hydrocortisonhaltige Salbe. **Skorpione** sind selten, ihr Stich ist nur in Nordafrika und vielleicht noch in Mexiko (bei einem Stich direkt in die Vene etwa) tödlich. Auch eine **Schlange** kriegt man kaum zu Gesicht. Wenn man ihr Zeit gibt zu flüchten, beißt sie nicht. Der Biß der Würgeschlange ist absolut harmlos, sollte aber wie jede Wunde desinfiziert werden.

Beißt eine Giftschlange aus Angst zu, dann ist die Giftdosis meist sehr gering, denn sie will dich ja bloß warnen und nicht umbringen. Schlange fangen oder töten *lassen* und sich selbst möglichst nicht bewegen. Einen etwa 5 Zentimeter breiten, satten Verband oberhalb der Wunde anlegen, aber das Blut nicht abklemmen. Der Puls muß noch fühlbar sein. Es soll nur der Rückstrom des Bluts zum Herzen behindert werden nicht aber der arterielle Strom in die Gliedmaßen. Für den Verband kann man Strümpfe, Gürtel oder einen Hemdsärmel benutzen, nicht aber Draht oder Schnur. Gebissenes Glied tiefhalten und sich sofort zum Arzt *tragen lassen*. Da das Schlangengift vor allem über das Lymphsystem (das parallel zum Blutsystem liegt) wirkt, dauert es recht lange, bis es voll durchschlägt. Deshalb immer einen Arzt aufsuchen. Schlangenserum ist auch Stunden und Tage nach dem Biß wirksam. Vorsicht: Wer sich nicht auskennt, sollte sich kein Serum spritzen, es kann zu gefährlichen Nebenwirkungen führen (Allergieschock) und wirkt ohnehin nur, wenn es kühl aufbewahrt wurde. Trüb gewordenes Serum ist unwirksam.

■ **Reisekrankheit:** Ist das Gleichgewichtssystem hinter den Ohren überlastet, wird's einem schlecht (auf dem Boot, im Kleinflugzeug). Antihistamin-Tabletten, zum Beispiel *Dramamine*, bieten einigen Schutz. Eine Alternative ist zum Beispiel *Scopoderm*, ein kleines Pflästerchen, das man hinter ein Ohr klebt. Es sondert während etwa drei Tagen eine chemische Substanz ab, die ins Blut übergeht.

Sex and Drugs and…

■ **Sex:** Liebe und Sex sind großartige Dinge. Damit es so bleibt, ist etwas Vorsicht am Platz. Außer Aids, das heute weltweit verbreitet ist und sich nicht mehr auf bestimmte Risikogruppen beschränkt, gibt's weitere unangenehme Geschlechtskrankheiten. Um dich zu schützen, gibt's nur eins: Sicherer Sex, also die Benutzung von Präservativen (*condomes*) während des ganzen Akts und der Verzicht auf *Oralsex*.

■ Es ist nach wie vor nicht erwiesen, daß **Rock'n Roll** (oder andere folkloristische Tänze), Händeschütteln, Wangenküsse oder die gemeinsame Benutzung von Gläsern, Tellern und Besteck den HIV-Virus übertragen.

■ **Drogen** mögen dir zwar angeboten werden, sind aber durchwegs illegal. Sie gefährden deine Gesundheit, lassen dich leicht die Kontrolle über dich selbst verlieren und bringen dich somit in Gefahr.

Krankheit und Unfall

Wer hohes Fieber bekommt, Verdacht auf Hepatitis hat, gebissen wurde oder starken Durchfall mit Blut und Schleim im Stuhl hat, sollte sofort einen Arzt aufsuchen. Die Botschaften in den Hauptstädten können Vertrauensärzte vermitteln. Einheimische Ärzte sind in der Regel mit lokalen Krankheiten gut vertraut. Immer sollte man darauf achten, daß man Injektionen nur mit Einwegspritzen bekommt (eventuell dafür extra bezahlen), und im Fall eines Unfalls Bluttransfusionen nur im absoluten Notfall zulassen, also kurz vor dem Tod.

Sicherheit

Touristen sind nicht Ziel politischer Attentate, und mit einer Ausnahme waren sie in den drei Andenländern noch nie Opfer von politischen Unruhen oder Guerillaaktivitäten. Die Guerilleros der Bewegungen *Sendero Luminoso* und *Movimiento Revolucionario Tupac Amaru* in Peru gehen sehr gezielt vor: Elektrizitätsmaste werden gesprengt, und man bleibt in Lima eine Nacht im Dunkeln. An Leib und Leben sind ausschließlich Polizisten, Militärs und andere Personen, welche mit der Regierung eng zusammenarbeiten, gefährdet. Zudem: Das Operationsgebiet der Guerilla liegt weit abseits der Touristenrouten.

In Stadtbussen, Märkten, Bahnhöfen und Busterminals ist hingegen die Gefahr, bestohlen zu werden, groß. Dabei handelt es sich fast immer um Trick- und Entreißdiebstähle ohne Gewalt- oder Waffenanwendung, oder Rucksäcke und Taschen werden aufgeschlitzt. In 90 Prozent der Fälle ist es deine Unachtsamkeit oder Sorglosigkeit, die den Dieben zum Erfolg verhilft.

Einige Tips: Keine Wertsachen auf Märkte und in Stadtbusse mitnehmen. Keine Geldbörse benutzen, sondern das Kleingeld lose in die Hosentasche stecken, große Banknoten in die Socken oder den Hemdsärmel aufrollen. Auch Billiguhren und -schmuck können einem entrissen werden, das Beste ist, man verzichtet ganz darauf. Geldscheine hat man im Geldgurt, Paß, Flugschein und Schecks im Hüft- oder Beinbeutel unter der Kleidung. Man kann sich auch Geheimtaschen in die Innenseite der Hosen nähen. Tip: Einen Hundertdollarschein für Notfälle in Plastik einschweißen, was man an jeder Straßenecke machen lassen kann. Den eingeschweißten Geldschein in die Hosen nähen, und man hat eine sichere Notreserve. Von den beliebten Brustbeuteln ist eher abzuraten; sie sind zu gut sichtbar, die Schnur schnell durchgeschnitten.

Viele Traveller reisen mit einem großen Rucksack und einer kleinen Tasche, in der sie Wertsachen wie Kamera und Schecks aufbewahren. Fast immer wählen Diebe zum «Klau» die kleine Tasche: Warum die Kamera also nicht im großen Rucksack verstauen?

Nachfolgend einige unter Dieben beliebte Tricks: Eine Frau oder ein Mann macht dich auf einen häßlichen, braunen Fleck auf der Kleidung aufmerksam und will dir bei der Reinigung helfen. Du stellst dein Gepäck ab, ein Komplize kommt dahergerannt und verschwindet damit.

Folgender Trick ist psychologisch besonders geschickt: Ein Geldschein liegt auf dem Boden, du bückst dich danach, was vom neben dir stehenden Dieb für einen schnellen Griff in deine Tasche genutzt wird.

Oder: Du bist soeben in der Stadt angekommen und steuerst auf ein Hotel zu. Noch auf der Straße, am Hoteleingang, spricht dich ein junger Mann an. Er stellt sich als Hotelangestellter vor, verwickelt dich in ein Gespräch und hilft dir beim Koffertragen. Während du ins Hotel hineingehst, nimmt er die entgegengesetzte Richtung.

Verhalten

■ **Uniformierten** (Militär, Polizei, Grenzbeamte) muß man immer und überall höflich entgegentreten. Ungeduldiges Aufbrausen bringt keinerlei Erfolg. Gleichzeitig muß man *korrupten* Beamten gegenüber bestimmt genug auftreten und darf sich nicht einschüchtern lassen. Denn diese machen sich das Leben nicht unnötig schwer: Wenn sie ihr Ziel nicht sofort erreichen, geben sie schnell auf und versuchen es bei leichteren «Opfern».

■ **Trinkgeld** ist in den drei Ländern eher unüblich. Natürlich hat kein Kellner etwas dagegen, wenn die Rechnung aufgerundet wird. Bei Taxifahrten wird der Preis vorher abgemacht oder man kennt den üblicherweise bezahlten Preis, ein Trinkgeld wird nicht erwartet.

■ **Betrunkenen** sollte man immer und überall aus dem Weg gehen, vor allem wenn sie in Gruppen sind. Da die meisten Südamerikaner mehr Erfahrung in Straßenkämpfen haben als du, stehst du von Anfang an auf der Verliererseite.

■ **Männer** sollten daran denken, daß die Lage der südamerikanischen Frauen anders ist als bei uns. Wenn du und deine einheimische Freundin öffentlich gemacht habt, daß ihr euch liebt, verliert sie vielleicht ihren Ruf; wenn sie schwanger ist, unternimmt sie vielleicht eine risikoreiche Abtreibung; und wenn du sie verläßt, wird es für sie vielleicht sehr schwierig, an ihrem alten Ort weiterzuleben.

■ **Frauen** haben uns geraten, die Finger davon zu lassen, ihnen Tips geben zu wollen. Trotzdem ein paar Worte: Nicht jeder Annäherungsversuch eines Mannes ist eine Anmache.

Wer alles von vorneherein abblockt, statt sich Zeit gibt, Situation und Mann richtig einzuschätzen, kommt vielleicht um ein gutes Gespräch. Berichten von Frauen zufolge soll es für Touristinnen sehr viel angenehmer sein, in Südamerika zu reisen als etwa in Italien oder Griechenland.

■ In der **Kleidung** sind Südamerikanerinnen recht frei, Miniröcke und ärmellose Leibchen kommen an der Küste und in der Selva genausohäufig vor wie an einem «heißen» Tag in München. Nie aber fehlt der Büstenhalter. Männer tragen Shorts nur am Strand. Es gibt keine Gelegenheit, wo man zu gut angezogen ist. Je sauberer sich Mann und Frau kleiden, um so eher wird man ihnen mit Respekt begegnen. Saubere Jeans sind überall salonfähig, lange, gewaschene Haare auch. Nacktbaden oder Oben-ohne ist verpönt.

■ Einen Indianer **indio** oder **cholo** zu nennen, ist eine Beleidigung. Als «Cholos» werden verächtlich Mischlinge (Mestizen) oder «halbzivilisiert e» Indianer bezeichnet. Am Indianerkongreß 1985 in Cuzco wurde über die verschiedenen Begriffe ausführlich diskutiert. Der Vorschlag, dem Wort «Indio» einen neuen Inhalt zu geben und es dadurch aufzuwerten, ist noch nicht durch. Wenn man mit jemandem ein Gespräch über Indianer führt, benutzt man am besten das Wort **campesino**, was «Landarbeiter» bedeutet. In Peru und Bolivien sind die meisten Landarbeiter auch Indianer. Nichtindianische Landarbeiter heißen in Ecuador **asendados.** Mit **indigena** bezeichnet man Ureinwohner, also ebenfalls Indianer, das Wort ist in den Andenländern wertneutral.

■ **Gringo** ist der Übername für Nordamerikaner und Europäer. Er entstand aus dem Befehl «Green Go!» (Grüne vor!) der nordamerikanischen Kommandanten im nordamerikanisch-mexikanischen Krieg. Grün war die Farbe der nordamerikanischen Uniformen. Man sollte sich, um mit den Worten des Schriftstellers *B. Traven* zu sprechen, nicht «lächerlich beleidigt» fühlen, wenn man als *gringo, gringa* oder zärtlich als *gringuito, gringuita* (kleine Gringos) bezeichnet wird.

■ **Pünktlichkeit** und Hektik sind vielen Lateinamerikanern wesensfremd. Auch europäische Traveller tun gut daran, sich diese Mentalität zu eigen zu machen. Zeit ist keinesfalls Geld. Kaum etwas ist wirklich so dringend, daß es nicht auch *mañana*, das bedeutet morgen oder übermorgen, erledigt werden kann. Eilt wirklich etwas, so wird das *ahorita* (jetzt gleich) erledigt, also innert der nächsten Stunde. Wird man bei Privat zum Nachtessen eingeladen, muß man eine halbe bis ganze Stunde zu spät kommen, will man nicht unhöflich scheinen. Wird Pünktlichkeit erwartet, so fügt man nach der Zeitangabe *hora inglesa* (englische Zeit) hinzu. Zu Geschäftsverabredungen und Treffs an öffentlichen Plätzen ist man immer pünktlich.

Verkehrsmittel

■ Wichtigstes Verkehrsmittel ist der **Bus (bus, micro, buseta, carro, flota)**. Das Busticket sollte möglichst frühzeitig am Busterminal gekauft werden, besonders an Wochenenden und vor Feiertagen geht's dort chaotisch zu. Busse kann man auch unterwegs anhalten, ein Sitzplatz ist dann aber nicht mehr garantiert. Stehplätze sind in Peru halb so teuer wie Sitzplätze, in Ecuador und Bolivien nur unwesentlich billiger.

■ **Taxis** haben außer in Quito und zum Teil in Guayaquil keine Taxameter. Man muß daher den Preis vor der Fahrt aushandeln. Besser ist, den ortsüblichen Preis zu kennen und dem Fahrer schweigend das Geld in die Hand zu drücken. In Peru und Ecuador zahlt man pro Fuhre. In Bolivien zahlt man im ganzen Land pro Person einen festen Tarif im Ortsverkehr (0.3 $), unabhängig davon, wie weit man fährt. Dort kann man auch bereits besetzte Taxen anhalten und einsteigen, wenn sie in die gewünschte Richtung fahren.

■ **Sammeltaxis** heißen in Peru **colectivos** und sind meist alte Amischlitten, die wie ein Bus eine feste Route fahren und unterwegs jeden Passagier zu einem fixierten, sehr niedrigen Preis mitnehmen. Es gibt sie sowohl im Stadt- wie im Fernverkehr. In Bolivien heißen sie **trufis** und sind auf den Ortsverkehr beschränkt. Erst zaghafte Versuche gibt es mit diesem Verkehrsmittel in Ecuador unter dem Namen **taxi rutas.**

■ **Camionetas:** Auf dem Land verbinden Kleinlastwagen (Pick-ups) alle Dörfer und Städte, die überhaupt mit einem Wagen zu erreichen sind. Eine solche Camioneta ist nie voll, immer können unterwegs noch ein Passagier, ein Schaf, zwei Hühner und ein halbes Dutzend Kartoffelsäcke aufgeladen werden. Auch große **Lastwagen (camión)** sind Personentransportmittel.

■ **Nationale Flüge** kosten in Ecuador und Peru kaum mehr als 25 $, in Bolivien nicht mehr als 50 $. Internationale Flüge aber sind teuer. Will man in ein benachbartes Land, spart man einiges, wenn man nur bis zur Landesgrenze fliegt, per Bus oder Taxi über die Grenze fährt und erst von dort weiterfliegt. Dasselbe gilt für internationale Busfahrten.

Für **internationale Flüge** zahlt man eine Flughafentaxe von 10–20 $. Außer in Peru kann man die Taxe in Landeswährung zahlen. Die Taxe für Inlandflüge beträgt 1–4 $.

Unterkunft

Die angegebenen Hotels haben wir in drei Kategorien eingeteilt: in Einstern-, Zweistern- und Dreisternhotels. Die Einteilung spiegelt unsere Einschätzung wider und hat nichts mit der Anzahl Sternen zu tun, die sich ein Hotel selbst gibt. Zu den Kategorien hin haben wir Dollarpreise fürs Doppelzimmer (DZ) angegeben und eine kurze Beschreibung des Hotels aufgeführt. Einzelzimmer (EZ) kosten zwischen fünfzig und siebzig Prozent des DZ-Preises, grobe Abweichungen werden erwähnt. Die Preise sind jeweils zum Dollarstraßenkurs angegeben, sie erweisen sich über Jahre hinweg als überraschend stabil.

■ Von **Einsternhotels** darf man weder Hygiene noch Service-Standards verlangen, wie wir sie in Europa gewöhnt sind. Meist verfügen sie nur über Kollektivbäder. In den meisten preiswerten Unterkünften werden Seife, WC-Papier und Handtücher nicht gestellt.

■ **Zweisternhotels** besitzen oft wahlweise Zimmer mit und ohne Privatbad, manchmal auch ein eigenes Restaurant oder eine Frühstückscafeteria.

■ **Dreisternhotels** schließlich werden auch Komfortreisende zufriedenstellen, ihre Preise nach oben offen.

■ **«Für Genießer»** haben wir diejenigen Unterkünfte bezeichnet, in denen nur wenige Wünsche offen bleiben: Das sind beileibe nicht nur Fünfsternhotels mit Diskothek und Swimmingpool, dazu zählen auch einfache, romantische Strandhütten oder einfache Hotels in schöner Umgebung.

■ **Zimmer** mit Blick auf die Straße oder auf einen hellen Innenhof heißen *exteriores*, solche ohne Fenster oder mit Blick auf einen dunklen, engen Innenhof sind *interiores.* Diese sind oft etwas billiger.

■ Die **Straßen** heißen jeweils *calle* oder *avenida* und in Peru auch *jirón.*

■ Wie auch in Nordamerika werden in den Städten und Dörfern die **Hausnummern** nicht fortlaufend numeriert. Nach jedem neuen Block (der *cuadra*), also nach jeder Querstraße, beginnt eine neue Hunderterzahl. Die Nummern der ersten Cuadra können beispielsweise von 100 bis 176 gehen, die der zweiten Cuadra von 200 bis 260 und so weiter. Oft wird zur Hausnummer die nächstliegende Querstraße angegeben. Zum Beispiel Jirón San Sebastián 712/Ecke Calle Tacna.

Essen

Aus der spanischen und der traditionellen indianischen Kochkunst hat sich in den Anden eine eigenständige Küche entwickelt.

An der **Küste** stehen Fische und Meeresfrüchte oft auf dem Speisezettel. Das beliebteste Fischgericht wird als Vorspeise serviert und heißt *cebiche.* Es besteht aus rohem Fisch oder rohen Meeresfrüchten, in Stücke geschnitten und in Limonen mariniert. Dazu werden Pfefferschoten (*ají*), Zwiebelringe, gekochter Mais (*choclo*) und Süßkartoffeln (*camote*) oder Yuca serviert. Profis erkennnen die Qualität schon beim Versuch der *leche de tigre* (Tigermilch) – so heißt die Marinade. Gewürzt werden die meisten Gerichte mit Pfefferschoten in allen Farben und Größen. Vorsicht, wenn ein Gericht *a la arequipe-*

ña angepriesen wird, es ist besonders scharf. In Restaurants und Straßenbuden werden *humitas*, auch *tamales* genannt, angeboten – gewürzter Maisbrei, in Maisblättern gedämpft und serviert. In den Straßen werden auch *anticuchos*, Spießchen mit Herz- und Kartoffelstückchen, auf kleinen Holzkohlegrills zubereitet. *Picarones* sind fritierte Teigringe, mit Zuckermelasse übergossen. Eine beliebte Süßspeise sind die *churros*, im Öl gebackener Teig mit einer Füllung aus Kondensmilch (*manjar blanco*). Preiswert ißt man in den *chifas*, so heißen die chinesischen Restaurants, die man in den Küstenstädten fast an jeder Straßenecke findet. Im oberen Stockwerk der Markthallen werden meist frischgepreßte Fruchtsäfte und einfache, preiswerte Gerichte angeboten.

In der **Sierra** sind grillierte Meerschweinchen (*cuy*) ein Festessen. An großen Festen wird auf freiem Feld oft eine *pachamanca* zubereitet: Eine Grube wird mit in Feuer heißgemachten Steinen ausgelegt. Darin werden verschiedene Fleischsorten, Geflügel, Kartoffeln und Bohnen gelegt. Das Ganze wird mit Blättern und Erde zugedeckt und während Stunden gegart. Kartoffeln oder andere in Europa unbekannte Knollenarten gehören im Gebirge zu jedem Gericht.

In der **Selva** existiert eine Unzahl von exotischen Gerichten. Von den vielen Fischarten der Urwaldflüsse ist der riesige *paiche* (mit über zwei Metern Länge der größte Süßwasserfisch der Erde) wegen seines zarten Fleischs besonders beliebt. Zu fast jedem Selvagericht gehören Yuca oder Kochbananen als Beilage.

La lista – die Speisekarte

■ *desayuno* – **Früstück**
leche – Milch
caliente/fría – heiß/kalt
café con leche – Milchkaffee (viel Milch, wenig Kaffee)
café cortado – Kaffee mit einem Schuß Milch (unser Milchkaffee)
café negro/café con agua – schwarzer Kaffee
cocoa/chocolate – Schokolade
azúcar – Zucker
pan – Brot
pan integral – Vollkornbrot
mantequilla – Butter
mermelada – Marmelade
miel – Honig
queso – Käse
huevo (cocido) – Ei (gekocht)
huevos fritos – Spiegeleier
huevos revueltos – Rühreier
huevos con jamón – Eier und Schinken
huevos con tocino – Eier und Speck
sal, pimienta – Salz, Pfeffer
tortilla – Omelett
panqueque – Pfannkuchen
yogur – Joghurt
avena – Hafer
■ *entrada* – **Vorspeise**
sopa/caldo – Suppe

caldo de gallina – Hühnerbrühe
crema de espárragos – Spargelcremesuppe
empanadas (in Bolivien: *salteñas*) – Teigtaschen mit Fleisch und/oder Gemüsefüllung
hamburguesa – Hamburger
perro caliente – Hot dog

■ *segundo* – **Hauptgericht**

almuerzo – Mittagessen, von 12–14 Uhr. Die meisten Restaurants führen während der Mittagszeit ein preiswertes Menu (*menú del día*)
cena (in Ecuador: *merienda)* – Nachtessen

■ **Beilagen**

tallarines – breite Nudeln
fideos – dünne Nudeln
espagueti – Spaghetti
arroz – Reis
quinoa – «Andenhirse»
patacones – in Scheiben geschnittene, fritierte Kochbananen

■ *carne* – **Fleisch**

bistec, churrasco, lomo – Steak
chuleta, costilla – Kotelett, Rippchen
estofado – Fleischeintopf
milanesa – paniertes Schnitzel
lomo saltado – gebratenes, kleingeschnittenes Fleisch
chicharrones/fritada – fritierte Schweinefleischstückchen
cuero – knusprige Schweinefleischhaut
carne de res – Rindfleisch
carne de ternera – Kalbfleisch
carne de cerdo, chancho, puerco – Schweinefleisch
lechón – Ferkel
carne de cordero/borrego – Lammfleisch
carne de carnero – Hammelfleisch
hígado – Leber
riñones – Nieren
lengua – Zunge
corazón – Herz
cau-cau – Kutteln
cabrito – Ziegenfleisch
conejo – Kaninchen
cuy – Meerschweinchen
venado – Wild, Hirsch
a la parilla – vom Grill
frito – fritiert, im schwimmenden Öl gebacken
al horno – im Ofen gebacken
asado – gebraten
en escabeche – mariniert
sudado – gedämpft mit Gemüse, fast eine Suppe
anticuchos – Fleischspieß
salchichas – Würstchen
chorizos – Paprikawürstchen
mostaza – Senf

■ *aves* – **Geflügel**

pollo, gallina – Hähnchen/Huhn/Poulet
pollo a la brasa/pollo dorado – Hähnchen vom Drehgrill
pollo broaster – Hähnchen fritiert
pechuga de pollo – Hühnerbrust
higaditos – Hühnerleber
pavo – Truthahn
pato – Ente
ganso – Gans
pichón – Taube

■ *pescado y mariscos* – **Fisch und Meeresfrüchte**

trucha (arco iris) – (Regenbogen-) Forelle

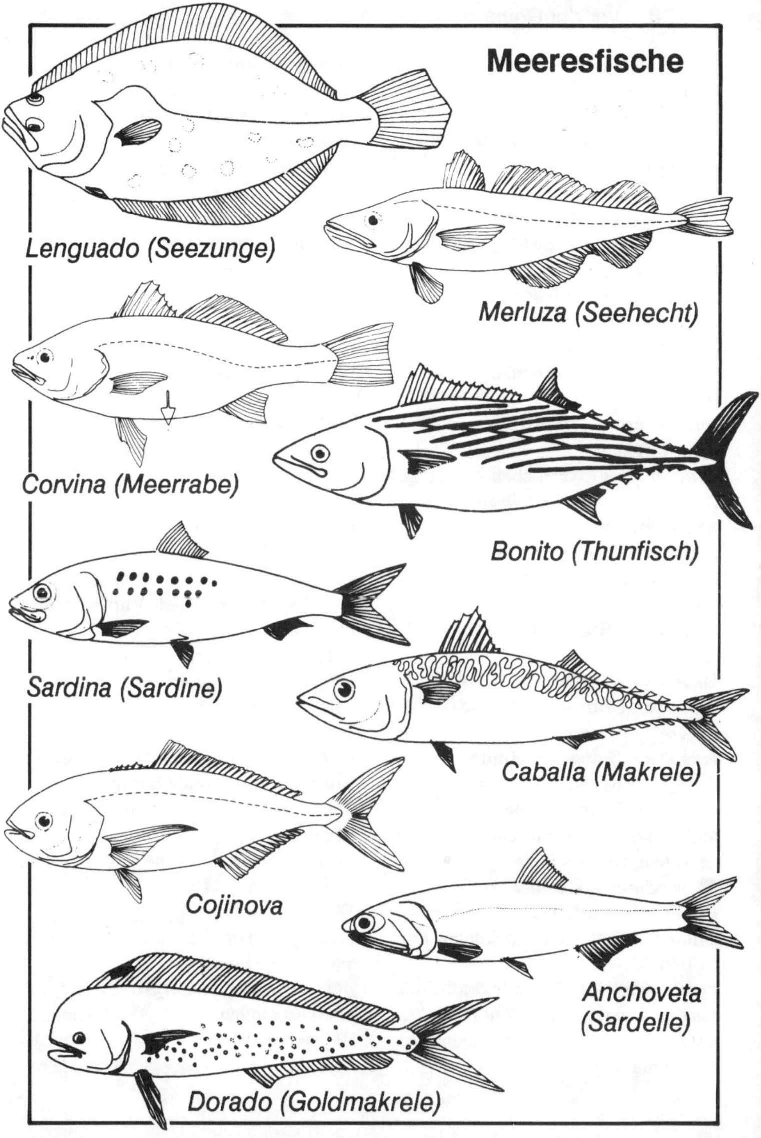
Meeresfische
Lenguado (Seezunge)
Merluza (Seehecht)
Corvina (Meerrabe)
Bonito (Thunfisch)
Sardina (Sardine)
Caballa (Makrele)
Cojinova
Anchoveta (Sardelle)
Dorado (Goldmakrele)

atún, bonito – Thunfisch
lenguado – Seezunge
merluza – Seehecht
corvina – Umberfisch (Meerrabenart)
cojinova – Halbmakrele
lisa – gestreifte Meeräsche
caballa – japanische Makrele
dorado – Goldmakrele
anchovetas – Sardellen
sardinas – Sardinen
congrio – Meeraal
pez diablo – Drachenkopf, Skorpionfisch
tollo, tiburón – Haifisch
raya – Rochen
guitarra – Geigerrochen (meist getrocknet, in Streifen) *jalea* – Fisch an Zwiebelsoße
parihuela – pikante Fischsuppe
calamar, pulpo, pulpito – Tintenfisch
camarón – Scampi/Garnelen/Crevetten
langostinos – Riesengarnelen
camarón de río – Flußkrebse
cangrejos – Krabben
langosta – Languste/Hummer
ostras – Austern
almejas – Venusmuscheln
mejillones – Miesmuscheln (schwarze Schale, oranges Fleisch)

■ *verduras* – **Gemüse**

papas – Kartoffeln
chuños – «gefriergetrocknete» Kartoffeln
papas fritas – Pommes frites
puré de papas – Kartoffelbrei
patacones – fritierte Bananenscheiben (Ecuador)
camote – Süßkartoffeln
yuca – Maniok
ensalada – Salat
aceite, vinagre – Öl, Essig
palmitos – Palmherzen
pepino – Gurke
zanahorias – Karotten
coliflor – Blumenkohl
apio – Sellerie
espárragos – Spargeln
tomates – Tomaten
espinaca – Spinat
cebolla – Zwiebel
perejil – Petersilie
ajo – Knoblauch
ají – Pfefferschoten, Chilepfeffer
aceitunas – Oliven
alcachofas – Artischocken
maís – Mais
choclo – Maiskolben
cancha – geröstete Maiskörner
tamales, humitas – gedämpfter Mais in Bananenblättern.
guisantes – Erbsen
lentejas – Linsen
garbanzos – Kichererbsen
frijoles – Bohnen
pallares – Limabohnen, Soisson-Bohnen (große, weiße Bohnen)
habas – Saubohnen (große, braune Bohnen)
vainitas, judías – grüne Bohnen
hongos, setas – Pilze

■ *frutas* – **Früchte**

jugos – Fruchtsäfte
surtido – gemischt
plátano – Bananen (Peru/Bolivien)
guineo/maduro – Süßbananen (Ecuador)
aber: *(platano) verde* – Kochbana-

nen (Ecuador)
chileno – kleine Bananen (Ecuador)
manzana – Apfel
pera – Birne
naranja – Orange
toronja, pomelo – Grapefruit
mandarina – Mandarine
limón – Limone, Zitrone
lima – süße Zitrone
piña – Ananas
durazno, melocotón – Pfirsich
albaricoque – Aprikose
ciruela, claudia – Pflaume/ Zwetschge
melón – Honigmelone
sandía – Wassermelone
higos – Feigen
dátiles – Datteln
fresa, frutilla – Erdbeere
mora – Brombeere
ceresa – Kirsche
membrillo – Quitte
uvas – Trauben
pasas – Rosinen
coco – Kokosnuß
almendras – Mandeln
maní – Erdnüsse
castaña – Paranuß, Brasilnuß
nueces – Nüsse, Walnüsse

■ *postre* – **Nachtisch**

dulces – Süßigkeiten
helado – Speiseeis
chocolate – Schokolade
vanilla – Vanille
torta – Torte
pastel – Kuchenstück, Törtchen
pie (sprich «pay») *de manzana* – Apfelkuchen
galletas – Kekse
flan – Pudding
mazamorra morada – süßer, roter Maispudding
chicle – Kaugummi

■ *bebidas* – **Getränke**

gaseosa – Sprudel
cola – Sprudel (in Ecuador)
papaya/gaseosa – Sprudel (Bolivien)
agua mineral – Mineralwasser
con gas, sin gas – mit Kohlensäure, ohne Kohlensäure
hielo – Eiswürfel
mate de manzanilla – Kammillentee
mate de anís – Anistee
mate de hierba luisa – Zitronenkrautaufguß, gut für den Magen
mate de coca – Tee aus Kokablättern, wirkt nicht berauschend und ist gut gegen die Höhenkrankheit.
infusión – Schwarztee
cerveza, negra, blanca – Bier, dunkles, helles
vino tinto, blanco, rosado – Rotwein, Weißwein, Rosé
chicha morada – süßes Getränk aus rotem Mais (ohne Alkohol)
chicha (de jora) – alkoholhaltiges Maisgetränk
pisco – Traubenschnaps
pisco sour – peruanisches Nationalgetränk aus Pisco, Limonensaft, Eiweiß und Zuckermelasse
ron – Rum (Zuckerrohrschnaps)
aguardiente – billiger Zuckerrohrschnaps
anisado – Anisschnaps
cuba libre – Rum und Coca-Cola
chilcano de pisco – Pisco und 7-Up (Peru)
chuflay – Pisco und 7-Up (Bolivien)
algarrobina – Cocktail aus der Melas-

se der Frucht des Johannisbrotbaumes (Algarrobo), Pisco, Zucker und Eigelb.

masato – Yucaschnaps (in der Urwaldregion)

Tropenfrüchte

■ Die **Mango** ist neben der Papaya und der Banane die wichtigste Tropenfrucht. Sie wurde nach der spanischen Eroberung von Indien eingeführt. Sie wächst an einem 20–30 m hohen Baum, der wegen seines großen Kronenumfangs auffällt. Die Frucht ist herz- oder nierenförmig. Es gibt sie in den Farben grün, gelb, orange, rot oder schwarz. Die dünne Haut wird mit einem scharfen Messer entfernt, das gelb-orange Fruchtfleisch um den großen Kern ist sehr saftig.

■ Der **Papaya-** oder Melonenbaum gehört zur botanischen Familie der Feigen, die Frucht ähnelt jedoch einer ovalen Melone. Die Papaya wächst dicht am Stamm eines unverzweigten Baumes, der ein wenig aussieht wie eine Palme. Die reife Frucht ist grün-gelb. Man halbiert sie, schüttelt die schwarzen Kerne raus, beträufelt das Fruchtfleisch mit etwas Limonensaft und löffelt es aus. Papayas enthalten ein eiweißspaltendes Ferment, das *Papaïn*, welches die Verdauung fördert und auch als Vorbeugung gegen Darmparasiten eingenommen wird. Es ist vor allem in der unreifen Frucht und in den Kernen (man kann sie durchaus mitessen) vorhanden.

■ **Plátano** wird die Banane genannt. Es gibt ganz kleine und neben gelben auch grüne und rote Bananen. *Kochbananen* sind roh ungenießbar! Während in Peru und Bolivien alle Bananen einfach *plátano* heißen, haben sie im klassischen Bananenland Ecuador sehr viele Namen (Siehe «Speisekarte»).

■ **Pepino** ist eine besonders erfrischende Frucht. Sie ist mindestens faustgroß, die dünne, gelbe Haut ist lila und gelb gesprenkelt. Schälen, das gesamte Innere ist eßbar, sehr saftig und gut gegen Magenbeschwerden.

■ Die **Palta** ist bei uns unter dem Namen Avocado bekannt, in Ecuador wird sie **Aguacate** genannt. Sie ist dunkelgrün und birnenförmig, das Fruchtfleisch enthält sehr viel Fett und ist sehr nahrhaft. Sie kann durchaus eine Mahlzeit ersetzen und ist als Reiseproviant geeignet.

■ Die **Granadilla** hat die Größe und Form eines kleinen Apfels; die harte, widerstandsfähige Schale ist orange und hat viele winzige rote Punkte. Die Frucht wird halbiert, und die schleimigen Kerne werden ausgelöffelt. Um zu testen, welche Früchte auf dem Markt die frischesten sind, werden sie einzeln in der Hand geschüttelt; spürt man, daß im Innern etwas wackelt, bedeutet das, daß schon Saft verdunstet ist, die Frucht ist nicht mehr ganz frisch.

■ Die **Maracuyá** oder Passionsfrucht sieht ähnlich aus wie die Granadilla, sie ist jedoch gelb und oft schrumpelig. Gegessen wird sie wie die Granadilla, der Geschmack ist sauer.

■ Die **Tuna** oder Kaktusfeige wächst in den trockenen Regionen der Anden. Sie ist faustgroß, rot, orange, violett oder grün. Die Frucht halbieren und auslöffeln, die Einheimischen können die Tuna auch geschickt mit drei Messerschnitten schälen. Die Kaktusfeige mit Vorsicht berühren, ihre feinen Stacheln bleiben leicht in der Haut stecken. Die Tuna wird nicht nur wegen ihrer Früchte angebaut, sondern wegen einer Schildlausart, die auf dem Kaktus schmarotzt: sie heißt *Cochinilla* und liefert einen begehrten roten Farbstoff.

■ Die **Chirimoya** wächst an einem zierlichen 5–8 m hohen Baum, der in der Andenregion ab 800 m über Meer wächst. Die Frucht ist grün, herzförmig und hat einen Durchmesser von 10–15 cm. Besonders auffallend ist ihr regelmäßiges Schuppenmuster. Das weiße Fruchtfleisch schmeckt nach Erdbeeren mit Schlagsahne. Die schwarzen Kerne, welche in der Frucht verteilt sind, spuckt man aus.

■ Die **Guanábana** oder Stachelannone ist der Chirimoya ähnlich, die dunkelgrüne, unregelmäßig länglich geformte Frucht ist mit weichen Stacheln besetzt. Das weiße, fast faserige Fruchtfleisch ist von säuerlichem, stark aromatischem Geschmack.

■ Die Frucht der **Lúcuma** ist tropfenförmig, apfelgroß, olivgrün bis braun. Ihr eigelbes Fruchtfleisch ist sehr nahrhaft, da es ölhaltig ist. Der Fruchtkern sieht aus wie eine Roßkastanie. In Bolivien gibt es Joghurt mit Lúcuma-Aroma.

■ Die **Mamèy** ist oft fast so groß wie eine Kokosnuß. Die Haut ist braun und rauh, das orange Fruchtfleisch schmeckt etwas nach (sehr süßer) Aprikose. Großer Fruchtstein.

■ Die **Sapote** kann leicht mit der Mamèy verwechselt werden, im Inneren jedoch hat sie statt einen fünf große schwarze Kerne. Der Baum ist sehr widerstandsfähig und trotzt in Mittelamerika selbst Hurrikanen.

■ Die **Aguaje** (in Ecuador **Morote**) ist die Frucht einer Palme, welche in der Selva (Tropenwald) wächst. Sie ist ein wenig größer als ein Ei. Die Frucht wird in warmem Wasser eingeweicht, dann wird die dunkelrote Schale enfernt, darunter verbirgt sich das orange Fruchtfleisch. Wegen des großen Kerns ist jedoch nicht viel davon dran.

■ Die **Pomarosa** (Rosenapfel) wächst ebenfalls in der Selva. Die Früchte sind rund, kleiner als ein Apfel und haben eine grünliche oder mattgelbe Farbe mit rosa Streifen. Die Pomarosa ißt man wie einen Apfel, das Fruchtfleisch duftet nach Rosen.

■ Die **Carambola** (Karambole oder Sternfrucht) ist faustgroß und fünfeckig, so daß sie im Querschnitt aussieht wie ein Stern. Die meisten Sor-

Tropenfrüchte *Zum Ausmalen.*

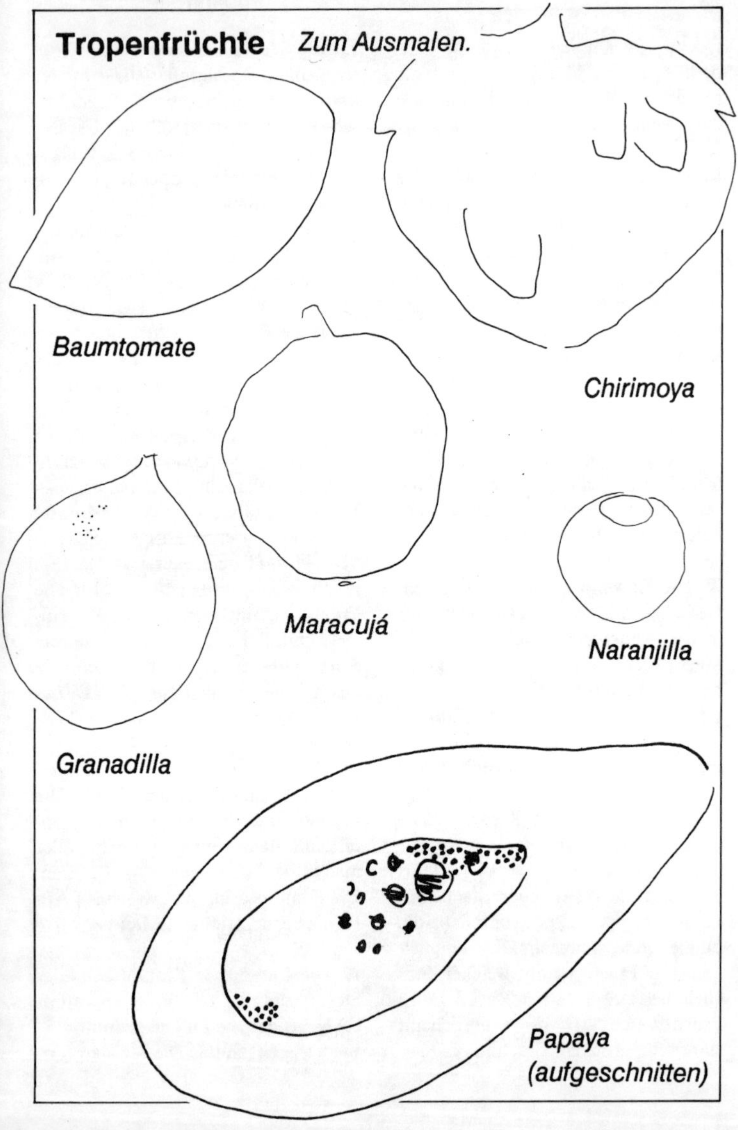

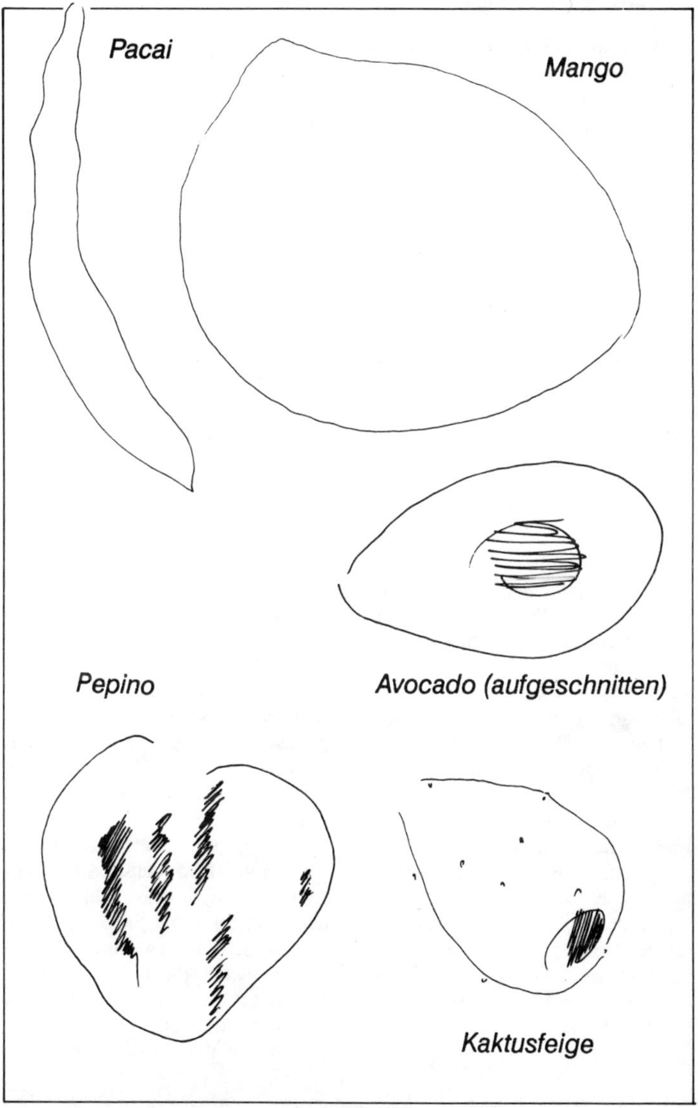
Pacai
Mango
Pepino
Avocado (aufgeschnitten)
Kaktusfeige

ten sind zu sauer, als daß man sie ungezuckert essen könnte.

■ Die **Pacai** (in Ecuador **Guava**) ist 10–30 cm lang und hat die Form einer grünen Riesenbohne. Im Innern befinden sich Kerne in einer Reihe. Jeder davon ist von weißem, süßem Fruchtfleisch umgeben, das aussieht wie Baumwolle. Man ißt nur das Weiße, der schwarze Kern wird ausgespuckt.

■ Die **Tomate de árbol**, die Baumtomate, ist in den Anden ab 1000 Meter Höhe weit verbreitet. Die rostrote Frucht von der Größe und Form eines großen Hühnereies wächst an einem nur wenige Meter hohen Baum. Die Baumtomate kann gleich verwendet werden wie die gewöhnliche Tomate. Ißt man sie roh, so zieht man vorher die dünne Haut ab.

■ Die **Guayaba** ist eine apfel- oder birnenartige gelblich-grüne Frucht mit glatter oder leicht schrumpeliger Außenhaut. Das Fruchtfleisch ist weiß, hellgrün oder zartrosa und von leicht sahniger Konsistenz. Im Innern befinden sich zahlreiche kleine, harte, kantige Samen.

■ Die **Naranjilla** kommt nur in Ecuador und in Kolumbien vor und wächst hauptsächlich in der Übergangszone der Bergurwälder. Es ist eine kleine, saure, pflaumengroße Frucht mit rauher oranger Schale, die mit dünnen Haaren besetzt ist. Im Inneren ist sie ähnlich wie eine Tomate. Naranjillas werden hauptsächlich zu Saft verarbeitet.

Drogen

■ Nach Statistik der Weltgesundheitsorganisation (WHO) gehört Peru zu den Ländern mit dem höchsten **Alkoholkonsum** pro Kopf. Wie bei uns zu Hause gehört Alkohol zu jedem Fest, aber Lateinamerikaner feiern öfter. Die vielen religiösen Feiertage, Geburtstage oder Hauseinweihungen sind für ein ganzes Dorf oder Stadtquartier Anlaß, eine große Fiesta zu veranstalten, deren Besuch oft Höhepunkte einer Südamerikareise bedeuten. Je nach Region und Gesellschaftsschicht trinkt man dabei Chicha, Masato, Bier, Zuckerrohrschnaps oder Pisco; das Statussymbol der oberen Klassen ist teurer ausländischer Whisky.

Chicha de jora ist das Maisbier, welches schon lange vor den Inkas in der gesamten Andenregion bekannt war. In den Keramiken der Mochicas sind oft von Chicha betrunkene Männer abgebildet. In den Andenregionen finden sich insbesondere während des Wochenmarktes viele *chicherías*, Häuser, in denen die Chicha in großen Bechern ausgeschenkt wird. Chicherias sind je nach Region mit einem roten oder weißen Tuch, welches draußen an einen Pfahl gebunden wird, gekennzeichnet. Chicha de jora ist nicht zu verwechseln mit *chicha morada*, einem süßen Erfrischungsgetränk aus rotschwarzem Mais ohne Alkohol.

In den Städten ist die traditionelle

Chicha immer mehr durch das **Bier** verdrängt worden, es ist heute das meistgetrunkene alkoholische Getränk. Dank deutscher Technologie und Know-how schmecken die einheimischen Biere oft ausgezeichnet.

Masato heißt der Schnaps der Urwaldregion, er wird aus *yuca* hergestellt. Daß die Frauen den Yucabrei kauen und in den Topf spucken, um mit Hilfe ihres Speichels die Fermentation einzuleiten, gehört praktisch der Vergangenheit an.

Pisco ist ein hochprozentiger Traubenschnaps, vergleichbar mit dem italienischen *Grappa*. Man trinkt ihn pur oder als *Pisco sour*, einem bei Globis beliebten Cocktail aus Piscoschnaps, Limonen, Eiweiß und Zucker (Rezept siehe Kapitel «Lima», S. 223).

Die Qualität des peruanischen **Weins** ist leider nicht so hoch wie die des Piscos; annehmbare Marken sind *Tacama* und *Ocucaje*. Überraschend gut sind die Weine aus dem Süden Boliviens, *Kohlberg* und *San Pedro*. Die besten Weine sind die teuren Tropfen (Flasche ab 6 $) aus Chile und Argentinien.

■ **Kokablätter** werden in den ländlichen Andenregionen von vielen Ketschua- und Aymaraindianern von morgens bis abends gekaut. Kokablätter sind in Peru und Bolivien legal, in Ecuador aber illegal. Das Kauen der Blätter bewirkt keinen Rausch, stimuliert aber ähnlich wie Kaffee. Koka hilft auch, die Symptome der Höhenkrankheit zu bekämpfen, ob zusammen mit einem Aschestein gekaut oder als Tee getrunken.

■ **Kokain** und **PBC** (*Pasta Basica de Cocaína*) ist in sämtlichen Ländern illegal. PBC ist ein Zwischenprodukt in Pulverform, welches bei der Herstellung von Kokain anfällt. In der «Szene» wird es *blanca* genannt. Die *Pasta* wird mit Tabak oder Marihuana gemischt und geraucht. Sie ist wesentlich gesundheitsschädlicher als das Kokain, aber billiger. Ihr Mißbrauch nimmt bei der städtischen Jugend in den Armenvierteln laufend zu.

Peru und Bolivien sind die wichtigsten Kokainproduzenten der Welt. Allein 400 000 Bauernfamilien leben in Bolivien davon. Der illegale Export von PBC und Kokain ist der wichtigste Devisenbringer dieser Länder. Die Verarbeitung in versteckten Laboratorien erfolgt vor Ort oder in Kolumbien. Kolumbianer beherrschen 90 Prozent des internationalen Kokainhandels, der sich in den letzten Jahren zu dem Geschäft mit den höchsten Wachstumsraten entwickelt hat. Die Macht der *narcotraficantes*, so heißt hier die Kokainmafia, wird weiterhin zunehmen, solange die Nachfrage in den USA und Europa zunimmt und die DEA *(Drug Enforcement Agency)*, die amerikanische Drogenpolizei, durch ihre Polizei- und Militäraktionen die Kokainpreise stützt, indem sie Ernten vernichtet und das Angebot zu schmälern versucht. In Peru und Bolivien kostet ein Gramm Kokain (in der Szene *pollo* genannt) etwa 8 amerikanische Dollars. Nordamerikaner geben jährlich für Kokain und **Crack** (eine billigere, stark suchtbildende Abwandlung des Kokains) 110 Milliarden Dollar aus. Diese Summe entspricht ungefähr der Hälfte des Bruttosozialproduktes der Schweiz.

■ **Marihuana** findet in Ecuador und Peru das sonnige Klima, welches zu seinem Wachstum nötig ist. Die getrockneten Blätter werden geraucht, Haschisch aber ist wenig gebräuchlich. Marihuana (in der Szene *arbay* genannt)ist in den Andenländern illegal, die schlechtbezahlte einheimische Polizei jagt gerne marihuanarauchenden Gringos nach, um einige hundert Dollars an Korruptionsgeldern zu kassieren.

■ In keinem anderen Kontinent der Welt waren und sind heute noch so viele **halluzinogene Drogen** bekannt wie in Amerika. Sie waren wichtiger Bestandteil sämtlicher antiker amerikanischer Religionen und werden noch heute von Indianerstämmen zu magisch-religiösen Riten benutzt. In Peru, insbesondere in den Urwaldregionen, werden von Schamanen halluzinogene Pflanzen als wichtiger Bestandteil der einheimischen Naturmedizin verwendet; bei deren Konsum ist nicht mit Polizeiaktionen zu rechnen. Halluzinogene Pflanzen sollten selbstverständlich nur unter Führung eines erfahrenen *curandero* (Naturheilers) versucht werden, Alleinversuche sind gefährlich und verantwortungslos. Die gebräuchlichsten «Götterpflanzen» sind *San Pedro* in den Anden und *Ayahuasca* im Urwald.

■ Der **San Pedro** oder **Gigantón** ist ein Säulenkaktus, welcher über drei Meter hoch werden kann. Er ist in den Anden in der Höhe von 1800 bis 2800 Meter sehr häufig. Auffallend sind die großen, weißen, trichterförmigen Blüten dieses stachellosen Kaktus (Trichocereus pachanoi). Seine halluzinogenen Eigenschaften wurden schon vor 4200 Jahren genutzt, er spielte in der Religion der Chavín-Kultur eine überragende Rolle, und auch in der Keramik der Mochicas ist er immer wieder dargestellt. Das wichtigste Alkaloid ist das Meskalin.

Der *brujo* (Zauberer) oder *curandero* in den Anden oder an der Küste schneidet jeweils einen armdicken, ungefähr dreißig Zentimeter langen Ast des San Pedro in kleine Stücke und kocht ihn fünf bis acht Stunden lang. Abends wird der scheußlich schmeckende Sud gemeinsam mit dem Patienten getrunken. Während des mehrstündigen Meskalinrausches versucht der Curandero den Patienten durch lange Gespräche, Lieder und Zeremonien zu heilen.

■ **Ayahuasca** ist eine Liane, die im Amazonasurwald wächst. Sie wird von sehr vielen Indianerstämmen im Tropenwald Südamerikas benutzt, um in Trance mit der irrealen oder – wie die Indianer sagen – der wirklich realen Welt Verbindung aufzunehmen. Denn unsere Welt ist nur ein Trugbild, die «wahre» Welt ist die Welt der Geister und Dämonen. Der

Sud der Ayahuasca ist ein außergewöhnlich starkes Halluzinogen, und die Wirkungsweise ist nicht mit der anderer Drogen vergleichbar.

Kleiner Sprachkurs

Allenfalls in einigen Luxushotels und Reisebüros findet sich jemand, der Englisch kann. Mindestens elementare Spanischkenntnisse sind notwendig, wenn man kommunizieren will. Wer zu Hause bloß zehn Lektionen Spanisch gelernt und ein Minimum an grammatikalischem Grundgerüst hat, wird es vor Ort blitzschnell weiterentwickeln, wer allein reist noch schneller. Bloß keine Hemmungen! Fehler werden den Gringos lächelnd verziehen, denn man ist sie auch von der einfachen ketschua- oder aymarasprechenden Landbevölkerung gewöhnt.

Ein sehr guter, didaktisch geschickter und einfacher Lehrgang ist «*¡Eso es!, Spanisch für Anfänger*», Stuttgart: Ernst Klett Verlag. Im kleinen Format der gute *Kauderwelsch-Sprachführer «Spanisch für Südamerika»*, Bielefeld: Peter Rump Verlag. Vom Langenscheidt-Verlag (Berlin, München, Wien, Zürich) gibt es ein *Taschenwörterbuch Spanisch.*

■ Die spanische **Aussprache** ist sehr einfach, man spricht alles genauso aus, wie man es schreibt. Trotzdem gibt es ein paar Besonderheiten.

* C wird vor A, O, U: wie k ausgesprochen
* C vor I und E: wie ein scharfes s (in «Lust») ausgesprochen
* Z immer wie ein scharfes s ausgesprochen
* G vor A, O, U: wie g ausgesprochen
* G vor I und E: wie ch (in «ich») ausgesprochen
* J immer wie ein ch ausgesprochen
* Das H ist stumm und wird nicht ausgesprochen
* Die spanische Buchstabenkombination ch: wie tsch ausgesprochen
* Die Buchstabenkombination ll:wie y (in «Yoga») ausgesprochen
* Das Ñ wird als ni ausgesprochen

■ **Einige Verben** – *unos verbos*
haben (besitzen) – *tener*
ich habe – *yo tengo*
du hast – *tú tienes*
er/sie hat – *él/ella tiene*
Sic haben – *usted tiene*
wir haben – *nosotros tenemos*
ihr habt – *ustedes tienen*
Sie haben – *ustedes tienen*
sie haben – *ellos/ellas tienen*
Nimm! – *¡Ten!*
Nehmen Sie! – *¡Tenga!*
haben (als Hilfsverb) – *haber*
yo he – tú has – usted/él/ella ha – nosotros hemos – ustedes/ellos/ellas han
Mit *haber* und dem Partizip Perfekt kann man auf einfache Weise die Vergangenheit ausdrücken: *amar*: «*Yo he amado*» = Ich habe geliebt. *comer*: «*Yo he comido*» = Ich habe gegessen. *vivir*: «*Yo he vivido*» = Ich habe gelebt.

gehen – *ir*
yo voy – tú vas – usted/él/ella va – nosotros vamos – ustedes/ellos/ellas van – ¡ve! – ¡vaya!
Los, gehen wir! – ¡*Vamos!*
Mit *ir*, der Präposition *a* und dem Infinitiv kann man auf einfache Art die Zukunft ausdrücken. Ich werde morgen reisen: «*Yo voy a viajar mañana.*» Oder noch einfacher: Mit der Präsensform und einer Zeitangabe: Ich reise in zwei Monaten zurück: «*Yo vuelvo en dos meses.*»
kommen – *venir*
yo vengo – tú vienes – usted/él/ella viene – nosotros venimos – ustedes/ellos/ellas vienen – ¡ven! – ¡venga!
sein (temporär) – *estar*
yo estoy – tú estás – usted/él/ella está – nosotros estamos – ustedes/ellos/ellas están
sein (ewig) – *ser*
yo soy – tú eres – usted/él/ella es – nosotros somos – ustedes/ellos(/ellas son
Das Verb *ser* wird benutzt, um einen Dauerzustand auszudrücken, *estar* wird gebraucht, um vorübergehende Zustände und Gefühlsstimmungen auzudrücken. Z.B.: Das Mädchen ist (immer) schön: *La chica es linda.* Aber: Das Mädchen ist (heute abend) schön: *La chica está linda.* Auch für örtliche Bezeichnungen und den Tod wird *estar* gebraucht. Z.B.: Lima liegt in Peru: *Lima está en Perú.* Oder: Das Mädchen ist tot: *La chica está muerta.*

■ **Zahlen** – *los numeros*
0 – *cero*
1 – *uno/un/una*
2 – *dos*
3 – *tres*
4 – *cuatro*
5 – *cinco*
6 – *seis*
7 – *siete*
8 – *ocho*
9 – *nueve*
10 – *diez*
11 – *once*
12 – *doce*
13 – *trece*
14 – *catorce*
15 – *quince*
16 – *dieciséis*
17 – *dieccisiete*
18 – *dieciocho*
19 – *diecinueve*
20 – *veinte*
21 – *veintiuno*
22 – *veintidós*
23 – *veintitrés*
30 – *treinta*
31 – *treinta y uno/un/una*
40 – *cuarenta*
50 – *cincuenta*
60 – *sesenta*
70 – *setenta*
80 – *ochenta*
90 – *noventa*
100 – *cien*
101 – *ciento uno/un/una*
102 – *ciento dos*
200 – *doscientos*
300 – *trescientos*
400 – *cuatrocientos*
500 – *quinientos*

600 – *seiscientos*
700 – *setecientos*
800 – *ochocientos*
900 – *novecientos*
1000 – *mil*
2000 – *dos mil*
eine Million – *un millón*
eine Milliarde – *mil millones*
1. – *primer/primero*
2. – *segundo*
3. – *tercero*

■ **Wochentage** – *los días de la semana*

Montag – *lunes*
Dienstag – *martes*
Mittwoch – *miércoles*
Donnerstag – *jueves*
Freitag – *viernes*
Samstag – *sábado*
Sonntag – *domingo*

■ **Monat/Jahr/Datum** – *mes/año/fecha*

Januar – *enero*
Februar – *febrero*
März – *marzo*
April – *abril*
Mai – *mayo*
Juni – *junio*
Juli – *julio*
August – *agosto*
September – *septiembre*
Oktober – *octubre*
November – *noviembre*
Dezember – *diciembre*
Sommer – *verano*
Winter – *invierno*
Frühling – *primavera*
Herbst – *otoño*
Jahreszeiten – *estaciones*
Regenzeit – *temporada de lluvia*
Trockenzeit – *temporada seca*

■ **Alltag** – *vida cotidiana*

Guten Morgen/guten Tag – *Buenos días*
Guten Nachmittag/guten Abend – *Buenas tardes*
Gute Nacht/guten Abend – *Buenas noches*
Hallo! – *¡Hola!*
Tschüß! – *¡Chao!*
ja – *sí*
nein – *no*
danke – *gracias*
Ja gerne – *Sí, por favor*
bitte (nach danke) – *de nada/no hay porque/ la orden*
bitte (geben Sie mir!) – *Por favor, ¡deme!*
Wie bitte? – *¿como?/(mande?* (in Ecuador)
Es gibt – *hay*
nur – *solamente/no más*
Ich spreche nur wenig Spanisch – *Solamente hablo un poco de castellano*
Wie heißen Sie? – *¿Como se llama usted?*
Ihr Name? – *¿Su apellido?*
Vorname? – *¿Nombre?*
Ihre Unterschift, bitte! – *¡Su firma por favor!*
Lassen Sie mich in Ruhe – *¡Déjeme tranquila!* (als Frau), *déjeme tranquilo!* (als Mann)
Scheiße! – *¡mierda!*/schöner: *¡miér...coles!*

■ **Reisen** – *viajar*

Wohin wollen Sie? – *¿Adónde va Señorita/Señor?*
Wohin fährt dieser Wagen? – *¿Adónde va este carro?*

Ich will nach... – *Quisiera ir a...*
Die Straße ist gesperrt – *No hay paso*
Wann fährt der Bus? – *¿Cuándo sale el micro?*
Was kostet die Fahrt? – *¿Cuánto cuesta/vale el pasaje?*
Fahrer – *chofer*
Beifahrer/Schaffner – *ayudante*, in Ecuador: *oficial*
Busbahnhof – *terminal/terminal terrestre*
Zugbahnhof – *estación (del ferrocarril)*
Flughafen – *aeropuerto*
Gepäckaufbewahrung – *guardarropa*
Schiffshafen – *puerto*
Bitte anhalten! – *¡Baja!* (Peru/Bolivien)/*¡Pare!* (Ecuador)
Tankstelle – *bomba gasolinera* (Peru)/*grifo* (Ecuador)
Zug – *tren*
Schienenbus – *autocarril/ferrocarril* (Peru/Ecuador)/ferrobús (Bolivien)
Rucksack – *mochila*
Tasche/Koffer – *maleta*
Handtasche/Geldbörse - *bolsillo*

■ **Tourismus/Orientierung** – *turismo/direcciones*
nach links – *a la derecha*
nach rechts – *a la izquierda*
Norden – *norte*
Süden – *sur/sud*
Westen – *oeste*
Osten – *este*
Stadtplan – *un plano*
Landkarte – *un mapa*

■ **Unterkunft** – *alojamiento*
Hotel – *hotel*
kleines Hotel – *hostal*
Pension – *pensión*
Billigpension/Unterkunft – *alojamiento*
Sind Zimmer frei? – *¿Tiene habitación?*
Einzelzimmer – *una simple*
Gemeinschaftszimmer – *habitación para compartir*
Doppelzimmer – *una doble*
Doppelbett – *cama matrimonial/cama plaza y media* (Bolivien)
Privatbad/-dusche – *baño privado/ducha privada*
Gemeinschaftsbad/Etagenbad – *baño colectivo*
Zimmer mit Fenster – *(habitación) exterior*
dunkles Zimmer/ohne Fenster – *(habitación) interior*
Schlüssel – *llave*
Vorhängeschloß – *cantado*
WC – *los servicios/baño*
WC-Papier – *papel higiénico*
Kerze – *vela*
Gibt es Heißwasser? – *¿Hay agua caliente?*
Leintuch – *sábana*
Kissen – *almohada*
Decke – *frazada*
Handtuch – *toalla*

■ **Essen/trinken** – *comer/tomar*
Ich habe großen Hunger – *Tengo mucha hambre*
Ich habe Durst – *Tengo sed*
Teller – *plato*
Messer – *cuchillo*
Löffel – *cuchara*
Teelöffel (Löffelchen) – *cucharita*
Gabel – *tenedor*
Besteck – *cubierto*

Zahlen! – *¡la cuenta!*

■ **Post und Telefon** – *correos y teléfono*

Postamt – *correos/oficina de correos*
Telefonamt – *Entel* (Peru/Bolivien)/*Ietel* (Ecuador)
Brief – *carta*
Postkarte – *tarjeta/postal*
Paket – *paquete*
Briefumschlag – *sobre*
Briefmarke – *estampilla*
Briefkasten – *buzón*
einschreiben – *certificado*
gewöhnlich – *común*
Telefon – *teléfono*
Telefonmünze – *ficha*

■ **Kleider** – *vestidos*

Unterhose (Männer) – *calzoncillo*
Unterhose (Frauen) – *trusa*
Unterwäsche – *ropa interior*
ein Paar Socken – *un par de medias*
Hosen – *pantalón*
Rock – *falda*
Hemd/Bluse – *camisa*
Pullover – *chompa*
Wetterjacke – *casaca*
Hut – *sombrero*
Handschuhe – *guantes*
Schuhe – *zapatos*
Stiefel – *botas*
Badesandalen – *zapatillas*

■ **Notfall** – *emergencia*

Hilfe! – *¡Socorro!/-Ayuda!*
Apotheke – *farmacia*
Krankenhaus – *hospital*
Arzt – *médico*
Zahnarzt – *dentista*
Ich bin krank – *Estoy enfermo*
Ich will keine Spritze – *No quiero inyección*
Tabletten – *pastillas*
Heftpflaster – *bandita*
Paste/Salbe – *crema*
Schmerzen – *dolor*
Durchfall – *diarrea*
Blut – *sangre*
Fieber – *fiebre*
Kopf – *cabeza*
Brust – *pecho*
Bauch/Magen – *estómago*
Beine – *piernas*
Arme – *brazos*
Hand – *la mano*
Finger – *dedo*
Augen – *ojos*
Bitte helfen Sie mir – *¡Ayúdeme por favor!*

■ **Bei der Polizei** – *en la policía*

Wachposten – *guardia*
Militärposten – *cuartel*
Man hat mich beklaut, verdammt – *¡Me robaron, carajo!*
Ich möchte Anzeige erstatten – *Quiero hacer un denuncio*
Dazu benötigen Sie einen offiziellen Schreibbogen mit drei Briefmarken – *Usted necesita papel sellado con tres estampillas.*
Wo kann ich das kaufen? – *¿Dónde puedo comprarlo?*
Kommen Sie, wir suchen gemeinsam den Dieb – *¡Vamos a buscar al ladrón!*
Ich komme für die Unkosten auf. – *Yo voy a pagar por los gastos*
Ich bin unschuldig – *Yo soy inocente*
Ich will der Botschaft telefonieren – *Quiero llamar a la embajada*

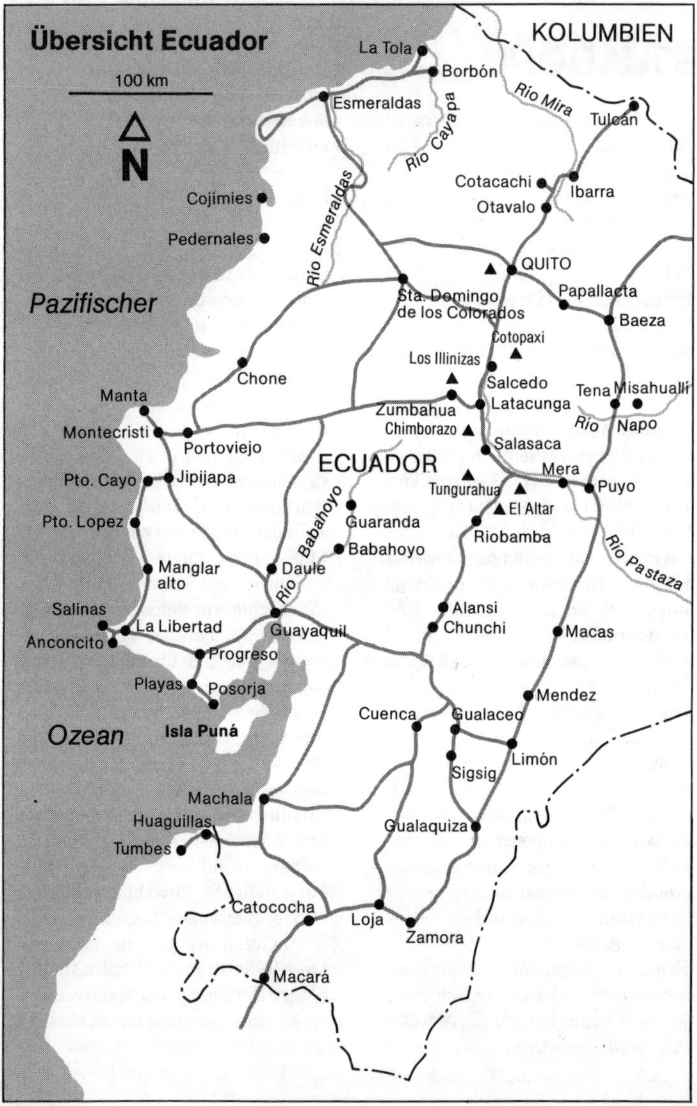

Übersicht Ecuador
100 km
N
KOLUMBIEN
La Tola
Borbón
Esmeraldas
Río Mira
Tulcán
Río Cayapa
Cotacachi
Ibarra
Otavalo
Cojimies
Río Esmeraldas
Pedernales
QUITO
Papallacta
Pazifischer
Sta. Domingo de los Colorados
Baeza
Cotopaxi
Los Illinizas
Chone
Salcedo
Tena
Misahuallí
Manta
Zumbahua
Latacunga
Río
Napo
Montecristi
Chimborazo
Portoviejo
Salasaca
ECUADOR
Mera
Pto. Cayo
Jipijapa
Tungurahua
Puyo
Guaranda
El Altar
Pto. Lopez
Riobamba
Río Babahoyo
Babahoyo
Río Pastaza
Manglar alto
Daule
Río
Salinas
Alansi
La Libertad
Guayaquil
Chunchi
Anconcito
Macas
Progreso
Playas
Posorja
Mendez
Cuenca
Gualaceo
Ozean
Isla Puná
Limón
Sigsig
Machala
Huaguillas
Gualaquiza
Tumbes
Catococha
Loja
Zamora
Macará

ECUADOR

Geographie

Die Fläche Ecuadors beträgt zusammen mit den Galapagosinseln 270 670 km². Das Land ist das fünftkleinste des südamerikanischen Kontinents und nur unwesentlich größer als die Bundesrepublik Deutschland. Noch 1941 war Ecuador um zwei Drittel größer, massive Gebietsverluste vor allem im Küsten- und Urwaldgrenzgebiet mit Peru mußte der kleine Andenstaat hinnehmen. Die alten Grenzen sind noch auf jeder Landeskarte eingezeichnet, Tumbes in Nordperu und die peruanische Urwaldstadt Iquitos gehörten demnach noch zu Ecuador.

Das heutige Land besteht grob aus drei Teilen: der Küste (*costa*), den Anden (*sierra*) und dem Urwald (*oriente*), Einzugsgebiet des Amazonas. Über 50 Prozent der gesamten Landesfläche liegen im Oriente, je knapp einen Viertel beanspruchen die Küste und die Andenregion. Diese drei Regionen sind nun nicht einheitliche Gebilde, sondern mehrfach unterteilt. Die Küste ist abwechselnd geprägt von tief ins Land eingeschnittenen Mangrovenbuchten und offenen Stränden. An der Südküste prägt noch der kalte Humboldtstrom die Vegetation, es ist trocken, und pro Jahr fallen keine 500 mm Regen. Im Norden, im Einfluß der warmen Meeresströmung aus Panama, ist es tropisch schwül und feucht. Wenige Kilometer von der Küste nach Osten entfernt erstreckt sich ein niedriger Gebirgszug in nordsüdlicher Richtung Östlich davon und bevor es zur westlichen Andenkordillere aufsteigt, befindet sich das ecuadorianische westliche Tiefland, eine sehr fruchtbare Gegend.

Die Anden sind in zwei Gebirgszüge gegliedert, die beide vulkanischen Ursprungs sind. Den Graben zwischen den beiden Andenketten hat *Alexander von Humboldt*, bekannter deutscher Südamerikaforscher, «Avenida de los Vulcanos» genannt. Dieser Graben bildet keine zusammenhängende Hochebene. Quergebirgsformationen (die Knoten oder *nudos*) verbinden die westliche und die östliche Andenkette und bilden in sich geschlossene kleine Hochebenen oder Kessel, die *hoyas*.

An der Ostflanke der Anden, hin zum Amazonastiefland, breitet sich der Bergurwald aus. Die Ostwinde führen feuchte Urwaldluft hierher, sie steigt die Anden hoch und regnet ab. Im Gegensatz dazu ist die Avenida de los Vulcanos verhältnismäßig trocken. Der immerfeuchte Urwald erstreckt sich über brasilianisches und peruanisches Territorium bis zum

Atlantik.

Nicht zu vergessen sind die Galapagosinseln, etwa 1000 km vom Festland entfernt. Sie sind rein vulkanischen Ursprungs und waren nie mit dem Kontinent verbunden. Mehr dazu ab Seite 165.

Bevölkerung

In der Sierra und an der Küste konzentriert sich die Mehrzahl der Bevölkerung. Von 100 Ecuadorianern leben 46 in der Sierra, 51 an der Küste und nur 3 in der Urwaldregion. An der Jahreswende 1988/89 dürfte die Einwohnerzahl die 10-Millionen-Grenze überschritten haben. 40 Prozent der Menschen sind indianischer Abstammung, 40 Prozent sind Mestizen, also Mischlinge aus Spanieren und Indianern, nur 10 Prozent sind weiß und weitere 10 Prozent sind schwarz.

Nirgends in Südamerika leben so viele Menschen auf verhältnismäßig so engem Raum: 38 Personen teilen sich einen Quadratkilometer. Bedenkt man aber, daß etwa zwei Fünftel der Leute ihr Lebensglück in den Städten suchen, so verwundert nicht, daß immer noch riesige Landesteile menschenleer sind.

Über die Hälfte der Bevölkerung ist unter 20 Jahre alt, und etwa ein Viertel der Menschen kann weder lesen noch schreiben. 1978 mußten sich rund 2000 Ecuadorianer einen Arzt teilen, und auf gar 13 000 Menschen kam nur ein Zahnarzt. Die offizielle Arbeitslosenrate liegt wenig unter 15 Prozent, die Hälfte der arbeitsfähigen Bevölkerung ist aber unterbeschäftigt.

Wirtschaft

Nicht nur der Ölpreiszerfall auf den Weltmärkten seit Beginn der 80er Jahre, auch ein Erdbeben am 6. März 1987 in der Oriente-Region bei Lago Agrio machte der ecuadorianischen Wirtschaft schwer zu schaffen. Es zerstörte 50 km der transandinen Pipeline, die vom Oriente zur Küste bei Esmeraldas führt, und legte sie für ein halbes Jahr still. Mit Hilfe von ausländischem Geld wurde die Pipeline auf Vordermann gebracht und wurden eigene Erdölraffinerien fertiggestellt, so daß Ecuador für hochwertige Erdölprodukte wie etwa Benzin Selbstversorger geworden ist. Für 1987 rechnete man mit einem Wirtschaftswachstum von etwa 5 Prozent.

Noch einen Nebeneffekt hatte das Erdbeben: Es zeigte deutlich die einseitige Abhängigkeit der Exportwirtschaft vom schwarzen Gold. Die Bananenproduktion wurde deshalb gesteigert, Ecuador hat sich wieder den Spitzenplatz unter den Bananenproduzenten der Welt geholt. Dazu reihen sich heute an der Küste – sozusagen über Nacht entstanden – Krabbenfarmen. Krabben (genauer: Crevetten/Garnelen) haben, was ihren Exportwert betrifft, sogar die

Bananen überholt. Selbst der Kaffeeanbau gewann wieder verstärkt an Bedeutung, und auch der Bergbau, insbesondere die Goldförderung, wird vorangetrieben.

Politik

Mehr als 30 Prozent der Exporterlöse müssen für Zinsen auf die 10-Milliarden-Dollar-Auslandschulden verwendet werden. 1988 gab es in Ecuador Präsidentschaftswahlen. Die christlichsoziale Partei unter dem unbeliebten Präsidenten *León Febres Cordero* gab die Macht an die Sozialdemokraten unter *Rodrigo Borja* ab. Vielleicht wird er ähnlich wie sein Amtskollege *Alan García* in Peru versuchen, den Zinsendienst auf die Auslandschulden zu vermindern, Andeutungen in diese Richtung machte er in seinem Wahlkampf. Eine seiner ersten Amtshandlungen im August 1988 war, den kubanischen Präsidenten *Fidel Castro* zu einem Staatsbesuch zu empfangen und die abgebrochenen diplomatischen Beziehungen zu Nicaragua wieder aufzunehmen. Erwacht auf dem Kontinent ein neuer lateinamerikanischer Zeitgeist? Wie wird die nordamerikanische Regierung auf das erstarkte Selbstbewußtsein Perus und nun auch Ecuadors reagieren?

Der Gegner Rodrigos, der Linkspopulist *Abdala Bucaram*, erlangte mit seinem Slogan «Die Armen an die Macht!» immerhin 43.3 Prozent der Wählerstimmen. Dies wird Rodrigo ein Warnzeichen sein, auch die Interessen eben dieser Armen in seiner Politik zu berücksichtigen.

1979 trat die (vorläufig?) letzte Militärregierung ab, und Zivilisten regieren seitdem im System einer präsidentiellen Demokratie das Land. Der erste zivile Präsident *Jaime Roldós Aguilera* starb 1981 in einem Flugzeugunfall und wurde von seinem Vizepräsidenten *Osvaldo Hurtado Larrea* bis zum Ende der fünfjährigen Amtszeit ersetzt. Danach war *León Cordero* an der Macht, heute liegt sie, wie schon gesagt, in den Händen der Sozialdemokraten.

Geschichte

Frühe Kulturen

Karl Dieter Gartelmann schreibt in seinem Buch «Digging up prehistory» (Quito: Libri Mundi 1986): «Wir haben in der Schule gelernt, unser Land in drei Teile zu gliedern, die Küste, das Hochland und der Urwald. Wir werden leicht dazu verleitet, die Archäologie ebenso auf die drei Landesregionen zu verteilen. Damit verkennen wir, daß schon der erste Mensch unheimlich mobil war und sich sehr schnell auf neue Gegebenheiten einzustellen wußte.» Schon sehr früh gibt es Anzeichen eines weitverzweigten Handelsnetzes. In den Anden etwa findet man Papageienfedern und Affenköpfe, im Urwald die *Spondylus-princeps-Muschel* aus dem Ozean.

Die ersten Keramiken der Neuen Welt stammen aus dem Jahr 3500 vor Christus. Gefunden wurden sie an der Küste im Fischerdorf Valdivia. Dieser Fund aus dem Jahr 1957 revolutionierte die Ansichten der Archäologen über die Entwicklung der süd- und zentralamerikanischen Kulturen. Denn lange hatte man geglaubt, daß die *Olmeken* in Mexiko die bisher älteste Bevölkerungsgruppe der Neuen Welt darstellten. Heute muß man annehmen, daß in Ecuador der Ursprung der amerikanischen Zivilisation war und von hier aus Impulse nach Norden bis Mexiko und nach Süden bis Peru, Bolivien und Chile gingen. Erst in den letzten 500 Jahren vor der Eroberung des heutigen Lateinamerikas durch die Spanier wurde Ecuador kulturell überholt und geriet in Vergessenheit.

Die *Valdiviakultur* gehörte zur sogenannten *formativen Phase*. Wie der Name sagt, begannen sich in verschiedenen Landesteilen mehrere Kulturen zu formieren, die bereits beachtliche hierarchische und arbeitsteilige Organisationsstrukturen aufwiesen. Zum Formativ gehören auch die *Machalilla-* und *Engoroykultur*,letztere wird auch *Chorrero* genannt.

An die Zeit des Formativs schließt sich etwa um 500 vor Christus die Epoche der *regionalen Entwicklungen* an: Der Einflußbereich der einzelnen Bevölkerungsgruppen wächst, die soziale Struktur wird weiter spezialisiert, die ersten Städte entstehen, der Handel ist rege, die Menschen entdecken die Gold- und Kupferverarbeitung. Die ältesten Maiskörner fanden Forscher auf den Inseln Salango und Isla de la plata. Die Staatsgewalt wird göttlich legitimiert, erste Priesterklassen kommen an die Macht. Sowohl zeitliche wie räumliche Zusammenhänge dieser Epoche liegen aber noch zu einem großen Teil im dunkeln. Wichtige Regionalkulturen sind *Guangala* und *Bahía I* und *Bahía II*.

Die Zeit ab 800 nach Christus bis zum Beginn der Inkaherrschaft ist die Phase der *Integration*. Vom Río Esmeraldas im Norden bis nach Lambayaeque in Nordperu kann man von einer einzigen ethnischen Gruppe sprechen, die in verschiedene Verwaltungseinheiten unterteilt ist, den *señoríos*. Es gibt Handel mit Metall, Textilien und Spondylusmuscheln von Mexiko bis Chile. Die Städte werden größer, sie haben Straßen, Paläste und Plätze.

Bereits bei den Valdivias war die Seefahrerei weit entwickelt. Da die Valdivia-Keramik verblüffende Ähnlichkeit mit derjenigen der japanischen *Jomón-Kultur* aufweist, glaubten manche Archäologen an frühe beabsichtigte oder zufällige interkontinentale Kontakte. Der Norweger *Thor Heyerdahl* machte 1947 die Probe aufs Exempel und segelte mit einem Balsafloß von Peru nach Polynesien. 1976 gab es ein ähnliches Experiment: *Pialug*, ein Mann von der polynesischen Insel Satawal, war seit seiner Kindheit mit dem Ozean aufgewachsen. Er rüstete ein Doppelkanu mit Dreiecksegel aus, verzichtet im Gegensatz zu Heyerdahl auf Navigationskarten, Kompaß und dergleichen, und als Proviant nahm er mit, was auch die Ureinwohner wahrscheinlich mitgenommen hätten, darunter lebendes Kleinvieh. Er legte mit seiner kleinen Crew in 35 Tagen 5500 km zurück. Doch der Beweis für regelmäßigen Besuch aus Japan ist damit immer noch nicht erbracht, wie Gartelmann richtig bemerkt. Denn Piailug war von der Moderne geprägt, wußte, was er machte und wohin er wollte. Dies im Gegensatz zu den ersten Menschen, die vielleicht zufällig, kaum aber mit Absicht in Südamerika landeten.

Inkaherrschaft

Irgendwann gegen Ende des ersten Jahrtausends landeten an der Küste bei Esmeraldas die *Cara-* oder *Schyris-Indianer,* ein Seefahrervolk, so berichtet die Legende. Sie wanderten den Río Esmeraldas flußaufwärts, bis sie auf die schlecht organisierten *Quitu-Indianer* stießen, die sie kurzerhand unterwarfen. Danach hielten sie das Hochland von Quito bis zum Jahr 1300 besetzt. Auf ihren Feldzügen stießen sie südlich von Quito auf die *Puruguayes*, die ihnen erbittert und erfolgreich Widerstand zu leisten vermochten. Dem Blutvergießen setzte eine Frau ein Ende: Die Cara-Prinzessin *Toa* verliebte sich in den Prinzen des Erzfeindes, in *Duchicela*,und heiratete ihn. Sie regierten zusammen bis zum Jahr 1370. Angesichts drohender *Inkainvasionen* verbündeten sich die Schyris mit den Stämmen im Süden, darunter den *Cañaris* bei Cuenca. Es war der Enkel von Duchicela, der sich *Tupac*, dem Sohn des 9. Inkaherrschers *Pachacutec*,zu widersetzen versuchte. 1456 reiste *Tupac* auf Drängen seines Vaters nach Cuzco zurück, wo er sich daran machte, sein Reich zu festigen. Als sein Sohn *Huayna Capac* das Zepter 1493 übernahm, hörte dieser von Aufruhr in den nördlichen Provinzen. Er bereitete einen Feldzug vor und hatte bereits die Absicht, bis nach Kolumbien vorzustoßen. Es schien ein Kinderspiel zu werden, hatte er doch vorher schon den Norden Chiles erobert. Doch er stieß auf erbitterten Widerstand, das Blutvergießen ging so weit, daß seine Generäle meuterten und er sie nur mit dem Versprechen von Privilegien und der drohenden Geißelung ihrer *Heiligtümer,* die er im Krieg mitführte, umstimmen konnte. Unter Einsetzung aller Kräfte gelang es schließlich, Quito einzunehmen und die Caras zu besiegen.

Zweifel an der göttlichen Abstammung des Inka leiteten schließlich das Ende des Inkareichs ein. Denn in Cuzco brach die Beulenpest aus. Sie holte auch Huayna Capac in Tomebamba, dem heutigen Cuenca, ein. Als er starb, bestimmte er seinen Sohn *Ninan Cuyuchi* als Nachfolger. Doch auch diesen holte die Pest. Übrig blieben *Atahualpa*, der mit sei-

nem Vater nach Ecuador gezogen war, und *Huascar*, der zur Verteidigung Cuzcos in Peru geblieben war. Es kam im ohnehin noch nicht gefestigten Reich zum Bruderkrieg.

Die Spanier unter *Pizarro* nutzten die Situation geschickt aus, fanden unter den Inkagegnern Verbündete und besiegten Atahualpa in Cajamarca in Nordperu (siehe auch Seite 359). Das diktatorisch regierte Inkareich brach bald zusammen, denn seine Bevölkerung, immer nur durch Zukker und Peitsche zusammengehalten und sich wenig mit dem Inka identifizierend, hatte wenig Lust zu kämpfen. Es mangelte auch an einer Kriegskunst, die derjenigen der Spanier ebenbürtig gewesen wäre. Die Inkas waren gewohnt, dem Gegner sein höchstes Heiligtum oder seinen Chef zu schnappen, um ihn zur Aufgabe zu zwingen. Jetzt fehlte ihnen selbst der Chef. Nur der *Inkageneral Rumiñahui* vermochte noch ein paar Jahre lang gegen die Spanier eine Art Guerillakrieg zu führen, verlor ihn aber, da sich die wenigen Spanier mit den *Cañaris* verbündet hatten.

Die Kolonialzeit dauerte fast 300 Jahre. Für die weißen Herren war es eine verhältnismäßig ruhige Zeit, für die indianische Bevölkerung begann der leidvolle kulturelle und physische Untergang. Zu Beginn des 19. Jahrhunderts begann es wieder zu beben. Die ersten Unabhängigkeitsbewegungen nahmen ihren Anfang. 1809 beschlossen einige Herren der oberen Gesellschaftsschichten, die unabhängige Republik auszurufen. Das Volk selbst wußte nichts davon, es war eine reine Palastrevolution. Es sollte noch 13 Jahre dauern, bis am 24. Mai 1822 bei Pichincha die letzte spanische Truppe von den republikanischen Kämpfern besiegt wurde.

Festtagskalender

Von den zahlreichen religiösen, politischen und folkloristischen Festen hier ein Überblick über die wichtigsten: Anfang Januar wird in der Sierra der *Dreikönigstag* gefeiert. Der Februar steht im Zeichen des *Karnevals*. Jung und alt spritzen sich gegenseitig mit Wasser aus Eimern und mit wassergefüllten Lufballonen an. In Ambato wird im Februar das *Blumen- und Früchtefest* gefeiert. Dem *Zucker* ist in Ibarra vom 2. bis 3. März ein Fest gewidmet und dem *Pfirsich* vom 4. bis 10. März in Gualaceo bei Cuenca. Die *Karwoche* findet im März oder April statt. Am 24. Mai wird in Quito der *Schlacht von Pichincha* gedacht, in der Südsierra finden zu Ehren der heiligen *Jungfrau Maria* zahlreiche Prozessionen statt. *Corpus Christi* kann auf Mai oder Juni fallen. An der Wintersonnenwende am 21. Juni ist im ganzen Land *Erntedankfest*. Die *Virgen del Carmen* steht in der zweiten Julihälfte im ganzen Land im Mittelpunkt von Festen, Guayaquil feiert die *Woche von Guayaquil* ab dem 25. Juni. *National-*

◀ Inkaruine von Ingapirka bei Cuenca

feiertag ist der 10. August, man hängt gleich ein paar Feiern zu Ehren von Heiligen an. In und um Otavalo gehen vom 2. bis 15. September einige *Folklorefeste* über die Bühne. Nach mehreren religiösen Feiern im Oktober trifft man sich am *2. November* zu Speis und Trank und im Gedenken an die Toten auf den Friedhöfen. An diesem Tag wie auch an Weihnachten sind fast alle Geschäfte geschlossen, an allen übrigen Feiertagen kaum. Vom 1. bis 6. Dezember feiert Quito seine *Gründung* mit Stierkämpfen, Paraden und allem Drum und Dran. *Weihnachten* und *Silvester* werden unter heißer Äquatorsonne gefeiert.

Literatur

■ **Fritz Trupp:** Die letzten Indianerkulturen Südamerikas, Wörgl: Perlinger Verlag 1981. Wunderschöner Bildband, kurze Texte über die bekanntesten Indianerstämme Südamerikas.

■ **Brigitte und Rüdiger May:** Ecuador und Galapagosinsel, Pforzheim: Goldstadtverlag. Geeigneter Reiseführer für Autofahrer, zahlreiche Kilometerangaben.

■ **Francisco Terán:** Geografía del Ecuador, Quito: Libresa 1980. Ausführliches Geographiebuch.

■ **Rob Rabchowiecki:** Climbing and Hiking in Ecuador, Bucks: Bradt Enterprise 1982. Alle Trecks und Gipfelstürme genau und zuverlässig beschrieben.

■ **Brian Fawcett:** Die Andenbahnen, Zürich: Orell Füssli 1967. Nostalgischer Rückblick auf eine Zeit, da die Bahn in hohem Kurs stand.

■ **Maximilien Bruggmann (Hrsg.):** Die Anden, Luzern: Bucher 1977. Großformatiges Buch mit Text- und Bildbeiträgen über die Anden.

■ **Karl Dieter Gartelmann:** Digging up prehistory, Quito: Libri Mundi 1986. Sehr schönes Buch, leicht geschriebener Überblick zur Geschichte Ecuadors.

Quito

2816 m ü. M., 1.2 Mio. Einwohner. Quito teilt sich in einen Nord- und einen Südteil. Im Süden liegt das alte koloniale Zentrum. Im Norden der Stadt hat sich ein großer Teil der öffentlichen Verwaltung niedergelassen, da gibt es teure Hotels und viele Restaurants und breite Avenidas, hier sitzen die Botschaften, Fluggesellschaften und viele Handels- und Dienstleistungsunternehmen.

Die heutige Landeshauptstadt war schon vor der Inkazeit die Hauptstadt der *Cara-Indianer* und unter dem Inka *Huayna Capac* das zweite Verwaltungszentrum Ecuadors nach Tomebamba (dem heutigen Cuenca). Da der Inkageneral *Rumiñahui* die Stadt auf der Flucht vor den spanischen Eroberern vollkommen zerstörte, sucht man vergeblich nach Inkaruinen.

Neben den kolonialen Baudenkmälern verfügt Quito über eine stattliche Zahl von Museen. Wenige Kilometer nördlich der Stadt weist ein großes Denkmal darauf hin, daß Ecuador am Äquator liegt. Die Stadt ist auch Ausgangspunkt für ein Trekking zum **Vulkan Pichincha**. Aufgrund seiner Höhelage bewahrt sich Quito das ganze Jahr hindurch ein mildes und trockenes Klima.

Unterkunft

Im alten Stadtteil:

Hinweis: In der Quito-Woche vom 1. bis 6. Dezember ist es schwierig, ein freies Hotelzimmer zu bekommen.

■ **Hotel Cantábrico** *, Maldonado 2800. Einfache, saubere Zimmer ohne Bad zu 2.5 $.

■ **Hotel Indoamérica** *, Maldonado 3022/Ecke Fco. Quijano, Tel. 51 50 94. Freundlich. Saubere, mittelgroße Zimmer. Dachterrasse. DZ ohne Bad 4 $, mit Bad 6 $. Empfehlenswert.

■ **Unser Tip! Grand Hotel** *, Rocafuerte 1001/Ecke Ponton «Loma Grande», Tel. 21 01 92. Zentral, unweit der Plaza Santo Domingo und des Busterminals. DZ ohne Bad 3.5 $, mit Bad und Telefon 6–6.5 $. Alle Zimmer sind sehr sauber, sicher und haben Tageslicht. Es gibt eine gemütliche Frühstückscafeteria, einen Aufenthaltsraum mit TV und eine sonnige Terrasse.

■ **Hotel Grand Casino** *, García Moreno 330/Ecke Ambato. Dieses Hotel ist unter Globis weltberühmt. Mag sein, daß das mal berechtigt war, heute ist es ein heruntergekommener, schmutziger Laden, wo immer Wasserknappheit herrscht. DZ ohne Bad 3.5 $, mit Bad 5.5 $.

■ **Residencial Marsella** *, Los Ríos 2035/Espinosa, Tel. 51 58 84. Helle, einfache, saubere Zimmer, bequeme Betten zu 4 $ ohne Bad oder 5.5 $ mit Bad. Wäscheservice, Gepäckaufbewahrung, Kassenschrank und – sonnige Dachterrasse zum Briefe- oder Tagebuchschreiben.

■ **Hotel Auca** **, Sucre/Ecke Venezuela, Tel. 51 18 68. Das Hotel liegt zentral, alle Zimmer haben Fenster, Teppich, Schrank, Tisch und Telefon; TV extra. Empfehlenswert. Eigenes Restaurant. DZ mit Bad 9.5 $.

■ **Hotel Real Audiencia** ***,Bolívar 220/Guayaquil, Tel. 51 27 11. Die Zimmer sind sehr schön eingerichtet mit Farb-TV, Telefon, bequemen Betten und Holzdecke. DZ mit Bad 16.5 $–22.5 $ (Suite). Von der Bar hat man Sicht auf die Plaza Santo Domingo, im Casino kann man sein Geld ausgeben.

Im neuen Stadtteil:

■ **Residencial Lutecia** *, J. Washington 909/Ulpiano Paez, Tel. 23 40 24. DZ ohne Bad 4.5 $, 6.5 $. Ein sehr schönes Haus mit beeindruckendem Kronleuchter im Treppenaufgang, aber einfachen Zimmern.

■ **Unser Tip! Residencial Santa Clara** **, Gustavo Darquea Terán 1578/10 de agosto, in der Nähe des Santa-Clara-Marktes, Tel. 54 14 72.

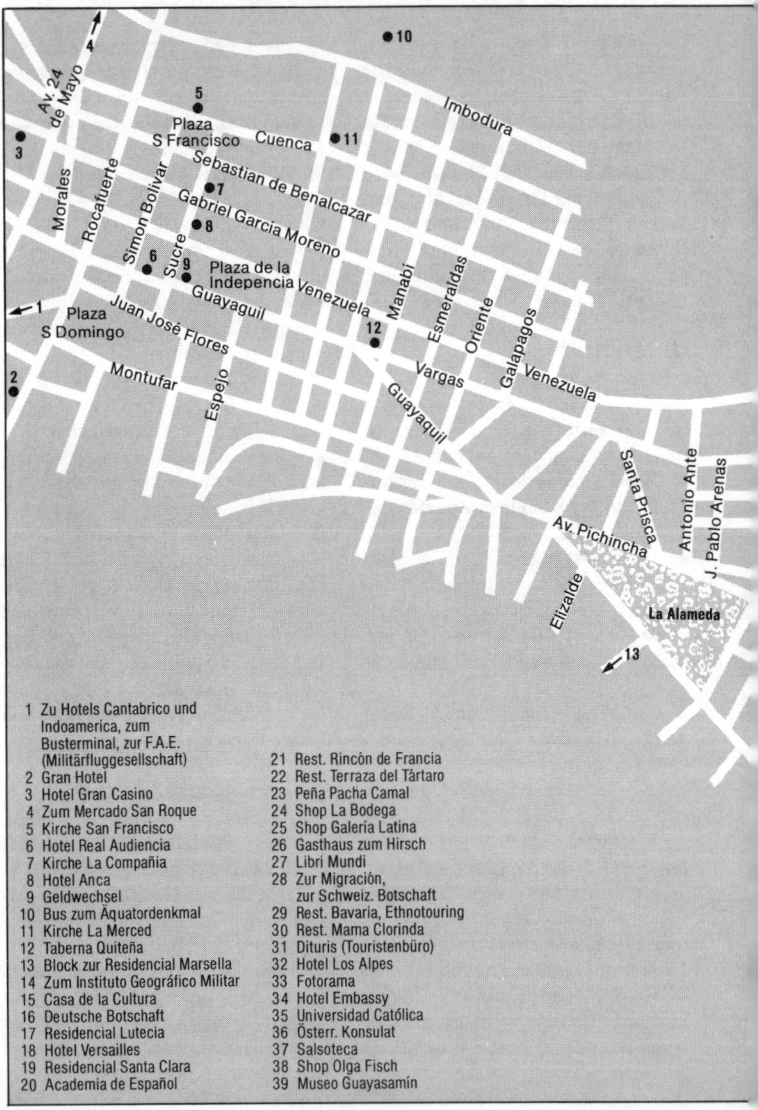

1 Zu Hotels Cantabrico und Indoamerica, zum Busterminal, zur F.A.E. (Militärfluggesellschaft)
2 Gran Hotel
3 Hotel Gran Casino
4 Zum Mercado San Roque
5 Kirche San Francisco
6 Hotel Real Audiencia
7 Kirche La Compañia
8 Hotel Anca
9 Geldwechsel
10 Bus zum Äquatordenkmal
11 Kirche La Merced
12 Taberna Quiteña
13 Block zur Residencial Marsella
14 Zum Instituto Geográfico Militar
15 Casa de la Cultura
16 Deutsche Botschaft
17 Residencial Lutecia
18 Hotel Versailles
19 Residencial Santa Clara
20 Academia de Español
21 Rest. Rincón de Francia
22 Rest. Terraza del Tártaro
23 Peña Pacha Camal
24 Shop La Bodega
25 Shop Galería Latina
26 Gasthaus zum Hirsch
27 Libri Mundi
28 Zur Migración, zur Schweiz. Botschaft
29 Rest. Bavaria, Ethnotouring
30 Rest. Mama Clorinda
31 Dituris (Touristenbüro)
32 Hotel Los Alpes
33 Fotorama
34 Hotel Embassy
35 Universidad Católica
36 Österr. Konsulat
37 Salsoteca
38 Shop Olga Fisch
39 Museo Guayasamín

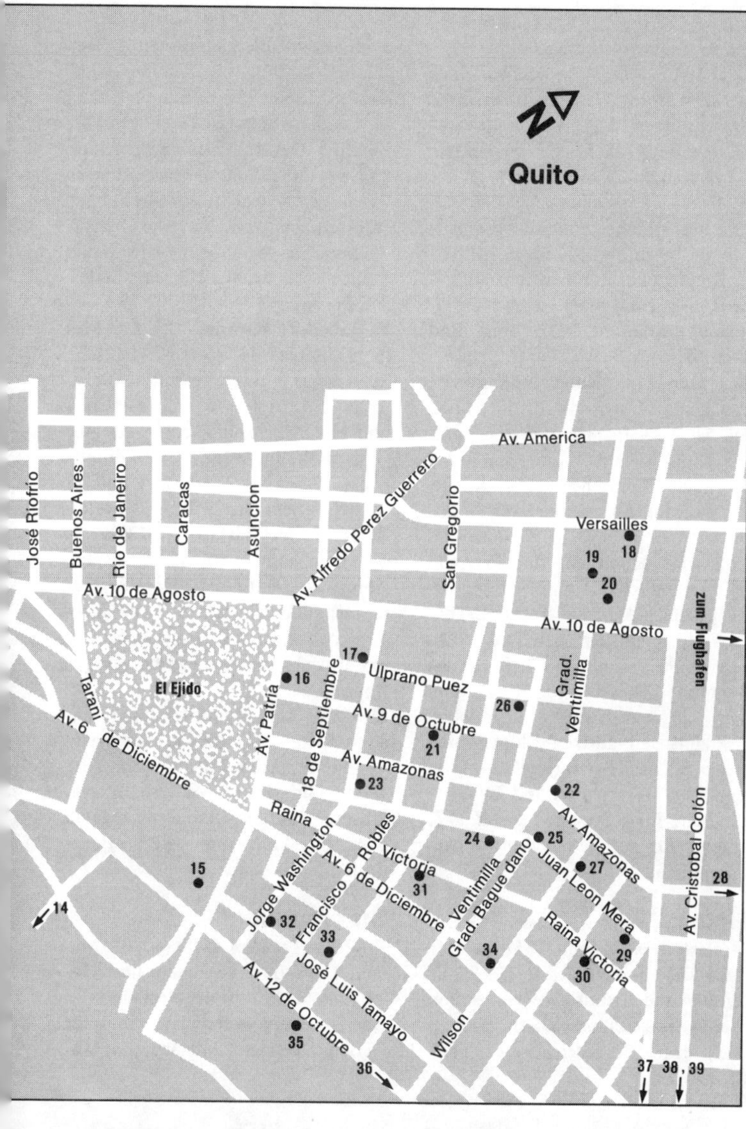

N
Quito
Av. America
José Riofrío
Buenos Aires
Rio de Janeiro
Caracas
Asuncion
Av. Alfredo Perez Guerrero
San Gregorio
Versailles
Av. 10 de Agosto
Av. 10 de Agosto
zum Flughafen
El Ejido
Tarani
Av. 6 de Diciembre
Av. Patria
18 de Septiembre
Ulprano Puez
Av. 9 de Octubre
Grad. Ventimilla
Av. Amazonas
Raina Victoria
Jorge Washington
Francisco Robles
Av. 6 de Diciembre
Ventimilla
Grad. Bague dano
Juan Leon Mera
Av. Amazonas
Av. Cristobal Colón
Raina Victoria
José Luis Tamayo
Av. 12 de Octubre
Wilson
14
15
16
17
18
19
20
21
22
23
24
25
26
27
28
29
30
31
32
33
34
35
36
37
38, 39

Ein zu einem Hotel umgebautes Herrschaftshaus mit großen, hellen Zimmern. Warmes Wasser gibt es ohne Unterbruch, und essen kann man auf Vorbestellung auch. TV im Entrée. DZ ohne Bad 7 $, mit Bad 8 $.

■ **Hotel Versailles ****, Versalles 1442/Marchena, unweit des Parque El Belén, Tel. 52 61 45. Mittelgroße, schöne Zimmer, mit Teppichen ausgelegt, immer Heißwasser, eigenes Restaurant. DZ mit Bad 8–8.5 $.

■ **Unser Tip! Hotel Embassy ****, Presidente Wilson 441/ de diciembre, Tel. 52 51 33. Es gibt in diesem ruhigen Haus sowohl Zimmer zu 16.5 $ als auch Wohnungen mit Küche, Kühlschrank Eßsaal und zwei Schlafzimmern zu 25.5 $. Die Zimmer sind groß und gemütlich, das Personal sehr freundlich. TV auf Wunsch gegen geringen Aufpreis. Ruhige Lage.

■ **Für Genießer: Hostal Los Alpes *****, Tamayo 233/Ecke J. Washington, Tel. 56 11 10. Klein, aber fein und wunderschön eingerichtet mit zum Teil antiken Möbeln und vielen Bildern. Es gibt mehrere Wintergärten. DZ mit Bad und TV 24 $. Die Suite für 4 Personen kostet 34 $. Eigenes Restaurant mit echt italienischer Küche.

Essen

■ **Restaurant Rincón de Francia**, C. Roca 779/ de octubre, Tel. 23 20 53. Mittags und abends geöffnet, Sa nur abends, So geschlossen. Sehr exklusiv und teuer, ausgezeichnetes Essen, doch es fehlt die Überraschung. Wer zulangt, kommt mit dem Wein immer noch unter 12 $ davon.

■ **Gasthaus zum Hirsch (*El Ciervo*)**, Ramírez Davalos 270/Páez, schick und gemütlich und ausgezeichnetes Essen. Zum Nachtisch: Salzburger Nockerl, eine wunderschöne Überraschung, sie benötigen eine halbe Stunde Zubereitung, frühzeitig bestellen. Preise um 4 $.

■ **Taberna Bavaria**, J. L. Mera 1238/Lizardo García, deutsche Speisekarte, gutbürgerliche Küche, nicht so raffiniert wie im Hirschen und ein klein wenig teurer. Es gibt Ochsenschwanzsuppe, Kalbsbratwurst, Schweizer Wurstsalat und so weiter. Gericht um 4.5 $.

■ **Terraza del Tártaro**, im 12. Stock des Hochhauses an der Ecke Av. Amazonas/Ventimilla. Das Restaurant ist außen nur am 12. Stock angeschrieben. Gut und preiswert bei toller Aussicht; unter anderem Fondue Bourguinon zu 6 $.

■ **Unser Tip! Mamá Clorinda**, Calama/Reina Victoria, geöffnet von 8–16 Uhr, keine Abendessen. Hier kann man wie bei Muttern futtern, umsorgt von der Familie der Mamá Clorinda. Preise um 1–2 $. Ecuadorianische Küche.

Unterhaltung

■ **Peña Taberna Quiteña**, C. Manabí/Guayaquil, gegenüber dem Hotel Romita. Ein großes Restaurant in einem Kellergewölbe, das nationale Gerichte serviert und wo am Wochenende zum Tanz aufgespielt wird.

■ **Peña Pacha Camac**, Jorge Washington 530/J. L. Mera. Folkloreshows jeweils Mi und Sa ab 22 Uhr. Gemütliche Sitze, große Tanzbühne.

■ **Salsoteca Seseribó**, Fco. Salazar/ Isabel la catolica, geöffnet von Do–Sa ab 22 Uhr. Die Stimmung kommt aber erst um Mitternacht auf. Kellergewölbe mit Pop art an den Wänden. Eintritt pro Person 1 $.

Shopping

■ **Unser Tip! Folklore Olga Fisch**, Av. Colón 260/Tamayo, Mo–Fr 9–19 Uhr, Sa 9–13 und 15–19 Uhr. Olga Fisch ist eine sehr freundliche *grand old lady*. Sie ist selbst Künstlerin und vereint traditionelle kunsthandwerkliche Motive mit modernem Design. Man findet bei ihr Schmuck, Textilien und Teppiche.

■ **Galería Latina**, J. L. Mera/Ventimilla, neben der Buchhandlung Libri Mundi. Offen von Mo–Sa 9.30–19.30 Uhr. Verkauft werden Schmuck, Keramik, Textilien, Otavalo-Kunsthandwerk und Antiquitäten.

■ **La Bodega**, J. L. Mera/Carrión, Mo–Fr 9.30–17.30, Sa 9.30–13.30 Uhr. Otavalo-Kunsthandwerk, Pullover, Teppiche, Kleider, Hüte, Keramik und Schmuck.

Was sonst?

■ Das **Touristenamt (Dituris)** ist im neuen Stadtteil an der C. Reina Victoria 514/Ecke Roca (offen von Mo–Fr 8–12 und 13–16 Uhr). Auch an der Plaza de la independencia im Bürgermeisteramt (gleiche Öffnungszeiten) und im Flughafengebäude gibt es einen Informationskiosk.

■ **Telefonamt (Ietel):** Im Busterminal. Im neuen Stadtteil ist ein Ietel-Amt an der Ecke Av. 6 de diciembre/ Colón, im Hotel Colón sowie im Flughafengebäude.

■ **Postamt (Correos)**, Ecke C. Benalcázar und Chile. Pakete bis 20 kg können ebenfalls hier abgegeben werden.

■ Gleich mehrere **Wechselstuben** nebeneinander befinden sich im alten Stadtteil an der C. Guayaquil/Ecke Sucre, gewöhnlich von Mo–Fr 9–16.15 Uhr geöffnet. Von Mo–Fr von 7–13 und 14–20 Uhr, Sa 9–13 und 15–18 Uhr und So 9–13 Uhr ist die Wechselstube im Hotel Colón (Av. Amazonas/Patria) geöffnet.

■ **Krankenhaus:** Einen sehr guten Ruf genießt die Privatklinik Vozandes, C. Vallalengua 263/Av. Americas, Tel. 24 15 40.

■ **Wäscherei:** Lavandería Centro, im Grand Hotel, C. Rocafuerte 1001/Pontón. Sehr zuverläßig und billig dazu.

■ **Stadtverkehr:** Ein Taxi vom alten in den neuen Stadtteil oder umgekehrt kostet weniger als 1 $. Die Taxen haben Taxameter, die Fahrer sind verpflichtet, ihn zu benutzen, auch nachts. Bei Problemen sind die Verkehrspolizisten sehr hilfsbereit. Nachts zahlt man rund 20 Prozent mehr, als der Zähler anzeigt.

Die meisten Lokalbusse fahren im alten Zentrum von der Plaza Santo Domingo los, im neuen Stadtteil von den Av. 12 de octubre, 10 de diciembre oder 10 de agosto. In die Nobelavenida Amazonas darf nur der doppelstöckige Bus hineinfahren; er fährt bis zum Flughafen. Eine Busfahrt von einem Stadtteil in den anderen dauert bis zu einer Stunde.

■ **Reiseagenturen:** Ethnotouring, J.L. Mera 1238/Lizardo García, Casilla 4770, Tel. 23 05 52, bekannt für die Leitung von Trekkings und Gipfelstürmen.

■ **Aufenthalt verlängern:** Problemlos von Mo–Fr von 8–12 und 15–18 Uhr in der **Migración** an der Av. Amazonas 2639/Ecke República.

■ **Botschaften und Konsulate:** Österreich: Av. La Coruña 12-24/San Ignacio, Tel. 23 96 60. Bundesrepublik Deutschland: Av. Patria/ de octubre, Edificio Eteco, Tel. 23 26 60/23 33 87. Schweiz: Av. Amazonas/Herrera, Edificio Xerox, Tel. 43 41 13.

■ **Instituto Geográfico Militar**, General Telmo Paz y Miño, geöffnet Mo–Fr 7–12 und 12.30–15 Uhr. Das Institut liegt hoch auf einem Hügel, zu erkennen an einem halbkugelförmigen Bau. Am Eingang muß man den Paß hinterlegen. Es gibt eine sehr große Quito-Karte und eine riesige Landeskarte, beide eher Souvenir denn Gebrauchsmittel. Zahlreiche weitere Karten vorhanden.

■ **Buchhandlungen:** Die bekannteste Buchhandlung ist **Librimundi** an der C. Juan Léon Mera 851/Wilson mit einer sehr großen Auswahl an englischen und auch einigen deutschen Titeln.

■ **Fotogeschäft:** Fotorama, V. R. Roca 231/Ecke Plaza. Hier kann man Kameras reparieren, Diafilme entwickeln lassen und Filme kaufen.

■ **Spanischkurse** in Einzelunterricht führt die **Academía de Español**, Marchena 130/10 de Agosto, Tel. 55 36 47. Beginnen kann man jederzeit, auf Wunsch wird Unterkunft bei einer Familie gewährt. Jede Woche werden die Lehrer ausgewechselt, so daß man verschiedene Dialekte und Akzente zu hören bekommt. Kosten für einen Monat (20 Tage) bei 7 Stunden täglich: 438 $, inklusive Unterkunft 698 $.

Eine Alternative bietet die **Universidad Católica,** Instituto de lenguas y linguística, Av. 12 de octubre/Carrión, Tel. 23 97 81. Die Kurse sind billiger (100 $ pro Monat), unterrichtet wird aber in Klassen von etwa 15–25 Schülern. Fixe Anfangsdaten, deshalb rechtzeitig schreiben und sich erkundigen.

Kirchen

■ **Iglesia de la Merced**, Calle Cuenca/Chile. 1701, nach dem Erdbeben von Quito, wurde der Grundstein gelegt. Im Inneren der Kirche mehrere holzgeschnitzte und goldverzierte Altäre sowie Gemälde, die historische Ereignisse und das Leben in Quito während der Kolonialzeit zeigen. Die Decke ist in maurischen Arabesken gehalten.

■ **Iglesia de San Francisco**, Plaza San Francisco. Eine der ältesten Kirchen Südamerikas, zwischen 1536 und 1605 erbaut. Barock mit viel Holzschnitzereien. Die vielen Gemälde im Inneren sind sehr schlecht zu erkennen, denn es ist sehr dunkel. Das **Museum** des Franziskanerklosters befindet sich rechts neben dem Haupteingang der Kirche. Offen von 9–10 und 15–18 Uhr.

■ **La Compañía de Jesús**, G. G. Moreno/Sucre. Nicht mit kurzen Hosen reingehen! Wieder einmal haben die Jesuiten an dieser Kirche ihren Reichtum dokumentiert. Kein Zentimeter, der nicht mit Gold und Schnitzereien bedeckt ist.

Museen

■ **Museo del Banco Central**, Av. 10 de agosto auf Höhe des Alameda Parkes, offen von Di–Fr 11–17.30, Sa/So 10–15 Uhr. Kostenlose Führung (auf Spanisch), falls am Vortag bestellt. Wenn man sich nur ein einziges Archäologiemuseum anschauen könnte, fiele es schwer, sich nicht für dieses zu entscheiden. Alle Ausstellungsobjekte sind genau beschrieben, die tote Keramik beginnt zu leben, man versteht, wie früher gelebt wurde, welche sozialen und organisatorischen Strukturen herrschten, welchen Stellenwert die Religion hatte. Es gibt auch eine kleine Goldschmucksammlung und im sechsten Stock ein kleines Museum für religiöse Kunst.

■ **Casa de la Cultura Ecuatoriana**, Av. 12 de octubre/Av. Patria, ein supermodernes, kreisförmiges Glasgebilde.

Im naturhistorischen Museum (ciencias naturales) sind die meisten in Ecuador vorkommenden Tiere entweder ausgestopft oder als Skelett ausgestellt. Auch eine Fisch-, Vogel- und Reptiliensammlung. Geöffnet von Mo–Fr 9–18, Sa 9–13 Uhr.

Das Kunstmuseum zeigt Kunst ab dem 19. Jahrhundert, aus den 1930er Jahren, lateinamerikanische Kunst, moderne, zeitgenössische Bilder und eine ethnographische Sammlung. Das Kunstmuseum ist von Di–Sa 9–18, So 10–14 Uhr offen.

Die Musikinstrumentensammlung beherbergt Instrumente aus allen Kulturepochen. Gleiche Öffnchen. Gleiche Öffnn Kulturepochen. Gleiche Öffnchen. Gleiche Öffnungszeiten wie im Kunstmuseum.

■ **Museo Guayasamín**, C. José Bosmediano 543, 1 km südlich des Carolina-Parks. Bus Nr. 3 von der Av. 6 de diciembre/Colón (Anschrift Bella Vista) fährt dorthin. Offen von Mo–Fr 9–12.30 und 15–18.30, Sa 9–12.30 Uhr. Guayasamín ist ein international bekannter, ecuadorianischer Künstler, das Museum der Guyasamín-Stiftung ist in seinem Privathaus eingerichtet. Eine Originalgrafik des Künstlers kostet 100–250 $. Im Garten viele Skulpturen. Der ausgestellte Schmuck bildet eine hervorragende Synthese moderner Goldschmiedkunst mit traditionellen indianischen Motiven.

Äquatordenkmal

Das bekannte **Äquatordenkmal**, ein phallusartiges Steinmonument, gekrönt von einem Globus, liegt nördlich der Stadt. Ein Taxi hin und zurück inklusive Wartezeit kostet 10 $. Lokalbusse (Aufschrift *Mitad del Mundo*) fahren ab Ecke C. Chimborazo/Mejía und benötigen eine Stunde.

Das Denkmal steht auf dem 0. Breitengrad (dem Äquator eben) und 78 Grad, 27 Minuten, 8 Sekunden westlich von Greenwich auf einer Höhe von 2483 m über Meer. Der Äquator ist übrigens keine fixe, unveränderbare Linie. Durch den Drall der Erddrehgeschwindigkeit liegt die Erdachse nicht immer starr in der gleichen Position, der Äquator bewegt sich deshalb in einer Spannbreite von 15 m. Zweimal im Jahr, an den Tag- und Nachtgleichen am 21. März und am 23. September, steht die Sonne punkt 12 Uhr mittags genau senkrecht über dem Äquator. Wer zu dieser Zeit dortsteht, wirft *keinen* Schatten!

Im Inneren des Monuments hat ein kleines, sehenswertes ethnographisches Museum von Mo–Fr 9–15 und Sa/So von 10–16 Uhr geöffnet.

Vulkan Pichincha

Von der Ecke der Avenidas Mariana de Jesús/Amazonas hat man eine hervorragende Aussicht auf den sehr einfach zu besteigenden Vulkan **Rucu Pichincha** (4689 m). Der erste Hügel links, auf dem eine Hütte steht, ist die **Cruz Loma**, rechts die **Loma de las antenas**. Hinter beiden Hügeln liegt jeweils ein zweiter Hügel. Zwischen diesen wiederum, aber nach hinten versetzt, erhebt sich der Gipfel des Rucu Pichincha.

Am einfachsten zu finden ist der Aufstieg ab **Mercado San Roque** im alten Zentrum am Ende der Avenida 24 de mayo: einfach die Starkstromleitung entlang in der Fallinie etwa 2 Stunden aufwärts bis zum Hügel Cruz Loma, auf dem eine kleine Hütte und ein großer Antennenmast der Armee stehen. Man kann auch die Camioneta-Chauffeure am Markt anfragen, ob sie bereit seien, einen raufzufahren. Preis: 10–15 $, je nach Anzahl Passagiere.

Von der Cruz Loma aus geht man in nordwestlicher Richtung auf einem schmalen, aber gut sichtbaren Gratweg weiter hoch bis zu einer einzementierten Steinpyramide (1 Std.). ½ Stunde später mündet von rechts der Weg von der Loma de las antenas ein (siehe unten). Wenig später hat man die Wahl: eine Felswand hochklettern oder rechts um den Felsen weitertrekken. Unbegleitete Anfänger sollten diese Alternative wählen.

Nimmt man den Weg rechts um die Felsen, erreicht man nach 30 Minuten einen steilen, sehr losen Sandhang, den man im Zickzack hinaufgeht, was sehr anstrengend ist. 30 Minuten danach ist man am Kraterrand und genießt die Aussicht auf das Kraterinnere und die nördlichen Gebirgsformationen. Von hier sind es nur noch 15 Minuten leichter und gefahrloser Kraxelei (links halten) bis zum höchsten Punkt.

Zurück geht es schnell: In nur 40 Minuten ist man an der Kreuzung der beiden Wege von Cruz Loma und Loma de las antenas. Als Alternative zum Hinweg wählen wir die linke Weggabel und erreichen etwa ½ Stunde später die Loma de las antenas, so benannt wegen der Vielzahl der Antennen, die den Hügel säumen. Möglichkeit, per Autostopp hinunter in die Stadt zu fahren. Allerdings fahren nur sehr wenige Autos hierher, denn auf halber Strecke versperrt seit einiger Zeit ein Gitter die Weiterfahrt.

Der Treck bietet keinerlei Schwierigkeiten und ist für alle, die zum ersten Mal so hoch hinauswollen, machbar. Mitnehmen: gute Turnschuhe oder leichte Wanderschuhe, volle Wasserflasche (kein Wasser unterwegs), warme Kleider und Regenschutz.

Präsidentenparty

Während einer Reise trifft man Menschen aus allen Gesellschaftsschichten, eher selten wird man aber dem Präsidenten persönlich begegnen. Als Entschädigung dafür der Bericht unserer Leserin *Barbara Kovar* aus München:

«Vier Wochen nach meiner Ankunft in Quito erklärte mir mein Gastgeber, ich solle ihn zu einem Empfang des Präsidenten in seiner Hacienda begleiten. Drei Tage später fand er statt. Ich steckte mich in mein allerschickstes Kostüm, das ich in Deutschland nach vielem Hin und Her doch noch in den Koffer gepackt hatte. Von Quito ging es zwei Stunden Richtung Süden, bis wir schon von weitem ein großes Aufgebot der *Guardia Civil* erblickten. Durch drei Sicherheitskontrollen hindurch, die wir zügig, aber dennoch ziemlich genervt über uns ergehen ließen, erreichten wir eine Milchpulverfabrik, unser erstes Ziel.

Überall standen Gorillas von Leibwächtern herum, jeder mit einer dunklen Sonnenbrille, obwohl der Himmel bewölkt war und es eher nach Regen aussah. Der Präsident war natürlich noch nicht da, und so wurde ich irgendwelchen wichtigen und weniger wichtigen Leuten vorgestellt.

Nach einer halben Ewigkeit Händeschütteln und Lächeln landet «León» (der ehemalige Präsident *León Febres Cordero*) in seinem Hubschrauber. Sofort kommt Leben in die Gorillas, und mit gezückten Maschinenpistolen und Fingern am Abzug schwirren sie wie von der Tarantel gestochen durch die geladenen Gäste, um vielleicht doch noch einen getarnten Terroristen zu entdecken. Der Präsident hält eine Begrüßungsrede, und danach reden irgendwelche Minister über landwirtschaftliche Themen.

Die Damenwelt war kaum vertreten, und so hatte ich nach einiger Zeit das Problem mit der Suche nach dem stillen Örtchen. Ich öffnete die erstbeste Türe und sah mich gleich von drei Gorillas umzingelt, die mit der Pistole auf mich zielten. Nach längerer Diskussion und Fürsprache meines Gastgebers konnten wir sie überzeugen, daß ich nur ein menschliches Bedürfnis stillen wollte und nicht dem Präsidenten nach dem Leben trachtete.

Nach ewig dauernden Reden ging es im Autokonvoi, das Präsidentenauto vorne, wieder durch Sicherheitskontrollen hindurch und durch eine lange wunderschöne Eukalyptusbaumallee zur 200jährigen Hacienda meines Freunds. Dort erwarteten uns viele Campesinos in ihren Trachten, die dem Staatschef ihre Anliegen vortragen wollten.

Die Damen war inzwischen eingetroffen und saßen in der neuesten amerikanischen und französischen Mode im Kaminzimmer des Hauses, das mit wunderschönen Möbeln und Bildern ausgestattet war. Mehrere Kellner gingen herum und reichten Whisky, mit Wasser, mit Cola oder pur. Nichtalkoholische Getränke mußte man sich in der Küche selbst holen. Jetzt begrüßte der Präsident jeden einzeln. Auch ich wurde ihm vorgestellt, und man empfahl mir danach, meine Hand nie mehr zu waschen (was ich dennoch tat). Da León ein vielbeschäftigter Mann war, flog er bald wieder ab, und der Haciendabesitzer bat die Gesellschaft zu Tisch.

Nach der Schlacht am Buffet, das mit bunten Spezialitäten aus der Region angerichtet war, setzten wir uns an die dekorierten Tische im Patio des Gebäudes. Eine Gesangsgruppe untermalte das Essen mit Liedern der Gegend. Der Whisky floß in Strömen, und die Stimmung wurde immer besser, es kam Leben in die bisher eher spröden Großgrundbesitzer. Sie machten viele Witze, es wurde viel getanzt und viel gesungen. Als ich todmüde und ziemlich spät in mein Bett sank, war ich ein wenig stolz. Schließlich passiert es nicht alle Tage, beim Präsidenten eingeladen zu werden.»

Weiterreise

Per Bahn:

Der **Bahnhof Chimbacalle** liegt auf 2777 m Höhe und befindet sich unterhalb des Busterminals an der Calle Maldonado/Sincholagua. Es gibt zurzeit nur eine Verbindung nach **Riobamba**, 220 km. Möglich aber, daß die Verbindung nach **Guayaquil** (genauer nach **Durán**, 452 km) bald wieder aufgenommen wird oder bereits in Betrieb ist. Auf dieser Strecke käme man an der Teufelsnase zwischen Alausí und Sibambe vorbei, Siehe auch Seite 104.

Statt mit dem öffentlichen Schienenbus (*autocarril*) nach Ríobamba zu fahren (täglich 15 Uhr ab, Ticketverkauf ab 7 Uhr), kann man sich in einen Luxuswagen der *Metropolitan Tours* (Sa, 7 Uhr) setzen. 2-Tagespaket inklusive eine Übernachtung 121 $.

Per Bus:

Der **Busterminal** (*Terminal Terrestre Cumandá*) steht an der Calle Maldonado, zehn Minuten zu Fuß von der Plaza Santo Domingo im alten Zentrum. Es gibt mit allen Landesteilen häufige Verbindungen. Neuerdings fahren auch die Busse in den Landesnorden von diesem Terminal ab. Außer an Feiertagen und am Wochenende braucht man nicht vorzubuchen. Jede Busgesellschaft hat einen eigenen Schalter. Diese sind zusätzlich mit dem Namen der Provinz, in die die Reise geht, beschriftet. Ein Taxi vom Terminal oder Bahnhof zu einem Hotel im Zentrum kostet ½ – 1 $, in den neuen Stadtteil 2 $.

■ Nach **Otavalo** 1½ Std., 0.8 $, nach **Ibarra** 2½ Std., 1 $ und nach **Tulcán** 5 Std., 2 $. Die häufigsten Verbindungen nach Otavalo führt *Transp. Otavalo*.

■ Nach **Latacunga** gibt es Busse alle 10 Minuten (1½ Std., 1 $).

■ Nach **Saquisilí** bei Latacunga fährt am Do (Markttag) ab 5 Uhr jede halbe Stunde ein Bus der *Coop. Nacional Saquisilí*, sonst zweimal täglich am Morgen und am Abend (1½ Std., 1 $). Häufigere Verbindungen gibt es ab Latacunga. Nach *Pujilí*, ebenfalls in der Nähe von Latacunga, täglich mit *Transp. Pujilí* (2 Std., 1 $)

■ Viele Verbindungen nach **Ambato** (2½ Std., 1.5 $) und **Ríobamba** (3½ – 5 Std., 1.5 $). Über Ambato und Ríobamba nach **Alausí**, Ausgangspunkt für die Bahnfahrt um die Teufelsnase, fährt *Trans. Alausí* (5 Std., 2.5 $).

■ Nach **Cuenca** 9 – 11 Std., 4 $.

■ Nach **Loja** (18 Std., 5 $) im Süden der Sierra hat *Coop. Loja* eine Verbindung, die sogar weiter an die peruanische Grenze bei **Macará** fährt. Nach Loja über Machala fährt *Transp. Santa*.

■ In den Nordoriente nach **Puyo** 6 Std., 2½ $, nach **Tena** 8 Std., 2 $. Diese Fahrt führt jeweils über Ambato und **Baños** (3 Std., 1.5 $).

■ In den Nordoriente über **Papallacta** und **Baeza** nach **Lago Agrio** und nach **Coca** 9 bzw. 19 Std., 4.5 bzw. 5 $.

■ Nach **Santo Domingo** 2½ – 4 Std., 1 $.

■ Nach **Guayaquil** (6½ – 8 Std., 3 $) Busse bis 23 Uhr. Die Busse fahren über Santo Domingo und **Quevedo/Babahoyo**; wer über **Quevedo/Daule** will, muß in Santo Domingo oder Quevedo umsteigen.

■ Nach **Machala** 10 Std., 4 $ und **Huaquillas** an der peruanischen Grenze 12 Std., 4.5 $.

■ An die Nordküste, nach **Esmeraldas** 6½ Std., 2.5 $.

■ An die Nordküste nach **Bahía de Caráquez** (8½ Std., 3 $) gibt es Busse mit *Reina del camino*, die auch nach **Chone, Portoviejo** und **Manta** (9 Std., 3.5 $) fährt. Nach Manta auch mit *Array*.

Per Flug:

Quito hat einen internationalen Flughafen und Verbindungen mit

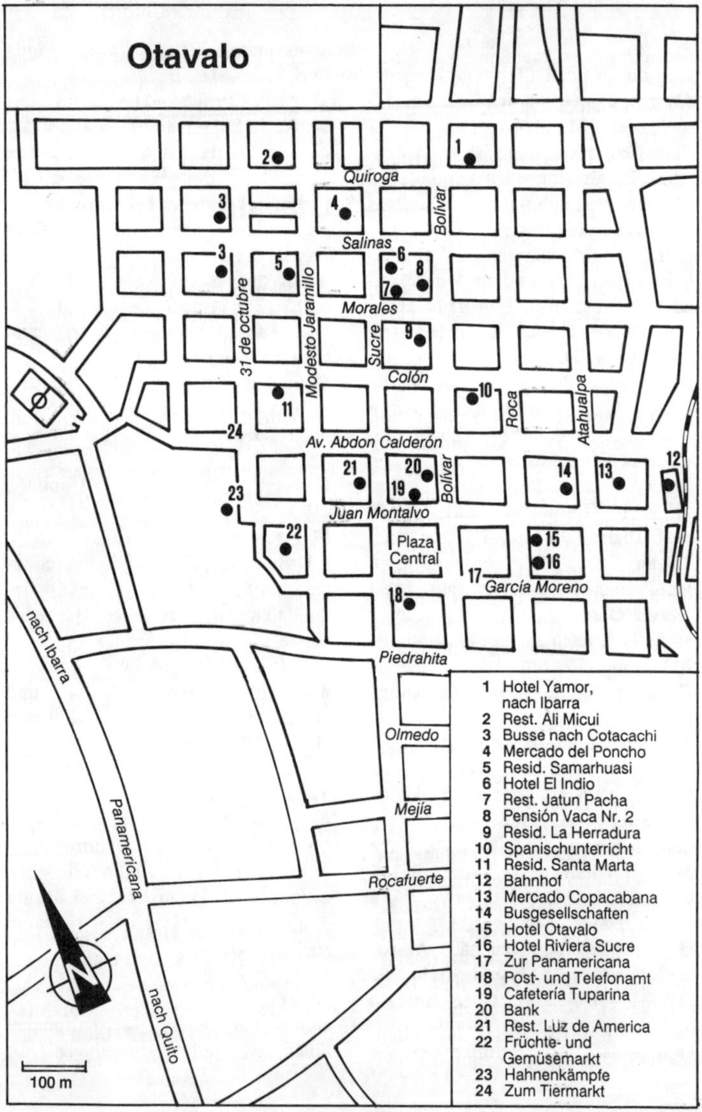
Otavalo
Quiroga
Salinas
Morales
Colón
Av. Abdon Calderón
Juan Montalvo
García Moreno
Piedrahita
Olmedo
Mejía
Rocafuerte
31 de octubre
Modesto Jaramillo
Sucre
Bolívar
Roca
Atahualpa
Plaza Central
nach Ibarra
Panamericana
nach Quito
100 m
N
1 2 3 3 4 5 6 7 8 9 10 11 12 13 14 15 16 17 18 19 20 21 22 23 24
1 Hotel Yamor, nach Ibarra
2 Rest. Ali Micui
3 Busse nach Cotacachi
4 Mercado del Poncho
5 Resid. Samarhuasi
6 Hotel El Indio
7 Rest. Jatun Pacha
8 Pensión Vaca Nr. 2
9 Resid. La Herradura
10 Spanischunterricht
11 Resid. Santa Marta
12 Bahnhof
13 Mercado Copacabana
14 Busgesellschaften
15 Hotel Otavalo
16 Hotel Riviera Sucre
17 Zur Panamericana
18 Post- und Telefonamt
19 Cafetería Tuparina
20 Bank
21 Rest. Luz de America
22 Früchte- und Gemüsemarkt
23 Hahnenkämpfe
24 Zum Tiermarkt

den wichtigsten lateinamerikanischen Städten sowie nach Übersee. Ein Taxi vom Flughafen in den Nordteil der Stadt kostet 1.5 $, ins alte Zentrum 2.5 $. Inland- und Auslandflüge kann man in fast jeder Reiseagentur buchen, von denen es an der Avenida Amazonas nur so wimmelt.

■ *Saeta* fliegt nur zwischen Quito und **Guayaquil** (13 $) und hat unter anderem Büros an der Ecke C. Guayaquil 1228/Olmedo im alten Stadtteil und an der Ecke Santa María/ Amazonas im neuen Stadtteil.

■ Die Gesellschaft *San* fliegt nur nach **Cuenca** (15 $), **Guayaquil** und dreimal wöchentlich nach **Galapagos** (hin und zurück 367 $. Achtung: Landung auf der Insel San Cristóbal; Ausgangspunkt für selbstorganisierte Galapagostouren ist aber die Insel Santa Cruz). Büros im alten Stadtteil an der gleichen Adresse wie *Saeta*. Im neuen Stadtteil unter anderem an der Av. Colón 535/ de diciembre.

■ Die größte Fluggesellschaft ist *Tame*, eine Mischung aus ziviler und militärischer Fluglinie. Flüge nach **Guayaquil, Salinas** (16.5 $), **Cuenca, Esmeraldas** (9 $), **Portoviejo/Manta** (12.5 $), **Tulcán** (7.5 $), **Loja** (21.5 $), **Galapagos** (Landung auf der Insel Baltra, von hier Transfer per Bus zur Insel Santa Cruz), **Bahía de Caráquez** (10.5 $) sowie in den Oriente nach **Lago Agrio** (8.5 $), **Coca** (8.5), **Macas** (9 $) und **Tarapoa** (9.5 $). *Tame*-Büros an der C. Manabí 635/Venezuela im alten Stadtteil, an der Av. Colón/Rábida (Edificio Ave María) in der neuen Stadt. Die Flüge nach Loja, Galapagos und Salinas machen in Guayaquil Zwischenlandung.

Otavalo

2556 m ü. M., 21 400 Einwohner.

Die meisten Touristen kommen ins kleine und ruhige Otavalo, angezogen vom großen Kunsthandwerksmarkt, der jeden Samstag stattfindet. Wer auf Leder steht, besucht zusätzlich **Cotacachi**, wenige Minuten von Otavalo entfernt. In der näheren Umgebung von Otavalo liegen auch die **Lagune San Pablo** und die wunderschöne **Kraterlagune Cuicocho**.

Wer an Ostern in der Nähe ist, wird von der Andacht, mit der dieses religiöse Fest vor allem um die Lagune San Pablo gefeiert wird, tief beeindruckt. Das *Yamor-Fest* ist das größte Fest Otavalos und findet in den ersten beiden Septemberwochen statt, parallel dazu wird in Cotacachi das *Jora-Fest* gefeiert.

Unterkunft

Da am Samstag in Otavalo großer Markttag ist, sind am Freitag zur Mittagszeit die meisten Hotels schon ausgebucht.

■ Folgende vier Hotels kosten, DZ ohne Bad 2.5 – 3 $, sind einfach und sauber und alle etwa gleich gut: **Pensión Vaca Nr. 2 ***, Ecke Bolívar/Morales. **Residencial Samar-Huasi ***, Jaramillo/Salinas, wenige Schritte von der Plaza del Poncho. **Residencial Santa Martha** *, Av. Colón 704/31 de octubre, in Marktnähe. **Residencial La Herradura** *, Bolívar 1005, Tel. 92 03 04.

■ **Residencial Otavalo** *, C. Montavalo, ein halber Block von der Hauptplaza. Sehr freundlich, einfache, ruhige Zimmer. Am besten ist das Zimmer ganz oben, da hat man die Terrasse für sich allein. An der Recepción kann man Bücher tauschen. DZ ohne Bad 3 $.

■ **Hotel Riviera Sucre** *, Roca/García Moreno. Gringotreff, man spricht (ohne Garantie) deutsch, französisch, englisch, holländisch. DZ ohne Bad 4 $. Zimmer mit Sicht auf Innenhof oder die Dächer von Otavalo.

■ **Hotel Residencial El Indio** **, C. Sucre 12–14, Tel. 92 00 04. Die Zimmer ohne Bad kosten 4 $, was ein sehr guter Gegenwert ist, sie haben bequeme Betten und Teppich. DZ mit Bad 7.5 $, mit Farb-TV 12.5 $. Eigenes Restaurant mit *platos típicos*, lokalen Spezialitäten, geleitet von einer stattlichen Otavaleña.

■ **Hotel Otavalo** **, Roca 504, Tel. 92 04 16. DZ mit Bad 14 $, ohne Bad 8.5 $. Es gibt sowohl Zimmer im Hauptgebäude mit Blick auf einen geschlossenen Säulenhof als auch Zimmer mit Tageslicht im Annex. Drei Eßsäle in rot, gelb oder blau. Pizzas.

■ **Hotel Yamor Continental** **, Panamericana Norte, am Nordausgang von Otavalo, Tel. 92 04 51, Taxi unter 0.5 $ vom Zentrum. Das Hotel ist im Stil einer kolonialen Hacienda gebaut, mit einem schönem Patio, in dem ein Brunnen plätschert. DZ mit Bad 15 $. Es gibt dazu Bungalows für 6–15 Personen (30 $). In allen Zimmern Teppich und Farb-TV. Großer Speisesaal, wo manchmal Folkloregruppen spielen. Swimming-Pool für Nichtgäste 0.5 $.

Essen

Spezialitäten: *Llapingacho* sind Kartoffelstockplätzchen, im Öl gebakken, schmecken wundervoll. Als *fritada* werden gebackene oder gegrillte Schweinefleischstückchen bezeichnet, sie werden in großen Kupferpfannen zubereitet. *Locro* schließlich ist eine Käsesuppe mit Kartoffeln und Avocadostückchen.

■ **Unser Tip! Restaurant Ali Micuy**, an der Plaza del Poncho. Gutes Essen zu vernünftigen Preisen (1.5 $), aber unverändert langsamem Service. Rustikale Inneneinrichtung, Globitreff.

■ **Cafetería Tuparina**, Bolívar/Calderón, bietet Lokales. Die Kellner sind sehr unorganisiert, verwechseln und vergessen gerne, das Essen aber ist gut.

■ **Comedor Luz de America**, Sucre/Calderón, nicht angeschrieben. Der Besitzer hat die Devise: Billig verkaufen, mehr verkaufen. Die Kneipe ist dementsprechend immer knallvoll, hauptsächlich mit Otavaleños. Menü unter 1 $.

■ **Jatun Pacha**, Morales 410/Bolívar. Der Besitzer, ein Otavaleño, setzt sich für gerechtere Produktions- und Arbeitsformen auf dem Land ein und hat hier einen kleinen Naturprodukteladen eröffnet. Leider sind die Fruchtsäfte sehr dünn, das Vollkornbrot, das aus einem Waisenhaus in Quito stammt, sehr alt und die Portion Joghurt sehr klein. Deutlich überzahlt.

Was sonst?

■ **Telefonamt** und **Post** befinden sich an der Plaza Central im einstigen Bürgermeisteramt.

■ **Geldwechsel:** Die Banco del Pichincha ist gleichfalls an der Plaza (Calle Montalvo) und läßt sich ein großes Geschäft entgehen, denn sie hat am Samstag zu. Guter Wechselkurs in der Chifa Casa de Korea, García Moreno/Roca.

■ **Zulay Tours**, eine junge Reiseagentur, die interessante Programme bietet: etwa eine Tour zu den drei Lagunen **San Pablo, Cuicocha** und **Mojanda** (30 $ pro Gruppe). Oder: eine **soziologisch-ethnologische Tour:** Besucht werden Handwerker und Landwirtschaftskooperativen, Schulen und so weiter, 5–7.5 $ pro Person. Die Programme werden zusammen mit den Kunden besprochen und konzipiert. Auch Karten für die **Zugfahrt Ibarra–San Lorenzo** werden ohne Aufpreis reserviert.

■ **Spanischunterricht** erteilt der junge Lehrer *Marco Aurelio Barba Méndez*, C. Colón 311/Bolívar, nur nachmittags zu finden. Für Einzelunterricht verlangt er 2.5 $ pro Stunde, je mehr Schüler, desto billiger.

■ **Coliséo de gallos**, Hahnenkämpfe beginnen jeweils am Samstagnachmittag und dauern bis zum Abend. Die Glocke läutet, der Kampf beginnt, zwei wütende Hähne fliegen aufeinander los. Sie haben Sporen an den Fußgelenken, die sie aber kaum benutzen können, ihre Hauptwaffe bleibt der Schnabel. Der Kampf dauert so lange, bis ein Hahn halb oder ganz tot ist. Unter den Zuschauern sind fast nur Männer, darunter nur wenige Indianer.

Otavalo-Markt

Der bekannteste Markt Ecuadors breitet sich von drei Orten aus über die ganze Stadt hinweg. Der kleinste und stillste ist der Tiermarkt, **Mercado de animales**. Der Markt bietet einen guten Einblick in die Sozialstruktur des Hochlands: Indianische Frauen verkaufen meist Kleinvieh, Hühner und Schweine, weiße Männer und Mestizen verkaufen das Großvieh, Kälber, Kühe und Stiere. Der Markt befindet sich links von der Panamericana, außerhalb des Orts (Verlängerung der Calle Morales).

Der berühmteste Markt ist der **Mercado artesanal** auf der Plaza del Poncho im Ortszentrum. Tausende von Leuten, darunter überraschend wenige Touristen, treffen sich hier, um gewobene Textilien, Umhängetaschen, Teppiche, Gebrauchsschmuck, Kleider, Hüte und Sandalen zu kaufen und – um zu essen.

Der dritte Markt findet täglich statt, es ist der **Früchte-, Gemüse-**

und Lebensmittelmarkt. Am Samstag aber expandiert auch er.

Ein neuer Markt, der **Mercado Copacabana**, ist beim Bahnhof in Bau.

Die Otavaleños

Es gibt in Ecuador keinen Markt, an dem man nicht Otavaleños sieht. In der Kolonialzeit waren sie Zwangsarbeiter; als sie frei wurden, blieben sie bei ihren Leisten, der Webkunst, und sie sind heute auch im Ausland für ihre hochstehende Arbeit berühmt. Manche von ihnen wurden Unternehmer, beileibe nicht alle. Die Otavaleños gehören dennoch zu den wohlhabendsten Indianergruppen Südamerikas.

Sie haben es dabei verstanden, ihre kulturelle Eigenständigkeit zu bewahren. Zu erkennen sind Otaveleños überall (auch außerhalb von Otavalo) und unmißverständlich an ihren langen schwarzen Zöpfen, die Männer und Frauen gleichermaßen tragen. Die Männer tragen dazu einen breitkrempigen Hut, knielange, weiße Hosen, einen blauen Wollponcho und Sandalen, ein wenig mit den französischen Espadrilles vegleichbar.

Die Frauen tragen je nach Stand mit Brokat verzierte, weiße Blusen, die *mamachumbi*, einen langen, blauen Flanellrock, den *anaco*, einen breiten Stoffgürtel und wie alle Hochlandindianerinnen ein großes Tuch, in dem sie ihr Gepäck und ihr Baby tragen. Besonders auffallend ist ihre Kopfbedeckung, die aus einem blauen Schal besteht, dem *fachalino*, den sie «turbanartig» um ihr Haar wickeln. Der auffallende Schmuck besteht aus großen, oft silbernen Ohrgehängen, langen, roten Kunststoffperlen um die Handgelenke und einer langen «Goldperlenkette» um den Hals.

Wie keine andere Minderheit im Land haben es die Otavaleños verstanden, den Staat dazu zu bringen, seine Pflichten ihnen gegenüber wahrzunehmen. Sie haben von allen Indianern die niedrigste Analphabetenquote und die beste Gesundheitsversorgung.

Lagune San Pablo

Sie ist nur 4 km lang und keine 3 km breit, die Lagune San Pablo, wenige Kilometer südöstlich von Otavalo auf 2680 m über Meer. Eine Straße führt ganz um sie herum, zu Fuß benötigt man etwa 2–3 Stunden. Es gibt Lokalbusse der Gesellschaften *San Pablo* und *Lagos*, die bis zum Dorf **San Pablo** beziehungsweise bis **Arqaue**, 1 km weiter, fahren. Ihre Haltestellen sind beim neuen Copacabana-Markt in Bahnhofsnähe.

Um die Lagune liegen viele kleine Otavalodörfer, mit etwas Glück entdeckt man eine Werkstatt, in der Textilien gewoben werden.

■ Kurz vor dem Eingang zu San Pablo liegt rechts das **Hotel Cusín *****, eine alte Hacienda aus dem Jahr 1602: Restaurant, Bar, Pferde. DZ mit Bad zu 30 $. Nur von

Die Otavaleños und Otavaleñas (oben) sind weltweit für ihre Webkunst (unten) bekannt. ▶

Fr–So geöffnet. Reservation in Quito: Tel. 55 18 56.

■ Kurz nach Araque direkt an der Lagune stehen die **Cabañas del Lago** ***, Tel. in Quito 43 59 36. Eigenes Restaurant, Minigolfanlage, kleiner Zoo, Pferde, Bootsverleih. Holzbungalows: 13.5 $–14.5 $; Backsteinhäuschen 11.5 $, jeweils mit Kamin, rustikal eingerichtet.

Cotacachi

Das Dorf Cotacachi ist keine 30 Minuten von Otavalo entfernt. Lokalbusse fahren häufig von der Marktstraße 31 de octubre ab, direkt zum Dorf oder mit kurzem Umweg über **Quiroga**. Im Ort wimmelt es von Ledergeschäften, der Hauptgrund für einen Besuch. Verkauft werden große und kleine Taschen, Börsen, Jacken, Hemden und Gürtel.

■ **Hostal Cuicocha** **, 10 de agosto/Bolívar, im dritten Stock. DZ mit Bad, sauber und empfehlenswert zu 10 $.

■ **Hostería Mesón de las Flores** ***, Tel. 91 50 09, C. García Moreno/Sucre. Das Hotel ist ein altes Kolonialhaus, von den Zimmern im ersten Stock Blick auf den Blumengarten. DZ (etwas klein) mit Bad 19.5 $, Einzelzimmer 15.5 $, Suite 25.5 $.

■ **Für Genießer: Hostería La Mirage** ***, am Ende der 10 de agosto, links. Tel. 91 52 37. Das Hotel war eine Hacienda, mit Tennisplatz, Sauna (3 $), einen schönen Garten, Pferde (1.5 $ pro Stunde), Lamas, Vögel und Hunde. DZ 23.5 $.

Kraterlagune Cuicocha

Als ein Seitenkrater des Vulkans Cotacachi (4939 m) einstürzte, hinterließ er ein Loch (180 m tief soll es sein), das sich bald mit Schmelz- und Regenwasser füllte und zur Laguna Cuicocha wurde, 3064 m über Meer. Gehalten haben sich auch zwei kleine Inseln; diejenige links heißt Teodoro Wolf, die rechts Isal Yerovi. Die Lagune liegt in einer der schönsten Landschaften Ecuadors, ihr Besuch ist ein Muß.

Busse von Otavalo bis Quiroga (siehe oben, Busse nach Cotacachi). Von dort mit Taxi oder Pick-up zur Lagune (etwa 5–10 $). Kurz vor der Lagune steht ein Kiosk, wo man eine niedrige Eintrittsgebühr zahlen muß, denn die Lagune gehört zu einem Naturreservat. Die Parkwächter können dir den Weg erklären, falls du um die Lagune trecken möchtest (etwa 6 Stunden).

Weiterreise

■ Von und nach **Quito** (2 Std., 1 $) mit *Transp. Otavalo* und *Transp. Los Lagos* mehrmals täglich zwischen 4.30 und 18.30 Uhr.

■ Von und nach **Esmeraldas** (über Quito) an der Küste (8 Std., 3 $) fünfmal täglich mit *Los Lagos*. Reservation empfohlen.

■ **Von und nach Ibarra** (½ Std.) fahren *Transp. Otavalo, Transp. Cotacachi* und *Transp. 6 de julio*.

■ Direkte Verbindungen nach **Tulcán** gibt es nicht. Man fährt bis Ibarra und steigt dort um.

Ibarra

2204 m ü. M., 76 600 Einwohner.
Würde nicht von Ibarra aus der Zug nach San Lorenzo an der Küste fahren, zöge es nur wenige Touristen hierher. Die Stadt besteht aus einem lebhaften Teil rund um den Bahnhof im Südosten und einem ruhigen Teil, dem eigentlichen Zentrum der Stadt weiter westlich. Der Busterminal liegt zu Fuß eine halbe Stunde vom Zentrum entfernt, der Bahnhof etwa 10 Minuten.

Sehenswürdigkeiten gibt es kaum, doch ist das gesamte Stadtbild an sich ganz hübsch. Im Januar 1988 gingen Berichte durch die ecuadorianische Presse, wonach der Hausangestellten *Ismenia Majilla* das Bildnis der Jungfrau Maria in einem Weidenbaum erschienen sei. Der Pilgerstrom schwoll danach über Nacht auf mehrere tausend Fromme pro Woche an.

San Antonio ist ein kleiner Ort, wenige Kilometer südlich von Ibarra, bekannt für seine Holzschnitzkünstler. Verkauft werden geschnitzte Betten, Schränke, aber auch Kleinkunst wie der Don Quijote, Campesinos, Christusstatuen, Madonnas, nackte Mädchen, Teller, Schalen und so weiter.

Unterkunft

■ **Residencial Colón** *, Narvaez Cr. 12/Mariano Acosta. Einfache Zimmer um einen ruhigen, sonnigen, bepflanzten Innenhof. Empfehlenswert. DZ ohne Bad 4 $, mit Bad 5 $.

■ **Hotel Imbabura** *, Miguel Oviedo/Sanchez y Cifuentes. Einfache Zimmer um einen Innenhof, in dem ein Brunnen plätschert und ein Ara-Papagei lebt. Der Besitzer zeigt gerne eine Diashow über die Provinz Imbabura, und auch seine Privatbibliothek darf benutzt werden. DZ ohne Bad 3 $.

■ **Residencial Majestic** *, C. Olmedo, ein halber Block vom Parque de la Merced in «Chinatown». Sehr unterschiedliche Zimmer, gut sind diejenigen mit Sicht auf die Straße. DZ mit Bad 4–4.5 $.

■ **Residencial Imperio** **, ebenfalls in der C. Olmedo, eineinhalb Blöcke von der Plaza. Das Hotel war bei unserem Besuch im Umbau, es gibt Zimmer im alten und neuen Teil zu 6 $, alle mit Bad, Teppich, sehr gemütlich. Preiswert. Neu mit Sauna, Dampfbad und kleinem Swimming-Pool, alles ohne Preisaufschlag.

■ **Hotel Ajaví** ***, zwischen Bahnhof und Busterminal an der Av. Mariano, Tel. 95 15 55. Trotz der Lage an der Hauptverkehrsader sind die Zimmer sehr ruhig, da sie alle nach hinten auf einen Swimmingpol blikken. Es gibt Sauna, Restaurant und ein Volleyballfeld. DZ mit Bad und TV 22 $.

Essen

■ Die Calle Olmedo ist Ibarras «**Chinatown**», gleich mehrere Chifas befinden sich hier. Das Essen schien uns in allen etwa gleich gut.

■ **Marisquería La Gaviota**, Sanchez y Cifuentes, am Parque de la Merced. Eine nett eingerichtete Fischkneipe, empfehlenswert.

■ **Restaurant La Estancia**, C. García Moreno, am Parque la Merced, täglich geöffnet. Das rustikal eingerichtete Restaurant soll langsam zu einem Kulturzentrum werden, ein Ort der Begegnung, wo Dichterlesungen, Theatervorstellungen, ein Museum mit vorkolumbianischer Keramik und eine Kunsthandwerk-Werkstatt untergebracht sind. Die Besitzer wörtlich: «Es freut uns, auf Fragen zu unserer Kultur, zu unserem Leben, zu unserer Realität zu antworten.»

Was sonst?

■ **Touristenamt (Dituris):** Im Consejo provincial, Flores 314.

■ **Telefonamt:** In der C. Sucre, ein halber Block vom Parque Pedro Moncayo.

■ **Postamt:** Flores/Bolívar, ein paar Schritte vom Parque Pedro Moncayo Richtung Parque de la Merced.

■ **Öffentliches Schwimmbad:** Der Pool des Colegio Sanchez y Cifuentes ist jeweils Sa/So von 9–16.30 Uhr geöffnet. Das Wasser ist frisch, das Becken 25 m lang. Empfehlenswert.

■ **Peña de los Males**, Av. Acosto, 150 m vom Bahnhof entfernt. Vorstellungen Do und Fr.

La Esperanza

Wer einen Ausflug aufs Land machen möchte, kann beispielsweise nach La Esperanza fahren, ein kleines Dorf, wenige Kilometer südlich von Ibarra. Busse fahren bis 20 Uhr von der kleinen Plaza an der Ecke C. Juan Atabalipa/Rafael/Andrade in weniger als einer halben Stunde hin. Im Dorf gibt es zwei Übernachtungsmöglichkeiten, im **Restaurant María** * und im **Genießerhotel Casa Aida** *, DZ ohne Bad 2 $. Ausgezeichnetes Essen auf Vorbestellung, sehr freundliche Besitzerin. Die Zimmer sind sehr einfach, mit Blick auf die sanften Hügellandschaften von La Esperanza und einen Garten.

Hinweis: Kleine Buben bieten euch *magic mushrooms* (*hongos*) an, die in der Gegend wild wachsen. Eine Bitte: Nehmt sie nicht in der Casa Aida ein, die Besitzerin hatte deswegen schon mehrmals Scherereien mit der Polizei.

Weiterreise

■ Von und nach **Otavalo** im Süden und von und nach **Tulcán** im Norden häufige Verbindungen.

■ Es gibt auch Busse von und nach **Guayaquil, Santo Domingo, Esmeraldas** und **Cuenca**. Sie fahren alle über Quito, ohne aber in die Hauptstadt hineinzufahren.

■ Von **San Lorenzo** an der Küste fährt täglich ein Schienenbus um 7 Uhr ab. Ticketverkauf offiziell erst am Abfahrtstag. Unbedingt versuchen, ein Ticket am Vortag zu reservieren oder gar zu kaufen, denn die Nachfrage nach Karten ist sehr groß. Da wir die Strecke in umgekehrter Richtung gemacht haben, bringen wir die Beschreibung auf Seite 152.

Tulcán

3001 m ü. M., 40 400 Einwohner.
Tulcán ist die letzte ecuadorianische Stadt an der kolumbianischen Grenze. Von Ibarra bis hierher sind es nur 2 Stunden, von Quito nur 5 Stunden. Der Río Carchi, der in Kolumbien Río Guaitará heißt, bildet die Landesgrenze. Tulcán ist die am höchsten gelegene Stadt Ecuadors. Die niedrigsten Punkte in der Grenzprovinz Carchi, deren Hauptort Tulcán ist, sind **Chota** (1536 m) und **Juncal** (1646 m). In beiden Orten leben fast ausschließlich Schwarze.

Die Stadt zieht sich über mehrere Kilometer hin. Der Busterminal liegt etwa 3 km von der Plaza Central. Von dort wiederum sind es fünf Blöcke zum Parque Isidro Ayora, von wo Combis und Sammeltaxis zur Grenze fahren. Es gibt Lokalbusse, die den Terminal mit dem Ortszentrum verbinden.

Donnerstag und Sonntag ist in Tulcán Markttag. Wer auf dem Weg von oder nach Kolumbien eine Stunde Zeit hat, sollte sich den Besuch des **Friedhofs** (cementerio) nicht entgehen lassen, ein geniales Kunstwerk der 30er Jahre. Zahllose Zedernhecken werden seit rund 55 Jahren liebevoll zurechtgestutzt und zu grotesken Figuren und Portalen geformt.

Unterkunft

Die Auswahl an Hotels ist im kolumbianischen Grenzort **Ipiales** besser als in Tulcán, wo zudem oft Wasserknappheit herrscht.

■ **Pensión Minerva** *, Ecke 10 de agosto/Bolívar, ein Block von der Plaza, ein großes, altes Haus. DZ ohne Bad 4 $, Warmwasser am Morgen.

■ Fast daneben liegt das **Hotel Granada** *, DZ ohne Bad 3 $, mit Bad 5 $. Sauber, gut, aber nur Kaltwasser, wenn überhaupt.

■ **Residencial Oasis** *, C. 10 de agosto, ein halber Block von der Plaza. Sehr schöne Zimmer ohne Bad zu 5 $, mit Bad zu 6 $. Warmwasser nur morgens, Frühstückscafeteria. Empfehlenswert.

■ **Hotel Al Paso** *, Sucre/Pichincha, Tel. 98 10 94. Alle Zimmer sind groß, sie verfügen über Fenster, einige sogar über einen Balkon. Mit Bad 6 $, ohne Bad 5 $. Empfehlenswert.

■ Ein Hotel direkt an der Grenze, aber noch in Ecuador ist das **Hotel Casino Rumichaca** ***, Tel. 98 02 76. Es verfügt über mehrere Pools mit Thermalwasser. Wegen des günstigen Wechselkurses, besuchen es viele Kolumbianer. DZ mit Bad, TV, Teppich und Minibar 23 $. Eigenes Restaurant und Bowlinghalle.

Was sonst?

■ **Telefonamt (Ietel):** C. Olmedo zwischen Junín und Olmedo, ein halber Block von der Hauptplaza.

■ **Postamt (Correos):** C. Bolívar/ Junín.

■ **Geldwechsel:** Es gibt zahlreiche fliegende Händler und mehrere Wechselstuben, darunter Cambio Paz, C. Ayacucho 373. Am besten fragt man die aus Kolumbien ankommenden Touristen, wie der Kurs im Nachbarland steht, und entscheidet dann, wo es vorteilhafter ist zu tauschen.

Weiterreise

■ Da Tulcán der nördlichste Ort des Landes ist, kommen alle ecuadorianischen Busse von Süden, von Quito (5 Std.) und von Ibarra (2 Std.) und fahren auch dorthin zurück.

■ Direktbusse auch von und nach **Santo Domingo** (7 Std.) und **Guayaquil** (12 Std.).

Grenzübergang Tulcán/Ipiales

Vom Parque Isidro Ayora fahren Sammeltaxis (0.3 $ pro Person) und Combis (Minibusse) an die Grenzbrücke **Rumichaca**. Ein normales Taxi vom weit außerhalb der Stadt liegenden Busterminal an die Grenze kostet 2 $ pro Wagen. Alle Stempelformalitäten kann man direkt an beiden Seiten der Grenze (von 6–18 Uhr) erledigen.

Von der kolumbianischen Seite geht es mit Sammeltaxis (*colectivos*) zum Parque San Felipe im Zentrum von Ipiales. Von dort fahren Sammeltaxis, große schwarze Amischlitten mit gelbem Dach, nach **Pasto** (1½ Std.) und **Cali** (9 Std.). Neben der blauen Kirche Busse der Gesellschaften *Coop. Supertaxis del Sur* und *Transp. Ipiales*, ebenfalls Richtung Cali (11 Std.). Von der Calle 14 aus, 10 Minuten vom Parque entfernt, fahren große Überlandbusse von *Expreso Boliviano* nach **Bogotá** (24 Std.).

Nach Cali (dreimal pro Woche) und nach Bogotá (täglich) gibt es auch Flüge.

Latacunga

2850 m ü. M., 35 800 Einwohner.

Latacunga ist der Hauptort der Provinz Cotopaxi. Der Vulkan Cotopaxi hat die Geschichte des Ortes geschrieben, dreimal hat er ihn vollkommen unter sich begraben. Immer wieder wurde die Stadt neu aufgebaut. Als Baumaterial diente Lava. Latacunga ist neben Quito Ausgangspunkt für den Cotopaxi-Treck (siehe weiter unten). Ein sehr schöner Flecken Erde ist die **Laguna Quilotoa**, nach einem leichten Treck erreichbar.

Der Ort ist am Markttag Samstag recht lebhaft. Sehr beeindruckend ist der Donnerstagsmarkt von **Saquislí**; ein kleiner Markt wird am Sonntag in **Pujilí** abgehalten; beide Orte in der Nähe von Latacunga.

Am 24. September wird in Lata-

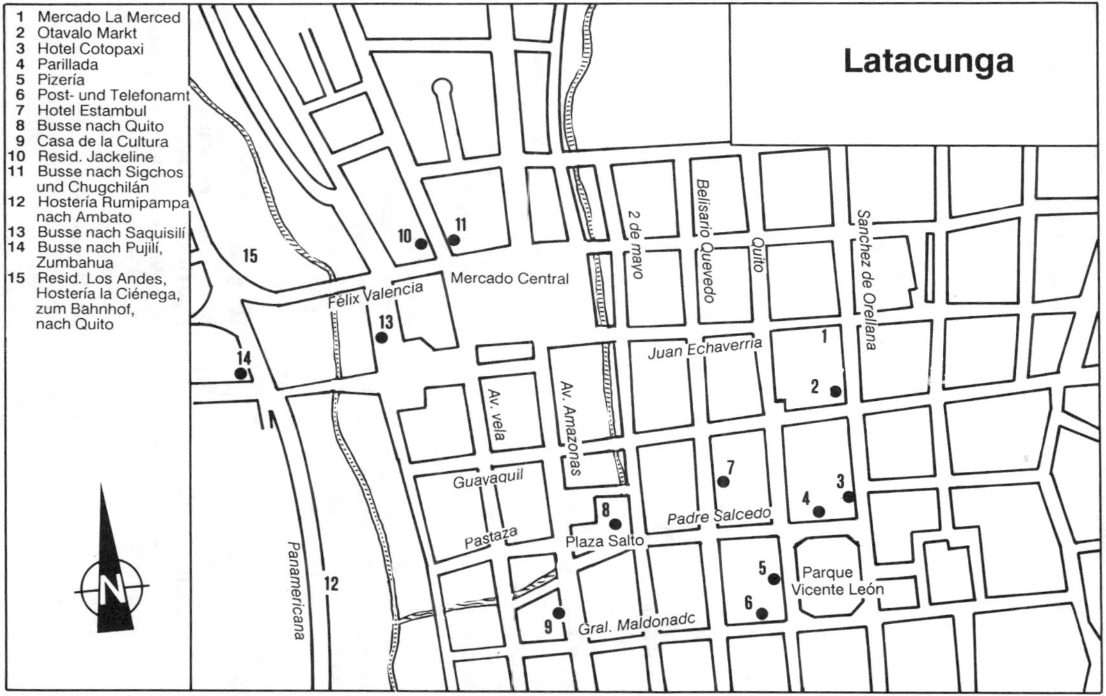
Latacunga
1 Mercado La Merced
2 Otavalo Markt
3 Hotel Cotopaxi
4 Parillada
5 Pizería
6 Post- und Telefonamt
7 Hotel Estambul
8 Busse nach Quito
9 Casa de la Cultura
10 Resid. Jackeline
11 Busse nach Sigchos und Chugchilán
12 Hostería Rumipampa nach Ambato
13 Busse nach Saquisilí
14 Busse nach Pujilí, Zumbahua
15 Resid. Los Andes, Hostería la Ciénega, zum Bahnhof, nach Quito
Mercado Central
Félix Valencia
2 de mayo
Belisario Quevedo
Quito
Sanchez de Orellana
Juan Echaverria
Av. vela
Av. Amazonas
Guayaquil
Pastaza
Plaza Salto
Padre Salcedo
Parque Vicente León
Gral. Maldonadc
Panamericana
N

cunga das Fest der *Virgen de la Merced*, die auch als *Mama negra* bekannt ist, gefeiert. Am 7. November findet ein kleineres Fest ebenfalls zu Ehren der Jungfrau statt.

Unterkunft

■ **Hotel Estambul** *, Belisario Quevedo 73–40, zwischen der Calle Salcedo und Guayaquil. Dank «Sonnenenergie» (Tank auf dem Dach, den Sonnenstrahlen ausgesetzt) gibt es von 11–18 Uhr «warmes» Wasser, nacher wird mit Strom geheizt. DZ ohne Bad 4 $. Gut.

■ **Residencial Jackeline**, C. Vela in Marktnähe. Sehr einfache Zimmer, nur kaltes Wasser. DZ ohne Bad 3.5 $.

■ **Residencial Los Andes** **, an der Panamericana Richtung Quito. DZ ohne Bad 8 $, mit Bad 10 $. Große, saubere Zimmer, gute Betten, ruhig.

■ **Hotel Cotopaxi** **, am Parque Vicente León, Tel. 80 13 10. DZ mit Bad 10 $. Nett und gemütlich, Zimmer mit Teppich und bald mit TV.

■ **Hostería Rumipampa de las Rosas** ***, an der Panamericana, 10 km südlich von Latacunga, am Eingang des Dorfs **Salcedo**, Tel. 80 18 63, in Quito: 23 37 15. Kleiner Swimming-Pool mit warmem Wasser, Ponys für Kinder am Wochenende, gute Küche. DZ mit Bad 24.5 $.

■ **Für Genießer: Hostería Ciénega** ***, 15 Minuten nördlich von Latacunga, am Eingang des Dorfes **Lasso**, Tel. 80 16 22, in Quito: 54 91 26. Das Hotel, früher eine Hacienda, zeugt noch heute vom unglaublichen Reichtum, in dem die Großgrundbesitzer schwelgten. Neben einem wunderschönen Garten, auf den man vom Speisesaal blickt, gibt es eine Eukalyptusallee, und in der Umgebung kann man reiten (2 $ pro Pferd und Stunde). DZ mit Bad 22.5 $.

Essen

■ **Parilladas Los Copihues**, am Parque León. Man muß in Ecuador lange suchen, bis man in einem Restaurant zartes Fleisch angeboten bekommt. Hier gibt's das. Portion um 1.5 $. Achtung: Rechnung kontrollieren.

■ **Café Pizzería del pasaje**, in der Passage an der Calle Quito auf Höhe des Parks. Pizzas und chilenische Empanadas (gefüllte Teigtaschen) zu billigen Preisen, junge Gäste.

■ **Restaurant El Fogón**, weit außerhalb der Stadt an der Av. Unidad Nacional, Tel. 80 14 00, steht dieses Genießerrestaurant. Lokale Spezialitäten in gediegenem Rahmen: Zum Beispiel *Yaguarlocro:* Geschnetzeltes Lammfleisch mit Entensuppe. Preise um 2 $.

Was sonst?

■ **Post-** und **Telefonamt** sind an der Ecke Quito/Maldonado.

■ **Geldwechsel:** Mehrere Banken am Parque Vicente León, wechseln gewöhnlich von 9–13 Uhr.

■ **Hauptmarkttag** in Latacunga ist Samstag, Kleine Markttage am Dienstag und am Freitag. Es gibt einen chaotisch anmutenden Früchte-, Gemüse-, Körner- und Fleischmarkt, einen kleinen Otavaleño-Kunsthandwerksmarkt (San Agustín) und einen kleinen Nahrungsmittelmarkt (La Merced).

■ Die **Casa de la Cultura**, an der C. Vela war früher eine Mühle, die Mühlesteine sind noch vorhanden. Im Museum (geöffnet Di–Sa von 10–12 und 14.30–17 Uhr) werden Volkskunst, wie Korbflechtereien, Trachten und Karnevalsmasken sowie in der Umgebung ausgegrabene Keramiken aus den Jahren 500–1000 n. Chr. gezeigt.

Saquisilí und Pujilí

Saquisilí ist ein kleiner unscheinbarer Ort mit kleinen Häusern und staubigen Straßen, eine halbe Stunde nördlich von Latacunga. Ganz anders aber der Markt am Donnerstag: *fabuloso*. Wir haben neun (9) Marktplätze gezählt. Neben herkömmlichen Früchten und Gemüsen gibt es Hunderte von Kartoffelsorten, Fisch, Kleider, Schuhe, Körbe, Messer, Otavalo-Kunsthandwerk, darunter Pullover, Schals, Teppiche, Keramik. Am spektakulärsten ist für Europäer sicherlich der Fleischmarkt. Es gibt mehrere Kneipen und tausend Gelegenheiten, an Straßenständen zu essen und zu trinken.

Busse fahren von der Marktgegend in Latacungavon alle paar Minuten ab.

Hauptmarkttag von **Pujilí**, 15 Minuten westlich von Latacunga auf der Straße ins westliche Tiefland, ist Sonntag mit einem kleinen Markttag am Mittwoch. Das Dorf liegt trotz der Nähe zur Panamericana einsam und romantisch, doch wer schon viel vom Land gesehen hat, wird ihm keinen großen Reiz mehr abgewinnen.

Lagune Quilotoa

Die Lagune Quilotoa ist eine kreisrunde, grüne Kraterlagune in wunderschöner Landschaft. Sie liegt auf dem Weg von **Zumbahua** (1½ Std. westlich von Latacunga) nach **Chugchilán**. Am besten nimmt man von Latacunga aus in der Morgendämmerung den *ersten* Bus Richtung **Quevedo** und steigt in Zumbahua aus. Wer später fährt, hat Mühe, rechtzeitig vor Dunkelheit zurückzukommen. Am Samstagmorgen ist in Zumbahua Markttag. Die Straße von Zumbahua nach Chugchilán ist sehr wenig befahren. Bei gemütlicher Gehweise dauert der Treck zur Lagune 3–4 Stunden.

Nach einer Kreuzung mit einem Coca-Cola-Schild biegt man nach rechts ab. Nach der Schule Quilapungo mit dem gelben Dach geht man weiter geradeaus, läßt die nächste Abzweigung nach rechts, wo ein hellgrünes Haus mit der Graffiti «15 MPD» steht, unbeachtet und ist dann kurz vor der Paßhöhe am Ziel. Man geht nun querfeldein bis zum Kraterrand, vor dem man garantiert des Atems beraubt (4010 m über Meer) stehenbleibt. Wer will, kann

zum Wasser hinunter gehen oder bei der Campesinofamilie unterhalb des Kraterrands übernachten (1 $ pro Person).

Das Wasser der Lagune ist nicht trinkbar, das beste ist, Wasser in Zumbahua aufzutanken. Achtung: Auf dieser Höhe können Anzeichen der Höhenkrankheit (*soroche*) auftreten, und es wird nachts bitterkalt. Ein paar leichte Wanderschuhe oder gute Turnschuhe genügen für den Treck.

Vulkan Cotopaxi

Der **Cotopaxi-Nationalpark**, 35 km nördlich von Latacunga und rund 55 km südlich von Quito, beherbergt gleich drei Vulkane: den **Cotopaxi** (5897 m), das **Rumiñahui Massiv** (4712 m) und den **Morurco** (4840 m), der geologisch noch zum Cotopaxi gehört. Zusammen mit dem Fudschijama in Japan gehört Cotopaxi zu den schönsten, da ebenmäßigsten Vulkanen der Welt, und zusammen mit dem chilenisch-argentinischen Vulkan Tupungato zu den weltweit höchsten, aktiven Vulkanen. Die letzte große Eruption geschah am 26. Juni 1877, Eis-, Fels- und Schlammlawinen flossen bis an die Küste!

Der Park ist recht gut ausgebaut, es gibt auf der **Hochebene Limpiopungo** (3830 m) unterhalb des Vulkans eine Übernachtungshütte **(Campo Mariscal Sucre)** und kurz unter der Schneegrenze auf etwa 4700 m noch eine **(Refugio José Ribas)**. Cotopaxi kann das ganze Jahr durch bestiegen werden, es regnet selten.

Wie hin? Von Latacunga, auf Höhe der Residencial Jackeline beim Markt kann man Pick-ups samt Chauffeur mieten, die einen fast bis zur Hütte José Ribas fahren (5–8 $). Die Fahrt geht Richtung Quito an Lasso vorbei, dann verläßt man nach rechts die Panamericana (Schild) und fährt zum Eingang des Nationalparks auf 3280 m Höhe. Bis zur Abzweigung an der Panamericana kann man in den Bussen mit Endziel Quito mitfahren. Am Wochenende fahren viele Camionetas zum Parkplatz, etwa 100 m unterhalb der Hütte José Ribas, hoch, unter der Woche braucht man sehr viel Glück, eine Mitfahrgelgenheit zu finden.

Von der Panamericana zur Hütte sind es 30 km durch einen der höchsten (angepflanzten) Wälder (Pinien) der Welt. Wer sehr früh losgegangen ist, schafft es zu Fuß in einem Tag, ansonsten gibt es bei der ersten Hütte (15 km von der Panamericana) eine Übernachtungsmöglichkeit. Dort ist auch ein kleines naturhistorisches **Museum** untergebracht. Eine andere Übernachtungsmöglichkeit (Zelt) an der **Lagune Limpio**, etwa 5 km nach der Hütte Mariscal Sucre nach links abbiegen. Rund 3 km nach dieser Kreuzung führt die Straße nach rechts steil den Krater des Cotopaxi hoch. Die vielen Serpentinen kann man jeweils abkürzen. Von der Abzweigung auf der Ebene zur Hütte dauert der Treck 3–4 Stunden.

◀ Schulkinder bei Zumbahua, auf dem Weg zur Lagune Quilotoa

Wer am nächsten Tag den Gipfelsturm vorhat, sollte zur Akklimatisierung soviel wie möglich von der Strecke zu Fuß gehen. Die Besteigung ist auch für Anfänger geeignet, unter zwei Bedingungen: gute Ausrüstung und erfahrene Begleitung. Zur Ausrüstung gehören eine Stirnlampe (Aufstieg beginnt etwa um 2 oder 3 Uhr morgens, da die Äquatorsonne das Eis schnell aufweicht), Fäustlinge, Seil, Eispickel, eventuell Skistöcke, Anorak, Steigeisen und steigeisenfeste Schuhe. Der Hüttenwart führt euch für 30 $ zum Gipfel. Das ist sehr viel billiger als der Preis der Agenturen in Quito. Die Übernachtung in der Hütte José Ribas kostet pro Person 1 $, es gibt einen Gasofen, manchmal Getränke und einige Matratzen. Eigener Schlafsack und eigenes Essen gehören in dein Gepäck.

Vulkane – kurz erklärt

Als man im Mittelalter glaubte, die Erde sei eine Scheibe, hatte man damit gar nicht so unrecht. Seit *Alfred Wegener* in den 30er Jahren zum erstenmal die Theorie der Plattentektonik vorstellte, wissen wir, daß die Kontinente tatsächlich jeweils auf dem Erdmantel schwimmende Platten sind, die dauernd in Bewegung sind und sich pro Jahr um 2–18 cm verschieben.

Die Erde ist, wie die Vulkanologen *Katia und Maurice Krafft* anschaulich erklären, einem Pfirsich vergleichbar. Seine Haut entspricht der Erdkruste, sie ist unter den Ozeanen 6–12 km dick, unter den Kontinenten 25–70 km. Das Fleisch des Pfirsichs entspricht dem Erdmantel, er ist zähflüssig und reicht 2800 km in die Tiefe. Der Erdkern schließlich ist außen zähflüssig und innen sehr wahrscheinlich hart. Dort herrschen Temperaturen von 2000–20 000 Grad Celsius und ein Druck von 1.5–3.5 Millionen Atmosphären.

Nun ist die Erdkruste von tiefen Spalten durchzogen und dadurch in Platten unterteilt. Sie schwimmen auf dem Erdmantel wie gefangene Bretter im Packeis. Entlang dieser Spalten, den mittelozeanischen Rükken, ist die Erdkruste besonders schwach, dauernd tritt flüssiges Magma hervor, das, wenn es zu Lava erstarrt, mächtige untermeerische Gebirgszüge schafft. Die Platten werden entlang dieser Rücken auseinandergedrängt, denn sie müssen dem herausquillenden Magma Platz schaffen. Diese Bewegung muß natürlich an anderer Stelle ausgeglichen werden, was dort zu großer Unruhe führt.

Südlich von Mexiko beispielsweise befindet sich die Cocosplatte, sie verschiebt sich gegen Nordosten und versucht sich unter Mexiko und Kalifornien zu schieben. Weiter südlich, etwas auf Höhe der Galapagosinseln, schließt sich an die Cocosplatte die Nazcaplatte an. Sie schiebt sich nach Osten unter den südamerikanischen Kontinent und ist verantwortlich für die Auftürmung der Anden, für Erdbeben und Vulkane.

70 Prozent aller Erdbebenherde

und 95 Prozent der tätigen Vulkane befinden sich an den Grenzbereichen zwischen zwei Platten. Es gibt über dem Meeresspiegel etwa 10 000 Vulkane, unter dem Meeresspiegel fünfmal mehr. Im 20. Jahrhundert haben Vulkanausbrüche über 75 000 Menschen getötet. Die furchtbarsten Ausbrüche waren derjenige des Mount Pelée in Martinique mit 28 000 Toten (durch Glutwolken) und derjenige des Nevado del Ruiz in Kolumbien mit 24 000 Toten (durch Schlammlawinen).

Der höchste Vulkan in Ecuador ist der Chimborazo mit 6310 m, gefolgt vom Cotopaxi (5897 m) und Cayambe (5790 m). Cotopaxi und Sangay (5230 m) sind tätige Vulkane, doch ist ein Ausbruch in den nächsten paar Jahren nicht zu befürchten. Die Galapagosinseln zählen zu den aktivsten Vulkanzentren der Welt. Sie treten auch den Beweis für die «Hot-Spot-Theorie» an: An gewissen Stellen im Erdmantel ist der Druck des Magmas so groß, daß es an die Erdoberfläche dringt. An dieser Stelle entsteht ein Vulkan. Dieser entfernt sich nun – da er auf einer Erdplatte steht, die ja in Bewegung ist – vom heißen Fleck und erodiert. Über dem Fleck entsteht ein neuer Vulkan. Der heiße Fleck von Galapagos liegt irgendwo westlich des Archipels, die am weitesten davon entfernte Insel ist Española, sie ist auch die älteste und erodierteste. Die jüngsten und noch aktiven Inseln sind Fernandina und Isabela.

Weiterreise

■ Von der Ecke Panamericana/ de junio fahren die Busse nach **Quevedo** (5½ Std., 2 $) ins Tiefland über **Pujilí** (15 Min.) und **Zumbahua** (1½ Std., 0.5 $), Ausgangspunkt für den Treck zur **Laguna Quilotoa**. Die Busse zu den kleinen Dörfern **Chugchilán** und **Sigchos** nördlich von Zumbahua fahren gegenüber der Residencial Jaqueline ab.

■ Die Busse nach **Quito** (1½ Std., 1 $) kommen von **Ambato** (1 Std., 0.5 $) oder **Riobamba** (2 Std.) und halten an der Panamericana, um Passagiere rein- und rauszulassen, diejenigen nach Ambato und Riobamba kommen von Quito. Oft sind die Busse in beiden Richtungen voll. Sicher einen Platz findet, wer an der Plaza del Salto im Zentrum von Latacunga in einen Bus einer lokalen Gesellschaft einsteigt.

■ Latacunga liegt an der intakten **Zugstrecke Quito – Riobamba**. In Richtung Quito (2 Std., 0.5 $) fährt der Schienenbus (*autocarril*) etwa um 7.30 Uhr ab, nach Riobamba (3 Std., 0.5 $) etwa um 17 Uhr.

Ambato

2577 m ü. M., 138 000 Einwohner.

Auf halber Strecke zwischen Latacunga und Riobamba liegt Ambato. Hier zweigt die Straße nach Osten in den Oriente ab. Sie führt über Baños nach Puyo, Tena und Misahuallí. Der Ort ist für seinen riesigen Markt am Montag bekannt, die Stadt birst dann aus allen Nähten. Doch auch sonst ist sie nicht gerade ruhige Idylle – sieht man mal von den noblen Stadtquartieren ab. Sie ist nach Quito und Cuenca die wichtigste Stadt in der Sierra. Am 17. Februar findet die *Fiesta de la Fruta y de las Flores* statt. Sie wurde nach dem schlimmen Erdbeben von 1949 ins Leben gerufen und 1969 mit dem Karneval zusammengelegt.

Unterkunft

■ **Hotel Cumandá ****, unweit des Busterminals an der Av. 12 de noviembre 2492 beim Rondell. DZ mit Bad 6.5 $. Die Zimmer sind recht groß, freundlich; empfehlenswert, falls man mit schwerem Gepäck nicht im Zentrum auf Hotelsuche will.

■ **Residencial Pichincha ***, 12 de noviembre 2323, nach dem Hotel Cumandá, auf der rechten Seite. DZ ohne Bad 3 $. Sauber, nur kaltes Wasser, einige Zimmer mit Fenster auf die Straße hin, andere ohne.

■ **Residencial Lauvita ***, J. L. Mera am Parque 12 de noviembre. DZ ohne Bad 3 $. Am Morgen großer Andrang auf die Dusche, aber sonst gut. Zimmer auf die Straße oder einen ruhigen Innenhof.

■ **Hotel Guayaquil ***, C. J. L. Mera/12 de noviembre. DZ ohne Bad 3 $, einfach, sauber, Zimmer mit und ohne Fenster.

■ **Hotel Vivero ****, Mera 504/Cevallos, Tel. 82 00 88. Es gibt nur ein DZ ohne Bad zu 8 $, die anderen haben Bad und kosten 14 $, altes Mittelklassehotel, kleine Cafeteria.

■ **Hotel La Livia ****, Ecke Montalvo/Cevallos, Tel. 82 74 57. Die meisten Zimmer haben ein Fenster mit Blick auf die Straße, gutes Mittelklassehotel. DZ mit Bad 13 $.

■ **Hotel Ambato *****, Guayaquil/Rocafuerte, sehr ruhig gelegen, Tel. 82 75 98. DZ mit Bad 26–27.5 $. Von allen Zimmern aus schöne Aussicht auf die grünen Vororte Ambatos. Swimming-Pool, eigenes Restaurant und Bar. Empfehlenswert.

Essen

■ **Unser Tip! Salón Metro**, C. Guayaquil/Bolívar. Ein einfaches Restaurant mit ausgezeichnetem Essen und einer italienischen Kaffeemaschine. Sehr beliebt, aber etwas abseits.

■ **Pizzería La Cigarra**, Bolívar/Quito, Mo geschlossen. Die kleinste Pizza kostet weniger als 1 $, die größte 4 $. Gebacken wird im Holzkohleofen.

■ **Chifa Jao Fua**, Cevallos 510/Castillo. Eine einfache Chifa, große Auswahl, Reis wird nicht extra berechnet. Gut.

■ **Bäckerei Envipan**. Größte Bäckerei der Stadt, auch Kaffee und Kuchen, offen ab 7 Uhr morgens.

■ **Stadtteil Ficoa:** In diesem Stadtteil, an der Av. Los Guaytambos, zwischen dem Einkaufszentrum Centro Comercial Caracol und dem Colegio Santo Domingo de Guzman befindet sich gleich eine Reihe von Restaurants, deren Spezialität die Zubereitung von **Meerschweinchen** ist. Diese

Ambato

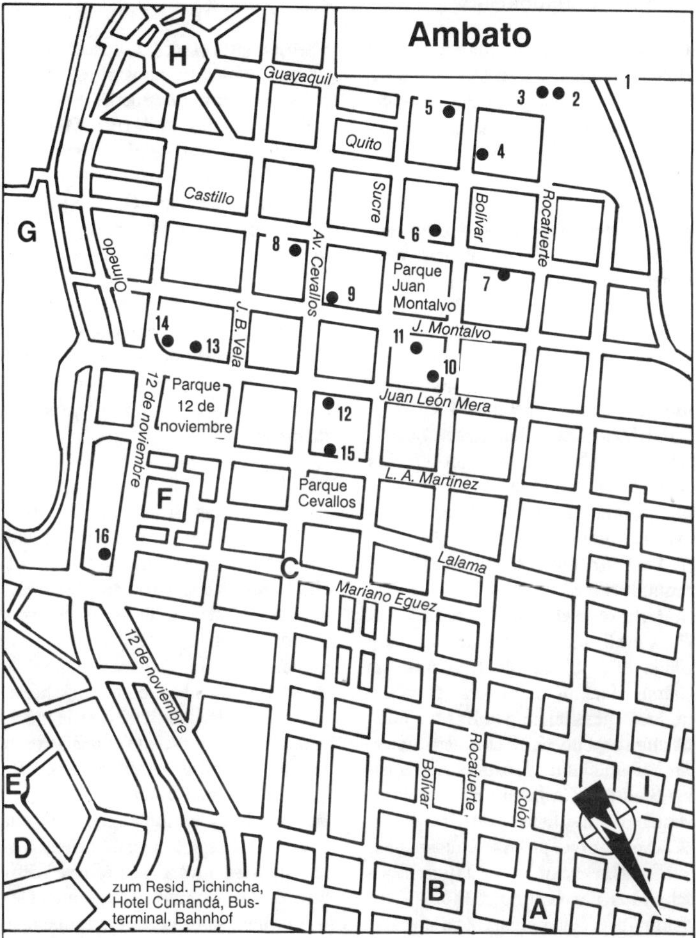

1 nach Ficoa
2 Hotel Ambato
3 Touristenamt
4 Pizería Cigarra
5 Salón Metro
6 Post
7 Telefonamt
8 Chifa Jao Fao
9 Hotel La Livia
10 Wechselstube
11 Kathedrale
12 Hotel Vivero
13 Rest. Laurita
14 Hotel Guayaquil
15 Bus nach Ficoa und zum Busterminal
16 Peña

A Mercado Colón
B Mercado La Merced
C Straßenmärkte
D Mercado de la "Y"
E Mercado Plaza Dolorosa
F Mercado Central
G Mercado Plaza Pachano
H Mercado Urbina
I Mercado Prim. de mayo

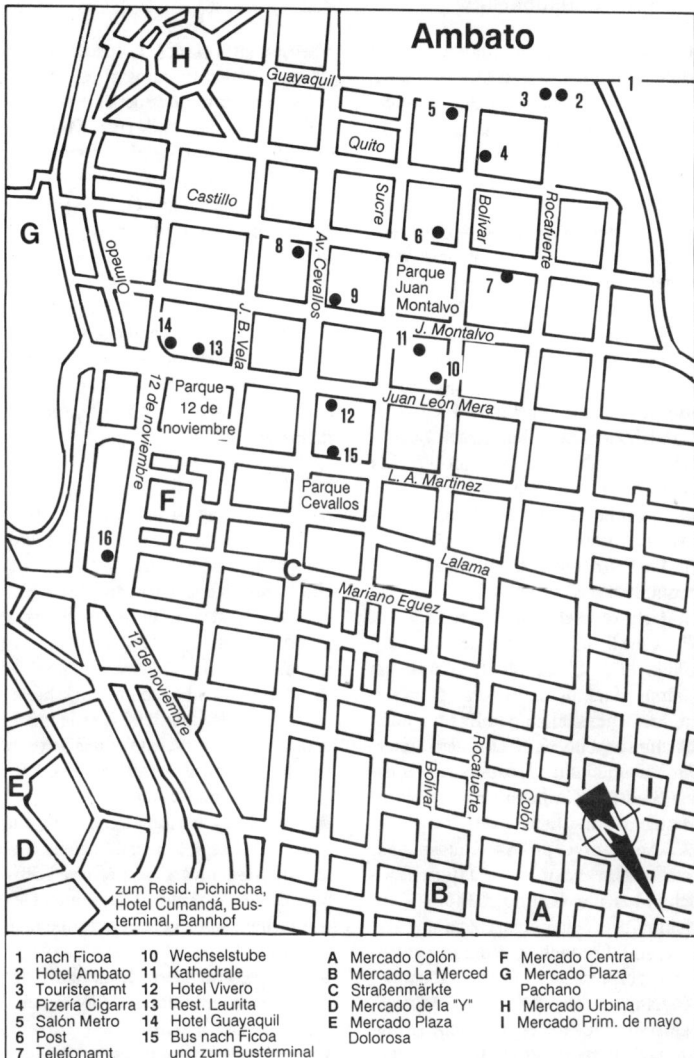

100 m

werden meist gegrillt und mit einer leckeren Soße übergossen. Ein halbes Cuy kostet 2 $. Nach 20 Uhr ist Feierabend. Busse nach Ficoa fahren von der Plaza Cevallos.

Was sonst?

■ **Touristeninformation (Dituris):** Guayaquil/Rocafuerte, neben dem Hotel Ambato. Offen von Mo–Fr 8.30–12.30 und 14.30–18Uhr. Neben Dituris in Cuenca das einzige Touristenbüro Ecuadors, wo Leute sitzen, die nicht nur hilfsbereit sind, sondern ihre Umgebung auch kennen. Kleiner Stadtplan. Einen Infokiosk unterhält das Büro auch rechts neben der Kathedrale.

■ **Telefonamt (Ietel):** Unweit des Parque Montalvo.

■ **Post (Correos):** Direkt am Parque Montalvo.

■ **Geldwechsel:** Banco del Pacifico, C. Cevallos/Mariano Eguez. City Bank, C. Sucre/Mera. Casa de Cambio Cambiato, Bolívar 686/Mera, im Gegensatz zu den Banken auch nachmittags bis 17.30 Uhr geöffnet.

■ **Krankenhaus:** Hospital Regional im Stadtteil Cashapampa, in Nordwesten der Stadt, Tel. 82 11 00.

■ Das **Museo de Ambato** ist vielleicht das sehenswerteste naturhistorische Museum Ecuadors. Biologiestudenten machen gratis eine Führung. Neben Tausenden von ausgestopften und präparierten Tieren, darunter Vögeln, Insekten und Reptilien, sieht man einen Teil des ersten von Australien nach Ecuador eingeführten Eukalyptusbaumes (1865), Fotos des Bergsteigers und Museumsgründers *Nicolás Garcez* aus den 20er Jahren, eine kleine Keramik- und eine Münzensammlung. Die Direktion freut sich, wenn Touristen ein paar Münzen von zu Hause spenden. Öffnungszeiten Mo–Fr 8–12 und 14–18 Uhr.

■ Die **Kathedrale** stammt aus dem Jahr 1952 und ist ein modernes, weißes Ungetüm, dem man eine geniale Architektur nicht absprechen kann.

■ **Peñón Jardinova**, 12 de noviembre. Am Freitag gibt es hier bei Brathähnchen Folkloreshow. Sitzgruppen im Freien.

Märkte

Hauptmarkttag ist Montag, ein kleiner Markt findet am Freitag statt und ein ganz kleiner am Mittwoch. Es gibt mindestens 10 Marktzentren, von denen aus sich Tausende von Ständen auch auf den Straßen ausbreiten.

■ **Mercado central**, eine Markthalle, die täglich offen ist, viel Betrieb auch drum herum. Im Erdgeschoß werden Früchte, Gemüse und Fisch verkauft, oben zahlreiche Eßbuden.

■ **Mercado Colombia**, ebenfalls ein gedeckter Markt, täglich offen, unten Gemüse und Früchte, oben Eßbuden, Kleider und Schuhe und Gewürze und Kräuter, ein betäubender exotischer Duft.

■ **Mercado primero de mayo**, Körbe, Früchte, Getreide. Großhandelsmarkt, täglich offen.

■ **Mercado Urbina**, sehr kleiner

Markt, Früchte, Gemüse, Eßbuden.

■ **Straßenmarkt:** Avenida Cevallos, zwischen C. Maldonado und Eguez. Kleider, Gebrauchsartikel, etwas Kunsthandwerk, Möbel.

■ **Mercado Colón**, Früchte und Gemüse. Der Markt setzt sich über die Calle Manuela Cañizares fort, dort auch viele Kräuterstände.

■ **Mercado Plaza dolorosa**, Großhandelsmarkt, Früchte, Eßbuden.

■ **Mercado Plaza Pachano**, ein fast reiner Indianermarkt, der sehr früh beginnt und bald aufhört, Av. Incas/Cañar. Zwiebeln, Knoblauch, Mehle und Körner.

■ **Plaza de la «Y»**, Av. de los Andes/Av. del rey. Vögel, Wolle, Holz, Soya, Seile.

■ **Plaza Simón Bolívar**, Möbel, Pflanzen, Fisch. Schon weit außerhalb im Osten der Stadt.

Weiterreise

■ Der Busbahnhof liegt 2–3 km nördlich des Zentrums, das man über die Avenida Las Americas, die in ein Rondell endet und über die Avenida 12 de noviembre erreicht. Der Lokalbus mit Aufschrift *San Antonio* fährt ins Zentrum zum Parque Cevallos. Ein Taxi kostet unter 1 $. Ambato liegt an der **Zugstrecke Quito–Riobamba**. Der Bahnhof liegt fast neben dem Busterminal.

■ Dreimal pro Woche gibt es Flüge nach **Guayaquil** (15 $). Das *Tame*-Büro liegt an der Calle Sucre 331/ Guayaquil. Busse in die Hafenstadt fahren vom frühen Morgen bis Mitternacht (6 Std., 2 $).

■ Nach **Quito** (3 Std., 1 $) fahren Busse bis 18.30 Uhr, wer später los will, stellt sich oberhalb des Terminal an der Av. Las Americas hin und wartet auf einen Bus, der von Loja oder Riobamba kommt. Der Schienenbus nach Quito fährt etwa um 6 Uhr morgens ab.

■ Häufige Verbindungen in den **Oriente**. **Baños:** 45 Min., 0.5 $. Puyo: 3 Std., 2 $. **Tena:** 6 Std., 2.5 $.

■ In die südliche Sierra geht die Fahrt über **Riobamba** (1 Std., 0.5 $) und **Cuenca** (7–10 Std., 3–4 $) nach **Loja** (16 Std., 5 $. Der Schienenbus nach Riobamba fährt etwa um 18 Uhr ab.

■ Es gibt auch Verbindungen nach **Manta** und **Esmeraldas** an der Küste und nach **Santo Domingo, Babahoyo** und **Guaranda** im westlichen Tiefland.

Riobamba

2754 m ü. M., 90 000 Einwohner.

Nach einem Erdbeben im Jahr 1797 verließen die Bewohner Riobamba, die von den Spaniern in der Nähe des Orts **Cajabamba** gegründete Stadt, und bauten das heutige Riobamba auf. Die Stadt ist ein wichtiges Verkehrszentrum. Von hier führt eine Straße in den Oriente über **Penipe** (Ausgangspunkt für den Altar-Treck, siehe Seite 110) und **Baños**. Die Straße nach Westen führt über **Guaranda** ins westliche Tiefland.

Riobamba ist auch Endstation der *Bahnlinie* Quito – Riobamba. In Riobamba gibt es zwei Busterminals: Am **Terminal Oriental** kommen die Busse von Baños und aus dem Oriente an, am **Terminal Terrestre Principal** alle übrigen. Ein Taxi von einem zum anderen Terminal kostet 0.5 $. Vom Hauptterminal zum Zentrum am Bahnhof sind es etwa 3 km.

Riobambas Markttag ist Samstag. Der Markt breitet sich unterhalb des Oriente-Busterminals aus und ist sehr lebhaft, kann aber einem Vergleich mit Ambato nicht standhalten. *Colta-Indianer*, die wenige Kilometer südlich der Stadt am **Colta-See** wohnen, bieten geflochtene Körbe und Matten zum Verkauf. Weitere Spezialität der Gegend sind geschnitzte Kerne einer Palmfrucht, etwa so groß wie ein Hühnerei. Sie müssen im Eiltempo eingraviert werden, denn einmal vom Fruchtfleisch befreit und der Sonne ausgesetzt, werden die Kerne schnell steinhart.

Unterkunft

■ **Residencial Ecuador ***, gleich beim Ausgang des großen Busterminals. Sehr einfach, sehr sauber, Warmwasser. DZ ohne Bad 3 $. Empfehlenswert.

■ **Residencial Puruha ***, in der Av. Daniel León Borja, der Straße, die vom Busterminal zum Stadtzentrum runterführt. DZ ohne Bad 4 $, mit Bad 5 $. Sehr schön, sauber, gemütlich, empfehlenswert.

■ **Hotel Las Retamas ****, ebenfalls unweit des Busterminals. Große, helle Zimmer mit TV und Teppich zu 12 $ im DZ mit Bad. Eigenes Restaurant.

■ **Hotel Metro ****, Av. Borja/Lavalle, wenige Schritte vom Bahnhof. Tel. 96 17 14. Ein altes Haus mit großen Zimmern und Holzböden, sauber. So, wie man sich ein altes Hotel vorstellt. Als wir dort waren, gab es nur Kaltwasser, doch soll das nicht immer so sein.

■ **Residencial Camba Huasi ***, schräg gegenüber dem Bahnhof. Einfach, gut. Wasser knapp. DZ ohne Bad 3 $.

■ **Hotel Los Shyris ****, Rocafuerte 2160/10 de agosto, ein Block vom Bahnhof entfernt. Tel. 96 03 23. Großzügig eingerichtete Zimmer mit Tisch und Schrank. Heißwasser den ganzen Tag. DZ mit Bad 9 $. Eigenes Restaurant.

Essen

■ Für **Selbstverpfleger:** Der Minimercado Su Hacienda gegenüber dem Bahnhof ist bis 1.30 Uhr nachts geöffnet.

■ **Peña Chivo Patojo**, Spezialitätenrestaurant. Geöffnet ab 16 Uhr, am Wochenende Folkmusik. Auf dem Weg vom Busterminal zum Zentrum.

■ **Restaurant La Biblia**, Primera Constituyente/Miguel León. Kleines, gemütliches Restaurant mit Mahlzeiten um 1.5 $. Gut, freundliche Bedienung. Ist der alte Kellner noch dort?

■ **Restaurant León Rojo**, das nobelste Restaurant am Ort und Gringotreff. Große Auswahl an Fisch. Spezialität: Fleisch und Hähnchen am Spieß, der Holzkohlegrill steht beim Gast auf dem Tisch, so daß dicke Rauchschwaden ungehindert durchs ganze Lokal ziehen. Tellergericht ab 2 $. Empfehlenswert.

Was sonst?

■ **Telefonamt (Ietel):** Neun Blöcke vom Bahnhof, an der Primera Constituyente, und im Hauptbusterminal.

■ **Post:** im 2. Stock des Edificio Chimborazo beim Parque Sucre in der Primera Constituyente.

■ Das **Museo de Arte Religioso** an der Hinterseite der Iglesia de la concepción ist von Di–Sa 9–12 und 15–18 Uhr sowie So 9–12 Uhr geöffnet. Lohnt schon das Innere einen Besuch, ist das Gebäude, in dem das Museum untergebracht ist, um so sehenswerter.

Weiterreise

■ Nach **Baños** (1 Std.) fahren von 5–18 Uhr mehrere Gesellschaften vom Terminal oriental. Manche setzen die Reise nach **Puyo** (3 Std., 1 $) und **Tena** (6½ Std., 2 $) fort.

■ Nach **Ambato** (1½ Std) und weiter nach **Latacunga** (2½ Std.) und **Quito** (4 Std., 1.5 $) fahren Busse bis etwa 21 Uhr. Der *Schienenbus* nach Quito fährt täglich bereits um 5 Uhr morgens ab, die Fahrt kostet weniger als 1 $. Ticketkauf am selben Tag ab 4.30 Uhr.

■ Nach **Cuenca:** 6–9 Std., 3 $.

■ Nach **Guaranda**, von wo es weiter ins westliche Tiefland geht (nach **Babahoyo**), dauert die Fahrt 1½ Stunden.

■ An die Küste, nach **Guayaquil** (5 Std., 2 $), **Machala** 8 Std., 2.5 $) und **Huaquillas** (9½ Std., 3 $), Grenzort mit Peru, fahren mehrere Gesellschaften.

Cuenca

2541 m ü. M., 210 000 Einwohner.

Erst 1557 wurde Cuenca von den Spaniern neugegründet. Vorher war sie die Hauptstadt der Inkas in Ecuador gewesen und soll an Pracht nahe an Cuzco herangekommen sein. Sie hieß damals **Tomebamba**; diesen Namen trägt heute nur noch der Fluß, der die Stadt in zwei Teile gliedert. Im Süden liegen die neuen Stadtviertel und die Universität, im Norden das koloniale Zentrum. Inkaruinen gibt es in der Stadt bis auf ein paar kümmerliche Überreste am Flußufer keine mehr. In **Ingapirka**, wenige Kilometer nördlich, haben die Inkas allerdings ein Schmuckstück hinterlassen, das, selbst wenn man Perus Ruinen schon gesehen hat, einen Besuch wert ist. Obwohl Cuenca die drittgrößte Stadt des Landes ist, hat sie so etwas wie einen Kleinstadtcharakter bewahrt.

Hauptmarkttag in Cuenca ist Donnerstag, kleiner Markttag Samstag. Wohl um einiges eindrücklicher dürften allerdings die Märkte von **Gualacéo, Chordeleg** und **Sígsig** sein, sie finden am Sonntag statt. Naturliebhaber werden in der **Landschaft der 232 Seen** «Las Cajas» trecken, ein Gebiet auf 4000 m Höhe, wo sich einst ein mächtiger Gletscher breitmachte.

Am 3. November feiert die Stadt den *Día de Cuenca*, und am 12. April finden die Gründungsfeierlichkeiten statt.

Unterkunft

■ **Unser Tip! Hostal Bolívar** *, wenige Schritte vom Busterminal. Einfach, tipptopp sauber, großzügige Zimmer ohne Bad. Sehr empfehlenswert. Zu Fuß ins Zentrum sind es 15 Minuten. DZ ohne Bad 3 $.

■ **Residencial Colombia** *, an der Plaza 9 de octubre, eine ruhige verkehrsfreie Plaza, neben der ein Markt ist. Tel. 82 78 51. Sehr einfach, sauber, Sicht auf die sonnige Plaza. Neue Leitung und neues Personal, keine Diebstähle mehr. DZ ohne Bad 2.6 $. Empfehlenswert.

■ **Hostal Residencial Norte** *, gleich daneben. DZ ohne Bad 2.4 $. Es gibt große Zimmer im alten Gebäudeteil mit Sicht auf die Plaza und neue ohne Aussicht. Zum Teil gibt es Zimmer ohne Fenster, aber mit Bad zu 5 $. Frühstückscafeteria. Empfehlenswert.

■ **Hostal Paredes** **, Sucre 542, Tel. 82 44 04. Kleines, sauberes Hotel, in den Zimmern Holzböden, alte Möbel und uralte Betten aus einer Zeit, als Bettenmachen noch eine Kunst war. DZ ohne Bad 7.5 $, mit Bad 8 $.

■ **Unser Tip! Hotel Crespo** ***, Calle Larga 793, direkt am Fluß, Tel. 83 18 37. Sehr stilvoll eingerichtetes Haus, vom Eßsaal sieht man auf den Fluß runter, es gibt Pizzas, Pastas und ecuadorianische Spezialitäten. Die Zimmer sind groß und luxuriös eingerichtet, alle mit Teppich und Farb-TV. DZ mit Bad 16.5 $, mit Flußsicht 23 $. Wem das zu teuer ist, versuche den **Anexo Crespo** **, nur wenige Schritte vom Hauptgebäude. Dort kostet das DZ mit Bad 6.5 $ und ist ebenfalls tipptopp.

■ **Für Genießer! Hotel La Laguna** ***, Tel. 83 02 00, weit außerhalb des Zentrums, sehr ruhig gelegen. Manche der Zimmer blicken auf einen großen, künstlichen Teich, in dem eine Fontäne in den Himmel spritzt. Eigenes Restaurant mit Fonduestube. Wer ein Doppelzimmer vorreserviert, zahlt 47 $, wer vor Ort bestellt und in Landeswährung zahlt, kommt mit 24 $ davon.

Essen

■ **Cafetería Roma**, Luis Cordero 754. Spezialität: Pizzas und langsamer Service. Etwas überzahlt. Gringotreff.

■ Vom Restaurant im obersten Stock des **Hotel Presidente** genießt man eine wunderbare Aussicht auf Cuenca. Internationale Küche, Spezialität: Forellen.

■ **Restaurant Cantina**, eher eine

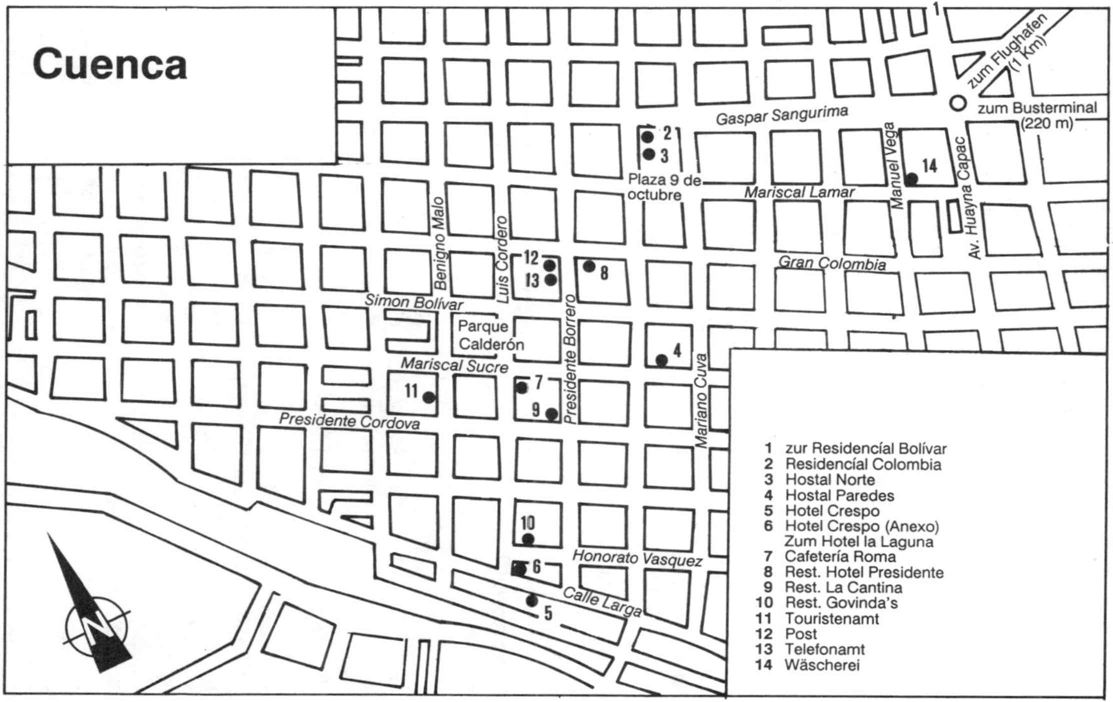
Cuenca
Gaspar Sangurima
zum Flughafen (1 Km)
zum Busterminal (220 m)
Plaza 9 de octubre
Mariscal Lamar
Manuel Vega
Av. Huayna Capac
Gran Colombia
Benigno Malo
Luis Cordero
Simon Bolívar
Parque Calderón
Presidente Borrero
Mariscal Sucre
Mariano Cuva
Presidente Cordova
Honorato Vasquez
Calle Larga
N
1 zur Residencíal Bolívar
2 Residencíal Colombia
3 Hostal Norte
4 Hostal Paredes
5 Hotel Crespo
6 Hotel Crespo (Anexo)
Zum Hotel la Laguna
7 Cafetería Roma
8 Rest. Hotel Presidente
9 Rest. La Cantina
10 Rest. Govinda's
11 Touristenamt
12 Post
13 Telefonamt
14 Wäscherei

schicke Bar mit Eßmöglichkeiten als ein wirkliches Restaurant. Das Hausgericht: Blutwürste mit gedämpftem Mais, Kartoffelomelett, Tamales und gebratenes Schweinefleisch, 2.5 $.

■ **Govinda's**, Honorato Vásquez/ Luis Cordero. Gepflegtes, kleines und mit viel Holz eingerichtetes vegetarisches Restaurant. Das Personal ist etwas unorganisiert, das Essen dagegen sehr gut: vegetarische Pizzas, Soya-Hamburger, Salate, Samosas (gefüllte Teigtaschen), Mittagsmenü zu etwas über 1 $.

■ **Cafetería El Farol**, Ecke Bolívar/ Cueva, ein kleines Café, wo man sich bei heißem *Canelazo* (Zuckerrohrschnaps) und *Naranjillada* (Zuckerrohrschnaps mit Naranjilla-Saft) aufwärmen kann.

Was sonst?

■ **Touristenamt:** Benigno Malo 124, geöffnet von Mo–Fr 8–12 und 14.30–18.30 Uhr. An Fiestas auch Sa geöffnet. Sehr hilfsbereit, gute Informationen erhältlich sowie ein Stadtplan.

■ **Telefonamt:** Pres. Borrero/Gran Colombia,.

■ Gleich daneben die **Post**.

■ **Heilpraktiker:** Dr. Julio Sarmiento, C. Sangurima 420, Sprechstunde von 9–17 Uhr.

■ **Wäscherei:** Mi Lavandería, Ecke Lamar/Manuel Vega, täglich außer So bis 22 Uhr geöffnet.

Sehenswert

■ **Museo del Banco Central**, Mo–Fr 9–16 Uhr. Das Museum besteht aus zwei Teilen: Im Freien sieht man Mauern und Grundrisse der Cañari-Indianerarchitektur. Der gesamte archäologische Fundort heißt **Pumapungo**. Im Inneren des Museums haben uns die antiken Musikinstrumente sehr beeindruckt: etwa Flöten aus Knochen oder aufgehängte Natursteintafeln, die im Wind aneinanderschlagen.

■ Ebenfalls an der Calle Larga steht das **Museo de la Casa de la Cultura**. Im Inneren eine sehr schöne ethnographische Ausstellung über Kleider und Musikinstrumente der Cañari. Geöffnet von Mo–Fr 8–12 und 14–18 Uhr. Außerhalb des Museums liegen die **Ruinen von Todos Santos**, sie können nur von der Casa de la Cultura aus besucht werden. Gratisführung. Die alten Cañari-Mauern bestehen aus meist unbehandelten, aufeinandergeschichteten Steinbrocken, die mit Mörtel zusammengehalten werden. Die Inkamauern, die Ende des 15. und zu Beginn des 16. Jahrhunderts errichtet wurden, zeigen die typische Schrägstellung der Außenwände, wie sie auch in Cuzco vorkommt, ein Stil der Expansionsphase der Inkas. Auf der Inkastadt bauten schließlich die Spanier.

■ **Istituto Azuayo de folclore**. Dieses ethnographische Museum liegt an der Calle Cordero, ein halber Block vom Parque Calderón entfernt. Es beherbergt Masken, Eisenwerkzeuge, Kultgegenstände der Shuar-Indianer und Keramik.

■ **Museo Municipal de Arte Moderno**, an der Plaza San Sebastián. Offen von Mo–Fr 9–13 und 15–18 Uhr, Sa 9–12 Uhr. In Kontrast zum alten Gebäude ist moderne Kunst untergebracht, Skulpturen, Bilder, Kinderarbeiten und weiteres mehr.

■ Wer auf den Rummel des **Mercado 9 de octubre** im Zentrum verzichten möchte, besucht den **Mercado 12 de abril**, ein sehr stiller, gedeckter Markt, der ausschließlich von Frauen beherrscht wird. Lokalbus fährt vom kleinen **Blumenmarkt** hinter der großen und «neuen» Kathedrale in der Calle Mariscal Sucre ab. Wer Kunsthandwerk und Textilien aus Otavalo sucht, findet sie am **San-Francisco-Markt** an der kleinen Plaza vor der gleichnamigen Kirche, Calle Córdova.

Indianermärkte

Am Sonntag ist gleich in drei Orten unweit von Cuenca Markttag. Der Markt von **Sígsig** ist am weitesten von Cuenca entfernt. Deshalb: Mit dem ersten Bus von Cuenca um 5.30 Uhr direkt dorthin fahren und die anderen Märkte auf dem Rückweg besuchen. Der Lebensmittelmarkt mit Früchten und Gemüsen, Hunderten von Kartoffeln und Bohnen ist sehr groß. Verkauft werden auch Gebrauchsartikel, Strohhüte, backsteingroße Zuckerwürfel und sehr guter Weichkäse. Oberhalb des Hauptmarktes befindet sich ein zweiter, kleiner Marktplatz mit Sicht auf das dahinter steil abfallende Tal.

Eher klein ist im Vergleich mit Sígsig der Markt von **Chordeleg**. Hier gibt es eine Billigunterkunft im **Centro Comercial Chordeleg** *, einfach, freundlich, nur kaltes Wasser. DZ ohne Bad 3 $. Unbedingt sehenswert ist das kleine Museum an der Plaza. Es beherbergt Kunsthandwerksartikel aus der Region. Genossenschaftlich organisierte Frauen bringen ihre Werke zum Verkauf hierher.

Recht klein ist auch der Marktplatz von **Gualacéo**, verkauft werden Stroh zur Produktion von Panamahüten, Gemüse, Kartoffeln, Früchte. Geht man über die Brücke des Río San Francisco, kommt man zum Viehmarkt. Im Ort selbst wimmelt es auch von Schmuckläden: Silber- und Goldschmuck zu recht günstigen Preisen. Die meisten Geschäfte öffnen auch am Sonntag erst um 8 oder 9 Uhr. 600 m außerhalb des Orts steht die **Hostería Ribera** **, DZ mit Bad 15 $. Große, schöne Zimmer, Garten, Swimming-Pool. Empfehlenswert. Billiger ist es in der **Residencial España** *, wenige Schritte von der Banco del Austro. Ruhige DZ ohne Bad 2 $ mit Blick auf einen kleinen Innenhof. In Gualacéo kann man in der Banco del Austro auch am Sonntag Geld wechseln.

Busse in diese drei Orte, die alle im selben Tal liegen, fahren vom Busterminal.

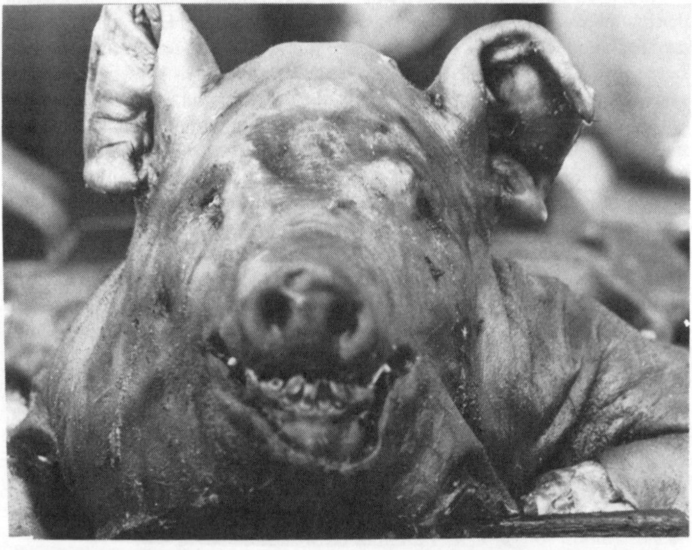

Nationalpark Las Cajas

Unweit von Cuenca auf einer durchschnittlichen Höhe von 3500 bis 4500 m über Meer liegt die Landschaft der 232 Seen. Es gibt in Cajas über 20 Hochlandgrasarten, die zahlreichen Lagunen sind ein Überbleibsel eines riesigen Gletschers und bieten heute einer vielfältigen andinen Flora und Fauna Unterschlupf. Sogar Brillenbären sollen noch in der Gegend leben.

Nachdem man sich im Ministerio de Agricultura die Erlaubnis für den Parkbesuch und eine Karte (1:150 000) geholt hat, kann es am nächsten Tag losgehen. Von der Calle Talbot fährt täglich außer Do ein Bus um 5.30 Uhr ab, ein zweiter um 8 Uhr. Bis nach Cajas sind es nur 37 km, doch da es stetig hoch geht, dauert die Fahrt 1½ Stunden. Bei der Parkhütte (der Busfahrer weiß Bescheid) aussteigen. Hier befindet sich die Laguna Toreador.

Ein leichter Treck, bei dem es teilweise querfeldein über kurzes Hochlandgras geht, beginnt beim Parkhäuschen. Man geht etwa 1 km auf der Straße weiter und verläßt sie dann nach rechts abbiegend. In einem halbkreisförmigen Bogen (Norden – Osten – Süden) erreicht man unterhalb der Parkhütte wieder die Straße. Dauer des Trecks etwa 4 Stunden. Mitnehmen: leichte Trekkingschuhe, Kompaß, Wasserflasche, Wasserdesinfektionsmittel, warme Kleidung, Sonnenschutz. Wer übernachten möchte, benötigt ein Zelt und einen guten Schlafsack, es wird nachts sehr kalt.

Inkaruine Ingapirka

Nördlich von Cuenca haben die Inkas ihr mächtigstes Monument in Ecuador hinterlassen, nicht so groß wie die Ruinen um Cuzco in Peru, aber von der Verarbeitung her ein einmaliges Stück.

Um sie zu besuchen, fährt man mit dem Bus von Cuenca nach **El Tambo**. Von hier fahren Camionetas häufig nach **Ingapirka**. Am Samstag ist in El Tambo Markttag. Dort gibt es gegenüber dem Restaurant El Rancho eine einfache Übernachtungsmöglichkeit, sie gehört *Señora Ilda Ochoa*. Sehr einfache, saubere Zimmer um einen Innenhof. DZ ohne Bad 3 $. Familienatmosphäre. Auch an den Ruinen kann in einer kleinen Hütte (mit Schlafsack) übernachtet werden.

Die Führer im Museum sind sehr freundlich und führen kostenlos durch Ruinen und Museum. Kern des Ruinenkomplexes ist ein ovaler Bau von 37.5 x 13.5 m Länge, dessen Inkawände nicht höher als 3.7 m sind. Dieses Oval wird in zwei Kammern unterteilt, deren Pforten blicken nach Osten und nach Westen, deshalb nimmt man an, daß es sich bei Ingapirka um ein religiöses Zentrum und nicht um ein Fort handelte. Unterhalb des Tempels befinden sich die *Aposentos*, möglicherweise ehemalige Priesterwohnräume; ein Raum wurde rekonstruiert und weist die für die Inkaarchitektur typischen trapez-

◀ *Verkäuferin von Stroh für Panamahüte in Gualacéo (oben)*
gegrilltes Schwein am Markt von Sigsig (unten)

förmigen Nischen an den Innenwänden auf. Rechts von Tempel und Aposentos die *Plaza*. Möglicherweise gab es früher nur einen einzigen Zugang zum Platz, im Südosten. An die Plaza schließen sich der Sektor der *Condamine* an, benannt nach dem Archäologen Carlos María de la Condamine, der 1739 genaue Pläne von Ingapirka zeichnete. Möglicherweise war in diesem Sektor das Kloster der Sonnenjungfrauen untergebracht.

Östlich des Klosters eine *Produktionsstätte*, wo unter anderem Chicha gebraut wurde und wo mehrere Lagerhäuser standen. Ganz im Südosten und gleich neben dem Museum ist die *Pilaloma*. Hier wurden auch zahlreiche Überreste aus der Cañari-Zeit gefunden, für die der Ort wahrscheinlich genauso heilig war wie nachher für die Inkas. Es scheint, als ob die Inkas Pilaloma ziemlich unangetastet ließen. Ein Monolith ragt aus der Erde heraus und bezeichnet die Position eines Grabes, in dem elf Personen, mehrheitlich Frauen, gefunden wurden.

Hinweis: Auf dem Weg nach Ingapirka kann man die Kirchen von Azogues und Biblián besuchen.

Weiterreise

■ Der **Busterminal** befindet sich im Osten, etwa ½ Stunde vom Zentrum entfernt.

■ Nach **Guayaquil** über **Cañar** und **El Triunfo** gibt es täglich häufige Verbindungen (4½ Std., 2.5 $).

■ Nach **Machala** und **Huaquillas** dreimal täglich in 4 bzw. 6 Stunden, Preis: 2 bzw. 2.5 $.

■ Hinunter nach **Loja** dauert die Fahrt 8 Std. und kostet 3 $.

■ Nach **Quito** (9½ Std., 4 $) ebenfalls no problem. Problemlos auch Fahrten zu Stationen zwischendrin, nach **Riobamba** (6 Std.) etwa, **Ambato** (7 Std.) und **Latacunga** (8 Std.). Die Fahrt mit großen Bussen dauert eineinhalbmal länger, als hier angegeben (Zeiten für Kleinbusse). Die **Zugverbindung** nach **Chunchi/Sibambe** ist intakt, täglich außer So fährt der Schienenbus am Nachmittag ab.

■ In den Südoriente nach **Macas** fährt *Turismo Oriental* fünfmal täglich (11 Std., 3 $). Nur bis **Gualaquiza** schafft es *16 de agosto* (8 Std., 2.5 $).

■ *Tame* fliegt nach **Quito** (15 $) und **Guayaquil** (9.5 $). Ihr Büro ist an der Ecke Luis Cordero 955/Bolívar.

Zugfahrt Cuenca–Sibambe

Täglich außer am Sonntag fährt ein Schienenbus am Nachmittag von Cuenca nach **Chunchi** und **Sibambe**, Kreuzung an der Zuglinie Cuenca–Quito und Guayaquil–Quito. Leider fährt der Zug nur bis Sibambe und nicht weiter nach Quito. Sibambe liegt in einem engen Kessel, aus dem man nur mit dem Schienenbus oder Zug wieder raus kann. Eine Straße gibt es nicht. Wer nicht am Mittwoch oder Samstagabend ankommt

(Übernachtung im Bahnhof mit Schlafsack), muß zu Fuß (zwei steile und anstrengende Stunden bis zur Panamericana) wieder weg: Denn der Schienenbus beziehungsweise Zug nach Alausí oder Huigra fährt nur Donnerstag und Sonntag. Steigt man allerdings nicht erst in Sibambe, sondern schon in Chunchi (45 Minuten zuvor) aus, hat man Anschluß an die Panamericana. Wer die Zugstrecke von Norden nach Süden fahren möchte, steigt, von Riobamba her kommend, ebenfalls in Chunchi aus.

Wir befinden uns auf dem Weg von Cuenca nach Sibambe. Weidende Schafe, Kühe und Pferde fahren an uns vorbei. Vereinzelt wird trotz der steilen Hänge Ackerbau betrieben. Terrassen sind keine zu sehen, zu kurz war wohl hier die Herrschaft der Inkas, deren landwirtschaftliche Anbaugebiete heute noch in Peru zu sehen sind. Die Häuser sind klein und aus Lehm, die Dächer aus Ziegeln, Stroh oder Wellblech. Alle paar hundert Meter greift ein mutiger Hund wild kläffend den Schienenbus an und verfolgt ihn bis zur Erschöpfung. Wo immer jemand zu- oder aussteigen möchte, wird angehalten. An den Haltestellen lungern viele Kinder herum, sie lachen nicht und spielen nicht – ein Zeichen, daß sie bitter an Hunger leiden.

Irgendwo auf der Strecke steigt ein großer, mächtiger Mann ein, sofort macht man ihm Platz. Es scheint eine wichtige Person zu sein. Er stellt sich uns als *Señor Eduardo Benavides Yepez* vor, *Superintendente Ramal Austral*, Chef der südlichen Eisenbahnlinie. Plötzlich ein Ruck, ein Rad ist aus den Schienen gesprungen. Warten. Señor Benavides erzählt, wie es früher hier war, als die Straße noch keine Konkurrenz zur Bahn und als die Bahn noch nicht museumsreif war. Er fragt uns, ob es uns gefiele, und macht uns darauf aufmerksam, daß bald ein Tunnel komme, in dem man sich küssen könne, man habe aber nur 10 Sekunden Zeit, wir sollten dies ins Buch schreiben. Alle Passagiere lachen.

Morgen ist Weihnachten. Der Schienenbus fährt weiter. Es wird dunkel, die karge Andenlandschaft in ihrer unendlichen Vielfalt von braunen, gelben, grünen und grauen Schattierungen wird undeutlich. Immer öfter hält jetzt der Schienenbus. Morgen ist Weihnachten. In den kleinen Dörfern an der Strecke tanzt man, lacht und ißt, viele betrinken sich und singen um große Feuer. Señor Benavides muß allen die Hand schütteln. In einer Hütte bekommt er ein Meerschweinchen serviert, wir als seine Ehrengäste bekommen auch ein Viertel und ein Stück Schweinefleisch, ein großes Opfer der armen Bevölkerung. Wir bedanken uns und tanzen ein Ständchen mit der Dame des Hauses und trinken Schnaps. Der Dorflehrer möchte Benavides dauernd zur Seite nehmen und mit ihm sprechen; er zeigt auf seine zerlumpten Schulkinder. Doch Benavides hat keine Zeit und auch kein Geld für den Lehrer. Auch ihn hat man im Stich gelassen. Was bei uns für Millionen renoviert würde und *die* Touristikattraktion Europas wäre, lassen die Herren in Quito verrotten.

Morgen ist Weihnachten. In Sibambe endet die Fahrt. Morgen wollen wir mit dem Schienenbus nach Alausí und von dort per Bus nach Riobamba. Wir wissen noch nicht, daß wir bis Alausí trampen müssen, denn der Lokomotivführer arbeitet an Weihnachten nicht. Wir machen diesen Abend ein Weihnachtsfest, nur Männer, alle aktive Gewerkschaftler; ihre Frauen sind irgendwo weit weg. Eine kleine Bühne ist aufgestellt, alle bieten eine Nummer, singen und halten Reden. Auch Benavides spricht, nein, er schreit, er brüllt, er flüstert, er fleht, er fordert – rettet die Bahn! Vielen Männern kommen die Tränen.

Zugfahrt Alausí–Huigra

Alausí (2607 m über Meer) ist Ausgangspunkt für die Zugfahrt nach Westen Richtung **Guayaquil**. Die Zugstrecke Alausí–Guayaquil ist zurzeit nur bis **Huigra** (1219 m) und dann wieder ab **Bucay** (198 m) in Betrieb. Zwischen Bucay und Guayaquil (Bahnhof **Durán**) fährt eine Dampflokomotive!

In Alausí ist am Sonntag Markttag. Von Huigra fährt am frühen Morgen der Zug hierher, am Nachmittag wieder zurück. Nur einmal pro Woche. Jeweils am Donnerstag gibt es eine zweite Verbindung mit dem Schienenbus (*autocarril*). Ist schon die Fahrt von Cuenca nach Chunchi oder umgekehrt atemberaubend, die kurze Fahrt zwischen Alausí und Huigra ist der Punkt aufs «I». Der Zug muß mehrmals im Zickzack die sogenannte Teufelsnase (nariz del diablo) hinauf- oder hinunterfahren, um die große Steigung zu überwinden. 1388 Höhenmeter werden in nur 27 km zurückgelegt.

In Alausí gibt es mehrere einfache Übernachtungsmöglichkeiten. Von Huigra und von Alausí kommt man mit dem Bus problemlos nach Riobamba oder Cuenca zurück. Alternative: Man fährt von Alausí nach **El Triunfo** im westlichen Tiefland und von dort mit dem Zug weiter nach **Bucay** und **Guayaquil**.

Loja

2215 m ü. M., 82 000 Einwohner.
Loja ist Hauptstadt der südlichsten Andenprovinz Ecuadors. Ringsum ist alles grün, keine schroffen Felsen wie im nördlichen Andenraum, sondern runde Hügel. *Alexander von Humboldt* nannte die Gegend den «Garten Ecuadors». Die Stadt selbst ist nicht sonderlich aufregend, scheint aber politisch recht aktiv zu sein, zumindest lassen darauf die vielen kommunistischen Wandschriften schließen. Und es gibt mindestens einen Arzt und einen Anwalt, die von ihren Eltern «Lenin» getauft wurden.

Sehenswert sind Lojas Kirchen, die

Iglesia Santo Domingo und die **Kathedrale**. Beide sind innen vollkommen mit Szenen aus der Bibel bemalt, die Santo-Domingo-Kirche aber freundlicher und heller als die Kathedrale. Von Loja aus ist man in einer Stunde in **Vilcabamba**, wo die ältesten Menschen Südamerikas leben sollen, wo es aber auch ein wunderschönes und billiges Genießerhotel gibt. In nur 6 Stunden ist man auch in **Macará**, an der peruanischen Grenze, eine Alternative zum Grenzübergang **Huaquillas**.

Unterkunft

■ In der Nähe des Marktes an der Calle Sucre, zwischen C. 10 de agosto und José A. Eguiguren: **Hotel Acapulco** *, Tel. 96 06 51. DZ ohne Bad 2.5 $, mit Bad 5 $. Mittelgroße Zimmer mit Fenster auf cinen dunklen Innenhof, sauber, empfehlenswert.

■ An der 10 de agosto, Ecke Universitaria, das **Hotel Miraflores** *, DZ ohne Bad 3 $, einfach, sauber, freundlich, einige Zimmer mit Fenster auf die Straße hinaus.

■ Am Park um die Ecke in der Av. 18 de noviembre das **Hotel Metropolitano** *, DZ mit Bad und defekten Schwarzweiß-TV 5 $, sauber, aber einige Zimmer haben kein Fenster.

■ Mit 7.5 $ beziehungsweise 8 $ das **Hostal Riviera** ** und **Hostal Quinara** **, beide mit TV und guten Betten, in der gleichen Cuadra wie das Hostal Inca.

■ Teuerster Kasten ist das **Hotel Vilcabamba** *** an der Av. Kennedy, Tel. 96 15 38. DZ mit Bad, Farb-TV, Telefon und hochnäsigem Personal 11.5 $. Eigenes Restaurant, in dem sich die Klientel schicker als die Einrichtung gibt. Mahlzeiten ab 2 $.

Essen

■ **Selbstverpfleger** suchen sich am Markt etwas aus oder gehen ins **Portón Real**, ein Shop am Park mit großer Auswahl an Joghurt, Käse, Schinken und Mortadella.

■ **Cafetería Topoli Burguer**, neben dem Hotel Imperial, Av. Sucre. Idealer Ort zum Frühstücken, guter Kaffee, Kuchen, Sandwiches, Fruchtsäfte. Offen ab 7 Uhr, So ab 9.30 Uhr.

■ **La Pizzería**, ein Block weiter oben. Holzeinrichtung und Wandteppiche sorgen für Gemütlichkeit. Die Pizza kostet weniger als 1 $ und schmeckt ausgezeichnet.

■ **Restaurant 13**, Av. Universitaria, Zwischen Colón und José A. Eguiguerén, im 1. Stock. Kerzenlicht. Essen um 1.5 $.

Was sonst?

■ **Touristeninformation (Dituris):** Pasaje Arias/C. 10 de agosto 1574.

■ **Telefonamt (Ietel):** Ein halber Block von der Plaza.

■ Das **Postamt (Correos)** befindet sich an der Hauptplaza.

■ **Geldwechsel:** Banken an der und um die Plaza, den besten Kurs gibt es aber in der Pizzería.

■ **Piano Bar Unicornio**, an der Plaza. Serviert werden unter anderem *Pi-*

ña Colada und *Screwdrivers.* Treffpunkt der Loja-Yuppies bei schummriger Beleuchtung.

Vilcabamba

Vilcabamba ist ein kleines, staubiges Dorf, berühmt dafür, daß dessen Einwohner oft über 100 Jahre alt werden. Als wir dort waren, sahen wir aber kein einziges altes Männchen. Wie dem auch sei, alles Wichtige spielt sich an der Plaza ab. Dort steht eine verhältnismäßig neue, mit Holz verkleidete Kirche und ein kleines Hotel, die **Residencial Valle Sagrado ***, DZ ohne Bad 2 $, nur kaltes Wasser. Freundlicher Besitzer.

Der eigentliche Grund, nach Vilcabamba zu fahren und gleich ein paar Tage hier zu bleiben, ist das **Genießerhostal Madre Tierra ***. Es liegt an einem Hügel mit Blick aufs Tal. Nur fünf Zimmer, davon zwei in einem Bambushaus. In der Küche wird Natur- und vegetarische Kost zubereitet, auf Wunsch aber auch mit Fleisch und Huhn. Das Doppelzimmer ohne Bad (mit Toilette) kostet 3.5 $, mit Vollpension 7 $ pro Person. Dazu gibt es eine Sauna mit Eukalyptusdämpfen sowie Pferde und japanische Massage!

Ab 5 Uhr morgens fahren *Coop. Sur Oriente* und *Coop. Cajnuma*, beide an der Av. Kennedy, nach Vilcabamba. Die Fahrt dauert 1½ Stunden; vor der Brücke aussteigen, 200 m zurückgehen und nach links abbiegen. Ziel ist das Haus mit dem grünen Dach.

Saraguro

60 km und zwei Stunden nördlich von Loja liegt **Saraguro.** *Coop. Loja* verbindet Loja mit Saraguro.

Den Namen gaben dem Ort die Saraguro-Indianer, die von den Inkas aus Puno in Peru hierher umgesiedelt wurden. Sie sind leicht an ihren Trachten zu erkennen. Die Frauen halten einen sehr breiten Schal mit einer prächtigen Silberbrosche vor der Brust zusammen, tragen einen schwarzen Faltenrock, einen Hut und silberne Ohrringe. Man sieht sie oft mit der Spindel in der Hand. Die Männer stehen unter einem schwarzen Poncho, ihre schwarzen Hosen sind nur knielang.

Im Ort einfache Übernachtungsmöglichkeiten.

Weiterreise

■ Es gibt in Loja keinen **Busterminal**. *Transp. Loja* und *Transp. Saraguro* haben ihre Büros an der Avenida Kennedy auf der linken Seite des kanalisierten Río Malacatus. Die Straße auf der anderen Flußseite heißt Avenida Universitaria. Östlich davon liegt das Stadtzentrum und der Parque 18 de noviembre, um den die übrigen Busgesellschaften ihre Büros haben.

■ *Transp. 10 de agosto* und *Transp. Loja* fahren am weitesten in den Oriente, nach **Gualaquiza** (7½ Std., 2 $). Nur bis **Zamora** (3 Std., 0.5 $) und **Yanzatza** (4½ Std., 1 $) mit *Turismo Oriental* und *Sur Oriente*.

■ Nach **Quito** über **Pasaje** in der Nähe von Machala fährt *Transp. Lo-*

ja (18 Std., 4 $), die auch nach **Guayaquil** (11 Std., 3 $), **Machala** und **Huaquillas** fahren, jeweils 7 Std., 2 $.

■ Nach **Macará** an der peruanischen Grenze (6 Std., 1.5 $) mit der gleichen Gesellschaft.

■ Die beste Verbindung nach **Cuenca** führt *Coop. Viajeros* (8 Std., 2 $). Von Cuenca nach Quito sind es über die Sierra 9–11 Std.

■ *Tame* führt Flüge nach **Guayaquil** (11 $). Das Büro liegt an der Ecke José A. Eguigurén/Bernardo Valdivieso. Der Flughafen Lojas befindet sich in **Catamyo**, 45 Minuten per Bus von Loja entfernt. Busse der *Coop. Catamayo* fahren täglich von 5–18 Uhr dorthin. Ihr Terminal ist an der Av. Kennedy/Ecke Mercadrillo. Ein Taxi kostet 6 $.

Macará

Macará ist ein kleines Nest an der peruanischen Grenze, selten besucht und rund 6 Stunden von Loja sowie 4 Stunden von der nächsten größeren peruanischen Stadt, von **Sullana**, entfernt. Von dort dauert die Fahrt nach **Chiclayo**, der größten peruanischen Stadt der Nordküste, nochmals 6 Stunden. Wer von Loja über **Huaquillas** nach Chiclayo fährt, benötigt 2 Stunden länger, doch sind die Verbindungen sehr viel besser, was den Zeitverlust sofort wettmacht. *Transp. Loja* fährt zwei- bis dreimal täglich hin und auch zurück. Von Macará gibt es einmal täglich einen Direktbus nach **Quito** (20 Std., 4.5 $), **Guayaquil** (12 Std., 3.5 $) und **Machala** (9 Std., 2.5 $). Flugverbindung zweimal pro Woche (Di und Do) nach Guayaquil (8 $).

Baños

1800 m ü. M., 11 700 Einwohner.

Baños ist das Tor zum Oriente und liegt in einem engen Talkessel, der nach Osten hin offen ist. Die Straße führt von hier aus steil in den Urwald runter, und alle Flüße fließen nun in den Atlantik. Wie es der Name schon verrät, gibt es im Ort **Thermalwasser;** gleich drei Schwimmbäder im Dorf und eines außerhalb laden zum Baden und Relaxen ein, nach einer Vulkanbesteigung oder Rückkehr von einer Dschungeltour eine willkommene Abwechslung. Der Ort ist neben Riobamba Ausgangspunkt für die Besteigung des **Vulkans Tungurahua** und des **Altarmassivs**.

Unterkunft

■ **Unser Tip! Residencial Santa Clara** * (nicht verwechseln mit der gleichnamigen Pension am Busterminal), Tel. 74 03 49, 20 Minuten zu Fuß vom Busterminal bei der Piscina de la Virgen. Globitreff, ein ruhig gelegenes Haus mit großem Garten. Küchenbenützung und Wäschewaschen möglich, gute Tips für Ausflüge, Vermietung von mittelmäßiger Bergsteigerausrüstung. DZ ohne Bad 2 $, ab zwei Tagen Aufenthalt noch billiger.

■ **Residencial Timara** *, ein Block unterhalb der Plaza Central in der Calle Maldonado, Tel. 74 05 99. Ein ruhiges, kleines Hotel mit guter dänisch-ecuadorianischer Küche.

■ Wenn die beiden voll sind, dann in die **Residencial Patty** *, Tel. 74 02 02, im Dorfzentrum. DZ ohne Bad 2.5 $, Küchenbenutzung möglich, ganzer Tag Warmwasser, alle Zimmer um einen Innenhof ohne Garten, etwas viel Betrieb. Im Patty wohnen auch einige Berg- und Urwaldführer.

■ Wenig besucht, aber mit einem ausgezeichneten Preis-Leistungs-Verhältnis ist das **Hostal El Castillo** **, Tel. 74 02 85. DZ mit Bad 4 $, mit täglich drei Mahlzeiten pro Person nur 2 $ extra. Schöne Zimmer um einen hellen Innenhof, ein halber Block von den Piscinas Modernas entfernt.

■ **Hotel Palace** ***, Tel. 74 04 70. DZ mit Bad 14 $, bei Vollpension 12 $ pro Person und Tag. Das Palace ist ein altes Hotel mit großen Zimmern und einem riesigen Garten, wo tropische Obstbäume wachsen. Kleiner Swimming-Pool, Kinderspielplatz, Billiardtische; ein archäologisches und ein Münzenmuseum fehlen auch nicht.

■ Die Konkurrenz ist gleich gegenüber, das **Hotel Sangay** ***, Tel. 74 04 90. DZ mit Bad 14 $. Es gibt sowohl Zimmer im Hotelgebäude wie in Bungalows, Restaurant, Swimming-Pool, Sauna und Dampfbad.

Essen

■ **Für Schleckmäuler:** In Baños wird fast an jeder Ecke *mercoche* zubereitet, das ist ein eingedickter «Teig» aus Zucker und Wasser, der lange Fäden zieht.

■ **Regines Cafe Alemán** in der Nähe der Residencial Santa Clara ist eines der schönsten Café Ecuadors, sehr gemütlich eingerichtet, gegessen wird bei Kerzenlicht. Das Essen ist sehr gut, doch die Portionen sind etwas klein geraten und die Bedienung durch die Chefin ist ein wenig kühl. Aus der Speisekarte: Bergsteigerfrühstück, Reibekuchen, Würstchen, Wiener Eiskaffee und deutscher Weißwein.

■ **Pizzería Rincón de Suecia**, Ecke Vicente Rocafuerte und Parque de la Basilica. Globitreff: Geboten werden außer guten Pizzas (Wartezeit bis 40 Minuten) schwedische Elefantenohren (sehr dünnes und tellergroß plattgeklopftes Fleisch) und loakle Gerichte, freundlich.

■ Das Restaurant des Hotels **Flor del Oriente** bietet vegetarische Kost, auch Joghurt und Vollkornbrot.

■ Auch das **Restaurant El Eden**, ein halber Block vom Busterminal an der Ecke Espejo und Maldonado, bietet vegetarische Kost, Joghurt und frische Fruchtsäfte. Sehr freundlich.

Was sonst?

■ Das **Telefonamt** und die **Post** befinden sich beide an der Plaza Central.

■ **Geldwechsel:** Banco del Pichincha an der Plaza: Mo–Fr 10–13 Uhr.

■ **Spanischkurse:** Der norwegische Spanischlehrer Jörgen Grönneberg unterrichtet Spanisch in Kleingruppen bis 5 Personen (2 $ pro Person und Stunde). Er benutzt ein Textbuch, liest mit den Schülern Zeitungen und bespricht Themen wie Geographie, Geschichte und Kultur Lateinamerikas. Sehr empfohlen.

Sehenswert

■ Die **Basilica Santuario de la Virgen de Agua Santa** sieht von außen wie ein Kinderschloß aus. Im dazugehörigen Kloster wurde ein kleines Museum eingerichtet, täglich von 8–16 Uhr geöffnet. Es zeigt außer religiöser Kunst wertvolle Kleider, ausgestopfte Tiere, Schlangenhäute, eine Schmetterlingssammlung, Steine, Mineralien und Kunsthandwerk aus dem Oriente.

■ Baños besitzt auch einen kleinen **Zoo**, täglich von 8–18 Uhr geöffnet (Lokalbus von der Calle Ambato vor dem Markt).

■ **Agoyán-Wasserfall:** Nachdem das Wasser des Río Pastaza gestaut wurde, ist der Agoyán-Wasserfall nicht mehr so eindrucksvoll, aber an einem langweiligen Tag durchaus einen kurzen Besuch wert.

Thermalbäder

■ **Piscina de la Virgen**, täglich geöffnet von 4.30–16.30, So bis 17.30 Uhr. Eindrücklich unter einem echten Wasserfall, der auch die Duschen mit Wasser speist, gelegen. Auch warme Duschen. Es gibt drei Becken, zwei mit warmem Wasser, eines mit 20° kaltem Wasser.

■ **Piscinas Modernas**, Fr–So 8–17 Uhr, gleich neben der Piscina de la Virgen. Es gibt zwei Pools mit etwa 25° und 35° warmem Wasser, ein Becken mißt 25 m und eignet sich zum Schwimmen. Nur kalte Duschen. Um die Becken lädt eine Wiese zum Sonnenbad ein.

■ **Piscina Santa Clara**, neben der Residencial Santa Clara, Sa–Mi 9–16 Uhr. Zwei Becken, davon eines 25 m lang und eines für Kinder, dazu ein Dreimeter-Sprungbrett. Nur kalte Duschen.

■ **Piscinas El Salado**, täglich von 4.30–17 Uhr geöffnet. Außerhalb von Baños, das Taxi kostet etwa 0.3 $, der Lokalbus fährt von der Plaza Central ab. Zu Fuß: Über die Calle Ambato nach Norden (aufwärts); eine Steinbrücke überqueren und nach rechts einen kleinen Hügel hoch, bis man auf die Hauptstraße stößt; nach 25 m auf der Straße weiter nach links abbiegen. 20 Minuten später ist man dort.

Es gibt fünf Bäder, eines um die 50° heiß, drei um die 30° und eines kalt; man kann sich auch direkt unter einen Wasserfall stellen. Unser Tip. Ein Pool ist sogar überdacht.

Vulkan Tungurahua

Die Besteigung des Tungurahua (5016 m) ist gleichzeitig sehr einfach und sehr schwierig: Der Vulkan bietet keine technischen Schwierigkeiten, doch es geht dauernd in der Fallinie hoch, was körperlich sehr anstrengend ist; von Baños bis zum Gipfel werden in wenigen Stunden 3200 Höhenmeter zurückgelegt. Mit *Señor Vicente Sanchez* (Tel. 74 03 02) kann man für etwas über 1 $ pro Person bis zur Hütte (3000 m ü. M.) des Parkwächters *Angel Perez*, der auch als Führer engagiert werden kann, fahren und erspart sich zwei Stunden Gehzeit. Die Parkwächterhütte liegt oberhalb des Dorfs Pondoa; bei Don Angel zahlt man eine Gebühr von 1 $, die zur Übernachtung in der Andenhütte auf 3800 m Höhe und Küchenbenutzung berechtigt; Schlafsack und Liegeunterlage mitbringen. Dazu: Wasserflasche, kompletter Satz warmer und trockener Kleidung, Trekkingschuhe. Falls ihr den Gipfelsturm plant, auch Steigeisen, Eispikkel, Kompaß, Taschenlampe, Wetterjacke, Mütze und Fäustlinge mitnehmen.

Von der Parkhütte dauert der Aufstieg zur Andenhütte 3–4 Stunden. Es geht durch Bergurwald stetig geradeaus, die Hütte sieht man erst wenige Meter vor dem Ziel. Bei klarem Wetter genießt man einen wunderschönen Ausblick auf die umliegenden Täler. 100 m von der Hütte entfernt, an der Toilette vorbei, eine kleine Süßwasserquelle.

Die Gipfelbesteigung ist bei entsprechender Ausrüstung und mit erfahrener Begleitung auch für Anfänger möglich. Bei drohendem schlechtem Wetter benötigt der Gipfelsturm Hochgebirgserfahrung.

Altarmassiv

Mitnehmen: Trekkingschuhe, einen Satz warmer Kleidung, Zelt, Schlafsack, Liegematte, Wasserflasche, Wasserdesinfektionsmittel, Sonnenschutz. Zeitbedarf: 1½ Tage.

Der Bus von Baños nach Riobamba kommt nach etwa 45 Minuten an **Penipe** vorbei. *Señor Ernesto Haro*, Inhaber einer kleinen Tienda bei der Plaza von Penipe, fährt die Touristen gegen 3 $ pro Fuhre hinauf zur Parkhütte bei der **Hacienda Releche**, 2 km oberhalb des Dorfes **Candelaria.** Jeweils Di und Fr müssen Trecker vor 6 Uhr oder nach 16 Uhr bei Don Ernesto sein, da er in der Zwischenzeit nicht im Dorf weilt.

In der Parkhütte (3034 m Über Meer) zahlt man die Nationalparkgebühr von 1 $. Das **Altarmassiv** liegt wie der Tungurahua und Sangay im **«Sangay-Nationalpark»**. Der freundliche Parkwächter *Señor Luís Haro* kann auch als Führer engagiert werden. Don Luís steht in Funkkontakt mit dem Ministerio de Agricultura, Primera Constituyente/Pichincha in Riobamba. Man kann sich somit zuvor nach den Wetterverhältnissen erkundigen.

Gleich oberhalb der Hütte liegt die Hacienda Releche. Hier beginnt der Aufstieg. Nach einer Weile sieht man am rechten Wegrand ein schmiedeisernes Gedenkkreuz. An der dritten *Haarnadelkurve* danach zweigt ein

Fußweg (etwa 1 m breit) deutlich nach links ab, ein Baum hängt schräg über der Abzweigung. Hat man diese Abzweigung gefunden, kann man sich nicht mehr verirren. Es geht nun stetig durch Wiesen hoch, bis man nach etwa 45 Minuten auf einen 1–2 m breiten, dunklen Erdpfad stößt. Hier nach rechts. 15 Minuten später sieht man über dem Weg zwei kleine Wasserfälle, deren Wasser den Pfad überspülen. Weiter auf dem Pfad (Richtung Südosten), wo bald nach einer Linkskurve zum ersten Mal das Altarmassiv in Sicht ist. Etwa 2 Stunden später ist man dem ganzen schon ein gewaltiges Stück näher gekommen, eine überhängende Felswand bildet eine Halbhöhle, deren Boden ist mit Stroh ausgelegt, ein guter Übernachtungsplatz für etwa 6 Personen (ohne Zelt).

Wenn die Sonne noch scheint, wird man es aber vorziehen, weiterzugehen, denn nur eine halbe Stunde später ist man auf der Ebene Collanes. Sie ist eine große U-förmige Kraterebene. Im Halbkreis formieren sich die Gipfel des Altars; der höchste heißt El Obispo (5319 m, wörtlich: der Bischof). Windgeschützte Übernachtungsmöglichkeiten am Kraterrand.

Geradeaus (Osten) sieht man einen schmalen, weißen Wasserfall. Dahinter liegt die Kraterlagune Amarilla (2 Std.). Die Gipfel des Altars sind definitiv nichts für Anfänger.

Weiterreise

- Häufige Verbindungen nach **Quito** (3½ Std., 1 $) über **Ambato** (1 Std.) von 4 bis 17.30 Uhr.
- Direkte Busse nach **Riobamba** (1 Std.) fahren von 6 bis 17.30 Uhr.
- Nach **Puyo** (2 Std.) und **Tena** (5 Std.) fährt der erste Bus um 6 Uhr, der letzte schon um 16.30 Uhr. Die Fahrt zwischen Baños und Puyo und weiter nach Tena ist eine der schönsten Ecuadors. Die Bergflanken sind zunehmend dichter bewachsen, der Übergang zum Bergurwald beginnt. Rechts sitzen.

Nördliche Urwaldregionen

Anreise

Um in den Nordoriente zu gelangen, gibt es drei Möglichkeiten: Erstens von **Baños** aus über **Shell/Mera** nach **Puyo**, **Tena** und **Misahuallí**, Ausgangspunkt für Urwaldtrips. Weiter über den Río Napo nach **Coca** und nun entweder direkt in die Sierra nach Quito oder über den Umweg über die Ölstadt **Lago Agrio**. Zweitens von **Quito** aus über **Baeza** und **Papallacta** entweder nach Tena und Misahuallí oder nach Lago Agrio. Drittens vom **Südoriente** her: von **Macas** nach **Puyo** und weiter nach Tena und Misahuallí. Eine fertige Straßenverbindung zwischen Süd- und Nordoriente gibt es zwar noch nicht, doch wer einen dreistündigen

Fußmarsch auf dem fehlenden Teilstück und eine abenteuerliche Flußüberquerung nicht scheut, schafft es trotzdem. Über den Río Napo nach Peru zu fahren geht nicht. Die Grenze ist wegen Grenzstreitigkeiten dicht.

Puyo

953 m ü. M., 22 000 Einwohner.
Puyo ist die erste größere Stadt, nachdem man Baños Richtung Osten verlassen hat; sie ist Hauptort der Provinz Pastaza. Seit in Lago Agrio Erdöl gefunden wurde, hat sie als Urwaldstadt stark an Bedeutung verloren; die meisten Touris werden wohl gleich weiter nach Tena und Misahuallí fahren. Vorher aber können sie im Fluß ein kühles Bad nehmen, auf der tropisch grünen Plaza spazierengehen oder die zahlreichen *Naranjilla -Plantagen* besuchen.

Das erste Hotel rechts am Stadteingang ist gleichzeitig eines der zwei besten: **Hotel Turingia ****, Bungalows in einem stillen Tropengarten, eigenes Restaurant. DZ ohne Bad 5.5 $, mit Bad 10 $. Empfehlenswert. **Residencial Giaconda *** ist das nächste Hotel. DZ ohne Bad 2.5 $, einfach, o.k. Ebenfalls in Ordnung und in der gleichen Preiskategorie sind **Hotel Granada *** und **Residencial Ecuador ***, beide in Marktnähe. Bestes Hotel im Zentrum ist das **Hotel Europa Internacional **:** riesige Zimmer mit Sitzgruppe und Bad mit Warmwasser für 6.5 $, freundlich.

Shell/Mera

15 Minuten vor Puyo, von Baños her kommend, hält der Bus im Doppeldorf Shell/Mera (1043 m über Meer). Es ist die wichtigste Flugbasis des Oriente, Militärs kontrollieren und stempeln die Pässe. Wer sich vor dem Stempel, der die Einreise in den Oriente gewährt, drückt, muß bei späteren Kontrollen mit Schwierigkeiten rechnen. Das Krankenhaus von Shell genießt einen sehr guten Ruf.

Fahrplanmäßige Flugverbindungen gibt es nicht, doch kannst du Kleinmaschinen für 3 bis 5 Personen chartern. Die Flugstunde kostet etwa 80–100 $. Die billigste Gesellschaft scheint *Tao* zu sein; sie fliegt regelmäßig nach Macas im Südoriente, sobald eine Gruppe komplett ist (10–12 $ pro Person). Am Flughafen befindet sich auch das Büro der *Aero Misional*. Chartern geht hier nicht, doch kann man, falls neben dem Missionar noch Platz ist, manchmal mitfliegen (etwa 6.5 $).

Tena

518 m ü. M., 7000 Einwohner.
Tena ist eine der ältesten Orientestädte Ecuadors. Dem Indianerhäuptling der *Quijos*, der 1578 eine Revolte gegen die Spanier geführt hat, ist am Nordausgang ein Denkmal gewidmet. In der Stadt ist wenig los, es gibt ein Männergefängnis, und abends wird auf den Volleyballfeldern der Plaza kräftig gespielt. Tena könnte

für kurze Dschungeltrips eine Alternative zu Misahuallí sein. Die Stadt leidet, obwohl hier der Río Tena und Río Pano zusammenfließen, an Wasser- und Stromknappheit.

Das Zentrum und die Flugpiste liegen an der linken Flußseite, der Busterminal an der rechten Flußseite. Beide Ufer werden durch eine Fußgänger- und eine Autobrücke verbunden, die wenige hundert Meter voneinander entfernt stehen.

Unterkunft und Essen

■ Wenn man vom Terminal hinunter Richtung Fluß geht, kommt man am Gefängnis vorbei und sieht wenig später rechts die **Residencial Baños *:** einfache DZ ohne Bad, aber mit Fenster 2.5 $, sauber.

■ Im Zentrum nahe der Flugpiste die **Residencial Enmita *** mit eigenem, gutem Restaurant. DZ ohne Bad 2.5 $, mit Bad 4 $.

■ An der Autobrücke steht auch die **Residencial Alemana ****, Tel. 88 64 09, geführt von einer Ex-Österreicherin! Sehr ruhig, empfehlenswerte, schöne Zimmer mit Bad für 5–5.5 $.

■ **Unser Tip!** Eines der drei besten Hotels des Oriente (neben dem Hotel Jaguar und dem Flotell Orellana) ist das **Hotel Mol *****, in der Nähe der Flugpiste. DZ mit Bad im alten Teil 6 $, im neuen Teil 16 $, dann aber mit Klimaanlage, TV, Telefon, Spannteppichen; täglich frische Leintücher in allen Zimmern. Eigenes, sehr gutes Restaurant; Swimming-Pool und Disco sind geplant.

Was sonst?

■ Eine kleine **Touristeninfo** an der C. Amazonas/Ecke Avdon Calderón. Sie ist fast immer geschlossen.

■ **Telefonamt:** Im Zentrum an der Ecke Calle J. Montalvo und Olmedo.

■ **Post:** In der Municipalidad an der Plaza.

■ **Geldwechsel:** Die italienischen Missionare beim Colegio San José wechseln Bar- und Travellerschecks – ob da die Vatikanbank mitmischt?

■ Das **Krankenhaus** liegt außerhalb der Stadt auf der rechten Flußseite.

■ Unweit der Autobrücke befindet sich ein **Minizoologico**, ein kleiner Zoo, geführt von zwei Jungs und in einem Privathaus untergebracht. Nur Duschungeltiere.

Ausflüge

■ **Baden im Río Tena:** Am Hotel Mol vorbei zum Sportplatz, dann hinunter zum Fluß. Geht man zwischen Fluß und dem parallel dazu verlaufenden schmalen Kanal weiter, kommt man in einer halben Stunde nach **San Antonio**. Von hier führt eine Straße nach **Muyuma,** von wo man zu Fuß nach Westen weiter kann: Es sind 60 km Urwald bis zur nächsten Straße.

■ **Cavernas de Archidona** (natürliche Höhle). Mitnehmen: Badeanzug, Badesandalen, Taschenlampe. Im Hotel lassen: Alles, was nicht naß werden darf; zeitweise muß man durch brusthohes Wasser waten. Zeitbedarf 3 Stunden. Mit dem Lokalbus vor der Residencial Jumandy im Zentrum bis zur Plaza von **Archidona**, wenige Kilometer nördlich von Puyo fahren. Von der Plaza nimmt man den Bus nach **Cotundo** und steigt schon nach 4 km wieder aus.

Die Cavernas sind ein komplexes Höhlengebilde, das noch nicht völlig erforscht ist. Beeindruckende Stalagmiten (nach oben wachsende Felsnadeln) und Stalaktiten (von der Decke hängende Felsnadeln).

■ **Ongota** und **Río Holín**. Zeitbedarf ½–1 Tag. Mitnehmen: gute Schuhe oder Gummistiefel, Wasserflasche, Wasserdesinfektionsmittel. Ongota ist ein kleines Doppeldorf, 3.5 km entfernt. Den Bus Richtung Archidona bis zum Rondell mit der Indianerstatue nehmen, dann zu Fuß nach rechts bis zur Hängebrücke. Nach der Brücke halbrechts auf einer schmalen Piste eine halbe Stunde gehen, und man erreicht zur Rechten **Ongota Bajo** und sieht vorne links **Ongota Alto**.

Um zur Mündung des Río Holín zu wandern, nimmt man kurz vor Ongota Alto die unfertige Straße nach links, welche in einen Fußweg durch den Urwald mündet. Nach einer halben Stunde erreicht man zwei Indianerhütten: Hier scharf nach rechts abbiegen, zweimal unter Stacheldrahtzäunen hindurch, bis man auf einen Querweg stößt. Hier nach links und eine Dreiviertelstunde später ist man an einer Arbeiterhütte angelangt. Als wir da immer noch keinen Weg fanden, der zum Río Holín hinunterführte, kehrten wir wieder um. Straßenarbeiter erzählten uns, man hätte bloß 600 m weiter gehen müssen, um den schmalen und steilen Weg zum Fluß zu finden.

Weiterreise

■ Nach **Misahuallí** fahren von der Haltestelle unter der Fußgängerbrükke Busse zwischen 6 und 18 Uhr (50 Min.).

■ Nach **Puyo** (3½ Std., 1 $) und weiter nach **Baños** gibt es vom Busterminal bis etwa um 20 Uhr Verbindungen. Manche Busse fahren direkt bis **Riobamba** weiter.

■ Nach **Quito** über **Baeza** Busse bis 20 Uhr (5 Std., 1.5 $).

Misahuallí

Misahuallí im nördlichen Oriente ist Ausgangspunkt für organisierte Dschungeltrips und für die Fahrt auf dem Río Napo nach **Coca**. Das Dorf beherbergt ein Dutzend einfacher Hotels, mehrere Restaurants, eine Disco und viele Tourveranstalter. Geldwechseln kann man in der Tienda «Distribuidora Guevara» in Hafennähe zu einem schlechten Kurs. Die meisten Tourveranstalter lassen sich wahlweise in Sucre oder Dollars bezahlen.

Unterkunft

■ **Dayuma Lodge** *, das schönste Hotel am Platz. Zimmer ohne Bad, in Bambus verkleidet und mit Kajüttenbetten für 4–6 Personen. Preis für zwei Personen 2.5–3.5 $, eigenes, empfohlenes Restaurant, oft von Gruppen besetzt.

■ **Residencial Paisano** *, zwei Blöcke von der Plaza entfernt. Einfach, sauber, empfohlen, Globitreff. DZ ohne Bad 3.5 $, eigenes Restaurant mit vegetarischen, aber oft öltriefenden Speisen.

■ Unten am Fluß die **Residencial Sacha** *, DZ ohne Bad 2.5 $, der Wind pfeift angenehm durch das Bambushaus, sehr einfach, o.k.

■ **Hotel Anaconda** **, 45 Minuten Flußfahrt von Misahuallí romantisch auf einer Insel gelegen. Zimmer in Bungalows für zwei Personen 73 $ inklusive drei Mahlzeiten und einer Tagestour. Überzahlt. Telefon in Quito: 54 54 26.

■ Etwa auf halber Strecke zwischen Misahuallí und Coca liegt links das teure **Hotel Jaguar** **. Es kann über Agenturen in Quito und Guayaquil gebucht werden; meist werden ganze Pakete inklusive Hinreise und Dschungeltour verkauft. Wenn keine große Gruppe dort ist, soll das Essen sehr mittelmäßig sein.

Urwaldtrips

Auf den kurzen Trips bis zu vier Tagen ist die Chance, andere Tiere als Schmetterlinge, Ameisen, Käfer und ein paar Vögel zu sehen, praktisch gleich Null. Um so wichtiger ist deshalb, eine Führerin oder einen Führer dabeizuhaben, die etwas von Pflanzen verstehen. Ihr müßt ihnen diesbezüglich auf den Zahn fühlen: Welche Rinden benutzen die Indianer zum Färben von Stroh? (Eine Rinde namens Pucacara.) – Wie pflückt man Morote-Früchte? (Man fällt meistens den Baum.) – Wie heißt die Wasserliane? (Hyacuasca).

Erst wer sich mehrere Tage per Boot und Lastwagen von der Zivilisation entfernt, kommt zu den Tieren in freier Wildbahn. Allerdings: Die Tiere sind sehr scheu, oft nur für einen kurzen Augenblick zu sehen und oft nur aus der Ferne. Tiere, die man am häufigsten beobachten kann, sind: Schildkröten, Kaimane, Echsen, Schlangen, Pirañas und Welse, Reiher, Tukane, Aras und andere Papageien, Kondore, Wildhühner, Spinnen, Ameisen, Schmetterlinge, Bienen, Wespen, Grillen, Affen, Wildschweine, Fledermäuse. Siehe auch das Kapitel «Urwaldtiere», S. 381.

Ein Urwaldtrip ist sehr abenteuerlich und macht viel Spaß, hinterläßt aber auch ein etwas schales Gefühl, denn zahlreich sind der Touristen Eingriffe in die Natur: Sandstrände werden zum Schlafen umgebaut, Schildkrötennester ausgeraubt, Urwald wird mit der Machete niedergemacht, um Platz zum Schlafen zu bekommen, Lagerfeuer aus trockenem Treibholz, in dem oft Vögel und Fledermäuse nisten, angezündet. Mal hilft man den niedlichen, frischgeschlüpften Schildkröten zum Wasser, damit sie nicht von Vögeln gefressen werden, mal zündet man ein Wespennest an, da das mit der Schrotflinte geschossene Wildhuhn ganz in der Nähe runtergefallen ist und man sonst nicht rankommt. Dem Wildhuhn den Gnadenschuß zu geben oder dem Tier den Hals umdrehen oder die Schlagader durchschneiden, davor ekelt man sich aber, und das zähe Fleisch wird kaum geschätzt. Mal kämpfst du aus Spaß mit einer 6 m langen Anaconda, die gerade gefressen hat und die man in Ruhe lassen sollte, mal siehst du, ohne zu protestieren, zu, wie Bootsführer und Koch Plastiksäcke und -flaschen in den Fluß werfen. Dann besuchst du eine arme Huaorani-Indianerfamilie, dringst in ihre Privatsphäre ein, verschenkst Salz, Zucker, süßen Sprudel und Schmerztabletten gegen ihre Zahnschmerzen, kriegst wegen Sprachproblemen keinen Kontakt zur Familie und ärgerst dich über die tausend Flöhe, Wanzen und Mükken. Und nicht zuletzt akzeptierst du, daß der Führer eine Pistole dabei hat (schließlich wurden kürzlich zwei Missionare von Indianern umgebracht), mit der er notfalls auf angreifende Indianer schießen würde, dabei bist doch du der Angreifer.

Tourveranstalter:

■ Von **Patricio García** müssen wir gleich mal abraten: er ist unehrlich, wird von der Polizei gesucht und macht sich schon in Baños an euch heran.

■ Am längsten im Geschäft ist **Douglas Clarke** mit seiner *Cruzero Fluvial Dayuma;* oft fährt er aber nicht selbst mit, sondern schickt seine Leute. Seine Touren sind nicht anstrengend, die Übernachtungsmöglichkeiten komfortabel und das Essen ausgezeichnet. Preis pro Person 15 $ für die kurzen, 35 $ für die langen Touren pro Person und Tag, zahlbar in Dollars.

■ Clarkes größte Konkurrenz ist **Adonis Múñoz** (*Caiman Tours*): Er spricht fließend englisch und hat in den USA einige Semester Biologie studiert. Auch seine Touren sind eher für Leute, die Abenteuer mit Komfort verbinden. 15 $ für die kurzen, 30 $ für die langen Touren.

■ Am abenteuerlichsten sind die Touren der Gebrüder **Wilson** und **Walter Velásquez** (*Cruzero Fluvial Fronteras* bzw. *Cruzero Cononaco*). Sie fahren am weitesten von der Zivilisation weg; auf ihren Touren sieht man garantiert viele Tiere. Organisatorisch klappt zwar nicht immer alles wie am Schnürchen, doch man merkt den Männern an, daß sie begeistert mitmachen. Preise: Walter verlangt 15 $ pro Person und Tag für die langen Touren, Wilson 13–17.5 $ für die kurzen und 19.5 $ für die langen Touren.

■ Von Globis empfohlen sind die kurzen Touren von **Carlos Lastro** (*Cruzero Fluvial Misahuallí*) und der Agentur von **Billy Clarke** und **Julio de Angeles**. Preise pro Person um 13 $, abwechslungsreiches Programm: Trecken, Kanu fahren, Schmetterlinge, Pflanzen.

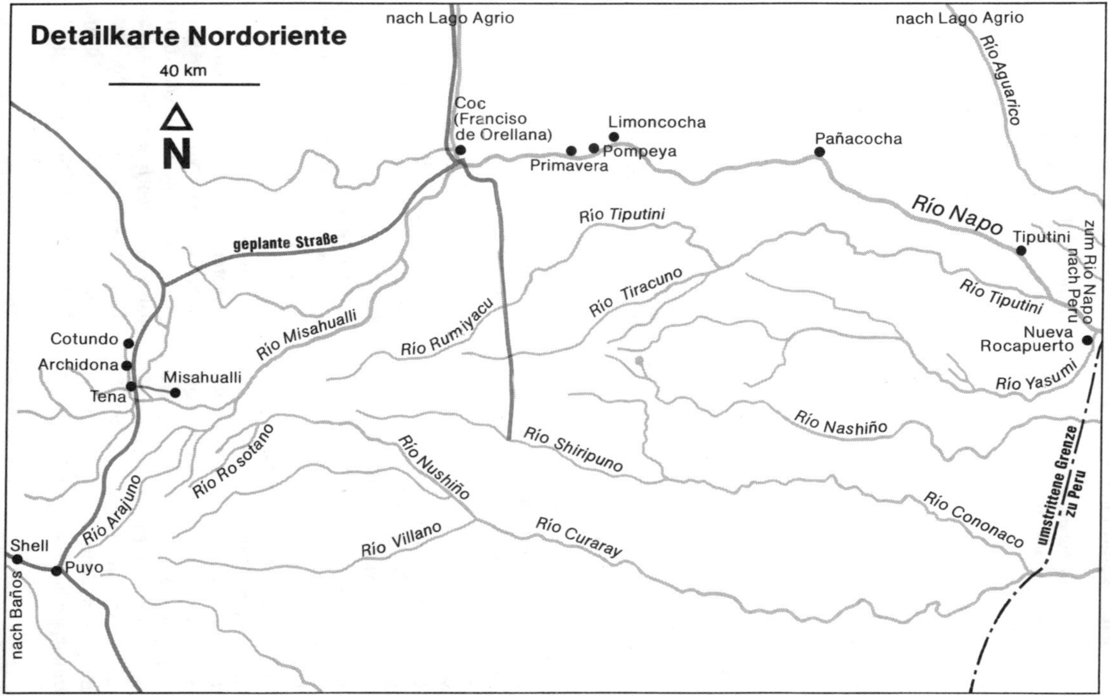

Detailkarte Nordoriente
40 km
N
nach Lago Agrio
nach Lago Agrio
Río Aguarico
Coc (Franciso de Orellana)
Limoncocha
Pompeya
Primavera
Pañacocha
Río Napo
Tiputini
zum Rio Napo nach Peru
Río Tiputini
Río Tiputini
Río Tiracuno
Nueva Rocapuerto
Río Yasumi
geplante Straße
Río Misahualli
Río Rumiyacu
Cotundo
Archidona
Misahualli
Tena
Río Nashiño
Río Shiripuno
Río Rosotano
Río Nushiño
Río Arajuno
Río Cononaco
umstrittene Grenze zu Peru
Río Curaray
Río Villano
Shell
Puyo
nach Baños

■ Recht gute, aber nicht spektakuläre Touren bietet **Hector Fiallos** an, ebenfalls lange im Geschäft. Er arbeitet mit indianischen Führern zusammen.

Die Huaoranis

Man nimmt an, daß die *Auca-Indianer* oder *Huaoranis*, wie sie sich selbst nennen, schon seit 10 000 Jahren im Oriente des heutigen Ecuador leben. Ihre Zahl wird auf 500–700 Seelen geschätzt, nur noch sehr wenige leben isoliert und ohne Kontakt zur westlichen Welt. Zum Sterben verurteilt wurden sie Ende der 30er Jahre, als sich erste Öltrupps auf die Suche nach Erdöl machten. In den 60er Jahren wurde im Norden des Landes und vor kurzem auch bei Coca Öl gefunden. Angesichts der Außenschulden Ecuadors und des Preiszerfalls auf dem Rohölmarkt wird die Produktion des schwarzen Goldes von der Regierung weiter vorangetrieben; die letzten Huaoranis werden endgültig verdrängt.

Auch nordamerikanische Missionare sind am Kulturmord beteiligt. Mit Kleinflugzeugen flogen sie über Huaorani-Gebiete, warfen Geschenke ab und lockten die Indianer in die sogenannte Zivilisation, wo sie sich bald in Abhängigkeit vom weißen Mann und dem Zahlungsmittel Geld befanden. Die meisten Huaoranis leben heute in einem Reservat von 170 ha. Einst hatten sie ein Gebiet von 13 000 km² beherrscht.

Die wichtigste Proteinquelle der noch im Dschungel lebenden Indianer ist Fleisch. Mit Blasrohren und mit Curare vergifteten Pfeilen machen sie Jagd auf kleine Säuger, zum Beispiel auf Affen. Der Pfeil ist kurz hinter der Spitze eingekerbt, damit ihn das getroffene Tier nicht verliert. Die Giftdosis ist so präzis, daß es weder zu Muskelkrämpfen beim verwundeten Tier kommt und es sich im hohen Geäst festklammert noch zu einer Überdosis, die das Fleisch ungenießbar macht. Um die fleischliche Nahrung zu ergänzen, bauen die Menschen im Urwald Yuca, Mais und Bananen an. Es ist durchaus möglich, wie Archäologen glauben, daß vor Tausenden von Jahren im Dschungel in größerem Ausmaß Landwirtschaft betrieben wurde. Es gibt gar eine Theorie, die besagt, daß die Kulturen im heutigen Andenraum ihren Ursprung im Amazonastiefland haben.

Huaoranis leiden, wie Mediziner herausgefunden haben, weder an Allergien, Krebs noch an Kreislauferkrankungen. Sie sollen auch über eine einzigartige Immunität gegen Schlangenbisse verfügen: Nur in fünf von hundert Fällen verläuft bei ihnen ein Schlangenbiß tödlich. Spektakulär sind auch einige Gewohnheiten der Huaoranis, wie sie heute nur noch gegen Bezahlung oder auf alten Fotos gesehen werden können. Die Männer haben um ihren Bauch, wenig unterhalb des Nabels, eine Schnur umgebunden, unter die sie die Vorhaut ihres Penis schieben, so daß er aussieht, als ob er immer in erigiertem Zustand wäre. Ihre Ohrläppchen sind mit dicken Holzpflöcken durchbohrt. Fehlen sie, dann zeugt nur ein großes Loch im Ohrläppchen von der einstigen Sitte.

Wie hin?/Wie weiter

■ Von und nach **Tena** gibt es Lokalbusse bis etwa 18 Uhr.

■ Nach **Coca** geht es mit dem Außenbordkanu flußabwärts in etwa 6 Stunden (3.5 $). Achtung: Vor dem Einschiffen muß man die Pässe im Hafenkommando registrieren lassen. Von Misahuallí nach Coca ist eine Straße im Bau.

Coca

Coca oder **Puerto Francisco de Orellana**, wie der Ort offiziell heißt, ist ein kleines Urwaldnest am Río Napo, letzter Ort von Bedeutung vor der Grenze zu Peru. *Francisco de Orellana* kam 1542 hier vorbei, entdeckte den Amazonas und segelte bis zum Atlantik; aus diesem historischen Ereignis leiten die Ecuatorianer ihren Anspruch auf einen Teil des peruanischen Amazonasgebiets ab. Die Männer in Coca arbeiten viel, trinken viel und schlafen wenig – und die Frauen halten's gleich. Nach **Lago Agrio** ist Coca die zweitwichtigste Ölstadt des Landes, von hier aus stoßen die Ölgesellschaften weiter in unberührten Dschungel vor. Vom Anlegesteg, wo die Boote von und nach Misahuallí ankommen und abfahren, führt die Hauptstraße zum Zentrum. Es gibt im Ort ein Telefonamt, eine Post, eine Kirche, ein Krankenhaus und ein Videokino.

Unterkunft

■ **Unser Tip! Hotel Oasis ***. DZ mit Bad und Ventilator 2 $, freundlich. Vom Anlegesteg aus nach rechts abbiegen und den Fluß entlang.

■ **Hotel Florida ***, DZ ohne Bad, aber mit Ventilator 3.5 $, sehr einfach, sauber, freundlich, kein Wassermangel.

■ Teuerster Kasten ist das **Hotel Auca ****. Es liegt schön in einem großen Garten, ist mit 4 $ im sehr einfachen Zimmer ohne Bad bzw. mit 6 $ für das DZ mit Bad. Überzahlt, eigenes, mittelmäßiges Restaurant.

■ **Für Genießer: Flotell Orellana *****, ein zu einem Hotel umgebauter Amazonasdampfer. Zimmer können über Agenturen auf dem Festland gebucht werden. Meist wird ein ganzes Paket inklusive Flugreise nach Coca, Vollpension und Dschungelführung verkauft. Preis pro Person in der Doppelkabine für vier Tage 375 $.

Weiterreise

■ Von und nach **Misahuallí** fahren morgens täglich mehrere Boote (6 Std. *von* Misahuallí, 8–10 Std. *nach* Misahuallí, 3.5 $).

■ Nach**Nuevo Rocafuerte** an der peruanischen Grenze ist der Verkehr sehr unregelmäßig. Der Grenzübergang selbst ist gesperrt.

■ Regelmäßig ist der Rancheras-Verkehr von und nach **Lago Agrio** (3 Std., 1 $).

■ Zweimal wöchentlich gibt es nach **Quito** Direktverbindungen über **Lago Agrio** und **Baeza** (13 Std., 4.5 $). *Tame* fliegt Mo–Sa mehrmals zwischen Quito und Coca (8.5 $).

■ **Hinweis:** Alle in Coca ankommenden Ausländer müssen sich im Hafenkommando registrieren lassen, falls sie länger als einen Tag in der Gegend bleiben wollen. Wer einen Dschungeltrip von Coca aus macht, muß den Paß gar an der Ausfallstraße nach Süden abgeben und kann ihn nur von Mo–Fr auslösen.

Lago Agrio

297 m ü. M., 10 000 Einwohner.

Lago Agrio ist die östlichste Urwaldstadt Perus; hier beginnt die transandine Ölpipeline. Der Ort ist staubig, klein, er besitzt ein gutes Restaurant und mehrere Hotels. Dschungeltrips sind von hier fast nur auf eigene Faust möglich oder mit Agenturen von Quito aus. Señor *Ildefonso Múñoz*, der Vater von Adonis Múñoz in Misahuallí, führt ein Spezialitätenrestaurant und macht 4–5tägige Touren zum Río Zavalo, den *Secoya*- und *Cofanes-Indianern*. Das Boot kostet im Tag 61 $ und bietet Platz für 12 Passagiere, Essen pro Person zusätzlich 6.5 $.

Unterkunft und Essen

Alle Hotels liegen an der Hauptstraße, der Avenida Quito. ■ **Unser Tip! Hotel Oro Negro** *, DZ mit Bad, Ventilator, Moskitonetz, Seife und Handtuch 3.5 $, ohne Bad 2.5 $. Ruhige Zimmer mit Blick auf einen großen Innenhof.

■ Ist das Oro Negro voll, dann ins **Hotel Machala** *: DZ ohne Bad 3 $, mit Ventilator, Moskitonetz und eigenem, gepflegtem Restaurant.

■ Bestes Hotel im Ort ist das **Hotel Cofan** **, Tel. 109. DZ mit Bad und Heißwasser, Ventilator oder Klimaanlage zu 8.5–12 $, große Zimmer mit Fenster; im Aufenthaltsraum werden über Satellit Fernsehprogramme aus Nordamerika und aus Mexiko empfangen.

■ **Essen:** Das Restaurant Piragua in Nähe des Hotels Cofan bietet Urwaldspezialitäten wie Flußfisch, Wildschwein- oder Schildkrötenfleisch, ein *Chili con Carne* in vier Schärfestufen sowie sehr guten Früchtejoghurt.

Was sonst?

■ Das **Telefonamt** liegt vier Blöcke nördlich der Av. Quito in der Nähe der Plaza an der Calle 18 de noviembre.

■ An der Hauptstraße, schräg gegenüber dem Hotel Machala steht die **Post**.

■ Gleich daneben eine **Wechselstube**, die den besseren Kurs als die Banco Internacional bietet, offen von 7–19 Uhr.

■ In der gleichen Straße wie das Telefonamt befindet sich das Büro der **Migración:** Ausreise- und Einreisestempel für den Grenzübergang mit Kolumbien werden hier geholt.

Weiterreise

■ Nach**Coca** fahren Rancheras (umgebaute Lastwagen) zwischen 5.30 und 16 Uhr (3 Std., 3.5 $).

■ Nach**Quito** über **Baeza** fahren *Zaracay* und *Transp. Occidentales* mehrmals täglich (11–12 Std., 4 $). *Tame* fliegt Mo–Sa für 8 $ von und nach Quito. **Hinweis:** Bus- und Flugtickets, um aus Lago Agrio nach Quito zu reisen, frühzeitig buchen!

Papallacta und Baeza

Fährt man mit dem Bus von Lago Agrio nach Westen oder von Tena nach Norden, stößt man auf **Baeza**. Baeza war, bevor der Ölboom in Lago Agrio begann, die östlichste Urwaldstadt auf dem Weg von Quito in den Oriente und bereits unter den Spaniern eine bekannte Missionsstation. Alte Pflasterstraßen zeugen noch davon. Der Ort liegt am Fuß der Anden auf 1908 m über Meer. Außer Spaziergängen und Wanderungen in der Umgebung kann man die **San-Rafael-Wasserfälle** besuchen – mit 145 m Höhe die größten des Landes. Dazu fährt man zuerst zum Dorf **Río Reventador**. In Baeza gibt es zwei Billigpensionen, beide sauber und freundlich, DZ ohne Bad 2.5 $.

Nur 40 km weiter westlich ist man bereits in **Papallacta** auf 3160 m Höhe und noch 60 km von Quito entfernt. Etwas außerhalb des Ortes kann man in heißem Thermalwasser sitzen und den Vulkan Antisana (5704 m) bewundern. Es gibt eine nicht angeschriebene Billigpension. Auf der Weiterfahrt nach Quito überquert der Bus einen 4064 m hohen Paß, es wird Zeit, die Pullover aus den unteren Rucksackgefielden herauszuholen.

Südliche Urwaldregionen

Anreise

Auch in den Südoriente gibt es drei Zufahrten: von
Cuenca und von **Loja** sowie aus dem Nordoriente von **Puyo** nach **Macas**.

Von Loja nach Macas

Wenn schon die Fahrt von Baños nach Puyo und Tena im Nordoriente zu den schönsten im Land zählt, die Strecke von Loja nach **Zamora**, **Yanzatza** und **Gualaquiza** steht ihr in nichts nach. Von Loja fährt der Bus erst die östliche Andenkette hoch und stürzt sich dann auf einer kurvenreichen Straße durch den Bergurwald hinunter in die Dschungeltiefebene. In Zamora, das nach 3 Stunden erreicht wird, biegt die Straße nach Norden ab, führt nahe an den Goldminen von **Nambija** vorbei nach Yanzatza (weitere 1½ Std.); 2½ Stunden später ist der Bus in Gualaquiza. Von dort kann man über **Plan de Milagro** zurück in die Sierra nach **Cuenca** (7 Std.), oder man fährt weiter nach Norden über **Limón** (3 Std.) **und Sucúa** (5 Std.) nach **Macas** (8 Std.).

Gualaquiza eignet sich gut für eine Übernachtung. Das **Hotel Turismo** * für 3.5 $ im DZ ohne Bad ist das beste am Platz. Die Zimmer zuoberst bieten die schönste Aussicht, sind aber weniger komfortabel eingerichtet als diejenigen der unteren Stockwerke. Noch billiger sind die **Pensión Oriental** * und die **Residencial Amazonas** * zu je 2 $ im DZ ohne Bad. In ganz Gualaquiza wird oft schon am frühen Abend die Wasserzufuhr gesperrt.

In Sucúa befindet sich das administrative Zentrum der *Shuar-Indianer*, die sich selbst *Shuar* nennen. Zwischen Macas und Sucúa gibt es zwischen 6 und 16.30 Uhr häufig verkehrende Lokalbusse.

Die Shuar

Zur Sprachgruppe der Jívaro-Indianer gehören etwa 30 000 Shuar und 5000 Achuar. Sie wohnen im Grenzgebiet der Andenosthänge zwischen Ecuador und Peru. Sowohl den Inkas als auch den spanischen Kolonialisten vermochten sie bis in unser Jahrhundert zu trotzen, und sie bewahrten sich weitgehend ihre kulturelle Eigenständigkeit. Seitdem aber mit staatlicher Unterstützung viele Siedler die Urwaldgebiete auf der Suche nach einer neuen Existenz besetzen, sind die Shuar in große Bedrängnis geraten. 1965 wurde deshalb mit Hilfe von Missionaren die *Federación de Centros Shuar* gegründet. Sie vertritt über 20 000 Indianer und vermochte gegenüber der Regierung Gebietsansprüche zur autonomen Selbstverwaltung durchzusetzen. Dazu beteiligen sie sich wie die Siedler aus dem Andenraum in der Landwirtschaft und verzeichnen gute Erfolge mit Viehzucht, müssen aber durch neue Lebens- und Wirtschaftsformen gesellschaftliche Veränderungen in Kauf nehmen. Den humusarmen Urwaldboden bebauen sie nach traditionellen Methoden. Mit Feuer wird der Wald gerodet, die Asche ist ein guter Dünger. Der Boden wird nur zwei bis drei Jahre bebaut, danach wird er verlassen, um ihm Zeit zu geben, sich zu erholen. Dadurch verzeichnen die Shuar größeren Erfolg als die mestizischen Siedler, die dem Boden mit Kunstdünger brutal an den Leib rücken und zur Versteppung des Urwalds beitragen.

Der Unterricht der Shuar-Kinder erfolgt über ein einzigartiges System von Radioschulen. Über Funk werden selbst Bewohner der abgelegensten Gebiete unterrichtet. Die Kinder werden am Ort zusätzlich von Lehrern betreut, die zweisprachig sind. Spanisch ist neben der eigenen Jívaro-Sprache Pflichtunterricht.

Einen makabren Ruhm erwarben sich die Shuar durch ihre Sitte, ihren Feinden den Kopf abzuschlagen und zu einem Schrumpfkopf, der *tsantsa*, zu verarbeiten. Die Technik beschreibt Fritz Trupp im Buch «Die letzten Indianerkulturen Südamerikas» (Wörgl: Perlinger Verlag 1981) folgendermaßen: «Der Kopf des Getöteten wird am obersten Halswirbel abgeschlagen. Für den Transport zieht der Träger der Trophäe, die *tsamkram* heißt, ein Stirnband durch Mund- und Halsöffnung. Schon auf dem Fluchtweg wird die Haut an der Rückseite des Kopfes aufgeschlitzt und sorgfältig abgelöst. Der Schädel wird in den Fluß geworfen. Dann werden die Muskelfasern abgeschabt, die Schnitte werden mit gezwirnten Schnüren aus Pflanzenfasern vernäht und die Lippen mit drei Dornen verschlossen und später vernäht. Der Halsrand wird mit einem dehnbaren Lianenstreifen eingefaßt. Die Kopfhaut wird immer wieder mit heißem Sand gefüllt, bis sie auf Faustgröße schrumpft. Im Rahmen dieser Prozedur wird das Gesicht geformt. Der ganze Vorgang kann mehrere Tage oder Wochen dauern, währenddessen der Besitzer der Tsantsa verschiedene Tabuvorschriften einhalten muß.»

Macas

1070 m. 7000 Einwohner.
Macas ist die wichtigste «Stadt» im Südoriente und Hauptstadt der Provinz Morona-Santiago. Im Nordwesten ist bei klarer Sicht der Vulkan Sangay (5230 m) zu sehen, einer der aktivsten Vulkane Ecuadors. Das ruhige und entspannende Städtchen hat eine große Plaza, und über dem Ort thront eine unvollendete Betonkirche, innen mit Marmor, außen mit Backsteinen verkleidet. Von dort oben genießt man einen weiten Blick über den Urwald und den Río Upano. Es gibt im Ort eine Post, ein Telefonamt, ein Kino und eine Flugpiste.

Unterkunft

■ Etwa 3 km außerhalb der Stadt die **Hostería del Valle** **, Bungalows mit Bad für 1–3 Personen zu 3 $ pro Person. Ruhig und umgeben von Grapefruit- und Limonenbäumen.
■ Billige und saubere Pensionen im Zentrum sind das **Hotel Splendit** *, Globitreff, DZ ohne Bad 3.5 $, freundlich, und die **Residencial Río Upano** *, etwas größere und helle Zimmer, aber wenig besucht.
■ Bestes Hotel ist das **Hotel Peñon del Oriente** **: Warmwasser, große Zimmer, fast alle mit Fenster. DZ ohne Bad 6.5 $, mit Bad 9.5 $.

Essen

■ Der **Markt** befindet sich beim Busterminal im Zentrum, zum Frühstück: *moncho*, ein Milch- und Maisgetränk.

■ Die **Chifa Perla Oriental** bietet ausgezeichnet zubereitetes chinesisches Essen für rund 1 $.

■ Die **Cafetería El Peñón** im gleichnamigen Hotel bietet Pizzas, Yucabrot, Fruchtsäfte und bereitet Trekkern Lunchpakete zu.

Ausflüge

■ *Señor Miguel Saant*, ein älterer Shuar, kennt sich in der Gegend sehr gut aus und könnte Trekkings führen. Um ihn zu finden, fährt man mit dem Bus Richtung **Sinaí** oder **San José**, an der Kreuzung zu den beiden Orten aussteigen und noch 2 km weiter Richtung San José gehen, dort steht links sein Haus.

■ Zum Baden an den **Río Upano** nimmt man die Straße Richtung Sinaí, zu Fuß etwa 2 km. Vorsicht: Der Fluß kann sehr reißend sein, nur an ruhigen Stellen und in Ufernähe baden, und zwar unterhalb der Brücke.

Weiterreise

■ Nach**Cuenca** (10 Std., 3 $) fahren *Coop. Sucúa* und *Turismo Oriental* von 5.30 bis 21.30 Uhr.

■ So, Di, Do eine direkte Verbindung mit *Coop 16 de Agosto*, nach **Gualaquiza** (8 Std., 2.5 $) und mit *Coop. Sucúa* einmal täglich am Nachmittag.

■ *Tao*, *Aero Amazonas* und auch die *Missionare* unterhalten **Kleinflugzeuge**, die gechartert werden können.

■ *Tame* fliegt Mo, Mi und Fr um 11.30 Uhr für 10 $ nach **Quito**.

Vom Süd- zum Nordoriente

Zwischen Süd- und Nordoriente ist eine Straße in Bau, auf dem fehlenden Teilstück muß man zu Fuß weiter. So wird's gemacht: Viermal täglich von 6–16 Uhr fährt *Transp. Macas* vom Busterminal in Macas Richtung **Río Pastaza** (2½ Std., 1 $). Vom Ende der Straße bis zum Fluß muß man mehrere Kilometer zu Fuß gehen. Wenn der Río Pastaza in Sicht ist, ist man schon zu weit gegangen; denn etwa 200 m vorher biegt man nach rechts ab und überquert mit einer *Transportseilbahn* den Fluß. Das Stück Land am anderen Ufer ist sehr schmal, denn der Fluß macht hier eine Haarnadelkurve, so daß er gleich nochmal überquert werden muß, jetzt allerdings per Außenbordmotor-Kanu. Das andere Flußufer ist sehr einsam gelegen, ein schöner Campingplatz. Wer mit den ersten beiden Bussen von Macas los ist, kommt noch am gleichen Tag nach Puyo.

Nach Ankunft mit dem Kanu den Fluß etwa 200 m flußaufwärts gehen und dann steil nach rechts durch den Wald hoch bis zur Straße nach Puyo. Bis zur ersten Siedlung (45 Minuten vom Fluß) weitergehen. Von dieser Siedlung fahren Kleinbusse nach Puyo.

Für die ganze Strecke vom Ende der Straße von Macas bis zu Beginn der Straße nach Puyo sollte man großzügig 4 Stunden rechnen.

Küste

Die ecuadorianische Küste ist gleichzeitig eine der schönsten und häßlichsten Küsten Südamerikas. Sie bietet einerseits kilometerlange Sandstrände, malerische Fischerdörfer und dichte Mangrovenbuchten, anderseits übervölkerte Hafenstädte und viel Armut. Sie erstreckt sich in Nord-Süd-Richtung über eine Länge von 600 km. Der Küstenstreifen selbst ist recht schmal, östlich davon erhebt sich eine niedrige Hügelkette, die nie mehr als 600 bis 800 m hoch ist. Nochmals östlich davon liegt das Klischee-Ecuador mit seinen Bananen-, Palmen- und Reisplantagen. Die wichtigsten Städte dieses sogenannten westlichen Tieflands sind **Santo Domingo de los Colorados**, **Quevedo**, **Daule** und **Babahoyo**.

Die Küste ist geschichtsträchtig: Spuren der ersten hierarchisch organisierten Südamerikaner wurden hier gefunden, und die spanischen Eroberer benutzten **Guayaquil** als Ausgangspunkt für ihre Feldzüge. Diese Stadt zählt mehrere Millionen Einwohner und ist die wichtigste Hafen-, Industrie-, Handels- und Finanzmetropole des Landes. Weitere wichtige Küstenstädte sind **Machala** und die «schwarze» Stadt **Esmeraldas**.

Zum Urlaub an die Strände zieht es *costeños* (Küstenbewohner) und *serranos* (Hochlandbewohner) gleichermaßen. Die *Guayaquileños* gehen von Januar bis April meist auf die Santa -Elena-Halbinsel, die Serranos zieht's von Mitte Juni bis Mitte Oktober nach Manta und nördlich davon. Die Badeorte sind überall kräftig am Wachsen, Hand in Hand übrigens mit der Krabbenindustrie, die nach Erdöl und vor Bananen zum zweitwichtigsten Devisenbringer geworden ist. Ins Urlaubsgepäck gehören Badeanzug, Sonnenschutzmittel, Wasserflasche, Wasserdesinfektionsmittel und Mückenschutzmittel. Malariaprophylaxe ist besonders in der nördlichen Provinz Esmeralda nötig.

Das Klima ist während des europäischen Winters heiß, mit heftigen Platzregen muß gerechnet werden. Während unseres Sommers ist die Küste trocken, und die Temperaturen sind gemäßigt. Wir beschreiben die Küste von Süden nach Norden:

Grenzübergang Peru/Ecuador

Der erste ecuadorianische Ort, von Tumbes her kommend, ist **Huaquillas**. Etwa 200 m nach der Brücke steht links das unscheinbare Haus der Migración. Sie ist von 12 bis 14 Uhr geschlossen. Hier bekommt man Ein- und Ausreisestempel, nachdem man die kostenlose Touristenkarte ausgefüllt hat. Maximalaufenthaltsdauer 90 Tage pro Kalenderjahr. Im gleichen Gebäude gibt es ein kleines Postamt und schräg gegenüber ein Telefonamt (Ietel).

Von Huaquillas, einer sehr geschäftigen kleinen Grenzstadt mit Hunderten von Geldwechslern und kleinen Läden, die zur Hauptsache an die Klientel aus Peru verkaufen, fahren zahlreiche Busse nach **Machala** (2 Std., 0.7 $) und **Guayaquil** (4½ Std., 2 $). Geht man, von Peru her kommend, nach der Grenzbrücke nach rechts und gleich wieder nach links, erreicht man das Büro von *Transp. Cifa*. In der Hauptstraße etwas nach dem Gebäude der Migración, auf der rechten Straßenseite das Büro von *Ecuatoriano Pullman*. Geht man nach der Migración nach links, stößt man auf *Transp. Panamericana* und *Transp. Occidentales;* diese beiden Gesellschaften unterhalten Verbindungen nach **Quito** (13 Std., 4 $).

Hinweis: Wer das erste Mal in Ecuador ist, muß sich daran gewöhnen, daß das Gepäck ohne große Bürokratie und ohne Aushändigung eines Gepäckscheins aufs Dach geworfen wird. Wir haben in der langen Zeit in Ecuador nur von einem einzigen Diebstahl eines Rucksacks von einem Busdach gehört.

Machala

Meereshöhe. 197 000 Einwohner.
Zusammen mit Guayaquil und der Orientestadt Lago Agrio gehört Machala zu den ecuadorianischen Städten mit den höchsten Wachstumsraten. Seit 1974 hat sich ihre Einwohnerzahl verdoppelt. Die ecuadorianische Krabbenindustrie hat hier ihr Zentrum. Viele Unternehmen haben sich angesichts der vorteilhaften Verkehrslage (schnelle Straßen nach Peru, nach Guayaquil und in die Sierra nach Riobamba) und der verhältnismäßig billigen Bodenpreise hier angesiedelt.

An touristischen Interessen bietet die Stadt außer der vorgelagerten **Isla Jambelí** nichts. Im September findet ein internationales Bananenfestival statt.

Unterkunft

■ **Residencial La Internacional** *, Guayas 1506/Olmedo, Tel. 92 02 44. DZ ohne Bad 4–5 $. Einfach, sauber, freundlich.

■ **Residencial Paula** *, 9 de octubre 912/Montalvo, Tel. 92 07 46. Es gibt ein einziges Zimmer mit Klimaanlage (5.5 $), die übrigen haben zum Teil Ventilator (4.5 $). Sehr einfach, sauber, empfehlenswert.

■ **Hotel Pullman Ecuatoriano** **, 9 de octubre/Colón, im gleichen Gebäude wie die Busgesellschaft, Tel. 92 01 97. Große, saubere Zimmer, freundlich, oft ausgebucht, etwas laut. DZ mit Bad und Ventilator 8 $, mit Klimaanlage 9 $.

■ **Hotel Rizzo** ***, Guayas/Bolívar, Tel. 92 15 11. Trotz der zentralen Lage liegt das Hotel sehr ruhig. Das Hotel verfügt über ein Casino, eine Diskothek (täglich außer So geöffnet), einen Zehnmeter-Swimming-Pool, Sauna, Restaurant und Bar. In den Zimmern gibt es Klimaanlage, Telefon und Farb-TV sie sind gut eingerichtet, dürften aber etwas größer und heller sein. DZ mit Bad 22 $.

Essen

■ **Supervivencia**, im Centro Comercial Carolina, Auswahl an Naturprodukten und Vollkornbrot.

■ **Panadería Baguette**, Montalvo/Bolívar, gegenüber der Post. Offen ab 7 Uhr in der Früh. Große Auswahl an Kuchen, Eis, Brot und Kaffee.

Was sonst?

■ **Touristeninformation (Dituris):** Bolívar 603/Guayas. Offen von Mo–Fr. Keinerlei Infos zu kriegen.

■ **Telefonamt (Ietel):** Ecke 9 de octubre/Las Palmeras. ■ **Postamt (Correos):** Montalvo/Bolívar.

■ **Wechselstube:** Calle Paez Zeste, täglich außer So geöffnet, Sa nur bis 12, sonst bis 18 Uhr.

Weiterreise

Es gibt in Machala noch keinen zentralen Busterminal.

■ *Trans Occidentales*, *Panamericana* und *Cifa* führen Verbindungen von und nach **Quito** (10 Std., 4 $), **Esmeraldas** (11 Std., 4 $) und **Lago Agrio** (18 Std., 8 $). Die Büros von *Cifa* und *Occidentales* liegen an der Rocafuerte/Ayacucho beziehungsweise Bolívar/Ayacucho, das von *Panamericana* Ecke Colón/Bolívar.

■ Zahlreiche Verbindungen gibt es von und nach **Huaquillas** an der peruanischen Grenze. Die *Cifa*-Busse fahren diesmal von der 9 de octubre/Tarqui im Süden der Stadt ab, ganz in der Nähe liegt auch das Büro von *Ecuatoriano Pullman*. Wer auf einen Bus von *Ecuatoriano Pullman* warten muß, kann sich im Wartesaal die Haare schneiden lassen.

■ Nach **Guayaquil** fahren *Rutas Orenses*, *Cifa* und *Ecuatoriano Pullman* alle 30 Minuten (3 Std., 1.5 $), Büros an der 9 de octubre/Tarqui.

■ *Tame*-Flugbüro: Ein halber Block von der Post entfernt, Ecke Montalvo/Pichincha. Es gibt täglich von Mo–Sa Flüge nach **Guayaquil** (7 $), keine direkten Verbindungen nach **Quito**.

Die Krabbeninvasion

Innerhalb von wenigen Jahren ist der Export von Krabben (Garnelen/Crevetten/Scampi) neben Erdöl und noch vor Bananen zum wichtigsten Exportzweig der ecuadorianischen Wirtschaft geworden. Auf 400 Millionen Dollar wird der Exporterlös im Jahr 1987 geschätzt. In den Mangrovenbuchten, den *esteros*, an der Küste finden Krabben ideale natürliche Lebensbedingungen. Längst aber werden sie in Farmen gezüchtet, für deren Bau die Mangroven abgeholzt wurden. Die Produktion findet sowohl in modernen Betrieben, in denen Biologen die Nahrungszufuhr an die Jungkrabben, Wasserzusammensetzung und -temperatur genau kontrollieren, als auch in einfachen Farmen, die im wesentlichen aus einem großen Schwimmbecken bestehen, statt.

Beliefert werden die Farmen von Laboratorien, in denen Larven gezüchtet werden, oder von einfachen Larvenfischern, die sich die Beute direkt aus dem Meer holen. Fährt man die Küste entlang, sieht man immer wieder Männer durchs Wasser den Stränden entlang waten. Sie ziehen ein Netz, so fein wie ein Sieb, hinter sich her, andere Männer stoßen es. Je nach Gebiet tun sie es abends oder morgens, bei Ebbe oder Flut. Manche arbeiten alleine, andere zu zweit. Einige, zum Beispiel auf der Insel Jambelí vor Machala, lassen das Netz einfach im Wasser stehen, legen sich schlafen und gucken ab und zu nach, ob sich was gefangen hat. Die Tatsache, daß so viele unterschiedliche Techniken zum Larvenfang bestehen, ist ein Zeichen dafür, daß die beste Technik noch nicht entdeckt wurde, zu jung ist denn auch die Branche. Die Larven sind sehr klein und durchsichtig, man sieht sie nur, wenn man das Sieb gegen den Himmel hält.

Die unabhängigen Larvenfänger stehen in hartem Konkurrenzkampf zu den Laboratorien. Schon haben sich die Laborbesitzer zu einer Interessengemeinschaft zusammengeschlossen: Ihr Ziel ist es, unter dem Deckmantel der ökologischen Bedrohung, den Larvenfängern die Arbeit zu verbieten und die Farmen zu verpflichten, Mindestpreise bei der Abnahme der gezüchteten Larven zu bezahlen.

Diese Aktion ist vielleicht das erste Signal für den Beginn einer Krise, in die der Krabbenboom abzugleiten droht. Denn wenn der Markt weiterhin mit billigen Krabben überschwemmt wird, sinken die internationalen Preise, die einfachen Farmen können nicht mehr kostendeckend produzieren, sie werden ihre Tore schließen und an industriell und rationeller arbeitende Großbetriebe verkaufen müssen.

Insel Jambelí

Die Insel Jambelí ist der Stadt Machala, genauer: dem Hafenort **Puerto Bolívar**, vorgelagert. Die Seite zum Festland hin ist von Mangroven bewachsen. Auch hier trügt der Schein, hinter den Mangroven befinden sich Krabbenfarmen. Die Seite zum Ozean prägt ein langer Sandstrand.

Der Lokalbus Nr. 1 nach Puerto Bolívar fährt entlang der Avenida 9 de octubre, etwa 20 Minuten Fahrt. Ein Taxi kostet weniger als 1 $. Unweit der Endstation sieht man den blauen Anlegesteg, von dem aus ein Außenbordmotorboot täglich um 18 Uhr für 0.5 $ pro Person zur Insel fährt. Kommen mindestens 10 Personen zusammen, fährt das Boot auch um 10 und 13 Uhr turnusmäßig, ansonsten muß man es chartern, was 8 $ kostet. Von der Insel zum Festland fährt das Boot sicher um 8 Uhr, bei genügend Passagieren auch um 15 und 17 Uhr.

Sandstrand in Muisne (oben)
Larvenfischer bei Valdivia (unten) ▶

Der Strand von Jambelí könnte wunderschön sein, ist aber etwas vernachlässigt, und Konsumabfall säumt das Ufer. Wer darüber hinwegsieht oder ein paar Minuten vom eigentlichen Touristenzentrum wegläuft, dem oder der wird's gefallen.

Unterkunft

■ **Cabañas del Mar** *, wenn man vom Anlegesteg zum Strand stößt, dann nach rechts gehen. Nur vor diesem Hotel ist der Strand wirklich sauber, die Zimmer haben zum Teil Meersicht (DZ 5 $). Freundlich, unter Palmen, eigenes Restaurant.

■ **El Niño turistico** *, Cabañas für 4 $ für zwei Personen, nur ein Häuschen mit Meeressicht (ein kleines Fenster). Als wir im an die Cabañas angebauten Restaurant für einen mickrigen Teller Reis mit mickrigen 5 kleinen Krabben nicht den vollen Preis zahlen wollten, erhielten wir ihn geschenkt, wurden aber danach nicht mehr bedient.

■ **Hotel María Sol** *, direkt am Strand, schön gelegen, aber kein Strom und kein Wasser. Sehr einfache Zimmer zu 5–8 $ für zwei Personen, deutlich zu teuer.

Playas

In der Beschreibung der Küste machen wir nun einen Sprung von der Insel Jambelí vor Machala nach **Playas** (offiziell **General Villamil** genannt), 90 km südwestlich von Guayaquil. Guayaquil, die größte Stadt Ecuadors wird ab Seite 152 beschrieben.

Playas sieht man nicht an, daß es zur Urlaubszeit ein beliebter Badeort und dann vor allem am Wochenende bumsvoll ist. Die Fischer hier benutzen noch Balsaflöße mit Dreiecksegeln. Der Fortschritt hat aber auch sie eingeholt: Auf den Segeln prangt Reklame für Marmelade und Sprudel.

Playas ist klein und leicht überschaubar. Der Markt, das Zentrum und die Kirche gruppieren sich um die **curva**, eine Kurve der Hauptstraße Avenida Guayaquil, wo auch eine Löwenstatue steht. Hier geht die Straße nach Norden Richtung **Progreso** und Guayaquil ab, nach Osten zu den kleinen Ortschaften **El Morro** und **Posorja**. Um zu den Balsaflößen zu gelangen, geht man den Strand lang zu den Hochhäusern, wo auch viele einfache Fischkneipen stehen. Der Strand selbst ist ganz in Ordnung, aber nicht spektakulär. Es gibt weit außerhalb des Zentrums ein kleines Telefonamt.

Unterkunft

Wie so oft an der Küste, sind die Hotels eher auf Familien und Gruppen eingerichtet als auf Einzelgäste. Diese müssen vor allem in der Hochsaison den Doppelzimmerpreis zahlen.

■ **Unser Tip! Residencial Galeón** *, an der Av. Guayaquil neben der Kirche. DZ ohne Bad 5 $, mit Bad 6 $. Moskitonetz und Ventilator in allen

Zimmern, eigenes, gutes Restaurant.

■ **Hotel Miraglia** *, Tel. 76 01 54, an der Uferstraße Malecón. DZ mit oder ohne Bad 5 $, EZ 4 $. Freundlich, sehr einfach, empfehlenswert.

■ Geht man von der Plaza bei der Kirche in Richtung Meer, sieht man rechts das **Hotel Rey David** **, DZ mit Bad 11.5 $, EZ die Hälfte. Große Zimmer mit Moskitonetz und Ventilator, freundlich, empfehlenswert.

■ Fast daneben befindet sich ein Kinderspielplatz, und danach liegt das **Residencial Cattán** **, Tel. 76 01 79. DZ mit Bad 10 $, mit Vollpension 20 $, EZ 7.5 $. Der Besitzer Señor José Cattán ist eine ergiebige Informationsquelle und kann auch Ferienwohnungen vermitteln.

Essen

■ Einige sehr billige **Fischkneipen** befinden sich direkt bei den Balsaflößen am Strand. Essen unter 1 $. Weitere Billigkneipen im Zentrum und in Marktnähe. Selbstverpfleger finden außer dem Markt einen kleinen Supermarkt (Comisariato del Pacífico).

■ **Unser Tip! Restaurant Galeón** im gleichnamigen Hotel. Sehr gut geschmeckt hat uns das Fischgericht *Lomo de corvina* für weniger als 1.5 $.

Ausflüge

■ Nur 10 Minuten dauert die Fahrt in einer Camioneta von der Löwenstatue nach **El Morro**. Die dortige Holzkirche *San Jacinto* aus den Jahren 1855–1868 hat eine eindrückliche weiße und grüne Front, ist aber ziemlich verfallen. Über dem Altar nisten Geier und Tauben.

■ In einer halbstündigen Fahrt geht'sab Löwenstatue der Küste entlang zum Fischerdorf **Posorja:** ein kleiner Hafenort mit Fischkneipen, räuberischen Fregattvögeln und dicht über den Wellen fliegenden Pelikanen sowie einer der weltgrößten Fischmehlfabriken. Dem Dorf vorgelagert ist die große **Insel Puná**.

Weiterreise

■ Ab Löwenstatue fahren von 4–19 Uhr Busse über **Progreso** (½ Std., 0.25 $) nach **Guayaquil** 2 Std., 1 $). Die Landschaft ist die ganze Zeit durch sehr flach, Johannisbrotbäume, Reben und Kakteen prägen das Bild.

■ Für **La Libertad** und **Salinas** in Progreso umsteigen.

La Libertad

Meereshöhe. 45 000 Einwohner.

Die Stadt liegt im Westen der Santa-Elena-Halbinsel und nur wenige Minuten vom mondänen Badeort **Salinas** entfernt. Sie ist ein wichtiger Verkehrsknotenpunkt und mit 45 000 Einwohnern auch Markt- und Hafenstadt. Sie bietet gute Übernachtungsmöglichkeiten und ist eine Alternative zum teuren und oft ausgebuchten Salinas.

Das Zentrum gruppiert sich um die

Calle Guayaquil, die vom Markt bis hinunter zur Uferstraße Malecón führt. Parallel zur Uferstraße liegen die Avenidas 9 de octubre und Calderón; danach haben die Avenidas die Nummern 2, 3 und so weiter. Der Markt, in dessen Nähe viele Busse abfahren, liegt zwischen der Avenida 5 und 7. Auch die Parallelstraßen zur Calle Guayaquil tragen Nummern.

Unterkunft

■ **Hotel Villa María** *, am Malecón, ein heruntergekommener, staubiger, alter Kasten mit viel Vergangenheit. DZ ohne Bad (aber mit Waschbecken) 2.5 $, sehr einfach, sauber, einige Zimmer mit Meersicht.

■ **Residencial Libertad** *, Ecke Diagonal 1 und Avenida 2, sehr einfach, zentral, dunkle, kleine Zimmer. DZ ohne Bad 2.5 $.

■ **Hotel Collins Carrera** *, Ecke Diagonal 2/Calle 9 (2 Parallelstraßen von der Calle Guayaquil). Einfache, kleine Zimmer, zum Teil mit Meersicht, denn das Hotel liegt auf einem Hügel, ruhig. DZ ohne Bad 3.4 $.

■ **Unser Tip! Hotel Palatino** **, Ecke Calle Guayaquil und Avenida 4, Tel. 78 67 70. Die Zimmer sind sehr avantgardistisch eingerichtet, mit viel Jugendstil-Schnickschnack. DZ mit Lampenschirmen statt kalter Deckenbeleuchtung und Bad 10 $, ohne Bad 8 $.

■ **Hotel Viña del Mar** **, neu und gut, aber etwas überzahlt, Avenida 3 und Calle Guayaquil, im Gebäude der Previsoria-Bank. DZ mit Bad 10 $, einige mit Balkon, bequeme, neue Holzbetten, freundlich.

Essen

■ **Selbstverpfleger** werden am Markt an der Calle Guayaquil gut bedient; ein neuer Markt steht auch im Süden der Stadt.

■ **Restaurant El Marino**, Ecke 9 de octubre und Guerra Berreira, im gleichen Gebäude wie die Busgesellschaft *Trans Esmeraldas*. Preise um 1.5 – 2.5 $, große Auswahl und große Portionen, gut.

Was sonst?

■ **Postamt** an der Av. 2, Ecke Robles Bodero (Parallele östlich zur C. Guayaquil).

■ **Telefonamt** an der neuen Plaza im Osten der Stadt bei den Uferstraßen.

■ **Geldwechsel:** Mehrere Banken an der C. Guayaquil, keine Wechselstuben.

Ausflüge

■ Zum Nobelstrand von **Salinas** fahren bis 23.30 Uhr Kleinbusse ab Ecke Avenida 2 und Diagonal 1 alle 10 Minuten.

■ **Real Alto:** Von der Ecke Av. 6 und C. Guayaquil fahren Camionetas Richtung **Chanduy**, ein Fischerdorf 25 km östlich von La Libertad. Kurz vor Chanduy, zwischen den Dörfern **Real** und **Pechiche**, liegt der archäologische Fundort Real Alto, wo die ältesten Keramiken Amerikas (etwa 5500 Jahre alt) gefunden wurden. Zu sehen gibt es außer einem neuen, aber an unserem Besuch noch nicht fertigerstellten Museum und einem 100 Jahre alten, für die Küste typischen Haus auf Pfählen fast nichts. Vielleicht trifft man aber auf Archäologen.

■ **Anconcito** und **Punta Carnero:** Ab Ecke Av. 5 und C. Guayaquil gegenüber der Drogerie fahren regelmäßig Kleinbusse zum hoch über Steilklippen gelegenen Fischerdorf Anconcito (20 Min.). Der Hafen liegt eindrücklich mindestens 100 m unter dem Dorf. Etwa 1 km vor Dorfeingang, zweigt die Straße rechts zur Punta Carnero ab. Von der Kreuzung zu Fuß (45 Min.) oder per Anhalter hin. Auf beiden Seiten der Punta ist die Meeresströmung unheimlich stark und Baden nur mit großer Vorsicht möglich. Auf der Klippe steht das **Genießerhotel Carnero** ***, Tel. 78 54 50. Alle Zimmer mit Bad und toller Meersicht, Kühlschrank, Klimaanlage oder Ventilator und TV. DZ 10.5 – 18 $. Swimming-Pool und eigenes Restaurant vorhanden, Tennisplätze im Club nebenan.

Weiterreise

■ Nach Norden bis **Puerto López** (4 Std., 1 $) und weiter bis **Jipijapa** (7 Std., 2 $) mit *CTM* von 5 – 14 Uhr jede Stunde. Abfahrt ab Ecke Av. 5/C. Guayaquil. Zwei weitere Busse bis 16 Uhr fahren nur bis Puerto López. Bis **Manglar Alto**, ein ganzes Stück vor Puerto López, fahren auch *rancheras*, für den Personentransport umgebaute Lastwagen, zwischen 5 und 18 Uhr. Abfahrt Ecke Av.6/C. Guyaquil.

■ Nach **Guayaquil** über **Progreso** (umsteigen nach **Playas**) täglich ab 3.30 Uhr mit *CICA* (Ecke Av. 9 de octubre und Guerra Barreiro), *Transp. Libertad* (C. Guayaquil/Av. 2) oder *Reina Turismo* (C. Guayaquil/ de Octubre), Fahrtzeit 2½ Std.

■ Neu gibt's mit Trans Esmeraldas eine Direktverbindung nach **Quito**, Abfahrt vor dem Restaurant El Marino täglich um 8 und 19 Uhr, 9 Std., 3.5 $.

Salinas

Wem's in Nizza gefällt, wird auch an Salinas Freude haben, dem mondänsten Badeort Ecuadors. Alles, was in Guayaquil etwas auf sich hält, besitzt hier eine Villa oder zumindest ein Appartement in einem der Dutzenden von Wolkenkratzern, die sich dem Strand entlang aneinanderreihen. Dazu gibt es einen exklusiven Yachtclub, der nur für Mitglieder und deren Freunde zugänglich ist. Es gibt überraschend wenige Hotels und Restaurants. Falls ausgebucht, die billigere Alternative in La Libertad versuchen! Baden können Europäer das ganze Jahr durch, außerhalb der Küstenurlaubszeit (Januar bis April) hat man den Strand fast für sich allein.

Unterkunft und Essen

■ **Unser Tip! Residencial Rachel ***, Tel. 77 25 01. Mit 3.5 $ mit Bad oder 3 $ ohne Bad pro Person das billigste Hotel am Platz. Preise in der Nebensaison und bei längerem Aufenthalt günstiger. Einfach, sauber, freundlich, frisch renoviert, auf Zentrumshöhe, drei Parallelstraßen zur Uferstraße (Malecón).

■ **Hotel Yulee ***, Tel. 24 34 21, eine Parallelstraße zum Malecón im Zentrum. Mit Bad 6–7.5 $, ohne Bad 4.5 $ pro Person. Mittelgroße Zimmer, einfach, mit Ventilator, empfehlenswert, aber leicht überzahlt.

■ Ganz in der Nähe das **Hotel Brisa ***, Tel. 77 21 33. Mit Bad 4.5 $ pro Person, mit Vollpension im einfachen Restaurant 8 $. Riesige Holzterrasse, einfache Zimmer.

■ Das **Hotel Miramar ***** am anderen Ende des Malecón ist das teuerste, Tel. 77 21 15. Es hat Schwimmbad, Diskothek und Spielcasino. Im Einzelzimmer mit Bad 17 $, 21.5 $ das Doppelzimmer. Die Zimmer 5–16 auf jedem Stockwerk mit Meersicht.

Weiterreise

■ Von und nach **La Libertad** alle 10 Minuten ein Kleinbus bis etwa 23.30 Uhr.

■ *Tame* fliegt Fr und So von **Quito** nach Salinas und zurück.

Nördlich von La Libertad

Eine halbe Stunde nördlich von La Libertad, vorbei an vielen Villen, liegt das malerische Fischerdorf **San Pablo**. Eine halbe Stunde später hält die Ranchera an der Kreuzung von **Palmar:** Nach links geht's zu diesem kleinen Fischerdorf. Nur wenige Minuten weiter im Norden liegt die Kreuzung von **Ayangue** Das Dorf liegt eine halbe Stunde von der Kreuzung entfernt an einer stillen Bucht. Señor Francisco Parodi vermietet vier kleine Holzhütten zu 2 $ pro Person.

Ein kurzes Stück weiter nördlich trifft man auf das berühmte Doppeldorf **San Pedro/Valdivia**. Es gab der ältesten amerikanischen Kultur den Namen. Zwei Familien in der Nähe der Straße am Eingang zu Valdivia verkaufen gefälschte und echte Keramiken. Der Pfarrer hat ein Haus mit vielen Betten, die er jedoch nicht an Touristen vermietet.

Das nächste Dorf von einiger Bedeutung ist **Manglar Alto**. Bis hierhin fahren die Rancheras und Lokalbusse aus La Libertad. An der Plaza das kleine **Hotel Corona *** mit eigenem Restaurant. DZ mit Bad 4 $. Für die Strecke La Libertad – Manglar Alto sollte man großzügig einen halben Tag veranschlagen, wer sie in einem Zug durchfährt, braucht 1½ Stunden.

Von jetzt an geht's weiter mit großen Bussen Richtung **Puerto López**. Kurz nach Manglar Alto fährt der Bus an einer auf einer Steilklippe gelegenen Kirche vorbei und verläßt dann die trockene Küste, um weiter im Landesinneren durch das Gebiet der **cinco cerros** zu fahren. Der Vegetationswechsel ist kraß.

In **Salango** ist nach über einer Stunde die Küste wieder in Sicht. Hier lohnt sich unbedingt ein Halt, denn der Engländer *Chris Hudson* hat da das schönste Museum Ecuadors eingerichtet. Es zeigt Keramiken aus den verschiedenen Kulturepochen der Küste, begleitet von Schrifttafeln und dezent eingesetztem Licht. Beim Museum ist übernachten möglich. Dem Dorf Salango vorgelagert ist die **Insel Salango**, sie war Umschlagsplatz für die *Spondylus-Princeps-Muschel*, die im Frühformativ ab 3500 v. Chr. sowohl religiöse Funktionen erfüllte, als auch Geldcharakter hatte. Man hat solche Muscheln auch in den Anden und im Oriente gefunden, was darauf hinweist, daß schon sehr früh Handel zwischen verschiedenen Kulturen getrieben wurde. Die Muschel kommt in Tiefen von 20–120 m vor, und zwar von Kalifornien bis zum Golf von Guayaquil.

Beachtliche 25 km vom Festland liegt die **Insel de La Plata**, auch sie eine «Kultinsel» und der einzige Ort in Küstennähe, an dem Inkaspuren gefunden wurden. Mit dem Fischerboot hin und zurück rund 40 $. Die Insel zeigt in vielem Ähnlichkeiten mit den Galapagosinseln, man findet Seelöwen und Blaufußtölpel. Beide Inseln gehören zum **Machalilla-Nationalpark**, zu dem auch der archäologischer Fundort **Agua Blanca** gehört.

Der Eingang zum Park liegt in **Puerto López**, eine Viertelstunde von Salango entfernt in einer großen Bucht gelegen. Die **Residencial Cantos** * direkt am Strand bietet einfache Zimmer ohne Bad für 1.5 $ pro Person. Im Dorf auch die einfache **Residencial Pacífico** * zum gleichen Preis. Einen ausgezeichneten Ruf genießt das von drei Schwestern geleitete **Strandrestaurant Carmitas**.

Von Puerto López geht die Fahrt nach Norden an **Machalilla** vorbei (**Hotel Internacional** ** war im Bau), wo's eine Abzweigung zu den **Stränden Los Frailes** gibt, welche ebenfalls Bestandteil des Nationalparks sind. In **Puerto Cayo** verläßt der Bus die Küste und fährt in östlicher Richtung nach **Jipijapa** (Von Puerto López nach Jipijapa total 1½ Stunden).

Nach **Manta** und **Portoviejo** fahren Lokalbusse bis etwa 17 Uhr, später in die Busse aus Guayaquil zusteigen. Es gibt in Jipijapa drei Blöcke von der Plaza entfernt eine Billigpension: Das **Hotel Mejía** *, 3 $ im DZ ohne Bad, einfach.

Machalilla-Nationalpark

Der Park erstreckt sich etwa 50 km nördlich und 40 km südlich von Puerto López. Im Osten wird er durch den Río Los Punteros begrenzt. Er liegt etwas unglücklich:

Quer durch ihn führt die Straße nach Jipijapa, und im Park wie an seinen Grenzen gibt es 35 kleine Siedlungen. Das Parkoffice wird in Puerto López von Señor Carlos Zambrano geleitet; er hat dort ein kleines Naturkundemuseum angelegt.

Der eigentliche Eingang zum Park befindet sich in **Buena Vista**, einem Haus etwa 10 Minuten nördlich von Puerto López an einer Brücke. Von hier geht es eine gute Stunde zu Fuß ins Landesinnere nach **Agua Blanca**, zurzeit die Hauptattraktion des Parkes, denn hier konnten sich die einzigen Vorinkaruinen Ecuadors aus Stein erhalten. Obwohl manche Archäologen von einem zweiten Cuzco schwärmen, zu sehen sind vorläufig nur Fundamente von Gebäuden und viele Mauerüberreste. Auffallend viele Mauern sind nach Norden und zu den Sonnenwendepunkten am Horizont gerichtet. Der Komplex stammt aus der *Manteño-Zeit* (800–1532 n. Chr.), einer bereits stark hierarchisierten Kultur mit Handelsbeziehungen mit Sierra und Küste.

Naturliebhaber werden einen Abstecher in den Regenwald machen wollen, zum Beispiel nach **San Sebastián**, wo nur eine Familie wohnt. Der Weg ist, abgesehen vom ersten Stück, recht eindeutig, führt aber oft durch ein Bachbett, so daß man sich trotzdem verirren kann. Am besten ist es, im Dorf herumzufragen und mit einem Führer zu gehen (etwa 5 $). Sehr empfehlen können wir *Isidro Ventura*.

Manta

Meereshöhe. 125 000 Einwohner.
Manta ist die größte und wichtigste Hafenstadt der Zentralküste. Die Stadt ist zweigeteilt: Der Zusammenfluß des Río Burro und Río Manta bildet die Grenze. Im eigentlichen Manta befindet sich das kommerzielle Zentrum mit Markt, Banken, Post- und Telefonamt, in der angewachsenen Schwesterstadt **Tarqui** die touristische Ader mit zahlreichen Hotels, dem Hauptstrand und einfachen Fischkneipen. Die Badesaison dauert von Mitte Juni bis Mitte Oktober, der Urlaubszeit der *serranos* (Bergbewohner).

Unterkunft

Eine der ersten Fragen in jedem Hotel muß lauten: «Gibt es Wasser?» (*¿Hay agua?*). Wenn ja, dann fragen: «Von wann bis wann?» (*¿De que hora a que hora?*), denn in Manta herrscht arge Wasserknappheit. Zur Sicherheit immer Wasserflasche füllen.

In Manta:

■ Gleich in der Nähe des Busterminals das **Hotel Riviera ****, DZ mit Bad und Frühstück 9 $, eigenes Restaurant, Zimmer mit Aircondition oder Ventilator und Balkon. Empfehlenswert.

■ Am Strand von Manta, der *Playa Murciélago*, 10 Minuten von der Plaza, das **Hotel Manta Imperial **** mit

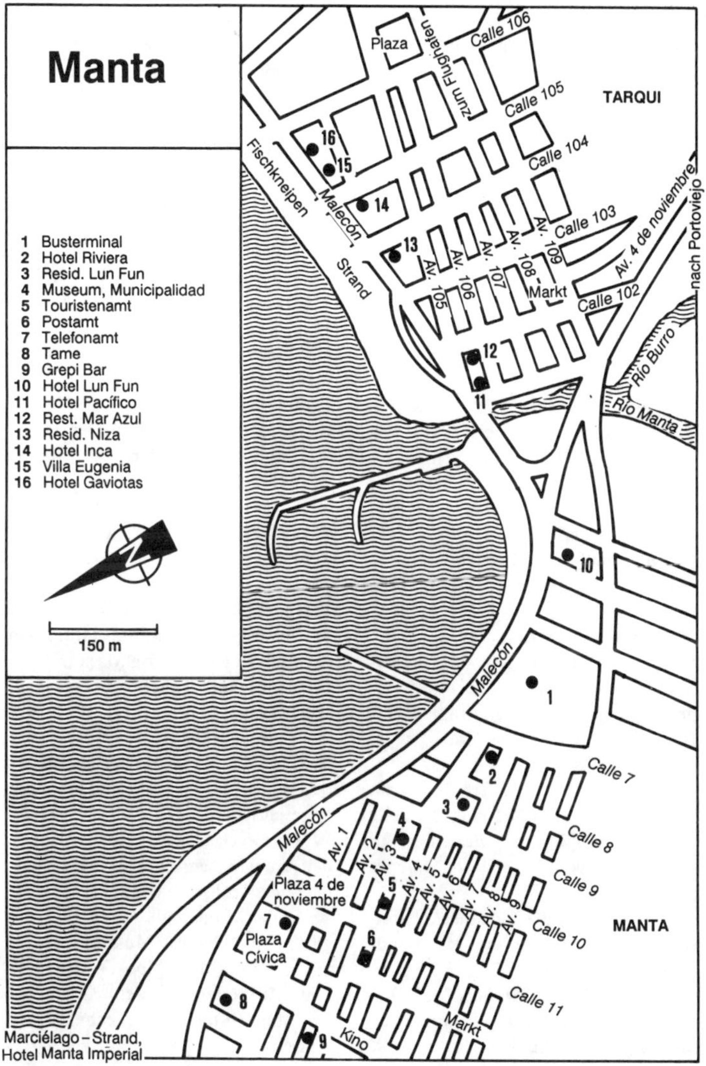
Manta
1 Busterminal
2 Hotel Riviera
3 Resid. Lun Fun
4 Museum, Municipalidad
5 Touristenamt
6 Postamt
7 Telefonamt
8 Tame
9 Grepi Bar
10 Hotel Lun Fun
11 Hotel Pacífico
12 Rest. Mar Azul
13 Resid. Niza
14 Hotel Inca
15 Villa Eugenia
16 Hotel Gaviotas
150 m
Plaza
zum Flughafen
Calle 106
Calle 105
Calle 104
Calle 103
Calle 102
TARQUI
Fischkneipen
Malecón
Strand
Av. 105
Av. 106
Av. 107
Av. 108
Av. 109
Markt
Av. 4 de noviembre
nach Portoviejo
Río Burro
Río Manta
Malecón
Calle 7
Calle 8
Calle 9
Calle 10
Calle 11
Av. 1
Av. 2
Av. 3
Av. 4
Av. 5
Av. 6
Av. 7
Av. 8
Av. 9
Plaza 4 de noviembre
Plaza Cívica
MANTA
Kino
Markt
Marciélago – Strand,
Hotel Manta Imperial

Swimming-Pool, eigenem Restaurant und Zimmern zum Teil mit Meersicht. DZ mit Bad 12.5 $.

In Tarqui:

■ Vom Busterminal kommend, steht kurz vor der Brücke zu Tarqui das **Hotel Lun Fun** ** (nicht verwechseln mit der billigen Residencial Lun Fun), Tel. 61 29 66. Großes, modernes Hotel, Zimmer mit Heißwasser, Balkon und Klimaanlage für 12.5 $ für zwei Personen. Eigenes Restaurant. Gut.

■ Fast alle nachfolgend erwähnten Hotels stehen entweder direkt am Malecón, der Uferstraße, oder in der ersten Parallelstraße dazu. Der Reihe nach:

■ **Hotel Pacífico** *, Tel. 61 35 84. DZ mit Bad und Klimaanlage 7 $, zum Teil Kajütenbetten, freundlich, sauber.

■ **Residencial Niza** *, Tel. 61 09 05. Große Zimmer für jeweils 5 Personen, der oberste Stock ist der beste, eigenes, einfaches Restaurant, sehr freundlich, DZ ohne Bad 3.5 $. Empfehlenswert.

■ **Hotel El Inca** **, Tel. 61 04 40. DZ mit Bad 10.5–14 $. Große, helle Zimmer, zum Teil mit Meersicht, tip top sauber, empfehlenswert, eigenes Restaurant.

■ **Unser Tip! Villa Eugenia** *, Familienatmosphäre, sehr sauber, freundlich, DZ ohne Bad 3.5 $.

■ **Hotel Las Gaviotas** **, Tel. 61 01 40, das beste Hotel am Platz mit eigenem, kühlen Restaurant. Schöne, große und gemütliche Zimmer mit Klimaanlage und zum Teil Meersicht. DZ mit Bad 16.5 $.

Essen

In der Nähe des Hotels Pacífico (um die Ecke) liegt das **Restaurant Mar Azul**, wo gute Fischgerichte für 1 $ zu haben sind. Richtig billig und schmackhaft wird's aber erst in den **Fischkneipen** am Strand nach dem Hotel Gaviotas. Die gut eingerichtete **Grepi-Bar** in Manta an der Avenida 3/Calle 13 ist täglich ab 18 Uhr offen und lädt ein zu Drinks und Musik bei relaxter Atmosphäre. Der **Markt** von Manta liegt an der Ecke Avenida 15 und Calle 12. Man kann sich dort auch ein Huhn frisch schlachten lassen. Einen zweiten Markt gibt es im Zentrum von Tarqui.

Was sonst?

■ **Touristeninformation:** Büro in der Fußgängerzone von Manta.

■ **Telefonamt** (Ietel) im Zentrum von Manta an der Plaza 4 de noviembre.

■ Die **Post** (Correo) liegt gegenüber der Banco del Pacífico und ist nicht angeschrieben.

■ **Geldwechsel:** Mehrere Banken in der Avenida 3 im Zentrum von Manta, keine Wechselstuben.

■ In der Municipalidad im Zentrum gibt's ein kleines **Museum** im 3. Stock. Geöffnet Mo–Fr 9–15.30 Uhr. Ausgestellt werden Keramiken der Manta-Kultur, ansprechend präsentiert.

■ **Stadtbusse** nach Tarqui fahren den Malecón entlang und in Tarqui in die Avenida 104 ein. Raus aus Tarqui ab Avenida 108.

Weiterreise

■ Ab Terminal Terrestre zwischen 5.40 und 18 Uhr regelmäßig Busse nach **Portoviejo** (45 Min.).

■ Nach **Bahía de Caráquez** 3 Std., 1 $; nach Norden bis **Esmeraldas** 10 Std., 2.5 $.

■ Mehrmals täglich über **Chone** und **Santo Domingo de los Colorados** nach **Quito:** 9 Std., 3 $. Tägliche Flugverbindungen in die Hauptstadt mit *Tame* (12.5 $). Das *Tame*-Flugbüro ist am Malecón, ein Block von der Plaza Civica in Manta.

■ Die Fahrt nach **Guayaquil** über **Jipijapa** dauert 3½ Std. und kostet 2 $. Täglich außer So mit *Tame* (8 $).

Montecristi

Montecristi liegt per Bus 20 Minuten südöstlich von Manta (Rancheras ab Busterminal) und auch bloß 15 Minuten von Portoviejo. Es ist eine kleine Stadt, aber weltbekanntes Zentrum der *Panamahut*-Produktion. «Die Hüte wurden früher alle über Panama exportiert und bekamen dort einen Stempel verpaßt», erklärt der Hutmacher *Nestro Franco Valencia* den Namen «Panamahut». Fast in jedem Haus in Montecristi werden Strohhüte gemacht oder verkauft, mittlerweile auch Körbe, Taschen und Möbel. Wer den Männern und Frauen bei der Arbeit zugucken will, muß an den unscheinbaren Werkstatt-Türen klopfen. Die Hüte werden in oft wochenlanger Arbeit geflochten, mit Schwefel gebleicht und dann gebügelt, als ob sie aus Sto4ff wären. Die Preise schwanken zwischen 5 und 80 $.

Bahía de Caráquez und San Vicente

In **Bahía de Caráquez** hört die Straße, die von Süden nach Norden die Küste entlang führt, erst mal auf. Wer weiter in den Norden hochfahren möchte und nicht den Weg über das Landesinnere wählt, kann bei Ebbe den Strand entlangfahren.

Da **Bahía** (16 000 Einwohner) an einer Landzunge liegt, hat man sowohl Aussicht auf den offenen Pazifik im Westen als auch auf den Meeresarm im Osten, der eine tiefe und verwinkelte Mangrovenbucht ins Landesinnere schneidet. Drei Inseln mit den schönen Namen **Liebesinsel** (*Isla del amor*), **Herzensinsel** (*Isla del corazón*) und **Vogelinsel** (*Isla de los pájaros*) sind vor allem für Vogelliebhaber (Bootsmiete rund 6 $ pro Stunde). An den Ufern der Bucht finden sich viele Krabbenfarmen.

Außer mäßigen Sandstränden bietet Bahía wenig, eignet sich aber gut als Übernachtungsort, bevor es weiter nach Norden oder Süden geht. Besser noch: Übernachten in **San Vicente** auf der anderen Seite der Bucht, wo alle Hotels ganz sicher Wasser haben, in Bahía selbst ist es oft knapp. Es gibt in Bahía ein Telefon- und ein Postamt.

Zwischen Bahía und San Vicente verkehrt von 6–22 Uhr eine **Fähre**. Sie für sich alleine, zum Beispiel nachts, zu mieten, kostet 1.2 $, sonst ist die Überfahrt lächerlich billig. Die Fähre geht am Dorfeingang gegenüber den Büros der Busgesellschaften los. Die schnellere und nur unwesentlich teurere Überfahrt bieten Private in Booten vom Anlegesteg im Zentrum bis 18 Uhr.

Unterkunft

In Bahía:

■ Von den Billighotels können wir empfehlen: die **Residencial Vera** *, einfach, sauber, alle Zimmer mit Fenster, Wasser nur tagsüber. DZ ohne Bad 3.5 $, mit Bad 4 $. Sie liegt in der 2. Querstraße links nach der Banco Central (von der Busstation her kommend).

■ **Hotel Americano** **, in der 3. Querstraße nach der Zentralbank, Tel. 69 05 94. DZ mit Bad und Ventilator oder Klimaanlage 15.5–17 $, etwas überzahlt und unfreundlich, doch die Zimmer sind sauber, einfach eingerichtet, eigenes Restaurant.

■ **Für Genießer! Dieses Hotel Herradura** ***, Tel. 69 04 46, eines der schönsten Hotels an der Küste und sehr stilvoll eingerichtet. Zimmer mit Blick auf den offenen Ozean, etwa 15 Minuten zu Fuß vom Zentrum. DZ mit Bad, TV, Klimaanlage und Telefon 21 $; eigenes, schickes Restaurant.

In San Vicente:

■ **Unser Tip! Pension San Vicente** *, am Hafen. Sehr saubere Zimmer mit Moskitonetz und zum Teil Meersicht. DZ ohne Bad 2.5 $, mit Bad 4 $.

■ **Hotel Vacaciones** **, im Zentrum mit eigenem Schwimmbad und Restaurant. Freundliche Zimmer mit Klimaanlage, TV, Kühlschrank und zum Teil Meersicht. DZ mit Bad 15.5 $. Empfehlenswert.

Weiterreise

■ **Nach Norden** weiter fahren von San Vicente aus Rancheras zwei- bis viermal täglich nach **Pedernales** (6 Std.) und **Cojimies** (8 Std.). Bei Ebbe wird sehr schnell auf dem harten Sandstrand gefahren. Bei Flut gibt es eine Parallelstraße; am Ziel kommt man mit einer Staublunge an, eine der anstrengendsten Fahrten in Ecuador. Bis Pedernales kann man auch ein Kleinflugzeug der *Nica*-Flugtaxigesellschaft chartern. Es faßt drei Personen und kostet 55 $.

■ Nach **Guayaquil** kostet das Flugtaxi für drei Personen 120 $. Es gibt aber auch bis Mitternacht Busverbindungen (6 Std., 2.5 $).

■ Busverbindungen auch nach **Manta** über **Portoviejo** und nach **Esmeraldas** (8 Std., 2.5 $).

■ Montags und freitags fliegt *Tame* nach **Quito** (10.5 $). Der Bus in die Hauptstadt benötigt 8 Stunden (2.5 $), er fährt über **Santo Domingo**.

Nördlich von Bahía

Die beiden Dörfer **Pedernales** und **Cojimies** nördlich von Bahía/San Vicente fanden *wir* ziemlich uninteressant; doch die Strandwanderung von Cojimies nach **Muisne** läßt alle vergangenen Strapazen vergessen. Die Ranchera von San Vicente fährt bis **Canoa** den Strand entlang, wo sich ein schöner Sandstrand bietet und wo man bei der *Familie Bermudes* übernachten kann.

Dann biegt die Straße ins Landesinnere, um in **Jama** wieder zur Küste zu stoßen (zwei Billigpensionen: das **Hotel Jamaica** * und der Laden **Almacen Jamita** *). 6 Stunden nach der Abfahrt in San Vicente erreicht man das erste Ziel, das Dorf **Pedernales**, wo von den drei Billigpensionen das **Hotel Turismo** * die billigste und auch beste Unterkunft ist; der Strand ist sehr mittelmäßig, so daß es die meisten Globis vorziehen, noch zwei Stunden weiter bis **Cojimies** zu fahren und erst hier zu übernachten. Der Ort liegt an einer ähnlichen Mangrovenbucht wie Bahía.

Es gibt im Dorf mehrere sehr einfache Pensionen, von denen die **Residencial España** * noch am besten ist. Am Strand die **Residencial Cojimies** *, welche uns von außen o.k. schien, aber geschlossen war.

Von Cojimies fahren um 6 Uhr früh Boote mit doppeltem Außenbordmotor in 2 Stunden nach **Muisne** (4 $). Die Fahrt ist sehr abenteuerlich, schaukelt das Boot doch zweimal wie eine Nußschale durch heftige Brandung (Ausrüstung schützen!). Wir haben es vorgezogen, das Boot – am Fischerdorf **Daule** vorbei – nur bis zur Siedlung **Bolívar** zu nehmen und von dort nach Muisne zu wandern, was gut in einem Tag machbar ist. Mitnehmen: Wasserflasche, Sonnenschutzmittel.

Der Weg: Etwa eine Stunde nach Bolívar erreicht man die kleine Siedlung **Portete**. Dort einen kleinen Meeresarm per Kanu überqueren, dann nach links bis zum Betonhaus (etwa 200 m) gehen und von dort über eine Piste etwa eine Stunde weitergehen, um bei **Mompiche** wieder an den Strand zu gelangen. Wieder eine gute Stunde später – immer den Strand entlang – ist man in **Las Manchas**. Man kann nun noch den Rest bis Muisne zu Fuß gehen (1½ Std.) oder das Boot nehmen. Es fährt allerdings nicht den Weg über den Pazifik, sondern über einen Meeresarm, dicht mit Mangroven bewachsen.

Muisne

Muisne ist ein kleines Städtchen auf einer Insel: Gen Osten blickt es auf den bereits erwähnten, mit Mangroven bewachsenen Meeresarm, der

Eingang in die Subtropen ist nah. Nach Westen bietet es dem offenen Pazifik die Stirn. Die Strände in dieser Gegend sind dicht mit Kokospalmen bewachsen. Manche allerdings sehen aus wie der deutsche Wald, wie ein Tourist sarkastisch bemerkte, tote Baumstämme ohne Kronen. Der Weg vom Hafen am Meeresarm zum offenen Pazifik ist kurz: 15 Minuten zu Fuß über eine zuerst geteerte, später grüne Straße.

Von den Billigpensionen im Zentrum können wir die **Residencial Ginyer** * empfehlen, ein hellblaues Haus am Hafen. DZ ohne Bad 2.5 $, mit Bad 4 $. Moskitonetze und Ventilator vorhanden. Im Dorf selbst ist die **Pension Sarita** * in der gleichen Preislage ganz in Ordnung und sauber. Die meisten aber werden es vorziehen, direkt am Strand zu übernachten. **Für Genießer: Cabañas San Cristóbal** *, kleine, einfache Strandhütten mit Wasser und Strom für zwei Personen, 4 $. Sind die voll, dann gibt es als Alternative nur wenige hundert Meter vom Strand weg die **Bungalows Ipanema** *, mit 3.5 $ für zwei Personen etwas billiger.

Entlang des Pazifiks reihen sich zahlreiche einfache **comedores** (Fischkneipen); im Zentrum das ausgezeichnete, aber einfache **Restaurant Bayardo's:** sehr große Portionen für etwa 1 $. Gegenüber steht eine Bank, eine kleine Post und ein Telefonamt fehlen auch nicht.

Zwei Strecken führen von Muisne **weiter nach Norden:** entweder auf direktem Weg durchs Landesinnere in 2 Stunden nach **Esmeraldas** (Busse und Rancheras zwischen 5.30 und 18.30 Uhr, 0.6 $); oder mehr oder weniger parallel zur Küste fahren. Um diesen Weg zu nehmen, muß man am frühen Morgen am Hafen von Muisne ein Boot finden, das zur kleinen Siedlung **Bunche** fährt: zwar nur 10 Minuten von Muisne entfernt, doch Bootsverbindungen gibt's nur etwa einmal im Tag. Dort bis etwa 11 Uhr warten und mit Rancheras von *Transp. del Pacífico* über **Súa** und **Atacames** nach Esmeraldas (3 Std., 1.1 $).

Mangroven

Mangroven sind stark salztolerante Büsche mit langen, dickichtartigen Wurzeln. Sie bedecken 70 Prozent der tropischen Küsten. Blätter und Stengel weisen luftgefüllte Hohlräume auf, die bis zu den Wurzeln hinabreichen und diese mit Sauerstoff versorgen. Mangroven sind ein wichtiger Bestandteil für das ökologische Gleichgewicht in der tropischen Küstenzone. Jährlich fallen in einem Mangrovenwald auf einer Fläche von jeweils einem Quadratkilometer 750 Tonnen Blätter ins Wasser. Noch während sie auf den Grund sinken, machen sich Bakterien ans große Fressen. Würmer und Krustentiere beteiligen sich am Gelage. Diese werden von kleinen Fischen gefressen, welche wieder von großen Fischen, Krabben, Krebsen und Vögeln verschlungen werden. 95 Prozent der Energie eines Mangrovenbusches werden verwertet.

Als Pizarro im 16. Jahrhundert an der Nordküste Südamerikas landete, fand er noch eine undurchdringliche Kette von Mangrovenwäldern entlang der Küste vor. *William Prescott* beschreibt die Ankunft Pizarros so: «Vergebens mühten sich die Spanier ab, durch das Labyrinth dieses verworrenen Dickichts zu dringen, wo die Kriechpflanzen und blühenden Reben, die in einer heißen und feuchten Luft üppig aufschossen, sich um die ungeheueren Stämme der Waldbäume geschlungen und ein Netzwerk gebildet hatten, das nur mit der Axt geöffnet werden konnte. Es konnte nichts schrecklicheres und Entmutigenderes geben als diese traurigen Wälder, in denen die Ausdünstungen des überladenen Bodens die Luft verpesten und kein anderes Leben zu dulden schienen als nur das von Millionen Insekten, deren glitzernde Flügel wie Feuerfunken in jeder Öffnung des Gebüschs hin- und her flogen.»

Súa

Auf der Küstenfahrt von Süden nach Norden erreicht man wenige Minuten vor Atacames Súa. Nimmt man von Muisne aus den Landweg, kommt man in **Esmeraldas** an und muß dann eine Dreiviertelstunde die Küste entlang nach Süden fahren, um Atacames und Súa zu erreichen.

Die Busse, egal ob von Norden oder Süden her kommend, halten an der Landstraße oberhalb des Dorfes an. In 10 Gehminuten ist man am Strand. Der Ort liegt an einer kleinen Bucht.

■ **Unser Tip! Hotel Villa Hermosa ****, Tel. 23 67 27, auf dem Weg von der Bushaltestelle ins Dorf auf der rechten Seite gelegen. Große DZ mit Bad und Ventilator 8 $. Im Garten wachsen Bananenbäume, Palmen und Crotonbüsche mit ihren bunt gemaserten Blättern.

■ Weiter unten die einfache, saubere **Residencial Norma Iliana ***, DZ ohne Bad 2 $, und die **Residencial Marianita ***. Die Besitzer der beiden Hotels in der Tienda Miramar.

■ **Hotel Súa ***, geleitet wird es von einem lebenslustigen Franzosen, der den kurzen Weg zu einem sehr einsamen Sandstrand kennt und auch eine ausgezeichnete Fischsuppe zubereiten kann. Seine Fruchtsäfte werden nur mit abgekochtem Wasser gemischt, auch die Eiswürfel werden aus gekochtem Wasser gemacht. Sehr einfache DZ ohne Bad 3.5 $, wer dieses Buch vorzeigt, bekommt 10 Prozent Rabatt.

■ Das teuerste Hotel ist am Strandende das **Hotel Chagra Ramos ****, Tel. 71 32 02. Es ist in den Hang hinein gebaut, und alle Zimmer haben Meersicht. DZmit Bad 5.5 – 9 $, je nach Saison. Eigenes Restaurant, Disco und Schwimmbad. Gut und freundlich.

Atacames

Atacames ist der wichtigste Badeort an Ecuadors Nordküste. Er besteht im wesentlichen aus Strand und Hotels. Von Esmeraldas fahren regelmäßig Lokalbusse die Dreiviertelstunde dorthin (zurück nur bis 18 Uhr). Von Súa aus kann man bei Ebbe den Strand entlangspazieren (½ Std.).

Zur Orientierung: Kommt man von der Straße her und will zum Strand, muß man über eine wackelige Holzbrücke balancieren. Vielleicht ist sie mittlerweile auch eingestürzt. Von der führen zwei Sträßchen, eines links und eines rechts, zum Meer.

Unterkunft

In der Straße links:

■ **Residencial San José** *, einfach, sauber, DZ ohne Bad 2.5–3.5 $, je nach Jahreszeit und Andrang.

■ **Residencial Sol del Oriente** *, einfach, sauber, DZ mit Bad 4 $; wer im Zimmer eine Sauerei hinterläßt, zahlt 20 Prozent extra.

Rechts von der Brücke:

■ Etwas vom Strand zurückversetzt am Meeresarm (nach der Brücke rechts gehen und nicht zum Strand abbiegen): **Hostal Jennifer** *. Gut, sauber, einfach, neu. Pro Person mit Bad 3–3.5 $, ohne Bad 2.5–3 $.

■ Etwas weiter hinten: **Unser Tip Nr. 1! Hotel Chavalito** **, sehr schöne, helle Zimmer mit Gardinen und Bad. 4–6 $ im DZ, 2.5–4 $ im Einzelzimmer.

In der Straße rechts:

■ **Unser Tip Nr. 2! Cabañas Los Bohíos** *, viereckige Bambushütten unter Palmen, eigenes Restaurant. DZ 6–9 $.

■ **Residencial Bachita** *, ein langes Haus mit Holzbalkon. Zimmer für jeweils 2–6 Personen. Pro Person 2 $ mit Bad, ohne Bad 1.5 $. Kein Aufschlag in der Hochsaison, empfehlenswert.

Am Strand:

■ **Complejo Turístico Cayapas** **, Tel. 71 10 22, kleine Strandhäuschen für 5 Personen. 17–34 $ mit Bad, Klimaanlage, Farb-TV, Küche und Kühlschrank.

■ **Cabañas Costa del Sol** *, kleine Pfahlbauten für 2–5 Personen, eigenes Restaurant. Pro Person mit Bad 2.5–3 $.

■ **Unser Tip Nr. 3! Hostería El Eden** *, fast in Súa, die letzten Bungalows des Atacames-Strands: runde Bambushütten, sehr einfach, aber sehr romantisch unter Palmen. 3.5–5.5 $ pro Person.

Esmeraldas

Meereshöhe. 144 000 Einwohner.
Ganz in der Nähe von Esmeraldas sind die Spanier zum ersten Mal in Ecuador gelandet. Auch ein Sklavenschiff aus Afrika soll es mal dorthin verschlagen haben. Die Nachkommen dieses Schiffs sind der Legende nach die heutigen Einwohner der le-

bendigen Stadt. Holz aus dem nahen Urwald und tropische Früchte werden in der Hafenstadt verladen, und eine Erdöl-Pipeline findet hier ihr Ende. Viele mögen die Stadt nicht, finden sie laut, häßlich und heiß. Doch da ist auch Leben drin und Musik in den Straßen, und Brasilien muß ganz ähnlich sein. Viele Rassen leben hier nebeneinander, manchmal auch miteinander.

Das Zentrum liegt innerhalb von drei Blöcken westlich der Uferstraße, des Malecóns, und um die Plaza Central. Zum Baden kann man entweder nach Atacames und Súa oder in den Vorort **Las Palmas** fahren, wo sich auch die Hafenanlagen von Esmeraldas und einige teure Hotels und Restaurants befinden. Die Hauptstraße der Stadt heißt Avenida Bolívar, vor Las Palmas heißt sie Avenida La Libertad und in Las Palmas Avenida Kennedy.

Unterkunft

■ Es gibt zahlreiche Billighotels, wo das Bett 1 $ oder weniger kostet, doch alle leiden an Wassermangel, was beim warmen Wetter etwas unangenehm ist. Wer sich dazu überwinden kann, knapp über 3 $ im Doppelzimmer ohne Bad zu zahlen, dem empfehlen wir die **Residencial Dominguez** *, Ecke Calle Sucre und Piedrahita.

■ **Residencial Sulema** *, Olmedo und Cañizares, Tel. 71 17 89, 4–5 $ im DZ ohne beziehungsweise mit Bad und Ventilator. Soll immer genügend Wasser haben, ein nettes, ruhiges Haus mit vielen Balkonen.

■ **Hotel Korea** **, Ecke Manuela Cañizares 122 und Malecón. DZ mit Bad 7 $, tipptopp sauber, ruhig, aber etwas dunkle Zimmer, empfehlenswert.

■ **Hotel Diana** **, Cañizares und Sucre, Tel. 71 03 33, das ruhigste Hotel Esmeraldas. DZ mit Bad 5–11 $, je nachdem ob mit oder ohne Ventilator, Telefon, TV oder Klimaanlage – fast alle Kombinationen sind möglich. Alle Zimmer um einen ruhigen Innenhof, sauber und einfach eingerichtet.

■ Gleich daneben das **Hotel Beatriz** **, DZ mit Bad und Ventilator 6–7 $. Schöne, getäferte Zimmer mit großen gemütlichen Betten, empfehlenswert.

■ Teuerstes und bestes Hotel am Platz ist am Stadtausgang Richtung Las Palmas das **Aparthotel Esmeraldas** ***, Tel. 71 27 12. DZ mit Bad, Klimaanlage und Kochnische 19 $, Suite mit TV, Kühlschrank und Minibar 22.5 $. Eigenes Restaurant (unter anderem Spaghetti al dente).

Essen

■ Da gibt es eigentlich nur einen Tip: Runter an den **Malecón** mit Dutzenden von Eßständen. Die Spezialitäten: in Kokosmilch gekochte Meeresfrüchte und Fleisch. Kokosmilch wird aus geraspeltem Kokosfleisch hergestellt und ist nicht mit *agua de coco* zu verwechseln, dem Kokos*was-*

Esmeraldas

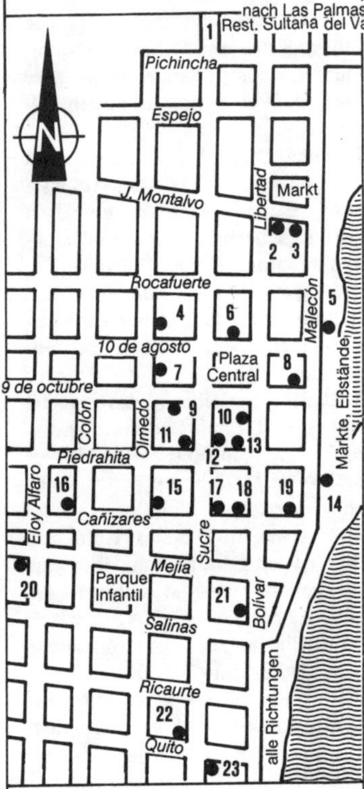

1 zum Aparthotel Esmeraldas
2 Telefonamt
3 Post
4 Disco Ecco
5 Transp. La Costeñita
6 Aero Taxi
7 Migración
8 Reina del Camino
9 Transp. Occidentales
10 Tame
11 Transp. Zambrano
12 Resid. Dominguez
13 Transp. Esmeraldas
14 Transp. El Pacífico
15 Resid. Sulema
16 Disco Fidji
17 Hotel Diana
18 Hotel Beatriz
19 Hotel Korea
20 Wäscherei
21 Dituris
22 Steak House
23 Peña Caracol

100 m

ser (was wir unter Kokosmilch verstehen). Die mit Kokosmilch zubereiteten Gerichte heißen **Encocaos** und schmecken traumhaft gut. Die Esmeraldeños gaben uns folgenden Rat: «Je schwärzer und dicker die Köchin, um so besser das Essen» – und es stimmte.

Selbstverpfleger versuchen den Markt am Malecón. Zwei **Bäckereien** seien noch erwähnt: Diejenige an der Av. Libertad in Marktnähe hat bis 23 Uhr geöffnet, und an der Ecke Sucre/Piedrahita findet man Vollkornbrot.

■ Für Spezialitäten in gediegenem Rahmen: **Restaurant Gabildo's** am Stadtausgang an der Avenida Libertad. Das Hausgericht: *Pisao*, Meeresfrüchte mit Reis in Kokosmilch. Preise ab 2 $. Auf der Speisekarte gibt es auch Gerichte ohne Salz und Fett oder Öl. Hinweis: Pullover ins Restaurant mitnehmen; sehr kalt eingestellte Klimaanlage.

■ Zwischen Esmeraldas und Las Palmas liegt das etwas einfachere und bekannte Spezialitätenrestaurant **Sultana del Valle**. Hauptsächlich Meeresfrüchte ab 1 $.

■ Fleischliebhaber verweisen wir auf das nette Freiluft-**Steak-House El Gaucho**, Ecke Sucre und Quito, wo's nur Fleisch und Salat für 1.5 $ gibt.

Unterhaltung

■ Esmeraldas ist die Stadt der *Marimba*, einer schnellen schwarzafrikanisch beeinflußten Musik. Als Experte auf dem Gebiet gilt Señor *Milton Pinoargote*, der auch die **Peña Bar Caracol** führt, Ecke Sucre und Quito. Er ist selbst Musiker, organisiert Festivals und weiß, welche Schulen Besucher wann und wo zu den Proben zulassen. Vielleicht findet man sein Lokal (der Name «Caracol» bleibt) inzwischen in Las Palmas.

■ **Discos:** Disco Fidji, Ecke Colón und Cañizares, und Disco Ecco, Ekke Olmedo und Juan Montalvo. Beide sind gleich gut und dunkel.

Was sonst?

■ **Touristeninformation:** Ecke Bolívar und Salinas, geöffnet Mo–Fr 8–12 und 15–18 Uhr. Sehr freundlich, aber kaum Informationen zu bekommen.

■ **Telefonamt** und **Post** liegen nebeneinander in der Juan Montalvo, Ecke Malecón gegenüber dem Markt.

■ **Wechselstuben** gibt es keine, doch mehrere Banken um die Plaza Central.

■ **Wäscherei:** Lavamatic, Ecke E. Alfaro und Mejía 533, offen von Mo–Fr und Sa morgens.

■ **Migración:** Wer bei San Lorenzo im Norden die Grenze mit Kolumbien überquert, erledigt alle Stempelformalitäten in Esmeraldas. Ecke Olmedo und 10 de agosto, täglich bis 16 Uhr geöffnet, Sa/So bis 12 Uhr.

■ **Lokalverkehr:** Zum Restaurant Sultana (siehe unten), Richtung Hafen, und zum Vorort Las Palmas fahren Lokalbusse die Avenida Bolívar bis spätnachts entlang. Busse nach Atacames und Súa bis etwa 18 Uhr

vom Malecón (Busgesellschaften *Costeñita* und *Pacífico*).

Weiterreise

■ Einen Busterminal gibt es in Esmeraldas nicht, alle Busgesellschaften haben ihre Büros am oder in unmittelbarer Nähe des Malecóns.

■ Nach **La Tola** an der Küste und **Borbón** am Río Cayapas fahren Rancheras der Gesellschaften *Pacífico* und *Costeñita* (4 Std., 1 $). Von La Tola aus geht es per Boot weiter nach **San Lorenzo** an der kolumbianischen Grenze. Von Borbón aus kann man einen Abstecher zu den **Chachi-Indianern** machen und dann ebenfalls per Boot nach San Lorenzo.

■ Nach **Muisne** über **Atacames** und **Súa** mit denselben Linien (2–3 Std. je nach Strecke, siehe Kapitel Muisne «Weiterreise»).

■ *Reina del Camino* fährt nach **Portoviejo** und **Manta** (8½ und 10 Std., 2.5 $).

■ Nach **Guayaquil** (7 Std., 2.5 $) täglich mehrmals mit *Trans Esmeraldas* und *Aero Taxi;* weiter bis **Huaquillas** an die peruanische Grenze mit *Trans. Occidentales*.

■ Nach **Quito** (5½ Std., 2 $) mit *Trans Esmeraldas*, nach **Ibarra** und **Otavalo** nördlich von Quito mit *Aero Taxi* und *Los Lagos*. Nur bis **Santo Domingo de los Colorados** schafft es *Transp. Zambrano* (3 Std., 1 $). 7mal pro Woche von Mo–Sa ein *Tame*-Flug nach Quito (8.5 $). Das Büro der Fluglinie ist an der Ecke Bolívar und 9 de octubre, der Flughafen aber eine Stunde entfernt in **Tachina** auf dem Weg nach La Tola. Taxi 4 $ die Fuhre oder 1.5 $ pro Person.

■ **Weiter per Schiff:** Vom Hafen (zwischen Esmeraldas und Las Palmas) fahren unregelmäßig Flußdampfer nach **San Lorenzo** und **Borbón** sowie nach **Manta** und **Guayaquil**. Auskunft im Holzverladhafen (*puerto de madera*) und im Frachthafen (*puerto de cabotaje*).

Borbón

Borbón ist ein kleiner, geschäftiger Hafenort an einem großen Urwaldfluß, dem **Río Cayapa**. Die Männer tragen Macheten am Gürtel, und die Zigarren werden am Meter verkauft. Der Fluß hat seinen Namen von den Indianern, die an seinem Lauf leben, den «Cayapa-Indianern», die sich selbst *Chachis* nennen. Der Urwald hier ist bei weitem nicht mehr jungfräulich, dennoch: Leute mit wenig Zeit, die nur mal schnell Tropenluft schnuppern möchten, kommen hier mehr auf ihre Rechnung als in Misahuallí am Río Napo. Denn der Río Cayapa ist sehr schmal, man kann auf einer Flußfahrt die Urwaldbäume fast vom Boot aus anfassen.

Wer's geschafft hat, mit dem ersten Bus von Esmeraldas loszukommen, dem bleibt genügend Zeit, im Kanu gleich den Río Cayapa weiter hochzufahren. Ansonsten muß man in Borbón übernachten: Die **Residen-**

Ein Junge vom Cayapafluß ißt mit Genuß eine Chirimoya ▶

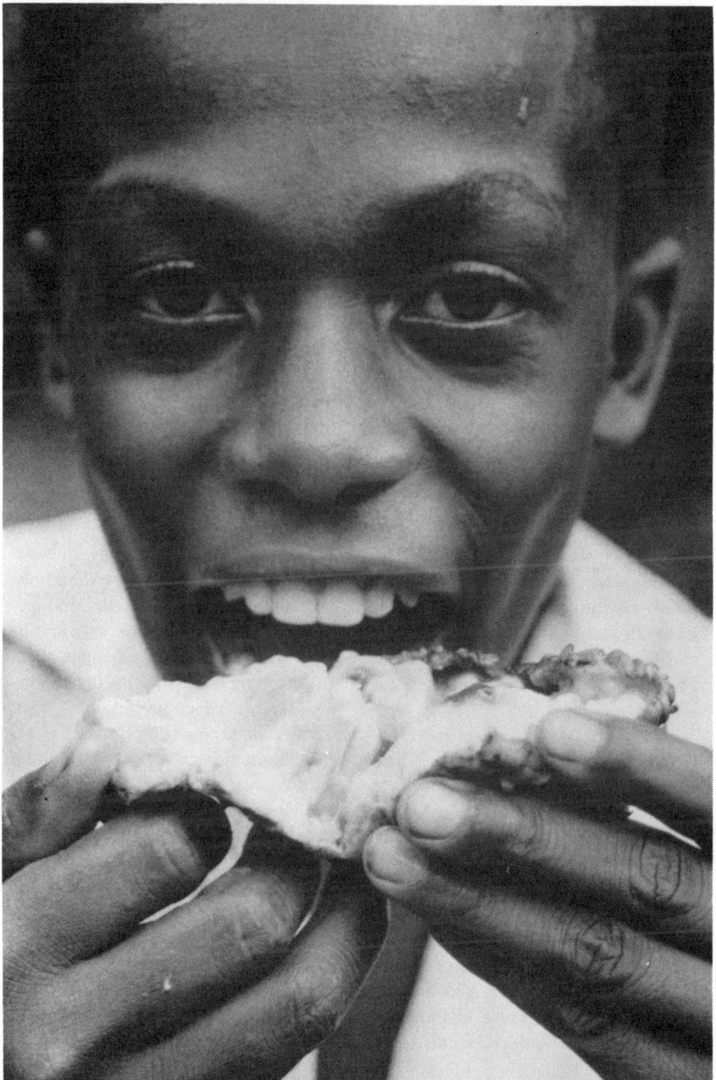

cial Capri * vermietet saubere, einfache Zimmer mit Moskitonetz für 1 $ pro Person. Die Hygieneverhältnisse in Borbón sind problematisch. Das Wasser zum Kochen oder Trinken holen die Köchinnen direkt aus dem Fluß, gleich neben der Abwasserröhre.

Eine Stunde flußaufwärts mit dem öffentlichen Kanu erreicht man die Einmündung des Río Onzole (**Boca del Onzole**), zwei Stunden später die Siedlung **Santa María**. Señor *Eliseo* und Señora *Pastora Corzo Jaramillo* vermieten saubere Betten mit Moskitonetz und bieten ein ausgezeichnetes Essen (je 1 $). Don Eliseo vermietet auch sein Außenbordkanu für Ausflüge auf dem Fluß (ca. 20 $ pro Tag).

In Santa María kann man sich von den Kindern alle Tropenfrüchte am Baum zeigen lassen, lernen, mit dem Einbaumkanu umzugehen, gar nichts tun oder den Chachis beim Flechten von Körben und Matten zuschauen.

Von Santa María geht es den gleichen Weg nach Borbón zurück und dann über **Limones** durch dichte Mangrovenbuchten nach **San Lorenzo** oder **La Tola**. Abfahrten ab Borbón bis 16 Uhr.

Die Chachis

Die Flüsse des nördlichen Tieflands der Provinz Esmeraldas, Cayapa und Onzole, Zubringer zum Río Santiago, sind die traditionelle Heimat der *Cayapa-Indianer* oder *Chachis*. Ihre Identität geht zunehmend verloren, denn entlang der Flüsse haben sich Siedler (meist Schwarze) niedergelassen, welche ein hartes und entbehrungsreiches Leben fristen, die wenigen Reichtümer des Waldes ausbeuten und sich im Grunde damit nur ihr eigenes Grab schaufeln. Es sind auch hier wie so oft die Ärmsten, die (neben den Reichsten) die Umwelt zerstören. Seit 1966 wird mit staatlicher Zustimmung der Wald in einem Tempo gerodet, daß vielleicht schon 1994, wie ein Zeitungsartikel alarmierend berichtet, kein großer Baum mehr vorhanden ist.

Je weiter man sich von Borbón entfernt, um so öfter sieht man Häuser der Chachi. Diese sind ein- bis zweistöckige, offene und luftige Pfahlbauten. Im Gegensatz dazu sind die Hütten der Schwarzen mit Brettern vor den Blicken der Außenwelt geschützt. Diese Bauweise drückt das Bedürfnis der beiden Gruppen nach Intimsphäre aus. Die Chachis benötigen auch weder Begrüßungs- noch Verabschiedungsrituale. Stößt ein Chachi zu einer Gruppe von Leuten, wird er wortlos so aufgenommen, als ob er nur mal kurz weggewesen wäre. Besucht man eine andere Familie, macht man es sich, ohne zu fragen, in deren Haus so bequem, als ob es das eigene wäre. Mein Haus ist auch dein Haus; wieso sollte man es also verschließen?

Ungewöhnlich sind auch die Begräbnisriten der Chachi: Der oder die Verstorbene wird auf einem «Gerüst» aufgebahrt. Einer der verbliebenen Verwandten leitet die Trauerfeier. Es wird getanzt, getrunken, und es werden die Tugenden und Leistungen des oder der Toten laut ausgerufen. Immer wieder fallen die Frauen gemeinsam in einen Klagegesang ein. Dieses Ritual kann sich bei einer wichtigen Persönlichkeit über mehrere Tage erstrecken und endet erst mit dem Begräbnis auf dem Friedhof. Begraben wird der Tote in einem Schilfsarg. Man legt den Toten für die Reise in die Totenwelt Objekte aus ihrem persönlichen Besitz bei, Nahrungsmittel und eine Kalebasse mit Chicha (Mais- oder Yucabier). Stirbt ein Chachi fern seines Dorfes, will man ihm nicht die Schmach antun, in einem fremden Friedhof begraben zu sein. Sein Köprer wird aufgeschnitten, und die Eingeweide werden entfernt. Nun wird die Leiche über einem Feuer geräuchert, bis der Großteil der Körperflüssigkeit verdampft ist. In diesem trockenen Zustand ist die Leiche im feuchtheißen Tropenklima transportfähig. Zu Hause wird sie mit allen Ehren bestattet.

San Lorenzo

San Lorenzo ist ein kleiner Ort, bedeutend nur als nördlichste Hafen- und Grenzstadt Ecuadors. Die **Eisenbahnlinie nach Ibarra** nimmt hier ihren Anfang und stellt die schnellste und schönste Verbindung ins Hochland dar. Wer von San Lorenzo nach Kolumbien möchte, muß die nötigen Stempelformalitäten bereits in Ibarra oder Esmeraldas hinter sich bringen. Der Bootsverkehr zur Grenze ist sehr rege.

Die Stadt selbst bietet nicht viel: Es gibt in der Nähe, in **San Pedro**, einen langen Sandstrand, aber kein Hotel; Bootsverkehr nur sonntags (1 Std., 2 $). Die Stadt ist auch wichtiges Zentrum für **Muschelfang**, reine Frauen- und Kinderarbeit. Am Sonntag und am Montag sind die Muscheln am teuersten. Sie halten sich etwa eine Woche lang frisch und lebendig. Zur Kontrolle: Wenn die Muschel geschlossen ist, so lebt sie noch. Wenn sie offen ist, sich aber schließt, wenn man an ihr klopft, dann auch. Wenn sie offen bleibt, ist sie tot und ungenießbar.

Es gibt dreimal pro Woche Militärflüge nach Esmeraldas und Guayaquil. Auskunft in der Capitanía am Hafen! Um nach Süden an die Küste zu fahren, muß man per Boot nach Borbón oder La Tola und kann danach mit Rancheras oder Bussen weiter nach Esmeraldas.

Unterkunft

■ San Lorenzo ist gut überschaubar. Vom Hafen führt die Hauptstraße in etwa 2 km zum Bahnhof. An ihr steht die **Residencial Colón** *, DZ ohne Bad, aber mit Moskitonetz 2 $, sehr sauber und freundlich.

■ An der gleichen Straße steht auch die **Residencial Ovilma** *, sauber, Moskitonetze, etwas dunkle Zimmer ohne Bad zu knapp 2 $.

■ Biegt man kurz vor dem Hafen nach rechts, erreicht man das **Hotel Ibarra** *, welches während unseres Besuchs selbständig von einem kleinen Mädchen geführt wurde. DZ ohne Bad, aber mit Moskitonetz und Ventilator 2 $, o.k.

Zugfahrt San Lorenzo – Ibarra

Außer einem unregelmäßig fahrenden Güterzug fahren täglich Triebwagen, die wie umgebaute Busse aussehen, sogenannte *autocarriles*, die Achtstundenstrecke nach Ibarra: Von Meereshöhe (genauer: 6 m über Meer) hinauf auf 2228 m über Meer in weniger als 300 km, eine technische Glanzleistung und eine wunderschöne Strecke dazu. Täglich fährt mindestens ein Autocarril um 7 Uhr von San Lorenzo und einer von Ibarra ab; bei Bedarf werden mehrere «Busse» eingesetzt. Ticketreservation ist bereits am Vortag möglich, kaufen kann man den Fahrschein erst am Abfahrtstag, das Gedränge ist sehr groß. Hinweis: Wenn es nicht regnet, ist es ein tolles Erlebnis, auf dem Dach mitzufahren, bei weniger als 40 km pro Stunde keinerlei Gefahr.

Der Autocarril tuckert zuerst durch noch tropische Landschaft, zum Teil kultiviert, an den Steilhängen aber noch bewaldet. Langsam wird es hügelig, bald tauchen die ersten Tunnels auf, Bergurwald macht sich breit, doch immer seltener trifft man auf Siedlungen und immer spärlicher wird, je höher man steigt, die Vegetation. Bei **Carchi** prägen nur noch steile, wüste Bergwände das Bild, die allenfalls mit Bromelien (Ananasgewächse) und Kakteen bewachsen sind. Erst zwei Stunden vor Ibarra fährt der Schienenbus in fruchtbare und grüne Andenhochtäler ein.

Guayaquil

Meereshöhe, 1.5 – 3 Mio. Einw.

Die genaue Einwohnerzahl von Guayaquil kennt niemand. Ihre Bedeutung hat sich die Stadt durch ihre Lage am Golf von Guayaquil und durch ihre Nähe zum landwirtschaftlich fruchtbaren westlichen Tiefland geholt. Sie ist heute die wichtigste Industrie-, Finanz-, Hafen- und Marktstadt des Landes. Die öffentliche Verwaltung und ein Teil der Dienstleistungsunternehmen allerdings sind in Quito untergebracht.

Westlich der Uferstraße (Malecón) liegt das eigentliche Zentrum der Stadt: alt, heiß, verkehrsreich, schmutzig. Es wäre aber falsch, die Stadt grundsätzlich hinabwürdigen zu wollen. Die Uferstraße entlang des Río Guayas ist schattig und angenehm kühl. Die wenigen Dampfer, die hier anlegen, vermögen durchaus ein Gefühl von Fernweh zu vermitteln. Auf der anderen Seite des Flusses liegt Durán, wo sich auch der Bahnhof befindet. Über eine lange Autobrücke oder mit der Fähre vom Ende der Guayaquiler Uferstraße gelangt

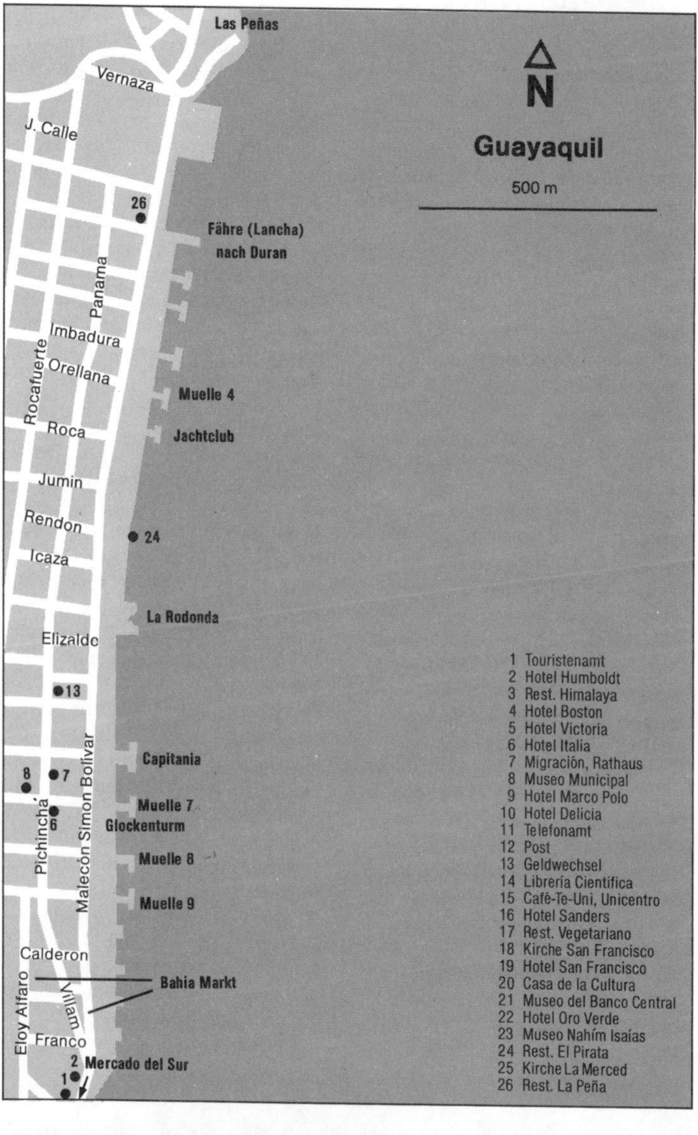

Las Peñas
Vernaza
J. Calle
Guayaquil
500 m
26
Fähre (Lancha) nach Duran
Panama
Imbadura
Rocafuerte
Orellana
Muelle 4
Roca
Jachtclub
Jumin
Rendon
24
Icaza
La Rodonda
Elizalde
13
Capitania
8
7
Malecón Simon Bolivar
Pichincha
6
Muelle 7
Glockenturm
Muelle 8
Muelle 9
Calderon
Eloy Alfaro
Villam
Bahia Markt
Franco
2 Mercado del Sur
1
1 Touristenamt
2 Hotel Humboldt
3 Rest. Himalaya
4 Hotel Boston
5 Hotel Victoria
6 Hotel Italia
7 Migración, Rathaus
8 Museo Municipal
9 Hotel Marco Polo
10 Hotel Delicia
11 Telefonamt
12 Post
13 Geldwechsel
14 Librería Cientifica
15 Café-Te-Uni, Unicentro
16 Hotel Sanders
17 Rest. Vegetariano
18 Kirche San Francisco
19 Hotel San Francisco
20 Casa de la Cultura
21 Museo del Banco Central
22 Hotel Oro Verde
23 Museo Nahím Isaías
24 Rest. El Pirata
25 Kirche La Merced
26 Rest. La Peña

man dorthin. Am Ende der Uferstraße schließt sich auch der alte Guayaquiler Stadtteil Las Peñas an: kleine, malerische, verfallene, schmutzige Kolonialhäuser. Entlang der untersten Straße von Las Peñas haben sich viele Galerien niedergelassen, die oberen Straßen sind Slums.

Fährt man am Friedhof vorbei in Richtung Norden, gelangt man zum neuen Stadtbezirk Urdesa. Hier befinden sich die teuren Boutiquen und prachtvolle Warenhäuser und Villen. Im Norden liegen auch der neue Busterminal und der internationale Flughafen.

Fährt man mit dem Stadtbus aber nach Westen (was die wenigsten Touristen tun werden und sollten), erreicht man das Umland von Guayaquil, die Slums oder *pueblos jovenes* (junge Dörfer). In den Häusern hier gibt es keinen Strom und oft kein Wasser, und alle Straßen sind ungeteert. Dieser Teil ist gut 10mal so groß wie das eigentliche Zentrum.

Unterkunft

■ **Hotel Boston** *, Chimborazo 711/Sucre, Tel. 51 73 48. Sauber, einfach, zum Teil dunkle Zimmer. DZ ohne Bad 2 $, mit Bad 3 $. Die Gegend um die Calle Chimborazo/Ayacucho ist eine Billighotelgegend.

■ **Unser Tip: Hotel Delicia** *, C. Ballén 1105/Montufar. DZ ohne Bad 4.5 $, mit Bad 6 $. Das Hotel ist sehr sicher, die Zimmer mittelgroß und einwandfrei, jeweils mit Ventilator.

■ **Hotel Sanders** *, Luque 1100/Pedro Moncayo, Tel. 32 00 30. Mittelgroße Zimmer, sehr sauber, gut und sicher. Inzwischen vielleicht mit eigenem Restaurant. DZ mit Bad und Ventilator 4.5 $, mit Klimaanlage 6 $.

■ **Hotel Marco Polo** *, 6 de marzo 950. DZ ohne Bad 4 $, mit Bad 5 $. Einige Zimmer mit Sicht auf den Zentralmarkt, andere sind ohne Fenster. Sauber, mit Ventilator, empfehlenswert.

■ **Hotel Victoria** *, P. Moncayo 1531/Colón, Tel. 32 21 88. Einfache, saubere Zimmer, sauber und professionell geführt, sehr sicher, freundlich, die Betten hängen etwas durch. DZ mit Bad 5 $.

■ **Hotel San Francisco** *, 9 de octubre 731/Bayaca, Tel. 32 47 01. Die meisten Zimmer haben Klimaanlage oder Ventilator, sehr sauber, empfehlenswert. DZ ohne Bad 10 $, mit Bad 12.5 $; etwas überzahlt, aber superzentral.

■ **Hotel Italia** **, 10 de agosto 115/Pichincha, Tel. 51 16 40. In diesem kleinen Hochhaus haben alle Zimmer Bad, Klimaanlage und schneeweiße Bettlaken. DZ 14.5 $. Alle Zimmer mit der Endzahl 2 sind Eckzimmer, von denen man die beste Aussicht hat.

■ **Hotel Humboldt** **, Malecón 2309/Olmedo, Tel. 32 12 00. Von einigen Zimmern blickt man direkt auf den Río Guayas, alle verfügen über einen Balkon. DZ mit Bad und Klimaanlage 16 $. Eigenes Restaurant mit Sicht auf die Uferstraße.

■ **Für Genießer: Hotel Oro Verde ******, García Moreno/ de octubre, Tel. 37 21 00. Große, schicke Zimmer mit Klimaanlage und Farb-TV für 55 $. Mehrere Restaurants, darunter eine Pianobar und eine Fonduestube, dazu Casino, Schwimmbad, Sauna, Gymnastikraum (am morgen Aerobicstunde).

Essen

■ **El Pirata** ist ein zum Restaurant umgebauter Flußdampfer. Es gibt davon drei Stück entlang der Uferstraße. In diesem ist das Bier am billigsten, die Bedienung am freundlichsten und das Essen sehr gut.

■ **Restaurant La Peña**, Malecón 208/Juan Montalvo. Dieses kleine Restaurant bietet gute Mittagsmenüs für unter 1 $. Abends ist es nur Fr und Sa geöffnet. Dann laden ab 21 Uhr Folkloregruppen zum Tanz ein.

■ **Restaurante Vegetariano Acuario**, Pedro Moncayo 1015/Luque. Täglich bis 23 Uhr geöffnet. Empfehlenswert das Sojafleisch*bistec*, 1.5 $, Mittagsmenü unter 1 $. ■ **Dulcería La Palma**, Escobedo 1310/Velez. Ein Straßencafé mit unheimlich viel Betrieb: Zur Auswahl stehen Kuchen, Eis, Fruchtsäfte, Milkshakes, Süßigkeiten. Ab 6 Uhr in der Früh geöffnet.

■ **Chifa Himalaya**, Sucre 309/P. Carbo. Das chinesische Essen hier ist ausgezeichnet und billig.

■ **Cafe-Te Uni**, Aguirre 411/Chile, im Unicenter im 1. Stock. Ein gemütliches und gepflegtes Café im Jugendstil-Look.

Was sonst?

■ **Touristeninformation (Dituris):** Malecón 2321/Olmedo, wenige Schritte vom Hotel Humboldt entfernt. Offen von Mo–Fr 8.30–13 und 13.30–16.30 Uhr.

■ **Telefonamt (Ietel):** C. Ballén/Pedro Carbo. Täglich 24 Stunden lang durchgehend geöffnet. Von 19–06 Uhr und Sa/So gilt auch für Auslandsgespräche ein niedrigerer Gesprächstarif.

■ **Postamt (Correo):** C. Ballén/Pedro Carbo, beim Telefonamt um die Ecke. Geöffnet Mo–Fr 8–12.30 und 15–18.30 Uhr.

■ **Geldwechsel:** An der Av. Pichincha/C. Aguirre gibt es gleich mehrere Wechselstuben, die auch D-Mark und Schweizer Franken wechseln. Sie sind täglich bis 16 Uhr geöffnet, Samstagnachmittag und So geschlossen. Dazu gibt es zahlreiche fliegende Händler in der gleichen Gegend, die zum Teil auch am Sonntag arbeiten.

■ **Migración:** Im Rathaus (*Municipio*). Eingang in der Passage zwischen C. Pichincha und Malecón, Mo–Fr 8–12 und 15–18 Uhr. In wenigen Minuten läßt sich hier die Aufenthaltsdauer auf 90 Tage verlängern.

■ **Librería Científica**, Luque 225/Chile. Große Auswahl an Büchern zu allen Themen, darunter einige englische und wenige deutsche über Ecuador und Galapagos.

■ **Automiete:** Fast alle Firmen haben am Flughafen kleine Kioske, so daß Preis- und Leistungsvergleiche schnell und einfach möglich sind. Achtung: Genau abklären, was im Preis inbegriffen ist (Versicherungen, Kilometerzahl und so weiter). Nichtkreditkartenbesitzer müssen damit rechnen, eine Kaution von 500 $ zu hinterlegen.

Sehenswert

■ Der **Friedhof** liegt zwischen dem Zentrum von Guayaquil im Süden und Urdesa im Norden. Alle Busse nach Urdesa (ab Malecón) oder zum Busterminal (ab Parque de la Victoria) fahren an ihm vorbei. In eigentlichen «Wohnblöcken» werden die Toten begraben, je ärmer sie sind, desto höher oben liegen sie. «Sie sind näher bei Gott, aber für uns ist es anstrengend, das Grab zu pflegen oder der Toten zu gedenken», sagte uns eine alte Frau, die wir dort trafen.

■ **Malecón:** Die Uferstraße beginnt an der Einmündung der Calle Olmedo, wo das Touristenamt seinen Sitz hat, und endet am Anlegeplatz der Fähre nach Durán. Bei der Einmündung der C. 10 de agosto stößt man auf einen Zeitturm, der einem islamischen Minarett sehr ähnlich sieht. Von oben schöne Aussicht auf den Río Guayas und das Rathaus mit seinen silbernen Kuppeldächern. Etwa auf halbem Weg am Malecón, immer den Río Guayas flußaufwärts, kommt man am Yachtclub (nur für Mitglieder) vorbei und bald danach zum Denkmal «La Rodonda». Unhistorisch ein Herz und eine Seele geben sich die beiden Freiheitskämpfer Simón de Bolívar und José de San Martín die Hand. Am Ende des Malecóns erreicht man den

■ **Stadtteil Las Peñas**. Er ist auf dem Hügel Cerro El Carmen gebaut, der die Elendsviertel im Norden der Stadt vom Zentrum trennt. Die Häuser direkt am Fluß haben keine oder nur sehr kleine Fenster, eine alte Vorsichtsmaßnahme gegen frühere Piratenangriffe. Von der kleinen halbrunden Plaza mit den zwei Kanonen am Ende des Malecóns führt die Calle J. M. Llona zu einer Brauerei. Die Straße ist von vielen kleinen Kunstgalerien gesäumt.

Geht man von der kleinen Plaza statt in die Künstlerstraße hinein nach links, erreicht man etwa 200 m später die Kirche **Santo Domingo**, die älteste der Stadt.

■ **Stadtteil Urdesa**. Urdesa im Norden ist das Nobelviertel von Guayaquil. Busse Nr. 1, 52 und 54 fahren vom Malecón am Friedhof vorbei zum Policentro, dem schönsten Einkaufszentrum Ecuadors, das sowohl von der Atmosphäre wie von der Architektur her nicht langweilig wird. Im Sportgeschäft kann man Tauchmasken (30 $), Gaskocher (30 $) und Gaskartuschen (3 $) kaufen. Das Zentrum von Urdesa liegt um die C. Estrada. Auch hier ein Einkaufszentrum, das Centro Comercial Urdesa. Bus Nr. 48 fährt weiter zum Centro Comercial Albán Borja, wo die Zen-

Menschen am Zentralmarkt von Guayaquil ▶

tralbank ein sehenswertes **ethnologisches Museum** (*museo antropológico*) eingerichtet hat.

■ Die **Casa de la Cultura** von Guayaquil hält einem Vergleich mit derjenigen in Quito nicht stand. Im 1. und 4. Stock gibt es gut präsentierte Wechselausstellungen, geöffnet von Mo–Fr 8.30–12.30 und 15–18.30 Uhr. Im 6. Stock befindet sich ein Kino, das manchmal sehr gute Filme zeigt. Das Goldmuseum ist wegen Brandfall geschlossen.

■ **Museo Antropológico del Banco Central**, Ecke José de Antepara/ de octubre. Offen von Mo–Fr 8.30–18, Sa/So 10–13 Uhr. Wie alle Museen der Zentralbank beeindruckt auch dieses durch die Auslegung der Ausstellungsobjekte, die einem sehr anschaulich Geschichte näherbringen. Oft werden thematische Ausstellungen zusammengestellt, zum Beispiel Musikinstrumente, Haushalt, Arbeit und so weiter, immer anhand von antiken Fundstükken illustriert.

■ **Museo Municipal**, 10 de agosto/ Pichincha, geöffnet von Mo–Fr 8–12 und 15–18.30, Sa/So 10–13 Uhr. Moderne Kunst, Keramik aus der Sierra bis zur Inkazeit, Sala de Indepéndencia und Sala de Presidentes, Wechselausstellungen zeitgenössischer Kunst, ethnographische Abteilung mit Schrumpfköpfen.

■ Das neuste Museum der Stadt ist das **Museo Nahím Isaías**. Es beherbergt eine einmalige Sammlung kolonialer Gemälde und veranstaltet zeitgenössische Wechselausstellungen.

■ **Kirche La Merced**, Ecke Victor M. Rendon/Pedro Carbo, ein dreischiffiger gotischer Bau mit Kreuzbögen. Die weißen Außenwände stehen in grellem Kontrast zur Fassade der modernen Banco Continental.

■ **Kirche San Francisco**, Vélez/Pedro Carbo. Dieses Gotteshaus ist uns das liebste von Guayaquil. Trotz des vielen Golds im Inneren und der Anlehnung an die Gotik gibt es sich schlicht und strahlt eine fast übernatürliche Ruhe aus.

■ Von den **Märkten** Guayaquils sollte man sich den **Mercado Bahía** nicht entgehen lassen. Er beginnt an der Ecke Pichincha/Colón und dehnt sich nach Süden aus. Hier gibt es die größte Auswahl an Schuhen, Kleidern und allerlei Schmuggelware. Der **Mercado Central** liegt an der Ecke Ballén/Caraicoa.

Weiterreise

Per Bus:

■ Vom Busterminal vor dem Ausgang beim Schalter Nr. 1 fahren *taxi rutas* (Sammeltaxis) zum Parque de la Victoria; die Fahrt kostet pro Person 0.3 $ inklusive Gepäck. Von der Calle Pedro Moncayo auf Höhe des Parque de la Victoria fahren die Sammeltaxen in umgekehrter Richtung los. Für ein normales Taxi zahlt man am Tag 1 $ für die Fuhre. Lokalbusse zum Terminal fahren ebenfalls von dieser Plaza ab.

■ Nach **Machala** und **Huaquillas** Busse alle 30 Minuten (3 bzw. 4½

Std., 1.5 und 2 $). An den Badeort **Playas** (2 Std., 1 $) mit *Trans. Posorja*, nach **La Libertad**, unweit von **Salinas**, mit *CICA, Reina Turismo* und *Libertad Peninsula*.

■ An die Nordküste, nach **Esmeraldas:** 8 Std., 3 $. Nach **Jipijapa** und **Manta:** 3½ Std., 2 $. Nach **Portoviejo:** 3½ Std., 2 $; nach **Bahía de Caráquez:** 5½ Std., 2.5 $.

■ Ins westliche Tiefland nach **Babahoyo:** 1½ Std. *Flota Bolívar* fährt von Babahoyo nach Osten bis **Guaranda** (5 Std.). Nach **Quevedo** (2½ Std., 1 $) und **Santo Domingo de los Colorados** (4 Std., 2 $) mit *Trans. Zaracay* und *La Mana*. Über **Daule** anstatt über Babahoyo nach Quevedo fahren *CIA, TIA* und *Coop. Señor de los Milagros*.

■ Nach **Cuenca:** 5 Std., 2 $). Nach **Loja:** 10 Std., 3.5 $.

■ Nach **Riobamba** und **Ambato:** 5 bzw. 6 Std., 2 bzw. 2.5 $.

■ Nach **Quito** mit *Flota Imbabura*, die nicht nur im Busterminal, sondern auch an der Calle Luque 1028, gegenüber dem Teatro Presidente, ein Büro hat. Nach Quito fahren auch *Trans. Ecuador* und *Trans. Panamericana* (7½ Std., 3 $). *Flota Imbabura* fährt von Quito weiter nach **Ibarra** und **Tulcán**, jeweils 2½ und 4½ Stunden nördlich von Quito.

Per Flug:

■ Nationale Flüge gibt es nach **Quito** (13 $), **Cuenca** (9 $), **Ambato** (10 $), **Loja** (11 $), **Machala** (8 $), **Manta** (8 $), **Galapagos** (162 $ pro Hin- oder Rückfahrt), **Macará** an der peruanischen Grenze (8 $) und zum Badeort **Salinas** (nur Fr/So, 6 $).

■ Ein Taxi vom **Flughafen** benötigt zum Zentrum eine knappe halbe Stunde und kostet am Tag 1.5–2 $, nachts ist es schwierig unter 2.5 $ davonzukommen. Wenige Meter vom Flughafentaxistand liegt die Avenida de las Americas. Hält man hier ein Taxi an, fährt man billiger. Vom Zentrum zum Flughafen kostet die Fahrt 1.5 $.

Per Bahn:

Die Strecke **Guayaquil–Quito** ist als Folge von Erdrutschen nach dem Niño-Unwetter von 1983 nur zum Teil befahrbar. Von **Durán** aus, dem Bahnhof von Guayaquil auf der gegenüberliegenden Seite des Río Guayas, fährt täglich um 6.25 Uhr ein Zug (*mixto*), gezogen von einer Dampflokomotive, der einzigen im ganzen Land. Sie leitet den Zug bis nach **Bucay** (298 m über Meer) im Tiefland. Täglich um 6.20, 16 und 17 Uhr sowie am So zusätzlich um 8.30 Uhr fährt auch ein Schienenbus (*autocarril*). Zwischen Bucay und **Huigra** (1219 m) ist die Linie unterbrochen. Von Huigra gibt es Do und So eine Verbindung nach **Alausí** (2607 m) in der Sierra, siehe Seite 104.

Die Fahrt nach Bucay dauert mit der Dampflokomotive rund 4 Stunden. Die Lokomotive dampft und raucht und pfeift vor jedem Bahnübergang und an jeder der zahlreichen Stationen, die beiden Passagierwagen quietschen und knarren ununterbrochen. Wer will, kann auf dem Dach des Güterwagens wie damals im Wilden Westen reiten – wird aber schwarz dabei. Die Fahrt führt durch grünes Tiefland, durch Zucker-, Bananen- und Reisplantagen. Je näher man Bucay kommt, um so deutlicher wird zur linken der Umriß der westlichen Andenkordillere, was ein eindrücklicher Anblick ist.

Bucay ist ein einfacher Einstraßenort mit zwei Billigpensionen, der **Pensión Central** * und der **Pension Turismo** *, die pro DZ ohne Bad 1.5 und 2.5 $ kosten. Wer weiter nach Huigra oder Alausí fahren möchte, um dort die Zugfahrt fortzusetzen, fährt mit *Transp. Alausí* um 14 Uhr über **El Triunfo**. Zurück nach Guayaquil gibt es zahlreiche Busse von der Hauptstraße, die Fahrt dauert 2 Stunden, führt ebenfalls über El Triunfo und kostet weniger als 1 $.

Das westliche Tiefland

Östlich der niedrigen Hügelkette, welche sich an die Küste anschließt, findet man das westliche Tiefland Ecuadors, so genannt, weil es westlich der Anden liegt. Im Gegensatz dazu das östliche Tiefland, die eigentliche Urwaldregion, der Oriente. Seine eigentliche Bedeutung hat das Tiefland im Süden. Hier liegt das Ecuador der Bilderbücher: Bananenplantagen ohne Unterbruch, dazu Ölpalmen und Reisanbauten. Die wichtigste Stadt in dieser Gegend ist **Santo Domingo de los Colorados**, gefolgt von **Quevedo, Babahoyo** und **Daule**. In den Städten im Tiefland (mit Ausnahme von Santo Domingo) gibt es unserer Meinung nach nichts, was ein Urlauberherz höher schlagen ließe. In allen genannten Orten finden sich einfache Pensionen und Zweisternehotels, und die Verbindungen vor allem von und nach Guayaquil sind sehr gut.

Santo Domingo de los Colorados

500 m ü. M., 70 000 Einwohner.
Santo Domingo ist erstens eine Marktstadt und zweitens Verkehrsdrehscheibe. Benannt wurde die lebhafte Stadt nach den Colorado-Indianern, die einst im dortigen Urwald lebten, heute aber in der Landwirtschaft arbeiten und zum Teil große Farmen besitzen.

Unterkunft

■ Die beiden besten Billighotels sind die **Residencial San José** * (nicht verwechseln mit Pensio San José) an der Calle Latacunga, Ecke 3 de julio. DZ ohne Bad 2.5 $, mit Bad 3.5 $, sehr sauber, bequeme Betten, zum Teil etwas dunkle Zimmer, und das

■ **Hostal Las Brisas** *, Ecke Avenida Quito und Calle Esmeraldas. DZ mit Bad 2 $, ohne Bad 1.5 $. Einige Zimmer mit Warmwasser und Balkon, etwas laut, aber empfehlenswert.

■ Bei den Bussen nach Esmeraldas und Manta das **Hotel Colorado** **, saubere, schöne Zimmer mit Blumentapete, etwas laut, DZ mit Bad 5.5 $.

■ Bereits außerhalb der Stadt in Richtung Quito (Lokalbus mit der Aufschrift «Río Toachi») liegt das **Hotel Zaracay** ***. Schwimmbad, Tennisplatz, Casino, Restaurant. DZ mit Bad, Telefon, Klimaanlage oder Ventilator und zum Teil Farb-TV für den Einheitspreis von 22 $.

■ **Für Genießer! Tinalandia ***:** Zwar «nur» ein Hotelkomplex mit eigenem 9-Loch-Golfplatz und 100 ha unberührten subtropischen Dschungels, aber dennoch in Ecuadors Landkarten eingezeichnet. *Tina* und *Alfredo Garzón* haben hier ein Schmuckstück für Natur- und Vogelliebhaber eingerichtet. Gekocht wird selbst, für Fruchtsäfte wird filtriertes Wasser benutzt. In den frei stehenden Bungalows zahlt das Paar 35 $ inklusive drei Mahlzeiten, Ecuadorianer zahlen 24.5 $. Das Hotel liegt 17 km nördlich von Santo Domingo auf dem Weg nach Quito.

Essen

■ Zum Frühstück in die winzige **Cafetería Bambucos**, wenige Meter nach der Busgesellschaft *Andina.* Vollkornbrot und Kaffee.

■ Gesund, mit Honig, Vollkornartikeln und Fruchtsäften, läßt man es sich in der **Juguería Fuente del Salud** schmecken, Ecke C. Latacunga und Machala.

■ Im vegetarischen **Restaurant Maranatha** gegnüber der Radiostation, eine Parallele nördlich der Calle Machala gibt es Menüs unter 1 $.

Was sonst?

■ **Telefonamt (Ietel):** Ecke Av. Quito und C. Esmeraldas.

■ **Post (Correo):** An der Plaza im Gebäude der Pichincha-Bank im dritten Stock.

■ **Geldwechsel:** Mehrere Banken um die Plaza.

■ Der **Taller Teatro del Toachi** (Theaterwerkstatt) befindet sich auf dem Weg zum Hotel Zaracay im gleichen Gebäude wie das Hotel Toachi (Lokalbus mit der Anschrift «Río Toachi»). Eine moderne Tanzgruppe versucht, mit Varietés das Publikum auf den Geschmack zu bringen, um nach und nach anspruchsvollen *Modern Dance* bieten zu können. Vorstellungen Sa, So und Mo.

Ausflüge

■ Zum Baden im **Río Toachi** nimmt man den Lokalbus (Anschrift «Río Toachi») bis zum Balneario Las Vegas: Dort gibt's Getränke und einen Swimming-Pool, man kann aber auch in den Fluß springen.

■ Zu den **Colorado-Indianern:** Mit dem Taxi kostet dieser Ausflug etwa 2 $, mit dem Lokalbus (Anschrift «Vía Quevedo» fast nichts. Bis zur Endstation fahren, dann eine halbe

Stunde zu Fuß links die Straße ab bis an ihr Ende. Dort, in **San Miguel de los Colorados**, wie der kleine Ort heißt, steht das Haus des Naturheilers *Gobernador Nicanor Calazacon*. Kurz vor diesem Haus bieten sich die Colorado-Gebrüder *Aguavil* für ab 2 $ für Fotos an. Das ist dann auch schon die einzige «Sehenswürdigkeit» in Santo Domingo: exotische Menschen anzustarren und dafür zu bezahlen.

Hinweis: Santo Domingo ist gut in einem Tagesausflug über eine atemberaubend kurvige Straße von Quito aus zu besuchen; der Aufwand lohnt sich nur für wirklich an Naturheilkunde Interessierte oder für unverbesserliche Fotojäger.

Die Colorados

Colorado bedeutet auf spanisch rot. Die Indianer von Santo Domingo heißen so, weil sie sich eine rote Paste aus *Achiote*-Fruchtkapseln ins Haar schmieren, bis es wie ein Helm aussieht. Dazu bemalen sie ihren Körper zebrastreifenartig mit einer pflanzlichen Farbe, dem *huito*. Diese Farbe bleibt mehrere Tage auf der Haut, ohne zu Reizungen zu führen. Das Gesicht ist oft mit kleinen schwarzen Punkten gesprenkelt, die von weitem den Eindruck eines Schleiers vermitteln. Die traditionelle Kleidung ist sehr einfach, sie besteht aus einem schwarz-weiß-gestreiften Tuch, das um die Hüften geschlungen und mit einem roten Stoffgürtel zusammengehalten wird. Oft sieht man die Colorados Blätter kauen: Sie heißen *ampó* und sollen die Zähne vor Karies schützen.

Von der einst mehrere Tausend Seelen zählenden Colorado-Bevölkerung sind nur 200 Nachfahren übriggeblieben. Die Colorado-Gemeinde besitzt heute ein staatlich zugesichertes Gemeindegebiet von 700 ha, 12 km südlich von Santo Domingo, in San Miguel de los Colorados. Viele Colorados besitzen eigene Farmen.

Im ganzen Land bekannt sind die Colorados für ihre Naturheilkunst. Heilungssitzungen finden jeweils im Morgengrauen statt und dauern in einfachen Fällen etwa 20 Minuten. Einfach nur zuzuschauen ist in den seltensten Fällen gratis. Zu einer Sitzung muß jeder Patient eine halbe Flasche Schnaps, Zigaretten und Kerzen mitbringen, bei schweren Krankheiten auch ein Huhn. Der Curandero (Naturheiler) fährt mit dem Huhn mehrmals über den Körper des Patienten und erwürgt es. Die Krankheit des Patienten ist ins Tier übertragen worden, durch die Lage der Eingeweide ist das Leiden des Menschen diagnostizierbar. Durch den Tod des Tieres wird oft auch gleich die Krankheit des Patienten besiegt; durchaus möglich aber, daß die Diagnose «unheilbar krank» lautet.

Die Curanderos gehen davon aus, daß eine Krankheit aufgrund eines gestörten Gleichgewichts zwischen Mensch, Umwelt und Kosmos entsteht. Ihre Heilungsmethoden sind mit unserer Psychotherapie vergleichbar. Der Patient schöpft durch die Behandlung genügend Kraft, um mit gestärkter Psyche auch körperliche Leiden zu meistern. Zum Heilungsritual gehören auch Kräuter, Massage, im Urwald auch halluzinogene Drogen und vieles mehr. Die Weltgesundheitsorganisation anerkennt Naturheiler dann, wenn sie auch von der Gemeinschaft als solche geachtet werden. In Peru benutzt der Curandero für die Krankheitsbehandlung statt eines Huhns oft ein Meerschweinchen, in Peru und Ecuador werden dafür auch Eier benötigt.

Weiterreise

Die meisten Busgesellschaften haben ihre Büros innerhalb von zwei Blökken nördlich der Hauptstraße Avenida 29 de Mayo. Ausnahmen: *Transportes Occidentales* (vier Blöcke weiter unten) und *Transp. Aray* sowie *Reina del Camino* (beide nochmals drei Blöcke weiter unten).

■ Die häufigsten und schnellsten Verbindungen von und nach **Quito** führen *Transp. Zaracay* und *Aloag* zwischen 2 und 19.30 Uhr (2½ – 3 Std., 1 $). *Transp. Andina* von und nach **Ibarra** nördlich von Quito. *Aray* und *Aloag* einmal täglich von und nach **Ambato** (5 Std., 1.5 $) beziehungsweise von und nach **Baños** (5½ Std., 1.5 $). Noch weiter südlich zieht es *Transp. Loja*, bis **Loja** natürlich (täglich um 19 Uhr, 15 Std., 4 $).

■ An die Küste gibt es große Konkurrenz über **Quevedo** und **Daule** nach **Guayaquil** (4 Std., 1.7 $). Wer über **Babahoyo** nach Guayaquil reisen möchte, muß in einen Bus, der von Quito nach Guayaquil fährt, zusteigen. Die besten Verbindungen an die Hafenstadt haben *Transp. Zaracay* und *Transp. Ecuador*. Noch weiter südlich bis **Machala** (7 Std., 2 $) und **Huaquillas** an der peruanischen Grenze (8½ Std., 3.5 $) fahren *Transp. Ecuador* und *Transp. Occidentales*.

■ An die Nordküste nach **Portoviejo, Manta** und **Bahía** fährt *Reina del Camino* (5 – 6 Std., 2 $). Nach und von **Esmeraldas** mit *Trans Esmeraldas* und *Occidentales*.

■ In den Oriente nach **Lago Agrio** (13 Std., 4.5 $) und **Coca** (15½ Std., 5.5 $) fährt Zaracay einmal täglich.

GALAPAGOS-INSELN

Erfreuliche Nachrichten: Die Galapagosinseln sind gar nicht so teuer, wie oft behauptet wird. So viel kostet ein Mindestaufenthalt: 324 $ für den Flug von Guayaquil zur Insel Baltra oder San Cristóbal. 40 $ Eintritt, zu bezahlen am Flughafen nach Ankunft. Fahrt vom und zum Flughafen 4 $. Zwei Tage Aufenthalt auf der Hauptinsel Santa Cruz, davon eine Nacht bereits auf dem Boot: 10 $. Soviel Zeit braucht man in etwa, bis eine Bootstour beisammen ist. Die kostet pro Tag 23 $, in einer Woche also 161 $. Macht insgesamt 539 $.

Teurer wird's, wenn man noch länger unterwegs sein möchte oder die Ansprüche an das Tourenboot hochschraubt. Billiger aber geht es auch: Dann nämlich, wenn man Galapagos auf eigene Faust auskundschaftet. Mit etwa 6.5–7.5 $ Ausgaben pro Tag müßte man dann rechnen. Auf diese Weise kann man drei Wochen auf Galapagos verbringen und zahlt, falls man *alle* Entdekkungstrips ohne Ausnahme mitmacht, bloß 530 $. Wenn man noch vier Tagestouren dazuzählt: 585 $.

◀ *Blaufußtölpel beim Balztanz*

Doch die Sache ist etwas anstrengender: Man muß nämlich alles selbst tun, mit öffentlichen Verkehrsmitteln oder zu Fuß unterwegs sein, kochen und zwischendurch mal im Zelt übernachten. Wir zeigen euch, wie's gemacht wird. Doch zuerst ein wenig Hintergrundinformation:

Besiedlung und Evolution

Am 10. März 1535 landete wieder ein Säugetier auf Galapagos: der Mensch. Der spanische Bischof *Tomás de Berlanga* wurde auf seinem Weg von Panama nach Peru zum Archipel abgetrieben. Er trat damit den Beweis an – freilich ohne es zu wissen –, daß vor dem Festland driftendes Treibholz durchaus von der Meeresströmung zu den Inseln getrieben werden kann. Auf diesem Weg sind die Landreptilien und -säugetiere, die heute Galapagos bevölkern, angekommen. Es sind dies Ratten, Fledermäuse, Land- und Meerechsen sowie die Riesenschildkröten. Andere Tiere sind geschwommen oder geflogen, und Insekten und Pflanzensamen nahmen den Weg durch die Luft. Sie alle haben sich danach entsprechend den Inselbedingungen spezialisiert und zu neuen Arten entwickelt, die es sonst nirgendwo auf der Welt gibt. Man nennt sie *endemisch.* Die Besonderheiten der Lebensformen auf den Galapagos gaben im 19. Jahr-

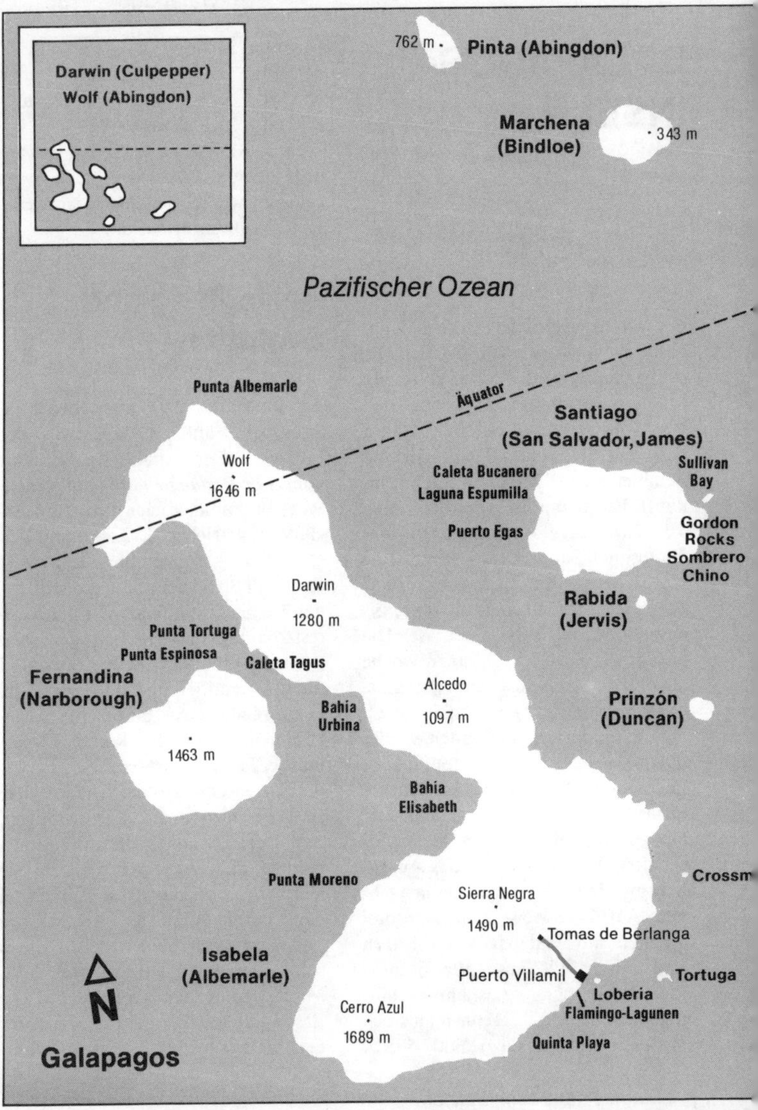
Darwin (Culpepper)
Wolf (Abingdon)
762 m
Pinta (Abingdon)
Marchena
(Bindloe)
343 m
Pazifischer Ozean
Punta Albemarle
Äquator
Santiago
(San Salvador, James)
Wolf
1646 m
Caleta Bucanero
Laguna Espumilla
Sullivan
Bay
Puerto Egas
Gordon
Rocks
Sombrero
Chino
Darwin
1280 m
Rabida
(Jervis)
Punta Tortuga
Punta Espinosa
Caleta Tagus
Fernandina
(Narborough)
Alcedo
1097 m
Prinzón
(Duncan)
Bahia
Urbina
1463 m
Bahia
Elisabeth
Punta Moreno
Sierra Negra
1490 m
Crossm
Tomas de Berlanga
Isabela
(Albemarle)
Puerto Villamil
Tortuga
Loberia
Flamingo-Lagunen
Cerro Azul
1689 m
Quinta Playa
N
Galapagos

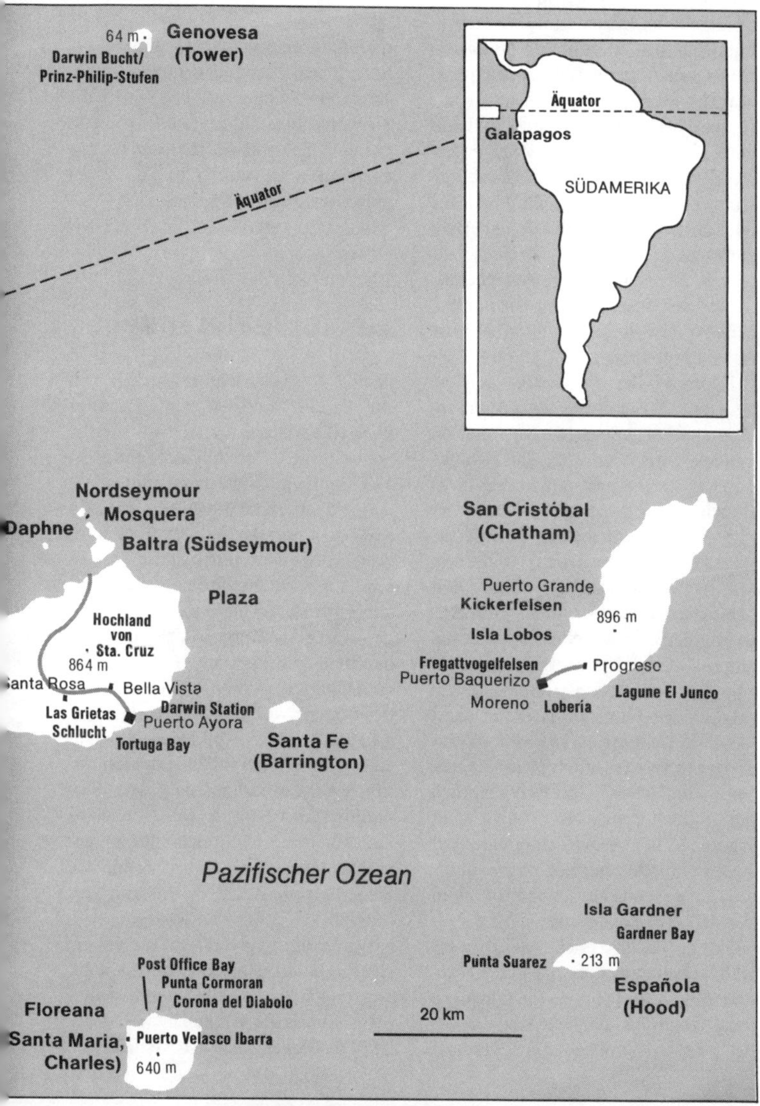

64 m
Genovesa
(Tower)
Darwin Bucht/
Prinz-Philip-Stufen
Äquator
Galapagos
SÜDAMERIKA
Äquator
Nordseymour
Mosquera
Daphne
Baltra (Südseymour)
Plaza
Hochland
von
Sta. Cruz
864 m
Santa Rosa
Bella Vista
Las Grietas
Schlucht
Darwin Station
Puerto Ayora
Tortuga Bay
Santa Fe
(Barrington)
San Cristóbal
(Chatham)
Puerto Grande
Kickerfelsen
896 m
Isla Lobos
Fregattvogelfelsen
Progreso
Puerto Baquerizo
Moreno
Lagune El Junco
Lobería
Pazifischer Ozean
Isla Gardner
Gardner Bay
Punta Suarez
213 m
Española
(Hood)
20 km
Post Office Bay
Punta Cormoran
Corona del Diabolo
Floreana
Santa Maria,
Charles)
Puerto Velasco Ibarra
640 m

hundert dem berühmten Biologen *Charles Darwin* die Idee zur Entwicklung der Evolutionstheorie.

Diese besagt folgendes: Es gibt von jeder Lebeart dauernd winzige Abwandlungen. Erweisen sich diese den Umweltbedingungen gemäß als für das Lebewesen vorteilhaft, überlebt dieses und vererbt seine Eigenschaften auf die nachkommenden Generationen: Dies ist der Prozeß der natürlichen Auslese, der kontinuierlich neue Arten hervorbringt.

Heute wissen wir, daß es sich bei besagten Abwandlungen um Veränderungen der genetischen Information handelt, wir wissen auch, daß Evolution zwar stattgefunden hat, aber nicht so, wie von Darwin beschrieben: Der Prozess der natürlichen Auslese erfolgt nicht kontinuierlich, sondern in kräftigen Sprüngen, gleichzeitig mit ökologischen Katastrophen (zum Beispiel einer Dürre). Nehmen wir mal an, nur wenige Lebewesen überlebten eine solche Katastrophe: Diese «Gründerpopulation» ist dann recht klein: Vorteilhafte genetische Veränderungen verschwinden nicht wie früher in der Masse, sondern kommen sehr schnell zum Erfolg, es entsteht sozusagen über Nacht eine neue Art. Weiter glauben Forscher, daß Evolution nach einem genetischen Programm abläuft. Nur bei veränderten Lebensbedingungen wird es aber in Gang gesetzt. Denn zu kurz ist die erdgeschichtliche Zeit, um so viele Lebensformen zufällig entstehen zu lassen. Beispiel: In manchen Echsen steckt die Fähigkeit, gut zu schwimmen. Da es auf dem Festland genügend Nahrung an Land gibt, wird die Schwimmkunst aber nie entwickelt. Landet ein solches Echsenpärchen aber auf einer kargen Insel, kommt dieses versteckte Können zum Vorschein und vererbt sich auch schnell weiter.

Geologie der Inseln

Die Galapagosinseln erstrecken sich im Pazifik westlich von Ecuador über eine Fläche, die so groß wie die Schweiz ist. Der höchste Berg ist 1707 m hoch. Doch das stimmt nicht ganz, denn seine Basis hat er etwa 3200 m *unter* der Wasseroberfläche, was ihn zu einem stattlichen Fünftausender macht. Die Inseln sind alle vulkanischen Ursprungs und sind Meer gewachsen. Durch wiederholt ausgebrochene Lavaströme wuchsen sie zum Teil zusammen, dann aber ist der Boden zwischen den heutigen Inseln abgesackt. Sie bilden noch heute eines der aktivsten Eruptionszentren der Welt, besonders die Inseln Fernandina und Isabela. Ihr Alter wird auf mehrere Millionen Jahre geschätzt, und sie waren mit ziemlicher Sicherheit nie mit dem Festland verbunden.

Da die umfangreichsten Vulkanforschungen auf Hawaii gemacht wurden, tragen die verschiedenen Lavaformen hawaiische Namen, wie Pahoehoe-Lava oder Aa-Lava. Pahoehoe-

Lava ist eine dünne Lavaschicht, die wie Eingeweide aussieht. Während die oberen Schichten erkalteten, floß unterhalb die Lava noch weiter und verzog damit die Oberfläche. Diesen Lavatyp kann man an der Sullivan Bay zwischen Bartolomé und Santiago sehen. Die Aa-Lava ist kompakter und gleichmäßiger erkaltet, sie floß immer zäher, bis sie zum Stillstand kam. Die Oberfläche ist deshalb recht rauh. Übrig bleiben dann, wie auf dem Vulkan Sierra Negra, brüchige Brocken von Lava. Daneben gibt es zahlreiche weitere Lavaformen.

Tierwelt

Reptilien

■ Die **Schildkröten** (*tortuga gigante*) der Art Geochelone elephantopus gaben der Inselgruppe den Namen, denn auf altspanisch heißt Schildkröte «Galapago». Von den 14 Unterarten leben heute nur noch deren 11. Zu Gesicht bekommt man sie auf der Insel Santa Cruz und am Vulkan Alcedo der Insel Isabela. Von den Schildkröten der Insel Pinta lebt nur noch ein Männchen, die Chancen, ihm ein Weibchen zu finden, werden immer kleiner, und die Belohnung von 10 000 $ hat bislang nichts genützt. Da Schildkröten lange ohne Wasser und Nahrung auskommen, wurden sie als Lebendproviant von Seefahrern erbarmungslos abgeschleppt, von ehemals 250 000 Stück leben noch 15 000. Es gibt keine sicheren Angaben über das Alter, das Galapagos-Schildkröten erreichen, doch mehr als 100 Jahre sind es kaum.

■ Die **Meerechsen** (*iguana marina*) sind die einzigen Echsen der Welt, die sich ihre Nahrung im Wasser holen. Sie grasen meist während der Ebbe die schnell wachsenden Algen der Uferfelsen ab. Im Wasser benutzen sie zum Rudern ihren sehr kräftigen Schwanz. Sie können auch gut eine Stunde, ohne Luft zu holen, unter Wasser bleiben. Wie alle Kaltblüter können sie ihre Körperwärme nicht selbst regulieren und sind deshalb häufig an Land beim Sonnenbad anzutreffen.

■ **Landleguane** (*iguana terrestre*) oder Drusenköpfe sind am besten auf den Inseln Südplaza und auf Santa Fe zu beobachten. Während des 2. Weltkrieges wurden die Landiguanas von Baltra ausgerottet – Soldaten hatten sie für Zielübungen benutzt. Die Echsen haben auf dem Festland nahe Verwandte, sind aber im Gegensatz zu diesen nicht grün sondern gelb. Sie ernähren sich am liebsten von Opuntia-Kakteen die sie vor dem Fressen durch den Sand rollen, um die Stacheln abzubrechen. Süßwasser sehen sie nur, wenn es geregnet hat.

■ **Lavaechsen** oder Kielschwanzleguane (*lagartija*) kommen außer auf den nördlichsten Inseln Darwin, Wolf und Genovesa überall in den tockenen Gebieten vor. Die Männchen werden bis zu 30 cm lang und sind größer und schwerer als die Weibchen. Die Weibchen sind bunter; auffallend sind rote Partien um Hals und Kopf, vielleicht eine sexuell erregende Farbe für das andere Geschlecht.

■ **Geckos** (*salamanquesa*) sind nachtaktive Echsen und werden nur selten gesehen. Ihre Augen sind sehr groß, und sie können an allen Oberflächen, sogar an Glas, hochklettern.

■ Die drei Arten der **Dromicus-Schlange** (*culebra*), welche auf den Inseln vorkommen, gehören zur Familie der ungiftigen Nattern. Sie sind sehr scheu. Als natürlichen Feind haben sie den Bussard.

■ **Meeresschildkröten** (*tortuga marina*) sieht man an manchen Sandstränden, die nicht zu steil sind oder an der Caleta Tortuga Nagra, der Mangrovenbucht im Norden von Santa Cruz. Ihre «Traktorspuren» im Sand sind oft das einzige, was man zu Gesicht bekommt, denn sie legen ihre Eier nachts. Sowohl Männchen wie Weibchen haben ein sehr extravertiertes Sexualleben, alle treiben es mit allen; vollkommen erschöpfte Weibchen zu sehen, ist keine Seltenheit.

Säugetiere

■ **Seelöwen** (*lobo marino*) sind das am häufigsten gesehene Säugetier von Galapagos. Sie haben den Namen Löwe nicht zu Unrecht. Vor kampferfahrenen und aggressiven Männchen ist große Vorsicht geboten, nie zwischen ihnen und dem Wasser stehen, sondern immer einen Fluchtweg zum Landesinneren freihalten. Mit den Weibchen aber im Wasser zu spielen, etwa in den Grotten von Puerto Egas auf der Insel Santiago oder am Strand von Española, gehört zu den schönsten Erlebnissen auf Galapagos. Sowohl die Seelöwen wie die **Galapagospelzrobben** (*lobo de dos pelos* oder *foca*), die ebenfalls auf den Inseln vorkommen, gehören zur Familie der Ohrenrobben. Die Galapagospelzrobbe ist also auch eine Art von Seelöwe. Sie ist wegen ihres weichen Unterfells erbarmungslos gejagt worden, scheint sich aber gut zu erholen.

Die beiden Arten voneinander zu unterscheiden, fällt nicht ganz leicht. Die etwas kleineren Pelzrobben leben in kühleren Gewässern als die Seelöwen. Ihre Ohren stehen etwas ab, ihre Vorderflossen sind kräftiger, ihre Nase ist flacher, vor allem aber ihr Fell dichter.

Ein Seelöwenmännchen hält meist einen Harem von wenigen bis zu 30 Kühen. Diese sind aber frei, ihren «Herrscher» zu wechseln. Oft finden zwischen den Machos blutige Kämpfe statt; die überzähligen, die keine Weibchen haben, erholen sich in sogenannten Junggesellenkolonien, bis sie fit für einen neuen Machtkampf sind. Eine solche Kolonie gibt es auf Südplaza.

■ Von den einst sieben Arten der **Reisratte** (*rata endémica*) leben nur noch zwei auf Santa Fe und Fernandina. Die übrigen wurden durch die eingeschleppte, größere Hausratte verdrängt.

■ **Fledermäuse** (*murciélago*) gibt es

in zwei Arten auf den Inseln: die eine ist endemisch, die andere ein Wanderer aus Nordamerika. Tagsüber schlafen sie in Bäumen oder Mangrovenbüschen, nachts gehen sie auf Insektenjagd.

■ Mit etwas Glück sieht man auf der Fahrt von einer Insel zur anderen auch **Delphine** (*delfín*) wie den Großen Tümmler oder Gemeinen Delphin oder etwas seltener **Wale** (*ballena*).

Seevögel

Man unterscheidet drei Gruppen von Vögeln, die **See-**, **Küsten-** und **Landvögel.** Seevögel ernähren sich hauptsächlich vom Meer, benutzen das Land aber, um sich auszuruhen und als Nistplatz. Küstenvögel halten sich in Ufernähe auf und haben meist lange Beine, auf denen sie am Meeresufer oder im seichten Wasser der Lagunen auf der Suche nach Nahrung waten. Beide Vogelgruppen können aber durchaus mal in Seen und Teichen im Landesinneren anzutreffen sein. Die dritte Gruppe der Vögel sind die Landvögel.

■ Irgendwann einmal hatte ein **Pinguin** (*pingüino*) wohl genug von der antarktischen Kälte und schwamm nach Norden. Er entwickelte sich vor der Küste Perus zum Humboldt-Pinguin, wie man ihn auf den Ballestas-Inseln vor Paracas sehen kann. Einer landete auf Galapagos und wurde zum Galapagos-Pinguin. Er ist mit nur 35 cm Größe eine sehr kleine Art. Man kann Pinguine im Hafen von Floreana, in der Sullivan-Bay zwischen Bartolomé und Santiago sowie an der Westküste von Isabela und um ganz Floreana sehen.

■ Der **Wellenalbatros** (*albatros*) ist der größte und schwerste Vogel im Archipel und kommt von April bis Dezember nur auf der Insel Española vor. Er hat einen braunen Rumpf und weißen Hals und Kopf sowie einen gelben, großen Schnabel. Besonders auffallend ist sein Balztanz. Stundenlang stehen und sitzen sich Männchen und Weibchen gegenüber, schreien sich an und küssen sich in rasendem Tempo mit ihren Schnäbeln.

■ Etwa ein Drittel aller **Blaufußtölpel** (*piquero patas azules*) der Welt leben auf Galapagos, sie sind fast überall zu entdecken. Sehr große Kolonien gibt es auf Española und in den Kratern von Daphne. Anders als die Rotfuß- oder (seltener) auch Maskentölpel stehen sie mit beiden Füßen auf dem Boden und halten sich nicht in Büschen auf. Sie haben einen braunen Rücken, einen braun und weiß gesprenkelten Hals und eine weiße Unterseite. Ihre blauen Füße haben überraschende Farbvariationen, die zum Teil geschlechtsabhängig sind, zum Teil sich aber mit ihrem emotionalen Zustand verändern, zum Beispiel wenn sie erregt sind.

■ Bisher wurden **Maskentölpel** (*piquero blanco*) von der Waschmittelindustrie noch nicht entdeckt, wären aber gute Werbeträger, denn einen weißeren Vogel gibt es nicht. Nur zwischen Augen und orangem Schnabel zieht sich ein schmales, schwarzes

Band, das wie eine Maske aussieht. Die jungen Vögel sind, ähnlich wie die Blaufußtölpel, braun. Wie die blauen Verwandten holt sich der Maskentölpel seine Beute aus dem Sturzflug.

■ **Rotfußtölpel** (*piquero patas rojas*) sind die schrulligsten aller Tölpel. Sie kommen nur auf Darwin und Wolf sowie auf Genovesa vor. Knallrot sind ihre Füße, und die Krallen sind recht ausgeprägt, da dieser Vogel in Büschen nistet und sich so gut festhalten kann. Der Schnabel ist blau und um die Augen scheint blau und rotes Make-up aufgetragen zu sein. Die Jungvögel sind ebenfalls braun, die ausgewachsenen in der Mehrheit der Fälle auch, nur etwa 5 Prozent sind weiß.

■ Der **Meerespelikan** oder Braune Pelikan (*pelícano*) nistet sowohl in Mangrovenbuchten wie an Felsküsten. Während der Brutzeit ist sein Kopf und Nacken weiß, ansonsten braun wie der Rest des Körpers. Seine Nahrung holt er sich im Sturzflug. Er ist ein ausgezeichneter Flieger, und oft sieht man Pelikane in disziplinierten Kolonnen dicht über den Wellen segeln.

■ Um männliche **Fregattvögel** (*fragata, tijereta*) mit aufgeblasenem, leuchtendroten Kehlsack zu sehen, braucht es etwas Glück. Der Kehlsack dient dazu, Weibchen anzulocken. Eine kleine Kolonie brütet das ganze Jahr durch auf Nordseymour und eine große auf Genovesa. Obwohl sie Seevögel sind, dürfen Fregattvögel nicht naß werden, sonst saugen sich die kaum geölten Federn mit Wasser auf und sie ertrinken. Deshalb holen sie sich mit ihrem langen gebogenen Schnabel Fische oder Aas nur von der Wasseroberfläche. Da das nicht reicht, zwingen sie andere Vögel dazu, ihre Beute herauszuwürgen. Bevor sie ins Wasser fällt, haben sie sie bereits geschnappt.

■ Von allen Kormoranen auf der Welt hat nur der **Galapagoskormoran** (*cormorán no volador*) seine Flugfähigkeit verloren. Da er gerne in Ufernähe fischt und an Land keine natürlichen Feinde sowie keine Nahrungskonkurrenten hatte, überlebten diejenigen Exemplare, die die besseren Taucher waren, die Flügel sind verkümmert. Galapagoskormorane kommen an der Punta García an der Ostküste von Isabela vor, ansonsten nur noch an deren Westküste und um Fernandina.

■ Die **Gabelschwanzmöve** (*gaviota blanca*) ist eine endemische Möwenart und hat als einzige Möwe einen gegabelten Schwanz, daher ihr Name. Der wunderschöne Vogel hat einen grau und weißen Körper, rote Füße, einen roten Augenring und weißen Kopf, der während der Brutzeit grau ist. Die Gabelschwanzmöve fischt als einzige Möwe der Welt nachts, ihr Augenring muß damit zusammenhängen, doch seine genaue Funktion ist unbekannt. Die Schnabelspitze ist weiß, wahrscheinlich, damit das Junge sie nachts erkennen kann.

■ Von der **Lavamöwe** (*gaviota morena*) gibt es weltweit nur 400 Paare, dennoch ist sie überraschend häufig zu sehen. Obwohl sie wahrscheinlich keine natürlichen Feinde hat, hat sie mit ihrem dunkelgrau eine perfekte Tarnfarbe in den Lavaklippen und ist oft nur durch ihren Schrei auszumachen.

Küsten- und Wasservögel

■ Der **Blaureiher** oder Amerikanische Graureiher (*garza morena*) ist mit 1.40 m Höhe der größte Galapagosreiher. Er ist grau mit schwarzen und weißen Flecken auf Kopf, Hals und Brust. Er fliegt ruhig, mit leicht angewinkeltem Kopf. Graureiher ernähren sich von Fischen, aber auch von jungen Meerechsen und Schildkröten. Ein weiterer, etwas seltenerer Reiher ist der **Silberreiher** (*garza blanca*), ein großer, weißer Vogel.

■ Kleiner sind der **Galapagos-** oder **Lavareiher** (*garza de lava*) sowie der **Mangrovenreiher** (*garza verde*). Beide gehören zur gleichen Art und sind sehr dunkel. Sie bevorzugen Mangrovenbuchten und Felsküsten für die Nahrungssuche. Ein dritter und nur wenig größerer Reiher ist der **Galapagos-Nachtreiher,** auch Cayenne Gelbkronenreiher genannt (*garza nocturna*). Er ist nachtaktiv und ernährt sich auch von Insekten. Auffallend sind seine gelben Kopffedern, orangen Augen und ein heller Streifen unter den Augen.

■ Der **Chile Flamingo** oder Rote Flamingo (*flamenco*) ist ein Wintergast und vielleicht das scheuste Tier auf Galapagos. Fühlt er sich gestört, kann er sogar sein Nest im Stich lassen. Um sich Flamingos zu nähern, ist deshalb sehr viel Geduld geboten, besser man läßt es sein und beobachtet sie durchs Fernglas. Auf der Nahrungssuche stochern sie mit ihrem krummen Schnabel im Wasser, saugen es vorne rein und lassen es zur Seite wieder raus. In den Lamellen bleibt Kleinstgetier hängen.

■ Die **Bahamasente** (*patillo*) ist die einzige Ente auf Galapagos. Sie bevorzugt zwar Salzwasserlagunen, ist aber auch an Süßwasserteichen zu sehen und sehr scheu. Sie ist braun, die Oberseite der Flügel sind grau, der Kopf braun, aber Hals und Backen weiß. Sie legt in dichtem Gebüsch bis zu 10 hellbraune Eier ins Nest.

■ Oft zusammen mit Enten und Teichhühnern zu sehen ist der **Stelzenläufer** (*tero real* oder *changamé*), ein schlanker schwarz und weißer Vogel mit knallroten, langen Beinen und schwarzem Schnabel, der sehr schrill schreit und recht nervös ist.

■ Zu den schönsten Vögeln gehört der **Austernfischer** (*ostrero*), ebenfalls schwarz und weiß mit großem, starkem rotem Schnabel und gelborangen Augen. Austernfischer halten sich an Felsküsten auf und sind meist zu zweit.

■ Von den vielen **Strandvögeln**, die auf Galapagos überwintern, fallen der große Regenbrachvogel und der Sanderling auf. Der etwa finkengroße Sanderling läuft rasend schnell den

vela Guayas
85
DYNAMITE
1988
PHOBOS
19-04-85
B/E "GUAYAS"
Correo Naval
Guayaquil-Ecuador
FURMAN
University
ZIRIA
NIRVANA
OFFICE
BOX
NORDKAPEREN

Wellenausläufern nach oder vor ihnen davon und schnappt schnell angeschwemmtes Kleinstgetier, bevor es sich im Sand verstecken kann. Der Regenbrachvogel ist etwa so groß wie ein Huhn und hat einen sehr langen, deutlich gebogenen Schnabel.

Landvögel

Es ist noch ziemlich unklar, wie sie auf die Insel gelangen konnten, denn zum Fliegen ist es zu weit, und große Stürme kommen an der Westküste Ecuadors auch nicht vor. Gute Flieger sind einzig der Galapagosbussard, die beiden Eulenarten und das Teichhuhn.

■ Der **Galapagosbussard** (*gavilán*) ist der zahmste Raubvogel der Welt. Oft merkt man gar nicht, daß er einen aus nächster Entfernung und ohne sich zu bewegen anschaut. Um sein Nest zu verteidigen, kann er aber aggressiv werden. Am Ende der Nahrungskette (er frißt Vögel, Echsen und Schlangen) hat er keine natürlichen Feinde. In der Bussardwelt herrscht übrigens das Matriarchat. Ein Weibchen hat bis zu vier Männchen, die helfen, die bis zu drei Jungvögel aufzuziehen.

■ Es gibt auf den Inseln zwei **Eulenarten** (*lechuza*), die **Sumpfohreule** und die **Schleiereule.** Sie sind genauso zahm wie die Bussarde und genauso neugierig. Sumpfohreulen jagen tagsüber, Schleiereulen aber nachts.

■ **Rubintyrannen** (*pájaro brujo*) sind neben den **Goldwaldsängern** (*María*) die einzigen bunten Vögel auf den Inseln. Das Tyrannenmännchen hat einen leuchtend roten Bauch, das Weibchen allerdings ist bescheidener und zeigt sich in Gelb. Gelb nicht nur auf der Brust, sondern auch am Kopf mit einer rostroten Kappe ist der Goldwaldsänger.

■ Ebenfalls den Waldsängern nahe ist die **Spottdrossel** (*cucuve*), die mit den echten Singdrosseln und Amseln nichts gemein hat. Sie ist ein zutraulicher braungefleckter, amselgroßer Vogel mit langem oft aufstehendem Schwanz und kräftigem gebogenem Schnabel. Es gibt sie in vier Arten auf den meisten Inseln, doch trifft man nie – wie etwa unter den Finken – zwei Arten gleichzeitig an.

Darwinfinken

Dafür, daß sie nur spatzengroße, unscheinbare Vögel sind, wurden sie ganz schön berühmt, die Darwinfinken (*pinzones*). Sie sind der lebende Beweis für die Evolutionstheorie. Sich an ihre Umweltbedingungen anpassend, entwickelten sich, ausgehend von wahrscheinlich nur einem Vorfahren, 13 Arten, eine 14. lebt auf der Cocos-Insel zwischen Galapagos und Panama. Im Gegensatz zu den Reptilien kommen heute auf der gleichen Insel oft mehrere Arten vor, sie müssen sich aber getrennt von einander entwickelt haben und sind erst Zehntausende von Jahre später auf ihre Urheimatinsel zurückgekehrt, wo sie sich mit der dortgebliebenen Art nicht mehr kreuzen konnten. Ihre Schnäbel sind recht unter-

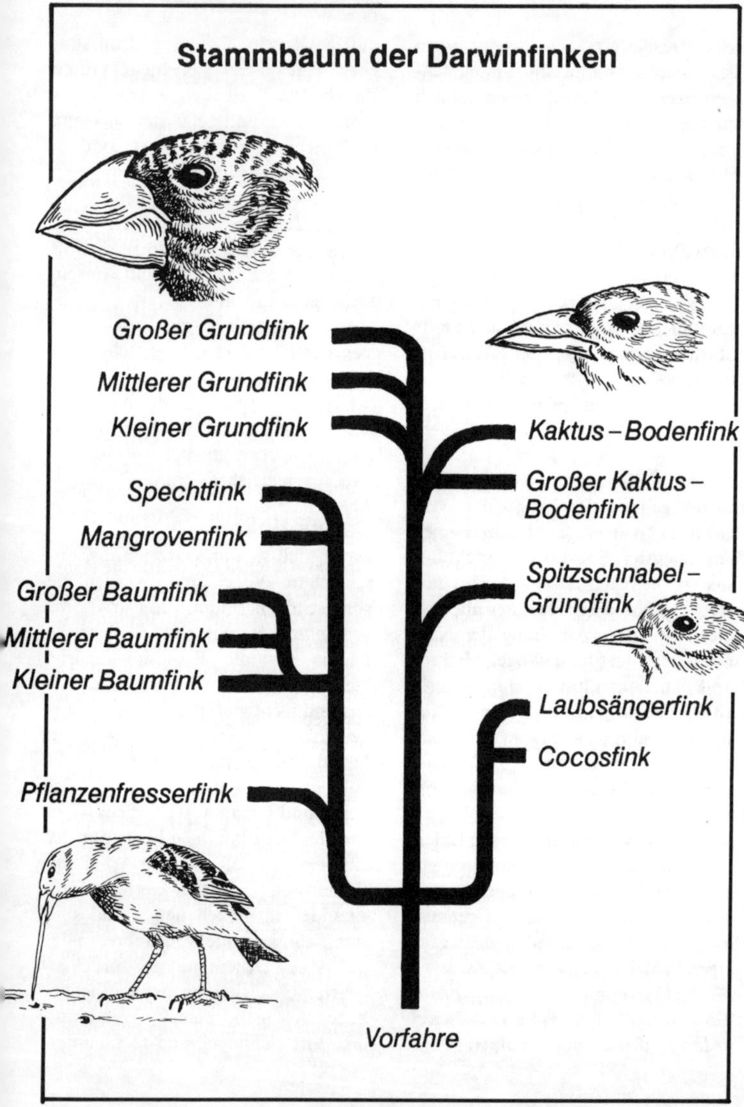
Stammbaum der Darwinfinken
Großer Grundfink
Mittlerer Grundfink
Kleiner Grundfink
Kaktus-Bodenfink
Großer Kaktus-Bodenfink
Spechtfink
Mangrovenfink
Großer Baumfink
Mittlerer Baumfink
Kleiner Baumfink
Spitzschnabel-Grundfink
Laubsängerfink
Cocosfink
Pflanzenfresserfink
Vorfahre

schiedlich geformt: kurze, dicke, kräftige Schnäbel, um Körner aufzubrechen oder lange, dünne, um Insekten aufzuspießen.

Die Darwinfinken sind außer dem **Pflanzenfresserfink** Allesfresser, haben aber durchaus ihre Vorlieben: Der **kleine Grundfink** reinigt Reptilien von Parasiten, der **mittlere Grundfink** bevorzugt Samen, verachtet aber auch Insekten und Larven nicht. Er hat einen kräftigen Schnabel, wie auch der **große Grundfink.** Der **Spitzschnabelgrundfink** ißt außer Samen und Insekten auch Blut von Tölpeln, er springt ihnen einfach auf den Rükken und pickt sie blutig, was sie oft nicht zu stören scheint. Der **Kaktus-Bodenfink** liebt Samen und Früchte der Opuntiakakteen, der **große Kaktus-Bodenfink** schiebt kleine Steinchen zur Seite, um nach darunterliegenden Insckten zu suchen. Gemäß ihrem Lebensraum in Büschen und Bäumen ernähren sich der **kleine Baumfink**, der **mittlere Baumfink** und der **große Baumfink** von Insekten, weichen Samen, Früchten. Auch der kleine **Laubsängerfink** sucht sich Insekten und Spinnen im Gebüsch. Am interessantesten aber sind der **Spechtfink** und der **Mangrovenfink**. Sie haben die ökologische Nische des Spechts besetzt, da sie aber nicht wie dieser eine lange Zunge haben, um in Ritzen nach Insekten zu suchen, benutzen sie sehr gechickt kleine Zweige oder Kaktusdornen, um darin herumzustochern.

Die Menschenwelt

Nachdem es zuerst den Bischof Tomás de Berlanga auf der Fahrt von Panama nach Peru auf die Inseln verschlagen hatte, wurden sie von Seeräubern, später von Walfängern und Robbenfängern als Landeplatz oder Zufluchtsort benutzt. Es gab immerhin etwas Wasser auf den Inseln, vor allem aber Schildkröten, Lebendproviant, der monatelang ohne Futter und Wasser überleben konnte. 1648 wurde die erste genaue Karte gezeichnet, und die Inseln erhielten ihre englischen Namen, die z. T. immer noch gebräuchlich sind. Die erste wissenschaftliche Mission fand 1790 statt, doch gingen die Aufzeichnungen verloren. 1793 wurde die erste Posttonne an der Postoffice Bay in Floreana aufgestellt. Zu Beginn des 19. Jahrhunderts begannen auch die ersten Siedlungsversuche, und 1832 wurde der Archipel offiziell zum Staatsgebiet von Ecuador erklärt. In den 30er Jahren unseres Jahrhunderts ließen sich ein philosophisch veranlagter Berliner Zahnarzt mit seiner Frau Dora Körwig auf Floreana nieder. Er starb an Fleischvergiftung, obwohl ein Vegetarier, sie landete im Irrenhaus. Etwa zur gleichen Zeit erschien das deutsche Ehepaar Heinz und Margret Wittmer mit ihrem Sohn Harry, wenig später eine Baronin mit ihrem Geliebten und ihrem Sekretär. Nach kurzer Zeit tauschten die beiden Männer die Rollen, einer von ihnen verschwand mit der Baronin und ward nie mehr gesehen, der andere versuchte später mit einem Norweger zum Festland zu fahren – beide wurden verdurstet auf Marchena aufgefunden; und Harry Wittmer ertrank, als er zum Fischen aufs Meer fuhr.

1959 wurden die Inseln zum Nationalpark erklärt, und mit Hilfe von internationalen Organisationen wurde 1960 die Charles-Darwin-Forschungsstation eingerichtet. Verantwortlich für die Einhaltung der Nationalparkregeln ist aber das Parkoffice. Das Verhältnis zwischen Naturschützern, Geschäftsleuten und Landwirten ist gespannt. Die letzten beiden Gruppen wollen mehr Touristen, die ersten sagen nein. Gäbe es mehr Touristen, würde die Tier- und Pflanzenwelt empfindlich gestört, die Inseln würden uninteressant, der Tourismus nähme ab. Doch das interessiert niemanden, der *heute* Geld verdienen will.

Die Pflanzenwelt

Auch die Pflanzenwelt der Inseln ist evolutionsmäßig hochinteressant. Es gibt auf Galapagos etwa 500–570 einheimische Arten, dazu noch etwa 190, die vom Menschen eingeführt wurden. Die Artenvielfalt ist sehr armselig, den es kommen etwa 40mal weniger Arten als auf dem tropischen Festland vor.

Botaniker unterteilen die Vegetation in sechs bis sieben Zonen: **Uferzone, Trockenzone, Übergangszone, Scalesiazone, Braun-** und **Miconiazone** sowie **Pampazone.** In jeweils einer Zone herrschen eine oder zwei Pflanzen vor, die das Landschaftsbild bestimmen.

Für die Uferzone sind dies die Mangroven- und Salzbüsche. Typisch für die Trockenzone sind der Palo Santo und zwei Kakteenarten. Der Palo Santo ist in der Trockenzeit weiß und dürr, taucht aber während der Regenzeit ganze Hänge in saftiges grün. Der Opuntiakaktus ist ein Baumkaktus mit tellergroßen «Blättern», die sich traubenförmig an Stamm und Äste anschließen. Im Gegensatz dazu ist der Jasminocereus-Kaktus ein Stangenkaktus. Nach der Übergangszone, wo die Kakteen rarer werden und die Vegetation dichter und feucht, folgt die markante Scalesiazone. Scalesiawälder bestehen aus schlanken Bäumen mit recht dichter Baumkrone. Auf dieser Höhe befindet sich das landwirtschaftlich genutzte Gebiet, weshalb es nur noch sehr wenige Scalesiazonen gibt, zum Beispiel auf der Nordseite von Santa Cruz. Da es weiter oben noch feuchter wird, sind die Bäume dort oft mit Leberwurz und Mosen bewachsen, was ihnen einen braunen Anstrich gibt – deshalb der Name «Braunzone». Weiter oben verscheinden die Bäume, und ein großer Busch mit rotgrünen Blättern macht sich breit, der Miconiabusch. In der Pampazone schließlich gehören Farne und Gräser

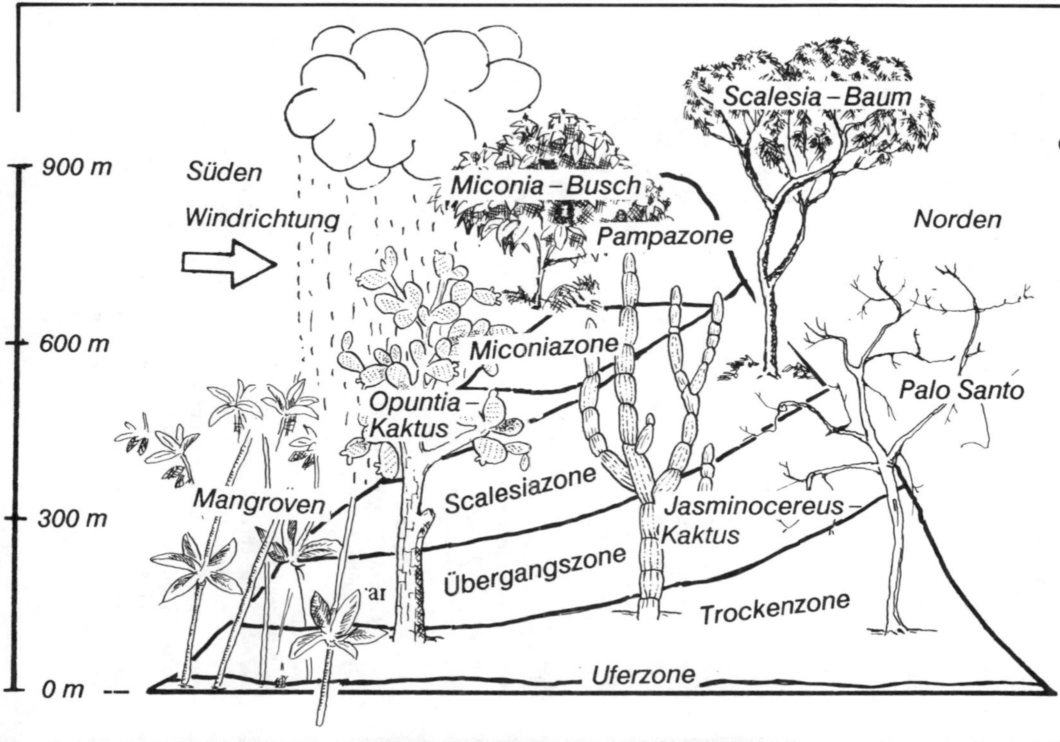

Vegetationszonen von Santa Cruz

zu den Hauptsiedlern. In den obersten, feuchten und lebensfreundlichen Zonen wachsen sehr wenige endemische Arten. Das läßt darauf schließen, daß das Klima früher auch hier trokken und lebensfeindlich war und die heutigen Feuchtzonen verhältnismäßig jung sind.

Vor der Reise

Bücher

Unter der Vielfalt an Druckerzeugnissen seien hier nur jene Bücher erwähnt, die uns am besten gefallen haben: Michael H. Jackson: *A Natural History Guide,* Calgary: University Press 1985. Ein ausführliches, leicht verständliches Dokument zur Galapagos-Naturgeschichte, zu Tieren und Pflanzen. Michael Harris: *A Field Guide to the Birds of Galapagos*, London: Collins 1986. Ein Muß für alle Vogelliebhaber, mit sehr detaillierten Zeichnungen und Farbtafeln. Alan White und Bruce Eppler: *Galapagos Guide,* Quito: Libri Mundi 1986. Ein guter Führer für alle, die sich einen schnellen Überblick über Galapagos verschaffen wollen. Eileen K. Schofield: *Plants of the Galapagos Islands*, New York: Universe Book 1984. Ein kleines Buch mit Zeichnungen der 87 wichtigsten Pflanzen. John E. Treherne: *The Galapagos Affair*, London: Grafton 1987. Ein spannender Roman über die Ereignisse auf Floreana. Margret Wittmer: *Postlagernd Floreana*, Frankfurt/a. M.: Edition Gutenberg 1983. Rückblick auf die Ereignisse auf Floreana und die Besiedlung der Inseln durch europäische «Aussteiger», geschrieben von der einzigen Überlebenden. Tui de Roy Moore: *Galapagos*, Darmstadt: Wissenschaftliche Buchgesellschaft 1984. Ein wunderschöner Bildband.

Ausrüstung

Mitnehmen: *Bargeld* in Sucre plus Reserve in Dollars. Weiter leichte, ungezwungene Kleidung, Badeschlappen, alte Turnschuhe oder leichte Wanderschuhe (die scharfe Lava schleißt jeden Schuh), Sonnenschutz, Regenschutz, leichter Baumwollpullover für abends. Es bewährt sich, trockene Kleider während einer Bootstour in Plastiktüten zu verstauen, sonst sind sie im Nu feucht. Wer auf Deck schlafen will, benötigt einen Schlafsack, wer auf eigene Faust was unternimmt, eventuell Kocher, Zelt und Schlafsack.

Die Boote führen meist eine oder zwei Tauchmasken, was natürlich in einer Schnorchelbucht nicht für alle Passagiere reicht. Wer Taucherbrille und Schnorchel nicht während der ganzen Südamerikareise mitschleppen will, kann sich eine in Quito oder Guayaquil kaufen und danach problemlos zum gleichen Preis auf Galapagos verkaufen.

Zum Trinkwasser siehe unten im Abschnitt «Essen und Trinken».

Fotografieren

Viel Licht gibt's den ganzen Tag, schöne Farben sowie muntere Tiere vor allem in den Morgen- und Nachmittagsstunden. Als Filmempfindlichkeit reicht ISO 50–100. Man wird mehr Filme verbrauchen als geplant. Reservebatterien mitnehmen und *mehrere* gute Plastiktüten, um die Kamera vor Salz, Sand und Feuchtigkeit zu schützen. Man kommt oft bis zu einem Meter Distanz an die Tiere heran, trotzdem ist ein leichtes Tele um 100 mm Brennweite von Vorteil.

Krankheit

Es gibt auf jeder Insel eine Krankenstation und eine Apotheke. Wer glaubt seekrank zu werden, findet im Gesundheitskapitel ein paar Tips. Ein Segelboot ist im allgemeinen ruhiger als ein Motorschiff.

Reisezeit und Klima

Von einer Regen- und einer Trockenzeit auf Galapagos kann man nicht wirklich sprechen, denn im tropischgrünen Hochland ist es immer feucht. Richtiger sind die Ausdrücke «heiße Zeit» und «kühle Zeit», wobei auch in der «kühlen» Zeit die Lufttemperatur bei 19–24 °C liegt.

Von Januar bis Juni bestimmt der warme Niñostrom aus Panama das Wetter. Der Himmel ist blau, die Lufttemperaturen bewegen sich im wärmsten Monat März durchschnittlich zwischen 23 und 31 °C, die Wassertemperaturen bei 25 °C. Allerdings schwanken die Wassertemperaturen je nach Lage im Archipel, tiefer sind sie an der Südseite der Inseln und zwischen den Inseln Fernandina und Isabela. Mit sehr heftigen Gewittern muß in dieser Jahreszeit sowohl im Hochland als auch an den Küsten gerechnet werden.

Die «kühle Jahreszeit» dauert von Juli bis Dezember, die Wassertemperatur sinkt aber auch im kältesten Monat September nicht unter 20 °C. Der aus Peru kommende, kalte Humboldtstrom bestimmt das Klima, gleichzeitig wehen die Südostpassate. An den Süd- und Osthängen der Inseln muß mit einem sehr feinen Dauernieselregen, eher eine Art nassen Nebels, gerechnet werden, während die Nordseite und die Küsten trocken sind.

An der Wende der Jahreszeiten ist das Wetter unberechenbar.

Anreise

Militärflüge

Das Militär fliegt einmal pro Woche, am Samstag, nach Baltra und San Cristóbal. Solche Flüge heißen *vuelos logísticos* und sind den Einwohnern der Galapagosinseln vorbehalten, in zweiter Linie Ecuadorianern vom Festland und erst dann ausländischen Studenten. Das Ticket kostet 276 $. Nach Auskunft des verantwortlichen Offiziers braucht man lediglich nachzuweisen, daß man Student ist, um mitfliegen zu können.

Doch es ging auch schon ein Schreiben an alle Botschaften, wonach Ausländer überhaupt nicht mehr mitgenommen werden. Wer es versuchen will, sollte sich vorher von der Uni oder in Quito von seiner Botschaft schriftlich bestätigen lassen, daß er oder sie Student ist, mit Vorteil Biologiestudent. Solche Schreiben werden von der deutschen und österreichischen Botschaft oft ausgestellt, die Schweizer tun es nur, wenn man wirklich einen Forschungsauftrag von zu Hause nachweisen kann.

Die Flüge gehen von Guayaquil ab. Die Abteilung *Operaciones comerciales* der Luftwaffe (*FAE*), wo man die Tickets kauft, befindet sich im Verteidigungsministerium (*Ministerio de defensa*) an der Calle Maldonado in der Nähe des Busterminals. Abflug ist vom Militärflughafen, etwa 1 km nach dem Zivilflughafen.

Mit Tame und San

Täglich außer So fliegt die Fluggesellschaft *Tame* nach Baltra und Mo, Mi und Sa *San* nach San Cristóbal. Die Mi- und Sa-Flüge von *San* sind oft durch Passagiere des Luxusschiffes *Galapagos Explorer* und der Agentur *Galasam* ausgebucht. Wer Galapagos zuerst auf eigene Faust erkunden will (siehe unten), kann durchaus mit San Cristóbal beginnen. Wer sich aber gleich nach Ankunft eine Gruppe zusammenstellen möchte, fliegt nach Baltra, dem Flughafen der Hauptinsel Santa Cruz, von wo aus alle selbst organisierten Touren losgehen.

Die Flüge kosten ab Guayaquil 324 $. Der Bus von Quito nach Guayaquil kostet 4 $ und nimmt einen Tag und eine Übernachtung in der Hafenstadt in Anspruch. Ein Flug von Quito kostet 367 $, wobei in Guayaquil zwischengelandet wird. Hinweis: Wer die Strecken Quito – Guayaquil und Guayaquil – Galapagos einzeln bucht, zahlt statt der 367 $ nur 349 $. Die Studentenreiseorganisation **Oetej**, an der Calle 6 de diciembre 159/Ecke Paz Miño in Quito verkauft vor allem in der Hochsaison von Juni bis September Tickets gegen Studentenausweis zu 348 $.

In der europäischen Urlaubszeit ist es zwar am leichtesten, auf Santa Cruz eine Gruppe für eine Rundfahrt zusammenzustellen, doch die Tickets zur Insel sind schwieriger zu bekommen. Viele Reiseagenturen nämlich wollen ganze Pakete und nicht bloß den Flug verkaufen. Also direkt zu *Tame* oder *San* gehen oder noch sicherer: direkt zum Flughafen und kurz vor Abflug eine Karte kaufen, ein Platz ist fast immer noch frei.

Vom Flughafen in Baltra geht es mit öffentlichem Bus zum **Habaca-Kanal.** Mit der Personenfähre nach Santa Cruz übersetzen. Wieder mit öffentlichem Bus weiter nach **Puerto Ayora**, der Hauptstadt der Insel. Die Fahrt dauert alles in allem 2–3 Stunden und führt durch alle Vegetationszonen von Galapagos.

Per Schiff

■ **Frachtschiffe** dürfen auf Weisung der Hafenbehörden von Guayaquil keine Passagiere mehr mitnehmen. Bei der Reederei nachzufragen bringt nichts, allenfalls ein persönliches Gespräch mit dem Kapitän. Die Reise sollte nicht mehr als 100 $ kosten. Das Frachtschiff *Iguana* fährt jeweils am 7. des Monats von der Mole Nr. 9 am Río Guayas ab (Auskunft über Tel. 38 59 96). Der Frachter Piquero (Tel. 30 25 94) fährt am 27. eines jeden Monats ab, die *Comgal* am 17.; sie führt Brennstoff und nimmt nie Passagiere mit (Tel. 32 91 91). Die Überfahrt dauert 3 bis 5 Tage.

■ Auch die **Marine** fährt unregelmäßig nach Galapagos, doch es ist etwa gleich schwierig, mitzufahren. Das Büro liegt an der Avenida 9 de octubre 416/Ecke Calle Chile, im 6. Stock hinten (*Transnave*).

■ Mit dem **eigenen Boot** darf man zwar nach Galapagos, muß es aber dort am Hafen festmachen und mit einer autorisierten Tour die Inseln besichtigen. Nach einer Woche muß die Yacht wieder aus dem Hafen.

Per Agentur

Wer eine Tour über eine Agentur bereits auf dem Festland bucht, sollte auf folgende Dinge achten: Fährt das Schiff auch nachts? Ab wieviel Uhr? Wie viele Tage, wieviele Nächte dauert die Rundfahrt? Was ist im Preis alles inbegriffen: Flug, Nationalparkeintritt? Wie sind die Zahlungs- und Rücktrittsbedingungen? Kann man auf eigene Faust zurückfliegen, um nach der Tour noch eine Weile auf den Inseln bleiben zu können? Wir wissen, daß man selbst bei den billigsten Touren, die über eine Agentur zu buchen sind, auf englischsprechende Führer bestehen kann, vorausgesetzt die Gruppe zählt mehrere Personen und droht damit, sonst nicht mitzufahren.

Die Preise für organisierte Reisen bewegen sich zwischen 80 und 250 $ pro Tag. Manche der großen Schiffe wie die Galapagos Explorer, die Buccaneer oder die MV Santa Cruz bieten Programme an inklusive Fahrt von oder nach Guayaquil per Schiff. Gewisse Agenturen bieten im Vergleich mit anderen Veranstaltern überraschend günstige Programme an. Bei genauerem Hinsehen zeigt sich, daß man jeden Abend zurück nach Santa Cruz fährt und dort übernachtet: Riesengroßer Zeitverlust, und Tagestouren kann man billiger selbst organisieren.

Galasam oder *Galapagos Economic Tours* ist bekannt für recht günstige Touren, verfügt über eine eigene Flotte und hat weitere Boote unter Vertrag. Wir haben von ihren Booten wie vom Service nur Gutes gehört. Ihre Adressen: In Guayaquil: 9 de octubre 424 (Edificio Gran Pasaja), Tel. 30 62 89; in Quito: Calle Pinto 523/Ecke Av. Amazonas, Tel. 55 00 94. Die Preise für eine 8-Tages-Tour bewegen sich zwischen 550 und 700 $ ohne Flug und Eintritt.

Santa Cruz: Puerto Ayora

Unterkunft

Es gibt auf der Insel drei Billighotels. Wer sich auf dem Weg vom Flughafen etwas beeilt, sollte Platz finden.

■ **Unser Tip! Pensión Gloria** *, an der Avenida Charles Darwin, nach der Pelikanbucht. DZ ohne Bad 3 $. Die Zimmer sind sehr einfach, im Garten gibt es Hängematten, und man darf dort selber kochen. Gringotreff.

■ Wenige Meter daneben die **Residencial Angermeyer** *. Die Besitzerin ist etwa schrullig, die Zimmer einfach und sauber, der Garten schön. DZ ohne Bad 3.5 $.

■ Zu Unrecht wenig besucht ist das **Hotel Santa Cruz** *, am Eingang des Städtchens vor dem Telefonamt (Ietel). Es kostet im Doppel ohne Bad 5 $, mit Bad 7–10 $. Die Besitzer sind freundlich, die Zimmer einfach und nett eingerichtet.

■ **Hotel Lobo de Mar** *, in der Quertraße zur Av. Charles Darwin, gegenüber dem Tame-Büro. DZ um die 5 $.

■ **Residencial Flamingo** *, ein weiteres einfaches Hotel zu 5.5 im DZ mit Bad, zentral.

■ **Hotel Salinas** *, DZ mit Bad 6 $. Sehr gut die Zimmer im neuen Teil, alle mit Ventilator. Essen auf Wunsch. Empfehlenswert.

■ **Hotel Darwin** *, an der Hauptstraße im Zentrum. Große DZ mit Bad 6 $, Tel. in Guayaquil 30 78 37.

■ **Hotel Palmeras** **, DZ mit Bad 9 $. Luftiger Palmenhof und gemütlicher Speisesaal. Gut die Zimmer im neuen Teil. Reservation in Quito Tel. 23 70 98.

■ **Unser Tip! Hotel Solymar** **, zentral an der Av. Charles Darwin, direkt am Meer. Auf der Freiluftterrasse Meerechsen und am Bootssteg Seelöwen. DZ mit Bad 15 $, Mahlzeiten auf Wunsch. Reservation per Telex (an die öffentliche Entel-Zentrale) möglich.

■ **Hotel Las Ninfas** **, in Hafennähe, DZ mit Bad 15 $. Eigenes, gutes Restaurant. Zentral, sauber, freundlich.

■ Nicht empfehlen können wir das **Hotel Castro** ** gleich gegenüber. Es verlangt von ausländischen Touristen 30 $ im DZ mit Bad, was erstens zuviel ist und zweitens nicht dem von der Tourismusbehörde Dituris bewilligten Preis entspricht.

■ **Hotel Delfín** ***, EZ 22.5 $, DZ 36 $, Reservation in Guayaquil Tel. 51 27 55, in Quito 54 10 92. Das Hotel befindet sich auf der anderen Seite der Ninfas-Bucht und hat einen (öffentlichen) kleinen Strand direkt vor der Tür. Die Überfahrt spätabends kann schwierig werden. Schön einsam, falls nicht mit Gruppen besetzt.

■ **Für Genießer: Hotel Galapagos** ***, kurz vor der Darwinstation. Bungalows, jedes anders eingerichtet, manche direkt am Wasser. Ideal für Hochzeitsreisende. Großer Eßsaal, gut eingerichtete Bar, fantastischer

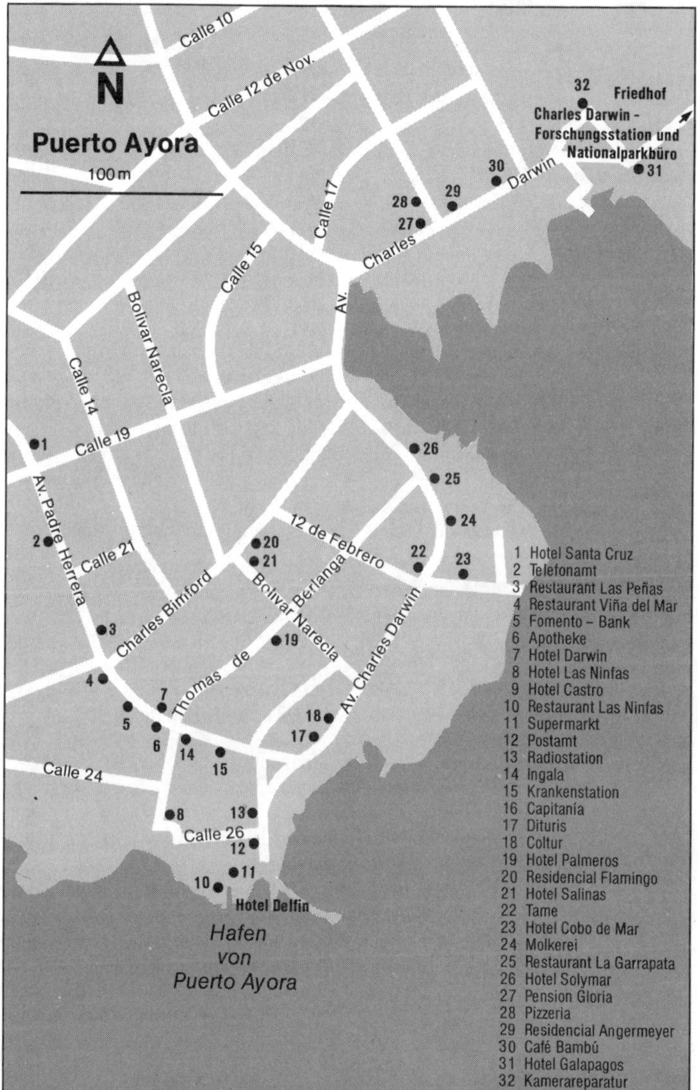
N
Puerto Ayora
100 m
Calle 10
Calle 12 de Nov.
Calle 17
Calle 15
Bolivar Narecla
Calle 14
Calle 19
Av. Padre Herrera
Calle 21
Charles Bimford
Av. Charles Darwin
12 de Febrero
Bolivar Narecla
Thomas de Berlanga
Calle 24
Calle 26
Hotel Delfin
Friedhof
Charles Darwin - Forschungsstation und Nationalparkbüro
Hafen von Puerto Ayora
1 Hotel Santa Cruz
2 Telefonamt
3 Restaurant Las Peñas
4 Restaurant Viña del Mar
5 Fomento – Bank
6 Apotheke
7 Hotel Darwin
8 Hotel Las Ninfas
9 Hotel Castro
10 Restaurant Las Ninfas
11 Supermarkt
12 Postamt
13 Radiostation
14 Ingala
15 Krankenstation
16 Capitanía
17 Dituris
18 Coltur
19 Hotel Palmeros
20 Residencial Flamingo
21 Hotel Salinas
22 Tame
23 Hotel Cobo de Mar
24 Molkerei
25 Restaurant La Garrapata
26 Hotel Solymar
27 Pension Gloria
28 Pizzeria
29 Residencial Angermeyer
30 Café Bambú
31 Hotel Galapagos
32 Kamerareparatur

Garten, Besitzer sprechen englisch. Preis im DZ mit Bad und heißem! Wasser 50 $. Reservation per Telex möglich.

Essen und Trinken

Puerto Ayora ist zwar nur ein Dorf, doch es gibt überraschend viele einfache und billige Kneipen, wo Fisch immer gut und Fleisch meist zäh ist. Mittagsmenü um 1 $. Dazu eine Handvoll etwas teurerer Restaurants (um die 2 $) und mehrere kleine Läden zur Selbstverpflegung. Am Hafen auch ein kleiner Supermarkt (mit Trinkwasserkanistern). Eine Molkerei mit gutem Käse und pasteurisierter Milch gibt es an der Uferstraße, ebenso eine Bäckerei. Die beste Bäckerei liegt aber an der Hauptstraße Richtung Baltra, dort bekommt man auch das billigste Gemüse und Früchte.

Das «Trinkwasser» ist in Santa Cruzr salzig und nur mit viel Zitrone und ausgeschalteten Geschmacksnerven trinkbar. Deshalb Trinkwasser von Guayaquil mitbringen, es ist auf der Insel doppelt so teuer wie auf dem Festland (1 $ pro Gallone = 4 l). Wer nicht alles trinkt, kann es leicht an neue Touristen verkaufen.

■ **Restaurant Garrapata**, an der Uferstraße, ein kleines Freiluftrestaurant mit viel Holzdekor. Gemütlich, Gringotreff. Sehr gut das *Chili con carne*, die *Quiche* und das Knoblauchbrot. Essen um 2 $.

■ **Restaurant Ninfas**, am Hafen, Treffpunkt aller, die mit dem Meer zu tun haben, Kapitäne, Führer und andere. Gutes Essen um 2 $, besonders der Krabbenreisteller; auch sonst oft Fischgerichte. Guter Dollarwechselkurs.

■ **Pizzeria**, bei der Pension Gloria um die Ecke. Gringotreff. Gute Pizzas und Cocktails. Am Wochenende werden ausgezeichnete Videofilme gezeigt.

■ **Cafe Bambú**, ein von Spaniern geführtes Freiluftcafé, das auch spätabends oft noch offen ist. Bambusdekor, freundlich. Nur Snacks und Drinks (spanischer *Jerez* = Sherry).

■ Das einfache Restaurant **Viña del Mar** liegt schräg gegenüber dem Hotel Darwin an der Hauptstraße und serviert gute und billige Mahlzeiten. Etwas weiter oben das empfohlene, aber teurere Restaurant **Las Peñas.** An dieser Straße weiter Richtung Baltra findet man weitere, einfache Kneipen, ebenso in den Parallelstraßen zur Uferstraße.

Was sonst?

■ Die **Touristeninformation** Dituris liegt zentral an der Uferstraße. Dort kann man eine Liste der Boote und ihrer Eigner einsehen und die Preise erfragen. Irgendwelche weiteren Dienstleistungen sind uns nicht aufgefallen.

■ Am Hafen gibt es ein kleines **Postamt,** das fast immer geschlossen ist und an der Hauptstraße ein kleines **Funktelefonamt.** Meistens geht es schneller, zur **Coltur-Agentur** neben dem Touristenbüro zu gehen, um zum Festland zu telefonieren; 1 $.

■ **Charles-Darwin-Forschungsstation** und **Nationalparkoffice** siehe unter Inselbeschreibungen «Santa Cruz auf eigene Faust».

■ **Kamera kaputt?** Karl-Heinz und Beatriz Berger helfen weiter. Sie haben sich mit Kamerareparaturen im ganzen Land einen sehr guten Ruf geschaffen. Man kann ihnen auch vom Festland die Kamera zur Reparatur schicken.

San Cristóbal: Puerto Baquerizo Moreno

Unterkunft und Essen

Die Hauptstadt der Provinz Galapagos ist klein, nur etwa 2500 Einwohner zählt die Stadt. Nach einer Stunde kennt man sich bestens aus. Wir verzichten deshalb auf Adreßangaben. Das Wasser ist besser als in Santa Cruz, aber noch nicht so süß wie auf Isabela.

■ **Unser Tip! Hotel San Cristóbal** *, Alle Zimmer mit Moskitonetz und Ventilator. DZ ohne Bad 4 $, mit Bad 5 $. Ruhig, freundlich, zentral, sein Geld wert.

■ **Residencial Delfín** *, die Alternative, wenn das San Cristóbal besetzt ist. DZ ohne Bad 4 $, die Zimmer sind etwas kleiner.

■ Mit 6 $ im DZ ohne Bad ist das **Hotel Flamingo** * etwas überzahlt, aber immer noch in der unteren Preiskategorie, allerdings keine Einzelzimmer in der Hochsaison. Auskunft in der Tienda Matilde in der Nähe der Uferstraße.

■ **Las Cabañas** * in der Nähe des Strands Mann, zwei Ferienhäuschen für Romantiker im Swiss-Chalet-Verschnitt. Pro Person 4.5 $, etwas teuer, aber Superlage. Einfach eingerichtet, Platz für etwa 6 Personen. Unterhalb der Chalets gibt es eine kleine Eßecke, wo ausgezeichnete chilenische *empanadas* (Pasteten mit einer Füllung aus Hackfleisch, Rosinen, Ei und Zwiebeln) sowie Avocadosandwichs serviert werden, die idealen Strandsnacks.

■ Zwei **Hotels liegen gleich beisammen, getrennt durch eine kleine Brücke, das **Hotel Mar Azul** und das **Hotel Chatham.** Mit 8.5 $ im DZ mit Bad sind sie auch gleich teuer. Das Mar Azul hat einen wunderschönen Freilufteßsaal, das Chatham besitzt die etwas größeren Zimmer und bietet zudem etwas billigere Tagestouren zum Kickerfelsen, nach Española und Santa Cruz via Santa Fe an (siehe Inselbeschreibungen).

■ Zimmer mit Sicht aufs Meer bietet das **Gran Hotel San Cristóbal,** nicht verwechseln mit dem einfachen Hotel San Cristóbal im Zentrum. DZ mit Bad 23 $, die «Suite» mit kleiner Privatterasse 33 $. Das Hotel besitzt einen eigenen Bus für Ausflüge ins Landesinnere und vermittelt auch Tagestouren.

■ Bestes Restaurant am Platz ist das **Rosita** gegenüber dem Hotel San

Cristóbal im Zentrum. Das Mittags- und Abendmenu kostet unter 1.5 $ und ist meist ausgezeichnet. Es gibt im Dorf weitere einfache Kneipen und eine Hafenkneipe (sehr gut). Sonntags darf auf der Insel kein Bier ausgeschenkt werden. Dann verlangt man eine Tasse Kaffee. Der Wirt weiß, was damit gemeint ist...

Isabela: Puerto Villamil

Weniger als 500 Personen wohnen in Puerto Villamil, dem Hafen der größten Galapagosinsel. Die Trips auf eigene Faust, die von hier aus machbar sind, gehören zu den schönsten Erlebnissen im Archipel. Das Trinkwasser ist ausgezeichnet und braucht bloß desinfiziert zu werden. Es gibt in Isabela einen kleinen Markt und drei einfache Kneipen, von denen das **Marina** recht gut ist. Vorbestellung und pünktliches Erscheinen zur Essenszeit (12 bzw. 18 Uhr) erwünscht. Drei Bäckereien versorgen das Dorf täglich mit frischem Brot. Unten am Strand bäckt eine schwarze Frau nachmittags Empanadas mit Käsefüllung und würde auf Wunsch und gegen Vorausbezahlung sicher auch ganze Mahlzeiten auf die Beine stellen. Einmal wöchentlich gibt's im Gemeindehaus Videokino. Von Briefen aus der Heimat bleibt man hier verschont, telefoniert wird per Funk.

■ **Hotel Loja** *, im Dorfzentrum, mehrere hundert Meter vom Strand. Sauber, freundlich, einfach. DZ ohne Bad 6 $, einige mit Bad zum gleichen Preis. Eigenes Moskitonetz von Vorteil. Vollpension auf Wunsch.

■ **Hotel Alexandra** *, direkt am Strand unter Palmen. Tolle Lage, doch etwas heruntergekommen. Die Zimmer, von denen es zwei mit Meersicht gibt, sind sehr einfach, auch das Bad. Auch da trotz Strandnähe Moskitos. DZ ohne Bad 4 $.

Reisen im Archipel

Lange Touren

■ **Billigboote:** Auf Galapagos können um die 45 Boote für Rundfahrten zwischen den Inseln gebucht werden, dazu einknappes Dutzend für Tagestouren.

Es gibt Luxusklasse sowie 1., 2. und 3. Klasse. Billigboote haben sehr einfache Unterkünfte, Zweier- bis Viererkojen. Genußtramper werden es vorziehen, mit Schlafsack auf Deck zu schlafen. Geduscht wird nur einmal am Tag, meist reicht das Wasser aber nur zum Waschen. Das Essen ist reichhaltig und besteht aus Fisch und Reis oder Reis und Fisch, doch manche Köche zeigen durchaus viel Phantasie. Trinkwasser gibt es außer in Form von Tee oder Kaffee nicht, also selbst mitbringen oder halt süßen Sprudel trinken. Der Führer ist oft gut, hat aber kein naturwissenschaftliches Studium wie jene auf den Luxustouren hinter sich und spricht nur spanisch. Der Kapitän kennt die zentralen Inseln gut, fährt aber sehr ungern die weitentfernten Inseln Genovesa, Isabela oder Fernandina an. Da die Schiffe kein Radar haben, lichten sie erst im Morgengrauen Anker und verbringen dadurch einen Großteil des Tages auf See. Alles in allem werden Billigreisende mit einer Billigtour dennoch nicht enttäuscht, denn sie können sich ihr Programm in Absprache mit Bootseigner (*dueño*) und Kapitän selbst zusammenstellen und brauchen keinen strikten Fahrplan einzuhalten.

Wie wird's gemacht? Ausgangspunkt für selbstorganisierte Touren ist Puerto Ayora auf der Insel Santa Cruz. Wer noch keine 8–12köpfige Gruppe zusammengetrommelt hat, hängt herum, paßt den Bus, der mit Frischlingen vom Flughafen ankommt, ab, und stürzt sich auf potentielle Kandidaten. Ist die Gruppe komplett und hat man sich grob über Programm und Dauer geeinigt, sucht man ein freies Schiff. Am Hafen, in den Kneipen und überall sonst alle anhauen, die irgendwie so aussehen, als wüßten sie darüber Bescheid. Dann geht's zum Bootseigner, der ruft seinen Kapitän, bespricht mit euch das Programm, und man macht einen Vertrag über das genaue Programm und die Dauer der Fahrt. Nach Vorauszahlung der Hälfte des Preises (keine Kreditkarten, keine Schecks) kann man sich bereits am Vorabend der Rundfahrt einschiffen, schläft eine Nacht im Hafen, und im Morgengrauen tuckert man los.

Hinweis: Don Bolívar in der Pensión Gloria ist bei der Bootssuche sehr behilflich und kennt sich ausgezeichnet sowohl in den Inseln als auch unter den Booten, Eignern, Kapitänen und Köchen aus. Bisher hat er Boote nur an seine Gäste vermittelt, wollte aber eine Agentur gründen. Don Bolívar wird euch aber wahrscheinlich nicht an alle Bootsbesitzer vermitteln, sondern nur an jene, mit denen er gerne und gut zusammenarbeitet. Man kann's also zusätzlich auch selbst versuchen.

Tip: Zahlt man etwas mehr und hat zudem eine kleine Gruppe von 4–6 Personen, dann ist die Reise auf einem *Segelboot* empfehlenswerter. Die Kapitäne sind meist ausgezeichnete Seeleute, fahren auch des Nachts, besonders wenn jemand von euch beim Segeln helfen kann.

Manche der Boote sind auf San Cristóbal stationiert, von der Agentur *Galasam* vorgebucht und fahren von dort oder vom Hafen in Baltra (Nähe Flughafen) los. Falls Platz frei ist, kann man als Einzelperson durchaus mitfahren. Was das kostet wird von Fall zu Fall per Funktelefon mit dem Büro in Guayaquil ausgemacht. Vertreter von Galasam auf Santa Cruz ist *Ilario Paredes*. Der Weg zu seinem Haus: auf der Hauptstraße Richtung Baltra bis zur Bäckerei *Pan Reyes* gehen, dort nach rechts abbiegen: ein kleines Haus unter Palmen.

Was kostet eine Tour? Der Mini-

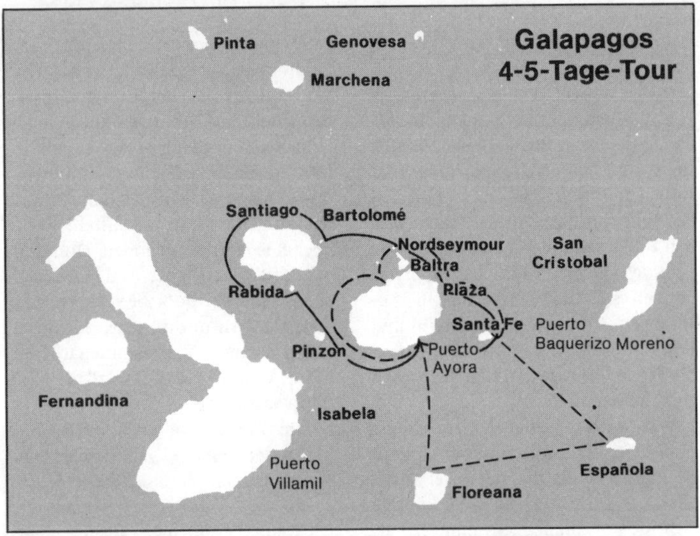
Galapagos
4-5-Tage-Tour
Pinta
Genovesa
Marchena
Santiago
Bartolomé
Nordseymour
Baltra
San
Cristobal
Rabida
Plaza
Santa Fe
Puerto
Baquerizo Moreno
Pinzon
Puerto
Ayora
Fernandina
Isabela
Puerto
Villamil
Española
Floreana

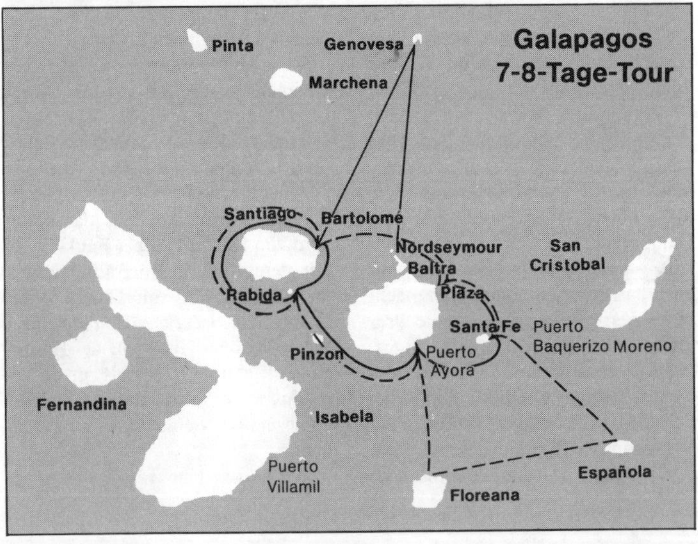
Galapagos
7-8-Tage-Tour
Pinta
Genovesa
Marchena
Santiago
Bartolomé
Nordseymour
Baltra
San
Cristobal
Rabida
Plaza
Santa Fe
Puerto
Baquerizo Moreno
Pinzon
Puerto
Ayora
Fernandina
Isabela
Puerto
Villamil
Española
Floreana

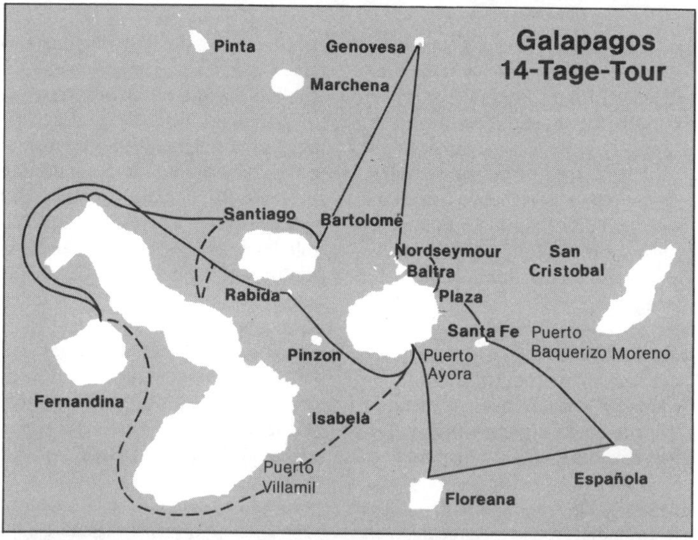

Galapagos
14-Tage-Tour
Pinta
Genovesa
Marchena
Santiago
Bartolome
Nordseymour
Baltra
San
Cristobal
Rabida
Plaza
Santa Fe
Puerto
Baquerizo Moreno
Pinzon
Puerto
Ayora
Fernandina
Isabela
Puerto
Villamil
Española
Floreana

malpreis pro Tag und pro Person beträgt 23 $, Führung und drei Mahlzeiten inbegriffen. Bezahlt wird aber nicht pro Person, sondern pro Boot. Ist eine Gruppe nicht komplett, muß jeder Passagier etwas mehr zahlen, bis die Miete beisammen ist. Nach oben sind die Preise praktisch unbegrenzt. Für 30 $ im Tag bekommt man ganz sicher und schnell ein Boot.

Tagestouren

Mit Tagestouren kann man von den Hauptinseln aus Inseln besuchen, die man sonst nur auf einer Tour zu Gesicht bekommt. In der Nähe von Santa Cruz sind dies Santa Fe (16 $), Plaza (11.5 $), Seymour Norte (11.5 $), diese beiden manchmal als Kombination und manchmal auch die Caleta Tortuga Negra Playa Las Bachas dazu. In der Nähe von San Cristóbal liegen die Insel Española (16 $) und der Kickerfelsen mit der nahegelegenen Isla Lobos. Die Inseln Lobería und Tortuga vor Isabela besucht man mit privat gemieteten Fischerbooten von Puerto Villamil aus.

Auf eigene Faust

Von den 13 großen Galapagosinseln beherbergt eine – die Insel Baltra – den Flughafen, vier weitere – Santa Cruz, San Cristóbal, Isabela und Floreana – sind bewohnt. Auf ihnen leben etwa 6000 Personen vom Tourismus, von der Landwirtschft, vom Handel und vom Staat. Zwischen diesen Inseln verkehren Schiffe, auf denen man ohne Bewilligung mitfahren kann. Von den einzelnen Ortschaften aus lassen sich nun verschiedene Trips machen, die je nach Lust und Laune einen halben oder mehrere Tage dauern und für die in der Regel keine Bewilligung benötigt wird – lediglich fürs Übernachten mit Zelt sollte man sich vorher von der Parkbehörde auf Santa Cruz die Erlaubnis holen. Hinweis: Auch bei den unten beschriebenen Trips auf eigene Faust bewegt man sich auf Wegen, die von den Parkbehörden für den Tourismus freigegeben wurden. Tiere und Pflanzen werden eher weniger beeinträchtigt als bei den Besuchen mit einem Tourenboot.

Sowohl Española, Plaza und Santa Fe können in verhältnismäßig billigen *Tagestouren* von den bewohnten Inseln aus besucht werden.

Kosten auf eigene Faust

Santa Cruz:
Schildkrötenreservat (Bus, evtl. Führer): 2.25 $, ½–1 Tag, anschließend
Gemelos: ½ Tag
Hochland (Bus): 0.25 $, 1–1½ Tage, vorher **Lavatunnel** (Eintritt 0.5 $, ½ Tag)
Strände Puerto Ayora: je ½ Tag
Darwinstation: ½ Tag
Tortuga Bay: ½ Tag

San Cristóbal:
Lobería: ½ Tag
Fregattvogelfelsen: ½ Tag
Laguna El Junco (Bus): 0.25 $, 1 Tag
Strand Mann/Cabo de Horno: 1 Tag

Isabela:
Strand: 1–? Tage
Vulkan Sierra Negra (Bus): 0.5 $, 2 Tage
Quinta Playa (Führer 2 Tage): 8 $, 2 Tage
Mauer, Segunda Playa: 1 Tag
Insel Lobería (Boot): 8 $, ½ Tag
Insel Tortuga (Boot): 20 $, ½ Tag

Und sonst:
Fahrt Santa Cruz–San Cristobal: 9 $, ½ Tag
Nachtfahrt Santa Cruz–Isabela: 9 $
Fahrt Isabela–Floreana–Santa Cruz: 9 $, 1 Tag

Weitere Kosten für drei Wochen:
Flug: 324 $
Nationalparkgebühr: 40 $
Fahrt vom und zum Flughafen: 4 $
Essen: 70 $
Übernachtungen: 28 $

Total drei Wochen auf eigene Faust: 530 $.

Macht man zusätzlich **4 Tagesausflüge** nach Plaza, Seymour, Española und Santa Fe (Total 55 $), zahlt man für drei Wochen Galapagosaufenthalt immer noch bloß 585 $ und hat *mehr* Tiere und Pflanzen gesehen als auf der einwöchigen Bootstour.

Verbindungen zwischen den Inseln

Zwischen den bewohnten Inseln fährt das öffentliche Passagierschiff *Ingala II.* Tickets kann man schon ein paar Tage vorher holen, das Büro ist in Puerto Ayora an der Hauptstraße, in San Cristóbal und auf Isabela im Gemeindehaus, in Floreana am Hafen. Für das öffentliche Boot *Estrella de Mar*, das einmal wöchentlich zwischen Isabela und Santa Cruz verkehrt, deponiert man Namen und Personalien in der Capitanía, geht dann ohne Ticket aufs Schiff und bezahlt dort. Vorsicht: Unregelmäßige Abfahrtszeit. Die Einschiffung ist jeweils kostenlos und erfolgt mit kleinem Beiboot.

Inselbeschreibungen

Santa Cruz

Santa Cruz (früher *Indefatigable*) ist die Hauptinsel. Auf ihr wohnen die meisten Leute, und hier gehen alle selbstorganisierten Touren los. Während einer Tour wird vor allem die **Caleta tortuga negra** (Schildkrötengrotte) im Norden der Insel besucht. Das Meer bildet hier eine mehrere hundert Meter lange, verwinkelte Bucht aus sehr stillem und niedrigem Wasser. An den Ufern kommen alle drei Mangrovensorten (rote, weiße, schwarze) vor, im Wasser kann man das ganze Jahr durch Meeresschildkröten, Haie und Rochen beobachten. Motor des Beiboots abstellen und rudern! Schildkröten kann man auch an den Badestränden **Las Bachas** westlich der Schildkrötengrotte sehen, hinter dem Strand Küstenvögel. Auch in der kleinen **Bahía Conway** (Conwaybucht) kommen alle drei Mangrovenarten vor, mit etwas Glück sieht man im Landesinneren Landleguane. Die **Bahía Ballena** (Walfisch-Bucht) im Westen der Insel hat einen grünen Sandstrand und wurde früher oft von Walfängern angelaufen.

■ **Santa Cruz auf eigene Faust: Tortuga Bay** (Schildkrötenbucht): Viele bezeichnen sie als die Bucht mit dem schönsten Sandstrand von Galapagos. Zumindest ist sie am leichtesten zugänglich, man benötigt dazu gute Schuhe und 1–2 l Wasser. Weg: 6 km, Zeitbedarf pro Richtung: 1 Std. Man geht auf Puerto Ayoras Hauptstraße Richtung Baltra bis zur *Banco Fomento* und biegt dort links ab. Diese Staubstraße verengt sich zu einem Fußweg, man durchquert eine Lavaschlucht und läuft auf scharfkantigen Lavabrocken weiter bis zum Strand. Neben dem offenen Strand, wo das Meer recht unruhig ist, befindet sich auch eine mit Mangroven gesäumte, ruhige Bucht, wo Küstenvögel und aufdringliche Moskitos vorkommen.

■ **Las Grietas** heißt eine mit Meerwasser gefüllte Lavaschlucht, die gut zum Schnorcheln ist. Mit einem Boot von Puerto Ayora auf die andere Seite der Ninfas-Bucht. Zum Hotel Delfín gehen, zwischen Eßgebäude und Bungalows hindurch weiter bis zum hinteren Torbogen. Dort nach links, den roten Weg nach 200 m verlassen und rechts abbiegen. Linkerhand sieht man nun ein Haus aus Natursteinen. Zwischen diesem Haus und der Lagune geht es auf Lavageröll weiter bis zur Schlucht, Trampelpfad. Zeitbedarf pro Wegstrecke 30 Min.

■ **Lavatunnel**. Mitnehmen: gute Turnschuhe, Wasserflasche, Taschenlampe. Zeitbedarf 3–4 Std. Mit dem öffentlichen Bus fährt man von Puerto Ayora zum Dorf **Bella Vista.** Man geht rechts an der Schule vorbei und erreicht nach etwa 600 m den Eingang zu einem natürlichen Lavatunnel. Eintritt 0.5 $, Taschenlampenmiete 0.25 $. Der Tunnel ist über 2.3 km lang, zugänglich sind aber nur 700 m. Er entstand dadurch, daß ein Lavastrom an der Außenseite langsam erkaltete, während die flüssige Lava innen weiterfloß und so nach dem Versiegen einen Tunnel zurückließ.

■ Bella Vista ist auch der Ausgangspunkt, um weiter ins **Hochland** (*zona alta*) zu wandern. Mitnehmen: Gute Turnschuhe, Wasserflasche und Wasserdesinfektionsmittel, Regenschutz. Zeitbedarf ½–1 Tag. Im Dorf geht man zwischen Schule und Kirche vorbei auf einem rot-braunen Weg, der für Geländewagen befahrbar ist. Nach etwa 20 Minuten eine Linkskurve. Geradeaus weiter, bis man auf eine prächtige Bambusgruppe und mehrere riesige Avocado-Bäume stößt. Dem Zaun entlang noch 100 m weiter geradeaus, dann scharf rechts; von jetzt an ist der Weg eindeutig. Nach 45 Minuten Blick zurück auf Puerto Ayora und Tortuga Bay. Gleich danach Ankunft an eine natürliche kleine Lavaplattform. Ein Fußweg führt rechts weiter und man sieht die für diese Feuchtigkeitszone typischen und unverkennbaren roten *Miconia-Büsche.* Der Hügel mit der perfekten Rundung rechts heißt **Media Luna**. Geht man weiter, sieht man links vor sich einen sehr steilen Vulkankegel, den **Cerro Puntudo.** Man benötigt zwei freie Hände und gutes Schuhprofil, um ihn zu besteigen (20 Minuten). Der Berg zur Rechten ist der **Cerro Crocker;** wir haben zu den Antennen auf dem Gipfel keinen markierten Weg gefunden. Wenn sich die Sicht auf die *Nordseite* der Insel und auf Baltra und Seymour öffnet, sieht man auch einen *Scalesia-Wald.* Er besteht aus schlanken Bäumen mit dichter Krone, die zur Klimazone unterhalb der Miconia-Zone gehören. Auf der Südseite von Santa Cruz wurden sie durch die Landwirtschaft verdrängt. Die grün überwucherte Vulkanlandschaft hier oben ist großartig.

■ **Schildkrötenreservat** (*reserva de tortugas*). Außer in der Darwinstation bieten sich auf Privatland und im Reservat tolle Möglichkeiten, Schildkröten zu beobachten. Zeitbedarf ½ Tag. Mitnehmen: Turnschuhe, Wasserflasche, Wasserdesinfektionsmittel, Regenschutz. Übernachtungsmöglichkeit mit Zelt. Man nimmt von Puerto Ayora den öffentlichen Bus bis zum Dorf **Santa Rosa.** Auf Privatland gibt es nur wenige Hundert Meter von der Sraße entfernt, viele Riesenschildkröten, sie schlafen in Pfützen unter Bäumen oder äsen friedlich auf der Wiese. Da sie auf Privatland sind, sollte man einen Jungen fragen, dorthin geführt zu werden. Preis nicht über 2 $, Pferde unnötig, Weg aber sehr schlammig.

Etwas anstrengender ist der Weg ins Reservat. Man geht im Dorf an der Schule vorbei und danach links hinunter. Nach einer Weile macht der rote Fahrweg eine Linkskurve, rechts liegt eine große Wiese mit einem Tor, bestehend aus zwei Pfosten und Querbalken. Wir verlassen den Fahrweg und gehen geradeaus der Wiese entlang hinunter. Nach etwa 50 Minuten markiert eine große Zeder eine Kreuzung. Hier nach links; 25 Minuten später eine Weggabelung, man wählt den rechten Zweig und erreicht 10 Minuten danach die **Caseta**, zwei kleine, grüne Häuschen (Regenwassertank vorhanden). Sowohl auf dem Weg dorthin als auch um die Hütten sieht man viele Schildkröten. In der Gegend leben 1500 Stück.

■ Etwa 2 km von Santa Rosa weiter Richtung Baltra führt die Straße zwischen den **Gemelos**, den Zwillingen, durch, zwei abgesunkene, kleine Krater, innen und außen mit tropischer Vegetation, vor allem Scalesia-Bäumen, bewachsen.

■ **Charles-Darwin-Forschungsstation** (*estación*). Öffnungszeiten: täglich 7–12 und 13–18 Uhr. Vom Stadtzentrum geht man den Kai, die Avenida Charles Darwin, bis zu seinem Ende. Dort befinden sich die Büros der Nationalparkbehörden und die Einrichtungen der Forschungsstation. Dazu gehören Büros, eine Bibliothek, Unterkünfte für Wissenschaftler, ein Freiluftgehege mit verschiedenen Arten von Riesenschildkröten und ein sternförmiges Gebäude, wo junge Schildkröten aufgezogen werden, um später, wenn ihnen Ratten, verwilderte Hunde oder Katzen nichts mehr anhaben können, freigelassen zu werden (geöffnet nur bis 16 Uhr). Zu Beginn des Komplexes steht rechts ein Häuschen. Hier kann man Postkarten, Bücher und T-Shirts kaufen. Hier werden auch die Bewilligungen für Übernachtungen per Zelt erteilt. Wenn auch mit einer Ausnahme alle «Auf-eigene-Faust-Trips» keine Spezialerlaubnis benötigen, sollte man die Parkwächter über die Vorhaben informieren. Sie haben nämlich auch nützliche und aktuelle Infos zur Hand: zum Beispiel über Wetter, Trinkwasserverfügbarkeit oder Transportmöglichkeiten.

■ **Strände:** Bei der Darwinstation und vor dem Hotel Ninfas gibt es auch je einen kleinen Strand.

Plaza-Inseln

Von den beiden kleinen Plaza-Inseln wird nur **Südplaza** angelaufen. Beide liegen östlich von Santa Cruz. Auffallend ist die auf Südplaza rote Sukkulente *Sesuvium*, die der Insel einen surrealen Anstrich gibt. Die Insel ist der Lebensraum von 120 Landleguanen. An den steilen Südklippen sind Gabelschwanzmöven und Rotschnabeltropikvögel häufig zu sehen, im Westen der Insel nisten wenige Maskentölpel zwischen Seelöwen. Diese Säuger bilden hier eine Junggesellen- und Strohwittwerkolonie. Weg: 1 km, Zeitbedarf: 45 Min.

■ Plaza-Inseln auf eigene Faust: Die Inseln sind bei genügender Teilnehmerzahl auch von Puerto Ayora aus per Tagestour zu besichtigen, ca. 15 $.

Baltra, Mosquera, Nordseymour

Baltra (früher Südseymour), nördlich von Santa Cruz, ist die erste Insel, die man zu Gesicht bekommt, da auf ihr der Flughafen steht. Während des Zweiten Weltkriegs unterhielten die Amerikaner hier eine Militärbasis und benutzten Landleguane für Zielübungen, so daß sie ausgerottet wurden. Die Insel ist sehr trocken und wird kaum besucht, hat aber einen Hafen, wo einige Kreuzfahrten beginnen oder enden.

Nördlich von ihr liegt die winzige Insel **Mosquera**, an deren Sandstränden Hunderte von Seelöwen wohnen. Offene Insel ohne Weg, Zeitbedarf: 45 Minuten.

Nördlich von Mosquera schließlich die Insel **Nordseymour.** Sie wird oft auch auf Tagestouren angelaufen, da hier während des ganzen Jahrs Prachtfregattvögel in Balzstimmung anzutreffen sind. Dazu Blaufußtölpel und Seelöwen, selten auch Pelzrobben.

Weg: 1.2 km, Zeitbedarf: 1 Std.

■ Nordseymour auf eigene Faust: Die Insel kann von Puerto Ayora per Tagestour besucht werden, oft kombiniert zusammen mit Plaza.

Daphne

Die kleine Insel Daphne kann von jedem Boot nur einmal monatlich besucht werden. Sie liegt nordwestlich von Santa Cruz und besteht aus einem erodierten Vulkankegel mit zwei kleinen Kratern. Auf dem weißen Kraterboden nisten Hunderte von Blaufußtölpeln, am Kraterrand aber Maskentölpel. An den steilen, äußeren Vulkanhängen gibt's Rotschnabeltropikvögel. Der Weg zum Kraterrand ist 350 m lang, Zeitbedarf 45 Min.

Bartolomé, Sombrero Chino

Bartolomé ist eine verhältnismäßig junge und sehr kleine Insel östlich von Santiago. An der Landungsbucht ragt eine spitze **Felsnadel** (*pinnacle rock*) aus dem Wasser, wo manchmal Pinguine schwimmen. Die Bucht mit dem weißen Sandstrand bietet gutes Schnorchelwasser. 100 m durch weiße und rote Mangroven- sowie Dornbüsche nach Süden, und man ist an einem zweiten Sandstrand. Die Bucht hier heißt **Sullivan Bay.** Von einem zweiten Landungsplatz, wenige hundert Meter östlich, kann man den roten Lavagipfel besteigen und genießt einen herrlichen Blick auf die Felsnadel, die beiden Sandstrände und die schwarzen Lavaströme von Santiago.

Im Süden sieht man die **Bainbridge-Felsen** und die kleine Insel **Sombrero Chino,** so genannt wegen ihrer auffallenden Strohhutform. Sie besteht aus stark erosionsgefährdeter Lava, beherbergt einen kleinen Lavatunnel und bietet gutes Schnorchelwasser. Wege auf Bartolomé: 100 m bzw. 600 m, Zeitbedarf pro Landeplatz je 1 Std. (mit Schnorcheln am ersten Strand). Zeitbedarf für Sombrero Chino: mind. 30 Min.

Santiago

Auf der Insel Santiago (früher *James*) kann man von der **Sullivan Bay** aus die *Ropy*-Lavaströme des Vulkanausbruchs von 1897 hinaufsteigen.

Die **Caleta Bucanero** (Walfängergrotte) liegt an der Seite eines mehrere hundert Meter ins Meer hinausragenden Felsvorsprungs mit steilen Klippen, in denen viele Seevögel nisten. Eine natürliche Höhle gewährte Piraten und Walfängern Schutz. Hier tankten sie auch ihre Wasservorräte auf, sammelten Schildkröten und Feuerholz.

Mangrovenbüsche an der braunen **Laguna Espumilla** verdecken die Sicht auf zwei kleine Salzwasserlagunen, wo bisweilen Flamingos und andere Wasservögel anzutreffen sind.

Die drei obengenannten Stellen sieht man oft nur vom Schiff aus, in **Puerto Egas** in der **James Bucht** steigt man aber meistens aus. Der Hafen ist nach dem Industriellen Dario Egas benannt, der im kleinen Krater linkerhand so lange Salz gewann, bis es sich nicht mehr lohnte. Es gibt auch eine Süßwasserquelle. Auf der Insel haben zeitweilig 60 000–100 000 eingeführte Ziegen gelebt und der Vegetation stark geschadet. Außer zur Salzmine (3 km, 40 Min.) kann man den Zukkerberg (*pan de azúcar*) besteigen (2 km, 25 Min.) oder – was die meisten vorziehen werden – zur Seehunde- und Robbengrotte, um mit den Tieren um die Wette zu schnorcheln (700 m, 45 Min.). Auf dem Weg dorthin sieht man viele Meerechsen und auch leuchtend rote *Sally-Lightfoot-Krabben.*

Rábida

Rábida (früher *Jervis*) ist eine kleine, aber recht hohe (367 m) Insel mit rotem Sandstrand, südlich von Santiago gelegen. Am Strand Seelöwen, in den Klippen links nisten einige Blaufußtölpel, Pelikane und Fregattvögel, und im Wasser soll es Riesenrochen geben. Hinter dem Strand befindet sich eine kleine Lagune, wo einige wenige Flamingos anzutreffen sind. Zeitbedarf mit kleinem Abstecher ins Landesinnere: 45 Min.

Floreana

Niemand fährt Floreana (früher *Charles*, offizieller Name **Santa María** wenig gebräuchlich) an, ohne an der **Post Office Bay**) (Postbucht) im Norden der Insel haltzumachen. Es ist eine schöne Bucht mit weißem Sandstrand. Nachdem 1793 begannen Wal- und Robbenfänger die Inseln auszubeuten und die erste Post von Ecuador einzurichten. In die Posttonne an der Bucht warf zum Beispiel der Seemann Pete seinen Brief nach England ein und fuhr nach Panama weiter. Der nächste Seemann auf dem Weg nach England nahm den Brief von Pete mit und brachte ihn in der Heimat zur nächsten Post oder ging damit gleich selbst bei der fremden Braut vorbei. Das System funktioniert zwischen Touristen immer noch. 300 m im Landesinneren trifft man auf einen Lavatunnel, in den man sich hinabseilen kann. Er führt Wasser, das schnell brusthoch wird. Am Strand rostende Überreste einer früheren Norwegersiedlung.

An der **Punta Cormorán** fällt zuerst der grüne Sandstrand auf. Ursache für die ungewöhnliche Farbe sind Olivine, grüne Lavakristalle. Vorsicht vor den aggressiven Seelöwenmännchen. In den Klippen links sieht man Blaufußtölpel und Prachtfregattvögel. An Land liegt eine der schönsten Lagunen von Galapagos, wo sich manchmal Flamingos und andere Wasservögel aufhalten. Zeitbedarf 30 Min. 400 m vom grünen Strand entfernt findet sich auch ein weißer Strand.

Allein wegen der **Corona del Diablo** (Teufelskrone), die auch *Onslow-Insel* heißt, lohnt es sich, eine Tauchmaske vom Festland mitzuschleppen. Ein fast bis auf den Grund aberodierter Krater bietet verschiedenen Fischen optimale Lebensbedin-

Galapagos Fische

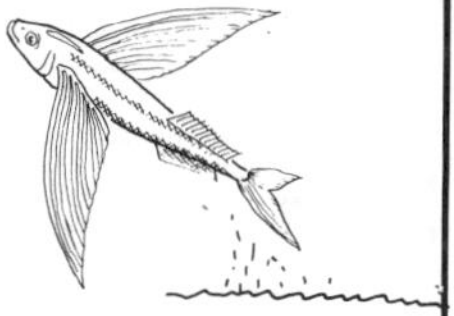

Flugfisch ca. 25 cm

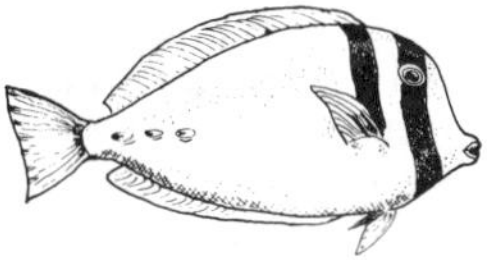

Goldschwanz-Doktorfisch ca. 30 cm

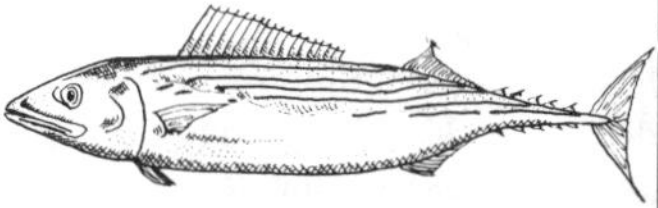

Thunfisch ca. 100 cm

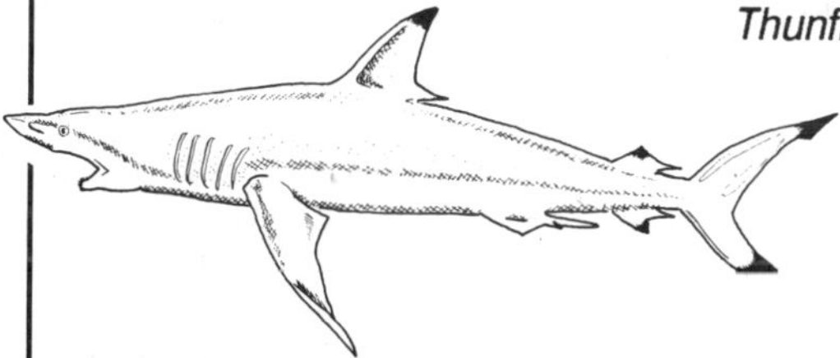

Schwarzspitzenhai ca. 180 cm

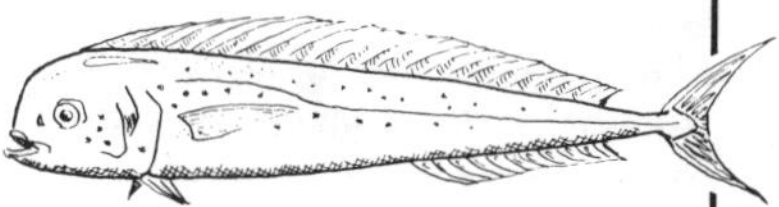

Goldmakrele ca. 150 cm

Kugelfisch ca. 40 cm

Galapagos-Kaiserfisch ca. 40 cm

gungen. Bei Ebbe kommen die Farben von Fischen und Korallen am schönsten zur Geltung, das Wasser ist nur wenige Meter tief.

■ Floreana auf eigene Faust: Zum Hafen von Floreana kommt man mit einem Tourboot nur sehr selten, an Sehenswürdigkeiten gibt's dort außer einigen wenigen Pinguinen und einem **schwarzen Sandstrand** nichts. Doch eine Prominente wohnt dort: Frau Margret Wittmer. Sie ist die einzige Überlebende einer Gruppe von Siedlern, die in den 30er Jahren nach Galapagos auswanderten und der Reihe nach veschwanden oder starben. Sie unterhält ein kleines Restaurant, verkauft ihr eigenes Buch zu den damaligen Ereignissen und Postkarten mit dem Stempel der Posttonne. Auf Floreana wohnen rund 70 Personen, es gibt eine Landwirtschaftszone; der höchste Berg auf der Insel heißt **Cerro del Pajas** (640 m).

Die Ingala II kommt leider nur alle zwei Wochen an Floreana vorbei. Man müßte es also auf eigene Faust so lange dort aushalten oder versuchen, mit einem Tourenboot oder Frachtschiff von der Postoffice Bay oder vom Hafen Puerto Velasco Ibarra wegzukommen. Auf der Rückfahrt von Isabela nach Santa Cruz hält die Ingala zum Mittagessen auf Floreana. Gegessen wird im Haus von Margret Wittmer. Menü 1.5 $, leicht überzahlt.

Española

Española (früher *Hood*), südlich von San Cristóbal, ist eine der schönsten Inseln des Archipels. Nur auf ihr nisten die großen Galapagos-Albatrosse, nicht aber von *Januar bis April.* Die Insel kann auch von San Cristóbal aus als Tagestour gebucht werden. Die Landung erfolgt an der **Punta Suarez** im Nordwesten. Am Sandstrand faulenzen viele Seelöwen. Auf dem etwa 1 km langen Weg, der zu den steilen Südklippen führt, sieht man Blaufußtölpel, Maskentölpel, dann wieder Blaufußtölpel und weiter hinten etwa zwei Dutzend Albatrosse (es soll auf der Insel von April bis Dezember 24 000 Stück geben, die man allerdings nicht zu Gesicht bekommt, da zu ihnen kein Weg führt) und Meerechsen. Ebenfalls häufig sind Rotschnabeltropikvögel, ab und zu Austernfischer, Gabelschwanzmöven sowie Tauben, Spottdrosseln und verschiedene Finken. Auf dem Rückweg kommt man am **Blasloch** (*hueco soplador*) vorbei, wo Wasser mit ungemeiner Wucht 10–25 m hoch in die Luft gechleudert wird. Zeitbedarf 2.5 Std.

■ Española auf eigene Faust: Die Insel kann von San Cristóbal aus als Tagestour besucht werden (20 $).

San Cristóbal

Die Insel San Cristóbal (früher *Chatham*) ist das administrative Zentrum von Galapagos. Sie wird auf Touren kaum berührt, doch gehen die Fahrten der *Galasam*-Agentur und das Luxusboot *Galapagos Explorer* hier ab. Die Fluggesellschaft *San* landet auf dieser Insel.

■ San Cristóbal auf eigene Faust: Im **Fregattvogelfelsen**, einer Steilküste, nisten sowohl Pracht- als auch Bindenfregattvögel. Mitnehmen: lange Hosen, Sonnenschutz. Zeitbedarf 2–3 Std. Anschließend baden am **Strand Mann.** Vom Dorfzentrum geht man zum Strand Mann und dortigen Hotel vorbei, bis man zum Tank einer ehemaligen Fabrik kommt. Ein schmaler Weg führt weiter zu einem einsamen Sandstrand. Über die Uferfelsen geht es weiter, an einigen Blaufußtölpeln vorbei bis zu einer natürlichen halbkreisförmigen Plattform. Dort hoch ins Gebüsch, an einer alten Fliegerabwehrkanone vorbei den Fußweg suchen, der zurück zum Meer führt. Er endet brüsk vor einem Abgrund. Man ist am Ziel.

■ **Lobería** (Seelöwenstrand): Mitnehmen: Badesandalen, Sonnenschutz, Wasserflasche. Zeitbedarf 2 Std. Übernachtungsmöglichkeit im Zelt. An diesem Strand, nur 30 Minuten vom Dorfzentrum entfernt, kann man stundenlang Seelöwen und Meerechsen beobachten. Man geht zum Flughafen und dort über die Landebahn bis zu ihrem Ende Richtung Meer. Ein Weg führt hinunter zum Meeresufer, dort noch 300 m nach links gehen.

■ **Süßwasserlagune El Junco.** in Meisterwerk der Natur, handelt es sich doch um eine Kraterlagune, gefüllt mit Süßwasser, wo sich aber auch Fregattvögel, wohlbemerkt Meeresvögel, tummeln. Mitnehmen: Turnschuhe, 2 l Wasser. Zeitbedarf ½–1 Tag, Übernachtungsmöglichkeit im Zelt. Mit dem öffentlichen Bus fährt man zum Dorf **Progreso** im Landesinneren. Über die rote Straße wandert man weiter hoch, etwa 2½Std. Mit etwas Glück fährt ein Lastwagen zu einer Farm hinauf und nimmt dich mit. Auf halber Strecke links einige umzäunte Antennen. Der Hügel zur Linken heißt **Cerro San Joaquim.** Etwa 5 km später trifft man rechts auf einen Wegweiser, der zur Lagune weist. Sie liegt ein paar hundert Meter weiter oben. Sie ist fast kreisrund bei einem Durchmesser von etwa 270 m. Die Erdschichten an den Wänden lassen darauf schließen, daß sich das Galapagosklima in den letzten 48 000 Jahren nicht verändert hat. Geht man nicht zur Lagune hoch, sondern 200 m weiter geradeaus, trifft man auf die **Poza Colorada**, einen Süßwasserteich.

■ **Kickerfelsen** oder *León Dormido:* Der schlafende Löwe ist eine Felsformation, die in einer Tagestour (16 $) besucht wird, meistens kombiniert mit dem Besuch der **Isla Lobos**, einer kleinen Seelöweninsel, und **Porto Ochoa**, einem Badestrand. Wer sich längere Zeit auf Galapagos aufhält, dem bringt diese Tour sehr wenig. Auf dem Weg zum Felsen trifft man fliegende Fische und Seelöwen, in den Felsklippen kleben Fregattvögel, Blaufuß- und Maskentölpel sowie Gabelschwanzmöven. Der Felsen ist das Überbleibsel eines Kraters und ragt 150 m aus dem Wasser. Er ist über und über mit Vogelschiß bedeckt, der ihn im Sonnenlicht weiß scheinen läßt. Mit dem Felsen verwachsene Muscheln markieren die Fluthöhe, die bis zu 2 m über der Ebbe liegt.

Santa Fe

Eine etwa 24 km² große und 260 m hohe Insel. Santa Fe (früher *Barrington*) wird auch auf Tagestouren von Santa Cruz aus besucht oder auf dem Weg von San Cristóbal nach Santa Cruz. Gelandet wird in einer Bucht an der Nordostseite. Am weißen Strand tummeln sich verspielte Seelöwen. Gleich nach der Landung sieht man rechts einen *Opuntia*-Kaktuswald. Auch der weiße *Palo-Santo*-Baum ist häufig. Steigt man die Insel hoch, kommt man ins Revier von sehr großen Landleguanen, denen oft Spottdrosseln Parasiten aus den Hautfalten picken. Weg: 300 m bzw. 1.3km. Zeitbedarf: 15 Min. bzw. 1 Std.

■ Santa Fe auf eigene Faust: Santa Fe kann von Puerto Ayora als Tagestour besucht werden. Auf San Cristóbal werden Tagesausflüge nach Santa Cruz angeboten, auf dem Weg dorthin wird in Santa Fe haltgemacht. Das Verkehrsschiff zwischen Santa Cruz und San Cristóbal hält nicht.

Genovesa

Genovesa (früher *Tower*) ist die schönste Insel des Archipels. Sie wird sehr selten besucht, da langsame Boote für Hin- und Rückfahrt je einen Tag und viel Treibstoff benötigen. Zudem liegt die etwas unruhige See mittelmäßigen Kapitänen nicht. Die Insel ist vor allem von Januar bis April eine Alternative zu Española, wenn dort die Albatrosse ausgeflogen sind.

Die Insel ist nur 76 m hoch. Was aber aus dem Wasser ragt, ist nur das letzte Stück eines Kraters, dessen Boden 500 m unter euch liegt. In der fast kreisrunden **Darwinbucht** an der Südseite wird gewassert. Mit dem Beiboot geht es zum ersten Landeplatz, einem kleinen Sandstrand. Der Anblick ist überwältigend, es wimmelt von Hunderten von Vögeln aller Art. Der Weg geht etwa 1 km die Klippen entlang; Zeitbedarf 2 Std. Auf der ganzen Strecke Gabelschwanzmöven, Bindenfregattvögel, braune und weiße Rotfußtölpel, die in den Salzbüschen nisten.

Auf dem Weg per Beiboot zum zweiten Landeplatz sieht man in den Klippen eine Unzahl von Rotschnabeltropikvögeln. Nach der Landung geht es 25 m die **Prinz-Philip-Stufen hoch.** Auf der Inselfläche oben Maskentölpel und einige Bindenfregattvögel und Rotfußtölpel, in der Luft viele Sturmschwalben.

Pinta, Marchena, Darwin, Wolf, Pinzón

Die beiden nördlichen Inseln **Pinta** (früher *Abingdon*) und **Marchena** (früher *Bindloe*) werden von Touristenbooten nicht angefahren. Pinta besteht aus zwei Vulkanen unterschiedlichen Alters. Auf der Insel wurde 1971 eine einzige, einsame Schildkröte entdeckt. Marchena beitzt noch aktive Fumorolen, am Strand Seelöwen, Spottdrosseln, Austernfischer und Pelikane.

Darwin und **Wolf** sind beide 100 km weiter nordwestlich anzutreffen. Auf Darwin ist wegen der steilen Klippen die Landung nur mit Helikopter möglich, und um Wolf zu besteigen, benötigt man Bergsteigererfahrung. Auf beiden Inseln gibt es Rotfuß- und Maskentölpel sowie Prachtfregattvögel, auf Darwin auch die Rußseeschwalbe.

Die Insel **Pinzón** (früher *Duncan*) westlich von Santa Cruz ist ebenfalls sehr steil und bewachsen von Dornbüschen. Finken, Falken und Schildkröten leben hier.

Isabela

Die Insel Isabela (früher *Albermarle*) wird auf einwöchigen Touren kaum angefahren, sie liegt ab vom Zentrum, bietet aber einige grandiose Sehenswürdigkeiten. Sie besteht aus miteinander verschmolzenen Vulkanen. Daß sie nicht von Beginn an eine einzige Insel war, beweisen die fünf verschiedenen Schildkrötenarten, die auf den einzelnen Vulkanen leben. Die größte Population lebt auf dem **Volcán Alcedo** im Osten der Insel. Der steile Aufstieg auf sandigem Boden benötigt mehrere Stunden. Vom Krater zu einem aktiven Geysir sind es nochmals 6 km. Nur hier aber sind die Schildkröten gut zu beobachten. Eine Übernachtung oben wird nötig.

Etwas weiter nördlich findet sich die **Punta García**, die einfachste Möglichkeit, Galapagoskormorane zu sehen, die sonst nur an der Westseite von Isabela und auf Fernandina leben. Die Punta besteht aus sehr scharfer Aa-Lava, es gibt keinen markierten Weg, Zeitbedarf: 45 Minuten.

Weitere Punkte auf Isabela werden per Schiff sehr selten angelaufen, wir kennen sie auch bloß von Beschreibungen: Hoch im Norden **Punta Albemarle**, nackte Lava, wo früher eine Radarstation war und Kormorane sowie große Meerechsen zu sehen sind. An der **Punta Tortuga**, gegenüber der Insel Fernandina, gibt's einen schwarzen Badestrand und im Hinterland Mangrovensümpfe mit dem seltenen Mangrovenfinken. Ein Teil der Küste wurde erst 1975 aus dem Meer gehoben. Gleich unterhalb der Punta ist die **Caleta Tagus** (Tagus-Grotte), sie war unter Walfängern und Piraten ein beliebter Landeplatz, wovon historische Inschriften in den Klippen noch zeugen. Es gibt dort auch eine Salzwasserlagune und an der Küste Kormorane und Pinguine; und der **Vulkan Darwin** zeigt sich von der besten Seite. Etwas weiter südlich die **Bahía Urbina** (Urbina-Bucht), wo es ein über die Wasseroberfläche gehobenes Korallenriff gibt und Pelikane und Kormorane zu sehen sind. Die Bucht liegt am Fuß des Alcedo-Vulkans. An der Westseite am «Flaschenhals» der Insel schließlich die **Bahía Elisabeth** (Elisabeth-Bucht). Auf den Felsen vor der Bucht nisten Pinguine, in der engen Bucht schwimmen Meerschildkröten, Haie, Rochen und viele weitere Fische, gut zum Schnorcheln. Die **Punta Moreno** weiter südlich bietet einen interessanten Blick ins Leben von Kleingetier, das es sich in den vielen Wasserlöchern an der Lavaküste wohlergehen läßt.

■ Isabela auf eigene Faust: Es wäre schade, Isabela nicht auf eigene Faust besichtigt zu haben, denn es ist grandios, was man auf dieser Insel machen kann.

■ Erstens am wunderschönen und langen **Strand** von Puerto Villamil, dem Hafenort, faulenzen.

■ Im Ort selbst gibt es zudem mehrere **Brackwasserlagunen,** wo häufig Flamingos und andere Wasservögel anzutreffen sind. So einfach bekommt man sie sonst nicht zu Gesicht.

■ Auf Isabela kann man die Überreste einer ehemaligen Strafkolonie sehen, die **Muro de los lagrimas**, Mauer der Tränen. Der Weg dorthin führt zuerst den Strand entlang und dann weiter auf einer Piste nach Westen bis zur Mauer. Sehr deutlich wird der Übergang von der Trockenzone zur Übergangszone.

■ Wer keine Seelöwen oder noch nicht genug davon gesehen hat, verhandelt mit einem Fischer am Hafen (8 $), um zur kleinen **Insel Lobería** gefahren zu werden. Bei Ebbe kann man auf den Felsen um die Insel gehen, zwischen Krabben, Meerechsen und Seelöwen hindurch. Es leben auf der Insel in fein abgesteckten Revieren mehrere Seelöwenfamilien, deren Familienoberhäupter kampferfahren und auf Menschen eifersüchtig sind. Zeitbedarf: 2–3 Std.

■ Mehrere Kilometer dem Hafen vorgelagert ist die halbkreisförmige **Insel Tortuga**, eine Bootsfahrt sollte nicht mehr als 20 $ kosten. In den Felsen sieht man zahlreiche Meerechsen und Meeresvögel, wie Blaufuß- und Maskentölpel, Prachtfregattvögel und Sturmschwalben. An den freigelegten Schichten können Geologen das Alter der Insel ablesen. Am ruhigsten ist die See bei Flut, weil dann Flut und Strömung gleichlaufen. Zeitbedarf: ½ Tag.

■ Am spektakulärsten ist zweifellos die Besteigung des **Volcán Sierra Negra** und die Übernachtung mit Zelt am Kraterrand. Man steigt auf der feuchten Südseite bis zum Kraterrand auf, geht dann nach Osten (nach rechts) um den Krater herum, bis man in die Sonne tritt, und kann nun schön im Trockenen den Regen auf der Südseite beobachten – das ist Geografieunterricht live. Der Krater ist mit 12 km Durchmesser einer der drei größten auf der Welt, die Landschaft hier oben ist gespenstisch still. Wie wird's gemacht? Vielleicht kann man mit *Arnaldo Tupiza*, dem Parkwächter, recht weit hochfahren. Falls er keine Wissenschaftler hinbringt oder abholt, fährt man mit dem öffentlichen Bus bis zum Dorf

Santo Tomás. Von dort geht es weiter auf der Straße aufwärts, dann auf Naturboden bis zum Kraterrand. Bei Nebel nicht verzweifeln, verirren kann man sich nicht. Total etwa 1½ –2½ Std. Am Kraterrand nun nach rechts etwa 45 Min., bis man in der anderen Wetterzone ist. Zelt aufschlagen. Am Nachmittag oder am nächsten Tag kann man ins Gebiet des **Volcán Chico**, des kleinen Vulkans, trecken. Man geht dazu 30 Minuten weiter bis zum Ende der Vegetation. Dieses Vulkangebiet ist sehr jung und deshalb sehr bunt. Biegt man vom Ende der Vegetation nach rechts ab und steigt eine halbe Stunde ab, erreicht man eine Fumorole. Besser aber ist es, oben noch eine gute halbe Stunde den Kraterrand weiter entlangzugehen und erst dann hinunterzustechen. Man erreicht dann eine eindrückliche, stark dampfende Schwefelgrotte. Man kann hier nach Sicht gehen, einen Weg gibt es nicht. Bitte vorsichtig gehen, die Lava ist teilweise sehr brüchig und im Nu durch eure Trampelei zerstört.

■ Der Trip nach **Quinta Playa** (dem fünften Strand) ist der einzige Ausflug auf eigene Faust, für den man eine Spezialerlaubnis aus Santa Cruz und einen Führer benötigt. Empfehlenswert: *Ruben Jaramillo*, zu finden im Hotel Alexandra, Puerto Villamil; sein Tageshonorar beträgt 5 $. Wer wirklich Interesse für die Natur zeigt und nicht in einer Riesengruppe lostrampeln will und dazu versichert, mit einem Führer dorthin zu gehen, sollte die Bewilligung bekommen. Vor der Quinta Playa liegen vier weitere Strände. Packesel kosten pro Tag 3 $, sind aber für rüstige, junge Leute unnötig. Wer nur bis zum zweiten Strand gehen möchte, schafft das auch ohne Führer oder findet am Wochenende eine Mitfahrgelegenheit mit einheimischen Ausflüglern.

Etwas vom Strand der Quinta Playa zurückversetzt, finden sich mehrere Lagunen mit um die 300 Flamingos. Sie sind sehr scheu, bitte absolute Ruhe, keine hastigen Bewegungen, und wer sich zum Fotografieren an sie heranpirschen will, sollte für diese Aktion mehrere Stunden veranschlagen (für eine Strecke von etwa 250 m).

Zeitbedarf für diesen Ausflug: 2 Tage. Mitnehmen: Turnschuhe, Wasser für 2 Tage (ca. 4 l), Sonnenschutz, lange Hosen.

Fernandina

Die Insel Fernandina (früher *Narborough*) ganz im Westen des Archipels wird kaum besucht, sie besteht aus einem einzigen mächtigen Vulkan. An der **Punta Espinosa** im Osten finden sich Kormorane, Meerechsen und Schildkröten, Pinguine und Seelöwen. Seit 1813 ist der Vulkan Fernandina mindestens 10mal ausgebrochen, wahrscheinlich auch ein paar mal unbemerkt. 1958 war der große Kratersee plötzlich verschwunden, 1964 gab es wieder einen neuen; und vier Jahre später stürzte der Kraterboden über 300 m in die Tiefe.

PERU

Geographie

Costa

Entlang des pazifischen Ozeans erstreckt sich ein 2000 km langer und 50 bis 150 km breiter, wüstenhafter Küstenstreifen. Er wird nur durch 52 Flüsse unterbrochen, die gegen den Pazifik streben, doch nur 10 von ihnen führen ganzjährig Wasser. Obwohl die Costa nur 11 Prozent der Landesfläche ausmacht, wohnt die Hälfte der Bevölkerung dort. Entlang der Küste fließt ein kalter Wasserstrom in Süd-Nord-Richtung, der Humboldtstrom, dessen Wasser durchschnittlich um 5 °C niedriger als für diese Breitengrade üblich ist. Die Winde, die vom offenen Meer zum Land wehen, kühlen sich über dem Strom ab und entladen ihre Feuchtigkeit. An Land regnet es deshalb entlang der Westseite der Anden fast nie. Der südperuanische und der nordchilenische Küstenstreifen gelten als trockenste Regionen der Welt, Jahre können vergehen, ohne daß ein Tropfen Wasser fällt.

Anders sieht die Lage im Norden des Landes aus. Von Panama her fließt ein warmer Strom südwärts. Pünktlich zu Weihnachten (sein Name: *El Niño*, das Christkind) schwillt er dermaßen an, daß er die Wirkung des Humboldtstroms aufzuheben vermag, er bringt dann heftige Regenfälle. Das letzte Mal, im Jahr 1983 nahmen sie derart katastrophale Ausmaße an, daß Ernten vernichtet, Straßen und Häuser zerstört wurden. Nach Einsetzen des Niño beginnt die Wüste zu blühen, etwas was man sich nicht entgehen lassen sollte. Denn kläglich sind ansonsten die Anzeichen der Vegetation: Nicht einmal Kakteen wachsen in Perus Wüste, nur der Johannisbrotbaum, der *huarango* oder *algarrobo* vermag der Trockenheit zu trotzen.

Ganz anders die Lebenslage im Meer: Der Humboldtstrom ist eines der fischreichsten Gewässer der Welt. Fische, Tintenfische, Vögel und Meeressäugetiere (Delphine, Seelöwen) leben direkt oder indirekt von der Beute, die die Tiefe des kalten Stroms an die Oberfläche bringt. Zahlreich sind Perus Seevögel, so zahlreich, daß sich der weltweite Export von Vogelschiß (Guano) zeitweise zum Riesengeschäft entwickelte.

Sierra

Östlich der Küste erhebt sich ein steiler Gebirgszug, ein fast 7000 km langes zusammenhängendes Gebilde von Kolumbien und Venezuela über Ecuador und Peru bis Feuerland. Die Anden trennen den schmalen, trockenen Küstenstreifen von den immerfeuchten Urwäldern des Amazonas. Zehn Bergspitzen der peruanischen Andenkordillere ragen über 6000 m in die Höhe, der höchste, der Huascarán bei Huaraz, mißt 6768 m.

Die Anden teilen sich in eine West- und eine Ostkordillere (die Sierra Blanca und Sierra Negra). Dazwischen liegen sechs von Quergebirgsformationen abgeschlossene Hochplateaus. Von Norden nach Süden sind dies: die Hochebene von Cajamarca, der Callejón de Huaylas (Huaraz), die Ebene von Huánuco, von Mantaro (Huancayo), von Cuzco und der Altiplano, der von der peruanischen Seite des Titicacasees bis weit nach Bolivien hineinreicht.

Während der Regenzeit von Dezember bis April ist oft mehr als die Hälfte des überwiegend unbefestigten Staßennetzes in den Anden nicht befahrbar.

Selva

Die Selva, von den Peruanern auch *montaña* genannt, bedeckt 63 Prozent der Landesfläche Perus, beherbergt aber weniger als 11 Prozent der Bevölkerung. Die Bevölkerungsdichte bewegt sich in den Dschungelregionen zwischen 0.4 und 1.3 Personen pro km^2.

Die Bergurwälder, die Selva Alta (400–1000 m über Meer), an den Osthängen der Anden, wo die Amazonaswinde ihre Feuchtigkeit entladen, gehören zu den fruchtbarsten Gebieten des Landes. In dem milden, subtropischen Klima wachsen Tee, Kaffee, Kakao, Orangen und eine Unzahl von Tropenfrüchten. Der Anbau von Kokablättern, ihre Verarbeitung zu Kokainpaste und schließlich zu Kokain, Handel und Transport der heißen Ware ist ein in den offiziellen Statistiken nicht auftauchender beachtlicher Wirtschaftsfaktor. Rund 40 Prozent des Einkommens in der Selva Alta werden in diesem illegalen Erwerbszweig erwirtschaftet.

Riesige Flächen des Tieflandurwaldes, der Selva Baja (80–400 m über Meer) sind noch unberührt. Die Urwaldregionen Perus werden von Touristen (abgesehen von der Großstadt Iquitos) zu Unrecht vernachlässigt. Wer die immer feuchte Hitze erträgt, bunte Vögel und Schmetterlinge mag und Abenteuer in einer unbändigen, noch nicht zerstörten Natur sucht, kommt dort für wenig Geld auf seine Kosten. In der Selva Alta locken Fahrten auf abenteuerlichen Pisten und Urwaldtrekkings, in der Selva Baja Bootsfahrten in Begleitung einheimischer Führer oder auf eigene Faust.

Bevölkerung

Auf einer Gesamtfläche von knapp 1.3 Millionen km^2 (fünfmal so groß wie die Bundesrepublik Deutschland) leben 21 Millionen Peruaner. Ein Drittel der Bevölkerung besteht aus Mestizen (Mischlinge aus Weißen und Indianern). Der Anteil der europäischen Bevölkerung, meist spanischen Ursprungs, liegt bei 10 bis 12 Prozent,

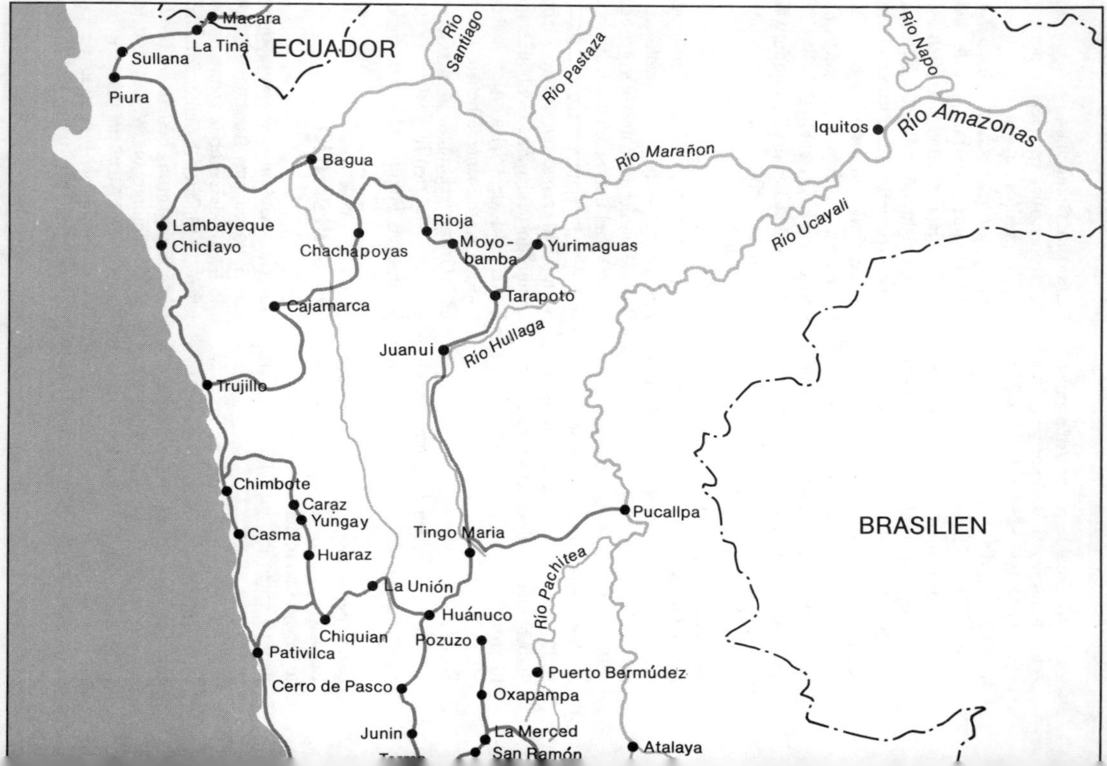

Macara
La Tina
Sullana
Piura
ECUADOR
Río Santiago
Río Pastaza
Río Napo
Iquitos
Río Amazonas
Río Marañon
Bagua
Lambayeque
Chiclayo
Chachapoyas
Rioja
Moyo-bamba
Yurimaguas
Río Ucayali
Tarapoto
Cajamarca
Juanui
Río Hullaga
Trujillo
Chimbote
Caraz
Yungay
Casma
Huaraz
Tingo Maria
Pucallpa
BRASILIEN
Río Pachitea
La Unión
Huánuco
Chiquian
Pozuzo
Pativilca
Puerto Bermúdez
Cerro de Pasco
Oxapampa
Junin
La Merced
San Ramón
Atalaya

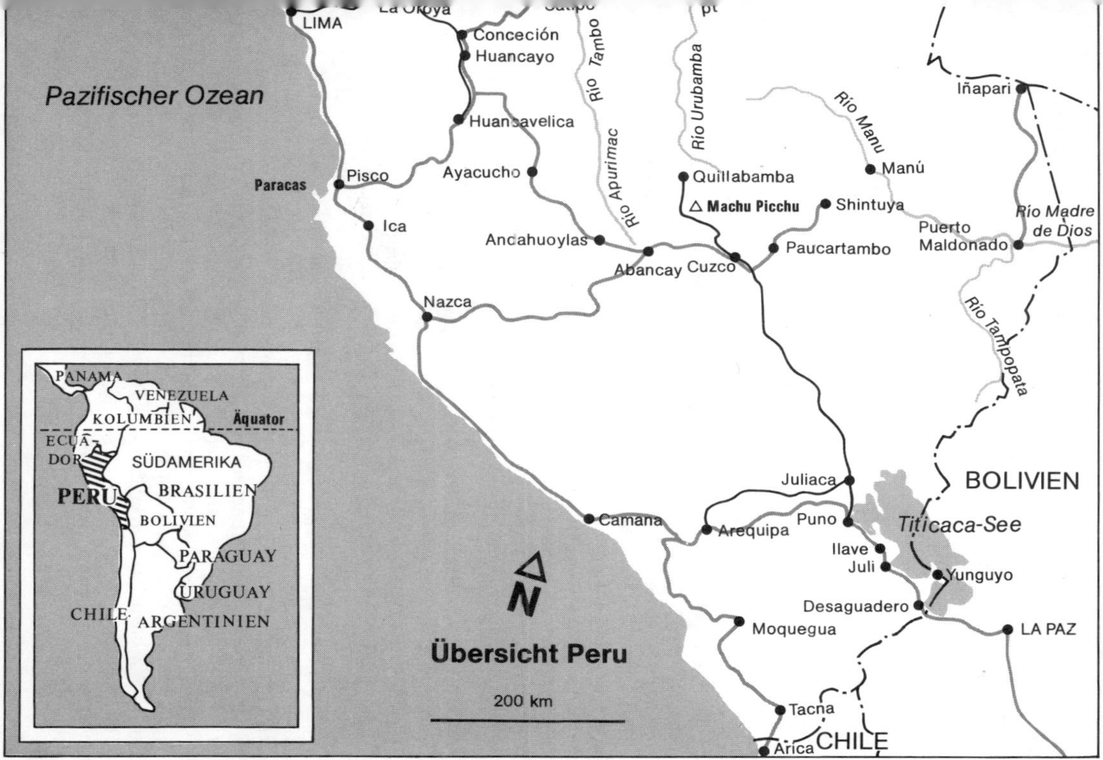

Übersicht Peru
200 km
N
Pazifischer Ozean
Paracas
LIMA
Concepción
Huancayo
Huancavelica
Pisco
Ayacucho
Ica
Andahuaylas
Abancay
Cuzco
Nazca
Río Tambo
Río Apurímac
Río Urubamba
Quillabamba
Machu Picchu
Río Manu
Manú
Shintuya
Paucartambo
Puerto Maldonado
Iñapari
Río Madre de Dios
Río Tampopata
BOLIVIEN
Juliaca
Puno
Titicaca-See
Camana
Arequipa
Ilave
Juli
Yunguyo
Desaguadero
Moquegua
LA PAZ
Tacna
Arica
CHILE
PANAMA
VENEZUELA
KOLUMBIEN
Äquator
ECUADOR
SÜDAMERIKA
PERU
BRASILIEN
BOLIVIEN
PARAGUAY
URUGUAY
CHILE
ARGENTINIEN

während Schwarze und Ostasiaten (Chinesen und Japaner) zusammen weniger als 5 Prozent ausmachen. Fast die Hälfte der Bevölkerung ist rein indianischen Ursprungs. Sie bewohnt hauptsächlich das Hochland und unterteilt sich größtenteils in die beiden Sprachgruppen der Ketschuas und der um den Titicacasee lebenden Aymaras.

Staatssprache ist Spanisch (*castellano*). 1975 wurde Ketschua (auch *runasimi*) zur zweiten offiziellen Landessprache erklärt. Ketschua ist die alte Inkasprache und wird heute noch von über 3 Millionen Hochlandbewohnern gesprochen.

Die Mehrheit der Menschen in Peru gehört der römisch-katholischen Kirche an. Im April 1973 wurde die volle Religionsfreiheit verordnet und der Religionsunterricht in der Schule abgeschafft. Die unter den Hochlandindianern verbreiteten Naturreligionen sind keineswegs ausgestorben, haben sich indes mit christlichen Bräuchen vermischt.

Trotz großer Anstrengungen der Regierung (ärztliche Behandlung und Spitalaufentahlt sind weitgehend gratis) ist die Gesundheitsversorgung noch ungenügend. Etwa zwei Drittel der peruanischen Bevölkerung leiden unter einseitiger oder ungenügender Ernährung. Besonders häufig sind Magen- und Darmkrankheiten (durch Parasiten). Die Säuglingssterblichkeit ist hoch: 10 Prozent der Kinder sterben im ersten Lebensjahr; wichtigste Todesursache sind Durchfallerkrankungen. Die durchschnittliche Lebenserwartung der peruanischen Männer liegt bei 58, die der Frauen bei 61 Jahren.

Der Besuch der staatlichen Grund- und Oberschule ist gebührenfrei. Schulpflicht besteht für alle Kinder im Alter von 7 bis 16 Jahren, doch kann sie vor allem auf dem Land, unter anderem infolge Lehrkräftemangels, nicht durchgesetzt werden. Etwa ein Viertel aller Schulpflichtigen besucht keine Schule, und nur etwa 20 Prozent der Schulanfänger schließen ihre Grundschulausbildung ab. Trotz verstärkter staatlicher Bemühungen ist der Anteil der Analphabeten immer noch sehr hoch. 14 Prozent der Bevölkerung im Alter von 15 und mehr Jahren können weder lesen noch schreiben. Dabei gibt's große Unterschiede zwischen Stadt und Land. In der Stadt beträgt die Analphabetenrate nur 6 Prozent, auf dem Land 33 Prozent, und von den Frauen auf dem Land sind sogar fast die Hälfte Analphabeten.

Das Bevölkerungswachstum ist mit 2.2 Prozent außergewöhnlich hoch. Der Bevölkerungsdruck und mangelnde Arbeit in den Landregionen veranlaßt viele Peruaner und Peruanerinnen, in die Städte zu flüchten. Lebten 1962 noch 53 Prozent der Gesamtbevölkerung auf dem Land, so sind es heute nur noch 32 Prozent. Täglich ziehen Tausende in die großen Küstenstädte. Sie besetzen ein winziges Landstück in einem der vielen Armenvororte, *pueblos jóvenes* (junge Dörfer) genannt, und suchen sich Arbeit. Meist vergeblich. Nur ein Fünftel der Peruaner im arbeitsfähigen Alter steht in einem festen Arbeitsverhältnis, die übrigen sind unterbeschäftigt oder arbeitslos. Der Anstieg von Löhnen und Gehältern konnte in den letzten Jahren im allgemeinen der Preisentwicklung (Inflation) nicht folgen. Der staatlich festgesetzte Mindestlohn wird jährlich mit einer zeitlichen Verzögerung an die gestiegenen Lebenshaltungskosten angepaßt und beträgt 30 bis 40 Dollar pro Monat. Die Preise für Grundnahrungsmittel, Transporte und Mieten werden staatlich festgelegt, die Preisbindung sowohl für Güter und Dienstleistungen wie auch die Mindestlohnbestimmungen werden oft nicht eingehalten.

Viele Arbeitskräfte sind in der sogenannten Schattenwirtschaft beschäftigt, sie werden von offiziellen Statistiken nicht erfaßt und zahlen keine Steuern. Dazu zählt man nicht nur kriminelle Aktivitäten wie Schmuggel und Diebstahl. Wirtschaftlich bedeutender ist die Schar von Straßenhändlern und Kleinunternehmern, sowie Campesinos, welche in abgelegenen Gebieten ihre Produkte tauschen, statt sie gegen Geld zu verkaufen, und somit in der nationalen Buchhaltung nicht berücksichtigt werden. Etwa 40 Prozent der gesamten wirtschaftlichen Aktivitäten spielen sich nach Expertenansicht im informellen Bereich ab.

Politik und Wirtschaft

Nachdem Militärdiktaturen und Zivilregierungen seit der peruanischen Unabhängigkeit abwechselnd an der Macht waren, verkündete die damals regierende Militärjunta 1980 allgemeine Wahlen. Aus ihnen ging der konservative *Belaúnde Terry* als Sieger hervor. Er blieb bis 1985 Staatschef, der Sozialist *Alán García* übernahm das Szepter. Seine Amtszeit läuft bis zum Jahr 1990. Präsident García amtet auch als Führer der Regierungspartei APRA (*Alianza Popular Revolucionario Americana*). Die zweitstärkste Partei ist heute die aus mehreren Parteibündnissen entstandene *Izquierda Unida* (IU), vereinigte Linke, doch scheinen die Konservativen unter dem Neupolitiker und ehemals linkskritischen Schriftsteller *Mario Vargas Llosa* Auftrieb zu gewinnen.

Gleich nach seinem Amtsantritt im Juli 1985 begrenzte Präsident Alán García die peruanischen Zins- und Tilgungszahlungen von mittel- und langfristigen Krediten des Auslandes auf 10 Prozent der Exporteinnahmen. Nachdem Peru im August 1987 gar nur eine symbolische Rückzahlung von Auslandsschulden an den Internationalen Währungsfonds (IWF) geleistet hatte, wurde das Land für kreditunwürdig erklärt, so daß auch Kreditgewährungen der Weltbank und der Interamerikanischen Entwicklungsbank (BID) in Frage gestellt waren. Die Auslandsschulden beliefen sich 1987 auf 16.8 Milliarden Dollar.

Im August 1987 sorgte Peru erneut für Schlagzeilen in der Wirtschaftspresse: das gesamte Bankwesen wurde verstaatlicht unter dem Motto *los bancos para el pueblo* (die Banken dem Volk), denn vorher waren die meisten Banken im Besitz von 15 Familien. Die Bauern und kleinen Geschäftsleute erhoffen sich von der Verstaatlichung verbilligte Kleinkredite für Saatgut und Düngemittel. Allerdings werden auch die Staatsbanken nicht darum herumkommen, bei der Kreditgewährung an Private Nutzen-Ertrags-Rechnungen zu machen, sonst werden die Kredite für Konsum statt für produktive Investitionen verwendet. Die Hoffnung vieler kleiner Wirtschaftsleute auf billiges Geld dürfte sich nicht so einfach erfüllen. Da nach der Verstaatlichungswelle die Kapitalflucht ins Ausland rapide zunahm, wurden die Devisenkontrollen für Peruaner verschärft. Peruaner, die ins Ausland verreisen wollten, mußten 1000 $ deponieren! Die Dollarflucht führte auch zu einem massiven Anstieg der Dollarwährung gegenüber dem Inti, so daß es für Importzweige immer schwieriger wurde, ihre eingeführten Güter zu einem gewinnbringenden Preis im Land zu verkaufen. Das hatte zur Folge, daß viele Güter, darunter lebenswichtige Medikamente, in Lager gehalten wurden und dort auf bessere Zeiten warteten.

Ein wichtiges Ziel im APRA-Programm ist die Regionalisierung Perus. Limas Omnipotenz soll dadurch eingeschränkt werden, daß Departemente und Distrikte vermehrt selbständig Entscheidungen treffen. Neue Industrien sollen sich nicht mehr nur in Lima ansiedeln, der Bau von Industrieanlagen soll mittels Steuererleichterungen und Verbesserung der Kommunikations- und Transportwege auch in anderen Städten gefördert werden.

Die Industrie konzentriert sich derzeit zu 80 Prozent auf die Hauptstadt Lima. Schwerpunkte der Produktion bilden Herstellung oder Verarbeitung von Nahrungsmitteln, Textilien, Bekleidungsartikeln und Metallen. Industriesektor und Bauwirtschaft tragen bei einem Erwerbsanteil von 20 Prozent 27 Prozent zum Bruttoinlandprodukt (BIP) bei.

Der Dienstleistungszweig ist mit einem Anteil von 48 Prozent am Volkseinkommen und knapp 40 Prozent der Beschäftigten auf dem Weg, dominierender Wirtschaftsfaktor zu werden.

Landwirtschaft (Baumwolle, Kartoffeln, Mais, Kaffee, Reis, Zuckerrohr) und Fischerei beschäftigen 40 Prozent der arbeitenden Bevölkerung und tragen 15 Prozent zum Bruttoinlandprodukt bei. Die Ernten in den vergangenen Jahren waren jedoch so ungenügend, daß jährlich Nahrungsmittel für 200 bis 500 Millionen Dollar eingeführt werden mußten. Im Bergbau arbeitet nur ein Pro-

Die meisten Peruaner sind unterbeschäftigt oder arbeitslos ▶

zent der arbeitsfähigen Bevölkerung, doch sind sie für 10 Prozent des Bruttoinlandprodukts und fast die Hälfte der Deviseneinnahmen verantwortlich. Der Export von Erzen und Mineralien liegt seit 1970 in Staatshänden. Seit 1978 deckt die ebenfalls staatlich kontrollierte Erdölförderung den eigenen Inlandbedarf. Wichtigste Außenhandelspartner sind die USA (36 Prozent), gefolgt von Japan (12 Prozent), Brasilien (8 Prozent) und der Bundesrepublik Deutschland (7 Prozent).

Archäologie und Geschichte

Der Mensch stammt nicht aus Amerika. Es wurden bisher keinerlei Überreste von Vorfahren oder Verwandten des *Homo sapiens* gefunden. Die Vorfahren der alten Amerikaner kamen vor rund 10 000 bis 40 000 Jahren aus Asien über die Beringstraße, einer ehemaligen Eisbrücke zwischen Sibirien und Alaska. Eine Einwanderung über den Ozean fand kaum in großem Rahmen statt, möglich oder gar wahrscheinlich waren aber kulturelle Kontakte zwischen den Frühkulturen Amerikas und den Zivilisationen Japans, Polynesiens, Melanesiens, Indonesiens, Südostasiens, Chinas und vielleicht sogar Afrikas. Die wenigen Schiffe, die von dort her kamen, brachten bestimmt keine Menschenmassen, die die Rassen biologisch veränderten, wohl aber Ideen, religiöse Vorstellungen, Techniken. Zumindest nähren viele überraschende Ähnlichkeiten zwischen diesen Kulturen solche Vermutungen.

Die Ureinwohner erreichten nach Hunderten von Generationen schließlich Südchile. Zur Hauptsache Jäger und Sammler folgten sie den wandernden Rentier- und Mammutherden. In der Andenregion wurden zusätzlich Vicuñas und Guanakos gejagt. Das für uns wohl verblüffendste Jagdtier war das heute ausgestorbene Riesenfaultier, das so groß wie ein Elefant gewesen sein soll.

Um 4000 v. Chr. machten sich erste Anzeichen von Landwirtschaft bemerkbar, in der Nähe der Hütten wurden Kartoffeln angepflanzt. Die ersten Bauern erkannten bald schon die Vorteile von Unkrautbeseitigung und Dünger (tierische und menschliche Fäkalien). Und sie lernten auch, daß manche Pflanzen eine bessere Ernte versprachen als andere;neue Rassen wurden gezüchtet.

Um 3000 v. Chr. wurde bereits Baumwolle kultiviert. Sie diente zur Herstellung von Fischnetzen, später auch für Kleidungsstücke. Um etwa 1400 v. Chr. erreichte die Maispflanze die peruanische Küste, wahrscheinlich aus Mexiko oder Ecuador kommend. Als der Maisanbau um 900–800 v. Chr. zu Ernteüberschüssen führte und Arbeitskräfte freisetzte, müssen erste nichtlandwirtschaftliche Berufe entstanden sein - Priester, Künstler, Astronomen etwa. Der älteste Tempel Perus wurde in Cotosh bei Huánuco gefunden. Dort fand man auch Keramik aus der Zeit von 1800 v. Chr. Im übrigen Land taucht die Töpferkunst erst 600 Jahre später auf.

Die Indianer gehören in der Kultivierung von Nutzpflanzen zu den erfolgreichsten Völkern der Welt. Ungefähr die Hälfte der heute auch bei uns gebräuchlichen Nutzpflanzen stammt aus der neuen Welt. Die wichtigsten sind Mais, Kartoffeln, Bohnen, Kürbis, Süßkartoffeln (*camote*), Yuca (Maniok), Tomaten, Erdnüsse, Kakao, Pfefferschoten, Vanille, Tabak, Koka und Chinín. Als Haustiere wurden Lamas, Alpakas, Meerschweinchen, Hunde (eine «nackte» Rasse ohne Fell, *perro chino* genannt) und Enten gehalten. Alle übrigen Haustiere wie Pferd, Rind, Schaf, Schwein und Huhn wurden erst durch die Spanier im 16. Jahrhundert eingeführt.

Die erste Kultur von überregionaler Bedeutung war die **Chavín-Kultur**, benannt nach der wichtigsten Kultstätte – Chavín de Huántar bei Huaraz in Nordperu. Ihre Keramik und Steinreliefs sind fantastische surrealistische Kunstwerke, die ein furchterregendes Gottwesen, bestehend aus einer Vereinigung von Jaguar, Harpyie (Greifvogel) und Anakonda abbilden. Alle drei genannten Tiere leben ausschließlich im Urwald, was vermuten läßt, daß die Chavíns ursprünglich von dorther stammen. Eine wichtige Rolle in ihrem Kult spielte der meskalinhaltige *San-Pedro-Kaktus*. Nur wenig hat man bisher allerdings über die religiösen Riten und Vorstellungen der Chavín-Kultur herausgefunden. Grund: In der sehr regenreichen Region sind fast alle organischen Überreste zerrottet.

Auf der trockenen Halbinsel von Paracas in Südperu lebte zwischen 700 v. Chr. und 150 n. Chr. ein Volk, das seine Toten mumifizierte und in lange, wertvolle Totentücher wickelte. Die Textilien der **Paracas-Kultur** gehören zu den schönsten und perfektesten, welche je in Amerika gewebt wurden. Auf ihnen sind Tiere und Fabelwesen in leuchtenden Farben abgebildet. Der Raubkatzengott der Paracas-Menschen sieht nicht mehr so furchterregend aus wie der Gott der Chavín-Leute, trägt aber in einer Hand oft einen Trophäenkopf.

Als Nachfolgerin der Paracas-Kultur entwickelte sich zwischen 100–700 n. Chr. in der trockenen Wüste Südperus die Kultur der **Nazcas**. Sie produzierte in großen Mengen Keramikgefäße, auf denen Tiere und symbolträchtige Dämonen in prachtvollen Farben (besonders auffallend ist das leuchtende Rot) abgebildet sind. Die berühmten Wüstenlinien von Nazca zeugen von den astronomischen Fähigkeiten dieser Frühperuaner.

Zeitgenossen der Nazcas waren im Norden des Landes die **Mochicas**. In ihren Gräbern fand man Hunderttausende von Keramikgefäßen, auf denen in realistischer Weise die Lebensumstände der Mochicas und deren religiöse Vorstellungen dargestellt sind. Die Moche-Tongefäße gehören zu den meistbestaunten Schmuckstükken der archäologischen Museen. In Trujillo hinterließen die Mochicas zwei beachtliche Pyramiden aus Lehm (*adobe*).

Den Mochicas folgten die **Chimús**. Ihre Kultur ist derjenigen ihrer Vorfahren sehr ähnlich, die Keramik aber oft nur schwarz und nicht mehr so prachtvoll. Dagegen waren die Chimús Meister in der Goldschmiedekunst. Auch sie bauten ihre Häuser vorwiegend aus Lehm; ihre Hauptstadt Chan-Chan liegt ebenfalls unweit von Trujillo. Über 50 000 Einwohner lebten einst in den Adobegebäuden.

Die regionalen Kulturen werden ungestüm im 13. Jahrhundert erschüttert, die **Inkas** beginnen, sich auszubreiten. Um 1200 soll der erste Inka *Manco Capac* in göttlichem Auftrag die Stadt Cuzco gegründet haben. Die Inkaexpansion begann aber erst im 15. Jahrhundert durch die Inkas *Pachacutec Yupanqui* und *Tupac Yupanqui*. Unter *Huayna Capac* erstreckte es sich vom heutigen Südkolumbien bis weit nach Chile hinein. Nach dem Tod des Großherrschers brach zwischen seinen Söhnen *Huascar* in Cuzco und *Atahualpa* in Quito ein Bürgerkrieg aus, den die ankommenden Spanier geschickt zu ihren Gunsten ausnutzten. 1532 gab der Conquistador *Francisco Pizarro* in Cajamarca durch die Ermordung Atahualpas dem Inkareich den Todesstoß.

Die Inkagenerale waren vor Schreck gelähmt, es dauerte eine Weile, bis es zu einer Art Guerillakrieg gegen die europäischen Eindringlinge kam. *Manco Inca* gelang es 1536 beinahe, Cuzco einzunehmen, doch 1539 mußte er sich geschlagen in seine Urwaldfestung Vilcabamba zurückziehen, wo er wenige Jahre später von einigen Spaniern ermordet wurde. Diese waren bald nach dem Beginn der Eroberung, der *conquista*, in zwei Lager gespalten, in die Anhänger des Seemans *Diego de Almagro* und die Anhänger *Francisco Pizarros*. Almagro wurde 1538 hingerichtet, Pizarro wurde drei Jahre später von Anhängern Almagros in seinem Palast in Lima ermordet.

Die spanische Krone begann nun ihre Macht in Peru zu festigen. Sie setzte dazu neue «Inkas» ein, die in ihrem Auftrag und nach ihrem Willen die Bevölkerung «mitregierten». 1572 zettelte der Inka *Tupac Amaru* eine Revolte an. Der Aufstand wurde niedergeschlagen, er selbst getötet. Seinen Namen übernahm der Führer einer neuen (ebenfalls erfolglosen) Indianerrevolte mehr als 200 Jahre später; er nannte sich *Tupac Amaru II*. Die spanische Krone beschloß daraufhin, geprägt vom Geist der Aufklärung und dem Wunsch, mit dem inzwischen «höherentwickelten» Europa kulturell gleichzuziehen, die indianische Zwangsarbeit in ihren Überseereichen zu verbieten. Das Manko an billigen Arbeitskräften wurde in der Folge mit Sklaven aus Afrika ausgeglichen. Entscheidende aber sollten sich die ersten Aufständen der Siedler gegen die Krone auf die peruanische Geschichte auswirken.

1821 marschierte die Unabhängigkeitsarmee unter General *José de San Martín* in Lima ein. Kurz zuvor hatten seine Männer Argentinien und Chile befreit. Im Norden Südamerikas war *Simón Bolívar* erfolgreich, die Spanier mußten sich in Kolumbien und Venezuela geschlagen geben. Endgültig verloren sie ihre Herrschaft in den Entscheidungsschlachten von Junín (6. August 1824) und von Ayacucho (9. Dezember 1824), als sie sich gegen das Heer des Feldmarschalls *José Antonio de Sucre* nicht durchzusetzen vermochten. Peru war unabhängig und siegte auch in einem von Spanien entfachten Krieg im Jahr 1866. Doch mit der neuen südamerikanischen Einheit war es nicht weit her, bald zerfiel das Bündnis, das Bolivien mit Peru geschlossen hatte, und auch Großkolumbien, bestehend aus Ecuador, Kolumbien und Venezuela, hielt nicht lange. Von 1879 bis 1883 standen Chile und Peru gar in offenen kriegerischen Auseinandersetzungen. Im sogenannten Salpeterkrieg gelang es Chile bis nach Lima vorzustoßen. Nach ihrem Rückzug behielten sie einen Teil der bolivianischen und peruanischen Atacamawüste, wo sich reichhaltige Nitratvorkommen (Dünger) befinden.

Festtagskalender

1. Januar: *Neujahrstag*. Februar, März: *Karneval,* man bespritzt sich mit Wasser und wirft mit gefärbtem Wasser gefüllte Ballone. März, April: *Ostern* wird im katholischen Land mit großen Prozessionen gefeiert. 1. Mai: *Tag der Arbeit*. Juni, am neunten Donnerstag nach Ostern: *Corpus Cristi*, Prozessionen vor allem in Cuzco. 24. Juni: *Inti Raymi*, Tag der Wintersonnenwende (genaugenommen findet sie am 21. Juni statt) ist der wichtigste Tag im Inkakalender. Großes Touristenspektakel in Cuzco. 29. Juni: *St. Peter und Paul*. 16. Juli: *Jungfrau von Carmen,* wird vor allem im südlichen Andengebiet gefeiert (Pisac bei Cuzco, Pucara am Titicacasee). 28. Juli: *Unabhängigkeitstag*. Jeder Peruaner möchte nach Hause zu seiner Familie, Autobusse und Flugzeuge sind während einer Woche hoffnungslos ausgebucht. 30. August: *Sta. Rosa,* Prozessionen für die Schutzheilige von Lima. 18. Oktober: *Señor de los Milagros*, Prozessionen zu Ehren einer Christusstatue, welche Lima vor Erdbeben beschützt. 1. November: *Allerheiligen*, Familienfeier und Besuch des Friedhofs. 25. Dezember: *Weihnachten* ohne Schnee mit künstlichen Tannenbäumen, Einkaufsrummel, Kirchenbesuch, Knallkörper und Feuerwerk.

Literatur

■ **Hilary Bradt:** Backpacking and Trekking in Peru and Bolivia, Bradt Publications UK, 1987. Die bekanntesten Trekkingrouten beider Länder werden kurz beschrieben. 190 Seiten, 21 Pläne.

■ **Tony Morrison:** Die Anden, Time-Life-Bücher, Amsterdam. Farbenfroher Bildband mit flüssigem Text.

■ **F. Kauffmann Doig:** Manual de Arqueología Peruana, Lima 1983. Einer der bekanntesten peruanischen Archäologen gibt in 790 Seiten einen umfassenden Überblick über die altperuanischen Kulturen. Ohne Farbbilder, deshalb ist das Werk erstaunlich preiswert. Leider nur in spanischer Sprache erhältlich.

■ **Hans Helfritz:** Südamerika: präkolumbianische Hochkulturen, DuMont Kunstreiseführer, Köln 1979. Gibt einen Überblick über die alten indianischen Kultstätten in Peru, Bolivien und Kolumbien.

■ **Hiram Bingham:** Lost City of the Incas, Lima 1975. Spannender Bericht über die Entdeckung Machu Picchus durch den Autor. Enthält auch eine Kurzfassung über die Geschichte und Kultur der Inkas.

■ **Miloslav Stingel:** Das Reich der Inka, Econ Verlag, Wien 1982. Inkageschichte - unterhaltsam und pakkend geschrieben.

■ **William Prescott:** Entdeckung und Eroberung von Peru, Gyr-Verlag, Baden (Schweiz) 1951. Die Erstausgabe erschien 1847 in Bosten, der alte Klassiker zur peruanischen Geschichte ist noch immer sehr lesenswert.

■ **Garcilaso de la Vega Inca:** Comentares Reales, Editorial Mercurio, Lima. Garcilaso (1539–1616) verbrachte seine ersten 20 Lebensjahre in Peru. Sein Vater war ein spanischer Eroberer, seine Mutter eine Inkaprinzessin. In Spanien schrieb er 1586 ein Buch, indem Geschichte und Tradition des Inkavolkes stark idealisierend dargestellt werden.

■ **Victor von Hagen:** Die Schicksalsstraße der Inka, Rowohlt Verlag 1978. Inkakultur und die spanische Eroberung, vor allem aber das 15 000 km lange Straßensystem werden beschrieben.

■ **Ferdinand Anton:** Altindianische Textilkunst aus Peru, List Verlag, München 1986. Prachtvoller Bildband.

■ **Reinhardt Jung:** Muchacha, die unsichtbaren Dienerinnen Lateinamerikas, Lamuv Verlag 1983. Erschütternder Bericht über die Ausbeutung der Dienstmädchen.

■ **José Carlos Mariátegui:** Sieben Versuche, die peruanische Wirklichkeit zu verstehen, Argument Berlin 1986. Mariátegui (1894–1930) gilt als Vater einer peruanischen Marxismus-Version.

■ **Winfried Dunkel:** Quechua für Peru-Reisende, Kauderwelsch Band 36, Peter-Rump Verlag, Bielefeld 1986. Kleiner Sprachführer.

Lima

153 m ü. M., 8 Mio. Einwohner.
Lima wurde 1535 am Dreikönigstag (6. Januar) durch *Francisco Pizarro* gegründet. Die Stadt liegt am Río Rimac und am Fuß des Cerro San Cristóbal. Trotz Erdbeben und Feuersbrünsten blieben zahlreiche Kolonialbauten erhalten. Doch es sind Hochhäuser und architektonische Erzeugnisse unseres Jahrhunderts, die das Stadtbild bestimmen. Von Stadtplanung kann in Lima keine Rede sein. Fast ein Drittel der Landesbevölkerung lebt in Lima und in seinen Vororten. Die genaue Bevölkerungszahl kennt niemand, täglich strömen Hunderte, vielleicht auch Tausende auf der Suche nach dem Glück in die Großstadt.

1936 sollen die ersten 5 Personen illegal auf einem Stück öden Landes am Stadtrand ihre Hütte errichtet haben, ihnen folgten Tausende. Heute leben 1.6 Millionen Menschen in den Elendsvierteln um Lima, eine weitere Million in innerstädtischen Armutsquartieren. Slums umgeben viele Großstädte Lateinamerikas: In Brasilien nennt man sie «favelas», in Chile «challampas» und in Venezuela «ranchos». 1969 gab die peruanische Regierung den Armenvierteln den beschönigenden Namen *pueblos jóvenes* (junge Dörfer). Kein Präsidentschaftskandidat kommt darum herum, dem Wählerpotential in den Pueblos jóvenes Rechnung zu tragen und zumindest Versprechungen zur Verbesserung der Lebenslage abzugeben. Umweltverschmutzung, Wasserknappheit, fehlende Kanalisation und miserable Hygieneverhältnisse, fehlende oder mangelhafte Stromversorgung, fehlendes Baumaterial, schlechte Verkehrsverbindungen, hohe Kriminalitätsrate sind die großen Probleme, die die Stadtväter beschäftigen. Allerdings: Würde sich die Lebensqualität in Lima verbessern, strömten noch mehr Leute vom Hochland ins Zentrum – der bekannte Teufelskreis. Doch nicht alles an Lima ist häßlich: In den Stadtteilen San Isidro und Miraflores zum Beispiel läßt es sich gut leben; hier ist die Welt der Reichen und oberen Mittelklasse. Nur 30 Autobusminuten trennen sie von den Elendsvierteln, doch es liegen Welten dazwischen.

Die Autos in Lima fahren ohne Scheibenwischer. Nicht nur, weil sie sonst schnell gestohlen würden. Sie sind unnötig, denn in Lima regnet es fast nie, die Straßen verfügen nicht mal über eine Regenrinne, und viele Dächer sind undicht. Im Winter (Juni bis Oktober) steckt Lima unter einem unangenehmen Hochnebelschleier, *garúa* genannt. Der Himmel ist während dieser Zeit ständig bedeckt. Die Temperatur sinkt jedoch nicht unter 12° Celsius. Von Dezember bis April ist der Himmel oft wolkenlos blau, die Temperatur steigt auf über 30° Celsius.

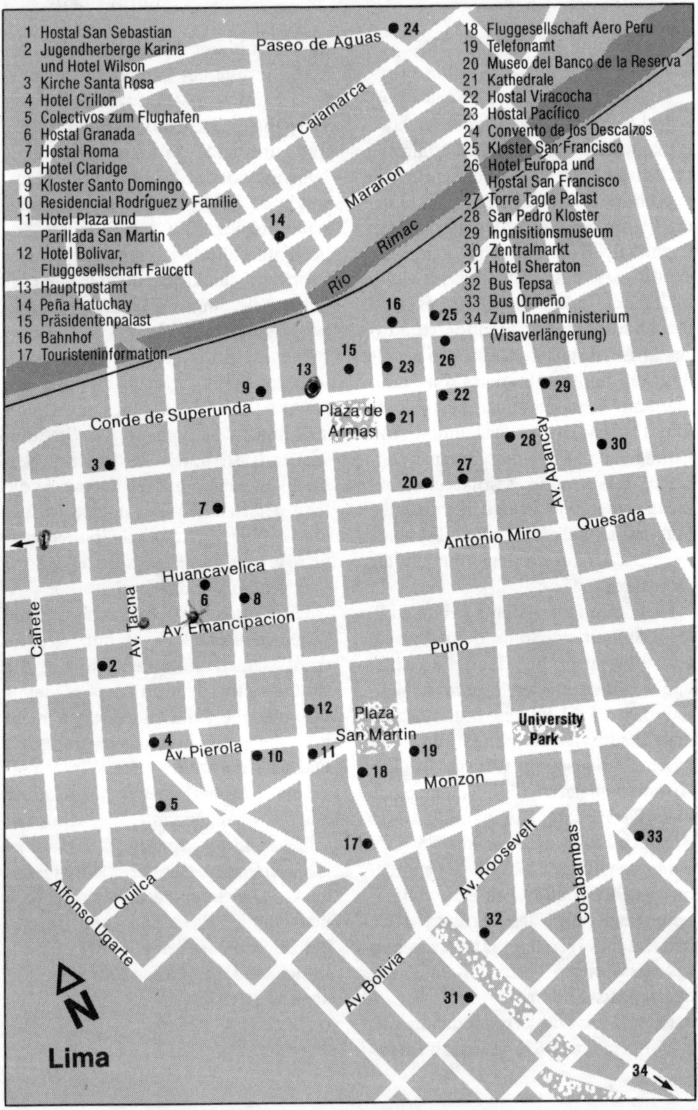
1 Hostal San Sebastian
2 Jugendherberge Karina und Hotel Wilson
3 Kirche Santa Rosa
4 Hotel Crillon
5 Colectivos zum Flughafen
6 Hostal Granada
7 Hostal Roma
8 Hotel Claridge
9 Kloster Santo Domingo
10 Residencial Rodríguez y Familie
11 Hotel Plaza und Parillada San Martin
12 Hotel Bolivar, Fluggesellschaft Faucett
13 Hauptpostamt
14 Peña Hatuchay
15 Präsidentenpalast
16 Bahnhof
17 Touristeninformation
18 Fluggesellschaft Aero Peru
19 Telefonamt
20 Museo del Banco de la Reserva
21 Kathedrale
22 Hostal Viracocha
23 Hostal Pacífico
24 Convento de los Descalzos
25 Kloster San Francisco
26 Hotel Europa und Hostal San Francisco
27 Torre Tagle Palast
28 San Pedro Kloster
29 Ingnisitionsmuseum
30 Zentralmarkt
31 Hotel Sheraton
32 Bus Tepsa
33 Bus Ormeño
34 Zum Innenministerium (Visaverlängerung)
Paseo de Aguas
Cajamarca
Marañon
Río Rimac
Conde de Superunda
Plaza de Armas
Av. Abancay
Quesada
Antonio Miro
Huancavelica
Av. Tacna
Av. Emancipacion
Cañete
Puno
Plaza San Martin
University Park
Av. Pierola
Monzon
Av. Roosevelt
Cotabambas
Quilca
Alfonso Ugarte
Av. Bolivia
N
Lima

Anreise

■ Der **Flughafen** von Lima liegt 30 Autominuten vom Zentrum entfernt. Die Taxis am Flughafen verlangen von neuankommenden, unerfahrenen Besuchern unverschämte Preise. Preiswerter sind die Taxis an der Straße außerhalb des eingezäunten Flughafengeländes (Preis unter 3 $). Nur 0.3 $ pro Person und pro Gepäckstück kostet das *colectivo.* Das ist ein Sammeltaxi, das eine feste Route ins Zentrum fährt, Endstation ist der Jirón Zepita, Ecke Avenida Garcilosa de la Vega, fünf Blöcke von der Plaza San Martín entfernt und unweit des Nobelhotels Crillon. Der Wagen fährt los, sobald er voll ist (hinten vier, vorne zwei Personen). Wer früher abfahren möchte, zahlt für die fehlenden Passagiere mit. Der Colectivostand befindet sich gleich rechts vom Ausgang des internationalen Terminals. Die Sammeltaxis fahren nur bis gegen 22 Uhr.

■ Die **Busterminals** der Fernbusse sind über die ganze Stadt verstreut. Ihre Adressen siehe unten im Abschnitt «Weiterreise».

Unterkunft

■ **Hotel Europa** *, Ancash 376. DZ ohne Bad 1.5 $, das Bett in einem Einzel- oder Mehrbettzimmer ist für weniger als 1 $ zu haben. War früher *der* Gringotreff, heute ist es etwas heruntergekommen. Die Zimmer sind sehr unterschiedlich.

■ **Hostal La Casa** *, Jr. Huancavelica 574, Tel. 24 35 53. DZ ohne Bad 3 $. Sicher. Die Zimmer sind zum Teil düster und muffig.

■ **Hotel Pacífico** *, Carabaya 145, gegenüber dem Präsidentenpalast. Primitive Doppelzimmer ohne Bad 1.5 $. Schmutzig.

■ **Unser Tip! Hostal San Sebastian** *, Jr. Ica 712, Tel. 23 27 40. DZ ohne Bad 3 $. Ein Bett in einem Kollektivzimmer 1.5 $. Sicher und sauber. Warmwasser (brasilianische Duschen). Gemütliche Dachterrasse zum Ausspannen. Möglichkeit, die Wäsche selbst zu waschen. Ist *der* Gringotreff, oft ausgebucht, wer erst nachmittags kommt, hat kaum Chancen, ein Bett zu kriegen. Das Gepäck kann während der Reise gratis deponiert werden. Auf Reservationen ist kein Verlaß.

■ **Albergue Juvenil Karina** *, Jr. Chancay 617, Tel. 32 35 62. Zentral, sicher und sauber. Das Bett in einem Schlafsaal (nach Geschlechtern getrennt) kostet 3 $. Das Frühstück ist im Preis inbegriffen. Empfehlenswert.

■ **Hotel Wilson** *, Chancay 633, zentral. Ein großes Hotel, in dem oft ein Bett frei ist. Das DZ mit Bad kostet 5 $, ohne Bad 4 $. Die Zimmer sind von unterschiedlicher Qualität, erst anschauen, dann buchen! Eigenes Restaurant im Haus.

■ **Hotel Claridge** *, Cailloma 437, Tel. 28 26 80, zentral. 50 Zimmer, einfach, für den Preis von 5 $ im DZ mit Bad ganz ordentlich. Eigenes Restaurant im 7. Stock.

■ **Unser Tip! Residencial Juan José**

Rodríguez y Familia *, Av. Nicolás de Pierola 730 , im 2. Stock. Tel. 23 64 65. Im Zentrum. Sicher, sauber und freundlich. Das Bett in einem Kollektivzimmer kostet 3 $. Keine Doppel- oder Einzelzimmer. Das Frühstück ist im Preis inbegriffen. Warmwasser. Familienatmosphäre; Aufenthaltsraum, TV und Radio der Familie können von jedem Gast mitbenützt werden. Als Gäste werden ausschließlich Europäer akzeptiert.

■ **Hostal Wiracocha ***, Jr. Junin 284, Tel. 27 11 78. DZ ohne Bad 5 $, mit Bad 5.5 $. Manchmal Warmwasser. Alter Gringotreff.

■ **Hostal Roma ***, Jr. Ica 326, Tel. 27 75 76. DZ mit Bad 6 $. Ein altes Kolonialhaus, sicher, sauber und immer mit Warmwasser. Beliebter Globitreff. Sehr empfehlenswert.

■ **Hostal San Francisco ****, Jr. Ancash 340, Tel. 28 36 43. Das Hotel befindet sich gegenüber der Kirche von San Francisco (Katakomben). DZ mit Bad 15 $. Sauber. Cafeteria im Haus. Empfehlenswert.

■ **Hostal Granada ****, Jr. Huancavelica 323. Tel. 27 90 33. Kleines Hotel im Zentrum, stilvoll eingerichtet. Sehr sicher. DZ mit Bad 15 $, Frühstück inbegriffen. Die Zimmer sind sauber und geräumig, mit Telefon und Teppich. Empfehlenswert.

■ **Hostal Miraflores ****, Av. Petit Thouars 5444, im Stadtteil Miraflores, am Ende der Avenida Arequipa, zwei Blöcke vom Miraflores-Zentrum. Tel. 45 87 45. Saubere, geräumige DZ mit Teppichboden und Bad 22 $. Bar und Restaurant im Haus.

■ **Pension Alemán ****, Av. Arequipa 4704, Ecke Jr. Tarapaca, im Stadtteil Miraflores, 25 Minuten Fahrt vom Zentrum. Tel. 45 69 99. Sehr sicher, doppelte Türen am Eingang, vor dem Tag und Nacht ein Wächter steht. Hübsch eingerichtete DZ mit Bad, Telefon und Teppichboden 24 $. Das Frühstück (von 7 bis 10 Uhr) ist im Preis inbegriffen. Deutsche Sauberkeit.

■ **Hotel El Plaza *****, Av. Nicolás de Pierola. DZ für 40 $, an der Bar gibt's den besten Pisco Sour der Stadt; gleich einen Doppelten bestellen (*un pisco sour doble, por favor*). Kostet 2 $.

■ Gegenüber befindet sich das alte, traditionelle **Hotel Bolívar *****, Plaza San Martín, Tel. 27 64 00. Der Pisco sour schmeckt hier ebensogut, kostet jedoch das doppelte (4 $). Öffentliche Bar und Restaurant, wer nur einen Pisco sour trinkt und nichts ißt, darf nicht auf die Terrasse. 80 $ kostet das DZ.

■ Gleich viel kostet das wesentlich modernere **Hotel Crillón *****, von dessen Skyroom man eine fantastische Sicht über die Stadt hat und wo manch ein Abend sehr überraschend endet... Das Luxushotel läßt keinerlei Wünsche offen und gilt als allererste Adresse in Lima.

■ **Hotel Sheraton** ***, Paseo de la República 170, Tel. 32 86 76. Das Sheraton ist mit 95 $ fürs DZ das teuerste Hotel Limas. Empfehlenswert ist das Frühstücksbuffet im Restaurant gleich nach dem Eingang hinter dem Wasserspiel, jeden Morgen von 7 bis 10 Uhr, auch für Nichtgäste.

Essen

In teuren Restaurants und Gringotreffs werden auf die Listenpreise 10 Prozent Bedienung und 3 Prozent Mehrwertsteuer geschlagen. In einfachen Kneipen gibt es diese Unsitte nicht.

■ Das preiswerteste Essen gibt's in **Los Portales,** Av. Nicolás de Pierola 382. Es gibt nur ein Menu für 0.3 $. Das Essen wird unter hygienisch einwandfreien Bedingungen gekocht.

■ **La Buena Muerte,** Jr. Paruro 394, Ecke Jr. Abancay. Das kleine Fischrestaurant ist nur über Mittag geöffnet. Die Cebiches und weitere Fischgerichte sind bei den Limeños so beliebt, daß die meisten keinen Sitzplatz erhalten und im Stehen essen. Folkloremusik.

■ In der **Parillada San Martín** an der Plaza San Martín gibt's die besten Steaks, das Babybeef kommt auf einem kleinen Holzkohlegrill auf den Tisch. Zu jedem Steak drei leckere Soßen zur Auswahl (Al Pesto und zwei scharfe Ají-Soßen). Zum Nachtisch vielleicht einen Eisbecher? Die Preise entsprechen der hohen Qualität.

■ **Las Tres Monedas,** Jr. Ancash 538/Ecke Abancay. Wer bereit ist, etwas tiefer in die Tasche zu greifen, speist hier ausgezeichnet und in stilvoller Umgebung. Die chilenischen, deutschen und französischen Weine kosten über 10 $ die Flasche.

■ In **vegetarischen Restaurants** ißt man gesund und erstaunlich preiswert (Mittagsessen etwa 0.5 $) . Zudem kann man sich dort mit Naturprodukten für die Reise eindecken (Honig, *Propolis* (Pollen), Kräutertees, Vollkornbrot, Seifen). Einige Adressen: La Naturaleza, Jr. Camaná 489, San Juan, Jr. Camaná 949, Productos Natur, Jr. Moquegua 132.

■ **Rosa Naútica,** an der Costa Verde in Miraflores, am Ende eines langen Stegs gelegen. Das Nobellokal hat sich auf Meeresgerichte spezialisiert, bietet aber auch eine große Auswahl an anderen Gerichten an.

■ **Italienische Restaurants** gibt's zu Hauf im Stadtteil Miraflores, vor allem am Jirón Olaya und Jirón Ramón. Es sind meist Promenadenrestaurants mit ausgezeichneter Küche; man geht nicht nur hin, um zu essen, sondern um dem vorbeihastenden Menschenstrom zuzusehen und gesehen zu werden.

■ **Pisco Sour** ist Perus Nationalgetränk. Zu Recht, an ihn kommt von den uns bekannten lateinamerikanischen Cocktails nur der brasilianische *caipirinha* heran. So wird Pisco Sour gemixt: Vier Teile Pisco (peruanischer Traubenschnaps), ein Teil Limonen (Zitronen sind zu süß), ein Teil Zuckermelasse (*jarabe de goma*) oder ein Eßlöffel Zucker, Mixbecher mit geschlagenem Eiweiß und (geraffeltem) Eis auffüllen. Alles gut mixen, zur Dekoration gießt man zwei Tropfen *Angostura* auf den Schaum.

Süßer ist der **Cocktail de Algarrobina.** Das Rezept: Vier Teile Pisco, vier Teile Brandy, ein Teil Zuckermelasse oder ein Teelöffel Zucker, ein Teelöffel Kakaolikör, ein Teil *Algarrobina* (brauner, zähflüssiger Saft aus der Frucht des Johannisbrotbaumes), ein Eigelb und Eis. Alles gut mixen und eine Prise Zimt auf den Schaum streuen.

Unterhaltung

■ **Hatuchay** gefiel uns unter den Peñas am besten. Sie befindet sich am Jr. Trujillo 228, im Stadtviertel Rimac. Freitag- und Samstagnacht läuft besonders viel. Eintritt 2 $. Im großen Raum wird getrunken, gegessen, aber vor allem getanzt. Je später der Abend, desto ausgelassener die Gäste (fast ausschliesslich Peruaner und Peruanerinnen). Neben Salsamusik auch viele Folkloreeinlagen. Besonders beliebt sind die afroamerikanischen Tänze der Schwarzen. ■ Die besten **Diskotheken** befinden sich im Zentrum des Stadtteils Miraflores, einige auch in San Isidro. Die jungen Peruaner und Peruanerinnen verraten euch gerne, welche gerade *in* ist.

Was sonst?

■ **Touristeninformation** (Foptur), Jr. Union 1066, hinter dem Luxusrestaurant Tambo de Oro. Geöffnet Mo – Fr 9 – 18 Uhr, Sa 9 – 13 Uhr.

■ **Telefonamt,** an der Plaza S. Martín.

■ **Hauptpostamt,** Jr. Junín, gegenüber dem Präsidentenpalast.

■ **Geldwechseln** in einer der vielen Banken bedeutet warten, Formulare ausfüllen und einen ausgesprochen schlechten Kurs in Kauf nehmen. Deshalb wechseln die meisten im Jirón Ocoña hinter dem Hotel Bolívar. Der Geldtausch bei einem der zahlreichen Schwarzhändler ist hier ziemlich sicher. Viele Geldwechselstuben und Reisebüros in der nahen Umgebung der Ocoña. Den Kurs erfährt man direkt von den Händlern. Je mehr man wechselt, um so besser. Er ist auch in der Wirtschaftszeitung *El Comercio* unter dem Begriff «Ocoñadollar» angegeben.

■ **Büchertausch:** Kauf und Verkauf von gebrauchten Büchern in allen Sprachen am Jr. Ocoña 211, zwei Blöcke von der Plaza San Martín.

■ Im **Goethe-Institut,** Jr. Ica 426, hier kannst du wieder mal einen Blick in deutsche Zeitungen und Zeitschriften werfen.

■ **Aufenthaltsverlängerungen** werden im Innenministerium, dem *Ministerio interior,* Paseo de la República 585, bewilligt. Kostet 20 $. Geöffnet Mo – Fr 9 – 12.30 und 14 – 16 Uhr, Sa 9 – 12 Uhr.

■ Im **South American Exploreres Club,** Av. Portugal 146, gibt's Tips und die neusten Infos, eine Bibliothek, Karten- und Reisebücherverkauf, Depot für Wertgegenstände und eine Tasse Tee bei jedem Besuch, alles gegen einen Jahresbeitrag von 25 $, der auch Anrecht auf den Bezug der Clubzeitschrift gibt. Auch die Post kann man sich dorthin schicken lassen, im Notfall gar übernachten. Hinweis: Gäste, selbst wenn's dein intimster Freund oder deine Freundin ist, werden in den Clublokalen nicht geduldet. Briefadresse: Casilla 3714, Lima 100, Peru. Tel. 31 44 80. Geöffnet Mo–Fr von 9 bis 17 Uhr.

■ Das **Instituto Geográfico Nacional,** Av. Aramburu 1190 im Stadtteil San Isidro, verkauft alle möglichen Spezialpläne. Es ist im Sommer (Oktober bis April) von 7.45–13.30 Uhr geöffnet, im Winter (Mai bis September) von 7.45–12.30 und 13–16 Uhr.

■ Die **Clínica Anglo-Americana,** Calle Alfredo Salazar 350 in San Isidro, gilt als eines der besten Krankenhäuser Limas. Tel. 40 35 70.

■ **Deutsche Botschaft,** Av. Arequipa 4202, in Miraflores. Vormittags Mo–Fr geöffnet. Tel. 45 99 97.

Schweizer Botschaft, Av. Salaverry 3240 in San Isidro. Tel. 62 40 90. Vormittags Mo–Fr geöffnet.

Österreichische Botschaft, Av. Central 643 in San Isidro. Tel. 22 04 67. Vormittags Mo–Fr offen.

Sehenswert

■ Die **Plaza de Armas** ist wie in fast allen spanischen Städten das politische und religiöse Zentrum der Stadt. Während der Kolonialzeit fanden auf diesem Platz Feste, Stierkämpfe, die Prozesse der Inquisition, Kirchenprozessionen und Militärparaden statt. Der **Präsidentenpalast** an der Nordseite der Plaza steht just an jenem Ort, an dem Francisco Pizarro einst seinen eigenen Palast gebaut und seine letzten Lebensjahre verbracht hatte. 1541 wurde er von den Anhängern seines einstigen Kampfgefährten, Diego de Almagro, ermordet. Jeden Tag geht vor dem Regierungsgebäude zur Mittagszeit das Spektakel der Wachablösung über die Bühne. Der Präsidentenpalast wurde im Lauf der Jahrhunderte mehrmals durch Feuer und Erbeben beschädigt und immer wieder umgebaut, zuletzt in den 1940er Jahren. Aus dem 16. Jahrhundert stammt nur noch das Labyrinth von unterirdischen Gängen, die zu anderen, damals wichtigen strategischen Gebäuden führen. Die meisten Eingänge sind heute zugemauert.

Rechts vom Palast steht die **Kathedrale,** links die **Municipalidad,** das erst 1939 fertiggestellte Ratshaus. Im ersten Stock hängen Ölgemälde des peruanischen Malers *Ignacio Merino* (1817–1878). An der Ecke zwischen Rathaus und Palast steht ein Reiterstandbild Pizarros.

Hinter dem Präsidentenpalast befindet sich der einzige **Bahnhof** (Zug nach Huancayo) Limas. Ebenfalls in dieser Richtung sieht man einen großen Hügel, auf dessen Spitze ein riesiges Kreuz steht: der **Cerro San Cristóbal.** Er ist von überall in der Stadt sichtbar und eine gute Orientierungshilfe. Der Hügel ist gleichzeitig das älteste Armenviertel der Stadt. Touristen haben dort nichts verloren.

■ Der Palast von **Torre Tagle** am Jirón Ucayali 358 ist eines der schönsten und besterhaltensten Kolonialgebäude Limas. Es wurde 1735 im Auftrag des *Marquis de Torre Tagle,* ehemaliger Soldat und später Zahlmeister der königlichen Armee, gebaut. Das Haus blieb bis 1918 in Familienbesitz und ist seither Staatseigentum. Hier hat sich das Außenministerium einquartiert. Von der Straße sind zwei Holzbalkone zu sehen, die zu den schönsten Limas gehören. Die prachtvollen Holzschnitzereien sind stark von maurischem Einfluß geprägt.

■ Die **Plaza San Martín** ist das Geschäftszentrum Limas, durch die Fußgängerpassage **Jirón La Unión** mit der Plaza de Armas verbunden. In der Mitte des (roten) Platzes grüßt General San Martín, hoch zu Roß, die vorbeiziehenden Menschenmassen. Auf dieser Plaza zeigen Clowns, Feuerschlucker, Taschendiebe und andere Artisten ihr Können. Abends ist der Ort Treffpunkt von Transvestiten und Kokainverkäufern. Diese verkaufen dir gerne Kokain, verpfeifen dich danach bei einem befreundeten Polizisten, dem du, um der drohenden Verhaftung zu entgehen, eine große Geldsumme zahlen mußt, die er wiederum mit dem Dealer teilt. Also Finger weg davon! Von der Plaza San Martín führt Limas wichtigste Geschäftsstraße, die **Av. Nicolás de Pierola,** zur **Plaza dos de mayo.** An dieser Avenida befinden sich die Büros fast aller internationalen Fluggesellschaften, aber auch Souvenirläden und Buchhandlungen; Straßenverkäufer verkaufen Stadt- und Landespläne.

■ Im Distrikt **Rimac** am anderen Ufer des **Río Rimac** stehen zwar noch viele alte Kolonialhäuser, der Stadtteil ist jedoch sehr heruntergekommen. Gleich an Rimac angrenzend befinden sich die Hütten eines *pueblo jóven.* Vorsicht also, wenn man spät nachts eine der ausgezeichneten Peñas dieses Viertels besucht. Wer auf Nummer sicher gehen will, nimmt ein Taxi.

Straßenmärkte

Der größte Markt für peruanisches **Kunsthandwerk** befindet sich im Stadtteil Pueblo Libre an der Av. La Marina 600–850.

Hinter dem Hauptpostamt liegt der Markt **Polvos Azules,** vor allem für billige Bekleidungs- und Gebrauchsartikel.

Am **Zentralmarkt** an der Ecke Jr. Ayacucho/Jr. Huallaga, fünf Blöcke von der Plaza de Armas entfernt, ist wirklich alles zu haben. Die umliegenden Straßenzüge sind zusätzlich mit Massen von fliegenden Händlern belegt. Auch das Chinesenviertel befindet sich hier.

Kirchen

■ Die **Kathedrale** an der Plaza de Armas wurde 1585 von Francisca Pizarro, der Tochter Franciscos, gestiftet, unter der Bedingung, daß ihr Vater dort seine letzte Ruhestädte finde. Er fand sie in der ersten Seitenkapelle rechts. Gegen ein kleines Entgeld kann in der Kathedrale das kleine Museum für religiöse Kunst besichtigt werden. Kathedrale und Museum sind täglich von 10–13 und 14–17 Uhr göffnet.

■ **San Francisco** heißen Kirche, Kloster und Platz an der Ecke Jr. Ancasch/Jr. Lampa. Das Kloster wurde 1535 gegründet. Das dazugehörende Land war den Franziskanermönchen zu klein; sie baten den Vizekönig, den *Marqués de Cañete,* um eine Vergrößerung ihres Besitzes. Dieser versprach ihnen so viel Land, wie sie in einer Nacht einzäunen konnten. Die Franziskaner begannen in der Abenddämmerung mit der Arbeit. Am nächsten Morgen hatten sie von einem großen Gebiet samt einer öffentlichen Straße, einem Gemüsegarten und einem Wasserspeicher Besitz ergriffen. Natürlich gab's Beschwerden, doch der Vizekönig war ein frommer Mann und hielt sein Wort, er bezahlte die geforderten Entschädigungen sogar aus eigener Tasche. Vom 17. bis 19. Jahrhundert war das Kloster das größte der Stadt. Die Kirche überstand die Erdbeben von 1687 und 1746 besser als andere Kolonialgebäude. Erst das Beben von 1970 richtete erheblichen Schaden an. Das barocke Gotteshaus wurde aber inzwischen restauriert.

Lohnend ist auch der Besuch des Klostergartens, des Museums und der Katakomben, wo ein unbekannter Mönch die Toten fein säuberlich auseinandergenommen hat und nach Schädel, Becken-, Rippen-, Oberschenkelknochen und so fort geordnet hat. Viele Gänge in den Katakomben wurden zugemauert; sie sind Teil des geheimen Gangsystems. Kloster, Museum und Katakomben können nur in geführten Gruppen besucht werden; Führungen (meist in spanischer Sprache, einige in Englisch) finden von 10 bis 12.45 und 15 bis 17.45 Uhr jede halbe Stunde statt, sie dauern eine knappe Stunde und kosten 0.5 $.

■ Die kleine Kirche und das Kloster von **San Pedro** an der Ecke Jr. Ucayali/Jr. Azángaro wurden von Jesuiten erbaut und gehören zu den schönsten religiösen Bauwerken aus dem 17. Jahrhundert. Die Kirche, 1638 fertig erstellt, besitzt neben der Kathedrale als einzige Kolonialkirche Limas drei Eingänge. Diese Bauweise war das Vorrecht der Kathedrale, und sie brachte den Jesuiten viele Vorwürfe ein. Die elegante, schmucklose Außenfassade läßt den Reichtum im Kircheninnern nicht vermuten. Die zwei Glockentürme wurden nach der Zerstörung durch Erdbeben 1896 und 1940 wieder aufgebaut. In einem Turm hängt eine fünf Tonnen schwere Glocke, *abuelita* (Großmütterchen) genannt. Öffnungszeiten: täglich 7–12.30 und 18–20 Uhr.

■ Im **Convento de los Descalzos** am Ende des Parks Alameda de los Descalzos im Stadtviertel Rimac sind die Zellen der barfüßigen (*los descalzos*) Franziskaner zu sehen. Im Museum sind 300 Ölgemälde aus der Cuzco-

und Quitoschule ausgestellt. Eine Führung (in spanischer Sprache) durchs Kloster dauert 40 Minuten und kostet 0.2 $. Täglich außer dienstags von 9.30 bis 13 und 15 bis 18 Uhr geöffnet.

■ Im Kloster von **Santo Domingo,** Ecke Jr. Superunda/Jr. Camaná, befinden sich die Ruhestätten der ersten amerikanischen Heiligen *Santa Rosa de Lima* und des schwarzen Heiligen *San Martín de Porras.* Santo Domingo ist die älteste Kirche Limas. Der Orden der Dominikanermönche war der erste Orden, der sich in Lima niederließ. Schon Francisco Pizarro führte während seines Eroberungsfeldzugs sieben Dominikaner mit sich, unter ihnen *Vicente Valverde,* der bei der Gefangennahme des letzten Inkakönigs *Atahualpa* eine wichtige Rolle spielte und später zum Bischof von Cuzco ernannt wurde. Geöffnet Mo-Fr 9–11 und 15–17 Uhr, an Sonn- und Feiertagen nur morgens.

Museen

Museen hat's in Lima jede Menge. Den besten Einblick in die alten Kulturen Perus ermöglichen die ersten vier der nachfolgend angegeben Museen; ihr Besuch ist sehr lohnenswert.

■ **Museo Nacional de Antropología y Arqueología,** an der Plaza Bolívar im Stadtteil Pueblo Libre. Am besten fährt man mit einem Stadtbus oder Colectivo die Avenida Brasil hinunter und steigt beim 21. Block aus (Hausnummer 2100). Von dort sind es zum Museum nur fünf Minuten zu Fuß. Seine Ausstellung ist didaktisch sehr gut aufgebaut. Der Rundgang durch die 15 Räume zeigt die Entwicklung der wichtigsten peruanischen Kulturen in chronologischer Reihenfolge. Eintritt 0.3 $.

■ **Museo Larco Herrera,** Av. Bolívar 1515, im Stadtteil Pueblo Libre. Per Bus oder Colectivo die Av. Brasil hinunterfahren, aussteigen beim 15. Block. Das Museum hat sich auf die Keramik der *Mochica-* und *Chimú*-Kultur spezialisiert. Die Schaufenster sind mit den fantastischen Kunstwerken zum Bersten voll. In einem eigenen Raum befinden sich antike erotische Darstellungen. Geöffnet Mo–Sa 9–13 und 15–18 Uhr, So 9–13 Uhr. Eintritt 3 $.

■ **Museo Amano,** Calle Retiro 160, Miraflores.
Der Besuch ist nur nach telefonischer Voranmeldung (Tel. 41 29 09) Mo–Fr jeweils nachmittags möglich. Führungen dauern eine Stunde und sind kostenlos. Sie erfolgen in spanischer oder japanischer Sprache, doch ist der Besuch der gut präsentierten Sammlung von alten Textilien und Keramiken auch für diejenigen lohnend, die wenig Spanisch verstehen.

■ **Museo del Banco de la Reserva,** Jr. Ucayali 291, Eintritt frei, alle Besucher müssen sich mit ihrem Paß ausweisen. Geöffnet Mo–Sa 10–17 Uhr, So 10–13 Uhr. Im Keller eine kleine, ausgezeichnete Sammlung an alten Keramiken. Sie gibt einen schnellen Überblick über die alten Kulturen Perus.

■ **Museo de Oro,** Av. Alonsi de Molina 1100, im Stadtteil Surco, fast eine Stunde Fahrt vom Zentrum entfernt, am einfachsten fährt man mit dem Taxi hin. Täglich von 12 bis 19 Uhr geöffnet. Die Eintrittsgebühr von 4.5 $ macht das Goldmuseum zum teuersten Museum Limas. Im Erdgeschoß befindet sich eine riesige Waffensammlung – kunstvoll verzierte Pistolen, alte Revolver, selbst Waffen der japanischen Samuraikrieger fehlen nicht. Im Tresorraum (Untergeschoß) die berühmte Sammlung von Kunstwerken aus Gold, die vor allem von den Völkern der *Chimús* und der *Inkas* angefertigt wurden. Die Sammlung ist didaktisch schlecht dargeboten, die Räume sind mit Gold überfüllt.

■ **Museo de la Inquisición,** Jr. Junín 548. Geöffnet Mo–Fr 9–19.30 Uhr, Sa 9–16.30. In diesem Gebäude fand die spanischen Inquisition (1570 bis 1820) statt. Ihre grausamen Foltermethoden werden mit lebensgroßen Wachspuppen an Originalfoltermaschinen anschaulich dargestellt. Prachtvoll ist die phantasievoll geschnitzte Zedernholzdecke aus dem 18. Jahrhundert im Audienzsaal, pfiffig die Christusfigur, deren Glieder durch versteckte Drähte bewegt wurden, so daß die Gläubigen dachten, der wahre Christus wende sich ihnen zu.

■ **Museo Nacional de la Cultura Peruana,** Av. Alfonso Ugarte 650. Gezeigt wird präkolumbianisches und modernes Kunsthandwerk – Holzschnitzereien, Keramik, geschnitzte Kalebassen, Textilien. Geöffnet Mo-Fr 10–17 Uhr.

■ **Museo Peruano de las Ciencias de la Salud,** Jr. Junín 270. Gibt einen Einblick in präkolumbianische Medizinalkräuter und -praktiken. Geöffnet Mo–Sa 9–16 Uhr.

Limas Vororte

■ **Miraflores** ist ist ein gepflegter Stadtteil der Oberschicht und modernes Geschäfts- und Einkaufszentrum. Hier findet man die vornehmsten Läden, viele gute Restaurants und die besten Discos. Die Straßen von Miraflores gelten auch nachts als sicher.

■ **San Isidro** ist zweifellos die nobelste und teuerste Wohngegend, die meisten Botschaften und ein Golfplatz befinden sich hier.

■ **Callao** ist der größte Hafen Limas, über ihn werden 60–70 Prozent der Ein- und Ausfuhren abgewickelt. Im Hafenviertel haben viele prachtvolle Kolonialhäuser die Erdebeben der vergangenen Jahrhunderte überstanden. Die Nachtlokale Callaos sind Treffpunkte von Seemännern aus allen Ländern und «leichten Mädchen». 1987 tauchten hier die ersten Aidsfälle Perus auf.

Strände

Jedes Jahr im November bringen peruanische Zeitungen neue Schreckensmeldungen und Analysen über die Verschmutzung der Strände durch die Abwässer der Hauptstadt. Die Limeños hält dies jedoch nicht ab, während des kurzen Sommers (Dezember bis April) in Scharen an die Ufer des Pazifiks zu pilgern.

Beliebt ist der Strand von Miraflores. Von Lima (Av. Tacna, Av. Brazil) fahren die Busse Nr. 1, 2, 10 und 53 in 30 Minuten bis zum Stadtviertel Miraflores. Ein Fußweg führt in wenigen Minuten die steilen Klippen runter zum Pazifik.

Am Strand viele Restaurants, Eßbuden und fliegende Händler, aber keine Duschen und Umkleidekabinen.

Die hohen Wellen eignen sich sehr gut zum Wellenreiten. Leider gibt es am Strand keinen Surfbrettverleih.

Wichtig: Keine Wertsachen mit an den Strand nehmen Kleine-Kinder-Banden klauen sehr geschickt.

Pachacamac

Pachacamac war vom 9. Jahrhundert an das größte altperuanische Heiligtum und die wichtigste Orakelstätte der Küste. Es liegt am rechten Ufer des Río Lurin, nur 20 km von Callao, dem Hafen Limas, entfernt. Heute liegt der größte Teil der Ruinen unter dem Sand von Wanderdünen begraben. Der Tempel gehörte früher zum kleinen Königreich der *Cuismancu.* Als es von den Inkas im 15. Jahrhundert erobert wurde, wurde das Heiligtum in einen Sonnentempel umgewandelt. Weiterhin wurde der Ort aber für Blicke in die Zukunft genutzt. Selbst die Inkaherrscher befragten vor wichtigen Entscheidungen das Orakel von *Pachacamac,* dem Weltenschöpfer (*pacha* = Welt, *camac* = Schöpfer). Über Ursprung und Entwicklung des Pachacamac-Kultes ist nur wenig bekannt. Die mythologischen Motive auf der Keramik und Holzplastiken, die dort gefunden wurden, wirken häßlich und abstoßend. Unheimlich ist der von Schlangen umgebene Katzengott. Den Darstellungen zufolge muß diese Gottheit grausame Menschenopfer verlangt haben, oft sind auf Ton verstümmelte Gliedmaßen und verkrüppelte Körper abgebildet. Rituelle Menschenopfer gab es auch (wenn auch selten) während der Inkaherrschaft; in Pachacamac wurden mumifizierte Frauen ausgegraben, die durch Erdrosselung dem Sonnengott geopfert worden waren.

Ein spanischer Chronist schrieb: «Pachacamac ist eine Stadt so groß wie Rom. In einem ihrer Tempel wohnt der Teufel und redet zu den Indianern in einem finsteren Raum, der so schwarz ist wie er selber.» *Hernando Pizarro* (ein Bruder des Eroberers Francisco Pizarro) war der erste Europäer, der diesen Tempel betrat (Februar 1533). Er war mit einigen Reitern nach Pachacamac geschickt worden, um einen Teil des Lösegeldes für den gefangenen Inkakönig Atahualpa einzutreiben. Der Tempel soll mit soviel Gold und Silber geschmückt gewesen sein wie die Coricancha (Sonnentempel) von Cuzco. Doch Hernando erlebte in Pachacamac eine Enttäuschung, die meisten Schätze waren vorher von den Prie-

Künstliche oder natürliche Steinformationen in Marcahuasiu? ▶ (Foto: Peter Schneider)

stern in Sicherheit gebracht und am Pazifikufer vergraben worden. Sie wurden niemals gefunden. Mehr als 650 kg Gold konnten die Spanier nicht abschleppen, 25 000 kg sollen im ganzen dort gewesen sein.

Wie hin? Geführte Touren, inkl. Transport nach Pachacamac, können in den meisten Reisebüros gebucht werden. Ansonsten fahren mehrmals stündlich Busse der Linie 120 ab der Ecke Colmena/Andahuaylas.

Marcahuasi

Auf dem Hochplateau von **Marcahuasi** (80 km von Lima entfernt, 4000 m über Meer) stehen mysteriöse große Steine und Felsen, die wie Skulpturen von Tieren und riesigen Menschengesichtern aussehen. Unklar ist ihr Ursprung: eine frühe Kulturleistung oder ein fantastisches Produkt von Naturkräften. Begeisterten Fotografen empfehlen wir, einige Tagen in Marcahuasi zu bleiben, um die «Skulpturen» bei wechselndem Licht betrachten zu können. Notwendig sind ein warmer Schlafsack, Zelt, Proviant.

Wie hin? Per Bus oder Bahn nach **Chosica**. Jeden Morgen fährt ein Bus weiter in 4 Stunden durchs Eulaliatal bis **San Pedro de Casta** (3150 m über Meer). Über einen steilen Weg erreicht man in vier Stunden (zu Fuß) Marcahuasi.

Eine empfehlenswerte Agentur: *Peru Mystik Tours,* C. Atahualpa 192, Miraflores, Tel. 46 63 33.

Weiterreise

Per Bus:

Einen zentralen Busbahnhof gibt es in Lima nicht, die Büros der Busgesellschaften sind über die ganze Stadt verstreut. Fahrschein so früh wie möglich (am Vortag) kaufen.

■ *Ormeño,* Carlos Zavala 177, fährt nach **Pisco, Ica, Nazca, Arequipa, Moquegua, Tacna, Ayacucho, Abancay, Cuzco.**

■ *Expreso Ancash,* Carlos Zavala 177, im Terminal von Ormeño, nach **Huaraz.**

■ *Expreso Continental,* Carlos Zavala 177, im Terminal von Ormeño: nach **Chiclayo, Piura.**

■ *Tepsa,* Paseo de la República 129: nach **Tumbes, Trujillo, Cajamarca, Chiclayo, Ica, Arequipa, Tacna, Huánuco, Tingo María, Pucallpa.**

■ *Expreso Sudamericano,* Montevideo 618: nach **Huancayo, Tacna.**

■ *Cooptur,* Montevideo 618, im Terminal von Expreso Sudamericana: nach **Huaraz.**

■ *Nororiente,* Av.28 de julio 2195: nach **Pucallpa.**

■ *Mariscal Caceres,* 28 de julio 2195: nach **Huancayo.**

■ *Cruz del Sur,* Grau 141: nach **Cuzco, Puno, Arequipa.**

■ *Léon de Huánuco,* 28 de julio 1520: nach **Huánuco, Tingo María, Pucallpa, Tarapoto, Juanjui.**

■ *Chanchamayo,* Luna Pizzaro 453: nach **Tarma, San Ramón, La Merced.**

■ *Señor de Luren,* Nicolás Arriola

2348: nach **Ica.**

■ *Angelitos Negros,* Grau 525: nach **Arequipa, Tacna.**

■ *Expreso Panamericano,* Alfonso Ugarte 951: nach **Trujillo.**

■ *Soyuz,* Av. Grau 141: nach **Ica.**

■ *Etucsa,* Av. Grau 141: nach **Huancayo, Ayacucho.**

■ *Civa,* Av. Grau 141: nach **Piura.**

■ *Transportes Rodriguez,* Av. Roosevelt 354: nach **Huaraz.**

■ *Olano,* Apurímac 543: nach **Trujillo, Chiclayo, Chachapoyas, Moyobamba.**

■ *Los Andes,* Av. 28 de julio 2405: nach **Tarma, San Ramón, La Merced.**

Per Bahn:
Der **Bahnhof Desamparados,** Jr. Ancash 205, befindet sich hinter dem Präsidentenpalast am Ufer des Río Rimac. Jeden Montag-, Freitag- und Samstagmorgen (kann sich ändern) um 7.40 Uhr fährt die berühmte Andenbahn in 9 Stunden nach **Huancayo.** Die Fahrscheine können am Vortag um 8 Uhr gekauft werden.

Per Flug:
Colectivos zum Flughafen fahren nur tagsüber vom Jr. Zepita, Ecke Av. Garcilosa de la Vega, ab. Pro Person und Gepäckstück je 0.3 $. Ein Taxi kostet 2–3 $.

Die Adressen der internationalen Fluggesellschaften sind auf den gelben Seiten des Telefonbuches nachzuschlagen. Für internationale Flüge gilt: 24 bis 72 Stunden vor Abflug muß der Flug rückbestätigt werden (Anruf genügt). Zwei Stunden vor Abflug am Schalter der entsprechenden Fluggesellschaft einchecken, danach sind in der Banco de la Nación in der Abflughalle (nur für internationale Flüge) 15 $ Flughafensteuern zu bezahlen. Intis werden nicht akzeptiert, nur US-Dollars.

In Peru gibt es zwei nationale Fluggesellschaften: *Aero Peru* und *Faucett.* Zwischen den beiden besteht kaum ein Unterschied was Service, Kosten oder Pünktlichkeit der Flüge betrifft. Buchen kann man Flüge in jedem beliebigen Reisebüro oder direkt in den Büros der Fluggesellschaften; sie haben beide an der Plaza San Martín ihre wichtigste Verkaufsstelle. Darauf achten, daß man nur bestätigte Flüge kauft; im Flugschein sollte der Status «OK» vermerkt sein und nicht «WL» (Warteliste).

Von Lima aus sind die folgend aufgelisteten Städte erreichbar. Die Preise gelten für den Einfachflug. Hin- und Rückflugtickets (*ida y vuelta*) kosten genau das Doppelte.
Achtung: Die Preise ändern häufig (sie werden ungefähr alle drei Monate der hohen Inflation angepaßt). Auch neue Destinationen können angeflogen werden, so wurde immer wieder versprochen, den Flug Ayacucho–Cuzco wieder aufzunehmen.

■ Nach **Arequipa:** zweimal wöchentlich, 28 $.

■ Nach **Ayacucho:** einmal täglich 15 $.

■ Nach **Chachapoyas:** einmal wöchentlich, 25 $.
■ Nach **Cajamarca:** dreimal wöchentlich, 23 $.
■ Nach **Chiclayo:** einmal täglich, 21 $.
■ Nach **Cuzco:** dreimal täglich, 29 $.
■ Nach **Huánuco:** viermal wöchentlich, 17 $.
■ Nach **Iquitos:** viermal täglich, 30 $.
■ Nach **Juanjui:** zweimal wöchentlich, 22 $.
■ Nach **Juliaca:** einmal täglich, 38 $.
■ Nach **Pucallpa:** zweimal täglich, 21 $.
■ Nach **Puerto Maldonado:** einmal täglich, 33 $.
■ Nach **Piura:** einmal täglich, 26 $.
■ Nach **Rioja:** viermal wöchentlich, 26 $.
■ Nach **Tumbes:** einmal täglich, 26 $.
■ Nach **Tacna:** zweimal täglich, 30 $.
■ Nach **Tingo María:** sechsmal wöchentlich, 18 $.
■ Nach **Tarapoto:** zweimal täglich, 21 $.
■ Nach **Trujillo:** zweimal täglich, 16 $.
■ Nach **Talara:** zweimal täglich, 27 $.
■ Nach **Yurimaguas:** viermal wöchentlich, 27 $.
■ *Grupo Ocho* heißt die Militärfluglinie. Sie nimmt auf ihren Flügen zu sehr günstigen Tarifen auch Zivilisten mit. Grupo Ocho verfügt nicht über fixe Flugpläne, es bleibt einem nichts anderes übrig, als morgens früh im Flughafen vor dem Schalter der Grupo Ocho zu warten, bis Informationen über den nächsten Flug verfügbar sind.

Pisco und Paracas

Meereshöhe. 90 000 Einwohner.
Etwa 235 km südlich von Lima liegt **Pisco,** an WWochenenden beliebter Aufenthaltsort der wohlhabenden Städter aus Lima (*Limeños*), ansonsten aber recht ruhig.

Mittelpunkt der Stadt ist die Plaza de Armas mit dem Reiterstandbild von San Martín; an der Ostseite des Platzes eine Kirche und ein kleines Rathaus in verspielter Architektur. Im Süden die Plaza Belén, vor allem am Weekend belebt. Weiter gegen Süden ein großer Markt (am Morgen hin!) und zwölf Blöcke westlich der Plaza de Armas ein langer Pier, der weit ins Meer hinausragt. Dort hängen am Nachmittag Junge und Alte ihre Angelhaken ins Wasser. Dieser Stadtteil heißt **Pisco-Puerto** oder **Pisco-Playa.**

Die **Paracas-Halbinsel** im Süden ist geschichtsträchtig: Gräber der *Paracas-Cavernas-Kultur* aus den letzten Jahrhunderten vor Christus und der *Paracas-Necropolis-Epoche* aus den ersten Jahrhunderten danach wurden dort gefunden. Unter anderem entdeckte man so perfekt gewobene und gefärbte Textilien wie sonst nirgends in Peru. Die Paracas-Künstler verarbeiteten auch Federn von Urwaldvögeln, hatten also – obwohl die Anden dazwischen liegen – Kontakte zu Stämmen der Selva. Hier fand man auch einen vorkolumbischen «Kandelaber», eine Erdzeichnung, die aussieht wie ein riesiger, verzierter Kerzenständer.

Auf der Halbinsel landete während des peruanischen Unabhängigkeitskrieges *General San Martín.* Knapp sechs Wochen danach, am 21. Oktober 1820, rief er Perus Unabhängigkeit aus.

Auf dem Weg nach Paracas liegen das Örtchen **San Andrés** (Fischversteigerung am Morgen), eine Militärbasis und stinkende Fischverarbeitungsfabriken. An der Südseite der Halbinsel findet man einige Strände. Der eigentliche Grund, weshalb man aber Pisco oder Paracas besucht, sind die Seebären- und Seevögelkolonien auf den Ballestasinseln. Dieses «Kleingalapagos» ist geschützt; auch die Paracas-Halbinsel und das Gebiet südlich davon ist Naturschutzgebiet.

Unterkunft

■ **Hostal Casita** *, Bta. de Hunay 585, EZ ohne Bad 1 $, DZ 2.5 $. Billigtip, gleich gegenüber dem Markt und den Micros zur Paracas-Halbinsel. Zimmer mit Fenster zum Innenhof, sicher mit eigenem Vorhängeschloß. Freundlich. Wird meist von peruanischen Händlern besucht, am Wochenende oft ausgebucht.

■ **Hostal Perú** *, Plaza Belén, langer Korridor unter freiem Himmel mit blauen Türen, kleine, aber saubere Zimmer mit Fensterchen zum Flur, einfach. DZ ohne Bad 2.5 $.

■ **Hostal Angamos** *, Pedemonte 134, eine kleine, freundliche und saubere Familienpension, über die Preise kann man reden, Nachlaß für Gruppen. DZ ohne Bad 3 $.

■ **Unser Tip! Hostal Pisco** ** an der Plaza de Armas, nach wie vor Globitreff. Mit einer neuen Cafeteria, Disco (Fr, Sa, So, gratis für Hotelgäste, sonst 1 $). Ein kleiner Swimmingpool und Sitzgruppe im Innenhof. DZ mit Bad 6 $, ohne Bad nur unwesentlich billiger.

■ **Hotel Embassy** **, Comercio 180, DZ mit Bad 7 $, nette Frühstückscafeteria, Wäscheservice, Fernseher im Aufenthaltsraum, beliebt unter peruanischen Reisegruppen.

■ **Hotel Portofino** **, Demetrio Mirando 295, in Pisco-Puerto. DZ mit Bad 6 $, auch Sechserzimmer; große Zimmer mit Balkon und Meeressicht, Restaurant, herrliche alte Bruchbude im Kolonialstil. Organisiert bei genügend Anmeldungen eigene Touren nach Paracas, Playa Lagunilla, Tambo Colorado und zu den Ballestasinseln.

■ Bestes Hotel in Pisco ist das **Gran Hostal Belén** ***, Jr. Arequipa an der Plaza Belén. Neu, sauber, gute Matratzen, freundlicher Empfangsraum mit TV. DZ mit Bad 10 $, ohne Bad 1 $ billiger.

■ **Für Genießer:** Auf der Paracas-Halbinsel das **Hotel Paracas *****, 12 km von Pisco entfernt. Schöne Lage am Meer, Bungalows in gepflegter Gartenanlage, Palmen und Swimmingpool, Tennisplatz, Restaurant und Bar. Vom Bootssteg fahren jeden Morgen kleine Schnellboote zu den Ballestasinseln, der ganze Bootstrip dauert 2–3 Stunden, buchen und bezahlen (11 $) im Hotel. Das DZ im Bungalow kostet 40–48 $, je nach Saison und Lage (Sicht auf Meer oder auf den Garten). Im Garten naschen Kolibris Nektar, am Strand tummeln sich Seevögel. Quallen schränken das Badevergnügen ein. Reservation in Lima Tel. 46 48 65, in Pisco Tel. 22 20.

Essen

■ Was versucht man an der Küste anderes als Fisch? Als bestes Restaurant dafür gilt das **As de Oro** an der Plaza de Armas, geöffnet nur zu den Essenszeiten. Spezialität: Schildkröten in allen Variationen, was wir aber aus Prinzip nicht versucht haben. Wenn auch Schildkrötenfleisch in Mengen in und um Pisco verkauft wird, ihr Fang und Handel ist illegal. Doch die Behörden drücken beide Augen zu, beziehungsweise essen kräftig mit.

■ Ansonsten viele kleine Restaurants mit Fischangebot, darunter das **Restaurante Presidente,** Pedemonte 258, und viele Chifas (chinesisch-peruanische Restaurants). Empfehlenswert die gut besuchte **Chifa Pekin,** Independencia 127, und die **Chifa Hongkong,** Comercio 300.

■ Für **Budgettraveller:** Eßbuden am Markt, sauber. Der **Comedor Popular Municipal** vor dem Markt bietet zwischen 11.30 und 14.30 Uhr ein Essen für 0.25 $, da staatlich subventioniert. Devise: «Gobernar es nutrir» (Regieren heißt ernähren). Wer sich einen Überseeflug von Europa leisten kann, sollte nicht darauf angewiesen sein.

Was sonst?

■ **Geldwechsel:** Banco de la Nación, neun Blöcke westlich der Plaza de Armas an der Av. San Martín, wechselt auch Traveller Checks, eine Wechselstube zwischen Plaza de Armas und Plaza Bolognesi, C. San Francisco 253.

■ **Post,** gegenüber dem Banco de la Nación, Av. San Martín.

■ **Kinos** östlich von der Plaza de Armas in der S. Juan de Dios, Perez Figuerola und Independencia.

■ **Discos** gibt es gleich zwei im Ort, eine im Hotel Pisco (siehe dort), die andere heißt Kansas (Sa/So) neben dem Restaurant Robertos in der Marquez de Mancera, eine große Halle mit viel Salsaambiente, beliebter Treffpunkt der Pisco-Disco-Jugend.

■ **Ortsverkehr:** Rotweiße Colectivos ab Plaza Bolognesi nach **Pisco-Playa,** grünblaue ab Plaza de Armas (am Morgen) und ab Plaza Belén (nachmittags) nach **San Andres,** ab Markt zur **Paracas-Halbinsel.** Von dort geht's weiter zum neuen **Hafen San**

Seebären auf den Ballestainseln (oben)
Sanddünen-Surfer bei Huacachina (unten) ▶

Martín oder zum **Lagunilla-Strand** im Süden der Halbinsel.

Ballestas-Inseln

Einen Ausflug zu den **Ballestas-Inseln** bucht man am Vorabend zum Beispiel in der Agencia Turismo Ballestas, Jr. Comercio 194, oder im Hotel Pisco, 3.5 $ alles inklusive. Für Spätentschlossene: Am Morgen in den Bus zusteigen oder am Bootssteg in die wartenden Boote steigen.

Mit einem klapprigen Mikrobus geht's um 7 Uhr (peruanische Zeit, das heißt mit etwas Verspätung) vom Hotel Pisco nach Paracas. Vom Anlegesteg neben dem Hotel Paracas fährt ein Fischerboot in etwa eineinhalbstündiger Fahrt zur Inselgruppe. Auf der Fahrt zu den Inseln hat man Gelegenheit, den 200 m großen Kandelaber zu bewundern, der an der Nordwestseite der Halbinsel in den Boden gegraben ist.

Wer den Wellengang nicht erträgt, sollte nicht vergessen haben, eine Pille gegen Reisekrankheit einzunehmen. Zitronenschnitze oder Trockenkekse sind auch gut.

Wenige hundert Meter vor den Inseln ist es plötzlich wie auf den Galapagos: Eine Unzahl von braunschwarzen Humboldtseebären schwimmt laut bellend ums Boot, erregt vor Neugier und verspielt wie kleine Kinder. Auf den Inseln sonnen sich sowohl Seebären (*lobos de dos pelos,* 2.6 m lang, häufig) wie auch Seelöwen (*focas, lobos de un pelo,* kleiner, nur 2 m lang und seltener). Beide Arten verschlingen täglich pro Kopf an die 30 kg Fische und Muscheln. Auf den Inseln nisten auch riesige Kolonien von Seevögeln: Möwen (*gaviota*), Kormorane (*guanay*), Tölpel (*piquero*), schwarzweiße Pelikane (*alcatraz*) und bunte Inkaseeschwalben (*zarcillo*). Mit etwas Glück sind auch kleine Humboldtpinguine (*pingüino*) zu sehen. Nach etwa einer Stunde fährt das Boot wieder zurück. Da das Gebiet geschützt ist, darf man weder aussteigen, noch auf den Inseln übernachten.

Weiterreise

■ Nach **Lima** (373 km, 2 $) fahren *Ormeño* ab der Plaza Belén/Ecke San Francisco 259, *Paracas-Express,* Perez Figuerola 253, *Rogero,* Busstopp an der Plaza, und *Transportes San Martín,* Callao 136. *Colectivos* nach Lima und Nazca haben keinen festen Abfahrtsort, die Fahrer rufen die Destinationen aus.

■ Nach **Ica** mit *Ormeño* (70 km, 1 Std., 0.5 $) und *Turica,* Bushaltestelle in der Independencia, gegenüber dem Kino.

■ Nach **Arequipa** (776 km, 8.6 $) fahren *Ormeño* und *Roggero.*

■ *Ormeño* verbindet Pisco auch mit **Nazca** (190 km, 4 Std., 4 $), **Tacna** (1060 km, 11.5 $); über die Sierra nach **Ayacucho** (500 km, 7.5 $), **Cuzco** (1081 km, 14 $) und **Puno** (1470 km).

■ *Unidos,* Bushaltestelle in der 4 de julio, drei Blöcke westlich von Calle Pedemonte, nach **Chincha.**

■ *Oropesa,* C. Comercial 185, nach **Hunacavelica/Huancayo,** einmal täglich, 7 $.

Ica

420 m ü. M., 160 000 Einwohner.
Ica liegt im Tal des «ewigen Frühlings» inmitten einer Wüste zwischen hohen Sanddünen. Besonders schön zeigen sich diese in der Oase von **Huacachina.** In der Umgebung Icas befindet sich das wichtigste Weinanbaugebiet Perus. Die Trauben wurden schon bald nach der spanischen Eroberung von den Kanarischen Inseln eingeführt. Die bekanntesten Weine heißen *Tacama* und *Ocucaje.* Auch der hochprozentige Traubenschnaps *Pisco* wird hier destilliert. Ica ist zudem ein wichtiges Anbaugebiet für Mangos und die einzige Region Perus, in der afrikanische Dattelpalmen wachsen.

Dem Schutzherrn der Stadt, *El Señor de Luren,* wird jeweils Mitte März und Oktober gehuldigt. An den Prozessionen beteiligen sich Pilger aus dem ganzen Land.

Unterkunft

■ Viele einfache **Billighotels** in der Calle Independencia, ein Block von der Plaza de Armas entfernt. Abraten müssen wir vom Hotel Royal (schmutzig) und vom Hotel Díaz (unfreundlich und schmutzig).

■ **Hostal Ica** *, Salaverry 344, gleich beim Busterminal *Ormeño* um die Ecke. Tel. 23 46 26. DZ ohne Bad 1 $. Die meisten Zimmer ohne Fenster. Ein wenig sauberer als andere Hotels der gleichen Preisklasse.

■ **Hostal Lima** *, Lima 262, ein halber Block von der Plaza de Armas entfernt. Tel. 23 52 93. Sehr einfach. Einstöckig. Waschen im Innenhof möglich. DZ ohne Bad 1.5 $.

■ **Hostal Europa** *, Independencia 258. Tel. 23 21 11. DZ ohne Bad 1.5 $. Zimmer sauber, mit Waschbecken (fließendes Wasser) und Fenster. Nur Kaltwasser. Als Billighotel zu empfehlen.

■ **Hotel Siesta** **, Independencia 196, Ecke Castrovirreyna. Tel. 23 46 63. DZ mit Bad 4.2 $. Sehr sauber. Warmwasser. Empfehlenswert.

■ **Hostal Silmar** **, Castrovirreyna 110, ein Block von der Plaza de Armas entfernt. Tel. 23 50 89 und 22 52 51. DZ mit Bad 4.5 $. Sauber. Restaurant im Haus.

■ **Hotel Turistas** ***, Av. Los Maestros (ohne Nummer) Tel. 23 33 30. 25 Minuten zu Fuß vom Zentrum entfernt. Der rote Mikrobus nach Huacachina fährt am Hotel vorbei. Sterilmodernes Gebäude. DZ mit Bad 7 $. Das Frühstück ist im Preis inbegriffen. Restaurant und Bar. Großer Swimmingpool!

■ **Hotel Las Dunas** ***, Carretera Panamericana Km 300. Tel. 23 10 31. Fünfzehn Taximinuten vom Zentrum entfernt. DZ 45 $. Moderne Anlage mit Garten, Restaurant, Swimmingpool, Reisebüro. Wer seine Ferien gewöhnlich im Club Mediterranée verbringt, wird sich wohl fühlen.

Essen

■ Die Spezialität von Ica sind **Tejas,** worunter man sich eine daumengrosse Süßigkeit mit einer Zitronen-, Pecanüssen-, Kokusnuß-, Feigen- oder Orangenfüllung vorstelle. Ausgezeichnet munden die *Tejas Pisco Iqueño*. Die Füllung besteht aus Rosinen, die in Piscoschnaps eingelegt wurden.

■ Der **Markt** befindet sich zwischen den Straßen Amazonas, Moquegua und Tumbes, vier Blöcke von der Plaza de Armas entfernt.

■ **Pizzeria Venezia,** Lima 243, 1½ Blöcke von der Plaza de Armas entfernt. Pizzas gibt's erst ab 13 Uhr. Außerdem stehen Teigwaren, Steaks, Fisch, Eisbecher, Cocktails und Weine auf der Speisekarte.

■ **Chifas:** *Kuong Chau* und *Hong Kong,* beide an der Calle Lima 256 und 346. *Chifa Hong Fay,* Grau 327, und *Chifa Las Terrazas,* Ecke Grau/La Mar im drittenStock.

■ **Vegetarisches Restaurant:** *Casa Naturista,* Bolívar 387, zwei Blöcke von der Plaza.

■ **Parillada Persico,** Lima 266, gutes Fleisch am Spieß.

Was sonst?

■ **Touristeninformation,** Cajamarca 179, ein halber Block von der Plaza de Armas entfernt. Geöffnet Mo–Fr 7–19 Uhr.

■ **Telefonamt,** Huánuco 289, Ecke San Martín.

■ **Postamt,** Callao 292.

■ **Banco de la Nación,** Av. Manzanilla 706.

Sehenswert

■ **Museo Regional,** Prolongación Ayabaca, zwischen Zentrum und Hotel Turistas. Geöffnet Mo–Sa 8–19 Uhr und So 9–13 Uhr. Eintritt 0.5 $.

Die vielfarbigen Textilien der Paracas-Kultur (700–150 v. Chr.) mit Tiermotiven und Fabelwesen gehören zu den schönsten von ganz Amerika. Ausgestellt sind auch Mumien, deformierte Schädel und solche mit Spuren von Trepanationen (Schädeloperationen), Grabbeigaben, Trophäenköpfe, bunte Mäntel aus Papageienfedern und Keramik der Paracas- und Nazcakultur. Daneben besitzt das Museum eine der besten Sammlungen von *Quipus*, den Knotenschnüren der Inkas.

■ **Museo Gliptolitos,** Bolívar 174–178, an der Plaza de Armas. Für *Erich-von-Däniken*-Fans ein Muß. Der Arzt *Javiér Cabrera* hat Hunderte von Steinen mit eingravierten Zeichnungen gesammelt. Auf den Abbildungen sind unter anderem Dinosaurier und Herztransplantationen zu sehen. Dr. Cabrera glaubt an eine uralte, unbekannte, hochentwickelte Kultur, welche sich an der Küste entwickelt habe. Peruanische Archäologen nehmen Cabreras Theorien nicht ernst und halten seine Steine für Fälschungen. Er möchte auch niemandem verraten, an welcher Stelle er seine Steine «gefunden» hat.

Huacachina

Huacachina ist eine winzige Oase inmitten der Wüste, 6 km von Ica entfernt. Sie besteht aus einer kleinen Lagune inmitten von hohen Sanddünen mit ausgeprägten Kanten. Schönere gibt's auch in der Sahara nicht. Die Jugend von Ica benutzt sie zum «Dünensurfen». Wie hin? Der rote Mikrobus nach Huacachina fährt etwa alle zwanzig Minuten an der Plaza de Armas vorbei. Endstation ist die Lagune. Das Taxi dorthin kostet 1 $.

Die Lagune galt schon unter den Inkas wegen ihrer Medizinalkraft als heiliger Ort. Huacachina ist aus den beiden alten Ketschuawörtern *Huaca* (= heiliger Ort) und *China* (= Frau), zusammengesetzt. Die Inkalegende erklärt den Ursprung der Lagune und seine Heilkraft folgendermaßen: «Eine Schönheit der Region erfuhr, daß ihr Geliebter während einer Schlacht gefallen war. Voller Verzweiflung floh sie in den Tempel ihres Dorfes und weinte bitterlich. Die Götter erbarmten sich ihrer und erzählten ihr, daß ihr Geliebter noch lebte. Nach dieser Neuigkeit kehrte wieder Glück und Frieden in das Herz der Frau zurück. Zum Gedenken daran verwandelten die Götter die Tränen der Frau in die Lagune mit der grünen Farbe der Hoffnung.»

Die Erklärung der Wissenschaftler ist weniger romantisch: Nach ihnen wird die Lagune von einem unterirdischen Fluß gespiesen, der in den Anden entspringt. Während seines Laufes löst er viele Mineralien aus dem vulkanischen Gestein, so daß sich im Wasser der Oase neben Schwefel auch Eisen, Jod, Potasium und andere Mineralien befinden. Die grüne Farbe der Lagune stammt von verschiedenen Algenarten. Die Farbe wechselt infolge komplizierter biologischer Prozesse der Mikroorganismen im Laufe des Jahres von dunkelgrün bis leicht rötlich. Bakterien und Mineralien vernichten gewisse Krankheitserreger und heilen vor allem Hautkrankheiten, Rheumatismus, Bronchitis und Asthma. Die Wassertemperatur beträgt während des peruanischen Sommers (Dezember bis Mai) 23° Celsius; im Winter kann sie bis auf 15° absinken.

An den Ufern der Lagune wachsen Dattelpalmen und die riesigen *Algarrobobäume* (Johannisbrotbaum), welche in dieser Gegend *Huarango* genannt werden. Seine etwa 15 cm lange bohnenartige Frucht ist eßbar. Aus dieser Frucht macht man *Algarrobina,* einen Melassensaft, der unter anderem für den *Cocktail de Algarrobina* (Rezept siehe «Lima») verwendet wird. Das Holz des Huarangos ist extrem hart und deshalb schon seit antiker Zeit bevorzugtes Bauholz.

Wegen des zunehmenden Wasserverbrauchs der Stadt Ica sinkt der Wasserspiegel der Lagune, die Oase droht eines Tages zu verschwinden. 1958 war die Lagune noch 180 m lang, 70 m breit und 16 m tief. 1987 bereits nur noch halb so groß.

Unterkunft: Am Ufer gibt es zwei altehrwürdige Hotels. Beide haben schon bessere Zeiten gesehen; doch ihre Lage ist immer noch einmalig.

■ **Gran Hotel Salvatierra ****, Tel. 23 23 52. DZ mit Bad 4,5 $. Lauwarmes Wasser. Geräumige Zimmer. Einstöckig. Große Veranda mit Blick auf die Lagune. Das Restaurant ist (vorübergehend?) geschlossen, aber gleich daneben gibt's eine kleine Kneipe.

■ **Hotel Mosone ****, Tel. 23 16 51. Einstöckig, großer Innenhof mit Huarangobäumen. Man sieht dem Hotel die große Vergangenheit an, als Politiker und Diplomaten noch hier verkehrten, um in der Lagune zu kuren. Großes DZ mit Bad 9 $. Überzahlt. Kaltes und lauwarmes Wasser. Ein Restaurant (gehobenes Preisniveau), man kann auf der Veranda mit Sicht auf die Lagune speisen.

Weiterreise

■ Nach **Lima:** Für die 310 Kilometer auf der gutausgebauten Panamericana braucht der Bus inkl. Zwischenaufenthalt für Verpflegung 4–5 Stunden. *Ormeño,* Lambayeque 180, fährt 13mal täglich nach Lima. Weitere Busgesellschaften: *Señor de Luren,* Av. Manzanilla 152. *Cruz del Sur,* Lambayeque 140. *Soyus,* Lambayeque 164. *Colectivos* nach Lima fahren ab der Plaza de Armas.

■ Nach **Pisco** sind es 2 Stunden und 77 Kilometer. *Colectivos* fahren ab Calle Amazonas/Ecke Independencia. Preis 0.8 $.

■ Nach **Nazca:** 144 Kilometer, 2–3 Stunden mit *Señor de Luren.* Folgende Busgesellschaften fahren nach Nazca und gleich anschließend weiter nach **Arequipa** (713 Kilometer) und **Tacna** (1027 Kilometer): *Tepsa,* Municipalidad 376, und *Ormeño. Cruz del Sur* fährt nur bis Arequipa. *Colectivos* fahren ab Jr. Camana.

Die Paracas-Kultur

An zwei Orten auf der trockenen Halbinsel von Paracas wurden in Grabstätten Textilien entdeckt, welche vor allem wegen ihrer perfekten Webtechnik berühmt wurden. In **Paracas-Cavernas** (500–100 v. Chr.), genannt nach den Kavernen, in denen die Toten beigesetzt wurden, wurde als Grabbeigaben polychrome (vielfarbige) Keramik gefunden, auf denen mythologische Wesen abgebildet sind. Die dünnwandigen, technisch vollendeten Töpfe mit den in leuchtenden Farben aufgemalten Fabelwesen prägen den Stil aller Kulturen der Südküste Perus und bilden einen Gegenpol zu den realistischeren Motiven der *Mochicas* an der Nordküste. Typisch für Paracas sind Gefäße mit zwei Ausgüssen. Der Doppelausguß wurde von der nachfolgenden Nazca-Kultur übernommen.

In **Paracas Necropolis** (200 v. Chr. -200 n. Chr.) stießen Archäologen auf

429 Mumien samt ihren Grabbeigaben. Die Toten wurden ohne Eingeweide und in Hockstellung in prachtvollen Stoffen zu umfangreichen Bündeln verpackt, in einen Korb gesteckt und begraben. In der trockenen, salpeterhaltigen Erde dieser fast niederschlagsfreien Zone haben sich die leuchtenden Farben der Textilien ausgezeichnet erhalten. Einige der gefundenen *mantas* (Totenmäntel) sind über 26 m lang und 3.4 m breit. Würde man den Kettfaden in einer Linie auslegen, ergäbe dies eine Strecke von 120 km.

Den Künstlern der Paracas-Kultur standen an die 190 Farben und Farbabstufungen zur Verfügung. In der Ketschuasprache existieren 29 Wörter, welche die verschiedenen Techniken des Färbens bezeichnen. Kein anderes Volk der Welt hat in früherer Zeit die peruanische Färberkunst übertroffen. Nach der spanischen Eroberung gerieten viele farbstoffliefernde Pfanzen und Färbetechniken in Vergessenbheit. Erst in diesem Jahrhundert bemühten sich Künstler (Campesinos der Ketschuas und Aymaras) und Wissenschaftler um die Wiederentdeckung der natürlichen Farbstoffe. Hervorragende Arbeit in der Erforschung und Anwendung natürlicher Farbtechniken leistet die Genossenschaft *Kamaq Maki* in Huancayo. Dort sind Infos über natürliches Färben erhältlich.

Nazca

619 m ü. M., 30 000 Einwohner.

Das Städtchen Nazca wurde durch die Linien und Figuren der umliegenden Wüste und deren Erforscherin *Maria Reiche* bekannt, im Städtchen liebevoll «Doctora» genannt. Berühmt wurde Nazca aber erst durch den Schweizer Fantasten und Schriftsteller *Erich von Däniken,* der die Linien als Lande- und Startbahnen für außerirdische Wesen interpretierte.

Doch die Linien sind nicht das einzig Interessante in Nazca: Es gibt großartige, kompliziert verzweigte unterirdische Wasserleitungen und Millionen von Gräbern, in denen Keramik, Gold und Stoffe gefunden wurden, die zu den schönsten in Peru zählen.

Der Ort ist klein und leicht überblickbar. Die meisten Geschäfte und Restaurants befinden sich an der Hauptstraße, der Calle Lima, und an der parallel liegenden Calle Bolognesi.

Unterkunft

■ **Hostal Nazca** *, Calle Lima 438, DZ 2.5 $ ohne Bad, die Zimmer liegen in einer Reihe, mit Fenstern zu einem langgezogenen, bepflanzten Innenhof. Globitreff.

■ **Hostal Konfort** *, Jirón Lima 587, DZ 3 $ ohne Bad, sauber, empfehlenswert.

■ **Hostal El Sol** *, Jr. Tacna 476, Tel. 64, an der Plaza de Armas. DZ

3 $ ohne Bad, Familienatmosphäre; der Weg zu den Zimmern führt durch die Wohnstube.

■ **Hostal San Martín** *, Arica 116, Tel. 54, 1 $ pro Person im EZ oder DZ, Fenster auf Straße oder Innenhof, von der Dachterrasse Aussicht auf die Stadt, sehr einfach.

■ **Hostal Internacional** **, Av. Maria Reiche 112, Tel. 166. DZ mit Bad 6 $, keine EZ, nett, klein, aber fein, sauber, Bungalows zu 10 $, aber Blick auf kahlen Innenhof.

■ **Hotel Cahuachi** **, Av. Guardia Civil nach der Brücke auf dem Weg zum Flughafen, neu. Die Tochter der Besitzer ist Reiseführerin und organisiert auch Touren, sehr freundlich, große Zimmer mit Bad und Sicht auf Garten, sicherer Wagenpark. DZ 6 $.

■ **Für Genießer: Hotel de la Borda** ***, nach dem Flugfeld wenige hundert Meter weiter gehen und dann rechts abbiegen. Nach guten 1.5 km an Baumwoll-, Mais- und Tomatenfeldern und ärmlichen Bauernhütten vorbei gelangt man zum Hotel, einer ehemaligen Hacienda, absolut einsam gelegen unter hohen Eukalyptusbäumen. Zwei Swimmingpools, einer davon mit kleiner Insel. Im liebevoll gepflegten Garten gedeihen Orangen-, Papaya-, Tamarinden- und Mangobäumen (Ernte Februar/März). Große Zimmer mit Bad 15.5 $, samstags Disco für Gäste, sonntags großes Buffet im Freien.

Essen

■ **La Taberna,** Calle Lima 326. Alle Besucher hinterlassen nach Speis und Trank ihre Unterschrift an der Wand, die mittlerweile wie eine Graffiti-Tapete aussieht. Gutes Essen, speziell die Cebiche, oft voll, da Gringotreff.

■ Gleich gegenüber das «Guide Routard Restaurant» **La Fontana,** C. Lima 355, das sich angesichts der Konkurrenz beachtliche Mühe gibt.

■ **La Fragata,** Jr. Bolognesi 287, spezialisiert auf Fisch und Meeresfrüchte. Etwas überzahlt, aber gut, besonders das Gericht *pescado sudado,* Fisch mit Gemüse.

■ Gut fürs Frühstück das **Restaurant El Dorado** neben dem Hotel Nazca in der Calle Lima. Viele verschlafene Gringos.

■ **La Pascana,** Calle Lima 315, neu. Gute und reichhaltige Portionen, Piloten- und Reiseführertreffpunkt. Im Vorraum sind ein kleines Touristenoffice und ein Souvenirladen eingerichtet. Große Auswahl an harten Drinks an der Bar.

Was sonst?

■ **Telefonamt:** C. Lima, gegenüber der Busgesellschaft *Cruz del Sur.*

■ **Postamt,** C. Lima, drei Blöcke vom Hotel Nazca entfernt.

■ **Peña Tambo,** C. Bolognesi 266, die Außenwand dem Surrealistenmeister Salvador Dalí abgeguckt, eine aufgehende rot-gelbe Sonne und schwarze Baumstrünke in der Pampa. Nur am Wochenende geht es ab. Ein

Relief am Regenbogentempel in Trujillo: Das zweiköpfige Schlangenungeheuer kündigt die Regenzeit an.

Lautsprecherwagen fährt dann durchs Dorf und kündigt das Programm an.

■ **Hahnenkämpfe** vor allem im Coliseo gegenüber dem Kino, Jr. Grau, am Sonntagnachmittag.

■ Statt sogenannte **antike Keramik** zu kaufen, die entweder am Zoll bei der Ausreise Schwierigkeiten bereitet oder, falls als Fälschung entdeckt, für Tränen sorgt, gleich von Beginn weg eine Replik kaufen. Wo? Bei Alfred Segura, Pasaje Lopez 125 (Werkstatt) oder Jr. Tacna 476 (Laden). Spezialisiert auf Repliken von Nazca und Tiahuanaco. Auch Gebrauchskeramik.

Flug über die Nazca-Linien

Es gibt in Nazca drei Fluggesellschaften, die in heftigem Konkurrenzkampf stehen – was auf die Preise drückt. Der offizielle Preis für einen Flug mit drei- bis fünfplätzigen Sportmaschinen beträgt 40 $, handeln möglich. Die Flüge dauern zwischen 30 und 45 Minuten.

Der Bus zum Flugplatz fährt ab Ecke Bolognesi/Grau.

Der Flug kann kurzfristig am Flugplatz gebucht werden oder in einem der folgenden Büros:

■ **Aero Montecarlo:** Im Hotel Montecarlo, Callao 123, Tel. 23 56 44.

■ **Aero Condor:** Jr. Lima 198, Tel. 134. Hat die stärkste Position unter den Konkurrenten. Achtung: Gruppen kommen vor Einzelpassagieren. Nette Piloten, die auch mal zweimal über eine Figur fliegen. Gegenüber dem Flugfeld unterhält Condor auch ein Restaurant mit einer Fotoausstellung über die Nazca-Linien.

■ **Aero Ica,** Office zu Beginn der C. Lima, Tel. 232, gegenüber den Busstationen und dem Flugfeld gegenüber im Hostal La Maison Suisse (Übernachtung im DZ mit Swimmingpool 20 $, EZ 15 $). Swimmingpool für Nichtgäste 1 $.

Linien-Flüge können auch von Lima aus in einem Paket mit Mittagessen und *Pisco Sour* gekauft werden. Rückflug am selben Tag. Aero Ica bietet auch die Übernachtung im La Maison Suisse. Preise ab 180 $. Buchen: Aero Ica, Av. Nicolás de Piérola 677, Lima, Tel. 28 22 43; Aero Condor, Im Hotel Sheraton (Shopping Gallerie), Lima, Tel. 32 90 50.

«Nichts kann mich treffen»

Für die 1903 in Deutschland geborene Maria Reiche ist es ein besonderer Tag: der 21. Juni 1987, Tag der Sonnenwende. Winter beginnt und mit ihm die Trockenzeit in Peru. Für alle Kulturen vergangener Zeiten hatten die zwei Sonnenwenden und die zwei Tag- und Nachtgleichen pro Jahr enorme landwirtschaftliche und religiöse Bedeutung.

An diesem Tag sind wir zu einem Geprräch mit Maria eingeladen. Als wir die Türe zu Frau Reiches Zimmer im Hotel Turistas aufstoßen, klappern die daranhängenden Blechpfannen. «Maria Reiche ist fast blind, aber hört noch ausgezeichnet» erklärt uns ihre Schwester, die Ärztin Renate

Reiche. Sie kümmert sich seit einigen Jahren um die von Schüttellähmung heimgesuchte Schwester. Im Zimmer hängen Dutzende von Plänen von der Decke, stapeln sich Schachteln und Kisten. In ihnen steckt ihr Leben, das sie fast ganz der Erforschung der Linien und Figuren von Nazca gewidmet hat. Daß sie die Pläne aufhängt, statt in einem Gestell unterbringt, kommt von der Zeit in der Wüste, wo sie jahrelang einsam und allein geforscht hat: Da galt es, sie vor Mäusen zu schützen.

Die Technik der Erdzeichnungen von Nazca ist verhältnismäßig einfach: Man kratze die braune, krustenartige Oberschicht der Wüste weg und lege den gelblich-weißen Untergrund fei. Es gibt Tausende von Linien und Hunderte von Dreiecken und Vierecken und Spiralen, Dutzende von Figuren, die größten über 200 m lang. Am häufigsten kommen Vogelmotive vor, vom Riesenvogel zum Kolibri, doch es gibt auch ein Reptil, einen Hund, einen Affen, einen Wal, ein Wesen halb Fisch halb Katze, Hände, menschenähnliche Figuren und Bäume. «Gewiß gibt es aber noch mehr» schreibt Frau Reiche in ihrem inzwischen in 5. Auflage erschienenen Buch «Geheimnis der Wüste» (Selbstverlag, Kohlgrabenweg 7, D-8126 Hohenpeißenberg).

1946 begann sie ihre Forschungen. «Ich hatte 1932 verschiedene Gründe, die mich bewogen, Deutschland zu verlassen», erzählt die aus einer Richterfamilie stammende Mathematikerin. «Ich bewarb mich um eine Anstellung als Lehrerin in Peru; und als ich den Brief bekam, in dem man mir mitteilte, daß man mich gewählt hatte, war das der glücklichste Moment meines Lebens.» Und der traurigste? «Als sie die Straße über die Pampa bauten. Zum Teil bedeckt sie eine ehemalige Linie; dabei zerschnitten sie auch die Figur der Eidechse und zerstörten ihre Hinterfüße.»

Doch nicht nur die Straße selbst ist Bedrohung für die Erdzeichnungen der Nazca-Wüste. Der Schweizer Fantast Erich von Däniken hat mit seinem Buch «Erinnerungen an die Zukunft» den Zeichnungen zwar zu Weltruhm verholfen, doch seither kamen auch Scharen von Besuchern und zerstörten, was sich über 1000 Jahre erhalten hatte. Inzwischen passen drei Wächter mit Motorrädern darauf auf, daß niemand die Pampa betritt – bezahlt werden sie aus Frau Reiches Tasche. Zur Zerstörung durch die Besucherscharen kommen Luftverschmutzung und Klimaveränderung: Heute regnet es in der ehemals trockensten Gegend der Welt weit häufiger als früher.

Das genaue Alter der Zeichnungen ist nicht bestimmbar. Die Nazca-Kultur, bekannt durch ihre bunte (polychrome) Keramik und hohe Webkunst, bestand zwischen 300 und 800 nach Christus. Die Linien datieren von der gleichen Periode, eine Messung ergab das Jahr 525. Durchaus möglich aber, daß einige Bodenzeichnungen schon lange vorher gemacht wurden.

Sie sind nur von der Luft aus in ihrer vollen Größe sichtbar, mißt die längste Linie doch 1600 m, die kürzeste 4 m. Vielleicht kannten die Nazca -Menschen Ballone, glauben manche. Ihr Gott zumindest wird als fliegendes Katzenwesen dargestellt. Die Qualität der in Millionen von Gräbern gefundenen Textilien könnte auch durchaus für den Bau von Ballonen herhalten.

Doch der Theorien gibt es viele: Ein Kartograph sieht vor sich eine riesige Landkarte, ein Psychologe glaubt, die Spiralen wurden gemacht, um die Denkfähigkeit der Leute zu vergrößern, ein anderer sieht in ihnen das Feld vorolympischer Spiele. «Wer nur kurze Zeit hierher kommt, muß natürlich schnell Ergebnisse finden, die er zu Hause vorzeigen kann. Kein Wunder, daß dabei die abenteuerlichsten Dinge rauskommen», sagt Maria Reiche.

Doch nicht alles ist abstrus. Wir wissen folgendes: Viele Linien führen zu Bergen und Hügeln um Nazca, zu den Sitzen der Fruchtbarkeits- und Regengötter. Also Wege zu Opferplätzen? Das glaubt zumindest der Forscher Johann Reinhard. Von diesen Bergen ist der Cerro Blanco mit 2078 m der höchste und wichtigste. Denn er ist die Frau des Illa Kate (4327 m), wo der Nazca-Fluß entspringt! Im Cerro Blanco, so vermuten Geologen, gebe es auch unterirdisches Wasser, von dem die in Nazca gefundenen Aquädukte gespiesen werden. Also symbolische Wasserwege? Das glaubt Georg Petersen. Und schließlich hatten die Weber zur Nazca-Zeit eine wichtige, fast priesterähnliche Stellung. Sie waren besonders auf Wasser angewiesen, denn sie brauchten eine gute Baumwollernte. Also ein riesiger Webstuhl? Das glaubt der Schweizer Henri Stierlin. Maria Reiche dazu: «Zuviel Wind!». Um nicht alles dem Zufall zu überlassen, wurde der Himmel von Priestern und Astronauten genau beobachtet und aufgezeichnet. Der genaue Zeitpunkt für Aussaat und Ernte mußte festgelegt werden. Die Landwirtschaft Perus findet immer noch fast ausschließlich in den Flußoasen der Küste statt. Oft sind sie trocken, nur wenige Flüsse erreichen den Pazifik. Gerade weil die Nazca-Bewohner das Land unter so harten Bedingungen bewirtschaften mußten, benötigten sie Informationen über die Bewegungen am Himmel, schrieb der Entdekker der ersten Vogelfigur, Paul Kosok. Also alles ein riesiger astronomischer Kalender? Das glauben er und Maria Reiche. Fest steht, was Reinhard in einem Aufsatz schrieb: «Jede Erklärung der Erdzeichnungen muß die schwierige ökologische Lage der Gegend berücksichtigen, es wäre aber zu einfach, alles nur mit einer einzigen Theorie erklären zu wollen.»

Maria Reiche hat die Linien als astronomische Richtungslinien, als Mond- und Sonnenwendelinien interpretiert. «Es gibt so viele davon, daß daran kein Zweifel bestehen kann», versichert sie. Doch sie ist nicht stur. Wir fragen sie, wie sie das treffen würde, wenn nun eines Tages jemand eine völlige andere Interpretation findet. Sie antwortet: «Nichts kann mich treffen. Man analysiert und zieht seine Folgerungen und sieht, wie man auf anderer Basis weiterkommt.» Und selbst wenn man wüßte, was die Zeichnungen genau darstellen, bleiben viele Fragen dennoch unbeantwortet: Wer hat die Zeichnungen gemacht, für wie viele verschiedene Zwecke, warum sind sie so verschieden, wann wurden sie gemacht? Maria Reiche hat nie versucht, voreilig diese Fragen zu beantworten. Sie begnügte sich damit, Inventar zu machen: «Was man tun muß, ist Richtung und Ausmaße messen.» sagt sie bescheiden.

Mit ihrer jahrzehntelangen Arbeit hat sie allein aber die Grundlage für jede weitere Forschung geschaffen. Die Astronomin Phyllis Pitlugar aus Chicago wird Marias Arbeit in Nazca fortsetzen.

Ausflüge

■ **Paredones** erreicht man nach 1.5 km der Avenida Paredones entlang über die Brücke Richtung Süden. Die Ausgrabungen von Adobemauern (brauner, bröckelnder Lehm) der Nazcas und von Steinmauern der Inkas – Quader, die exakt zusammenpassen – sind noch im Gang. Von den Inkamauern sind allerdings nur wenige Überreste geblieben. Die Inkas hatten hier ihren *Tambo Real,* so heißt in der Ketschuasprache der Markt. In den Gräbern der Nazcas wurden auch viele Mumien gefunden.

■ Da zu den folgenden interessanten archäologischen Orten keine öffentlichen Verkehrsmittel fahren, muß sich der Besucher wohl oder übel einer geführten Tour anschließen oder ein Taxi nehmen. Als Führer empfehlen wir *Marco Luque* und seinen humorvollen, dicken Fahrer *Armando Denegri* (großer, roter Ford, Baujahr 58). Sie sind im Hotel Nazca zu erreichen. Ein Ausflug zu ein bis zwei Stätten kostet um die 20 $, geteilt durch die Anzahl Teilnehmer (max. fünf).

■ **Chauchilla**, ein Friedhof der Nazca-Kultur in der Wüste, liegt ohne Anschluss ans öffentliche Verkehrsnetz 20 km von Nacza entfernt. Man stolpert über ausgebleichte Knochen, Schädel, zum Teil mit Haarschopf (die Frauen trugen lange, schwarze Zöpfe), Stoffetzen und Tonscherben. Die Löcher in den Schädeldecken stammen nicht etwa von Operationen, sondern von Grabräubern, die mit langen Stangen im Sand nach Keramik stocherten. Die Mumien liegen in zwei Meter tiefen Gräbern, in hockender Stellung nach Westen gewandt (Sonnenuntergang!). Trotz ihres Alters (sie stammen aus der Zeit um 700 nach Christus) sind sie noch gut konserviert. Da Chauchilla mitten in der Wüste liegt, bläst der Wind die Gräber, die von Archäologen und

Grabräubern freigelegt worden sind, immer wieder zu.

Besucher wundern sich oft, wieso die Gräber ungeschützt vor Wetter und Grabräubern bleiben. Es gibt an der peruanischen Küste ohne Übertreibung Millionen von alten Gräbern, so daß die knappen Mittel der Regierung nie ausreichen werden, um diese zu schützen.

■ Nur wenige Kilometer von Nazca entfernt, findet man **Aquädukte.** Die von den Nazcas um 500 n. Chr. erbauten unterirdischen Wasserleitungen werden noch heute genutzt, um die Baumwollfelder zu bewässern. Die Röhren bestehen aus Stein und sind oben oft mit dem harten Holz des Huarangobaumes abgedeckt. Dieses Holz ist so dauerhaft, daß es über ein Jahrtausend schadlos überstanden hat. Die 55 unterirdischen Wasserleitungen waren für das Überleben der Nazcas lebensnotwendig, um die langen Trockenzeiten zu überleben.

Bei **Cantalloc** führen spiralförmige Wege in die ca. fünf Meter unter der Erde liegenden Wasserleitungen.

Die Nazca-Kultur

Die **Nazca-Kultur** entwickelte sich parallel zur Mochica-Kultur um 100–700 n. Chr. Die klimatischen Bedingungen sind ähnlich wie im Norden: der Wassermangel zwang die Bevölkerung, sich zu organisieren und komplexe Bewässerungsanlagen zu bauen. Die Nazca-Kultur folgte der Paracas-Kultur; in der Kunst sind deutlich stilistische Ähnlichkeiten zu erkennen. Während bei Paracas die farbigen Stoffe bewundernswert sind, zeichnen sich die Nazcas durch ihre polychromen (vielfarbigen), dünnwandigen Gefäße von hoher Qualität aus. Bis zu elf Farben wurden auf einer einzigen Keramik gemalt. Die Motive – stilisierte Tiergestalten wie Vögel, Fische, Insekten und mythologische Figuren – arten oft in wahre Monster aus. Von letzteren ist der Raubkatzengott am häufigsten abgebildet. Die meisten großen Museen der Welt besitzen eine kleine Sammlung dieser schmucken Keramik. Die Nazcas waren auch Meister im Anfertigen von Textilien, auf denen die gleichen Motive wie auf der Keramik abgebildet sind. Dabei wurde häufig statt der heimischen Baumwolle Alpakawolle verwendet, welche aus dem Hochland importiert wurde. Das Sammeln von Trophäenköpfen war ein wichtiges Element in der Nazca-Kultur, sie werden häufig auf Keramik und Textilien abgebildet. Die Trophäenköpfe lassen auf kriegerische Auseinandersetzungen schließen; den besiegten Feinden wurden die Köpfe abgeschlagen und zu Schrumpfköpfen verarbeitet. Ob es wohl die vielen Kriegsverletzungen waren, die die Nazcas zu begabten Chirurgen machten? Es wurden viele Schädel mit Trepanationen (Schädeloperationen) gefunden; Untersuchungen zeigen, daß erstaunlicherweise viele Patienten diese Operationen überlebten.

Die Metallverarbeitung war weniger entwickelt als bei ihren Zeitgenossen, den Mochicas.

Bisher wurden keine großen Städte oder Tempelbauten der Nazcas gefunden, nur kleine Häuser aus Adobe (getrocknete Lehmziegel). Das Zentrum der Nazcas liegt möglicherweise bei Cahuachi, 9 km westlich von Nazca.

Vicuñas von Pampa Galeras

Beste Gelegenheit, um das seltene *Vicuña* zu sehen und zu fotografieren, ist die **Reserva Nacional de Pampa Galeras.** Eine gleichnamige Forschungsstation wurde 1965 von Deutschen gegründet. Ihr Ziel: das Vicuña vor dem Aussterben zu bewahren und die Pampa ökologisch sinnvoll bewirtschaften. Die BRD unterstützte bis 1980 dieses Projekt, nach der Übernahme der Regierung durch *Belaúnde Terry* verließen die deutschen Experten das Land, und peruanische Wissenschaftler setzen die Arbeit fort.

Pampa Galeras liegt auf der Straße Nazca–Cuzco. Da die Busse nach Cuzco meist nachts von Nazca abfahren, ist man mit ihnen sehr früh auf der Pampa, es ist bitterkalt. Hier, auf einer Höhe von 4000 m, sinkt die Temperatur nachts bis auf minus 14 Grad Celsius. Tip: Autostopp am frühen Morgen, je früher, desto besser. Wo? Auf der Calle Lima zum Stadtende von Nazca im Westen gehen. Auf der Höhe des Hotels Montecarlo (gelbes Schild) links Richtung Flughafen abbiegen, über die Brücke geradeaus bis zur Rechtskurve mit der Abzweigung nach Arequipa (rechts) und **Puquio** (links). Einen Lastwagen stoppen, der Richtung Puquio fährt – Preis aushandeln, etwa 1 $. Die 89 km über die Schotterpiste dauern 4 Stunden. Gut, wer daran gedacht hat, Trinkwasser mitzubringen. Unterwegs kaum Leben, nur einige Kakteen. Nach 43 km das Restaurant El Tio, bei Km 53 das Dorf **Villatambo,** bestehend aus wenigen Hütten und drei Restaurants.

Genau beim Kilometerstein 89 steht die Forschungsstation, in der man für 1 $ übernachten kann, Essen in der Arbeiterkantine. An die 30 000 Vicuñas leben hier. Da sie nicht mehr gejagt werden, sind sie nicht sehr scheu; man kommt 20 bis 30 Meter an sie heran.

Von den Arbeitern auf der Farm erfährt ihr viel über die Vicuñas. Sie freuen sich in dieser einsamen Gegend über Besuch. Neben ihren täglichen acht Arbeitsstunden gibt es hier kaum eine andere Abwechslung als den Alkohol. Ihr Monatsverdienst beträgt 60 $ bei freier Unterkunft. Nicht viel, wenn man bedenkt, daß täglich für Nahrungsmittel 2 $ aufgewendet werden müßen.

Weiterreise

Die meisten Busgesellschaften sind am Ortseingang an der Av. Los Incas und C. Lima. Ausnahmen: *Transp. Cueva,* Jr. Bolognesi 391; *Rogero,* Jr. Lima 690. Am teuersten sind *Ormeño* und *Cruz del Sur.* Für deren Busse, die nicht von Nazca aus starten, muß die Fahrt ab Abfahrtsort Lima oder Arequipa) mitbezahlt werden. Frühzeitig reservieren.

■ Häufige Verbindungen nach **Lima** (452 km, 17 Std., 3.5 $) und

■ nach Süden Richtung **Arequipa** (566 km, 10 Std., 6 $) und **Tacna** (13 Std., 8 $).

■ Nach **Puquio** (Richtung Naturreservat von Pampa Galeras, 5 Std.) und weiter nach **Abancay** (20 Std.) fahren *Condor de Ayamaraes* und *Morales Moralitos;* Abfahrt 20 und 20.30 Uhr. *Morales* fährt weiter bis **Cuzco** durch (32 Std., 14 $).

■ Nach **Huancayo** (14 Std.) in der Sierra Central und nach **Tumbes** im Norden (18 Std.) fährt *Expreso Sudamericano.*

Tacna

569 m ü. M., 60 000 Einwohner.

Tacna liegt nur 36 km vor der chilenischen Grenze. Nach dem Pazifikkrieg (Salpeterkrieg) von 1879 zwischen Peru, Bolivien und Chile stand die Stadt ein halbes Jahrhundert unter chilenischer Herrschaft, bis sie sich 1929 für den Wiederanschluß an Peru entschied. Dennoch ist der chilenische Einfluß in Tacna deutlich spürbar, so wird zum Beispiel das S am Wortende nicht ausgesprochen: *arro' con papa'* heißt *arroz con papas,* Reis mit Kartoffeln. Die Stadt ist auch sehr sauber und macht im Vergleich zum restlichen Peru einen reichen Eindruck. Viel Geld wird mit Schmuggel verdient: technische Geräte von Chile nach Peru, Kokain und Kokapaste in umgekehrter Richtung. Tacna ist deswegen auch verhältnismäßig teuer; da die Stadt kaum Sehenswürdigkeiten bieten, wird sie von den meisten Globis nur als Durchgangsstation benutzt.

Unterkunft

Da in der Stadt das Wasser knapp ist, muß man in Billigunterkünften damit rechnen, daß der Haupthahn nachts zugedreht ist.

■ **Hostal Residencial Cuzco ***, Jr. Melendez 587, Tel. 71 21 66. In der Nähe der Busterminals. Sauber und freundlich. DZ ohne Bad 3.5 $, mit Bad 4 $. Warmes Wasser selbst nachts.

■ **Hostal Los Angeles ***, Jr. Grohoman 762, Tel. 72 47 10. Unweit des Busterminals. DZ ohne Bad 4 $. Sauber, manchmal Warmwasser.

■ **Hostal Las Vegas ***, Jr. San Martín 454, Tel. 71 40 91. Zentrale Lage. DZ ohne Bad 4 $. Einige Zimmer mit Blick auf die Plaza, andere mit Fenster zum Flur. Auch nachts warmes Wasser.

■ **Ambassador ***, Av. Arequipa 61, Tel. 28 43. DZ ohne Bad 4.5 $. Sauber. Nachts, von 22–05 Uhr kein Wasser.

■ **Hostal El Virrey ****, Jr. Ayacucho 88, 30 m nach der Touristeninfo. (Foptur). Tel. 72 30 61. Sauber. DZ mit Bad 5.5 $. Warmwasser bis 22H.

■ **Plaza Hotel *****, Jr. San Martín 421, Tel. 72 17 12 oder 72 16 51. Komfortabler Neubau. DZ mit Bad 9 $. Auch Drei- und Vierbettzimmer. Tag und Nacht warmes Wasser. Cafeteria im Haus.

■ **Hotel Turistas *****, Av. Bolognesi 300, Tel. 72 42 93. DZ mit Bad 17 $. Auch nachts mit warmem Wasser. Restaurant, Bar, Garten mit Schwimmbecken.

Essen

■ Der **Zentralmarkt** befindet sich beim 8. Block der Av. Bolognesi.

■ **El Viejo Almacen,** Jr. San Martín 577. Große Auswahl an Sandwiches, Fruchtsäften, Teigwarengerichten, Steaks, Kuchen, Eisbechern und harten Drinks. Gute Küche.

■ **Restaurant Genova,** Jr. San Martín 649. Cebiches und weitere Fischgerichte, Steaks, Spaghetti, Eisbecher, harte Drinks, Sangría und Wein. Fruchtsäfte: Schon mal den Saft der *Tumbo-Frucht* versucht?

■ Leckere Steaks vom Grill gibt's bei **Parilladas Argentinas El Gaucho,** Av. Bolognesi 392.

■ Das **Restaurant El Vittorio,** Av. Bolognesi 722, hat sich auf Fisch und Meeresfrüchte spezialisiert. Versucht mal die Muschelart *locos*! Große Auswahl zu vernünftigen Preisen. Auch Steaks.

Was sonst?

■ **Touristeninformation,** Jr. San Martín 405.

■ **Telefonamt,** Jr. San Martín 453.

■ **Postamt,** Av. Bolognesi 361.

■ **Geldwechsel** im **Banco de la Nación,** Jr. San Martín 915. Schwarzwechsler tauschen an der Av. Bolognesi. Wer nach Chile weiterfährt, wechselt alle Intis noch in Tacna gegen chilenische Pesos oder gegen Dollars, die Dollars aber erst in Chile gegen Peso tauschen.

■ Die **Souvenirshops** befinden sich um den Zentralmarkt, 8. Block Av. Bolognesi.

Sehenswert

■ Die **Kathedrale** wurde von der Firma Eiffel (Erbauerin des Pariser Wahrzeichens) geplant. Baubeginn war 1875, bald mußten die Bauarbeiten wegen Finanzmangels unterbrochen werden. 1879 kam der Pazifikkrieg dazwischen. Erst nach der Unabhängigkeit von 1929 wurde weitergebaut. Doch da die ursprünglichen Pläne verlorengegangen waren, wurde die Kathedrale erst 1954 fertiggestellt.

■ Die **Pila Ornamental** auf der Plaza de Armas ist ein 6 m hoher Bronzebrunnen in griechischem Stil. Das größte Becken hat einen Umfang von 6 m; die vier nackten Kinder symbolisieren die vier Jahreszeiten. Ein ähnlicher Brunnen steht auf der Place de la concorde in Paris. Derjenige von Tacna wurde vom Engländer Simpson im Jahre 1858 erbaut.

■ **Museo Arqueológico Histórico** im 2. Stock des Instituto Nacional de Cultura, Jr. Apurimac 202. Geöffnet Mo–Fr 9–12 Uhr, zwischen April und Dezember auch 16–20 Uhr. Eintritt 0.2 $. Im archäologischen Saal sind nur wenige Keramikstücke der Kulturen *Nazca, Paracas, Mochica, Chimú* und *Chancay* zu sehen. Im zweiten Saal sind Dokumente und Bilder aus dem Pazifikkrieg, auch Bronzestatuen der Generäle, die den «Heldentod» starben, ausgestellt.

■ Das **Eisenbahnmuseum** (Museo Ferroviario) neben dem Bahnhof lohnt einen Besuch. Zu sehen sind alte Dampflokomotiven und zu Triebwagen umgebaute Lastwagen und Oldtimer. Geöffnet Mo–Fr von 8 bis 15 Uhr. Eintritt 0.1 $.

■ Der schönste Strand in der Umgebung heißt **Boca del Río** und ist 46 km, beziehungsweise 40 Minuten von Tacna entfernt.

Weiterreise

■ Von und nach **Arica** (Chile): Am preiswertesten fährt man mit der Bahn. Die Fahrt über 61 km kostet nur 0.8 $. Abfahrt 8 Uhr morgens und 15 Uhr ab Tacna, 11 und 17 Uhr ab Arica. Einreisestempel für Chile gibt's im Zug. Der Bahnhof befindet sich in der Av. Albarracín, einige Blöcke hinter der Kathedrale. Die Grenzstation **Hito Concordia** ist von 7 bis 23 Uhr geöffnet. Die Einfuhr frischer Nahrungsmittel (Obst) ist nicht gestattet. Arica befindet sich 20 km nach der Grenze.

Busse schaffen die Strecke in einer Stunde (1 $). Busgesellschaft: *Coop Peru,* Jr. Mendoza 16. Block. Colectivos (2 $): *Chasquitur,* Jr. Mendoza 1025. *Sur Peru, Chile Lintur, San Remo,* alle am Jr. Mendoza im 15. Block. Ein Taxi nach Arica kostet 20 $.

Internationale Flüge nur ab Arica, täglich nach **Santiago de Chile** für 110 $, dreimal wöchentlich nach **La Paz** für 100 $ und nach **Buenos Aires** für 160 $.

■ Busse benötigen für die 400 km durch Wüstenlandschaft bis **Arequipa** 6 Stunden, nach **Lima** sind es 1333 km und 26 Stunden. Unterwegs immer wieder Polizeikontrollen; ein Großteil der Passagiere sind Schmuggler, welche elektronische Geräte, Spielsachen, Modeartikel, Wein von Chile nach Peru einführen. Vor jeder Polizeikontrolle sammelt ein Schmuggler von seinen Berufskollegen einen kleinen Geldbetrag, welcher den Polizisten zugesteckt wird. Ist der Geldbetrag zu niedrig, beschlagnahmen die Polizisten die Ware. Ursache für den Schmuggelverkehr sind die peruanischen Importbeschränkungen, die verhindern sollen, daß unnötig Devisen für Luxusgüter ins Ausland fließen.

Folgende Busgesellschaften fahren mehrmals täglich für 2 $ nach Arequipa: *Ormeño,* Jr. Araquez 698, fährt auch nach Lima (22 Std., 7 $) und Moquegua (163 km, 2½ Std., 0.8 $). *Expreso Sudamericano,* Jr. Meléndez 643, auch nach Lima. *Angelitos Negros,* Jr. Meléndez 556, auch nach Moquegua und Lima. *Roggero,* Jr. Meléndez 637, auch nach Lima. *Berríos,* Jr. Meléndez

625, auch nach Ilo (140 km; 2 Stunden), Moquegua und Toquepala (147 km; 2½ Std.). *Cruz del Sur,* Jr. Araquez 650, auch nach Moquegua und Lima. *Flores,* Jr. Meléndez 730, auch nach Ilo. *Sur Peruano,* Jr. Arias Araguez 700. *Tepsa,* Jr. Leguía 926, nur nach Lima.

Täglich fahren auch Colectivos nach Arequipa. Sie sind schneller als Busse, aber teurer (4 $): *Expreso Tacna,* Jr. San Martín 201.

Tägliche Flüge nach Arequipa und Lima, buchen bei *Faucett,* Apurimac 201, oder *Aero Peru,* Ecke San Martín/Ayacucho.

Der Pazifikkrieg

Im 19. Jahrhundert (1840–1880) erlebte Peru dank des Exports des Kots von Millionen Seevögeln, dem *guano,* einen starken wirtschaftlichen Aufschwung. Schon vor der Inkazeit war Guano als wertvoller Dünger bekannt. Die Entwicklung einer kapitalintensiven Agrarwirtschaft in Europa schuf im 19. Jahrhundert einen internationalen Markt für Guano, dessen Abbau peruanisches Staatsmonopol war. Für kurze Zeit wies Peru die höchste Wirtschaftswachstumsrate aller lateinamerikanischen Länder auf.

Die Hälfte der Einnahmen aus dem Guanohandel aber mußte in der Bank von England deponiert werden, um die hohen Auslandsschulden zu bezahlen. Der teure Bau der Andenbahn, welche die Erze aus den Minen der Zentralanden an die Küste bringen sollte, hatte die peruanische Regierung in arge Geldnot gebracht. 1872 war sie mit 35 Millionen Pfund die größte Schuldnerin am Londoner Geldmarkt. Die französische Handelsfirma von *Auguste Dreyfus* erklärte sich bereit, die Staatsschulden zu bezahlen, verlangte aber als Gegenleistung das Guanomonopol. Dieses Geschäft sollte sich für Dreyfus als eines der lukrativsten der Weltgeschichte erweisen.

Ende der 70er Jahre war der Boom bereits vorbei, die Guanovorkommen nicht mehr so ergiebig, und es wurden andere, billigere Düngemittel bekannt, zum Beispiel Nitrate, wie sie in der Atacamawüste (heute Chile) vorkommen. Während der weltweiten Rezession sank die Nachfrage nach Düngemitteln zusätzlich; Peru konnte den neu eingegangenen Zahlungsverpflichtungen nicht mehr nachkommen und erklärte sich 1879 bankrott. Die Nitratvorkommen in Südperu, welche britische und chilenische Unternehmer abbauten, wurden gleichzeitig verstaatlicht. Auch Bolivien hatte eine Wirtschaftskrise zu bewältigen; die Regierung ordnete eine Exportsteuer auf Nitrate der bolivianischen Atacama an.

Chile, im Bestreben, die Interessen der privaten chilenischen Unternehmen in Peru und Bolivien zu verteidigen, erklärte den Krieg. Zuvor hatte Peru mit Bolivien einen Verteidigungspakt geschlossen. Dank britischer Unterstützung (Finanzhilfe und Waffenlieferungen) konnten die chilenischen Armeen bis nach Lima vorstoßen, die Stadt fiel 1881. 1884 zogen sich die Chilenen zurück, behielten aber von Peru die Städte Tacna und Arica und von Bolivien Antofagasta. Bolivien verlor dadurch den einzigen Zugang zum Meer, ein Trauma, das bis heute nicht bewältigt wurde. Tacna wurde 1929 nach einer Volksabstimmung an Peru zurückgegeben, Arica und Antofagasta blieben chilenisch.

Trujillo

Meereshöhe. 600 000 Einwohner.
Wer sich mit dem Leben des spanischen Eroberers *Francisco Pizarro* beschäftigt, erfährt, daß sein Geburtsort Trujillo heißt. Nach ihm ist die zweitgrößte peruanische Stadt an der Nordküste Perus benannt. Sie wurde sehr früh, 1534, gegründet und ist heute Hauptstadt des Departements La Libertad. In der Innenstadt sind noch viele Häuser aus der Kolonialzeit erhalten geblieben. Die Stadt ist auch nicht so hektisch wie Lima, man sieht ihr die größe und Bedeutung kaum an.

In der nahen Umgebung Trujillos befinden sich die Überreste der Großkulturen *Mochica* (200 v. Chr. – 700 n. Chr.) und *Chimú* (1000 n. Chr. – 1600 n. Chr.). Bekanntestes Denkmal der Mochicas sind der Sonnen- und der Mondtempel, von den Chimús hat man deren Hauptstadt Chan-Chan gefunden.

Trujillo ist die Bastion der *APRA (Alianza Popular Revolucionaria Americana)* – Regierungspartei des Präsidenten *Alán García*, gewählt für die Periode 1985 – 1990. Der Gründer der APRA, *Victor Raúl Haya de la Torre* (1895 – 1980), wurde in Trujillo geboren und war 1931 Anwärter auf den Präsidentensessel. Der Diktator *Sánchez Cerro* erklärte sich jedoch selbst zum Wahlsieger, die APRA wurde verboten und *Haya de la Torre* ins Gefängnis gesteckt. Die Mittelklasseschicht, die die APRA unterstützte, startete daraufhin eine Rebellion. Die Armee antwortete wie gewohnt mit einem Blutbad. APRA-Anhänger wurden in Lastwagen verfrachtet und in den Ruinen von Chan-Chan erschossen. Über tausend Menschen verloren ihr Leben.

Wichtigster Wirtschaftszweig des Departements La Libertad ist die Zuckerindustrie. Die revolutionäre Militärjunta von 1969 enteignete die Zuckerbarone, die mit ihren Familien riesige Ländereien und Haciendas besaßen. Seither werden die Plantagen von Arbeiterkooperativen weitergeführt.

Die Strände um Trujillo laden während der peruanischen Sommermonate Dezember bis April zum Baden und Wellenreiten ein. Einige Strände nördlich von Trujillo (zum Beispiel *Punta Chicama*) zählen zu den besten Surfplätzen der Welt.

Das Klima von Trujillo ist eines der angenehmsten an der Küste. Die Durchschnittstemperatur im Sommer beträgt 24 °C, im Winter 17 °C.

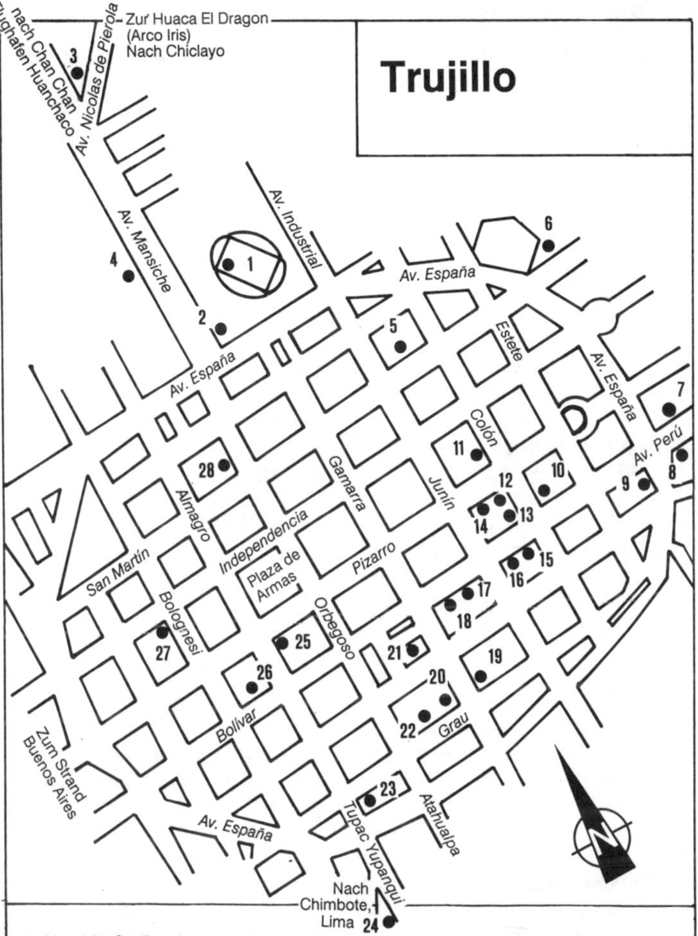

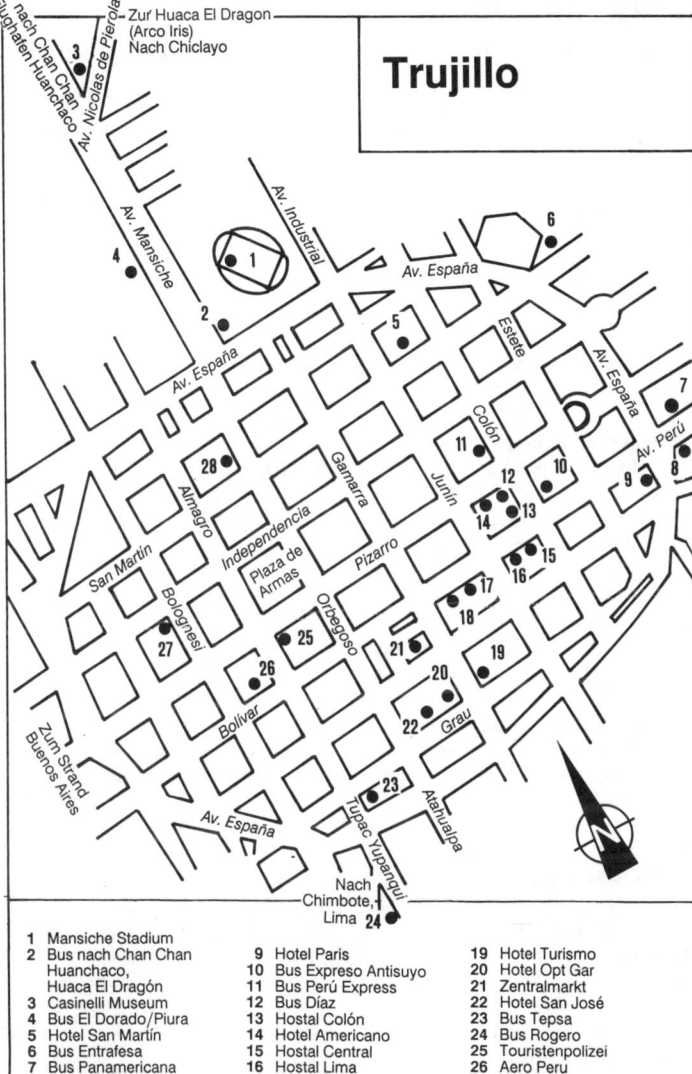

1 Mansiche Stadium
2 Bus nach Chan Chan Huanchaco, Huaca El Dragón
3 Casinelli Museum
4 Bus El Dorado/Piura
5 Hotel San Martín
6 Bus Entrafesa
7 Bus Panamericana
8 Bus Expreso Sudamericano
9 Hotel Paris
10 Bus Expreso Antisuyo
11 Bus Perú Express
12 Bus Díaz
13 Hostal Colón
14 Hotel Americano
15 Hostal Central
16 Hostal Lima
17 Telefonamt
18 Hostal Internacional
19 Hotel Turismo
20 Hotel Opt Gar
21 Zentralmarkt
22 Hotel San José
23 Bus Tepsa
24 Bus Rogero
25 Touristenpolizei
26 Aero Peru
27 Postamt
28 Hostal Oscar

Unterkunft

In Trujillo herrscht oft Wasserknappheit, das kostbare Naß kann jederzeit für Stunden überraschend abgestellt werden. Von den Billighotels können wir nur das Hotel Oscar empfehlen, besser sind die Hotels in Strandnähe, siehe weiter unten.

■ **Hostal Paris** *, Ayacucho 991, an der verkehrsreichen Avenida España. Tel. 24 27 01. Sehr einfach, nicht sauber, unfreundlich, oft ausgebucht. Nur Kaltwasser. Das einzig Positive: Doppelzimmer ohne Bad nur 1 $.

■ **Hotel Internacional** *, Bolívar 646, Tel. 24 53 92. Muffige DZ mit Bad 1.6 $, ohne Bad 1 $. Kaltes Wasser fließt viermal täglich für 2 Std.

■ **Hotel Americano** *, Pizarro 764, Tel. 24 13 61. Sieht von außen aus wie ein Palast. Große Eingangshalle. Ist *der* Gringotreff in Trujillo. Die Qualität der Zimmer ist unterschiedlich. Einige Hotelgäste beklagen sich über Lärm und Bettwanzen. Es ist trotzdem besser als die meisten andern Billighotels. DZ mit Bad 1.8 $, ohne Bad nur unwesentlich billiger. Nur Kaltwasser.

■ **Hostal San José** *, Grau 515, Tel. 24 37 51. DZ mit Bad 1.8 $. Zimmer mittelmäßig, zum Teil entströmt dem Badezimmer ein schlechter Geruch. Nur Kaltwasser.

■ **Hostal Oscar** *, Orbegoso 170, Tel. 25 70 33. DZ mit Bad 2.2 $. Nackter Betonboden in Zimmer und Bad, aber ansonsten sauber. Betten sind gut. Nur Kaltwasser.

■ **Hosteria El Sol** **, Brillantes 224, Tel. 23 19 33. Von der Architektur her das attraktivste Hotel. Aus roten Backsteinen, einem Schlößchen ähnlich, dreistöckig, mit Bögen, Brükken, Wendeltreppen, Türmchen und schönem Innenhof (Garten, Kakteen und Springbrunnen). DZ mit Bad 4.5 $. Die Cafeteria ist nur geöffnet, wenn genügend Gäste im Haus sind.

■ **Hotel San Martín** **, San Martín 749, Tel. 23 40 11. DZ mit Bad 5 $. Sauber. Warmwasser. Restaurant und Bar im Haus.

■ **Hotel Opt Gar** **, Grau 595, Tel. 24 21 92. DZ mit Bad 5 $. Zimmer mit Teppich, Telefon und die meisten mit Fernseher. Warmwasser. Empfehlenswert. Restaurant und Snackbar.

Essen

■ Frischen **Fisch** gibt es in den meisten Restaurants von Trujillo und in allen Strandrestaurants. Die Spezialität **Shambar** wird in Trujillo nur montags angeboten. Shambar ist eine dicke Suppe aus eingeweichten Weizenkörnern, Bohnen, Schweinehaut und Schinken. Dazu werden *cancha* (geröstete Maiskörner), Ají (Pfefferschoten) und Zitronen gereicht.

■ Der **Zentralmarkt** liegt an der Ekke Ayacucho/Gamarra.

■ **Restaurant Il Valentino,** Orbegoso 224, das beste italienische Restaurant. Pizzas und Nudelgerichte, harte Drinks, Weine und Sangría. Nicht billig, aber die Preise entsprechen der Qualität.

■ **Restaurant José Antonio,** Gamarra 786, neben dem Hotel Opt Gar. Ist eines der nobelsten Restaurants der Innenstadt. Vornehme Kellner, flotte Bedienung, rote Tischtücher. Große Auswahl an Aperitifs, Fischgerichten, Spaghettis, aber vor allem Steaks, Steaks, Steaks, dazu Weine, danach Eisbecher. Angemessene Preise. Geöffnet 12–15 und 19–23 Uhr.

■ Für Nachtschwärmer: **Restaurant 24 horas,** Gamarra 779, gegenüber dem Hotel Opt Gar. Hat die ganze Nacht geöffnet.

■ **Chinesische Restaurants**: **Chifa Canton,** Av. España 2324. Große Portionen. Preiswertes Menü zwischen 12 und 15 Uhr. **Chifa Siete Mares,** Av. España 2424. Sehr gute Küche. Krabben-, Fisch-, Tauben- und Entengerichte. Beide Chifas befinden sich in der Nähe der Busgesellschaft Tepsa.

■ **Vegetarische Restaurants**: **Salud y Vigor,** Bolívar 787, drei Blöcke von der Plaza. **Restaurant Margarita,** Gamarra 368.

■ Wer zum Nachtisch Lust auf süße Torten hat, ob Schokoladekuchen oder Soufflé Chantilly, geht zu **Cherry's,** Junín 555, zwischen Pizarro und Bolívar. Hübsch eingerichtet. Geöffnet bis 23 Uhr.

Was sonst?

■ **Touristenpolizei,** Pizarro 402, an der Plaza de Armas, gibt die neusten Infos und Stadtpläne. Täglich geöffnet von 8–20 Uhr.

■ **Telefonamt,** Bolívar 658, eineinhalb Blöcke von der Plaza.

■ **Postamt,** Bolognesi 410, ein Block von der Plaza.

■ **Banco de la Nación,** Almagro/Ecke San Martín.

■ **Olympia-Schwimmbad,** España/Ecke Industrial. 50-Meter-Becken. Geöffnet von 10 bis 17 Uhr. Eintritt 0.1 $.

■ **Gallery Pedro Puerta,** Panamericana Norte Kilometer 560, verkauft exakte Kopien (Holzabdrücke) von Chimú- und Mochica-Motiven. Herr *Pedro Puerta* ist auch ein ausgezeichneter Führer für Chan-Chan, den Tempel ArcoIris und die Sonnenpyramide. Er spricht Enlisch und verlangt 5 $ pro Person für einen halben Tag.

Sehenswert

■ **Archäologisches Museum,** Pizarro 349, eineinhalb Blöcke von der Plaza. Es gibt einen guten Überblick über die alten peruanischen Kulturen, natürlich vor allem die der *Mochica.* Geöffnet Mo–Fr von 8.00 bis 12 Uhr und von 15 bis 18 Uhr. Eintritt 0.3 $.

■ **Museo Cassinelli,** N. de Piérola 601, bei Abzweigung Panamericana Norte und Calle Huanchaco (*in* der Tankstelle). Nur ein Raum mit Keramik, aber durchwegs auserlesene Kostbarkeiten der Kulturen *Viru, Chavín, Recuay, Salinar, Chimú* und vor allem *Mochica.* Oft führt Herr *Cassinelli* seine Besucher persönlich durch den Raum und demonstriert verblüffende Mochica-Porträts mit chinesischen, negroiden, mongolischen und arabischen Gesichtszügen. Eines gleicht gar einem Wikinger. Weiter hat er eine Figur im Lotus-Sitz, die Buddha sehr ähnlich sieht, in der Sammlung. Die Mochica-Keramik scheint auf frühe Verbindungen zur alten Welt hinzuweisen. Die Keramikgefäße sind nicht hinter Glas! Geöffnet Mo – Fr 8.30 – 11.30 und 15.00 – 17.30 Uhr. Eintritt 0.5 $.

■ **Zoologisches Museum,** San Martín 368, ein Block von der Plaza. Geöffnet Mo – Fr zwischen 8 – 13 und 15 – 17.30 Uhr. Eintritt frei.

Huaco El Dragón (Arco Iris)

Der **Drachentempel** oder **Tempel des Regenbogens** befindet sich im Viertel La Esperanza, nördlich des Zentrums. Zur Zerstörung des Tempels haben die Archäologen beigetragen, indem sie ihn 1963 vom Sand freilegten und ungeschützt Wind und Regen überließen. Im Tempel wurde dem lebensspendenden Wasser gehuldigt. Die Reliefs an der Außenmauer zeigen einen Drachen, der mit der Zunge nach Wasser leckt. Wie hin? Der Bus mit der Aufschrift «Esperanza» fährt von der Av. España, Ecke Jr. Mansinche, die Panamericana entlang; nach 5 Haltestellen aussteigen.

Sonnen- und Mondpyramide

Die größten Pyramiden Südamerikas wurden von den Mochicas vom 3. bis zum 8. Jahrhundert aus Lehmziegeln erbaut. Von der **Sonnenpyramide** östlich von Trujillo blickt man übers Moche-Tal nach Trujillo und Chan-Chan. Eine Seite der Pyramide ist durch Schatzräuber zerstört worden: Sie leiteten den Moche-Fluß gegen die Pyramide um. Ob und wie viele Schätze dadurch gefunden wurden, wissen wir nicht. Der Name Sonnenpyramide ist im Grunde falsch, denn die Pyramide sollte den Regenbogen ehren. Die kleine und schlecht erhaltene **Mondpyramide** liegt wenige hundert Meter von der Sonnenpyramide entfernt.

Wie hin? Der Bus fährt ab der Jr. Suárez, Ecke Av. de los Incas.

Chan-Chan

Chan-Chan war die Hauptstadt des *Chimú*-Reiches und soll einst über 50 000 Einwohner gehabt haben. Da sämtliche Gebäude aus ungebrannten Lehmziegeln bestehen, sind sie durch Wind und Regen zerfallen. Die Stadt liegt auf halbem Weg zwischen Trujillo und Huanchaco, wenige Kilometer vom Zentrum entfernt. Der Tschudipalast ist von 9 bis 17 Uhr geöffnet, Eintritt 0.8 $.

Das besterhaltene Viertel ist der **Tschudipalast,** benannt nach einem Schweizer Archäologen. Die Außenwand ist 412 m lang. Die vielen Sandfresken an den Wänden, die in einer langen Reihe immer die gleichen Tiermotive (Fische, Seeotter, Eichhörnchen und Kondore) wiederholen, sind alle einzeln von Hand gefertigt worden.

Strände

Buenos Aires:
ist der nächstgelegene Strand von Trujillo. Bus ab Ecke España/Pizarro. Große gelbe Busse der Enatur oder blauweiße Busse fahren von der Av. Larco (= Fortsetzung der Av. Pizarro) direkt zum Strand (ca. 10 Minuten). Dort gibt es viele Fischrestaurants, einige Chifas und zwei Hotels:

■ **Hostal Buenos Aires** *, direkt am Strand. Einfache Zimmer, das DZ ohne Bad 1.4 $. Nur Kaltwasser. Zwischen Dezember und März ist das Hotel meist durch Einheimische ausgebucht.

■ **City Mar** **, Larco 436, Tel. 25 67 68.
300 Meter vom Strand entfernt. DZ mit Bad 4 $, sauber, Warmwasser. Cafeteria im Haus.

Huanchaco:
15 Kilometer von Trujillo entfernt. Gelb-oranger Bus oder großer gelber Bus der Enatur ab Av. Mansiche/ Av. España. Fahrtdauer ca. 20 Minuten. Man fährt am kleinen *Chimú*-Tempel **Huaca Esmeraldas** vorbei und mitten durch Chan-Chan.

Huanchaco ist noch ein ruhiges Fischerdorf. Immer mehr reiche Leute aus der Stadt bauen hier ihre Wochenendvillen. Einige Fischrestaurants und ein unendlich langer Sandstrand. Besonders attraktiv sind die **Caballitos de totora** (Schilfpferdchen). Das sind kleine Schilfboote, ähnlich denjenigen auf dem Titicacasee. Frühmorgens und abends fahren die Fischer damit aufs offene Meer hinaus. Mit der Flut kommen sie zurück, beladen mit Fischen und vor allem Krabben. Es ist ein schönes Bild, wenn die Fischer mit ihren Booten auf den Wellen zum Strand geritten kommen.

Gute Busverbindungen mit Trujillo und gute Hotels machen aus Huanchaco einen idealen Standort für Ausflüge in die Umgebung.

■ **Hostal Huanchaco** **, Jr. Victor Larco 287, Tel. 23 44 94. An der Plaza de Armas, ein Block vom Strand entfernt. Freundlich, sauber. DZ mit Bad 3.5 $, ohne Bad 3 $. Nur Kaltwasser. Zwei Billardtische. Kleines Schwimmbecken und Blumengarten mit *San-Pedro*-Kakteen und einem *Floripondio*-Baum, dessen große, weiße Blüten insbesondere nachts einen betörenden Duft verströmen. Die Cafeteria für Frühstück und Snacks ist den ganzen Tag geöffnet.

■ **Hotel Bracamonte** **, Los Olivos 503, gleich am Ortseingang, 150 m vom Strand entfernt. DZ mit Bad 4.5 $ (auch einige einfache Bungalows). Sauber, freundlich, das Hotel mit dem größten Schwimmbecken von Huanchaco, 12 mal 5 m. Rasen und Blumengarten, Restaurant. Ein eigenes Wasserreservoir garantiert ständig fließendes Wasser, und ein Generator sorgt auch während Stromausfällen für elektrisches Licht und Warmwasser.

■ **Hostal Sol y Mar** **, Los Ficus 570–580. Telefon für Reservationen (das Hotel selbst besitzt kein Telefon) 24 53 56. DZ mit Bad 4.5 $. Warmwasser, Balkon mit Sicht aufs Meer. Garten und Restaurant, Billardtisch im Spielzimmer.

■ **Hostal Caballito de Totora** **, Av. La Rivera 219, direkt an der Uferstraße, Tel. 23 22 01. DZ mit Bad 5 $. Die Suite verfügt über einen großen Balkon mit Sicht aufs Meer, 8.5 $. Sauber und freundlich. Warmwasser. Schwimmbecken, Blumengarten mit Floripondio-Baum und Palmen. Restaurant.

Las Delicias:
Viel Betrieb während der peruanischen Sommermonate Dezember bis April. Ein Fischrestaurant reiht sich ans andere. Es gibt nur ein Hotel, welches dem bekannten *curandero* (Naturheiler) *Tuno* gehört, das **Hotel Zlang,** was in der Muchic-Sprache «Schlangenhotel» bedeutet. DZ ohne Bad 2 $. 200 Meter vom Strand entfernt.

Curanderos – Magier oder Mediziner?

Tuno (sein wirklicher Name ist *Eduardo Calderón Palomino*) ist nur einer unter Tausenden von Curanderos in Peru. Curanderos oder Brujos (Zauberer) haben eine über 2000 Jahre alte Tradition. Typisch für die Heiler der Berge und Küste (im Gegensatz zu den Schamanen des Urwaldes) ist die Diagnose mit Hilfe von Meerschweinchen (*cuy*): Der Körper des Patienten wird mehrmals mit einem Meerschweinchen abgerieben, dieses vom Heiler getötet und dessen innere Organe freigelegt. Ihre Lage verrät ihm, wo das Übel beim Menschen liegt. Anschließend verschreibt der Medizinmann dem Patienten die nötigen Heilkräuter.

Eine wichtige Rolle für die Brujos spielt der Kaktus *San Pedro,* der in den Bergen Perus sehr häufig anzutreffen ist, auch oft in Gärten angepflanzt wird. Zudem wird er auf jedem Markt verkauft. Nachts zelebriert der Brujo die San-Pedro-Zeremonie, während der er und Patient gemeinsam den Kaktussud trinken. Während des Meskalinrauschs führt der Brujo mit den Patienten lange Gespräche, er wird als «Psychotherapeut» tätig.

El Tuno ist übrigens nur während drei Monaten im Jahr in Las Delicias anzutreffen, den Rest des Jahres hält er Vorträge und Kurse in den USA und in Europa. Die Meerschweinchendiagnose darf er bei uns allerdings nicht praktizieren, unsere Tierschutzgesetze verbieten es ihm; und den San-Pedro-Kaktus verbieten unsere Antidrogengesetze.

Weiterreise

■ Nach **Lima** mit *Tepsa,* Jr. Almagro 849. *Roggero,* Tupac Yupanqui 300. *Expreso Antisuyu,* Colon 589. *Expreso Panamericana,* Jr. Amazonas 211, Ecke Av. Peru. *Expreso Sudamericana,* Jr. Olaya 117, Ecke Av. Peru. Die Fahrt dauert auf der 551 km langen, gut ausgebauten

Strecke nur 9 Stunden. Bei **Chimbote** wird man vom entsetzlichen Gestank der hiesigen Fischmehlfabriken belästigt.

Collectivos fahren in 7 Stunden nach Lima: *Comite 14,* San Martín 488.

Es gibt keinen öffentlichen Bus zum Flughafen. *Aero Peru,* Jr. Bolívar 395, Ecke Almagro, und *Faucett,* Pizarro 532, haben täglich Flüge nach Lima und bedienen auch **Cajamarca** und **Iquitos** nach einer Zwischenlandung in **Tarapoto.**

■ Nach **Cajamarca,** 8 Stunden Fahrt, *Diaz,* Jr. Colon 537. *El Dorado,* Av. Mansiche 331.

Colectivos fahren viermal wöchentlich (Mo, Mi, Fr, So, um 7.30 Uhr) in 5 Stunden zur Hochlandstadt: *Comite Nr. 12* Jr. Ayacucho 892, Ecke Jr. Estete.

■ Nach **Chiclayo** (4 Stunden): *Emtráfico,* Miraflores 127, Ecke Av. España. *Piura,* Av. Mansiche 365. *Colectivos* fahren ab der Av. Mansiche 301.

■ Nach **Tumbes** (12 Stunden) über Chiclayo und **Piura** (9 Stunden): *Expreso Sudamericana,* Jr. Olaya 117, Ecke Av. Peru. *Emtráfico,* Miraflores 127, Ecke Av. España. *El Aguíla,* Jr. Nicaragua 220. *El Dorado,* Av. Mansiche 331. *Piura,* Av. Mansiche 365.

■ Nach **Chachapoyas** Über **Jaen, Pedro Ruíz** und **Bagua** mit *Olano,* Jr. Uruguay 180, erste Parallelstraße zur Av. España, zwischen Av. Moche und Av. 29 de Diciembre.

Chiclayo

Meereshöhe. 370 000 Einwohner. Obwohl sie die größte Stadt der Nordküste ist, wird Chiclayo von Touristen meist links liegen gelassen. Zu Unrecht. Wer Peru live erleben will, eine geschäftige und brodelnde Stadt, die noch nicht ganz aus den Nähten platzt, ist hier richtig. Der Markt, pardon, die Märkte der Stadt gehören zu den interessantesten Perus. Nur wenige Kilometer entfernt in **Pimentel** oder **Santa Rosa** erstrecken sich kilometerlange und saubere Sandstrände. Von sich reden machen wird in Zukunft der Fundort **Huaca Rajada.** Zum erstenmal entdeckten Archäologen das *unversehrtes* Grab eines Offiziers aus der Mochica-Zeit.

Unterkunft

■ **Unser Tip! Hostal Oriental** *, Arica 825. DZ ohne Bad 1.7 $, mit Bad 2.2 $. Sehr saubere, mittelgroße Zimmer, sicher. Cafeteria im 1. Stock.

■ **Hostal Miami Beach** *, T. Pinglo 169, Tel. 22 71 16. Saubere, kleine Zimmer, etwas hektischer Betrieb. DZ mit Bad 3.5 $, ohne Bad 2.5 $.

■ **Hostal San Ramón** *, Heroes Civiles 169, Tel. 23 39 31. Große Zimmer, sauber, sicher. Freundlich, empfehlenswert. DZ mit Bad 3 $.

■ **Residencial Americano** *, Balta 1171. Etwas kleine Zimmer, sauber, freundlich. O.K. DZ ohne Bad 2.7 $, mit Bad 3.4 $.

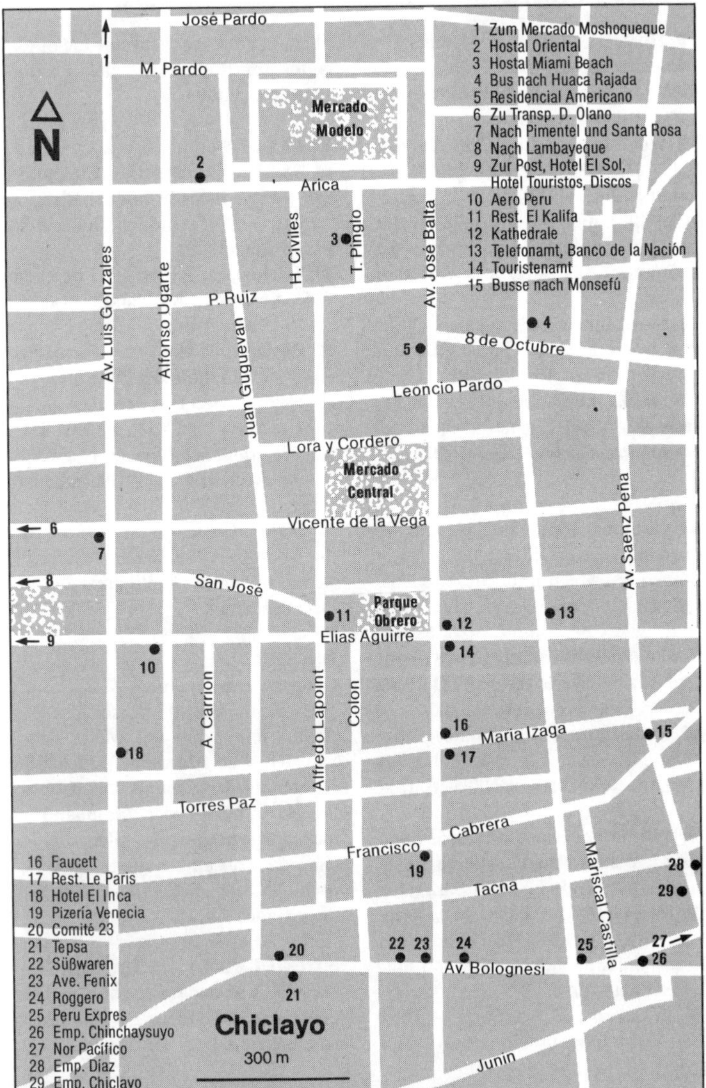

José Pardo
M. Pardo
N
Mercado Modelo
Arica
H. Civiles
T. Pinglo
Av. José Balta
P. Ruiz
Av. Luis Gonzales
Alfonso Ugarte
Juan Guguevan
8 de Octubre
Leoncio Pardo
Lora y Cordero
Mercado Central
Vicente de la Vega
San José
Parque Obrero
Elias Aguirre
Av. Saenz Peña
A. Carrion
Alfredo Lapoint
Colon
Maria Izaga
Torres Paz
Cabrera
Francisco
Tacna
Mariscal Castilla
Av. Bolognesi
Junin
Chiclayo
300 m
1 Zum Mercado Moshoqueque
2 Hostal Oriental
3 Hostal Miami Beach
4 Bus nach Huaca Rajada
5 Residencial Americano
6 Zu Transp. D. Olano
7 Nach Pimentel und Santa Rosa
8 Nach Lambayeque
9 Zur Post, Hotel El Sol, Hotel Touristos, Discos
10 Aero Peru
11 Rest. El Kalifa
12 Kathedrale
13 Telefonamt, Banco de la Nación
14 Touristenamt
15 Busse nach Monsefú
16 Faucett
17 Rest. Le Paris
18 Hotel El Inca
19 Pizería Venecia
20 Comité 23
21 Tepsa
22 Süßwaren
23 Ave. Fenix
24 Roggero
25 Peru Expres
26 Emp. Chinchaysuyo
27 Nor Pacífico
28 Emp. Díaz
29 Emp. Chiclayo

■ **Hostal El Sol** **, E. Aguirre 115, unweit der Post, Tel. 23 21 20. Zum Teil mit Telefon und Spannteppich. DZ mit Bad 4.5 $. Gut.

■ **Hotel Inca** **, Luis Gonzales 622, Tel. 23 59 31. Gemütliche, große Zimmer mit schönem Bad, zentral. Alle Zimmmer mit TV und Ventilator. DZ mit Bad 7.8 $. Eigenes Restaurant, Fruchtsäfte mit filtriertem Wasser.

■ **Hotel Turistas** **, Av. F. Villareal 115, unweit der Post, außerhalb des Zentrums, Tel. 23 49 11. Großzügige DZ mit Bad und zum Teil Terrasse zu 9 $. Eigenes Restaurant, Swimmingpool und Diskothek.

Essen

■ Alfajores King-Kong ist ein Kuchen mit einer Füllung aus *Manjar blanco* (= Milch und Zucker), Ananas und Zuckermelasse. Die besten sind die der *San-Roque*-Fabrik. Große Auswahl entlang der Av. Balta und im Süßwarengeschäft Dulcería Pecsen, Ecke Bolognesi/Balta.

■ **Restaurant Che Claudio,** Bolognesi 328. Kleines sympathisches Restaurant, wo hauptsächlich saftige Steaks serviert werden.

■ **Pizería Venecia,** Balta 365. Sanftes Licht und Musik, saubere Tischtücher, gute Pizza und gute Sangría.

■ **Restaurant Le Paris,** M.M. Izaga/Balta, das schickste Lokal in der Stadt, freundlicher Service und ausgezeichnetes Essen, 2 $

■ **Restaurant El Kalifa,** E. Aguirre 631, im Centro Comercial ganz oben. Schöne Aussicht auf die Stadt, gepflegtes Restaurant, einige arabische Spezialitäten.

Was sonst?

■ **Touristeninformation,** E. Aguirre 830, wenige Schritte von der Plaza de Armas. Sehr freundlich, hilfsbereit, professionell.

■ **Telefonamt,** an der C. 7 de enero 724, hinter der Kathedrale. Täglich bis 23 Uhr geöffnet.

■ **Postamt:** Ecke L. Herrera/E. Aguirre, außerhalb des Zentrums.

■ **Geldwechsel:** Die Banco de la Nación befindet sich neben dem Telefonamt, zahlreiche Wechselstuben in der Av. Balta und an der Plaza de Armas.

■ **Diskotheken:** Im Hotel Turistas die Disco Caballitos. Wenige Schritte weiter, in der Av. F. Villareal 330 die Disco Escargot.

Märkte

Chiclayo zählt mehrere Märkte: den alten **Zentralmarkt** an der Avenida Balta, wenige hundert Meter daneben der neue **Mercado Modelo;** im Norden an der Avenida Luis Gonzales (Lokalbusse) der Großhandelsmarkt **Moshoqueque.** Allen drei ist eines gemeinsam: höllisch viel Betrieb. Es gibt nichts, was man hier nicht finden kann.

Krieger von Huaca Rajada

Da gab es in der Nähe von Chiclayo drei Lehmpyramiden. Es war durchaus bekannt, wo sie stehen, doch

Geld für Ausgrabungen fehlte. Eines Tages erschoß dort ein Mann einen Polizisten. Dieser Mann war ein Grabräuber, die Umstände mysteriös, die Öffentlichkeit und das *Instituto Nacional de Cultura* wurden auf die Sache aufmerksam. Man beauftragte den Leiter des Brüning-Museums von Lambayeque, *Walter Alva Alva,* erste Sondierarbeiten zu unternehmen.

Was er entdeckte, war sensationell. In Huaca Rajada, wie der Fundort heißt, fand der Museumsdirektor ein intaktes Grab der Mochica-Kultur, etwa 1500 Jahre alt. Im Grab ein Krieger in voller Kampfmontur, mit goldenem Helm, Brust-, Armschild, Gesichtsmaske und Rasierzeug (eine Art Pinzette) und in prächtige Stoffe gehüllt. An jedem Ohr hing ein dreiteiliges Ohrgehänge. Die Grabbeigaben waren nicht wahllos ins Grab hineingeworfen, sondern streng geordnet aufgestellt. In den Keramikgefäßen fand man tierische Knochen. Bedeutend ist auch der Fund von Lehmziegeln, die jeweils ein Zeichen, zum Beispiel drei Striche, oder einen Halbkreis eingeritzt haben. Man nimmt an, daß sie Tributzahlungen von Untertanen darstellen. Die eingeritzten Zeichen müssen etwas wie eine Unterschrift sein.

Oberhalb des Kriegers entdeckte Alva Alva drei Kinderskelette, unter ihnen die Leiche eines Grabwächters, und neben dem Krieger zwei Männer–, zwei Frauen– und ein Hundeskelett. Bei den Keramiken lag noch eine Leiche, diejenige eines mit einem Knochenmesser ermordeten Mannes.

Zum Besitz des Kriegers gehören auch Türkise aus Nordargentinien, Lapislazuli-Edelsteine aus Chile und die rituellen Spondylus-Princeps-Muscheln, die zwischen Südkalifornien und Südecuador vorkommen. Das läßt darauf schließen, daß trotz der unüberwindbar scheinenden Sechura-Wüste, die sich nördlich von Chiclayo erstreckt, Handelsbeziehungen mit Ecuador an der Tagesordnung waren.

Die Busse nach **Saltur** und **Pamapagrande,** Calle Leticia, 4. Cuadra, fahren an Huaca Rajada vorbei. Kurz nach Saltur aussteigen, es sind noch etwa 15 Minuten von der Straße zu Fuß bis zum Fundort. Vorher im Touristenbüro von Chiclayo fragen, ob die Besichtigung möglich ist.

Lambayeque

Lambayeque, wenige Kilometer nördlich von Chiclayo, war früher Departementshauptstadt. Nach den *Niño*-Fluten von 1821 und 1871 wurde sie verlassen, sie ist heute ein kleines, ruhiges Städtchen mit rund 37 000 Einwohnern. An der Plaza Venus befindet sich ein kleines **naturhistorisches Museum.** Hauptattraktion ist aber das **Brüning-Museum.** Öffnungszeiten Mo–Fr 8.30–12.45 und 15–17.30, Sa/So 9–13 Uhr. Es beherbergt chronologisch präsentierte Fundstücke aus vorkeramischer und keramischer Zeit. Sehr beeindruk-

kend ist das kleine Goldmuseum. Dort erfährt man auch, daß der weltbekannte peruanische, goldene *Tumi* (Ritualmesser) nicht aus der *Chimú-Kultur* stammt, sondern der regionalen *Lambayeque-Kultur,* einer Vorgängerin von *Chimú,* zugewiesen wird. Das Grab des Kriegers soll im Museum rekonstruiert werden. Busse und Colectivos verlassen Chiclayo von der Plaza Aguirre.

Monsefú, Pimentel und Santa Rosa

■ Nach **Monsefú** fahren Busse von der Av. Saenz Peña, sie können an jeder Ecke angehalten werden, Colectivos fahren von der Ecke P. Ruiz/ Balta. Ruhiges, kleines Dorf, neben der Kirche aus dem Jahr 1896 arbeitet eine Frauenkooperative. Sie fabriziert Kleider und Tücher aus Leinen (*tocuyo*) und Baumwolle (*polypima*) sowie Blusen (*generos*) für den schwarzafrikanisch beeinflußten *Marimba-Tanz.* Im Dorf auch Handwerker, die Korbmöbel herstellen.

■ **Pimentel** ist ein kleiner Ort an der Küste, außerhalb der Badesaison von Januar bis Juni ist er ausgestorben, sonst von sonnenhungrigen Badegästen überfüllt. Am Strand sieht man Schilfboote aufgereiht, die sogenannten *caballitos,* Pferdchen. Auf ihnen reiten Fischer im Morgengrauen aufs offene Meer hinaus. Als Ruder dient ihnen ein der Länge nach aufgeschnittenes Bambusrohr. Die Beute ist mager, das Leben der Fischer sehr hart. Den ganzen Tag hindurch liegen ihre Unterschenkel im kalten Wasser.

Es gibt in Pimentel keine offizielle Übernachtungsmöglichkeit. Fragen kann man am Malecón im Restaurant Cangrejal und in der Bäckerei im Dorf. Colectivos nach Pimentel fahren von der Ecke Vicente Vegas/Louis Gonzales. Von der gleichen Ecke fahren auch Kleinbusse nach

■ **Santa Rosa.** Dieses Dorf ist 5 km von Pimentel entfernt; es ist gleichfalls ein Fischerdorf. Bloß, daß hier die Fischer auf großen Kuttern am Nachmittag aufs Meer hinausfahren und am nächsten Tag am frühen Morgen zurückkommen. Die Ankunft der Boote, das Ausladen der Fische, das Anlandhieven der Kutter, die Versteigerung der Ausbeute, all dem zuzuschauen ist ein eindrückliches Erlebnis. Man muß, wie gesagt, dazu früh aufstehen.

Weiterreise

■ Flugverbindungen nach **Lima** (17.5 $), **Chachapoyas** (12 $), **Tarapoto** (16.5 $) und **Trujillo** (5 $) mit *Aero Peru* (C. E. Aguirre 380) oder *Faucett* (Avenida Balta 701). Sehr freundlicher Service bei Faucett.

■ Die meisten Busgesellschaften haben ihre Büros an der Av. Bolognesi und ihren Querstraßen. Nach **Lima** (12 Std., 5 $) mit *Expreso Sudamericano,* P. Ruiz 960, *Comité 23,* Bolognesi 457, *Tepsa,* Bolognesi 536, *Roggero,* Bolognesi 755, *Peru Express,* Bolognesi 825, *Continental,* Bolognesi 964A, *Etec,* Bolognesi 1007, *Nor Pacífico,* Saenz Peña 101

◀ *Krieger von Huaca Rajada mit Ohrgehänge und goldenem Brustpanzer (oben); Mochica-Keramik (unten)*

oder *D. Olano,* Vicente de la Vega 101.

■ Häufige Verbindungen nach **Trujillo** (3 Std., 1.5 $) mit *Emtrafesa (Ave Fenix),* Bolognesi 603. Da die Busse nach Lima oft ausgebucht sind, empfiehlt es sich in dem Falle, zumindest bis nach Trujillo zu fahren und dort umzusteigen.

■ Nach **Piura** (1.5 $) und **Sullana** (1.7 $) im Norden mit *Emp. Chiclayo.* Nach **Tumbes** (12 Std., 3.5 $) mit *Exp. Sudamericano, Nor Pacífico, Roggero, Tepsa* und *D. Olano.*

■ Bis **Chachapoyas** (18 Std., 5.5 $) fährt *D. Olano.* Nur bis **Cajamarca** (8 Std., 2 $) fährt *Diaz,* Bolognesi 1005. Noch weiter in den Urwald, nach **Rioja** (28 Std., 8 $), **Moyobamba** (30 Std.) und **Tarapoto** (38 Std., 10 $) mit *Emp. Chinchaysuyo,* M. Castilla 216.

Tumbes

Meereshöhe. 55 000 Einwohner.
Tumbes ist die nördlichste Küstenstadt Perus, klein und ruhig. Wenn man durch die Straßen spaziert, sollte man ab und zu an den alten Häusern hochblicken und die kunstvollen Holz- oder schmiedeisernen Fenster anschauen. Das Städtchen eignet sich gut, um auf dem Weg von Peru nach Ecuador oder umgekehrt eine Pause einzuschalten. Etwas weiter nördlich von Tumbes, beim Río Corrales, landete im April 1532 Francisco Pizarro und startete die Eroberung Perus.

Unterkunft und Essen

■ **Hostal Sudamericano** *, San Martín 110. Freundlich, sehr einfach, Eisenbetten. DZ ohne Bad 1.5 $, mit Bad 2 $.

■ **Hostal Italia** *, Grau 733, Tel. 29 25, unweit der Plaza de Armas. Schöne DZ mit Bad 3.5 $, ohne Bad 2.5 $. Gut sind die Zimmer zuoberst auf der Terrasse.

■ **Hostal Córdova** *, Abad Puell 777. Einfach, freundlich. DZ mit Bad und Moskitonetzen 5 $. Eine Spur besser und gleich teuer sind das **Hostal Kiko's** *, C. Bolívar 464, und das **Hostal Amazonas** *, T. Vasquez 317.

■ **Hostal Residencial César** ***, C. Huascar 316, Tel. 28 83. DZ mit Bad 7 $. Mit Cafetería, TV-Raum. Sehr freundlich. Ein wenig Familienatmosphäre.

■ **Hotel Turistas** ***, Av. San Martín/Plaza Bolognesi. Eigenes Restaurant, Swimmingpool, Sonntagsbuffet. Großzügig angelegte DZ mit Bad 17 $.

■ **Restaurant Curich** und **Restaurant Europa,** beide an der Plaza. Fisch, Meeresfrüchte, Sandwiches, Fruchtsäfte, Möglichkeit, draußen zu sitzen.

Was sonst?

■ **Touristeninformation:** Ecke A. Ugarte/Mayor Bodero, im 2. Stock. Offen Mo–Fr 8.30–13 und 15.30–18 Uhr, Sa 9–13 Uhr. Sehr freundlich und hilfsbereit. Kleiner Stadtplan und Skizze über die Strände von Tumbes erhältlich.

■ **Geldwechselmöglichkeiten** sind beschränkt, versuchen kann man es in den drei Banken an der Plaza de Armas.

■ **Hahnenkämpfe** finden im Coliseo de gallos an der Av. Mariscal Castilla, kurz vor dem Friedhof statt.

Ausflüge

■ **Puerto Pizarro** ist ein kleiner Ort direkt an der Küste, etwa 13 km nordwestlich von Tumbes. Die schönste Fahrt dorthin erlebt man, wenn man vom Malecón in Tumbes auf dem Fluß in einem Fischerboot mitkann. Fischerboote legen etwa 300 m nach der Brücke in Tumbes flußaufwärts ab. Fahrpreis etwa 1 $. Celectivos nach Puerto fahren von der Ecke Piura/T. Vasquez, sobald sie voll sind (0.5 $). In Puerto selbst ist nicht viel los, man kann den Fischern zugucken, im kleinen Hotel am Strand (Fischereiabfälle) übernachten oder ein Fischerboot chartern (5 $) und sich durch die Mangrovenwälder an der Küste und der vorgelagerten Inseln fahren lassen.

■ **Strände:** Südlich von Tumbes ist die Küste nicht von Mangroven bewachsen, sondern von Sandstränden gesäumt. Sie sind ein beliebtes Ausflugsziel vor allem an den Wochenenden während der Trockenzeit zwischen Dezember und Juni. Von der Calle M. Castilla/Grau fahren Colectivos (0.5 $) nach **Zorritos,** 35 km südlich von Tumbes. Vor Zorritos liegen die **Playa La Cruz** und **Playa Grau.** Zwei Stunden südlich von Tumbes liegt **Punta Sal,** wo es ein teures Hotel mit Bungalows gibt. Die Fernbusse nach **Talara/Piura** halten dort an.

Weiterreise

Alle Busgesellschaften liegen nahe zusammen zwischen der Avenida Vasquez und Calle Arica.

■ Nach **Chiclayo** (12 Std., 3.5 $) mit *D. Olano, Expreso Nor Pacífico* oder *Roggero* am Abend. *Petrolera* fährt nur bis **Piura** (8 Std., 2.5 $)

■ *Roggero, Tepsa* und *Continental* fahren auch weiter nach **Trujillo** (14 Std., 4.5 $) und **Lima** (22 Std., 8 $). Nur bis Trujillo mit *El Dorado.*

■ **Flugverbindungen** abwechslungsweise mit *Faucett* (Av. Tacna 240) oder *Aero Peru* (Av. Bolognesi 319) nach **Lima,** 23.5 $. Den billigsten Zubringerdienst zum Flughafen hat die Reiseagentur *Rosillo Tours* an der Av. Vásquez 315, 0.6 $.

Grenzübergang Peru/Ecuador

Zum Grenzort **Aguas Verdes** fahren Colectivos an der Ecke Bolívar/Piura oder an der Calle Castilla ab, sobald sie voll sind. Weniger als eine halbe Stunde Fahrzeit. Kurz vor der Grenze befindet sich in einem großen Gebäude (complejo) mitten auf der Fahrbahn die peruanische Grenzbehörde. Hier aussteigen und Ausreisestempel holen, dann weiter bis zur Grenze. Die ecuadorianischen Grenzformalitäten erledigt man in der **Mi-**

gración, etwa 200 m nach der Grenzbrücke auf der linken Seite. Der ecuadorianische Grenzort heißt **Huaquillas.** Falls der Colectivofahrer nicht vor dem Complejo warten möchte, bis alle Formalitäten erledigt sind, reduziert sich der Fahrpreis um die Hälfte. Es ist kein Problem, an der Straße halbvolle Colectivos für die Weiterfahrt in beide Richtungen anzuhalten. Die Grenze ist von 8.30–18 Uhr geöffnet (Mittagspause von 12–14 Uhr).

Arequipa

2335 m ü. M., 540 000 Einwohner. Arequipa wetteifert mit Trujillo um den Rang der zweitgrößten und zweitschönsten Stadt Perus. Die Stadt liegt am Fuße dreier erloschener Vulkane, dem **Chachani** (6075 m), **Pichu Pichu** (5554 m) und dem **Misti** (5822 m). Die Häuser Arequipas sind aus *Sillar,* einem weißen Vulkangestein, gebaut. Besonders prunkvoll ist die Plaza de Armas. Das Fehlen hoher Häuser erklärt sich aus der Erdbebengefahr dieser Region. Erheblich beschädigt wurde die Stadt durch die Erdbeben von 1600, 1687, 1868 und in unserem Jahrhundert 1958 und 1960.

Am 15. August 1540 legten die spanischen Eroberer den ersten Grundstein. Die Gründungsfeier wird jedes Jahr mit einem großen Festmarkt und Feuerwerk begangen.

Unterkunft

■ Jede Menge **Billighotels** liegen in der Nähe der Busbüros an der Avenida San Juan de Dios. Nachfolgend eine Auswahl an Unterkünften, die nicht so leicht zu finden sind:

■ **Alberque Juvenil La Recoleta** *, Rondela Recoleta 104. Die neueröffnete Jugendherberge befindet sich in ruhiger Lage auf der anderen Seite des Río Chili, vom Zentrum sind es 15 Minuten zu Fuß. Das Bett im Dreier- und Zweierzimmer mit Bad (warme Duschen) kostet 1.5 $. Mit dem internationalen Jugendherbergeausweis oder bei längerem Aufenthalt gibt's Vergünstigungen. In der Küche darf man kochen, auch der Besuch von Basketball-, Fußball- und Tennisplatz und des öffentlichen Schwimmbads gleich um die Ecke ist kostenlos.

■ **Hostal Santa Catalina** *, Santa Catalina 500/Ecke Puente Grau. Tel. 22 27 22. Traditioneller Bau aus Sillar (weißes Tuffgestein). DZ ohne Bad 2.5 $, Warmwasser. Auf der Terrasse kann man seine Wäsche waschen. Gringotreff, empfehlenswert.

■ **Pension Guzman** *, Jr. Jerusalén 408, Tel. 22 71 42. Das Bett in diesem ehemaligen Herrschaftshaus im Zweier- oder Mehrbettzimmer kostet 1.5 $. Die Zimmertüren gehen direkt auf den Hof hinaus, wo man frühstückt. Wäscheservice. Es existieren nur zwei Badezimmer, vor denen sich morgens Warteschlangen bilden. Gringotreff.

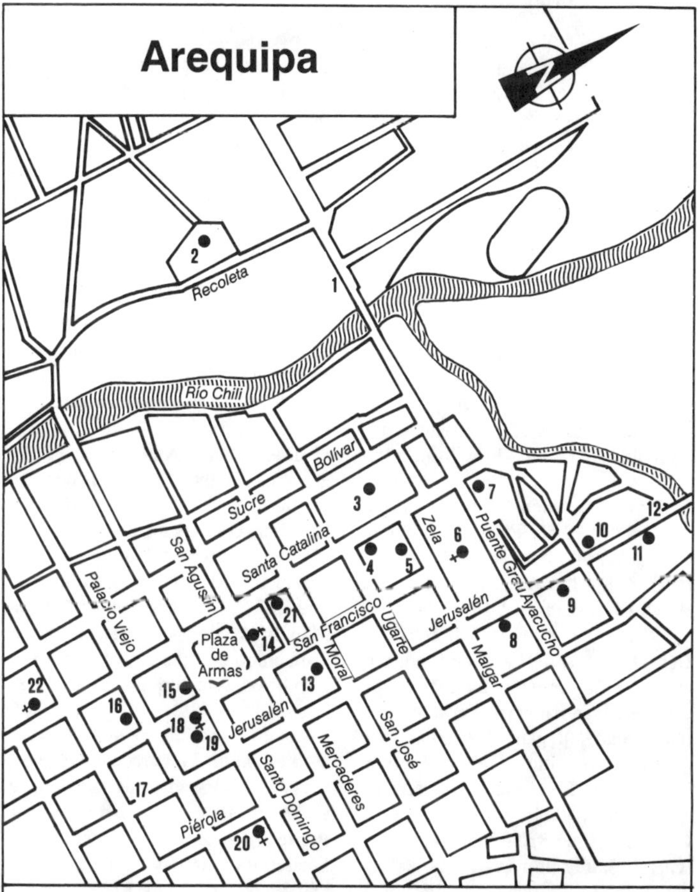

1 Nach Yanahuara (1 km), zum Flughafen
2 Kloster La Recoleta, Jugendherberge
3 Kloster Santa Catalina
4 Rest. El Quinque
5 Peña Romie
6 Kirche San Francisco
7 Hostal Santa Catalina
8 Resid. Guzman
9 Resid. Nuñez
10 Hotel Jerusalén
11 Casa de mi abuela
12 Zum Hotel Turistas
13 Postamt
14 Kathedrale
15 Touristeninformation
16 Telefonamt
17 Zu den Busterminals, zum Bahnhof
18 Kirche La Compañía
19 Kloster La Compañía
20 Kirche Santo Domingo
21 Vegetarisches Rest.
22 Kirche La Merced

■ **Für Genießer: Casa de mi abuela ****, Jr. Jerusalén 606, Tel. 22 31 94 und 22 45 82. Freundliche, familiäre Atmosphäre, sehr sauber. Großer Blumengarten, auf dem gepflegten Rasen locken Liegestühle zum Lesen, Kartenschreiben und Faulenzen. DZ mit Bad 4 $, DZ mit Bad und eigener Küche 4.5 $. Auch Bungalows (mit Bad und Küche) für 4–6 Personen. Das Frühstück wird auf Wunsch im Zimmer oder im Garten serviert. Die Pension ist sehr sicher, jeder Gast erhält je einen Schlüssel für die Eingangs- und die Zimmertür. Wäscherei im Haus, Tischtennis, Fußballkasten und Froschspiel im Garten.

■ **Hotel Jerusalén ****, Jr. Jerusalén 601, Tel. 22 90 55. Funktionaler Bau mit sauberen Zimmern und Restaurant. DZ mit Bad 6 $. Gut.

■ **Hotel Turistas *****, Plazuela Bolívar s/ (ohne Nummer). Tel. 21 51 10. Dem Kolonialstil nachempfundener rosaroter Bau in guter Lage, vom gegenüberliegenden Park Selva Alegre blickt man auf ganz Arequipa. Angenehm duften die Eukalyptusbäume im Park um das Hotel. Gartenanlage mit Palmen, Schwimmbecken und Grill, im Haus Speisesaal, Bar, Wäscherei. Sauna und Diskothek waren bei unserem Besuch noch im Bau. DZ mit Bad 13 $, ohne Bad (mit Waschbecken) 7 $, die Suite ist für 20 $ zu haben.

Essen

■ Ein kleiner **Supermarkt** befindet sich am Portal de la Municipalidad, Plaza de Armas.

■ **Bäckerei,** auch Joghurt, Käse und ein großes Angebot an alkoholischen Getränken: Las Americas, Av. San Juan de Dios 323. Eine weitere Bäkkerei an der Av. San Juan de Dios 419.

■ Vom **Restaurant Balcón Arequipa,** Portal de San Augusto 115, im zweiten Stock, Sicht über die Plaza de Armas. Internationale Küche. Sehr scharf ist *rocoto relleno* (gefüllte Pfefferschoten).

■ Das **Rincón Andaluz,** Jr. Bolognesi 125, halber Block von der Plaza, bietet neben Cebiches und weiteren Fischgerichten auch Steaks.

■ Das **Restaurant Manolo,** Jr. San Francisco 135, ist bei Arequipeñern und Gringos gleichermaßen beliebt. Man trinkt dort den besten Kaffee, Capuchino und die besten Fruchtsäfte. Große Auswahl an Sandwiches, Pizzas, Fisch, Steak, Teigwaren, Kuchen und Eisbecher.

■ **Restaurant Le Paris,** Jr. Mercaderos 228. Das Essen kostet fast doppelt soviel wie anderswo, doch die hohen Preise entsprechen der Qualität; die Speisen und die Bedienung sind erstklassig. Internationale Küche.

■ **Restaurant La Rueda,** Jr. Mercaderes 315. Argentinische Steaks und italienische Pizzas, harte Drinks und Weine in rustikal argentinisch eingerichteten Räumen.

■ **Vegetarisches Restaurant: La Vie Claire,** Pasaje La Catedral 113. Müsli, frische Fruchtsäfte, Salate.

Unterhaltung

■ **El Quinque,** Santa Catalina 302. Steaks vom Grill, harte Drinks und Weine. Freitag- und Samstagabend mit Folkloremusik, während der Hauptsaison von Juni bis August auch an anderen Abenden.

■ **Peña El Sillar,** gleich zweimal in der Jerusalén 204 (mittelgroß) und im ehemaligen Jesuitenkloster La Companía, Jr. Moran 118 (sehr klein, gemütlich), fast jeden Abend Folkloremusik von 19 bis 23 Uhr. Unser Tip. Mindestkonsum 2 $, aber kein Eintrittsgeld.

■ **Peña de José,** Mariscal Castilla 929, im Nordosten des Zentrums, Taxi 0.5 $. Mittelgroße Salsa-Peña, etwas kühl eingerichtet, was aber durch die Witze der peruanischen Entertainer wettgemacht wird. Um alle Witze zu verstehen, sind gute Spanischkenntnisse nötig, nicht aber, um Bekanntschaften zu schliessen... Unser Tip. Eintritt pro Person 1.5 $.

■ **Romie,** intellektuell angehauchte Folklorekneipe, verraucht und klein und gute Stimmung, offen bis 2 Uhr. Doppelter Pisco Sour 1.5 $. An der Plaza San Francisco, Zela 202.

■ **Disco Casa Blanca,** Sucre 2028, Öffnungszeit Mo–Fr bis 6 Uhr morgens. Große Disco in europäischem Stil, oft recht voll, schick! Eintritt am Weekend 7 $, sonst 3.5 $.

■ **Disco Papillon,** Av. Parra 112, nahe am Bahnhof. Durch einen langen Tunnel, verkleidet mit Aluminium zur Tanzfläche, recht verwinkelt und dunkel. Eintritt Freitag/Samstag 5 $ für zwei, sonst frei.

■ **Dancing Days,** Pizarro 124/St. Domingo. Eintritt 5 $ für zwei, Freitag/Samstag inklusive sechs Getränke, sonst 3.5 $ für vier Drinks. Wer Fredy verlangt und ihm eine gute Tanzplatte aus Europa mitbringt, kann sich einen Eintritt sparen.

Was sonst?

■ **Touristeninformation,** im Gebäude der Municipalidad an der Plaza de Armas. Sehr hilfsbereit und kenntnisreich.

■ **Telefonämter:** Ecke San Francisco/Valdivia, Ecke Av. Ejército (Alvarez Thomas)/Los Arces und im Centro Comercial La Salle.

■ **Post:** Moral 118.

■ **Touristenpolizei,** Jerusalén 315. Die Touristenpolizisten, zu erkennen an weißen Hemden und Gürteln, sind nett und humorvoll und rufen sich gegenseitig mit Übernamen, wie Pajarito (Vögelchen), Galito (Gokkel), Maestro Tim und so weiter.

Sehenswert

■ Die **Kathedrale** an der Plaza de Armas, 1656 erbaut, mußte zweimal wiedergebaut werden, nach einem Feuerbrand 1844 und einem Erdbeben 1868. Das Innere ist karg, einzige Besonderheit: die alte, belgische Kirchenorgel.

■ Kirche und Kloster **La Compa-**

nía, an einer Ecke der Plaza de Armas, wurden im 17. Jahrhundert von den Jesuiten gegründet. Die Kirche ist eine der ältesten der Stadt, die vielen Erdbeben haben ihr nicht viel anhaben können. Besonders sehenswert sind die Tier- und Pflanzenmalereien an den Wänden der Sakristei von San Ignacio.

■ **Museo Convento de la Recoleta.** Geöffnet Mo–Sa 9–13 und 15–17 Uhr. Eintritt 0.8 $. In den Räumen des 1647 von Franziskanern gegründeten, gut erhaltenen Klosters finden sich Keramiken der Kulturen *Chavín, Nazca, Chancay, Chimú* und *Huari-Tiwanaku,* Holzidole aus *Paracas,* Mumien und fünfzehn Ölgemälde, auf denen sämtliche Inkaherrscher abgebildet sind. Eine Bibliothek mit 20 000 Büchern, unter anderen mit einer Originalausgabe von *Don Quijote.* In den Gängen hängen Gemälde der Cuzco-Schule, in zwei Räumen sind ausgestopfte Tiere und Kunstwerke von Indianerstämmen zu bewundern, die Missionare während ihrer Tätigkeit im Urwald gesammelt haben.

Kloster Santa Catalina

Gründerin des **Klosters Santa Catalina,** das 1580 seine Tore öffnete, war *Doña María de Guzmán.* Sie war nach dem Tod ihres Mannes so unglücklich gewesen, daß sie beschlossen hatte, in Klausur zu gehen – ihre Tochter und eine Freundin nahm sie gleich mit. Das Kloster wuchs im Lauf der Jahrhunderte zu einer kleinen Stadt in der Stadt an, die dem Publikum erst 1970 geöffnet wurde. Die «Straßen» tragen Namen spanischer Städte, die älteste ist die Calle Toledo. Vier Farben sind es, die immer wieder im Kloster auftauchen: Blau, Symbol für den Himmel, Weiß, Symbol für die Reinheit, Okker steht für die Unreinheit und ist oft in der Nähe der Außenstraßen zu finden, und Rot steht für das Blut Christi. Bevor eine Novizin ins Kloster eintrat, mußte sie 1000 Goldpesos zahlen, nach der 18monatigen Probezeit nochmals die Summe von 2500 Pesos (dann war sie als Nonne mit schwarzem Schleier anerkannt) oder von 1250 Pesos (weißer Schleier). Nur in wenigen Ausnahmefällen, um das Gewissen des Klosters zu beruhigen, wurden auch Frauen aus armen Familien aufgenommen. Meist war es die zweite Tochter des Hauses, die für die Ehre der Familie die Bürde des abgeschiedenen Lebens auf sich nahm. Manche hatten durchaus ihre Privilegien, in den Zellen finden sich Waschmaschinen, kostbares Nachtgeschirr, Heizungen.

Der Besuch des Klosters kostet 1.5 $ und benötigt mindestens zwei Stunden. Führungen in spanisch sind für wenige Pfennige möglich – einfach warten, bis genügend Leute beisammen sind, dann geht's los. Auf der Hinterseite des Tickets ist zur Orientierung der Grundriß des Klosters eingezeichnet.

Besonders beeindruckend sind neben den engen Gäßchen und den Zellen die Großküche, wo noch manche Kochutensilien vorhanden sind, und die Lavandería, die Waschanstalt der Nonnen. Sie besteht aus einer Reihe von Becken, die abfallend von oben nach unten aufgestellt sind. Die Wäsche wurde von unten nach oben getragen. Wenn sie ganz oben ankam, war sie sauber, und nie verdreckte schmutziges Wasser das nachfließende saubere Wasser.

Vom Refectorio, dem Eßsaal, führt ein kleiner Durchgang zum Claustro Mayor, dem großen Kloster, und von dort zur Klosterkirche. An der Seite des Claustro die Beichtstühle, in denen die Nonnen ihre Sünden berichteten.

Den Rundgang beendet ein Museum, das als eines der wichtigsten des Kontinents für kirchliche Kunst gilt. Gleich anschließend noch ein kleines Museum mit präkolumbianischer Kunst, deren Wert sich auf vier Millionen Dollar beläuft.

Mühle (Molino) und Yumini

Nachmittagsausflug mit Lokalbus in die ländliche Umgebung südlich von Arequipa. An der Av. Goyeneche den klapprigen blaugelben Bus mit der Anschrift *Sabandía* anhalten und etwa eine halbe Stunde fahren. Am Dorf **Paucarpata** vorbei, wo einige wenige Inkaruinen stehen, das aber weit mehr für seine gerösteten Meerschweinchen bekannt ist. Kurz vor Sabandía liegt die Haltestelle **Molino** (zwei türkisblaue Gebäude auf beiden Straßenseiten). Durch Felder führt ein staubiger Weg nach rechts zur mittelalterlichen Mühle, die 1973 nach gründlicher Restauration dem Publikum geöffnet wurde. Sie paßte ideal in jeden Märchenfilm, sogar ein paar Alpacas weiden auf der Wiese daneben.

Zurück auf der Hauptstraße etwa 300 m Richtung Arequipa marschieren, um zur Abzweigung nach **Yumini** zu gelangen, ein kleines Dörfchen, hoch über Inkaterrassen mit fantastischer Sicht auf die Tiefebene von Arequipa und auf die Vulkane Misti und Chachani.

Felszeichnungen von Toro Muerto

Auf einer Länge von wenigen Kilometern und einer Breite von gut 200 m liegen am Hang des Majes-Canyons – 100 km westlich von Arequipa – 3000 Felsen, die größten kaum 2 m hoch, wie hingeworfen in der Landschaft. Sie stammen auch tatsächlich von einem Vulkanausbruch aus vorgeschichtlicher Zeit. Das Besondere an ihnen ist, daß in sie Zeichnungen geritzt sind, die für ihr junges Alter überraschend naiv, fast wie Höhlenmalereien oder Kinderzeichnungen aussehen. Sie werden den regionalen Kulturen *Huari* (8. Jh. n. Chr.) und *Chuquibamba* (12. Jh. n. Chr.) zugeschrieben. Die Bilder zeigen Tiere, Menschen und Pflanzen, aber auch abstrakte und geometrische Figuren, Masken, Vögel, da ein schwangerer Hund, dort eine erschrocken dreinblickende Katze – Angst vor der züngelnden Schlange?

Wie hin? Täglich fahren Busse die rund 2½ – 3stündige Strecke von Arequipa. Am frühesten los geht's mit *Aragon* ins **Majes-Tal.** Weiter fahren *Mendoza, S. Antonio, Cruz del Sur* und zweimal wöchentlich *Valdivia.* Wenige Kilometer vor dem Ort **Corire** aussteigen (Haltestelle **Bellavista,** dort zwei kleine Läden, Gelegenheit zum Wasserkauf, denn zur Mittagszeit wird es in Toro Muerto sehr, sehr heiß).

Von der Hauptstraße geht es jetzt zu Fuß direkt auf den Hang zu, durch Bewässerungskanäle und Felder bis zur Siedlung **Candelaria,** einige Hütten aus sonnengetrockneten Lehmziegeln mit Wellblechdächern. Weiter den Hang hinauf zu einer Kontrollhütte, wo sich die Besucher ins Gästebuch eintragen und das Eintrittsgeld zahlen (etwas weniger als 1 $). Von da an gibt es zwei Möglichkeiten:

Geradeaus weiter den Berg auf einer schmalen Piste rauf. Nach einer knappen halben Stunde sind die Felsen in Sicht, und der Spaziergang kann entweder bis knapp um 16 Uhr weitergehen, oder sonst muß im Zelt übernachtet werden. Denn der letzte Bus nach Arequipa fährt um 17 Uhr ab Bellavista zurück.

Die zweite Möglichkeit: Nach dem Kontrollhäuschen nicht geradeaus weiter, sondern den Hang entlang, also nach links abbiegen. An einer kleinen Kapelle vorbei und wenig später an einem einsam gelegenen Friedhof. Von dort haben sowohl die Toten wie die Trekker die schönste Aussicht aufs Majes-Tal. 100 m nach dem Friedhof liegt am linken Wegrand ein Felsen mit eingeritzter Katze und Schlange. Bald endet der Weg, und es bleibt nur noch die Möglichkeit, querwüstein weiterzugehen. Geradeaus den Berg hinauf, und man kommt nach 100 m zu einem rostroten Felsen mit zwei Schlangen, rechts daneben (westlich) ein weißer Stein mit Hund, Echse oder Marsmensch mit Schwanz und geometrischen Linien. Jetzt weiter im Zickzack den Canyon rauf. Ziel: Ein langgezogener, weißer Bruch, der hoch oben durch den Dunst schimmert. Dauert etwa drei Stunden, einen Weg gibt es nicht, doch durch den festen Wüstensand zu laufen bietet keinerlei Probleme. Rechtzeitig eine Schlafstelle suchen, Zelt aufstellen und der Stille zuhören.

Der Colca-Canyon

Der Colca-Canyon ist die tiefste Schlucht der Welt. Alle Reisebüros in der Stadt organisieren eintägige Bustrips zum Canyon (Rundreise), lohnender ist ein mehrtägiger Treck, zu dem man nicht einmal Zelt und Schlafsack benötigt. Wer trotzdem draußen übernachten möchte, sollte daran denken, daß die Nachttemperatur oft unter den Gefrierpunkt fällt. Für den folgenden Treck benötigt man vier Tage: am ersten Tag Fahrt nach **Chivay,** am zweiten Wanderung bis zur **Aldea Turística,** am dritten weiter nach **Cabanaconde,** und am letzten Tag Rückfahrt nach Arequipa. Der Treck führt an Inkaruinen, traditionellen Siedlungen der Ketschuaindianer und alten Kolonialkirchen vorbei. In der einsamen Landschaft leben Kondore, Adler, Viscachas und Riesenkolibris, der größte Kolibri der Welt. Im Fluß dürfen das ganze Jahr Forellen gefischt werden.

Folgende Busgesellschaften fahren frühmorgens in 6 Stunden bis **Chivay:** *Transandino* und *Chasqui,* Av. San Juan de Dios 515. *Sur Express,* Av. San Juan de Dios 537. *Delgado,* Av. San Juan de Dios 511. Der Weg nach Chivay ist nicht asphaltiert und sehr staubig. Unterwegs sind mit etwas Glück Vicuñas und Flamingos zu sehen. Die Busse fahren noch 2 Stunden weiter bis Cabanaconde, von wo sie erst am folgenden Tag nach Arequipa zurückkehren.

In Chivay bietet das sehr einfache **Hotel Moderno *** ein Bett im Kollektivzimmer für 0.5 $. Keine Dusche, nur Waschbecken. Hier muß man sich entscheiden, auf welcher Seite des Canyons man bis nach Yanque gehen will. Auf dem kürzeren Weg erreicht man das Dorf in einer Stunde. Landschaftlich reizvoller ist der Umweg über **Coporaque,** auf der gegenüberiegenden Canyonseite, 2 Stunden von Chivay entfernt. 1½ Stunden später liegt **Yanque.** In der Nähe der Brücke locken Thermalbäder.

Von Yanque ist man in 2 Stunden in **Achoma.** Kein Restaurant und kein Hotel im Dorf, aber Gelegenheit, um Gemüse zu kaufen. Eine halbe Stunde weiter erblickt man die **Aldea Turistíca ****. Wer keinen Schlafsack dabei hat, übernachtet hier (empfehlenswert). DZ inklusive Frühstück 5 $, Bungalows für 6 Personen 11 $. Im Hotel gibt's Infos und Pläne über den Canyon.

Am folgenden Morgen wandert man in 3 Stunden über **Maca** bis **Pinchollo.** 6 km von Pinchollo entfernt befindet sich der Aussichtspunkt **Cruz del Condor.** In der Schlucht erblickt man oft Kondore, am häufigsten zwischen 7 und 10 Uhr morgens. Der letzte Abschnitt bis **Cabanaconde** dauert 4 Stunden. Hier Übernachtung im **Hostal Cañon de Colca ***, das Bett im Kollektivzimmer kostet 0.5 $. Keine Duschen, Essen nach Wunsch.

Jeden Morgen um 5 Uhr fährt von hier ein Bus in 9 Stunden über Chivay zurück nach Arequipa, unterwegs viele Zwischenstops.

Weiterreise

■ Von und nach **Tacna:** Fast stündlich fährt ein Bus oder Colectivo die 400 km auf der Panamericana in 6 Stunden. Der Bus kostet 1.5 $, Colectivos über 2 $. *Ormeño,* Av. San Juan de Dios 657. *Angelitos Negros,* Av. San Juan de Dios 506. *Trans Arequipa,* Av. San Juan de Dios 514. *Expreso Sudamericano,* Av. San Juan de Dios 551. *Sur Peruano,* Av. San Juan de Dios 313. *Expreso Cruz del Sur,* Av. San Juan de Dios 521. *Flores,* Av. San Juan de Dios 531.

Colectivos: *Comité 5,* Av. San

Juan de Dios 502. *Comité 26,* Av. San Juan de Dios 528.

Täglich Flüge nach Tacna.

■ Nach **Nazca:** 567 km, 4 $. *Ormeño,* Av. Sam Juan de Dios 657. *Expreso Cruz del Sur,* Av. San Juan de Dios 521. *Roggero,* Av. San Juan de Dios 613.

■ Nach **Lima:** 1020 km, 20 Stunden, 5.5 $. Die meisten Busse halten unterwegs auch in **Ica** (711 km) oder **Pisco** 978 km. *Ormeño,* Av. San Juan de Dios 657. *Tepsa,* Av. San Juan de Dios 543. *Expreso Sudamericano,* Av. San Juan de Dios 551. *Roggero,* Av. San Juan de Dios 613. *Angelitos Negros,* Av. San Juan de Dios 506. *Expreso Cruz del Sur,* Av. San Juan de Dios 521.
Sur Peruano, Av. San Juan de Dios 313. Um die Fahrt zu unterbrechen, eignen sich Nazca, Ica oder Pisco.

Flug dreimal täglich nach Lima.

■ Nach **Puno:** Mo, Mi und Fr fährt ein Nachtzug durch die Punalandschaft über **Juliaca** nach Puno. Unterwegs sind wilde Vicuñas zu sehen. Die Abfahrtszeiten können sich ändern, manchmal fährt überhaupt kein Zug (infolge von Überschwemmungen, defekten Lokomotiven oder Streiks). Die Tickets kauft man am Vortag im Bahnhof, die Zustände vor dem Schalter sind oft chaotisch. Bahnhof und Zug sind ein Tummelfeld für Taschendiebe!

Fährt kein Zug mehr, nimmt man den Bus: *Ormeño* oder *Sur Andino,* Av. San Juan de Dios 313, kostet 3 $.

Puno hat keinen Flughafen, man fliegt nach **Juliaca** und geht von dort per Colectivo oder Bus nach Puno (1 Std.).

■ Nach **Cuzco** per Flugzeug mehrmals wöchentlich. Der Zug von Arequipa fährt nicht direkt bis Cuzco, umsteigen in Juliaca.

Die Kleinkamele Südamerikas

In den Anden leben vier Arten von Kleinkamelen: *Lamas* und *Alpakas* sind ausschließlich Haustiere, *Vicuñas* und *Guanakos* leben in freier Wildbahn.

Lama

Lamas können eine Last von 40 kg in Tagesmärschen von 25 km tragen. Das traditionelle Tragtier wird jedoch immer mehr durch Maultiere und Lastwagen verdrängt. Oft werden Lamas nur noch aus Tradition gehalten. Denn die rauhe Wolle hat fast keinen Handelswert mehr, sie wird nur für die Arbeitskleidung der Campesinos und für Decken verwendet. Selbst das trockene Lamafleisch schätzt die einheimische Bevölkerung nur gering. Immer noch benutzen die Bauern den Lamadung zum Hüttenbauen und als Brennmaterial zum Kochen.

Der Lamabestand in Peru wird auf nur 300 000 Köpfe geschätzt.

Ein Lama von einem Alpaka zu

unterscheiden gelingt nicht gleich auf Anhieb: Die Lamas haben längere Ohren, Beine und Hälse als Alpakas. In Körpergröße und Farbe unterscheiden sie sich nur wenig.

Alpaka

Das Alpaka wirkt niedlicher als ein Lama, wie ein Schaf mit langem Hals. Im Gegensatz zum Lama kann es keine Lasten tragen. In Peru leben ungefähr 3½ Millionen Alpakas, das sind über 80 Prozent des Weltbestandes. Die 30 000 peruanischen Züchter halten das Alpaka ausschließlich wegen seiner außergewöhnlich feinen Wolle.

Die Fabriken zur Verarbeitung der Wolle befinden sich fast alle in Arequipa (85 Prozent der Weltproduktion). Dort wird die Rohwolle selektiert, gewaschen, gefärbt und gesponnen. Hauptproblem der verarbeitenden Industrie ist die fehlende Uniformierung der Wollefarben. Alpakas haben zu viele individuelle Schattierungen von weiß, braun, grau, bis schwarz. Die weiße Wolle erzielt den höchsten Preis, da nur diese sich färben läßt.

Seit der spanischen Eroberung wurde die Rasse nicht mehr gepflegt, die meisten Alpakas sind degeneriert. 50 Prozent der Neugeborenen sterben innerhalb der ersten 30 Tage. Dazu kommt, daß sich Alpakas nur langsam vermehren - die Tragzeit dauert 11½ Monate. Die Geburt erfolgt während der Regenzeit (Dezember bis März), wenn die Weideflächen wieder grün und saftig sind. Alpakas können 15 – 20 Jahre alt werden.

Alpakas werden in zwei Unterarten gegliedert: das *Huacayo,* welches 90 Prozent des Bestandes ausmacht, und das etwas kleinere *Suri* (10 Prozent). Das Haar des Suris ist länger und feiner, das Tier hat einen Mittelscheitel auf Rücken und Kopf. Seine Wolle ist besonders wertvoll, es ist jedoch gegenüber Kälte und Krankheiten wesentlich empfindlicher als das Huacayo.

Vicuña

Das Vicuña ist das kleinste und wohl auch anmutigste der vier Kleinkamele Südamerikas. Zur Zeit der spanischen Eroberung im 16. Jahrhundert gab es noch 2 Millionen dieser niedlichen Tiere in Peru. Bis 1956 sank der Bestand auf 240 000. Dann ging die Jagd auf das wertvolle Fell erst richtig los. 1964 lebten in Peru nur noch 5000 Exemplare. Bevor diese Tierart ganz ausgerottet war, beschloß die Regierung, den schon seit jeher bestehenden Schutzbestimmungen mit Hilfe von Reservaten und Wildhütern Nachdruck zu verschaffen. Die Wilderer, die sich in Banden organisiert hatten, wehrten sich. Wohl über ein Dutzend Wildhüter wurden erschossen, doch ihr Kampf war erfolgreich: heute gibt es wieder über 70 000 Vicuñas in Peru, und ihr Bestand nimmt stetig zu.

Der ökologische und wirtschaftliche Nutzen der Vicuñabewirtschaftung überzeugt: Schafe und Rinder

Kleinkamele Südamerikas

zerhacken mit ihren scharfkantigen Hufen die spärliche Grasnarbe der Hochebene, und wenn sie weiden, rupfen sie das Gras mit der Wurzel raus. Die Folgen: Zur Regenzeit werden Millionen Tonnen fruchtbarer Erde in die Täler und von dort ins Meer gespült.

Die Schneidezähne der Vicuñas wachsen fast lebenslang und bleiben bei karger Nahrung scharf, so daß das Ausreißen von Weidepflanzen vermieden wird. Auch sind die Füße dieser Paarzeher mit elastisch weichen Polstern unterlegt, es entstehen keine Trittschäden. Überhaupt ist das Vicuña hervorragend an die harten Lebensbedingungen des Altiplanos angepaßt. Wegen seines geringen Wasserbedarfs ist es fähig, in die für unsere Haustiere unzugänglichen Halbwüsten vorzudringen. Vor der großen Kälte schützt es sich mit der feinsten Wolle der Welt – 0.1 Millimeter mißt der Durchmesser eines Vicuñahaares.

Zu Inkazeiten durften nur die Herrscher auf Vicuñajagd, und nur ihnen war die feine Wolle vorbehalten. Heute braucht man die Tiere nicht mehr zu töten, um deren Wolle zu erhalten: In Pampa Galeras etwa (ein Reservat, 89 km von Nazca entfernt) werden die Vicuñas alle zwei Jahre zwischen Juni und Oktober, also vor der Regenzeit, in große Korrale getrieben und geschoren. 170 Gramm Wolle produziert ein Tier, und das höchstens fünfmal in seinem Leben. 400 $ kostet ein Kilogramm Vicuñawolle auf dem Weltmarkt, den es eigentlich nicht gibt, da ein Vierländerabkommen (zwischen Peru, Chile, Bolivien und Argentinien) von 1969 die Jagd auf Vicuñas sowie allen Handel mit sämtlichen Vicuñaprodukten ausnahmslos verbietet.

Guanako

Das Guanako ist gleich groß wie das Lama und sieht auch ähnlich aus, es lebt aber nur wild. Als Lebensraum bevorzugte es trockene Gebiete im Gebirge, Flachland (Altiplano) und sogar an der Küste (Chile). Heute ist es in die entlegenen Regionen der Anden zurückgedrängt worden. Es ist das seltenste Kleinkamel. Werden nicht demnächst außergewöhnliche Maßnahmen zu ihrem Schutz getroffen, sind sie bald ausgerottet. Die Tiere leben in kleinen Herden bis zu zwanzig Stück. Ihr Gehör ist schärfer als ihre Augen, es kann vorkommen, daß sie zwanzig Meter an einem stillen Beobachter vorbeiziehen, ohne diesen zu bemerken.

Die Guanakos sind möglicherweise die Vorfahren der Lamas; die Verwandtschaftsverhältnisse und die Entstehungsgeschichte der Kleinkamele sind aber noch unklar.

Puno

3827 m ü. M. 90 000 Einwohner.
Erst willst du gar nicht aufwachen, doch dann zwingst du dich dazu und

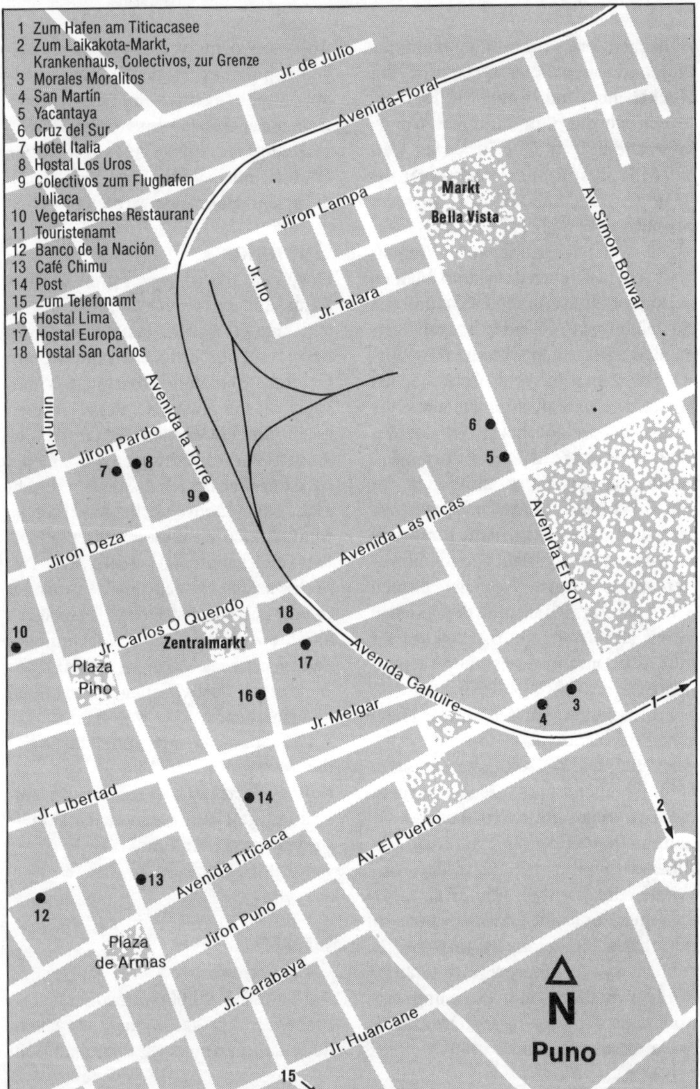
1 Zum Hafen am Titicacasee
2 Zum Laikakota-Markt, Krankenhaus, Colectivos, zur Grenze
3 Morales Moralitos
4 San Martín
5 Yacantaya
6 Cruz del Sur
7 Hotel Italia
8 Hostal Los Uros
9 Colectivos zum Flughafen Juliaca
10 Vegetarisches Restaurant
11 Touristenamt
12 Banco de la Nación
13 Café Chimu
14 Post
15 Zum Telefonamt
16 Hostal Lima
17 Hostal Europa
18 Hostal San Carlos
Jr. de Julio
Avenida Floral
Jiron Lampa
Markt
Bella Vista
Av. Simon Bolivar
Jr. Ilo
Jr. Talara
Jr. Junin
Avenida la Torre
Jiron Pardo
Jiron Deza
Avenida Las Incas
Avenida El Sol
Jr. Carlos O Quendo
Zentralmarkt
Plaza Pino
Avenida Gahuire
Jr. Melgar
Jr. Libertad
Av. El Puerto
Avenida Titicaca
Jiron Puno
Plaza de Armas
Jr. Carabaya
Jr. Huancane
N
Puno

schaust aus dem Fenster des fahrenden Zuges – und kommst aus dem Staunen nicht mehr raus: eine weite, wunderschöne Ebene mit Gräsern in tausend Variationen von Ocker und Grün. *Altiplano* wird diese Gegend genannt, Hochebene. Sie wird an zwei Seiten von Andenkordilleren gesäumt. Als sich die Anden vor etwa 40 Millionen Jahren auftürmten, gab es ziemlich viel Unruhe. Im Grunde ist der Altiplano nichts weiter als von den Bergspitzen herabgestürzte Erd- und Felsmassen. Jedes Jahr senkt sich die Hochebene ein wenig; von uns nicht bemerkbar, wird sie immer kompakter und dichter.

Der Titicacasee ist mit 8100 km Fläche fast ein Fünftel so groß wie die Schweiz. Der Seespiegel steigt und sinkt dauernd. Die letzte Überschwemmung in den frühen 80er Jahren dieses Jahrhunderts zwang viele Menschen, auf die umliegenden Hügel auszuweichen.

Durch die extreme Höhenlage ist Landwirtschaft nur beschränkt möglich. **Puno** ist auch die Sprachgrenze zwischen den Indianergruppen *Ketschua* und *Aymara.* Allerdings gibt es auch in Bolivien wieder eine große Ketschuabevölkerung, Ergebnis von Umsiedlungsaktionen der Inkas.

Die wichtigsten Feste sind *La Candelaria* und die *Punowoche* (Semana Puno). La Candelaria beginnt am 2. Februar mit Prozession und Tänzen, mit dem Höhepunkt am Sonntag danach. Fast fließend ist der Übergang in den Karneval, der Ende Februar das ganze Departement packt. Zum Höhepunkt der Punowoche vom 1. bis 7. November steigen *Manco Capac* und seine Schwester *Mama Ocllo,* die Gründer des Inkareiches, im Fakkellicht und von Dutzenden von Booten begleitet, aus dem See heraus.

Unterkunft

■ **Hostal Los Uros ***, Jirón T. Valcárcel 135, bahnhofsnah. Sauber, DZ ohne Bad 2 $, 3 $ mit Bad, Cafeteria für Frühstück. War bisher unser Tip, doch sollen Diebstähle aus den Zimmern vorgekommen sein.

■ **Hostal Europa ***, Alfonso Ugarte 112, bereits vom Bahnhof aus sichtbar. DZ ohne Bad 2,5 $, auch EZ und Dreibettzimmer, einige Zimmer ein wenig muffig. Warmwasser von 18.30–21 Uhr.

■ **Hostal San Carlos ***, Alfonso Ugarte 161. DZ ohne Bad 2.5 $, große Zimmer, o.k., Warmwasser von 17–05 Uhr.

■ **Hostal Lima ***, Jr. Tacna 248, DZ ohne Bad 2 $, mit Bad 5,5 $, Warmwasser von 6.30–10 und 18–22 Uhr.

■ **Hostal Internacional ****, Jr. Libertad 161. DZ mit Bad 7.5 $, Warmwasser von 7–10 und 18–24 Uhr. Sauber, Teppich und Telefon im Zimmer.

■ **Hostal Italia ****, Jr. T. Valcárcel, bahnhofsnah. DZ mit Bad 12 $, ganzer Tag warmes Wasser, Zimmer mit Telefon und elektrischem Heizofen. Restaurant im Hotel.

■ **Hotel Esteves *****, auf der Insel

Esteves gelegen, die über einen Damm mit dem Festland verbunden ist. Luxusbunker mit Speisesaal (Menü 5 $) und Diskothek (19–02 Uhr), beide auch für Nichtgäste geöffnet. DZ mit Sicht auf See oder auf die Stadt Puno 45 $, Frühstück inbegriffen, Suite 76 $.

Essen

■ **Selbstverpflegung:** Im ersten Stock im Markt viele Fruchtstände und Eßbuden. Da die Frauen fließend Wasser haben, ist alles recht sauber. Ein kleiner Supermarkt an der Ecke Jr. T. Valcárcel/Jr. Deza.

■ **Cafe Chimú,** Jr. Lima 501, wird seit 1979 von der Deutschen *Claudia Lehmann* geführt. Keine Mahlzeiten, aber ausgezeichnete Kuchen, Müsli mit frischen Früchten, Joghurt, Säfte, Kaffee und Glühwein. Frühstück unter 1 $, Kuchen unter 0.5 $. Gringotreff.

■ **El Samaritano,** Jr. Lambayeque 272. Kleines vegetarisches Restaurant (vier Tische); das Essen ist sehr preiswert und wird sauber zubereitet. Menü 0.5 $. Geöffnet So–Fr 06.30–20 Uhr. Ein zweites vegetarisches Restaurant in der Moquegua 150.

■ **Ito's,** Jr. Puno 452, an der Plaza de Armas. Reichhaltige Speisekarte, Hauptmahlzeit für 1 $, Vorspeise 0.5 $, langsamer Service.

Was sonst?

■ **Touristenbüro:** Foptur hat neu ein Büro an der Plaza Pino eröffnet, geöffnet Mo–Fr.

■ **Telefonamt,** etwas abseits gelegen, Ecke Moquegua/Federico More.

■ **Post,** Moquegua 269.

■ **Geldwechsel,** ein Block nördlich der Plaza de Armas, im Jr. Grau, steht die Banco de la Nación, Wechselstuben in Jr. Tacna und Jr. Lima, guter Wechselkurs oft in Reisebüros.

■ **Öffentliche Duschen.** Sauber: Duchas Calientes El Sol, Av. Sol 953, unter 0.5 $, geöffnet 7 - 21 Uhr. Nicht zu empfehlen die Duschen an der Av. Sol 427.

Shopping

■ **Märkte.** Gleich drei Stück gibt's davon in Puno: im Süden den Laikakotamarkt, den Hauptmarkt im Zentrum und den Bellavistamarkt am See – viel Schmuggelware aus Bolivien.

■ **Alpakapullover** werden von mobilen Händlerinnen auf der Straße und im «Kunsthandwerksmarkt auf den Eisenbahnschinen» zuhauf verkauft. Wer ganz sicher auf Qualität gehen will, hat folgende Shops zur Auswahl: Artesanías Puno, T. Valcárcel 135, wichtigster Produzent Punos, genossenschaftlich organisiert. Schräg gegenüber ein zweites Geschäft neben dem Uros-Hotel, auf den Heimmarkt angewiesen mit einer breiten Palette an Qualität und Preisen. Artesanías Sumac, etwas abseits, Ricardo Palma 157, ein Laden mit freundlicher Atmosphäre, der vollständig von Frauen geschmissen wird – bis auf die Buchhaltung.

Spaziergänge

Von zwei Aussichtspunkten genießt man einen wunderschönen Ausblick auf den Ort, den See und die schneebedeckte Kordillere im Hintergrund. An der Plaza de Armas geht man den Jirón Deustua hoch. Oben biegt man nach rechts und gleich nochmals nach rechts in den Pasaje Huajsapata. Dort steht eine überdimensionale **Figur des ersten Inka Manco Capac.**

Einen schönen Blick genießt man auch vom **Cerro Asujine,** wo ein großes Christuskreuz steht. Dazu geht man den Jr. Deustua bis zu seinem Ende, wo man auf die Puno-Umfahrungsstraße stößt. 600 m nach rechts auf der Straße gehen, bis man rechts ein Basketballfeld sieht. Hier nach links hoch und querfeldein zum Kreuz, das man immer gut vor Augen hat. Wer dem Sträßchen zum Kreuz folgt, muß eine deutlich längere Wegstrecke zurücklegen.

Chullpas von Sillustani

Chullpas ist das Ketschuawort für Grabtürme. Wenn man es genauer nimmt, bezeichnet es nur den kleinen Raum in einem Grabturm, wo die Leiche begraben liegt. Grabtürme gibt es in der Umgebung von Puno sehr viele, nirgends aber sind sie so gut erhalten und in eine solch grandiose Landschaft gesetzt wie in **Sillustani.** Sie stehen auf einer Halbinsel des **Umayo-Sees,** ein kleiner See, etwa 30 km nordwestlich von Puno. Wahrscheinlich stammen sie aus der Zeit nach *Tiwanaku,* als ab 1200 n. Chr. unabhängige Aymara-Königstümer im Altiplano an der Macht waren. Auf der Fahrt dorthin kommt man an den Dörfern **Paucarcolla und Hatuncolla** vorbei. Die Zeit scheint hier stehengeblieben zu sein.

Die Reiseagenturen an der Av. Tacna führen täglich um 14.15 Uhr Kleinbusse dorthin. Sehr zuverlässig ist die Agentur Tranextur an der Plaza der Armas (Jr. Puno 525). Der Ausflug kostet 2 $.

Die Inseln Taquile und Amantaní

Taquile ist eine kleine Insel, gut drei Bootsstunden von Puno entfernt, 5.5 km lang und gute 1.5 km breit. Mit Romantik hat das karge Inselleben der rund 1800 Einwohner nicht viel im Sinn. Nur kleinwüchsiger Mais, Oca, eine Rübenart, Bohnen, Quinoa, Gerste und Zwiebeln werden auf den alten Inkaterrassen angebaut, dazu ein paar Kühe, Schafe und Hühner gehalten.

Abfahrt zur Insel täglich um 8.30 Uhr ab Puno. Nach der Ankunft geht es über eine Treppe aus Natursteinen steil hinauf. Ein steinernes Tor gibt oben den Blick auf das Dorf frei. In einem kleinen Häuschen tragen sich die Gäste ins Besucherbuch ein. Wer nicht nach knapp zweistündigem Aufenthalt wieder zurückfahren möchte, kann für etwas über 1 $ bei einer Familie übernachten. Die Beherbergung ist einfach, Strohmatten.

Die Alternative zur Insel Taquile ist die Insel **Amantaní,** in sehr vielem ähnlich zu Taquile, aber weniger oft besucht. Um eine Übernachtung kommt man hier nicht herum: Ein Boot (2.5 $) fährt morgens um 8 Uhr von Puno ab und verläßt die Insel erst am nächsten Tag um 6 Uhr.

Uros-Inseln

Vor Puno schwimmen um die 35 Inseln, allesamt größtenteils aus Schilf gebaut, technische Meisterwerke, denn sie halten ohne Probleme sogar eine wellblechbedachte Schule (heute geschlossen) aus. Die Inseln sind verschieden groß, es leben auf ihnen jeweils nur wenige Familien. Sie sehen sich als Nachkommen der Uros-Indianer, die in den 50er Jahren ihren letzten Stammhalter verloren. Die Urus-Chipaya-Indianer in Bolivien am Poopo-See sind wahrscheinlich ethnisch mit den Puno-Uros verwandt.

Von den Uros geht die Legende, daß sie auf der Erde lebten, als diese noch in dice, daß sie auf der Erde lebten, als diese noch in dichte Nebel gehüllt war. Sie hatten schwarzes Blut und waren deswegen gegen Kälte immun, und ertrinken konnten sie auch nicht. Aus irgendeinem Grund bezeichneten sie sich selbst als eine Art Untermenschen.

Eines Tages sank der Seespiegel massiv ab, die schwimmenden Inseln waren trockengelegt und wurden trocken und spröde. Die Uros begannen sich mit der Bevölkerung von Puno zu vermischen. Als der See wieder stieg, bauten sie sich neue Inseln, doch sie hatten kein reines, schwarzes Blut mehr, verloren ihre Brauchtümer und ihre Sprache.

Ihre Kinder gehen heute wie alle anderen auch zur Schule, die Erwachsenen halten sich mit dem Verkauf von Kunsthandwerk, Fisch und Jagd über Wasser. Auch etwas Landwirtschaft wird betrieben: Im modrigen Schilf wachsen Kartoffeln, Bohnen und Oca. Auf den Inseln leben etwa 5000 Personen, davon 110 Kinder. Fast alle Uros leiden bereits im Alter von 30 Jahren an Rheuma.
Der Ausflug am frühen Morgen per Boot (1.5 $), das jeweils abfährt, sobald es voll ist, wird für viele enttäuschend ausfallen: Denn immer mehr werden die Bewohner schamlos als *die* Attraktion des Landes verkauft; sie werden nach und nach komplett vom Tourismus abhängig.

Die Fische im Titicacasee

Nach einem Abkommen zwischen den USA, Peru und Bolivien wurden 1935 200 000 Eier der Regenbogenforelle (*trucha arco iris*) im Titicacasee ausgesetzt. Die Forellen fanden ideale Umweltbedingungen vor und vermehrten sich rasch. Eine Fischereiflotte entstand, 1965 gab es schon drei Fabriken, welche Forellen verarbeiteten und in Dosen nach Europa – vor allem nach Deutschland – exportierten. Ab 1967 nahm der Forellenbestand ab, die Netze blieben immer öfter leer, und die Fabriken mußten schließen. Was war geschehen?

1956 wurden im Poopo-See (Boli-

Das traditionelle Schilfboot der Urus-Indianer wird heute auch ▶ an Touristen vermietet

vien) *Pejereyes,* argentinische Süßwasserfische, ausgesetzt. Diese schwammen den Desaguadero-Fluß (einziger Ausfluß aus dem Titicacasee) aufwärts und erreichten den Titicacasee. Sie vermehrten sich schnell – das Weibchen legt zweimal im Jahr 13 000 Eier. Zum Vergleich: Die Forelle legt einmal jährlich 1500 Eier. Der Pejerey ist (wie die Forelle) ein Raubfisch, besonders gern mag er die Eier und die junge Brut der Forellen. Als Speisefisch ist der Pejerey weniger wertvoll und für den Export ungeeignet. Unter dem ökologisch katastrophalen Experiment haben auch die einheimischen Fische – *Carachi, Suchi, Ispi* – sehr gelitten.

Weiterreise

Per Bus:

■ Bus nach **Cuzco:** *Cruz del Sur,* täglich, und dreimal wöchentlich *Morales Moralitos* (12 Std., 5 $). Zur Streckenbeschreibung verweisen wir auf das Kapitel «Weiterreise» im Cuzco-Teil, S. 302.

■ Nach **Arequipa** sind's etwas 13 Stunden, nach **Lima** 42 Stunden: *Cruz del Sur, Yacantaya* und *Sur Peruano* fahren die Strecke (Arequipa: 4 $; Lima: 11 $). Die Colectivos des *Comité de Automóbiles No. 3,* Av. Tacna 298, nach Arequipa kosten 6.5 $.

■ Bus nach **Tacna** in Chile: *San Martín,* jeweils Mo und Fr um 16 Uhr, Mi um 11 Uhr (12 Std., 2.5 $), oder am So auch mit *Emp. Altiplano.*

■ Die Adressen der Puno-Busgesellschaften: *Yacantaya,* Av. El Sol 594; *Cruz del Sur,* Av. El Sol 568; *4 de Noviembre,* Büro: Av. El Sol 1388 (Abfahrt ab Av. Titicaca 189); *Morales Moralitos,* Av. Titicaca 264; *San Martín,* Titicaca 210; *Emp. Altiplano:* Abfahrt ab Av. Tacna 342, kein Büro.

Per Bahn:

■ Der **Bahnhof** von Puno steht in der Av. La Torre. Ohne Ticket kann man nicht zum Zug. Fahrkartenkauf in den Wartesälen der 1. und 2. Klasse. Gewöhnlich können die Karten erst am Vor- und am Abreisetag gekauft werden. Es gibt täglich Zugverbindungen nach **Arequipa** und nach **Cuzco.** Inzwischen wurden die Tagesfahrten nach Arequipa wegen fehlender Ersatzteile für die Lokomotiven aufgehoben; um eine Karte für den Nachtzug zu bekommen, stehen viele Leute oft eine Nacht zuvor Schlange. Manchmal können Tickets über Agenturen gekauft werden, vorausgesetzt man hat sie mehrere Tage zum voraus bestellt. Kommission von über 1 $.

Zug Puno–Cuzco: 10 Std., 1. Klasse 5.5 $, 2. Klasse 4 $. Zug Puno–Arequipa: 1. Klasse 5.5 $, 2. Klasse 4 $, Buffet 8 $, Pulman 8.5 $, Schlafwagen 15.5 $.

Per Flug:

■ Von Juliaca starten die **Flüge** nach **Cuzco, Arequipa** und **Lima.** Colectivos fahren am Morgen ab Ekke Jr. Pardo/Av. La Torre zum Bahnhof von Juliaca, weiter per Taxi zum Flughafen. Direkte Colectivos zum Flughafen führen auch die Reisebüros an der Av. Tacna (2.5 $). Der Flug nach Cuzco kostet 16 $, nach Arequipa 15 $ und nach Lima 18.5 $.

Grenzübergang Bolivien

Puno und Juliaca sind die wichtigsten Verkehrsknotenpunkte am Titicacasee. Drei Möglichkeiten gibt es, um weiter nach **La Paz** in Bolivien zu kommen:

■ Über das **Ostufer des Titicacasees** zuerst nach **Juliaca,** weiter nach **Huancané, Moho** und über die bolivianische Grenzstadt **Puerto Acosta** nach La Paz (2–4 Tage). Wer berichtet uns über die Strecke?

■ Über **Yunguyo/Copacabana:** Per Agentur: Von der Avenida Tacna in Puno fahren morgens um 8 Uhr zahlreiche Kleinbusse von verschiedenen Reiseagenturen über Yunguyo/Copacabana nach La Paz. Bis nach Yunguyo, dem letzten Dorf an der peruanischen Grenze, dauert die Fahrt 2.5 Stunden. Die bolivianische Seite gegenüber von Yunguyo heißt **Khasani** (3800 m über Meer), das erste wichtige Städtchen gleich danach ist Copacabana (3841 m ü. M.). Mit bolivianischen Kleinbussen geht's von Copacabana (mit dem selben Ticket) weiter nach La Paz.

Die Reise ist auch durchgehend mit öffentlichen Verkehrsmitteln möglich, der Zeitverlust beträgt auf der Gesamtstrecke etwa 2 Stunden. Vom Laikakota-Markt in Puno fahren morgens schon ab 6 Uhr Colectivos bis Yunguyo (1 $). Von dort nach Copacabana mit öffentlichen Kleinbussen bis etwa 16 Uhr (0.5 $). Von Copacabana fahren die beiden Busgesellschaften *2 de febrero* und *Manko Kapak* für 2 $ nach La Paz; je drei Abfahrten ab Plaza 2 de febrero zwischen 7 und 15 Uhr. Die peruanische *migración* in Yunguyo an der Grenze ist täglich besetzt. Von Do – Fr gibt's den bolivianischen Einreisestempel in Khasani, sonst am Eingang von Copacabana, die Busfahrer wissen Bescheid.

Das Ganze kann auch als kombinierte Schiff-Busfahrt gebucht werden, allerdings teuer. Mit dem Bus von *Crillon Tours,* Jr. Lambayeque 175, nach **Juli,** per *aliscafo* (Gleitkufenboot) nach Copacabana, Mittagessen, Grenzformalitäten, weiter zur **Isla del Sol** und nach **Huatajata** (bolivianischer Hafenort), weiter per Bus nach La Paz. 130 $, 8 Stunden. Oder mit dem Bus von *Transturin,* Av. Tacna 201, nach Juli, Pomata und Copacabana, mit dem langsameren Katamaran zur Isla del Sol und weiter nach Huatajata, von dort wieder per Bus nach La Paz, 50 $, 10 Stunden. Die großen Dampfschiffe Ollanta und S. S. Inca fahren nicht mehr.

■ Die dritte Landvariante führt Über das Westufer direkt nach **Desaguadero,** Grenzübergang, und weiter nach La Paz (auf dem Weg Halt in **Tiahuanaco** möglich). Dauer 9 Stunden. Colectivos fahren ab Laikakota-Markt bis zur Grenze, die man zu Fuß überquert; weiter mit dem öffentlichen Bus (*Flota Ingavi*) nach La Paz. Zur Beschreibung von Tiahuanaco verweisen wir auf das Kapitel «Umgebung von La Paz», S. 420. Die Ruinen der *Tiwanaku*-Kultur sind gut in einem Tagesausflug von dort aus zu besichtigen.

Cuzco

3416 m ü. M., 200 000 Einwohner.
Es ist nicht sehr leicht, Cuzco - wenn man einmal dort war - zu vergessen. Man sagt von der Stadt, daß sie die Gestalt eines Pumas oder eines Lamas habe, mit dem Schwanz in der Avenida San Martín, der Verlängerung der Avenida El Sol, und dem Kopf im Ruinenkomplex **Sacsayhuaman.** Von der **Coricancha,** dem obersten Tempelheiligtum der Inkas, sollen vier unsichtbare Linien strahlenförmig ausgegangen sein, die das Großreich, das **Tahuantinsuyo,** in vier Unterreiche gegliedert haben. Der Tempel war der Nabel der (damals bekannten) Welt.

Ein Besuch am Nabel der Welt braucht sich keineswegs auf die Stadt allein zu beschränken. Oberhalb des Orts befinden sich die Ruinen von **Sacsayhuaman, Qenko, Pucapucara** und **Tambomachay.** Letztere liegen bereits am Weg ins **Vilcanota/Urubamba-Tal,** das clevere Tourismuspromotoren schon seit langer Zeit **Heiliges Tal der Inkas** (Valle sagrado de los Incas) nennen. In diesem Tal liegen die Orte **Pisac, Urubamba** und **Ollantaytambo.** Fährt man mit der Bahn (Straße führt nur bis Ollantaytambo) den Urubamba-Fluß entlang weiter, erreicht man **Aguas Calientes,** ein kleiner Ort mit heißen Thermalquellen. 2 km später hält der Zug, um den Touristenstrom zu den Ruinen von Machu Picchu herauszulassen.

Statt zu den Ruinen zu fahren, ziehen es viele vor, auf Schusters Rappen über den alten **Inkaweg** in einem zwei- bis viertägigen Marsch Machu Picchu zu erreichen.

Anreise

Per Flug:
Es gibt von **Lima** Direktflüge mit *Faucett* und *Aero Peru.* Die Flüge **Puerto Maldonado – Lima** machen in Cuzco Zwischenhalt. Die einzige internationale Verbindung führt *Lloyd Aereo Boliviano* von und auch **La Paz.** Ein Taxi vom Flughafen ins Zentrum kostet 1 $.

Per Bahn:
Von **Puno** über **Juliaca** täglich eine Verbindung (10 Std., 4–5.5 $). Der Cuzco-Bahnhof liegt im Südosten der Stadt, zu Fuß eine halbe Stunde vom Zentrum entfernt. Taxi 0.5 $.

Per Bus:
Nur etwa 10 Prozent der Touristen und nur wenige Einheimische benutzen den Bus, um über Schotterpisten

nach Cuzco zu fahren. Der Zug ist bequemer und billiger. Die Busse aus dem Süden kommen aus **Puno** und **Arequipa.** Aus Westen von **Abancay** beziehungsweise **Nazca** oder über die Strecke **Lima – Ayacucho – Huancayo.** Sehr unregelmäßig sind die Lastwagenverbindungen aus **Puerto Maldonado** und **Shintuyo.**

Unterkunft

Außer während den Tagen vor und nach dem *Inti-Raymi*-Festival am 24. Juni ist es in Cuzco kein Problem, ein freies Zimmer zu bekommen.

■ **Unser Tip! Hostal Antarki** *, Siete Cuartones 245, zwei Hausblöcke von der Plaza de Armas, Tel. 23 33 47. Sauber, freundlich, sicher, billig, schöne Aussicht auf die Dächer von Cuzco vom ersten Stock. DZ ohne Bad 2.5 $. Der Besitzer des Hotels beschäftigt sich seit über einem Jahrzehnt mit der Geschichte Perus.

■ **Hostal Ccorichaska** *, Nueva Alta 458, Tel. 22 89 74. Freundliche, große Zimmer, spartanisch eingerichtet, Neonlicht, sauber, ein schöner, alter Kasten. DZ ohne Bad 3 $.

■ **Hostal Bolívar** *, Tecsecocha/fast Ecke Procuradores, Tel. 22 62 21. Feldbett im Dreierzimmer 0.5 $! Sehr, sehr einfach.

■ **Hostal Familiar** *, Saphi 661, auf dem Weg nach Sacsayhuaman, Tel. 23 93 53. Das sonnigste Hotel in Cuzco, mit vier Innenhöfen, Landstimmung. Man zahlt fürs DZ ohne Bad 5.5 $, mit Bad 9 $, der stolze Preis ist fürs Ambiente. Frühstück möglich.

■ **Hostal San Blas** *, Questa San Blas 526, von der Plaza de Armas rechts an der Kathedrale vorbei hinaufsteigen, Tel. 22 57 81. Sehr ruhig, Holzbalkone, sauber, alt, kleine Zimmer, ein klein wenig überzahlt. DZ ohne Bad 5 $. Cafeteria im Haus.

■ **Hostal Suecia** *, Calle Uriel García (ehemals Calle Suecia) 332, in der Nähe der Plaza de Armas, Tel. 23 32 82. DZ ohne Bad 3 $, immer voll, Hostal Suecia II in Planung. Gemütliches und eines der beliebtesten Hotels Cuzcos, Gringotreff. Schrullige Besitzer.

■ **Hostal El Descanso** *, Av. Tacna 313, Tel. 22 33 62. Nähe Bahnhof und Busterminal Cruz del Sur. Kleine Zimmer mit Fenster auf luftigen, hellblauen Innenhof, sehr freundlich. DZ mit Bad 3 $.

■ **Pensión Loreto** **, C. Loreto 115, gleich an der Companía, Tel. 22 63 52. DZ mit Bad 10 $. Die meisten Zimmer haben auf eine Seite hin echte Inkamauern vorzuweisen, etwas dunkel, sehr zentral.

■ **Hotel Colonial Palace** **, C. Quera 270, nach dem ersten Block der Av. Sol rechts runter, Tel. 23 21 51. Ein sehr schönes Hotel, freundlich und sonnig, gestylter TV-Raum mit Bildern aus der Kolonialepoche. DZ mit Bad 12.5 $.

■ **Hotel Cahuide** **, (heute mit dem ehemaligen Hotel Saphi zusammen), Saphi 845, auf dem Weg nach Sacsayhuaman, Tel. 22 27 71. DZ mit Bad 10 $, eigener Safe mit

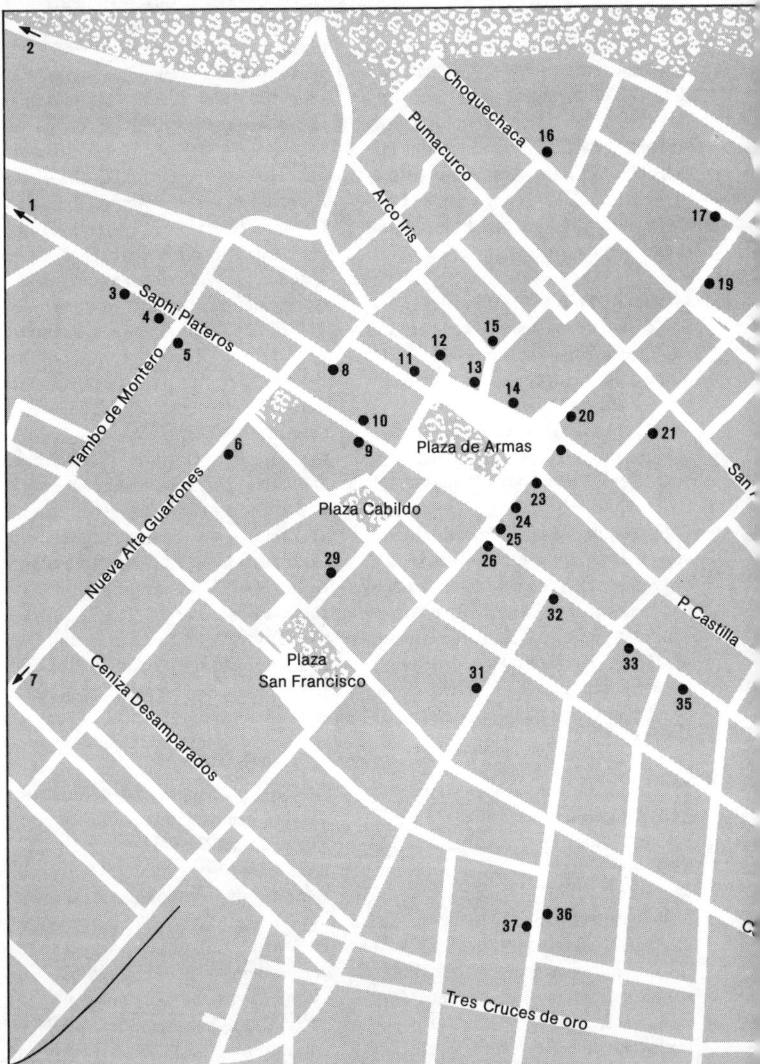

2
1
Choquechaca
Pumacurco
Arco Iris
16
17
19
3
4
5
Saphi Plateros
Tambo de Montero
8
11
12
13
15
14
20
21
10
9
6
Plaza de Armas
Nueva Alta Guartones
Plaza Cabildo
23
24
25
26
29
32
P. Castilla
33
35
31
Plaza
San Francisco
7
Ceniza Desamparados
36
37
Tres Cruces de oro
Av. del-Ejercito

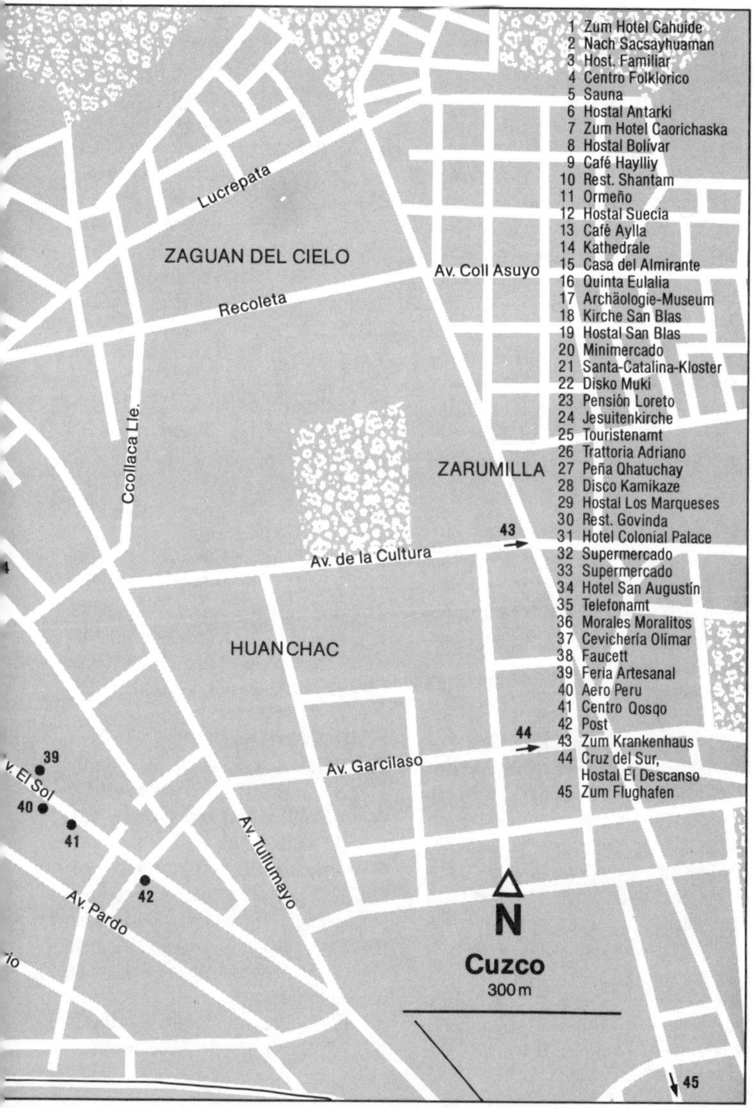

ZAGUAN DEL CIELO
Lucrepata
Recoleta
Av. Coll Asuyo
Ccollaca Lle.
ZARUMILLA
43
Av. de la Cultura
HUANCHAC
44
Av. Garcilaso
Av. Tullumayo
v. El Sol
Av. Pardo
39
40
41
42
45
N
Cuzco
300 m
1 Zum Hotel Cahuide
2 Nach Sacsayhuaman
3 Host. Familiar
4 Centro Folklorico
5 Sauna
6 Hostal Antarki
7 Zum Hotel Caorichaska
8 Hostal Bolívar
9 Café Haylliy
10 Rest. Shantam
11 Ormeño
12 Hostal Suecia
13 Café Aylla
14 Kathedrale
15 Casa del Almirante
16 Quinta Eulalia
17 Archäologie-Museum
18 Kirche San Blas
19 Hostal San Blas
20 Minimercado
21 Santa-Catalina-Kloster
22 Disko Muki
23 Pensión Loreto
24 Jesuitenkirche
25 Touristenamt
26 Trattoria Adriano
27 Peña Qhatuchay
28 Disco Kamikaze
29 Hostal Los Marqueses
30 Rest. Govinda
31 Hotel Colonial Palace
32 Supermercado
33 Supermercado
34 Hotel San Augustín
35 Telefonamt
36 Morales Moralitos
37 Cevichería Olímar
38 Faucett
39 Feria Artesanal
40 Aero Peru
41 Centro Qosqo
42 Post
43 Zum Krankenhaus
44 Cruz del Sur, Hostal El Descanso
45 Zum Flughafen

Schlüssel für Wertsachen, sonniger Innenhof im Hotel-Saphi-Teil.

■ **Hotel Los Marqueses ****, C. Garcilaso 256, an der Plaza Cabildo, Tel. 23 25 02. Wunderschönes Kolonialhaus mit geschnitzten Holzdecken und Türen und einer Monumentaltreppe, aber einfach eingerichteten Zimmern mit Bad 11 $.

■ **Für Genießer: Hotel Libertador *****, San Augustín 400, Tel. 23 26 01. DZ mit Bad 46 $ im neuen und 59 $ im alten Teil. Das Haus hat auch den Namen **Casa de los quatro Bustos,** Haus der vier Büsten, so benannt nach den vier am Eingang eingemeißelten spanischen Conquistadores.

Essen

■ **Govinda,** Espaderos 128. Kleines indisch-vegetarisches Restaurant; ohne Pfiff gekocht. Wer schon in Indien gegessen hat, wird arg enttäuscht. Schmuddelig.

■ **Quinta Eulalia,** Choqquechaca 384, auf dem Weg nach Sacsayhuaman. Großes Restaurant, ideal für Mahlzeiten im Freien, mit Froschspiel. *Quinta* bedeutet wörtlich «Landhaus». In Quintas und *picanterías* (bedeutet «scharfe Mahlzeiten») werden lokale Gerichte und Bier serviert, manchmal auch Maisbier, *chicha.* Dieses bekommt man auch in den *chicherías,* den Maisbierstuben, zu erkennen an einem weißen Tuch, das an einer Stange vor der Türe hängt.

■ **Cevichería Olimar,** Belén 494. Bestes Fischrestaurant in Cuzco, immer voll, Öffnungszeiten nur bis 14 Uhr, Essen ab 1 $. Ausgezeichnete Ceviche, mit viel Zitronen zubereitet, große Portionen von *parihuela* (Fisch mit Gemüse), nichts für den kleinen Hunger.

■ **Café Ayllu,** Plaza de Armas, links neben der Kathedrale. Große Auswahl an frischen Fruchtsäften und Joghurts; ideal fürs Frühstück, klassische Musik. Als Alternative:

■ **Café Haylliy,** C. Plateros 363. Üppige Kuchen.

■ **Trattoria Adriano,** C. Mantas 105/Ecke Av. Sol. Teures, aber bestes italienisches Restaurant am Ort. *Capucino* so, wie er sein soll (Zucker versinkt nur langsam durch den Schaum); Weinauswahl.

■ **Restaurant Shantam,** Plateros 334, 10–23 Uhr, Montag geschlossen. Japanisches, vegetarisches Restaurant, aber auch mit internationalem Angebot. Kräutertee (keine Beutel!). Kaminfeuer und Kerzenlicht.

Selbstverpflegung

■ **Minimarket El Triunfo,** Triunfo 342, So morgens zu. Gibt sich als Laden für Vollkornartikel, doch die Auswahl ist nicht riesig.

■ **Supermercado El Chinito,** Av. Sol. 210. Für peruanische Verhältnisse riesengroßer Markt, mit einem Ableger in der C. Matará, wo's auch abgepacktes Fleisch gibt. Ein weiterer Supermarkt (El Gringuito) an der Av. Sol 300, auch sonntags geöffnet.

■ Sehr groß ist der **Lebensmittel-**

markt. Er liegt auf dem Weg zum Machu-Picchu-Bahnhof. Hier kann man nicht nur einkaufen, um selbst zu kochen, sondern an den zahlreichen Eßbuden kräftig zulangen. Wie sich das für die Sierra gehört, gibt es eine Unzahl von Kartoffeln- und Maissorten. Besonders gut schmekken Maiskolben mit Käse (*choclo con queso*). *Anticuchos,* Herzstückchen am Spieß gibt es vor allem abends. Traumhaft schmecken die *rocotos rellenos,* eine Paprikaart, gefüllt mit Reis und Gemüse, im Öl gebacken. Vorsicht: sehr würzig (scharf). Neutraler sind da schon die gebackenen Yuca, welche ähnlich wie Kartoffeln schmecken, aber langfaserig wie Spargeln sind. Eine Spezialität Cuzcos scheinen mit Avocado und Zwiebeln gefüllte Brötchen zu sein.

Kokablätter für Tee und zum Kauen mit dem dazugehörenden Aschenstein (*lejía*) gibt's unterhalb des Marktes am rosaroten Haus in der Ccascaparo.

Unterhaltung

■ **Qhatuchay,** Peña mit ausgezeichneter Stimmung, obwohl das Lokal auf superbillig gemacht ist und etwas schäbig aussieht. Es gibt nur Piscos mit Sprite (*chilcano*) und Bier (*cerveza*).

■ **Disco Kamikaze,** Portal Cabildo, an der Plaza Cabildo, Eintritt 1.5 $ pro Person, inklusive ein Getränk (unbedingt auf sofortiges Wechselgeld bestehen und kontrollieren). Nach der Peña Rockmusik der sechziger und siebziger Jahre.

■ **Disco Muki,** junges Publikum, Discorhythmen, originelle Dekoration in Form von Sitznischen aus Gips, die Tanzbühne wird von einer echten *Inkamauer* umrahmt. Eintritt 5 $ pro Paar inklusive vier Getränke.

■ **Centro Qosqo de Arte Nativo,** Av. Sol 604, ein Folkloretheater mit jeweils ausgezeichneter Musik. Kein Tanz. Eintritt 2 $.

■ **Centro Folklórico CAFIR,** Calle Saphi 605, ein weiteres Theater, geleitet von Studenten. Eintritt 3.5 $ inklusive eines Pisco Sour.

Shopping

■ Die **Feria Artesanal de Koricancha,** Av. Sol. 571, ist ein Gelände, wo sich mehrere Kunsthandwerkverkäufer nebeneinander niedergelassen haben. Sie bieten hauptsächlich Alpaka- und Wollsachen. Fliegende Händler und zahlreiche Läden um die **Plaza de Armas** und **Plaza del Recocijo.** Besonders schön, durch enge, gepflasterte Inkagassen hindurch gestaltet sich der Einkaufsbummel in der steilen Gasse **Cuesta San Blas,** die von der Plaza de Armas zur San-Blas-Kirche hochführt.

■ **Gemälderepliken** der Cuzcoschule verkaufen die Geschäfte an der Cuesta San Blas. Einen guten Eindruck machte uns *Antonio Salced Gonzales,* Cuesta San Blas 544.

Was sonst?

■ **Touristeninformation:** Neben der Jesuitenkirche Compañía an der Einmündung der Calle Arequipa in die Plaza de Armas. Sehr hilfsbereit, Stadtplan, Informationen zu Museumsöffnungszeiten, Busabfahrten und -haltestellen und weiteres mehr. Gleich daneben befindet sich die **Touristenpolizei.**

■ **Telefonamt (Entel),** Av. Sol 382.

■ **Postamt (Correos),** Av. El Sol/ Ecke Garcilaso.

■ **Geldwechsel:** Selbst als vorübergehend in Peru alle Wechselstuben geschlossen wurden, florierte der Geldhandel außerhalb des Bankensystems um die Plaza de Armas und im oberen Teil der Avenida El Sol. Die *American-Express-Vertretung* hat ihr Büro an der Avenida El Sol 567.

■ Das **öffentliche Krankenhaus** heißt **Hospital Regional** und liegt außerhalb der Stadt an der Avenida de la Cultura, Tel. 23 11 31.

■ **Wäscherei:** In der Gringogasse, der Calle Procuradores, gibt es zwei bis drei Wäschereien, die für das Kilo Wäsche etwa 0.5 $ verlangen und sehr schnell arbeiten. Hinweis: Wäschestücke immer genau zählen.

■ Miete von **Campingausrüstung,** Zelten, Schlafsäcken, Kochern, in der Calle Procuradores, an der Plaza de Armas und im oberen Teil der Avenida El Sol. Manchmal kann man auch Gaskartuschen kaufen.

■ **Aufenthaltsverlängerung:** Wer an der Grenze nur 30 Tage Aufenthalt bewilligt bekam, kann ihn in der **Migraciones** verlängern lassen.

■ **Sauna Olimpo,** Tambo Montero 117, auf dem Weg nach Sacsayhuaman. Täglich von 8–21 Uhr geöffnet, sauber, empfehlenswert.

Streifzug durch Cuzco

Bitte beachten, daß nicht alle Museen und Kirchen die gleichen Öffnungszeiten haben. Manche Kirchen öffnen schon um 6 Uhr morgens zur täglichen Messe und schließen wenige Stunden später, um gleich danach für zahlende Touristen neu (unregelmäßige Mittagspausen) zu öffnen. Praktisch alle Kirchen und Museen sind am Sonntag für Touristen geschlossen.

Um Museen, Kirchen und sonstige Sehenswürdigkeiten besichtigen zu können, benötigt man eine Sammeleintrittskarte (*boleto turístico*). Sie kostet harsche 10 $ (billiger, falls man mit dem Schwarzmarktkurs rechnet) und berechtigt zum (jeweils nur einmaligen) Besuch von über einem Dutzend Sehenswürdigkeiten in und um Cuzco (inklusive Urubamba-Tal, ohne Machu Picchu). Studenten mit Ausweis zahlen nur 5 $. Einzeleintritte werden in der Regel nicht verkauft. Falls doch, kosten sie etwa 1.5 $.

■ Wir beginnen den Streifzug durch Cuzco am **Callejón Loreto,** einer schmaler Gasse mit besterhaltenen Inkamauern. Die etwas gröber geschaffene Mauer zur Rechten gehörte zum einstigen Palast des 11. und mächtigsten Inka *Huayna Capac*

(1493–1525), diejenige zur Linken zum früheren **Acllahuasi,** dem Haus der Sonnenjungfrauen. Die Mädchen lebten abgeschiedener als ihre spanischen Nachfolgerinnen, die an gleicher Stelle das **Santa-Catalina-Kloster** gründeten. Einmal auserwählt und im Dienst des Inka und der Götter, konnten sie nicht mehr zurück.

Am Ende der Loreto-Gasse nach links in die Calle Maruri abbiegen und gleich danach wieder nach rechts in die **Calle Romeritos.** Am Schluß dieser langen Gasse, die rechts ebenfalls von einer Inkamauer gesäumt wird, sehen wir eines der wenigen **Original-Inkaportale.** Es ist trapezförmig aufgebaut, der eigentliche Eingang ist nach innen versetzt.

■ **Coricancha,** der Sonnentempel liegt ausgangs der C. Romerito schräg rechts. Öffnungszeiten des Sonnentempels und späteren **Santo -Domingo-Klosters:** Mo–Sa 8–11.30 und 14–16.30 Uhr. Die Spanier haben auch hier alles zerstört. Sie rissen Gold und Silber von den Wänden des wichtigsten Tempels des Inkareichs und schmolzen es ein. Sie zerstörten den berühmten goldenen Garten, in dem die Fundamente des Imperiums – Viehzucht und Landwirtschaft – symbolisch dargestellt waren: Lamas aus Gold, goldene Maisähren und glitzernde Kartoffeln, Hirten, Bauern, Werkzeuge und Erdschollen im Originalmaßstab. Höhepunkt der Schmach: Auf dem heiligen Inkaboden bauten sie im 16. Jahrhundert ein Kloster und eine Kirche.

■ Wir gehen nun ins Stadtzentrum zurück, diesmal allerdings über die Calle Zeta, San Agustín und Santa Catalina, an deren Ende man auf die **Santa-Catalina-Kirche** trifft. Im Kloster leben immer noch zwei Dutzend Nonnen. Das **Santa-Catalina-Klostermuseum** ist von Mo–Sa 9–12 und 15–18 Uhr geöffnet, kostenlose Führung auf Wunsch. Das Museum beherbergt Kolonialkunst, die in wunderschöner Harmonie zur Architektur des Klosters steht.

■ Gehen wir nun zurück zur Plaza de Armas und schräg rechts in die **Kathedrale** hinein. Für den Bau (Beginn 1559) benötigte die Gemeinde Cuzco mehr als 100 Jahre. Geldmangel war die Ursache, aber auch mehrere Erdbeben kamen dazwischen. Der Eingang zur Kathedrale ist – außer während der täglichen Messen von 6 bis 10 Uhr – nur durch die **Kirche Triunfo** möglich, unter der sich die Grundmauern des Palastes des 8. Inkas, *Viracocha,* befinden. 1536, vier Jahre nachdem die Spanier *Atahuallpa,* den letzten Inka, umgebracht hatten, gab es unter *Manco Inca* einen heftigen Aufstand. Die Spanier waren in einer alten Schmiede, wo heute der Triunfo steht, eingeschlossen, die Stadt brannte. Durch ein Wunder wurde das Feuer auf dem Dach der Spanier gelöscht – andere Quellen berichten, schwarze Sklaven hätten es löschen müssen. Diesem Ereignis zum Gedenken wurde die Kirche gebaut. Im kleinen Untergeschoß findet man die Schatulle mit der Asche von *Garci-*

laso de la Vega (1539–1616), dem wichtigsten und zuverlässigsten Chronisten der Inkageschichte, selbst Sohn einer Inkaprinzessin und eines spanischen Offiziers.

Die Kathedrale zählt zehn Seitenkapellen und etwa 400 Gemälde aus der Kolonialzeit. Neben dem Eingang zur Sakristei fällt ein großes Gemälde des Malers *Marco Zapata* auf. Es zeigt eine Abendmahlszene. Judas hat ein dunkles Indiogesicht, auf dem Tisch gibt es Meerschweinchen statt Osterlamm, die Trinkgefäße sind Keros, alte Inka-Ritualbecher, sie sind mit roter Chicha statt mit Wein gefüllt. Als Früchte sind Papayas und Granatäpfel erkennbar, das Brot ist *Chuta*-Brot, ein Vollkornbrot, das heute noch am Markt gekauft werden kann.

Sehr viel Humor hatte der Künstler, der den hölzernen Chor gegenüber dem Altar baute. Die Seitenlehnen stellen indianische Frauen dar, zum Teil sind sie schwanger. Eine Anspielung? Sie tragen um den Bauch einen Gürtel, den *chumpi;* er soll Blähungen und Furze (in der Kirche) verhindern.

■ Ebenfalls an der Plaza liegt die **Jesuiten-Kirche Compañía de Jesús.** Leicht könnte man sie mit der Kathedrale verwechseln, denn sie steht ihr an Prunk nicht nach. Die Jesuiten, sich ihrer Macht und ihres Reichtums durchaus bewußt, wollten mit dem Bau ihrer Kirche die Kathedrale tatsächlich in den Schatten stellen. Nachdem ein Erdbeben 1650 ihre alte Kirche zerstört hatte, begannen sie schnell mit dem Bau einer neuen. In nur 17 Jahren war sie vollendet. Als die (späte) Order aus Rom kam, daß die Jesuitenkirche nicht größer als die Kathedrale sein dürfe, waren schon vollendete Tatsachen geschaffen. Das Innere des Gotteshauses ist von unermesslichem Reichtum.

■ Wieder draußen auf der Plaza, die auf Ketschua **Hucaypata** heißt (wörtlich: Klageplatz, da hier das Volk nach dem Tod eines Inkas die Trauerfeier abhielt), biegen wir links von der Kathedrale in die Calle Almirante ein und erreichen an der Ecke Ataud die **Casa del Almirante,** heute das **Regionalmuseum.** Geöffnet Mo–Fr 9–16, Sa 9–12 Uhr. Bevor man reingeht, sollte man an der Fassade hochschauen: Da entdeckt man die Büste einer nackten Frau. Sieht man sie sich danach von innen an, erscheint sie wie die Büste eines bärtigen Mannes. Der Palast ist auf den Mauern eines Palastes des Inka *Huascar,* des letzten Inka aus Cuzco, gebaut.

Der erste Ausstellungssaal gibt einen didaktischen und chronologischen Überblick über die *Cuzco-Malschule*. Diese Stilrichtung ist europäisch beeinflußt, viele Motive aber sind indianischen Ursprungs. Sie zeichnet sich auch durch die Verwendung von sehr viel Gold aus, das direkt auf die Gemälde aufgetragen wird. Sogenannte tenebrisitische Gemälde hingegen sind sehr dunkel gemalt und drücken viel Trauer aus.

■ Ein weiteres wichtiges Museum ist das **Archäologische Museum** (Mo–Fr 8–12 und 15–18 Uhr) an der Plazuela **San Antonio Abad,** wo die gleichnamige Kirche und nebenan das **Kloster de las Nazarenas** stehen. Es enthält einige sehr gut erhaltene Mumien. Gut sichtbar wird die Einbalsamierungsmethode. Die Leiche wurde zuerst in Stoffe aus pflanzlichen Fasern eingewickelt, dann mit Lamaleder umwickelt. Daneben gibt es eine beachtliche Sammlung an Keros, den inkaischen Trinkbechern, und Silber- und Goldarbeiten. Die indianischen Figuren auf den Kolonialgemälden schließlich tragen die damals typische Kleidung und sind nicht wie sonst christlich-religiösen Inhalt.

■ Die **Calle Hatunrumiyoc** ist neben der Calle Loreto die bekannteste Inkagasse Cuzcos. Etwa auf halbem Weg ist ein Stein mit zwölf Ecken eingemauert, ein phantastisches Beispiel inkaischer Baukunst. Im Gegensatz zu den Mauern im Sonnentempel oder im Haus der Sonnenjungfrauen sind die Steinquader dieser Mauer von sehr unregelmäßigem Umriß, aber dennoch äußerst präzis zusammengefügt.

■ Die **San-Blas-Kirche** ist von außen sehr unscheinbar, ist nur aus Lehm gebaut und hat ein Strohdach. Im Inneren aber steht neben einem schönen Altar eine atemberaubende, holzgeschnitzte Kanzel, deren Erschaffer unbekannt ist.

Weiterreise

Per Flug:

Der **Flughafen** von Cuzco liegt im Südosten der Stadt. Es gibt Flüge nach **Lima** und **La Paz** in Bolivien. *Faucett* und *Aero Peru* haben ihre Büros an der Avenida El Sol 567 bzw. 602. Hinweis: Tickets kann man in jedem Reisebüro kaufen. Die Flugscheine sind erst gültig, wenn die Reservation zwei Tage und danach nochmals einen Tag vor Abflug rückbestätigt wurden. Manche Reisebüros treiben ein unsauberes Spiel und machen sich diese Arbeit nicht oder behaupten nur, sie hätten den Flug bestätigt, und du bleibst dann am Flughafen sitzen.

Per Bahn:

Cuzco hat zwei Bahnhöfe: einen, der zu den Ruinen von **Machu Picchu** und weiter nach **Quillabamba** fährt, der andere bedient **Juliaca** und **Puno.** Alles weitere über den Machu-Picchu-Zug im Abschnitt «Machu Picchu». Der Puno-Bahnhof liegt an der Calle Pachacutec im Südosten der Stadt. Der Zug fährt am Morgen fahrplanmäßig um 8 Uhr los. Fahrschein und Platzkarte kann man am Abfahrtstag oder einen Tag zuvor kaufen. Die Öffnungszeiten der Schalter sind aber nicht dieselben. Da sie dauernd wechseln, verzichten wir auf eine Zeitangabe. Die Fahrt nach Puno kostet 5.5 $ in der 1. und 4 $ in der 2. Klasse und dauert etwa 10 Stunden.

Per Bus:

■ Nach **Juliaca** (11 Std., 5.5 $) und **Puno** (13 Std., 6 $) fahren am frühen Abend *Cruz del Sur* und *Collasuyo,* beide an der Calle Pachacutec in Bahnhofsnähe. Die gleiche Gesellschaft führt auch eine Nachtverbindung nach **Arequipa** (18 Std., 9 $). Von Arequipa zahlreiche Verbindungen nach **Lima.** Von der Av. Huascar fahren auch Kleinbusse und Lastwagen zu Stationen im Vilcanota-Tal, zum Beispiel nach **Andahuaylillas** oder **Urcos.**

■ Nach **Abancay** (8 Std., 4 $) und weiter nach **Nazca** (32 Std., 14 $) mit *Morales Moralitos* an der C. Belen, *Transp. Málaga* an der Manco Kcapac 514 oder mit *Ormeño* (Ticketoffice in der C. Procuradores, Abfahrt von der Av. Huascar). Von Abancay gibt es Verbindungen nach **Huancayo,** von wo man per Bahn oder Bus nach **Lima** weiterkann.

■ Der Weg nach **Puerto Maldonado** führt über Urcos und **Quincemil** und ist nur per Lastwagen machbar. Die Fahrt dauert 2 bis 3 Tage, Kosten um 8–12 $. Um den Manu-Nationalpark zu erreichen, fährt man über **Paucartambo nach Shintuyo;** auch diese Lastwagen fahren an der Av. Huascar ab.

■ In Richtung Norden hört die Straße in **Ollantaytambo** auf, der Zug fährt weiter bis **Quillabamba.** Siehe Abschnitt «Urubamba-Tal».

Von Cuzco nach Puno

Die Fahrt führt zuerst durch das **Huatanay-Tal,** an der Abzweigung nach **Paucartambo** vorbei, um 40 km nach Cuzco bei **Andahuaylillas** ins **Vilcanotatal** einzubiegen. Andahuaylillas' Kirche wird oft als *Sixtinische Kapelle* Amerikas bezeichnet. Von Urcos zweigt die Straße nach **Puerto Maldonado** ab. In **Checacupe** (99 km) wird am 10. August der traditionelle *Tucumanos*-Tanz getantzt. Er stammt aus der Zeit, als Cuzco mit Tucumán in Nordargentinien wichtige Handelsbeziehungen unterhielt. In **Combapata** (113 km) zweigt die Straße nach **Arequipa** ab. Von **Marangani** an wechselt die Vegetation ihr Bild, es wird karg und kalt. **La Raya,** auf 4313 m Höhe und 189 km von Cuzco entfernt, ist der höchste Punkt auf der Strecke. Hier befindet sich ein wichtiges Zentrum der Alpakazucht und -forschung. In **Santa Rosa** und **Pucara** zweigen schlechte Straßen in die *selva alta* (Bergurwald) ab. Pucara ist ein bekanntes Töpfereizentrum. Fabriziert werden wunderschöne Figuren, deren Gesichtsausdruck unübertroffen ist. Immer mehr nähert man sich dem **Titicacasee** und dem Altiplano, der Hochebene zwischen den Andenkordilleren. In **Juliaca** (391 km) ist man bereits mittendrin. Hier zweigen Straße und Schiene sowohl nach **Puno** als auch nach **Arequipa** ab. 45 km später ist man in Puno. Bahn- und Busreisende aufgepaßt: In Juliaca gibt es viele Diebe.

Von Cuzco nach Pucallpa

Wer träumt nicht davon, auf einem Fluß einfach mal in ein Boot zu steigen und zu sehen, wo es einen hinführt. *Kent Sooaru* aus Göteborg hat dies getan:

«An der Bahnstation Puente Ruinas stiegen alle Touristen aus, um Machu Picchu zu besuchen, wir waren nun bis **Quillabamba** die einzigen Ausländer. Dort deckten wir uns mit Machete, Seil, Gummisandalen und Moskitonetz (unheimlich teuer) ein. Wer noch keinen breitkrempigen Hut besitzt, kauft spätestens jetzt einen. Eßwaren einzukaufen ist nicht wirklich nötig, man findet auf der ganzen Flußfahrt von **Kiteni** nach **Pucallpa** immer wieder einfache Kneipen oder wird oft eingeladen. Von Quillabamba ging's per Lastwagen in 10 Stunden nach Kiteni, ein Horrortrip durch die Nacht, eiskalt, unbequem und anstrengend. Dort angekommen, legten wir uns erst mal schlafen.

Am Morgen wurden wir von Kindern geweckt, die uns anboten, uns zur Flußsiedlung **Pongo de Mainique** zu fahren. Wenig später trafen wir *Don Lino,* der uns anbot, uns in seinem Boot für 15 $ pro Person 2 Tage den Río Urubamba hinunterzufahren. Bis Pongo ist der Fluß noch ganz schön wild, dann wird er ruhiger. Etwa 1½ Stunden vor **Camisae,** in einer kleinen Siedlung, übernachteten wir zum ersten Mal. In Camisae selbst gibt es einen einfachen Schlafraum für Reisende. *Lino* verließ uns hier und fuhr nach Kiteni zurück. 2 Stunden nach Camisae, diesmal in einem sehr schnellen Motorboot, erreichten wir die Missionsstation **Kiregeti,** wo wir vom spanischsprechenden Priester sehr freundlich empfangen wurden. Da wir kurz nach der Ankunft von einem Boot hörten, das weiter flußabwärts fuhr, hatten wir keine Gelegenheit, die Unterkunftsmöglichkeiten auszukundschaften. Nachdem wir von einigen sehr netten Mädchen mit Papayas und gebackenen Bananen verköstigt worden waren, stiegen wir ins Boot und fuhren nach **Nueva Mundi,** 1 Stunde weiter unten, wo wir die zweite Übernachtung einschalteten.

Wir wurden in einen Schlafraum gebracht und hatten Zeit, mit den Einheimischen zu plaudern. Wir hörten von einem Camp der *Shell-Ölgesellschaft* ganz in der Nähe, das wir auch bald fanden. Die Gesellschaft (*la companía*) hat einen eigenen Arzt und einen Hubschrauber, der für Notfälle sicherlich eingesetzt werden könnte. Am nächsten Tag fuhr ein Shell-Boot nach **Shepahua.** In Shepahua scheinen die Ölleute beachtliche Aktivitäten zu entwickeln. Mit den Einheimischen haben sie wenig Kontakt. Es gibt im Ort vier sehr einfache Übernachtungsmöglichkeiten. Unbedingt Rucksäcke und Essen aufhängen, sonst gehen die Ratten ran. Gegessen haben wir im Restaurant La Princesa. Das Dorf verfügt über eine Flugpiste, eine private Gesellschaft verchartert Kleinflugzeuge, doch scheint es auch Gemeindeflugzeuge zu geben, die *bufeos* (Büffel) heißen, und für 10 $ einmal pro Woche nach Pucallpa fliegen.

Von Shepahua gibt es nur noch sehr wenig Bootsverkehr weiter flußabwärts. Einmal pro Woche kann man mit dem Bierboot nach **Atalaya** mit. Wer nicht warten will, kann versuchen, ein Kanu zu kaufen (25–35 $) oder aus leeren Ölfässern ein Floß zu bauen. Zwei Tage dauert die Fahrt mit dem Floß bis zur Strafkolonie von **Sepa,** 4–5 Stunden im Motorboot sind es von dort bis Atalaya. Man braucht auf dieser Reise durchaus nicht immer im Busch zu schlafen, es war für uns nie ein Problem, wenn wir an Land ein paar Menschen sahen, sie um einen Übernachtungsplatz zu bitten.
Von Atalaya dauernd Frachtboote nach Pucallpa (drei Tage, 10 $). Auch von hier gibt es aber als Alternative Kleinflugzeuge. Empfehlen könne wir im Ort die Residencial Denis *: kein Wasser, aber saubere und sichere Zimmer, bequeme Betten.»

Der Cholo von Cuzco

Der Schweiß tropfte Pedro von der Stirn. Die Sonne brannte an diesem Nachmittag heiß auf Cuzco. Doch das war nicht der Grund, weshalb Pedro glühte. Er hatte Angst. Denn er stand vor dem größten Coup seines Lebens.

Er ging durch den Mercado Central wie ein Schlafwandler. Die Indianerinnen hatten ihre Berge von Papayas, Bananen, Melonen und tausend anderen Früchten aufgestellt. Sie saßen unter Sonnenschirmen, Schutz vor der Sonne suchend, und warteten auf Kundschaft. Doch der Markt war fast ausgestorben, die Einheimischen machten Siesta, und nur ein paar Touristen schwirrten mit ihrer Kamera umher.

Pedro begann zu rennen. Ein Großmütterchen rief ihm etwas Schmutziges nach, doch er hörte nichts. Außer Atem erreichte er die Plaza de Armas und blieb vor der Kathedrale stehen. Er zögerte einen Augenblick, dann trat er ins schützende Dunkel des Gotteshauses. Die Kühle des Gebäudes beruhigte ihn. Ehrfürchtig nahm er seine Mütze vom Kopf und kniete vor der Kapelle des Señor de los Temblores, des Herrn der Erdbeben, nieder. «Herr, verlaß mich nicht», betete er. «Ich weiß, daß ich nur eine nichtsnutzige Kreatur bin. Ich habe nichts gelernt, als andere Menschen zu betrügen und zu bestehlen. Das ist alles, was man mir auf der Straße beigebracht hat. Heute ist mein großer Tag, heute werde ich ein reicher Mann. Ich weiß, du läßt die Sonne sowohl für die Guten als auch für alle Schweinehunde scheinen. Bitte laß nun auch mich nicht im Stich. Ich schwöre dir, daß ich mein Leben ändere, wenn du mir hilfst.»
Pedro stand auf, bekreuzigte sich und wollte aus der Kirche hinaustreten, als er wie gebannt vor dem großen Gemälde des Abendmahls von Marco Zapata stehenblieb. Jesus

brach das Brot, umringt von seinen Aposteln. Mitten auf dem Tisch lag ein Meerschweinchen, umgeben von Papayas und Granatäpfeln. Pedro sah nur das Gesicht von Judas. Seltsam, wie sehr es ihm glich. Derselbe hohle Blick, dieselbe innere Bitterkeit. Auch die Hautfarbe war gleich dunkel. «Man kann sein indianisches Blut nicht leugnen, selbst mit Tausenden von Dollars nicht», wußte Pedro, als er einen Inti in den Opferstock am Ausgang warf.

Er war überrascht, wie tief die Sonne schon stand, als er aus der Kathedrale hinaustrat. Es blieb ihm bis zu seinem Treffen nicht mehr viel Zeit. Er beeilte sich und lief zum Bahnhof. Völlig durchnäßt kam er an. Die Menschenmenge war groß. Zwischen den Reisenden versuchten Kleinhändler, sich ihren Lebensunterhalt zu verdienen; sie verkauften Schnürsenkel, Zeitungen, Erfrischungen, Zigaretten. Dicke Frauen hatten ihre Garküchen aufgestellt, brieten Fleisch und Kartoffeln. Pedro bewegte sich in der Menge mit einer erstaunlichen Behendigkeit. Hier hatte er jahrelang gearbeitet, als kleiner Taschendieb. Bis er sich entschlossen hatte, sein Leben zu ändern, aus seiner Misere auszubrechen, egal wie. Er wurde zum Grabräuber. Die Fundstücke, die er fand, verkaufte er den Touristen. Manchmal waren es bloß Kopien, doch das merkte niemand. Er arbeitete mit mehreren Jungens zusammen. Cuzco war einst die Hauptstadt des Inkareichs gewesen, immer noch konnte man irgendwo eine Antiquität finden. Die besten Stücke verkaufte Pedro einem Händler aus den USA. Die Gringos zahlten gut und in Cash.

Heute wollte er einen besonderen Fund verkaufen, ein wunderschönes Ritualmesser des letzten Inka von Cuzco, Huascar. Es handelte sich um ein sogenanntes Tumi aus massivem Gold. Den Griff zierte das Gesicht des Königs. Die Augen bestanden aus zwei tiefgrünen Smaragden.

Pedro nahm einen kleinen Schlüssel aus seiner Hosentasche und öffnete sein Schließfach. Er versicherte sich, daß ihn niemand beobachtete. Das Fach hatte die Nummer 13. «Warum nur», wunderte er sich, «habe ich ausgerechnet diese Nummer gewählt?» Er konnte sich nicht mehr erinnern, daß sie ihm vorher aufgefallen war. Er sah dies als ein schlechtes Vorzeichen an. Er nahm die kleine Umhängetasche aus dem Fach heraus und öffnete sie, um sich zu vergewissern, daß das heilige Objekt noch da war. Zwei tiefgrüne Augen starrten ihn an. Schnell schloß er die Tasche. Er dachte daran, daß ihm jemand einmal erzählt hatte, wie sich der Inka grausam an allen Verrätern räche. Pedro wollte das geheiligte Messer einem Gringo verkaufen. Der junge Fernando, einer seiner Mitarbeiter, hatte es in der Nähe von Sacsayhuaman, den Ruinen oberhalb von Cuzco, gefunden.

«Ich werde ihn töten müssen, dieser zwölfjährige Bengel ist eine Gefahr», dachte Pedro. Sicher, er hatte ihm

75 Dollar für den Fund gegeben, soviel, wie er nie zuvor bezahlt hatte, und ihm befohlen, niemandem darüber ein Sterbenswörtchen zu erzählen. Wenn jemand vom Geschäft erführe, wäre Pedro bald ein toter Mann. Der kleine Fernando war ein unwissender Idiot, der nur wußte, wie man in alten Ruinen herumkraxelt. Seine Mutter kümmerte sich nicht um ihn, sie hatte genug mit sich selbst zu tun. *Una puta*, das war seine Mutter. Pedro war oft bei ihr, wenn er gerade Geld hatte. Sie betranken sich mit Chicha, dem indianischen Maisbier, dann liebten sie sich, heftig und wild. Pedro lächelte, als er sich an Ramona erinnerte. Sie hatte einen schönen Körper, trotz des Lebenswandels, den sie führte. Er würde auch sie töten müssen, zu groß war die Gefahr, die von den beiden drohte. Mit dem Geld, das er beim Handel verdienen würde, wollte Pedro ins Kokaingeschäft einsteigen. Er wußte, daß das peruanische Kokain von ausgezeichneter Qualität war. Der internationale Handel wickelte sich aber über Kolumbien ab. Pedro sagte sich, es sei Zeit, daß auch mal ein Peruaner ein Stück des Kuchens abschneide. Denn mit der Produktion des weißen Golds allein verdient man nichts, erst mit dem Direktverkauf an die Gringos fängt es an.

Als Pedro aus dem Bahnhof trat, fühlte er sich bereits in Hochstimmung. Er, der dreckige Mischling, der Cholo, sah sich bereits in einem großen Büro an der Avenida El Sol, bequem in einem Ledersessel sitzend. Was zählte schon das Leben einer Hure und eines dummen Jungen?

Schnell lief er zurück in Richtung Plaza de Armas, wo das Treffen mit dem Beauftragten eines reichen nordamerikanischen Sammlers stattfinden sollte. Mit diesem hatte er schon mehrfach Kontakt gehabt, nie direkt, versteht sich, immer über einen Strohmann. Meist war dies Douglas gewesen, ein großer, gutaussehender Blonder, der wie jeder andere Tourist aussah. Pedro mußte immer unter den Arkaden an der Seite der Calle Procuradores warten. Der Strohmann hatte jeweils eine ähnliche Tasche bei sich wie Pedro. Sie sprachen nur wenige Worte. Pedro öffnete seine Tasche, der andere warf einen schnellen Blick hinein, dann tauschten sie die Taschen aus und trennten sich. In der Tasche, die Pedro bekam, waren die versprochenen Dollars.

Pedro suchte den Platz ab, konnte Douglas aber nirgends entdecken. Er brannte danach, den Tumi loszuwerden. Wenn sich der Inka schon rächen wollte, dann sollte er dies nur am Gringo tun. Plötzlich stieß ihn jemand grob an der Seite an. Pedro fluchte. Er erblickte einen reinblütigen, zerlumpten Ketschuaindianer. Dieser sprach Pedro an: «Du heißt Pedro?», fragte er auf ketschua. Pedro wollte den Mann eben zum Teufel schicken, als er die Sporttasche in dessen Hand bemerkte: genau die gleiche, die auch er hatte. Der Indianer fügte hinzu: «Douglas schickt mich, ich arbeite für ihn. Laß sehen, ob du keine Lügen aufgetischt hast. Zeig, was du hast!», befahl er Pedro. Pedro wurde unsicher, der Indianer schien über das Geschäft genau informiert zu sein. Er öffnete die Tasche, das Gesicht des Indianers wurde so starr wie das Gesicht auf dem Knauf des Messers, das er erblickte. «Es ist also war», flüsterte er, und seine Lippen wurden schmal wie Bleistiftstriche. «Du hast nicht gelogen. Hier, das ist für dich», sagte er und reichte Pedro seine Tasche. Pedro triefte wieder vor Schweiß, kalte Schauer liefen ihm über den Rücken. Sein Vertrauen in Indianer war sehr begrenzt. Er gehörte nicht zu ihnen, wie er auch nicht zu den Weißen gehörte... Als er die vielen Dollarscheine sah, erlaubte er sich, dem Indianer zum ersten Mal zuzulächeln. Dieser sah ihn bloß verschlossen an, dann machte er kehrt und verschwand.

Die ganze Szene hatte sich in weniger als einer Minute abgespielt, und Pedro fragte sich, ob er nicht träume. Er fuhr mit der Hand aufgeregt durch die Dollarbündel. Nein, sie waren kein Traum, sondern alle echt. Pedro war reich. Jetzt war auch er ein Señor und kein unscheinbarer Schatten mehr.

Er lenkte seine Schritte zur Peña Qhatuchay, der besten Peña der Stadt. Inzwischen war es dunkel geworden. Als er eintrat, spielte die Musikgruppe das Lied «El condor pasa». Dieses Lied, das um die ganze Welt gegangen war, hier in Cuzco zu hören, war etwas besonderes. Der Zampoña-Spieler spielte wie ein Gott. Pedro setzte sich an die Theke und bestellte, um sein Glück zu feiern, ein ausländisches Bier. Es kostete zehnmal mehr als ein gewöhnliches Bier, aber war er jetzt nicht ein reicher Mann?

Als er das Lokal verließ, war er guter Laune. Er hatte viele leere Bierdosen zurückgelassen, denn er benötigte etwas Mut, um Ramona und ihren Sohn töten zu können. Er beschloß aber, sich zuerst ein wenig mit der Frau zu amüsieren. Er schritt zur Cuesta San Blas, der steilen Gasse, die von der Plaza zur gleichnamigen Kirche hochführt. Sie war wie immer sehr belebt. Wie oft hatte er hier den Touristen seine Antiquitäten verkauft? Jetzt bog er von der belebten Gasse ab und ging durch ruhigere, fast menschenleere Gassen weiter, bis er vor Ramonas Türe stand. Die Armut stand an der Hausfassade geschrieben. Von der ganzen Calle Tres Cruzes, in der er sich befand, war nur deren Name schön. Mit der Kraft eines Betrunkenen klopfte Pedro an Ramonas Tür.

«Ruhe da unten, du verfluchter Hurenbock», rief eine Stimme hinunter, «du weckst das ganze Quartier.» Pedro fand, Ramona sehe im Zorne besonders schön aus. Er warf sich schon im Hausgang an sie, doch sie stieß ihn fort.

«Hast du Geld dabei?» fragte sie verächtlich.

«Keine Angst mein Täubchen, *mi colombina*, ich zahl' dir sogar etwas extra.»

«Komm rein», sagte sie nun schon eine Spur freundlicher.

Sie gingen direkt ins Schlafzimmer, das gleich schäbig wie der Rest der Wohnung war. Die Bettlaken waren schmutzig und zerrissen. Ramona zog ihre Kleider bis auf die Unterwäsche aus. Sie trug einen weißen Slip und über dem Büstenhalter ein weißes Unterhemd, das in hellem Kontrast zu ihrer dunklen Haut stand. Langsam zog sie sich weiter aus und genoß die gierigen Blicke Pedros. Ihre großen Brüste quollen aus dem BH. Sie spielte mit ihren Brustwarzen. Pedro sprang ohne Vorwarnung auf sie. Sie stieß einen kleinen Schrei aus. Er warf sie aufs Bett und zog an ihrem Slip, der noch ihr letztes Geheimnis verdeckte.

Als er wieder aufwachte, schienen die ersten Sonnenstrahlen durch die hölzernen Fensterläden. Er wußte nicht gleich, wo er war, dann erinnerte er sich an die Eskapaden der letzten Nacht. Er war irgendwann eingeschlafen, todmüde, betrunken vom Bier, von der Liebe und seinen Träumen vom Reichtum. Dabei hätte er doch wach bleiben müssen, um Ramona zu ermorden. Wo war sie denn? Er rief sie, bekam aber keine Antwort. Er schaute sich um, seine Tasche war weg. Wie von der Tarantel gestochen sprang er auf. Er schaute aufgeregt unters Bett, in den Schrank, in die Kommode, nichts. Er lief in die anderen Zimmer, leer. Ramona war mit der Tasche und ihren wenigen eigenen Wertsachen verschwunden. Pedro hatte sich wie ein Anfänger reinlegen lassen – noch dazu von einer Frau, von einer Hure.

Er stürzte sich in seine Kleider. Er mußte zum Bahnhof, vielleicht konnte er noch vor Abfahrt des ersten Zuges dort sein. Oder wollte Ramona mit dem Bus weg? «*Mierda*», fluchte er, «so also hast du mein Gebet erhört?» und ballte die Fäuste gen Himmel. «Damit hast du mir den Inti gedankt, den ich dir gespendet habe? Du wolltest also nicht, daß aus mir etwas wird. Laß mich zufrieden, hörst du? Ich will nie mehr etwas mit dir zu tun haben!»

Pedro lief aus dem Haus. Die Straßen waren schon sehr belebt. Als er in die Cuesta San Blas eintrat, bemerkte er eine Menschentraube. Obwohl er eine Polizeisirene hörte, wollte er wissen, was los war. Er schob einige Neugierige zur Seite und erblickte sie: ine Frau mit gebrochenen Augen schaute ihn an. In ihrem schönen Gesicht stand das Entsetzen geschrieben. Ihre weiße Bluse war blutgetränkt. Pedro schaute wie gebannt auf die Leiche. Es war Ramona. Jemand hatte sie erstochen und eine häßliche, große Wunde in ihrer Brust hinterlassen. Die Tasche war nirgends zu sehen.

Als ein Polizeiauto brüsk bremste, entfernte sich Pedro vom Schauplatz. Er ging in Richtung Sacsayhuaman. Er wußte nicht warum und tat es fast in einer Art Trance. Von unten und im Morgenlicht schien die Inkafestung aus Gold zu sein. Er hoffte, dort oben Fernando oder einen anderen seiner Jungs zu finden. Außer Atem kam er an und suchte die Halbgrotte, wo die Inkas aus dem rohen Felsen Altare und Stufen gemeißelt hatten. Im Halbdunkel benötigte er eine Weile, bis er etwas erkennen konnte. Er trat einen Schritt zum Altar dieses Tempels. In diesem Augenblick sandte die Sonne einen Strahl in die Halbhöhle. Pedro blieb wie gelähmt stehen. Auf einem der Felstische lag Fernando. Tot. Es schien, als warte er auf die Ewigkeit. Auf der Brust die gleiche Wunde wie auf der Brust seiner Mutter. Die Wunde war noch frisch. Langsam tropfte das Blut aus dem jungen Körper und trug die letzten Lebenszeichen mit sich fort.

Pedro zitterte. Todesangst packte ihn. «*Señor*», flehte er... Da erinnerte er sich, wie er vor wenigen Minuten noch Gott verflucht hatte. Er trat aus der Grotte hinaus, Angst in seinen Augen. Er wollte um sein Leben kämpfen und wußte dennoch insgeheim, daß er ein Schaf auf dem Weg zum Schlachthof war.

Er torkelte durch die Ruinen. Zwischen den Felsblöcken, die so genau aufeinandergetürmt waren, daß man nicht einmal eine Messerklinge dazwischen stecken konnte, sah er plötzlich einen Mann. Dieser trug seine Sporttasche. Pedro rannte auf ihn zu. Doch dieser schien ihn bereits zu erwarten. Er drehte sich um, und Pedro erkannte in ihm den Indianer von gestern. Er war nun nicht mehr in Fetzen gekleidet, sondern hatte den Umhang der Inka-Hohepriester über sich geworfen.

«Du kommst, um dein Geld zu holen?», fragte ihn der Priester. Pedro antwortete nicht.

«Du bekommst deinen Lohn. Jede Arbeit verdient ihren Lohn, nicht wahr?» fuhr der Indianer fort.

Pedro war immer noch still. Er wollte fliehen, die Stadt verlassen. Er hatte das Bedürfnis, sich zu übergeben.

Der Indianer öffnete langsam die Tasche und nahm den Tumi heraus. Als wäre es das natürlichste auf der Welt, stieß er ihn mit aller Wucht in Pedros Brust. Ein dunkler Blutstrahl schoß in großem Bogen heraus.

Pedro schrie nicht. Er hatte die Augen weit geöffnet und staunte, wie schnell das Leben seinem Körper entschwebte. Er wußte, daß er in keinem Paradies aufgenommen würde. Was war er denn? Nichts als ein schmutziger Cholo. Noch im Fallen merkte Pedro, wie ihm der Indianer einen Inti zuwarf, den gleichen, den Pedro in der Kirche in den Opferstock geworfen hatte.

Philippe Litzler

(Übersetzung aus dem Französischen durch die Autoren)

Die Ruinen um Cuzco

Sacsayhuaman

Nördlich von Cuzco, eine halbe Stunde zu Fuß, steht Sacsayhuaman. Dazu gehören insgesamt neun archäologische Komplexe, die wichtigsten sind **Sacsayhuaman** selbst und **Qenko,** die dicht beieinander liegen; **Pucapucara** liegt etwa 6 km entfernt, **Tambomachay** 6.5 km. Zu Fuß sind es bis Tambomachay 1½ Stunden, doch kann man auch trampen. Von der Plaza de Armas geht man die Calle Tecsecocha oder Saphi hinauf bis zur Querstraße Amargura, dort nach rechts und die Treppen hoch. Dann auf der Avenida T. Guailupe (Teerstraße) weiter hinauf. An der Kirche San Cristóbal (schöne Aussicht auf Cuzco) vorbei. Weiter bis zum Eingangskiosk. Wer kein *Boleto Turístico* vorweisen kann, zahlt für alle vier Ruinen 3.5 $. Viele Ticketkontrollen.

Es ist immer noch ein Rätsel, welche Funktion **Sacsayhuaman** wirklich hatte. Für eine Festung spricht, daß es im Kampf des Rebellen *Manco Inca* gegen die Spanier tatsächlich als Fort benutzt wurde. Erst im letzten Sturm vermochten es die Spanier mit einem kläglichen Rest von rund 50 Soldaten zu stürmen. Dabei wurde **Juan Pizarro,** der Bruder *Francisco Pizarros* vom Stein einer Steinschleuder tödlich getroffen. Manco Inca konnte nach Ollantaytambo fliehen. Die Fortwand besteht aus einer Dreierreihe von Zickzacks, den Zähnen des Pumas, dessen Gestalt die alte Inkastadt hatte. Geht man den Riesenblöcken entlang, bleibt man vor dem Rätsel stehen, wie es möglich war, bis zu 30 Tonnen schwere Steine so exakt zu behauen und sie danach aufeinanderzustapeln. An der steilen Südseite mit Blick auf die Stadt ist das Fort nicht befestigt. Hier befanden sich drei Türme, ein runder und zwei viereckige. Da man vom runden Turm nur die Fundamente sieht, wurde er lange für eine Sonnenuhr gehalten. Sehr wahrscheinlich war er ein Wasserreservoir.

Gegenüber den Zickzackwällen am anderen Ende der «Plaza» befindet sich der Rodadero-Hügel. Er weist einige polierte «Rutschbahnen» auf, die möglicherweise von Menschenhand stammen, wahrscheinlicher aber das Werk eines Gletscherflusses sind. Am Hügel sind auch einige ausgemeißelte «Inkathrone» zu sehen.

Qenko

Geht man zur Christusstatue und dann Richtung Nordosten auf die Straße nach Pisac zu, erreicht man in einer Kurve Qenko.Kern dieser Ruinen ist ein riesiger Felsen, der oben eine Unzahl von verwitterten Rinnen aufweist. Durch diese ließen Priester früher Wasser, Chicha oder Opferblut fließen. Nach dem Verlauf der Rinnsale wurde weisgesagt.

Unter dem Felsen ist eine Halbhöhle, die eine treppenartige Decke und mehrere Altäre enthält. Manche glauben, daß die Höhle umgestürzt ist und die Treppen früher im Freien standen. Am Fuß des Felsens ist ein Halbkreis aufgebaut, der mehrere Logen aufweist.

Pucapucara

Wenn man durch das an Qenko anschließende kleine Eukalyptuswäldchen geht, sieht man das Dorf **Villa San Blas** durch die Bäume schimmern. Geht man oberhalb des Dorfs der Dorfgrenze entlang, sieht man nach wenigen Minuten links unten einen weiteren großen und behauenen Felsen, den **Salumpunco.** In einer Halbhöhle ist ganz schwach die Silhouette eines gemeißelten Affen und eines Pumas zu entdecken. Zurück auf der Landstraße diese entlanggehen, bis sie eine deutliche Linkskurve macht. Hier rechts ab durch die Felder hindurch auf einem Trampelpfad. Nach 10 Minuten links einige überhängende rote Felsen, rechts fließt ein Bach. Nach etwa einer Stunde ist die Straße wieder in Sicht und bald danach **Pucapucara.**

Möglicherweise war Pucapucara, am Tor zum **Urubamba-Tal,** ebenfalls eine Festung. Manche Quellen sprechen von einer Jagdhütte des Inka und von einem *tambo,* einer Post- und Lagerstation. Die halbkreisförmige Festung besteht aus mehreren Niveaus, als Fundament dient teilweise natürlicher Felsuntergrund.

Tambomachay

Nur wenige hundert Meter unterhalb von Pucapucara liegt das Wasserheiligtum Tambomachay. Möglicherweise war es ein Ort für rituelle Handlungen oder ein Inkabad. Die unterschiedlich beschaffenen Mauern lassen darauf schließen, daß sich die Bauzeit über mehrere Inkagenerationen erstreckte, ein Aufwand, den man eher für ein Heiligtum als für eine Badeanstalt betreibt. Die Inkas bauten hier drei übereinanderstehende Wasserfälle. Gespiesen werden sie wahrscheinlich von einem unterirdischen Fluß, der von der Bergseite gegenüber von Tambomachay entspringt.

Pisac

Auch wenn man schon alle Ruinen in und um Cuzco gesehen hat, die Ruinen von **Pisac** und **Ollantaytambo** im Urubamba-Tal sollte man sich nicht entgehen lassen. Kleinbusse und Camionetas nach Pisac und Ollantaytambo gehen von der Avenida Recoleta (Paradero al Valle Sagrado) in Cuzco ab. Man kann sie auch überall unterwegs anhalten. *Ormeño* in der C. Procuradores und manche Reiseagenturen führen Kleinbusse, die am Donnerstag und Sonntag das ganze Urubamba-Tal in einem Zug befahren und über **Chinchero** zurückfahren. Diese Busse fahren am Morgen von der Plaza de Armas ab.

Am Sonntag findet der berühmte Pisac-Markt statt, eine der besten Gelegenheiten, Kunsthandwerk und

Wollsachen einzukaufen und die unterschiedlichen Trachten und Hüte der Campesinos zu bewundern. An diesem Tag treffen sich in der Kirche auch die Bürgermeister der umliegenden Gemeinden, die *vara-yocs* (wörtlich: die Männer, die einen Mitarbeiterstab haben). Ein kleiner Markttag findet am Donnerstag statt.

Im Ort gibt es zwei sehr einfache Unterkunftsmöglichkeiten. Weniger als eine halbe Stunde zu Fuß außerhalb von Pisac steht die **Albergue Turístico Chongo Chico ****. Für 1 $ kann man im Garten zelten, die Zimmer kosten im Doppel 25 $ (offizieller Kurs).

Vom Ort führt eine Straße in Serpentinen zur Ruine von Pisac hoch. Zu Fuß wird man es vorziehen, eine Abkürzung zu nehmen. Diese führt durch einen Eukalyptuswald oberhalb des Dorfes. Nach dem Wald verzweigt sich der Weg. Eine Gabel führt nach rechts über einen schmalen Holzbalken und weiter durch die Verteidigungsanlagen bis zur Sektion der Wachtürme. Über die andere Gabel links kommt man an Terrassenfelder und geht den Quitamay-Fluß entlang hoch. Der Weg endet beim Sonnentempel, dem **Intihuatana.**

Wenn man mit einem großen Bus zu den Ruinen von Pisac fährt, ist auf dem unteren Parkplatz Endstation. In Richtung Süden über einen Fußweg entlang der Bergflanke erreicht man **Pisaca,** die halbkreisförmige Stadtfestung, die sehr gut erhaltene Inkagebäude enthält, von denen nur das Dach fehlt. Oberhalb von Pisaca liegt Intihuatana.

Mit einem Kleinbus kann man bis zum oberen Parkplatz fahren und befindet sich dann neben dem Ruinenkomplex **Qalla Qasa,** ein weiterer, etwas stärker befestigter Stadtbezirk. Da er mehr Angriffsflächen als Pisaca bietet und gröberes Mauerwerk aufweist, lebte hier wahrscheinlich das Fußvolk. Biegt man vor Qalla Qasa nach rechts und geht durch einige Terrassenfelder hinunter, erreicht man eine rote Felswand, in der dunkle Löcher erkennbar sind, der **Friedhof** von Pisac. In einigen der von Grabräubern geplünderten Löcher findet man menschliche Knochen. Über einen Grat erreicht man von Qalla Qasa aus das Sonnenheiligtum. Mittelpunkt Intihuatanas ist ein großer Monolith, möglicherweise Bestandteil eines astronomischen Kalenders. Von den ihn umgebenden Gebäuden, besitzt nur ein einziges einen Eingang zur Nordseite.

Ollantaytambo

Ollantaytambo ist neben Pisac und Machu Picchu die dritte sehenswerte Ruine des Urubamba-Tals. Hierhin hatte sich *Manco Inca* nach seiner Niederlage in Sacsayhuaman zurückgezogen. Die Spanier unter *Hernando Pizarro* vermochten die Terrassenanlage nicht einzunehmen. Erst unter Diego de Almagro, der mit 300 Berittenen kam, mußte Manco Inca aufgeben, er zog sich daraufhin nach **Vilcabamba** im Bergurwald zurück.

◀ *Inkamauer aus der Anlage von Chinchero*

Das Dorf Ollantaytambo zeigt mit seiner trapezoiden Form die Grundzüge eines Inkaorts. Unterhalb der Terrassen des Ruinenkomplexes rechts befindet sich das Bad der *Ñusta,* der Prinzessin, daneben eine Gartenanlage und ein natürlicher Felsen, in den mehrere Stufen gehauen sind. Steigt man über die Terrassen hoch, kommt man zum Hauptbezirk der Ruinen, möglicherweise ein unvollendeter Tempel, auch wenn er von den Inkas als Fort benutzt wurde. Überall liegen halbbehauene große Felsblöcke herum. Eine mächtige Mauer weist 10 Nischen auf.

In Ollantaytambo gibt es mehrere einfache Unterkünfte. Empfehlenswert das **Hotel ohne Namen *** neben dem **Hotel Miranda ***; an der grünen Türe klopfen. Man tritt in einen Innenhof mit vielen Blumen, Enten, Hühnern, Meerschweinchen, Hunden, Schweinen. Um den Hof gruppieren sich einfache Zimmer mit richtigen altertümlichen Betten. Pro Person 1 $. Das **Hostal Parador ****, ein Block rechts von der Plaza, kostet pro Person 5 $, was deutlich zuviel ist. Eigenes Restaurant, sauber, heiße Dusche. Unten am Bahnhof am Urubambafluß das **Genießerhotel Albergue de la Estación ****, es verfügt nur über 9 Zimmer, wer sich mehrere Tage einquartieren will, muß schriftlich vorreservieren. Das Doppelzimmer kostet inklusive Frühstück und Saunabenutzung 5 $, ein großer Garten umgibt das Haus.

Chinchero

Die Ausflugsbusse, die am Sonntag und Donnerstag nach Pisac fahren, fahren meistens über Chinchero zurück. Von Cuzco aus gibt es auch mit Camionetas Direktverbindungen von der Av. Arcopata jede halbe Stunde ab 5 Uhr, Fahrzeit 45 Min.

In Chinchero findet wie auch in Pisac ein Sonntagsmarkt statt (kleiner Markttag ist Donnerstag). Dieser Markt liegt auf dem Grasplatz zwischen den Ruinen (Terrassen mit mächtigen Stützmauern) und der kleinen Kolonialkirche, die wunderschöne, wenn auch arg zerstörte Fresken aufweist. Er ist sehr viel ursprünglicher und weniger besucht als der Pisac-Markt. Es wird nicht nur gekauft und verkauft, sondern auch getauscht. In Chinchero gibt es eine einfache und empfohlene Unterkunftsmöglichkeit.

Paucartambo und Tres Cruces

Wer es schafft, Mitte Juli in Cuzco zu sein, darf sich die Fiesta von **Paucartambo** zu Ehren der Jungfrau der Barmherzigkeit, *Mamacha Carmen,* nicht entgehen lassen. Kleinbusse von Cuzcos Av. Huascar benötigen für die Fahrt vier Stunden (2 $, während des Festes 3.5 $). Außer zur Fiestazeit herrscht meist Einbahnverkehr. Montag, Mittwoch, Freitag, Sonntag hin und Dienstag, Donnerstag, Samstag, Sonntag zurück. Die Übernachtungsmöglichkeit in Paucartambo ist sehr einfach. Ein Bett im **Hostal San**

Martín * kostet 1.5 $, während des Festes 2 $, aber alles schon Wochen vorher ausgebucht. Bleibt nur die Übernachtung im Zelt oder in der Schule, 2 $, wo man sich auf den Fußboden legen kann.

Das Fest findet jeweils am 15., 16. und 17. Juli statt und gleicht einem Karneval. Mehrere Gruppen, prachtvoll, bunt, glitzernd gekleidet, tanzen maskiert auf der Straße, ja sogar in der Kirche, wo sie sich zum Gebet vor der heiligen Jungfrau versammeln. Begleitet werden sie von indianischen Musikanten, ärmlich gekleidet und oft erst am selben Tag angeheuert, eine Pauke, eine Trompete, eine Blechposaune.

Am zweiten und dritten Tag des Festes wird mit der Jungfrau prozessiert. Am Abend des ersten Tages gibt's auf der Plaza ein kunstvolles Feuerwerk. Auf Spiralen, Flugzeugen und Schiffen, ja sogar auf einem Karussel werden Feuerkörper montiert; Männer rennen mit ihnen um die Plaza, Kinder kreischen.

Um Mitternacht herrscht Aufbruchstimmung. Alle wollen nach **Tres Cruzes,** um die Sonne aufsteigen zu sehen. Tres Cruces ist ein Aussichtspunkt auf 4000 m Höhe, der eine uneingeschränkte Sicht ins Amazonastiefland bietet. Mitfahrgelegenheiten gibt es genug, Preis rund 3 $ hin und zurück. Tres Cruzes liegt am Eingang zum Manú-Nationalpark, Eintritt 1 $. In einer Hütte auf dem Aussichtspunkt kann man kostenlos übernachten und sich am Kaminfeuer aufwärmen. Klug, wer daran gedacht hat, Handschuhe und lange Unterwäsche mitzunehmen, denn während des Wartens auf die Sonne ist es eiskalt.

Doch man wird mit einer wunderschönen Aussicht auf das Amazonasbecken belohnt. Man sieht Wolken und Nebelfetzen um die nach Osten abfallenden Berggipfel, ein Spiel von Mondlicht und Schatten. Und wenn die Sonne zögernd aufsteigt und unaufhaltsam alles in Licht tünkt...

Machu Picchu

Machu Picchu ist zweifellos die schönste und besterhaltene Ruine Südamerikas, 400 m über dem Urubamba-Tal auf 2400 m über dem Meer gelegen. Für die Schönheit sorgen nicht nur die architektonische Komposition und die landschaftliche Lage, sondern auch die unergründliche, mystische Atmosphäre, die vom Ort ausgeht und jeden Besucher und jede Besucherin erfaßt. Der ursprüngliche Name der Stätte ist vergessen gegangen. «Machu Picchu» bedeutet alte oder große Bergspitze. Nördlich davon erhebt sich der **Huayna Picchu,** die junge oder kleine Bergspitze, die auf allen Fotos im Hintergrund auftaucht. Auch die Bedeutung der Ruine ging vergessen. Die Spanier erfuhren nichts von ihr, obwohl sie unter der indianischen Bevölkerung Verbündete hatten. Forscher glauben, daß Machu Picchu bereits zu Inka-

zeiten aus der offiziellen Geschichtsschreibung ausgelöscht war.

Wissenschaftlich entdeckt wurde die Ruine 1911 von *Hiram Bingham*. Er glaubte allerdings, in **Vilcabamba** zu sein, der letzten vom aufständischen Inkageneral *Manco Inca* gehaltenen Festung. Dabei hätte er es besser wissen müssen, denn es gab in Machu Picchu keinerlei spanische Spuren, obwohl die Konquistadoren Vilcabamba erobert hatten. Bingham fand in den Ruinen 135 Skelette, davon waren 109 von Frauen und nur 22 von Männern, 4 gehörten Kindern. Er nahm an, daß sich hier ein Zufluchtsort für Sonnenjungfrauen befand. Doch der Theorien sind viele, keine ist gefestigt. Sicher ist nur, daß die Ruinen aus der Glanzzeit der Inkas, aus den letzten 100 Jahren ihrer Herrschaft, stammen. Darauf lassen die Beschaffenheit der Mauern, die gefundenen Keramiken und Metallarbeiten schließen.

Machu Picchu besteht aus zwei Teilen, der **Landwirtschaftsszone** und der **Stadtzone.** Findige Forscher haben ausgerechnet, daß man auf den landwirtschaftlichen Terrassen mehr Lebensmittel anbauen könnte, als für die in der Stadt lebenden Menschen nötig sei. Zwischen beiden Zonen zieht sich ein trockener **Graben** (foso seco). Die städtische Zone ist wiederum zweigegliedert und erstreckt sich beidseitig eines großen Platzes. Die Ostseite zum Urubamba-Tal hin war wahrscheinlich Wohn- und Produktionszone, die Westseite die Tempel- und Palastzone. Die mit Ausnahme des Sonnentempels immer rechteckigen Bauten weisen oft nur drei Wände auf, solche Räume heißen *masma* oder *huayrana.* Die Portale, die Fenster und die Zeremonialnischen sind trapezförmig in die Mauern eingelassen. Die Dächer hatten eine oder zwei Neigungen und waren mit Stroh überdeckt. Steinnägel wurden an den kritischen Stellen so plaziert, daß das Dach besser an den Mauern befestigt werden konnte. Ein kleines **Wachhaus** (puesto de vigilancia) oberhalb der Terrassen wurde entsprechend rekonstruiert.

Ursprünglich hatte die städtische Zone nur einen Zugang, das **Stadttor** (puerta de la ciudad) an der Südwestseite. Der heutige Eingang zur Ruine befindet sich, wenn man vom Urubambafluß kommt, beim **Quartier der Wachen** (viviendas de los guardianes). Der Inkaweg aber trifft beim **Sonnentor** (Intipunko) im Süden oberhalb der Ruinen auf das Gelände. Vom Quartier der Wachen aus führt der Weg zum schon erwähnten Graben. Geht man den Graben nach links über die **seitliche Freitreppe** (escalinata perférica) hoch, kommt man direkt zum Stadttor. Links oben sieht man das erwähnte Wachhaus, in dessen Nähe sich auch ein **Totenfelsen** (roca funeraria) und eine rekonstruierte **Kasernenanlage** (callanca) befinden.

Durch das Stadttor hindurch, und man stößt auf die **Portalgruppe** (grupo de la portada), bestehend aus eini-

◀ *Blick auf Machu Picchu vom Wachhäuschen aus, im Hintergrund der steile Huayna Picchu*

gen schlechterhaltenen Gebäuden. Links eine Ansammlung größerer Steinbrocken, möglicherweise Rohmaterial für den Bau. Bald ist man an der **Brunnentreppe** (escalinata de las fontanas), so genannt wegen der 16 Brunnen, die neben der Treppe in den Fels gehauen wurden. Das einzige halbrunde Gebäude in Machu Picchu auf halbem Weg an der Treppe ist der **Sonnentempel** (templo del sol), auch Riesenturm genannt (torreón). Da unter dem Turm Skelette gefunden wurden, wird dieser Teil das **königliche Grab** genannt (tumba real). Auf der oberen Ebene, am Turm angebaut, steht ein Gebäude, das Bingham als **Haus des Hohepriesters** bezeichnet hat, heute aber **Prinzessinnenpalast** genannt wird (aposento de la ñusta).

Bleiben wir noch im Westbezirk und gehen ein Stück weiter nach Norden, dann sehen wir den **Königspalast** (grupe rey) mit seinen mächtigen Mauern und auffallenden Fenstern. Links über die **Nordtreppe** hoch erreicht man einen kleinen Platz, an dem gleich drei wichtige Gebäude stehen: das **Haus des Priesters** (casa del sacerdote) mit zwei Eingängen, der **Tempel mit den drei Fenstern** (templo de las tres ventanas) und der **Haupttempel** (templo principal). Dieser ist 11 m lang, und seine Wände sind durchschnittlich fast 1 m dick. Direkt dahinter steht der **Ornamentenraum** (cámara de los ornamentos), in dessen Mauer ein Stein eingefügt ist, der 32 Ecken zählt. Man muß ein paarmal zählen, bis man es glaubt. Über eine weitere, kurze Treppe kommt man zum **Intihuatana,** einem behauenen Granitblock, auf dem ein Monolith senkrecht gegen den Himmel ragt. Solche Monolithe werden oft als *Ankerplätze* bezeichnet. Sie dienten dazu, die Sonne festzubinden, um Sonnenfinsternisse zu verhindern.

Über die Nordtreppe zur großen Plaza hinunter, und man erreicht den Ostteil des Ruinenkomplexes. Gleich am trockenen Graben angesetzt ist die schlechterhaltene **Wohnanlage des Adels** (vivienda de los nobles), gefolgt vom sogenannten **Gefängnisbezirk** (grupo de los cárceles). Es ist allerdings keineswegs erwiesen, daß es sich wirklich um ein Gefängnis handelte. Unklar ist auch die Bedeutung des sich hier befindenden **Vogelkopfs,** der aus einem großen Steinblock gemeißelt ist.

Die anschließende **Produktionszone** (barrio industrial) wird auch **«Mörserviertel»** (recinto de los morteros) genannt, da sich in einem Raum auf dem Boden Überreste eines «Mörsers» befinden. Einige Forscher glauben aber, daß es sich um «astronomische Spiegel» von magisch-religiösem Charakter handle: In die «Mörser» wurde Wasser gefüllt, in dem sich die Sterne spiegelten und dadurch leicht zu beobachten waren. Es schließt sich die **Wohnanlage mit den drei Portalen** (grupo de las tres portadas) an. Die Wohnanlage besteht aus drei architektonisch getrennten Teilen, der

Machu Picchu

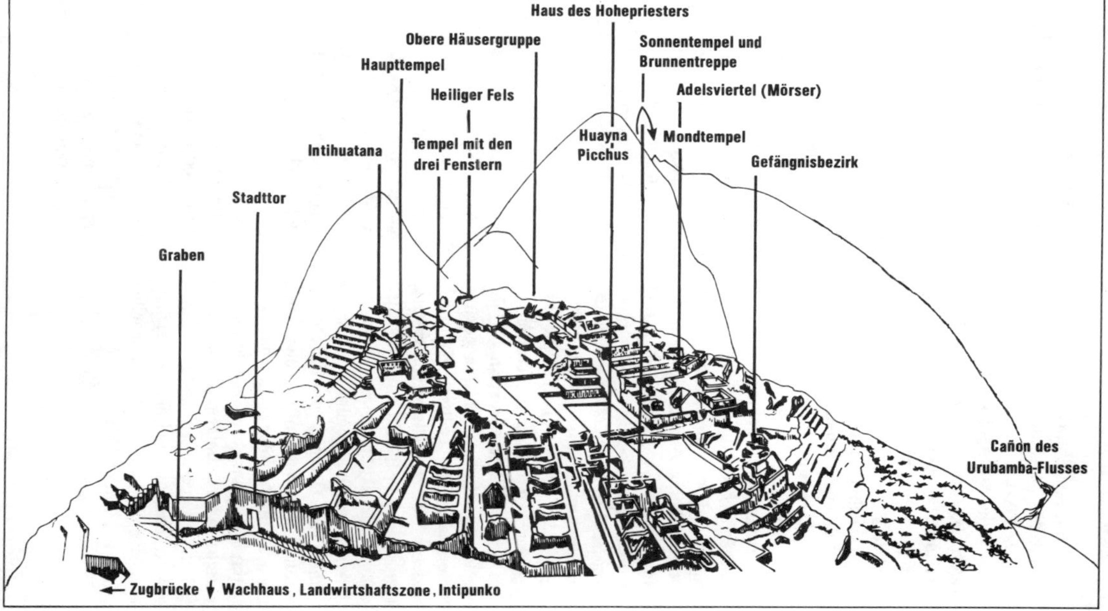

Haus des Hohepriesters
Obere Häusergruppe
Sonnentempel und
Brunnentreppe
Haupttempel
Heiliger Fels
Adelsviertel (Mörser)
Tempel mit den
drei Fenstern
Huayna
Picchus
Mondtempel
Intihuatana
Gefängnisbezirk
Stadttor
Graben
Cañon des
Urubamba-Flusses
Zugbrücke
Wachhaus, Landwirtshaftszone, Intipunko

Sektor mit den drei Portalen bezeichnet nur die Gebäude, die einen Eingang zur Plaza haben.

Nach der **hochgelegenen Häusergruppe** (grupo alto) ist die Anlage kurz unterbrochen und wird erst mit dem **heiligen Felsen** (roca sagrada) abgeschlossen. Die Gruppe um den heiligen Felsen umfaßt einen Platz, der mit drei Mauern umgrenzt ist.

Hier beginnt auch der Weg auf die Spitze des **Huayna Picchu,** der steil über Treppen und schmale Wege an winzigen Terrassen und Grotten vorbeiführt. Von oben genießt man einen herrlichen Ausblick auf die Anlage von Machu Picchu. Geht man nach Errichen des Gipfels auf der anderen Seite hinunter, erreicht man den **Mondtempel** (templo de la luna). Dieser Weg aber verlangt absolute Trittfestigkeit und Schwindelfreiheit. Der Tempel besteht aus einer Halbgrotte, in die perfekt eingepaßte Steinquader eingebettet sind. Ein anderer Weg zum Mondtempel führt von der Roca sagrada links um Huayna Picchu herum.

Als letzte Sehenswürdigkeit sei die **Zugbrücke** (puente levadizado) erwähnt, erreichbar über einen Pfad (viele Schmetterlinge) vom rekonstruierten Wachhäuschen aus. Die Brücke besteht aus Holzbalken, die über einer Schlucht liegen. Drohte Gefahr, konnte man sie schnell wegziehen, und die Schlucht war unüberwindbar.

Anreise

Zum Machu Picchu gelangt man per Bahn oder zu Fuß über den alten Inkaweg. Der Machu-Picchu-Bahnhof liegt beim Zentralmarkt im Südwesten der Stadt (15 Minuten zu Fuß von der Plaza de Armas). Der **Lokalzug** (*tren local*) nach **Quillabamba** hält nicht an der Station unterhalb der Ruinen **(estación Puente Ruinas)**, sondern nur im Dorf **Aguas Calientes (estación Machu Picchu)**, etwa 2 km vorher. Hier gibt es einfache Übernachtungsmöglichkeiten. Falls man die Strecke von Aguas Calientes bis Puente Ruinas nicht zu Fuß gehen möchte, steigt man in Cuzco in den **Touristenzug** (*tren turístico*) oder in den **luxuriösen Schienenbus** (*autovagón*). Beide halten in Puente Ruinas, nicht aber in Aguas Calientes. Der Touristenzug fährt einmal täglich, Schienenbusse stehen mehrere im Einsatz.

Touristenzug und Schienenbus wiederum halten nicht bei **Kilometer 88,** Ausgangspunkt für den Inkatreck (siehe unten), außer man mache dies vor der Abfahrt in Cuzco mit dem Maschinisten ab (Trinkgeld ist dann angebracht).

Hinweis: Zugtickets bereits am Vortag kaufen; wenig Zugverkehr am Sonntag. Da der Andrang auf die Ruinen sehr groß ist, werden neuerdings Reisegruppen mit Kleinbussen bis **Urubamba** oder **Ollantaytambo** verfrachtet; sie steigen dort in einen Schienenbus, der in der Hochsaison zwischen Urubamba und Puente Ruinas pendelt. Es sollte deshalb wieder etwas einfacher sein, Karten für den Touristenzug zu bekommen. Sehr schwierig bleibt aber die Rückfahrt. Züge und Autovagons sind immer hoffnungslos ausgebucht; selbst Stehplätze sind rar. Es bleibt einem nichts anderes übrig, als ab etwa 13 Uhr (alle Bahnverbindungen verlassen Puente Ruinas in Richtung Cuzco zwischen 14 und 16 Uhr) zum Bahnhof hinunterzufahren und für Fahrkarten anzustehen. Falls man nur eine Karte bis Urubamba oder Ollantaytambo erwischt: dort erwarten Kleinbusse die Ankunft der Züge und fahren schnell und billig nach Cuzco weiter.

Eintrittspreise

Ein Tageseintritt zu den Ruinen kostet 5.5 $, für Studenten 3 $. Das Inkatrail-Ticket kostet 6.8 $ (Studenten 4.5 $), ist 5 Tage gültig und berechtigt zum freien Eintritt in die Ruinen. Nach unbestätigten Meldungen ist es neuerdings nur 4 Tage gültig, so daß es unmöglich geworden ist, an zwei Tagen hintereinander die Ruinen zu besuchen, da der Treck selbst drei Tage beansprucht. In diesem Fall hilft nur ein freundliches Gespräch mit der Dame an der Kasse oder den Ticketkontrolleuren am Eingang.

Öffnungszeiten

Machu Picchu ist täglich von 7 bis 17 Uhr geöffnet. Der erste Bus vom Urubambafluß fährt mit Angestellten um 6 Uhr hinauf und nimmt in der Regel keine Touristen mit. Wer zur ersten Stunde bei den Ruinen sein möchte und nicht vom Inkaweg her kommt, muß zu Fuß hoch. Auch wenn man alle Serpentinen abkürzt, dauert dies mindestens eine Stunde (im Eiltempo). Der erste Touristenbus fährt nicht vor 8 Uhr unten los; dann steht die Sonne schon sehr hoch.

Unterkunft

■ Direkt am Eingang zu den Ruinen liegt das teure **Hotel Turistas ****, schöne DZ mit Bad zu 45 $. Wer nicht vorgebucht hat, hat wenig Chance, ein Zimmer zu bekommen. Telefonnummer in Cuzco: 22 68 71, in Lima: 72 19 28, Telex: 215 88.

■ Die **Übernachtung in den Ruinen** ist offiziell verboten, doch hat uns der Wächter am Eingang des Sonnentors Intipunko gesagt, daß er nichts dagegen habe, vorausgesetzt man mache kein Feuer und hinterlasse keinen Abfall. Bei Intipunko gab es bei unserem Besuch eine defekte Trinkwasserleitung, die einzige Wasserversorgung für Tramper in den Ruinen.

■ Wer den Weg über den Inkatrail gekommen ist, wird als letzten Übernachtungsplatz die Ruine **Huinay Huayna,** 2 Std. vor Machu Picchu, wählen oder eben bei Intipunko seinen Schlafsack auslegen. Einmal in den Ruinen, muß man aber sein Gepäck beim Haupteingang an der Kasse gegen Quittung deponieren und darf es nicht wieder hineinnehmen.

■ **Aguas Calientes** ist vom Bahnhof Puente Ruinas in weniger als einer halben Stunde zu Fuß über die Bahngleise erreichbar. An den Gleisen im Dorf einfache Restaurants, gegenüber der Markt und das **Hostal Los Caminantes** *, DZ mit Bad 2.5 $, ohne Bad 2 $. Nur kalte Dusche, Betonboden in den Zimmern, o.k.

■ **Hostal Machu Picchu** *, gegenüber der Bahnstation, zwischen dem Urubambafluß und den Bahngleisen. DZ ohne Bad 2.5 $. Nett. Orangenbaum und Blumen im Innenhof. Das Hotel soll erweitert und teurer werden.

■ **Hotel Qoñi Unu** *, links von der Kirche. Heißwasserdusche, Frühstück mit Müsli ab 5 Uhr morgens. DZ ohne Bad 3.5 $, ein einziges Zimmer mit Privatbad.

■ **Albergue Juvenil** *, 50 m rechts oberhalb der Kirche. Pro Person zahlt man knapp 2 $. Sauber, eigenes Restaurant, Jugendherbergeausweis nicht nötig.

Inkaweg (Camino Inca)

Schnelle Wanderer erreichen Machu Picchu, ausgehend von Kilometer 88 an der Bahnlinie Cuzco–Quillabamba, in zwei Tagen. Wer es gemütlich nimmt, benötigt drei Tage. Wie gesagt hält nur der Lokalzug ganz sicher bei Kilometer 88; er fährt frühmorgens los.

Der Inkatrail ist übrigens erst ab der **Ruine Runquracay** Original-Inkawerk. Der Treck ist auch für diejenigen, die noch nie in den Bergen waren, zu bewältigen. Man sollte allerdings schon höhenakklimatisiert sein. Der höchste Punkt an der Strecke liegt auf 4200 m. Mit Regen muß man auch in der Trockenzeit rechnen, mit Temperaturstürzen unter den Gefrierpunkt ebenfalls.

Mitnehmen: leichte Trekkingschuhe, Schlafsack, Zelt, Regenschutz, einen Satz trockener Kleidung, Lebensmittel, Eßgeschirr, Wasserflasche, Wasserdesinfektionsmittel, Feuerzeug oder Streichhölzer, Kerzen oder Taschenlampe, eventuell Kompaß und Kocher. Eine Landkarte ist kaum nötig, unsere Skizze sollte genügen. Eine Karte mit Höhenlinien verkauft der *South American Explorers Club* in Lima. Sehr anschaulich ist die Karte von *Vicuña-Tours* (in Cuzco an der Plaza de Armas). Der Weg ist aber immer gut markiert – durch Schilder und Touristenabfall. Mehrere tausend Touristen begeben sich jährlich auf den Inkapfad. Den eigenen Abfall sollte man entweder bis zum Ende des Trecks mitnehmen oder in den Abfallbehältern an den Rastplätzen deponieren. Mit Vergraben ist nix, soviel Abfall erträgt der Boden wirklich nicht. Eine Bitte: Laßt das bißchen vorhandenen Brennholzes der einheimischen Bevölkerung.

Bei Kilometer 88 überquert man eine Eisenbrücke über den Urubambafluß, zahlt das Eintrittsgeld und geht dann Richtung Westen (links) durch einen Eukalyptuswald. Bald über-

Inkaweg

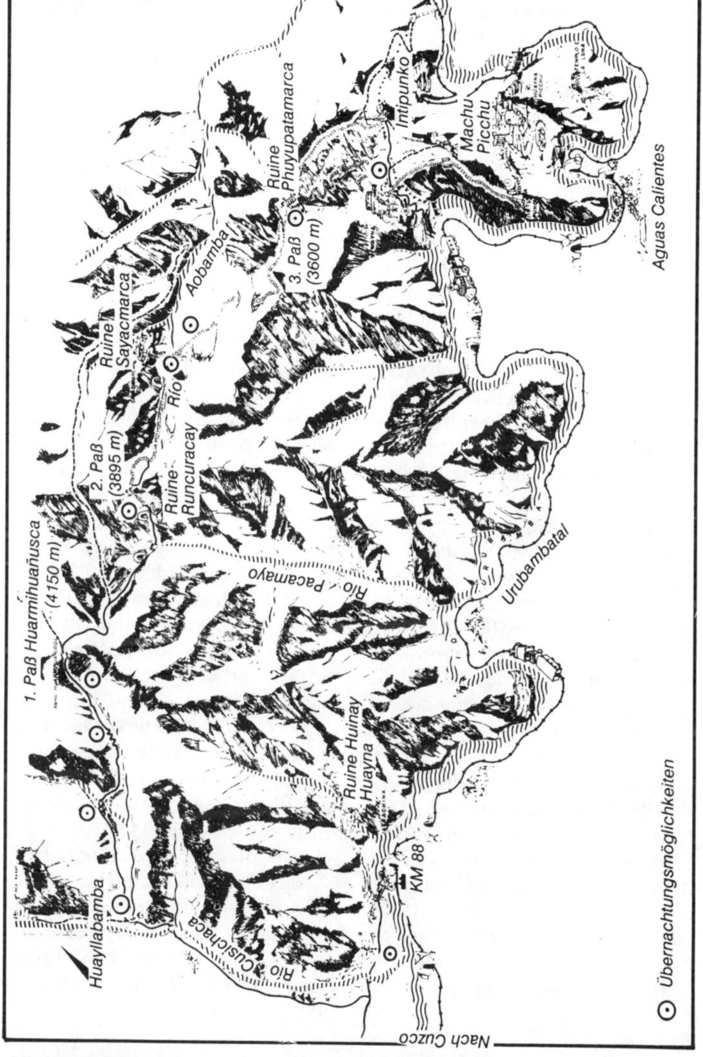
Nach Quillabamba
Intipunko
Machu Picchu
Aguas Calientes
Ruine Phuyupatamarca
3. Paß (3600 m)
Aobamba
Ruine Sayacmarca
Río
Ruine Runcuracay
2. Paß (3895 m)
1. Paß Huarmihuañusca (4150 m)
Río Pacamayo
Urubambatal
Ruine Huinay Huayna
KM 88
Huayllabamba
Río Cusichaca
Nach Cuzco
⊙ Übernachtungsmöglichkeiten

quert man über eine kleine Holzbrükke den **Río Cusichaca** und biegt dann nach Süden (rechts) ab, um dem rechten Flußufer entlang stetig hochzusteigen. 7 km nach dem Start erreicht man die kleine Siedlung **Huayllabamba,** 3 km vorher hat man auf die andere Seite des Río Cusichaca gewechselt. Hier kann man sich ein letztes Mal mit Coca Cola eindecken oder ein Zelt aufschlagen. Das Wasser des Flusses sollte man unbedingt abkochen. Bei Huayllabamba mündet von Westen (rechts) der **Río Llullucha** in den Río Cusichaca. Eine halbe Stunde nach Huayllabamba (entlang des rechten Ufers des LLulluchas) biegt man fast unmerklich nach links ab, den kleinen **Rio Huayruro** entlang aufwärts. Bei einer kleinen Brücke erreicht man den nächsten Rastplatz, zu dem auch diejenigen noch gelangen können, die mit einem späteren Zug angekommen sind.

Auf dem nächsten Teilstück des Inkawegs macht sich für kurze Zeit erstmals Bergurwald bermerkbar, man beginnt, zunehmend die Höhe zu spüren. Nach zwei Stunden ist man an einem weiteren Rastplatz (kleine Halbhöhle für einen Schlafsack), der unterhalb von einigen Almen liegt. Die sieht man aber erst 15 Minuten oberhalb des Rastplatzes.

Nun nimmt man den **ersten Paß** in Angriff, den **Huarmihuañusca** (nach unserem Höhenmeter auf 4150 m über Meer). Der Weg bis hierher gehört zum anstrengendsten Stück des Trecks. Gleich nach dem Paß liegen links einige große Felsbrocken, die im Notfall durchaus einen Schlafplatz bieten. Jetzt geht es stetig abwärts bis zum **Río Pacamayo.** Im Wald zur Rechten findet man mit etwas Glück Wasser und ein paar flache Stellen zum Zelten. Auf einer Höhe von 3710 m erblickt man die erste große Ruine, die Ruine **Runcuracay.** Sie ist halbkreisförmig; von hier genießt man eine großartige Aussicht. Zelten möglich. Wasser etwas unterhalb der Ruine.

Von jetzt an bewegt man sich auf einem echten Inkapfad, es geht hoch zum **zweiten Paß** auf 3895 m Höhe. Die Landschaft unter dem Paß ist sehr kalt und feucht, kleine Seen und Sümpfe. Nach dem Paß wieder abwärts bis zur **Ruine Sayacmarca,** eine eindrückliche Stadtfestung, die praktisch uneinnehmbar ist. Zur ihr führt eine lange, steile Inkatreppe. Der eigentliche Inkapfad biegt am Fuß der Treppe nach Norden (rechts) ab, 300 m unterhalb der Ruine überquert man den kleinen **Río Aobamba,** wo es Platz für vielleicht vier Zelte gibt. Nur eine gute halbe Stunde später (vorher Wasserflaschen füllen) ist man an einer Wiese neben einem Sumpf, wo es nur unsauberes stehendes Wasser, viele Moskitos und viel Platz für Zelte gibt. Viele benutzen diesen Platz als Übernachtungsort.

Nach einem Inkatunnel beginnt der Weg wieder anzusteigen, man ist wieder im Bergurwald und erreicht den **dritten Paß** (3600 m): kein Wasser, windig, fantastische Aussicht auf die

Bergwälder oberhalb des Urubamba-Tals. Sehr bald kann man ein Bad nehmen, in der **Ruine Phuyupatamarca,** wo die Inkas mehrere kunstvolle Bäder konstruiert haben. Bis auf eines waren leider alle defekt. Auch wenn das Wasser sauber aussieht, vor dem Trinken sollte man es desinfizieren. 1984/85 wurde hier ein neuer Inkaweg freigelegt, er führt durch Bergurwälder bis nach **Huinay Huayna:** viele Elektrizitätsmasten, einige rot bedachte Gebäude. Eines der Häuser funktioniert mehr schlecht denn recht als Hotel und Restaurant. Es gibt frisches Wasser. Ein Bett im Dreierzimmer kostet 2.5 $, ein Schlafsackplatz irgenwo auf dem Boden 0.5 $. Sehr viel schöner ist aber die Übernachtung in den Ruinen, etwa 500 m hinter dem Haus. Sehr deutlich wird einem hier, wie die Inkaarchitekten gedacht haben, denn die Stadtkonstruktion ist sehr intakt und die einzelnen Häuser und ihre Dächer sind es auch. Wenn man die letzte Nacht auf dem Inkaweg hier verbringt, erreicht man, falls man früh aufbricht, noch vor dem großen Touristenstrom Machu Picchu. Die Ruine liegt gute 2 Stunden entfernt.

Huancayo

3261 m ü. M. 360 000 Einwohner.
Das Berühmteste an Huancayo, der Hauptstadt des Departements Junín, ist ihr großer **Sonntagsmarkt.** Dessen Anfänge lassen sich bis ins Jahr 1572 zurückverfolgen. Huancayo ist heute die wichtigste Stadt in der peruanischen Zentralsierra. Nur wenige Kolonialbauten sind erhalten geblieben, die meisten Häuser wurden im Unabhängigkeitskampf gegen Spanien zerstört. Die wichtigste Geschäftsstraße der Stadt ist die Calle Real. Sie war ein Teil der Inkastraße (Camino Real) von Cuzco nach Quito. Huancayos Hauptplatz heißt nicht Plaza de Armas, sondern Plaza de la Constitución.

Das Klima der Zentralsierra ist trocken; nur von Dezember bis März ist mit starken Regenfällen zu rechnen. Die Nächte können sehr kalt sein, vor allem von Mai bis Juli.

Unterkunft

Viele Billighotels reihen sich entlang des Calle Real.

■ **Hostal Baldeon** *, Jr. Amazonas 543, Tel. 23 16 34. Sehr freundlich und sauber. Das Bett im Zweier-, meist aber Mehrbettzimmer (bis zu acht Betten) kostet 1 $. Ganzer Tag warmes Wasser in der Kollektivdusche. Im Innenhof mit Pflanzen kann man die Wäsche selbst waschen und aufhängen sowie auch preiswert frühstücken. Die Besitzerin ist eine Künstlerin: Sie fabriziert Hochzeitstorten aus Zucker. An einer großen Torte arbeitet sie zwei Wochen; laßt euch die Fotos von diesen Wunderwerken zeigen. Gringotreff, empfehlenswert.

■ **Hostal Dani** *, Jr. Giraldez 486, Tel. 23 56 45. Familienpension. Das Bett im EZ, DZ oder Dreierzimmer

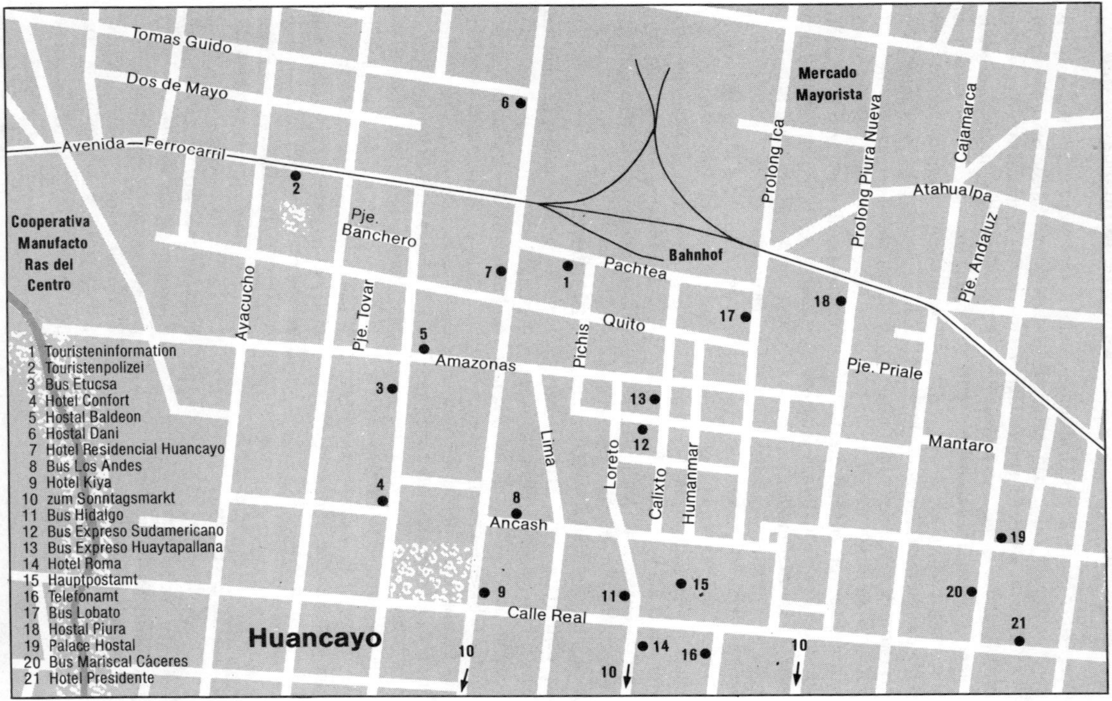

Huancayo
Tomas Guido
Dos de Mayo
Avenida—Ferrocarril
Cooperativa Manufacto Ras del Centro
Ayacucho
Pje. Banchero
Pje. Tovar
Amazonas
Pachtea
Quito
Pichis
Lima
Loreto
Calixto
Humanmar
Ancash
Calle Real
Bahnhof
Mercado Mayorista
Prolong Ica
Prolong Piura Nueva
Cajamarca
Atahualpa
Pje. Andaluz
Pje. Priale
Mantaro
1 Touristeninformation
2 Touristenpolizei
3 Bus Etucsa
4 Hotel Confort
5 Hostal Baldeon
6 Hostal Dani
7 Hotel Residencial Huancayo
8 Bus Los Andes
9 Hotel Kiya
10 zum Sonntagsmarkt
11 Bus Hidalgo
12 Bus Expreso Sudamericano
13 Bus Expreso Huaytapallana
14 Hotel Roma
15 Hauptpostamt
16 Telefonamt
17 Bus Lobato
18 Hostal Piura
19 Palace Hostal
20 Bus Mariscal Cáceres
21 Hotel Presidente

kostet 1 $. Sauber und freundlich. Die Küche steht auch den Gästen zur Verfügung. Im Innenhof darf man Wäsche waschen. Warmwasser. Gringotreff, empfehlenswert.

■ **Hotel Confort ***. Jr. Ancash 297, Ecke Jr. Puno. Tel. 23 36 01. Zentrale Lage. DZ mit Bad 2.8 $. Relativ sauber, die Betten sind gut, warmes Wasser gibt's von 7.30–9 Uhr. In den Kollektivduschen gibt's den ganzen Tag warmes Wasser. Rundsicht über das Tal von der Dachterrasse.

■ **Palace Hotel ****, Jr. Ancash 1127, Ecke Jr. Huánuco. Tel. 23 85 01. DZ mit Bad 2.8 $. Warmwasser 6–9 und 18–20 Uhr. Sauber. Restaurant im Haus.

■ **Hostal Piura ****, Jr. Piura 132. Tel. 23 56 38. Beim Hinweg Vorsicht vor Diebstahl, man durchquert einen Markt. DZ mit halbem Bad (das heißt Toilette und Waschbekken) 2.8 $, ohne Bad 2 $. Sauber und freundlich. Manche Zimmer sind etwas düster. Das Restaurant auf dem Dach ist den ganzen Tag geöffnet. Von der zum Teil verglasten Dachterrasse Aussicht auf das Huancayo-Tal.

■ **Hotel Kiya ****, Jr. Giraldez 107, an der Plaza de la Constitución. Tel. 23 14 31. DZ mit Bad 5 $. Die Zimmer sind nett und sauber, einige mit Sicht die Plaza.

■ **Hotel Turistas *****, Jr. Ancash 729, an der Plaza Huamanmarca. Tel. 23 10 72. DZ mit Bad 5 $. Das Frühstück ist im Preis inbegriffen. DZ ohne Bad und ohne Frühstück 3 $. Restaurant und Bar im Hotel.

■ **Hotel El Presidente *****, Calle Real 1138, Tel. 23 17 36. Bestes Hotel von Huancayo. Funktional-steriler Bau. DZ mit Bad 6 $. Cafeteria.

Essen

■ In ganz Peru bekannt ist die **Papa a la Huancaina,** das sind gargekochte Kartoffeln mit einer Soße aus Frischkäse, grünem Ají (Chili-Pfeffer), Milch und Öl. In vielen Restaurants werden frische **Forellen** angeboten. Sie stammen aus den Flüssen der Umgebung oder aus Zuchtanstalten; die größte liegt in **La Ingenio.**

■ **Supermärkte,** Calle Real 298, 440 und 967.

■ **Restaurant Olímpico,** Av. Giraldez 199, an der Plaza de la Constitución. Eines der besten Restaurants von Huancayo. Elf verschiedene Forellengerichte, Meeresfische, Meerschweinchen, Steaks, Leber, Nieren, Zunge, Teigwaren, Pilzgerichte, Eis, Kuchen, Fruchtsäfte, harte Drinks. Gemäßigte Preise. Preiswertes Menü von 11.30 bis 13.30 und von 18 bis 19.30 Uhr.

■ **Restaurant Turístico Internacional,** Jr. Puno 414, im ersten Stock, an der Plaza de la Constitución. Ausgezeichnete Küche zu günstigem Preis. Stuckverzierungen an Decken und Wänden, Kronleuchter und sanfte Musik. Vielfältiges Angebot: Cocktails (heißer Pisco Punch für die kühlen Nächte), Salate, Steaks (ein Filet mignon für 2 $), Forellen, Meeresfische, Omeletten. Preiswertes Menü von 12 bis 14 Uhr.

■ **Chifas:** *Imperio,* Av. Giraldez 102, beim Hotel Kiya. *Gran Chifa Porvenir,* Calle Real 417, und *Peru China,* Jr. Puno 518.

■ **Vegetarisches Restaurant:** *Acuarius,* Calle Real 356. Menü 0.5 $. Auch Vollkornbrot und vegetarische Sandwiches als Proviant für Ausflüge in die Umgebung. Geöffnet 7–21 Uhr, sonntags 7–15 Uhr. Ein kleineres vegetarisches Restaurant ist das *Vida Feliz,* Jr. Loreto 560.

■ **El Muelle,** Jr. Puno 190. Geöffnet von 8 bis 20 Uhr. Es gibt ausschließlich Fisch und Meeresfrüchte. Hübsch eingerichtet, Tische auch im Freien. Samstags ab 21 Uhr gibt's Peña; Musik und Tanz. Kein Eintrittsgeld.

Meerschweinchen

Cuy ist das Ketschuawort für Meerschweinchen, ein Wort, das ins Spanische übernommen wurde. Die Wildform des kleinen Nagers ist braun und lebt in Kolonien auf den Hochebenen der Anden. Bereits vor 7000 Jahren begann man, es als Haustier zu halten. Domestizierte Formen sind oft weiß gefleckt. Heute noch wird es von Kolumbien bis Bolivien als Festtagsschmaus geschätzt. Für viele Campesinos ist es neben Eiern der einzige Lieferant tierischen Proteins. Gegessen wird es gegrillt, in Öl gebakken oder als Schmorbraten, meist garniert mit viel Ají (Pfefferschoten).

Pro Jahr werden in Peru 70 Millionen Meerschweinchen konsumiert. Der Bedarf wird durch die Produktion von Kleinzüchtern und Großfarmen, die bis zu 100 000 Cuyes pro Jahr verkaufen, gedeckt. Auf dem Land versorgen sich jedoch die meisten Campesinos selbst. Fast in jedem Haus und in jedem Restaurant findet man Meerschweinchen, sie leben meist in der Küche und säubern sie von pflanzlichen Abfällen. Da ihnen der Raum Schutz vor der Kälte bietet, verlassen sie ihn nicht.

Die Bedeutung des Meerschweinchens als wichtiger Fleischlieferant war zur Kolonialzeit stark vernachlässigt worden, heute genießt das Tier offiziell Anerkennung. In peruanischen Universitäten werden Riesencuyes gezüchtet, die das doppelte Gewicht ihrer Vorgänger erreichen und auch schneller wachsen. Die Tiere der Campesinos waren nämlich immer kleiner geworden, da die großen Tiere im Kochtopf landeten, statt sie für die Zucht zu verwenden. Es fand eine negative Selektion statt. Auch andere Andenstaaten haben Forschungsprogramme zur Verbesserung der Rasse gestartet. Gegenüber Schweinen oder Rindern bieten Meerschweinchen beträchtliche Vorteile: Sie benötigen wenig Pflege und wenig Platz, sie können selbst in einer Wohnung aufgezogen werden. Zudem sind die Investitionen für den Beginn einer Zucht sehr niedrig: Ein Pärchen genügt für den Start. Schon drei Monate nach der Geburt ist das Weibchen fruchtbar, fünfmal pro Jahr wirft es jeweils fünf bis sechs Junge. Zwanzig Weibchen und zwei Männchen reichen aus, um eine sechsköpfige Familie ausreichend das ganze Jahr über mit Fleisch zu versorgen.

Was sonst?

■ **Touristeninformation,** Jr. Ancash 415. Geöffnet Mo–Fr 7–14 Uhr. Fast an jedem Tag wird irgendwo in der Umgebung ein Markt abgehalten. Im Office weiß man Bescheid und erklärt auch gerne, wie man mit öffentlichen Verkehrsmitteln hinkommt. Wer am Wochenende ankommt, wendet sich für Informationen an die Touristenpolizei.

■ **Touristenpolizei,** Av. Ferrocarril 555. Täglich 8–13 und 14–20 Uhr geöffnet. Falls man beklaut wurde und den Dieb gesehen hat, sind die Chancen groß, ihn zu fassen, denn die Polizei hat von jedem ein Foto.

■ **Telefonamt,** Avenida Real/Ecke Ica, gegenüber dem Bürgermeisteramt (Centro Civico).

■ **Postamt,** im Centro Civico, Ecke Av. Real/Ica.

Sehenswert

■ Der **Markt** von Huancayo findet jeden Sonntag von Sonnenaufgang bis -untergang statt. Er erstreckt sich über drei Kilometer die Avenida Huancavelica entlang. Gemüse, Früchte, Kleider, Schuhe und Gebrauchsgegenstände für die Einheimischen; den Touristen werden Kürbisschnitzereien, Silberschmuck, Pullover und Decken aus Schaf- und Alpakawolle angeboten.

■ Der **Cerrito de la Libertad** ist ein Hügel, von dessen Gipfel man das gesamte Mantaro-Tal überblickt. Einen Kilometer die Av. Giraldez aufwärts zu Fuß, oder in den grauen Bus (mit der Aufschrift *Cerrito*) einsteigen. Oben auch ein kleiner, erbärmlich aussehender Zoo.

■ **Torre torre** sind bis zu 30 m hohe «Türme», die Wind und Regen aus dem roten Gestein geformt haben. Ist attraktiv für Fotografen. Sie befinden sich 1.5 km nach dem Cerrito de la Libertad.

■ **Museo Salesiano** im gleichnamigen Schulhaus. 10 000 Ausstellungsstücke: ein großer Saal mit ausgestopften Tieren, die meisten aus der Urwaldregion. Große Schmetterlings- und Insektensammlung. Im hinteren Saal Keramik der Kulturen *Chancay, Tiahuanacu, Mochica* und *Chavín.* Kleine Briefmarken- und Münzsammlung. Alles sehr gepflegt. Für Besucher Mo–Fr 8–13 Uhr geöffnet, aber bei Voranmeldung (Tel. 23 47 91) auch von 15 bis 17 Uhr und samstags. Das *Colegio Salesiano* liegt fünf Minuten von der Plaza de la Constitución entfernt. Die Calle Real runter, über die Brücke über den Río Shullcas. Danach gleich in die erste Straße links einbiegen. Nach 50 m an der Türe des Schulhauses anklopfen. Weder Museum noch Schulhaus sind angeschrieben.

■ **Kamaq Maki,** Jr. Brasilia 200, ist eine Vereinigung von Handwerkern und Bauern, welche das traditionelle Handwerk fördert. Ihre Spezialität: naturgefärbte Pullover, Decken und

Taschen. Auch gefärbte Wollknäuel werden verkauft. Informationen über traditionelles Färben erhält man im Laden.

■ **Warivilca** (6 km südlich von Huancayo) ist eine Ruine aus der Zeit des *Huari-Imperiums,* erbaut zwischen 800 und 1200 n. Chr. Die Colectivos fahren von der Kirche Inmaculada (Ecke Jr. Ica/Jr. Amazonas) in 15 Minuten zum kleinen Museum von Warivilca. Dahinter liegt die Ruine eines rechteckigen Huaritempels mit doppelten, hohen und dicken Mauern.

Das Tal von Mantaro

Das **Mantaro-Tal** ist 70 km lang und 8 km breit. Sein Boden ist sehr fruchtbar; beackerte Felder wechseln mit kleinen Eukalyptuswäldern. Früher hieß es das **Tal von Jauja,** heute ist es nach seinem wichtigsten Fluß, dem Río Mantaro, benannt. Dieser entspringt im See von Junín und durchfließt das Tal von Norden nach Süden. Die Minen von La Oroya haben ihn stark verschmutzt. Das Mantaro-Tal bietet gleich mehrere Sehenswürdigkeiten:

■ Im **Convento Santa Rosa de Ocopa,** einem Franziskanerkloster, gegründet 1725, wurden die Mönche auf die Missionierung der Amazonasindianer vorbereitet. Die fünf Kreuzgänge des Klosters und die Mönchszellen sind gut erhalten und wirklich sehenswert. In der Bibliothek lagern 25 000 Bücher. Im Museum sind ausgestopfte Urwaldtiere ausgestellt. Das Kloster liegt 26 km von Huancayo. Colectivos fahren ab Parque 15 de junio, Minibusse ab Jr. Galixto, Ekke Jr. Marañon, bis **Concepción.** Ab der Plaza de Armas fahren Colectivos zum Kloster. Man kann die 6 km auch zu Fuß gehen.

■ Die **Forellenzucht von Ingenio** ist 30 km von Huancayo entfernt. Vom Kloster Santa Rosa de Ocopa ist sie in einer Stunde zu Fuss, von der Plaza in Concepción (von der auch Colectivos nach Ingenio abfahren) in fast zwei Stunden erreichbar. Das **Centro Pisicola El Ingenio** gilt als peruanische Musterzucht. Sie ist für Besucher von 8.30 bis 11.30 und 13.30 bis 15.30 Uhr geöffnet. Die gezüchteten Regenbogenforellen (*Arco iris*) werden bis zu einem Meter lang und wiegen 9 kg, im Extremfall bis 14 kg. 1 kg Regenbogenforelle kostet im Rohzustand 1 $. Unser Tip: **Hosteria Avila,** Tische unter Strohschirmen in gepflegter Gartenanlage mit kleinem Teich, Insel, Wasserfall und für Pärchen zwei Liebesnester (*nidos de amor*) hoch in den Bäumen. Ein Forellentellergericht kostet 1 $.

■ In **Cochas chico,** 9 km von Huancayo, hat sich die Bevölkerung auf Kürbisschnitzerei (*burilado de mates*) spezialisiert. Minibusse fahren von der Kirche Inmaculata in Huancayo, Jr. Ica, ab.

■ In **Hualhuas** wird Alpaka- und Schafwolle zu Pullovern und Wandbehängen gestrickt und gewoben. Kleinbusse ebenfalls ab Kirche La Inmaculata.

■ **San Jerónimo,** 15 km von Huancayo, 4 km nach Hualhuas. Die Dorfbewohner haben sich auf das Anfertigen von Silberschmuck spezialisiert. Kleinbusse fahren vom Parque 15 de junio.

■ **Jauja,** 47 km von Huancayo, liegt 3390 m über Meer. Des angenehmen Klimas wegen kamen früher Tuberkulosekranke in die Sanatorien um Jauja. Diese sind inzwischen wegen Mangels an Patienten (dank fortgeschrittener Medizin) geschlossen. Kleinbusse nach Jauja fahren ab Jr. Galixto, Ecke Jr. Amazonas.

Vier Kilometer von Jauja liegt die **Laguna Paca.** Es gibt mehrere Hotels und Restaurants, und man kann Boote mieten. In den Tiefen des Wassers soll sich ein riesiger Goldschatz befinden. 1532 waren in ganz Tahuantinsuyu (Land der Inkas) Lamakarawanen mit Gold nach Cajamarca unterwegs, um das Lösegeld für den gefangenen Inkakönig Atahualpa einzulösen. Auch der Inkageneral *Chalcuchima* war mit 11 000 Lamas, beladen mit Gold und Silber, auf dem Weg. Als der General von der Ermordung Atahualpas erfuhr, befahl er, sämtliche Schätze in der Lagune zu versenken.

Weiterreise

Die berühmteste Andenbahn – sie ist die höchste Eisenbahn der Welt – fährt von **Lima** montags, freitags und samstags um 7.40 Uhr. Die Fahrt dauert 9 Stunden, geht über 22 Zickzackkurven, 59 Brücken und durch 66 Tunnels. Vom Bahnhof **Desamparados** in Lima (150 m über Meer) geht's in nur 103 km nach **Matucana** auf 2389 m Höhe, bei Kilometer 154 in **Casapalca** hat man schon 4154 m erreicht. **Galera** (173 km) ist die höchste Eisenbahnstation (4781 m über Meer). Jetzt fährt die Lokomotive wieder etwas schneller. 49 Kilometer später ist man in **La Oroya** (3726 m), 21 km weiter in **Huari** (3607 m). Huancayo ist 346 km nach Lima erreicht (3261 m).

Von Huancayo nach Lima fährt die Bahn montags, freitags und samstags um 7 Uhr. Geplante Ankunftszeit in Lima 16.30 Uhr. Die Fahrscheine (1. Klasse) sind am Tag vor der Abfahrt ab 10 Uhr im Bahnhof erhältlich.

Der Bus benötigt nach Lima 9 Stunden und kostet 2.5 $. Es fahren täglich folgende Busgesellschaften: *Mariscal Cáceres,* Jr. Huánuco 350. *Etucsa,* Jr. Puno 220. *Hidalgo,* Jr. Loreto 358. *Los Andes,* Calle Real 235. *Expreso Sudamericano,* Jr. Mantaro 278. *Expreso Huaytapallana,* Av. Calixto 450.

Autos schaffen die Strecke in 6 Stunden und kosten 6 $. *Comité 12 de automóviles,* Jr. Loreto 421, fährt tagsüber alle 2 Stunden nach Lima. *Comité 30 de automóviles,* Av. Giraldez 245, fährt von 6 bis 15 Uhr alle 3 Stunden.

■ Nach **Huancavelica:** Die Eisenbahn fährt täglich außer sonntags die Strecke **Huancayo – Manuel Tellería – Izcuchaca – Mariscal**

Cáceres – Acoria – Yauli – Huancavelica. Der Bahnhof **Chilca** befindet sich 15 Minuten zu Fuß vom Zentrum (die Calle Real aufwärts) entfernt. Der Zug benötigt für die Strekke 7 Stunden, der *Autovagon* schafft's in 3. Der Fahrschein 1. Klasse kostet 0.6 $. 1926 wurde die Linie eröffnet, sie führt über 15 Brücken und durch 38 Tunnels. Zuerst bleibt man am Ufer des Río Mantaro; nach Izcuchaco verläßt die Bahn den Mantaro und folgt einem seiner Zuflüsse, dem Río Ichu. Im sehr engen Tal wird jede noch so kleine Landfläche für den Ackerbau genutzt.

■ Nach **Ayacucho:** Folgende Busgesellschaften fahren täglich in 14 Stunden nach Ayacucho: *Ayacucho,* Calle Real 1331. *Molina,* Jr. Angaraez 287. *Lobato,* Jr. Ica 174. Es ist auch möglich, direkt bis **Andahuaylas** durchzufahren, doch von diesem anstrengenden 30-Stunden-Trip raten wir ab.

■ Nach **Huánuco** (9 Std.), **Tingo María** (12 Std.), **Pucallpa** (24 Std.) fährt *Ucayali,* Paseo la Breña 629, Verlängerung der Av. Giraldez.

■ **Tarma** ist Zwischenstation auf dem Trip in die Bergurwaldlandschaft des **Chanchamayo-Tals (San Ramón, La Merced**). Von San Ramón fliegen Kleinflugzeuge in tiefere Urwaldregionen hinein. Diese Busgesellschaften bedienen Tarma täglich in 4 Stunden: *Hidalgo,* Jr. Loreto 358. *Lobato,* Jr. Ica 174. Täglich ins Chanchamayo-Tal in 7 Stunden fahren *Lobato* und *Ayacucho,* Calle Real 1331. Das *Comité 3 de automóviles,* Av. Giraldez 251, fährt täglich mit Autos in 3 Stunden nach Tarma (2 $) und in 5 Stunden nach La Merced (3 $).

Huancavelica

3676 m ü. M. 20 000 Einwohner

Die Stadt Huancavelica, 1571 von den Spaniern gegründet, hat sich ihren kolonialen Charakter weitgehend bewahrt. In den umliegenden Minen werden Kupfer, Silber, Gold, Blei und Zinn abgebaut. Viele der Minen sind allerdings unrentabel und stillgelegt worden, darunter auch die Quecksilberminen, die diese Stadt einst reich machten. Mit Hilfe von Quecksilber hatten die Spanier Silber aus den Minen von Potosí in Bolivien gewonnen.

Die Durchschnittstemperatur in Huancavelica beträgt 8–10 °C, Regenzeit ist von Dezember bis März.

Unterkunft und Essen

■ **Hostal Savoy ***, Av. Manchego Muñoz 290. Sehr einfach. DZ ohne Bad 1.4 $. Die Zimmer sind düstere Zellen, fast alle ohne Fenster.

■ **Hostal Peru ***, Jr. José María Chavez 115. Sehr einfache DZ ohne Bad 1.5 $, oft ausgebucht.

■ **Hotel Sto. Domingo de Guzman ***, Av. Sebastian Barranca 366. Sehr einfach. DZ ohne Bad 1.5 $. Eine einzige Dusche für das Hotel mit 57 Zimmern. Kein Warmwasser.

■ **Hostal Tahuantinsuyu** *, Jr. Carabaya 399, ein Block von der Plaza de Armas. Dreistöckiges Gebäude mit bepflanzten Gängen, Cafeteria und Fernsehzimmer. Als Billighotel empfehlenswert. DZ ohne Bad 1.8 $. DZ mit Toiletten und Waschbecken 2 $. Warmwasser von 6 bis 8.30 Uhr.

■ **Hostal Virrey** *, Av. Sebastian Barranca 317. DZ ohne Bad 2.2 $, mit Bad 3 $. Gute Betten. Etwas überzahlt.

■ **Hotel El Mercurio** *, Jr. Torre Tagle 455, Tel. 27 73. Zweistöckig, rosenbepflanzter Innenhof. Sauber. DZ mit Bad 2.5 $. EZ ohne Bad 1.2 $. Kein Warmwasser.

■ **Hotel Turistas** **, Plaza de Armas, Tel. 27 70. DZ ohne Bad 3.2 $, mit Bad 4 $. Das Frühstück ist im Preis inbegriffen. Die Suite (Schlafzimmer, Wohnzimmer, Balkon auf Plaza) kostet 7 $. Restaurant und Bar.

■ **Essen:** Für kulinarische Abenteurer: **Restaurant Yananaco,** Av. Mariscal Cáceres 535. Das Restaurant ist nicht angeschrieben, es befindet sich genau gegenüber dem Haupteingang zum Krankenhaus von Huancavelica. Im einfachen Restaurant, das hauptsächlich von Campesinos aufgesucht wird, wird *Viscacha* (kaninchenartiges Tier) serviert. Eine Portion kostet 0.8 $. Nur morgens bis 13 Uhr, Viscachas gehen weg wie warme Semmeln.

Was sonst?

■ **Touristeninformation** an der Plaza de Armas im ersten Stock. Der Eingang befindet sich in der Gasse links neben dem Postamt.

■ **Telefonamt,** Jr. Virrey Toledo 180, ein Block von der Plaza de Armas.

■ **Postamt,** Plaza de Armas.

■ **Banco de la Nación,** Jr. Moquegua 234.

Sehenswert

■ **Thermalbäder von San Cristóbal,** 10 Minuten vom Zentrum entfernt. Von der Plaza de Armas die Av. Manco Capac hinunter, über den Río Ichu, die große Treppe führt direkt zum Thermalbad. Vom Hügel gute Sicht über Huancavelica. Eintritt 0.1 $. Das Bad verfügt über ein großes Schwimmbecken, daneben kann man 10 kleine, geschlossene Privatbecken mieten. Das Wasser ist 38 °C warm. Umkleidekabinen vorhanden. Geöffnet von 6 bis 16.30 Uhr.

■ **Sachapite** (ketschua: verfaulter Baum) ist ein «Wald» aus Stein (*bosque de piedras*). Er befindet sich 18 km von Huancavelica entfernt, an der Straße nach Huancayo. Die skurrilen Steinformationen sind durch Vulkanverschüttungen entstanden.

Weiterreise

■ Nach **Huancayo:** Die Eisenbahn fährt täglich außer sonntags. Der gewöhnliche Zug benötigt für die 127 km 7 Std., der *Autovagon* 3 Std.

Der Bus braucht für die 149 km 6

Stunden. Zweimal täglich fährt *Hidalgo,* Av. Muñoz.

■ Nach **Lima:** Die Busfahrt geht über **Huancayo** in 461 km und 15 Stunden in die Hauptstadt. Warme Kleider oder Decke für die kalten Nächte mit in den Bus nehmen. *Expreso Huancavelica,* Av. Muñoz 455.

■ **Pisco:** 281 km. *Oropesa,* Av. Muñoz 425.

Pishtaco

In vielen Legenden und Volksliedern aus den Anden hat der Teufel eine weiße Hautfarbe (*diablo blanco*). Eine besondere Art von Teufel ist der **Pishtaco,** was auf Ketschua einen Mörder bezeichnet. Einer alten Legende zufolge sucht er nachts unter den Indianern seine Opfer, bringt sie um und preßt Fett und Blut aus ihnen, um es teuer zu verkaufen. Zur Kolonialzeit soll das Campesinofett zum Schmieren der Kirchenglocken benutzt worden sein, es sollte ihnen einen schöneren Klang garantieren. Im Juli 1987 gewann diese Schauerlegende neue Bedeutung: Hellhäutige Gringos kamen in den Verdacht, Pishtacos zu sein. Niemand weiß, wie und warum das Gerücht auftauchte.

Nach der modernen Pishtaco-Version sollen Ausländer vom Präsidenten *Alán García* dafür angestellt worden sein, in Ayacucho und mehr noch im Departement Huancavelica Kindern und Jugendlichen nachzustellen, sie umzubringen und ihr Fett zu rauben. Dieses würde in den USA für medizinische Zwecke, Computer- und Raumfahrttechnik verwendet. Mit dem Erlös bezahlte Peru seine Auslandsschulden. Die Angst vor Pishtacos war so groß, daß Kinder nicht mehr auf die Straße gelassen wurden und harmlose Touristen als Pishtacos oder *naqacs,* ein gleichbedeutendes Ketschuawort, beschimpft wurden. Manche Campesinos glauben gar, daß sie von den Mördern gefangengenommen werden könnten und lebend für Menschenversuche in nordamerikanische Labors verfrachtet würden.

Als wir uns diese Geschichte aufschreiben wollten und einer von uns nach Kugelschreiber und Notizblock in die Innenseite seiner Jackentasche griff, wurde der uns gegenüberstehende Campesino kreidebleich und begann am ganzen Leib zu zittern. Für einen Moment hatte er geglaubt, wir würden nach einem Messer greifen, um ihn zu töten. Als es uns gelang, ihn zu beruhigen, erzählte er mehr darüber: «In den letzten zwei Monaten sind Hunderte von Menschen allein in Huancavelica verschwunden», sagte er. Ein Freund von ihm hatte gar zerstückelte Leichenteile gefunden, und einem anderen war es gelungen, einen Pishtaco zu fangen. Dieser trug eine «Lizenz zum Töten» auf sich, mittels der es ihm gelang, aus dem Polizeigewahrsam herauszukommen. Am 11. September 1987 wurde der peruanische Händler *Luis Hauraniga Calderón* (23) in einem Vorort von Ayacucho gelyncht, weil man in ihm einen Pishtaco zu erkennen glaubte.

Die Aufregung legte sich Mitte 1988 fast genau so schnell, wie sie gekommen war.

Ayacucho

2760 m ü. Mr. 35 000 Einwohner.
Ayacucho ist eine der schönsten Kolonialstädte Perus. Leider ist das gleichnamige Departement das Zentrum der Guerillaorganisation *Sendero Luminoso* (Leuchtender Pfad). In abgelegenen Gebieten scheinen vor allem nachts die Senderos gewisse Siedlungen und Straßenabschnitte zu beherrschen. In der Stadt selbst droht aber keine Gefahr. Ein Heer von Soldaten sorgt für Sicherheit. Die ländlichen Regionen sollte man jedoch meiden, auch wenn Touristen nicht Angriffsziele der Guerillas sind.

Die Durchschnittstemperatur in Ayacucho beträgt 16 °C. Während der Trockenzeit (Mai bis November) ist es etwas kühler; in den Monaten Juni und Juli kann die Temperatur unter den Gefrierpunkt sinken. Die Regenzeit dauert von November bis März. Insbesondere im Februar kann es tagelang ohne Unterbruch regnen.

Unterkunft und Essen

■ **Hostal Samar** *, Jr. Callao 335. DZ ohne Bad 1.5 $, mit Bad 2.5 $.

■ **Hostal Ayacucho** *, Jr. Lima 165. Tel. 91 27 59. Sehr einfach. DZ ohne Bad 1.5 $. Kein Warmwasser.

■ **Hotel la Colmena** *, Jr. Cusco 140, ein halber Block von der Plaza de Armas. Tel. 91 21 46. DZ ohne Bad 2.2 $, mit Bad 2.5 $. Zweistöckiges Gebäude, die Zimmer um einen schön bepflanzten Innenhof. Kein Warmwasser.

■ **Hosteria Santa Rosa** **, Jr. Lima 166, halber Block von der Plaza de Armas. Tel. 20 83 91. DZ ohne Bad 2.4 $, mit Bad 3 $. Großer Innenhof, Restaurant. Warmwasser 6–10 und 18–20.30 Uhr.

■ **Hotel Turistas** ***, Jr. 9 de diciembre, ein halber Block von der Plaza de Armas. Tel. 91 22 02. DZ mit Bad 6.5 $, ohne Bad 4.5 $, Suite 11 $. Ganzer Tag warmes Wasser. Restaurant, Bar, Wäscherei.

■ **Essen: Restaurant El Príncipe de los Portales,** Portal Unión 33, an der Plaza de Armas. Steaks, Huhn, Pfannkuchen, Teigwaren, Sandwiches.

Was sonst?

■ **Touristeninformation** (Foptur), Portal Municipal 46, an der Plaza de Armas. Geöffnet Mo–Fr 8–12.30 und 14–17.30 Uhr. Manchmal auch samstags geöffnet.

■ **Telefon- und Postamt:**
2 de mayo/Ecke Piura, zwei Blöcke von der Plaza de Armas.

Sehenswert

■ **Museo Hipolito Unanue** im Centro Cultural Simon Bolívar. Eine Sammlung antiker Keramiken, vor allem aus den Kulturen Huari-Tiwanaku. Geöffnet Mo–Fr 8–14 Uhr,

Sa 8–12 Uhr. Eintritt 0.2 $.

■ Ayacucho zählt 33 **Kirchen** aus der Kolonialzeit zu seinem Erbe. Leider sind die meisten Kirchen nur am frühen Morgen zur Messe geöffnet.

■ **Reisebüro** für geführte Ausflüge in die Umgebung (zu den *Huari-Ruinen*): *Ayacucho Tours,* Jr. San Martín 405.

Ausflug nach Quinua

Quinua ist ein kleines Dorf, 37 km von Ayacucho entfernt, 3280 m über Meer. Auf der Strecke dorthin sieht man Plantagen von Feigenkakteen, *Tunas,* die wegen ihrer erfrischenden Früchte angepflanzt werden, auf denen aber auch die Schildlausart *Cochinilla* schmarotzt, die einen teuren, roten Farbstoff liefert.

Ebenfalls auf der Strecke liegen Ruinen der **Huari-Kultur** verstreut. Ohne fachmännische Begleitung lohnt sich der Besuch der Huari-Ruinen nicht, es ist schwierig, sich ein Bild von der einstigen Hauptstadt dieser Kultur zu machen. Der Huari-Kultur wird nachgesagt, daß sie unter dem Einfluß von Tiwanaku (100 v. Chr. – 1200 n. Chr.) stand. Somit wäre Tiwanaku noch vor Inkazeiten als Großreich zu bezeichnen. Allerdings scheint die Tiwanaku-Expansion friedlich vor sich gegangen zu sein, exportiert wurden nicht Soldaten, sondern die Religion.

Die Dorfbewohner von Quinua sind überwiegend Ketschuaindianer. Eine Viertelstunde vom Dorf entfernt befindet sich das Schlachtfeld, auf dem die Unabhängigkeitsarmeen die Kolonialmacht Spanien am 9. Dezember 1824 endgültig besiegten. Ein riesiges Denkmal zeugt von diesem Ereignis.

Der Sendero Luminoso

Der **Sendero Luminoso** («Leuchtender Pfad») ist eine Guerillaorganisation, gegründet von **Abimael Guzmán,** einem ehemaligen Philosophieprofessor der Universidad San Cristóbal de Huamanga in Ayacucho. Als die Linke 1980 ihre Opposition gegen die Militärregierung aufgab, um an freien Wahlen teilzunehmen, begann Guzmán mit einigen Studenten den bewaffneten Kampf gegen die Herrschenden. Seit 1983 ist er nicht mehr gesehen worden; er ist heute der meistgesuchte Mann Perus. In Fernsehspots verspricht die Polizei hohe Prämien auf seinen Kopf.

Ideologisch stützt sich der Sendero nicht nur auf *Mao, Marx, Engels* und *Lenin,* es wird auch an Inkatraditionen angeknüpft, denn erklärtes Ziel des Sendero ist die Verbesserung der gesellschaftlichen und wirtschaftlichen Lage der Hochlandindianer. Es ist kein Zufall, daß die Bewegung «Leuchtender Pfad» ihren Anfang in Ayacucho nahm. Das Departement ist eine der ärmsten Regionen Perus; die Regierung in Lima hat Großprojekten an der Küste gegenüber Kleinprojekten für die Bauern in der Sierra immer den Vorzug gegeben.

Der wichtigste Ideologe, der eine Vereinigung von Marxismus und Indigenismo anstrengte, war der 1930 verstorbene **José Carlos Mariátegui.** Er zündete das «Licht» an, welchem es zu folgen galt, schrieb er doch den Satz: «Das größte revolutionäre Potential Lateinamerikas ruht in den Tiefen der indianischen Seele.» Indianische Tradition ist dem kommunistischen Ideal nicht unähnlich. Kann es den Senderos gelingen, an indianische Traditionen und Gefühle anzuknüpfen?

Der Sendero Luminoso scheint nur wenig Kontakte mit ausländischen Regierungen oder Organisationen zu unterhalten. Seine Waffen stammen vorwiegend aus Überfällen auf Polizei- und Militärdepots. Modernere Waffen liefert die Drogenmafia gegen Geld. Ein wichtiges Kampfmittel in den Händen der Sendero ist Dynamit, welches in den vielen Minen und Depots der Sierra gestohlen wurde. Sie benützen es, um mit Dynamit gefüllte Coca-Cola-Büchsen mit der traditionellen Steinschleuder auf Polizeiposten zu schießen. Anschläge erfolgen auch auf peruanische militärische Anlagen und US-amerikanische Einrichtungen. Oft werden Brücken gesprengt, um den Militärs einen schnellen Zugang zu gewissen Regionen zu erschweren. Die Militärs ihrerseits gehen brutal gegen alle Bevölkerungsgruppen vor, die in Verdacht der Komplizenschaft mit den Senderos stehen.

Beliebte Angriffsziele der Sendero sind Elektrizitätsmasten, denn es ist nicht möglich, sie alle zu bewachen. Man sitzt deswegen in Lima öfters mal für eine oder zwei Nächte im Dunkeln, wenn es den Senderos gelang, eine wichtige Leitung nach Lima zu unterbrechen. Die Limeñer sind das gewöhnt. Schnell werden sämtliche Türen und Fenster zugesperrt, weil während der Dunkelheit die Diebe besonders leichtes Spiel haben, und die Polizisten bleiben während dieser Zeit im Polizeigebäude, um es zu beschützen. Solche Dunkelnächte sind das einzige, was Touristen von der Guerillaaktivität bemerken werden. Wir sind weiterhin überzeugt, daß Touristen in Peru – mit Ausnahme vielleicht der ländlichen Gegend um Ayacucho – sicher reisen können.

In den letzten Jahren hatte die Regierung mehrmals in Lima zwischen 1 und 5 Uhr morgens eine Ausgangssperre (*toque de queda*) verhängt. Während dieser Zeit darf niemand ohne Spezialgenehmigung auf die Straße. Sollte man nachts per Flugzeug in Lima ankommen, bekommt man am Flughafen eine Spezialgenehmigung für die Taxifahrt zum Hotel. Bei Redaktionsschluß im Oktober 1988 war keine Ausgangssperre verhängt.

Weiterreise

■ Zwei Routen führen nach **Lima,** eine über Pisco, die andere über Huancayo. **Pisco – Lima:** *Ormeño,* Jr. Libertad 257. *Hidalgo,* Jr. San Martín 330. **Huancayo – Lima:** *Etucsa,* Av. Centenario 335. Die

Fahrt nach Huancayo dauert 10–15 Stunden. Wegen der Aktivitäten des Sendero Luminoso ist auf der Strecke mit häufigen Militärkontrollen zu rechnen. Wer einen gültigen Paß, keine Waffen, Drogen oder subversive Schriften (des Sendero Luminoso) mitführt, hat nichts zu befürchten. Täglich auch Flüge nach Lima.

■ Nach **Cuzco** sind es 593 km durchs Gebirge, Busse benötigen für die Strecke 24–36 Stunden; wir raten zu einem Zwischenstopp in **Andahuaylas** oder **Abancay.**

Tarma

3051 m ü. M. 35 000 Einwohner.
Tarma ist ein hübsches Andenstädtchen in malerischer Umgebung, das den Beinamen «Perle der Anden» trägt. Schon vor der Invasion der Inkas war die Region um Tarma wegen ihrer Fruchtbarkeit recht dicht bevölkert. Während der Inkaherrschaft war die Stadt eine wichtige Zwischenstation auf der Verbindungsstraße zwischen der Hauptstadt Cuzco und Cajamarca. Über 68 Inka- und Präinkaruinen wurden bisher in der Umgebung registriert. Vermutlich gibt es noch viele mehr, genügend jedenfalls, um archäologisch Interessierte für Wochen zu beschäftigen. Außerdem verfügt die Gegend über jede Menge Höhlen, darunter die größte Perus, **la Gruta de Guaguapo.** Sonntags und donnerstags ist in Tarma großer Markttag. Händler und Händlerinnen aus der ganzen Region strömen in die Stadt.

Das heutige Tarma wurde auf Anordnung von Francisco Pizarro als Militärgarnison am 26. Juli 1534 gegründet. Die jährliche Gründungsfeier, die *semana patriótica,* findet Ende Juli statt. Wer über Ostern nach Tarma reisen will, muß sein Hotelzimmer lange zum voraus buchen, denn viele Pilger besuchen die Stadt zu dieser Zeit, die für ihre prächtigen Ostersonntagsprozessionen bekannt ist. Ganze Straßenzüge werden mit einem prachtvollen Blumenteppich ausgelegt. Ende Oktober wird dem Schutzheiligen von Tarma, dem **Señor de los Milagros,** gehuldigt.

Unterkunft

■ Einfache Hotels, das Doppelzimmer mit Kollektivbad und Kaltwasser zu 2.5 $: **Hotel Ritz ***, Jr. Huánuco 332, beim Zentralmarkt, Tel. 21 74. Gleich gegenüber das **Hostal América ***, Jr. Huánuco 343, Tel. 20 78. Einige Zimmer nur mit Kaltwasser, auch wenn auf dem Hotelschild *agua caliente* steht. **Hostal Cordova ***, Jr. Amazonas 393, verfügt auch über Mehrbettzimmer.

■ Preiswerte DZ mit Bad für 3 $ bieten: **Hostal Tucho ***, Jr. 2 de mayo 561, und **Hostal Vargas ***, Jr. 2 de mayo 672, Tel. 2460. Beide zwischen Zentralmarkt und Plaza de Armas.

■ **Hotel Galaxia ****, Jr. Lima 270, an der Plaza de Armas, Tel. 24 49.

Kleinlastwagen auf einer Urwaldpiste (oben)
Kanus mit Peke-Peke-Motor im Tieflandurwald (unten) ▶

TOYOTA

DZ mit Bad und Warmwasser 5 $.

■ **Hostal Internacional** **, Jr. 2 de mayo 307, Tel. 28 30. DZ mit Bad 10 $, wobei das Frühstück in der Cafeteria auf der Dachterrasse und Rundsicht auf Tarma inbegriffen ist. Komfort wie 24 Stunden Warmwasser, Musik im Zimmer, Aufenthaltsraum mit TV.

■ **Für Genießer: Hotel Turistas** ***, Av. Castilla 512, Fortsetzung der Jr. Lima, Tel. 24 11. In schöner Parkanlage, eine halbe Stunde zu Fuß vom Zentrum, zweistöckig. Mit Restaurant und Reiseagentur für Ausflüge in die Umgebung. Schade, daß der Swimmingpool defekt ist. DZ mit Bad 10 $, ohne Bad 7 $, die Präsidentensuite ist für 19 $ zu haben.

Essen

Die Spezialität von Tarma ist **Manjar Blanco,** ein sehr süßer Brotaufstrich aus Zucker und Milch, ähnlich der Kondensmilch. Etwas ganz besonderes für die ganze Bergregion ist die **Pachamanca.** Wenn man unterwegs auf ein Pachamanca-Fest stößt, sollte man es auf keinen Fall versäumen. Auf freiem Feld wird ein Loch gegraben, welches mit glühenden Steinen ausgelegt wird. Darauf werden verschiedene Sorten Fleisch, Kartoffeln, Camote und Bohnen gelegt. Alles wird für einige Stunden mit Blättern zugedeckt und gebacken. Während der Festlichkeiten zu Ehren des **Señor de Muruhuay** ist jeder Tag ein anderer Unternehmer (zum Beispiel ein Busgesellschafter) für das Festessen und das Bier verantwortlich, und alle Leute sind eingeladen.

■ Spezialisiert auf Meerschweinchen hat sich das Restaurant **La Cabaña,** Jr. 2 de mayo 474, beim Zentralmarkt. Je nach Saison gibt's auch Wild, Rebhuhn und Viscachas. Der Besitzer weiß viel über die gesundheitsfördernde Wirkung des Genusses von Meerschweinchenfleisch zu erzählen; gegen Blutarmut hilft beispielsweise eine Meerschweinchensuppe, **Caldo de cuy.**

Was sonst?

■ Das neueröffnete **Touristenbüro** der **Foptur,** Jr. 2 de mayo 775, an der Plaza de Armas, gibt sich große Mühe, diese vom Tourismus vernachlässigte Region zu fördern.

■ **Telefonamt,** Jr. Lima 250, an der Plaza de Armas.

■ **Hauptpostamt,** Jr. Callao 356.

■ **Astronomisches Observatorium,** im Hotel Central, Jr. Huánuco 614, geöffnet Mo–Fr ab 8.30 Uhr. Eintritt frei.

Die Höhle von Guaguapo

La Gruta de Guaguapo ist die größte Höhle Perus, von Tarma in einer Stunde per Bus und anschließend zwei Stunden zu Fuß zu erreichen.

Die Legende erzählt, daß ein in dieser Gegend seßhafter Indianerstamm, die *Tarumas,* vor dem Eroberungsheer der Inkas, welches vom neunten Inkaherrscher *Pachacutec Yupanqui* (1438–1471) geführt wurde, fliehen mußten. Die Flüchtenden erreichten

Palcamayo, wo sie sich zum Kampf stellen wollten. Die Frauen und Kinder wurden zuvor in die heilige Höhle von Guaguapo gebracht und angewiesen, dort zu bleiben, bis sie von den Tarumakriegern abgeholt würden. Da die Tarumas von den Inkas besiegt wurden, warteten die Frauen und Kinder vergebens auf die Rückkehr ihrer Männer und Väter. Der Bach, der aus der Höhle fließt, stammt von den Tränen, die um die gefallenen Krieger vergossen wurden. Die in der Höhle Hinterbliebenen verwandelten sich in Stalagmiten, die heute zu bewundern sind. Guaguapo heißt auf Ketschua soviel wie «weinender Mund». Die Öffnung des Munds ist zwanzig Meter hoch, dreißig Meter breit und führt zweitausend Meter tief ins Erdreich, tiefer hinein wurde die Höhle nicht erforscht.

Wie hin? In Tarma die Straße 2 de mayo abwärts gehen, an deren Ende warten die Microbusse nach Palcamayo, die abfahren, sobald sie voll sind. Die Piste ist bis Acobamba (9 km), asphaltiert. Acobamba ist wegen seines Schutzheiligen, des **Señor de Muruhuay,** bekannt.

Von Acobamba folgt eine 18 km lange Schotterpiste bis zur Plaza de Armas von Palcamayo (Endstation). 13 000 Einwohner, 3250 m Höhe. Zu Fuß gehen wir über den Jirón Lima an der Kathedrale vorbei und biegen die nächste Straße nach rechts ab (Hinweisschild Guaguapo). Die Höhle ist nicht zu verfehlen, nach zwei Stunden Marsch schiebt sich die große «weinende Öffnung» ins Blickfeld. Sie liegt 3420 m hoch. Aus der Öffnung sprudeln zwei bis drei Kubikmeter kristallklares Wasser pro Sekunde heraus. Die Innentemperatur der 40–50 Millionen Jahre alten Höhle beträgt 11–13 °C, die des Wassers 6 °C. 350 m tief kommt man problemlos hinein. Wer weiter will, benötigt spezielle Höhlen- und Taucherausrüstung. Señor *Castro* wohnt gleich unterhalb der Höhle und organisiert Führungen.

In der Nähe von Palcamayo befinden sich die Ruinen von **Chuquimarca,** zwei Stunden zu Fuß, **Murallapunta** und **Yaumanpata,** beide in einer Stunde zu Fuß von Palcamayo zu erreichen. Infos im Touristenoffice von Tarma oder beim Bürgermeisteramt in Palcamayo, beide jeweils an der Plaza de Armas.

Weiterreise

■ Nach **Chanchamayo (La Merced, San Ramón):** 64 bzw. 75 km. Colectivos fahren den ganzen Tag (bis es dunkel wird) von der Ecke Jr. 2 de mayo/Jr. Huánuco beim Zentralmarkt, sie kosten 2 $. Busse: *San Juan,* 2 de Mayo 367 und *Chanchamayo,* Jr. Callao 1002, fahren mehrmals täglich und kosten 1.5 $. In San Ramón Möglichkeit, mit Kleinflugzeugen entfernte Urwaldsiedlungen anzufliegen. Die Busse aus Lima fahren meist nach dem Halt in Tarma (Ankunft jeweils in der Morgendämmerung) bis Chanchamayo weiter.

■ Nach **Lima** (247 km, 7 Std., 4 $)

über **La Oroya**. Folgende Busgesellschaften fahren täglich: *Arellano,* Av. Vienrich 485. *Chanchamayo,* Jr. Callao 1002. Das *Comité de automóviles,* Av. Castilla 158, fährt mit Autos mehrmals täglich in 6 Stunden für 8 $ nach Lima. Nur nach **La Oroya** (72 km) auf dem Weg nach Lima mit *Expreso Tarma,* Av. Castilla 104.

■ Nach **Huancayo:** 119 km. Täglich fahren: *San Juan,* 2 de Mayo 367. *Hidalgo,* Av. Castilla 118. *Señor de Muruhuay,* Jr. Jauja 376.

Huánuco

1912 m ü. M., 90 000 Einwohner.

Die **Cuidad del Léon de los Caballeros de Huánuco,** die Stadt der Löwenritter von Huánuco, wie die Stadt zur Kolonialzeit noch hieß, liegt am oberen Teil des Río Huallaga. Das Klima ist mild; die Temperatur schwankt zwischen 18 und 22 °C. In den Tälern wachsen Zuckerrohr, Tee, Kaffee und Koka. Das umliegende Hochgebirge aber ist eine trokkene, und sehr karge Kakteenlandschaft.

Unterkunft

■ **Hostal Victoria** *, Jr. Huallayco 749, ein halber Block vom Markt. DZ ohne Bad 1.5 $. Zum gleichen Preis gibt's ein Zimmer *Matrimonial* (Doppelbett) mit Bad. Zwei Stockwerke, offener Gang. Endlich mal Betten in einem Billighotel, die nicht durchhängen.

■ **Hostal Internacional** *, Jr. Huánuco 611, im dritten Stockwerk. DZ ohne Bad 1.5 $. Sauber, empfehlenswert.

■ **Hostal Huallaga** *, Jr. Ayacucho 507, gegenüber dem Markt. DZ mit Bad 1.2 $. Zu empfehlen für diejenigen, die keine Ansprüche haben, aber ihr eigenes Bad wollen. Das Bett im Vierbettzimmer kostet 0.5 $. Sicht auf die Stadt von der Dachterrasse.

■ **Hostal Astoria** *, Jr. Prado 984, zwei Blöcke von der Plaza de Armas. Tel. 23 10. Zweistöckiges Gebäude mit rausgeputzter roter Fassade. Einfach, aber sauber. DZ ohne Bad 1.5 $. Nur Kaltwasser. Bestes Billighotel von Huánuco.

■ **Hostal Huánuco** **, Jr. Huánuco 777, Tel. 20 50. DZ mit Bad 3 $, ohne Bad nur unwesentlich billiger. Morgens und abends gibt's Warmwasser. An den Wänden der Gänge hängen viele Bilder, dazwischen hat's Pflanzen und im Innenhof einen Marienaltar.

■ **Hostal Tours** **, Jr. Abtao 796, Tel. 31 25. Neues Hotel mit Restaurant. Freundlich und sauber. DZ mit Bad 3 $.

■ **Hostal Las Vegas** **, Jr. 28 de julio 940. Tel. 23 15. Neu und sauber. DZ mit Bad 3 $. Nur Kaltwasser.

■ **Hotel Real** ***, Jr. 2 de mayo 1109, an der Plaza de Armas. Tel. 28 86 oder 28 87. DZ mit Bad 5 $. Zimmer mit Telefon, Warmwasser und Badewanne. Restaurant, Bar, Wäscherei, kleines Schwimmbecken,

Diskothek, Sauna. Im Innenhof ein Käfig mit zwei *Tigrillos* (Ozeloten) und im Brunnen ein Krokodil. Auch Mehrbettzimmer (bis zu sechs Betten).

Essen

■ Der **Zentralmarkt** befindet sich im Straßenviereck Jr. Huallayco/Huánuco/San Martín/Ayacucho. **Mercado antiguo** ist ein kleinerer Markt am Jr. 28 de julio, Ecke Jr. Huánuco.

■ **Chifa Polo Sur,** Jr. 28 de julio 904, an der Plaza de Armas. Gute chinesische und internationale Küche

■ **Restaurant Viques,** Jr. 24 de julio 974, im zweiten Stock, an der Plaza de Armas. Kreolische Küche.

■ **Restaurant La Fontana,** Malecón de Robles 557, am Río Huallaga gelegen. Acht verschiedene Pizzas in je drei Größen, italienische Teigwarengerichte, Steaks, Huhn, Fisch und Meeresfrüchte, Cocktails, Sangría und teurer spanischer, chilenischer und argentinischer Wein.

■ **Restaurant El Condor Pasa,** Jr. 28 de julio 1040. Fisch und Meeresfrüchte, Steaks, italienische Teigwarengerichte, Parillada (Fleischplatte) und zum Nachtisch eine *Crêpe Suzette* mit Rum. Alles 50 Prozent teurer als in anderen Restaurants.

Was sonst?

■ **Touristeninformation** (Foptur), Jr. Prado 714, an der Plaza de Armas. Geöffnet von Mo–Fr 9–13 und 15–18 Uhr.

■ **Telefonamt,** Jr, 28 de julio 1170.

■ **Postamt,** Jr. 2 de mayo, Plaza de Armas.

■ **Banco de la Nación,** Jr. 28 de julio 1063, hinter dem Hotel Turistas.

■ **Diskotheken:** Las Cuevas: Jr. 2 de mayo 1109, an der Plaza de Armas. Mandingo: Malecón Robles 715. Maxim: Malecón Robles 557. Galaxia: Malecón Robles 289.

■ **Hahnenkampf:** Coliseo de Gallos, Jr. 28 de julio.

■ Der **Club Central,** Jr. 28 de julio 1216, drei Blöcke von der Plaza de Armas, ist ein Jugendtreffpunkt. Billardtisch, Tischtennis und andere Spiele, Restaurant und Bar. Abends findet oft eine Grillparty statt.

Sehenswert

■ Das **Museo de Ciencias,** Jr. Prado 495, ist das Lebenswerk von *Néstor Armas Wenzel*. Seit 1947 sammelt er ausgestopfte Tiere, Steine, antike Keramik und Münzen. Stolz führt er die Besucher durch seine Sammlung. Auch Kitsch, zum Beispiel die ausgestopften Frösche und Enten mit ihren Musikinstrumenten. Geöffnet 9–12 und 15–18 Uhr, während der Feiertage 10–13 Uhr.

■ **Cotosh** – der Tempel der gekreuzten Hände – ist einer der ältesten Südamerikas. Er wurde 1800 v. Chr. erbaut, also vor dem Tempel von Chavín. Cotosh befindet sich 6 km von Huánuco entfernt, am Ufer des Río Higueras (man muß durch den Fluß waten), zu Fuß oder im Taxi zu erreichen. Lohnt sich allerdings nur für archäologisch sehr Interessierte, das Relief der gekreuzten Hände (welches aus Lehm besteht und an einer Wand des Tempels entdeckt wurde) befindet sich im Anthropologischen Museum in Lima. Zu sehen ist nur ein viereckiges Gebäude, welches seit den Ausgrabungen stark vernachlässigt wurde.

Weiterreise

■ Von und nach **Lima:** Folgende Busgesellschaften fahren die 423 km lange Strecke täglich in 10–12 Stunden: *Arellano,* Jr. 2 de mayo 1398, täglich.
La Perla del Oriente, Jr. Aguilar 685. *La Perla,* Jr. Prado 999. *Nor Oriente,* Jr. Prado 898. *Centro Oriental,* Jr. Abtao 951. *Expres San Cristóbal,* Jr. Abtao 787. Die Fahrt führt auf über 4000 m Höhe, warme Kleider oder eine Decke mitnehmen. Während der Regenzeit, von Dezember bis März, können *huaycos* entstehen, das sind Straßenteile, die vom Wasser weggespült wurden und die Strecke mehrere Tage lang unterbrechen.

Colectivos, *Comité 12 de automóviles,* Jr. Prado 607, sind schneller als Busse und kosten 5 $.

Viermal wöchentlich Flüge (Flugdauer 40 Minuten) mit *Aero Peru,* Büro am Jr. Beraun 765, an der Plaza de Armas, neben dem Hotel Turistas. Zwei Stunden vor der geplanten Abflugszeit warten Colectivos vor diesem Büro; der Flughafen befindet sich zwanzig Minuten von Huánuco entfernt.

■ Nach **Tingo María:** 136 km. Colectivos warten gleich nach der Brücke (von der Plaza de Armas vier Blöcke den Jr. Prado runter) über den Río Huallaga. Auch Colectivos der *Comité 12 de automóviles,* Jr. Prado 607, Preis 2.5 $, fahren dorthin. Dieselbe Gesellschaft unterhält Colectivos nach **Huancayo**.
Busse: *León de Huánuco,* Malecón Robles 821, fährt nach Tingo María und nach **Pucallpa**. *La Perla del Oriente,* Jr. Aguilar 685, ebenfalls. *Ucayali,* Jr. Constitución 638, auch nach **Cerro de Pasco, La Oroya** und **Huancayo.** *Centro Oriental,* Jr. Abtao 951, nur nach Tingo María.

■ **La Unión** befindet sich auf halbem Weg zwischen Huánuco und Huaraz. Drei Stunden Marsch von La Unión entfernt befinden sich die Inkaruinen von **Huánuco Viejo**. In La Unión gibt es einfache Hotels. Die *Empresa dos de mayo,* Jr. San Martín, 2½ Blöcke nach dem Zentralmarkt, *Transportes Acosta,* Jr. Tarapacá 448, und *Transportes Municipal,* Jr. San Martín 593, fahren die 135 km lange Strecke täglich in 7–9 Stunden. Abfahrt frühmorgens.

■ Nach **Tantamayo:** Für die 157 km lange, schwierige, nichtasphaltierte Piste benötigt der Bus während der Trockenzeit 9 bis 12 Stunden. *Transportes Bella,* Jr. Junín 635, fährt jeden Morgen.

Die «**Wolkenkratzer**» (*rascacielos*) von Tantamayo sind vier- bis fünfstöckige Präinkaruinen. Sehenswert sind vor allem die Ruinen von **Susupillo** (fünf Stunden Marsch), **Piruro**

(zwei Stunden Marsch) und **Japalan** (fünf Stunden Marsch). Man findet die Ruinen auch ohne Führer, muß dann aber rumfragen. Unterkunft in Tantamayo.
Die Nächte sind kalt!

Huaraz

3091 m ü. M., 50 000 Einwohner.
Huaraz liegt im Tal des **Callejón de Huaylas.** Auf dem Río Santa, der durch die Stadt fließt, werden Wildwasserfahrten im Schlauchboot organisiert. Der Ort wurde mehrmals durch Geröllawinen und Erdbeben zerstört. Die schlimmste Katastrophe war das Erdbeben vom 31. Mai 1970. Die Zahl der Todesopfer wird auf 80 000 geschätzt, nur ein Zehntel der Gebäude von Huaraz blieb stehen. Die Stadt wurde inzwischen wieder aufgebaut, fast alle Häuser sind neu, und das Stadtbild wirkt nicht besonders attraktiv. Zwischen Dezember und März ist mit starken, oft tagelangen Regenfällen zu rechnen.

Die Huaraz-Region ist zurecht bei den Treckern und Bergsteigern sehr beliebt, sie ist schlichtweg *das* Zentrum des Andinismus (amerikanischer Ausdruck für Alpinismus). Noch immer stoßen Trekker, wenn sie sich genügend Zeit nehmen, auf einsame, kaum begangene Wege, treffen abgelegene, in alten Traditionen verhaftete Ketschuasiedlungen an, finden Inka- und Vorinkaruinen, Gletscherseen und warme Quellen.

Die Hochebene wird durch zwei Gebirgszüge begrenzt: im Westen duch die **Cordillera Negra,** deren Gipfel nicht schneebedeckt sind und lächerlich klein wirken, und im Osten durch die imposanten, weißen Gipfel der **Cordillera Blanca.** Diese östliche Kordillere ist ein 20 km breiter und 180 km langer Gebirgszug. Über 50 ihrer Bergspitzen liegen höher als 5700 m. Der **Huascarán** ist mit einer Höhe von 6768 m der höchste Berg Perus. Er und weite Gebiete darum herum wurden 1975 zum Nationalpark erklärt.

In **Chavín de Huántar** liegt das religiöse Zentrum der ersten Zivilisation des Andenraumes, die vor 3000 Jahren ihren Kult verbreitete. Die *Chavín-Kultur* beeinflußte die meisten Völker der Nordanden, prägte aber auch das Leben an der Küste.

Unterkunft

■ **Hotel Barcelona *,** Av. Raymondi 612, Tel. 72 10 24. Zentrale Lage. Die Zimmer sind einfach und in Ordnung. DZ ohne Bad 2 $, mit Bad 2.2 $. Es gibt nur Kaltwasser.

■ **Hostal El Pacífico *,** Luzuriaga 630, Tel. 72 16 83. Im Zentrum. DZ mit Bad 3.2 $. Sauber. Es gibt auch Drei- und Vierbettzimmer. Warmwasser 6–10 und 15–22 Uhr, auf Bestellung auch zu anderen Zeiten.

■ **Hostal Yanett **,** Av. Centenario 106, gleich nach der Brücke. Tel. 72 14 66. DZ mit Bad 3.2 $. Warmwasser. Freundlich und sauber. Zweistöckiges Gebäude mit hüb-

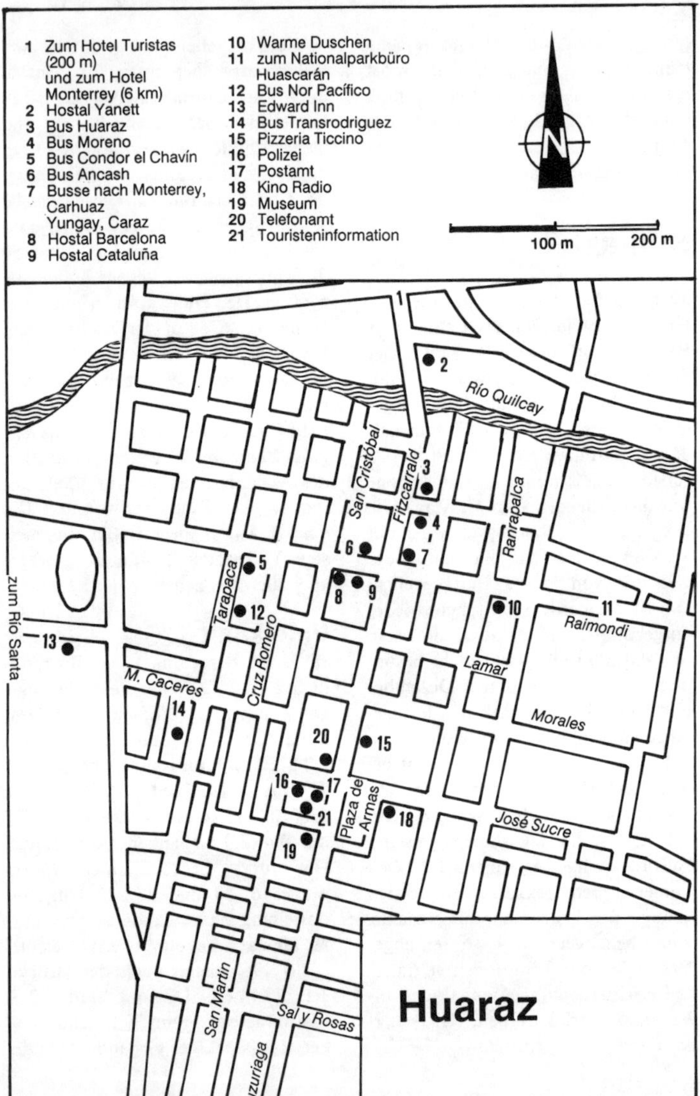
Huaraz
1 Zum Hotel Turistas (200 m) und zum Hotel Monterrey (6 km)
2 Hostal Yanett
3 Bus Huaraz
4 Bus Moreno
5 Bus Condor el Chavín
6 Bus Ancash
7 Busse nach Monterrey, Carhuaz Yungay, Caraz
8 Hostal Barcelona
9 Hostal Cataluña
10 Warme Duschen
11 zum Nationalparkbüro Huascarán
12 Bus Nor Pacífico
13 Edward Inn
14 Bus Transrodriguez
15 Pizzeria Ticcino
16 Polizei
17 Postamt
18 Kino Radio
19 Museum
20 Telefonamt
21 Touristeninformation
N
100 m
200 m
Río Quilcay
San Cristóbal
Fitzcarrald
Ranrapalca
Tarapaca
Cruz Romero
Raimondi
Lamar
Morales
M. Caceres
zum Río Santa
Plaza de Armas
José Sucre
San Martin
Sal y Rosas
Luzuriaga

schem Innenhof. Restaurant und Bar im Haus. Empfehlenswert.

■ **Hotel Cataluña** *, Av. Raymondi 622, Tel. 72 11 17. Zentral. DZ mit Bad 3.5 $. DZ mit Bad 3.5 $. Warmwasser 7–9 und 19–21 Uhr. Das Restaurant ist während der Hochsaison von April bis September in Betrieb. Im Hotel werden Trekkingausrüstungen verliehen.

■ **Edwards Inn** **, Av. Bolognesi 121. Freundlich und sauber. DZ mit Bad 3.5 $, ohne Bad 3 $. Warmwasser. Zweistöckiges Gebäude, im Innenhof kann man die Wäsche waschen. Ein Restaurant mit Karten über Trekkingrouten. Empfehlenswert.

■ **Hotel Turistas** ***, Av. Centenario, zehnter Block. Tel. 72 16 40. 25 Minuten zu Fuß vom Zentrum entfernt. Geräumige DZ mit Bad 6 $. Das Frühstück ist im Preis inbegriffen. Vom Telefon in den Zimmern sind internationale Anrufe möglich. Von der Terrasse gute Sicht auf den Huascarán, eigenes Restaurant, Bar, Wäscheservice.

■ **Für Genießer: Hotel Monterrey** ***, in Monterrey, 7 km von Huaraz entfernt. Tel. 1. Grün-weiße Mikrobusse fahren regelmäßig von der Av. Luzuriaga. Endstation bei den Thermalbädern des Hotels. Es liegt auf einem von Eukalyptusbäumen umsäumten Hügel. DZ mit Bad nur 3.5 $. Das Frühstück (6–10 Uhr) ist im Preis inbegriffen. Ebenfalls im Preis inbegriffen ist der Besuch der Thermalbäder (abschließbare Privatkabinen mit großen Badewannen) und des 25 mal 12 Meter großen Schwimmbeckens. Das Wasser ist warm und enthält viel Schwefel, Eisen und Chlor. In der Gartenanlage um das Schwimmbecken schwirren oft Kolibris auf der Suche nach Nektar. Während das gemeine Publikum nur bis 17 Uhr zu den Bädern Zutritt hat, können Hotelgäste auch mitten in der Nacht baden.

Essen

■ **Restaurant Don André,** Av. Luzuriaga 635. Preiswerte Steaks, Meeresfische, Forellen (*truchas*), Huhn. Sehr billiges Tagesmenü.

■ **Chifa Familiar,** Av. Luzuriaga 431. Internationale und chinesische Küche, reichhaltiges Angebot zu vernünftigen Preisen.

■ **Pizzeria Ticino,** Luzuriaga 651. Hervorragende italienische Küche und gute Bedienung, gehobenes Preisniveau.

■ Abraten müssen wir vom Vigorito und Elboni.

Was sonst?

■ **Touristeninformation,** Av. Luzuriaga, an der Plaza de Armas, berät jeden Besucher sehr kompetent und verteilt Pläne für Trekkings.

■ **Telefon-** und **Postamt** an der Plaza de Armas.

■ **Warme Duschen** gibt's an der Av. 904. Geöffnet 8–13 und 14–18 Uhr, 0.2 $.

■ **Wäscherei,** Av. Fitzcarald 101, kurz vor der Brücke.

■ **Archäologisches Museum** an der Plaza de Armas. Geöffnet Mo–Fr 9–17.30 Uhr, Sa und So schließt das Museum eine Stunde früher. Eintritt 0.3 $.

■ 7 km von Huaraz entfernt befinden sich die **Thermalbäder von Monterrey** (siehe Hotel Monterrey). Die Privatbäder und das große Schwimmbecken sind von 8 bis 17 Uhr geöffnet. Eintritt 0.3 $.

Trekking

Wer trecken möchte, dem empfehlen wir das Buch von *Jim Bartle* «Trails of the Corillera Blanca and Huayhuash of Peru», in dem 26 Trecks (inklusive 11 Pläne) ausführlich beschrieben werden. Es ist überall in Huaraz und in großen Buchhandlungen in Lima und Cuzco käuflich. Große Pläne und gute Infos sind im Touristeninformationsbüro (Foptur) erhältlich. Auch die Auskünfte der lokalen Reisebüros, welche Trekking- und Bergsteigertouren veranstalten, sind so vielfältig und kompetent, daß wir uns weitere Erklärungen ersparen. Für ausgefallene Trips und Fragen wende man sich an *Miguel A. Chirivalle,* C. San Martín 995. Er ist derzeit Direktor von Foptur, ein junger Typ, der fließend Englisch spricht (USA-Studium) und sich für seinen Job die langen Haare kurz schneiden ließ.

Soviel kosten geführte Bergtouren: ein qualifizierter Bergführer 40 $ pro Tag, Hilfsbergführer (*aspirante*) 20 $ pro Tag, *Arrieros* (Esel- oder Maultiertreiber) 10 $ pro Tag, ein Esel wird mit 2 $ im Tag verrechnet, für einen Koch bezahlt man 10 $. Buchen kann man Touren bei *Huaraz Classic Tours,* Av. Luzuriaga 552, Briefe und Fragen können auch in englischer Sprache gestellt werden. Ausgezeichnete Infos bietet auch *Montrek,* Av. Luzuriaga 646, die auch auf Wildwasserfahren spezialisiert ist. Gratis und unverbindlich kann man sich dort Dias über die verschiedenen Trips vorführen lassen!

Trekkingausrüstungen vermieten unter anderen *Huaraz Classic Tours.* Einige Preisbeispiele: Ein Zelt kostet 1.5 bis 2.5 $ pro Tag, Schlafsack 2 $, Trekkingschuhe 2 $, Kocher 1.5 $. Kein Gegenstand kostet mehr als 3 $.

Wildwasserfahrten

Wildwasserfahrten mit Schlauchbooten sind auf dem **Río Santa** möglich. Die 8 km von **Jangas** bis zum ehemaligen Flughafen von **Anta** schafft man zu Wasser in einer Stunde. Man sollte sich von der kurzen Zeitdauer aber nicht täuschen lassen, alle müssen mitpaddeln, was sehr anstrengend ist. Die Strecke bietet zwischen Mai und November keine technischen Schwierigkeiten und ist auch für Anfänger geeignet (Schwierigkeitsgrad 1–2). Während der Regenzeit zwischen Dezember und April ist der Fluß reißender, der Flußtrip wird interessanter und abenteuerlicher, der Schwierigkeitsgrad steigt. Diese Wildwasserfahrt kostet 5 $ pro Person.

Von **Yungay** nach **Caraz** sind es

20 km, der Bootstrip dauert 2 Stunden. Zwischen Mai und Oktober Schwierigkeitsgrad 2–3, von November bis Dezember Schwierigkeitsgrad 4, von Januar bis Februar Schwierigkeitsgrad 5–6. Diese Wildwasserfahrt kostet 10 $ pro Person.

Alle Wildwasserfahrten werden von *Montrek* (Av. Luzuriaga 646) organisiert, wer bei einer anderen Agentur bucht, fährt ebenfalls mit Montrek, zahlt jedoch einen erheblichen Zuschlag (Kommissionen).

Skifahren

Skifahren ist fast überall in der Höhe möglich, Skilifte gibt es jedoch nicht. Skis und Skischuhe können für 8–12 $ pro Tag gemietet werden. Für Gruppen ab vier Personen organisiert *Montrek* Skitouren, übernachtet wird in Zelten auf einer Höhe von 4800–5200 m. Zwei Tage inklusive Transport, Führer, Ausrüstung und Verpflegung kosten 12 $ pro Person. Die besten Schneeverhältnisse findet man von Mai bis September.

Die Puya Raimondi

Die *Puya Raimondi* ist die größte Bromelienart (Familie der Ananasgewächse) der Welt. Sie wird bis zu 10 m hoch und blüht nur einmal in ihrem Leben, dies aber drei Monate lang, danach stirbt sie. Die Pflanze produziert an die 20 000 Blüten, welche von Kolibris bestäubt werden. Blütezeit ist meist im August und im September. Alle drei bis vier Jahre sieht man ungewöhnlich viele Pflanzen zur gleichen Zeit im Blütenkleid. Die Pflanze ist ein «lebendes Fossil», sie gilt als eine der ältesten Blumen überhaupt. Ihr Lebensraum erstreckt sich auf wenige Orte in den Anden Boliviens und Perus, zum Beispiel den **Nationalpark Huascarán.**

Wie hin? Mit einem Bus Richtung Lima bis **Carpa** fahren. Dort einen Lastwagen stoppen oder zu Fuß 10 km auf der Hauptstraße entlang desm Río Pachacoto. Links abbiegen, wo die Nationalparktafel «Sector Carpa» steht. Den staubigen Weg 18 km bis zur «Quebrada Raria» folgen, dort stehen viele Puya Raimondis, und auch Vicuñas sind oft zu beobachten. Campieren ist möglich. Wer nicht im Park übernachten will, sollte sich schon am frühen Nachmittag nach einer Mitfahrgelegenheit für die Rückfahrt umsehen.

Chavín de Huántar

Chavín de Huántar befindet sich 115 km westlich von Huaraz, am Ufer des Río Mosna. Die Tempelanlage wurde vor ungefähr 3000 Jahren erbaut. In Huaraz bieten zahlreiche Reisebüros den Besuch der Ruinen in einer eintägigen Rundfahrt für 7 $ an. Ohne einen kundigen Führer, der dir interessante Einzelheiten in den Ruinen zeigt und berichtet, wird man sich etwas verloren vorkommen. Öffentliche Transportmittel benötigen 5 Stunden, und es wird sehr schwierig, am gleichen Tag nach Huaraz zurückzureisen. Nach Chavín fahren die

Busgesellschaften *Condor de Chavín,* Av. Tarapacá und *Empresa Huascarán,* Av. Raimondi 422.

Die asphaltierte Straße folgt dem Río Santa, die Fahrt führt an Adobehäusern und Eukalyptusbäumen vorbei. Bei den großen Säulenkakteen, von denen unterwegs ganze Wälder zu sehen sind, handelt es sich um San-Pedro-Kakteen (*Gigantón*), die einen halluzinogenen Wirkstoff enthalten. Ab **Catar** führt der Weg über eine Schotterpiste. In einer Höhe von 4178 m ein Tunnel duch die Cordillera Blanca. Bald danach geht's den Río Mosna entlang, welcher in den Río Marañon, einen Zufluß des Amazonas, mündet. Im Dorf von Chavín de Huántar gibt es einfache Unterkünfte: **Hostal el Inca ***, an der Plaza de Armas. 1 $ pro Person, sehr einfach, Kaltwasser, auf Vorbestellung manchmal auch warmes Wasser.

Der **Chavín-Tempel** liegt 15 Minuten vom Dorf Chavín de Huántar entfernt. Er besteht aus mehreren Gebäuden, Plattformen und Innenhöfen. Das wichtigste Gebäude wird «El Castillo» (Festung) genannt. Unter ihr verlaufen 14 geheimnisvolle, unterirdische Gänge, doch nur zwei sind der Öffentlichkeit zugänglich. An den dicken Wänden der erdbebensicheren Gänge findet man unheimlich wirkende Steinmetzarbeiten religiösen Charakters, allen voran *El Lanzón,* ein Wesen, welches Elemente von Jaguar, Harpyie und Anakonda in sich vereinigt. Weiter ein *Fledermaus-Mensch,* auf einem anderen Stein ist ein *Priester* zu sehen, der einen San-Pedro-Kaktus in seinen Händen hält, ein Hinweis, daß die meskalinhaltige Pflanze eine wichtige Rolle im Chavín-Kult spielte. Zwei bekannte Objekte aus dem Tempel, der *Tello-Obelisk* und die *Raimondi-Stele* sind im Anthropologischen Museum in Lima ausgestellt. Unter dem Tempel befinden sich auch Kanäle, läßt man Wasser durchfließen, entsteht ein unheimliches Geräusch. Die Priester scheinen es darauf abgesehen zu haben, das Volk in Angst und Schrekken zu versetzen. Auch die schreckerregenden, steinernen Trophäenköpfe, ursprünglich Zierrat an den Tempelwänden, zielen in diese Richtung.

Weiterreise

■ Der Flughafen von **Anta** (23 km von Huaraz entfernt) ist seit 1983 geschlossen. Wir glauben nicht, daß der Flugbetrieb demnächst wieder aufgenommen wird.

■ Nach **Lima:** 8 Stunden Fahrt. *Ancash, Rodríguez* und *Transp. Huaraz* fahren täglich in die Hauptstadt (2.5 $). Die beiden erstgenannten Gesellschaften kommen im Terminal von *Ormeño* an.

■ Nach **Trujillo** (340 km, 10 Std.): *Empresa Chinchasuyu,* Av. Gamarra 786. Der Bus fährt nach dem Halt in Trujillo nach **Piura** weiter.

■ Nach **La Unión:** *Virgen del Carmen* fährt dreimal wöchentlich vom Markt an der Av. Raymondi in 4 Stunden erst mal nach **Chiquian.** Dort übernachten (einfache Hotels)

◀ *Trophäenkopf im Tempel von Chavín de Huántar*

und sehr früh morgens in weiteren 7 Stunden (104 km) nach La Unión. Unweit von La Unìón liegen die Ruinen von **Tantamayo.** Von La Unión gute Verbindungen nach **Huánuco** (8–9 Std.).

Ketschua

«Ketschua» bezeichnet ursprünglich die peruanische Andenregion oberhalb von 3200 m. Heute werden mit dem Begriff auch eine Sprache sowie die ketschuasprechende Indianerbevölkerung bezeichnet.

Die Ketschuasprache wird von den Einheimischen selbst *runasimi* (Menschensprache) genannt. Es ist nicht bekannt, wie viele Leute Ketschua sprechen; bei Umfragen verleugnen viele ihre Sprachkenntnisse, da sie glauben, sie deute auf einen sozial niedrigen Status. Man schätzt, daß fast 7 Millionen Menschen in sechs Ländern Ketschua sprechen, 40 Prozent von ihnen verstehen und sprechen auch Spanisch. Ketschua ist damit die wichtigste Indianersprache Amerikas. Den größten Anteil an Ketschuas hat Peru mit über 3 Millionen, gefolgt von Ecuador und Bolivien mit je über 1.5 Millionen, Argentinien mit 150 000 und Kolumbien und Chile mit einigen wenigen tausend Menschen. 1975 erklärte die peruanische Regierung das Ketschua neben Spanisch zur zweiten Landessprache.

Da vor der spanischen Eroberung Perus keine Schrift bekannt war, wird die phonetische Umsetzung des Ketschua in lateinischen Buchstaben geschrieben. Sprachlogik und -grammatik folgen jedoch anderen Regeln, als wir sie von europäischen, asiatischen und afrikanischen Sprachen her gewohnt sind, da sich die Sprache eigenständig, ohne Einfluß von oder Kontakte zu Sprachen anderer Kontinente entwickelte. Die Indianersprache existiert in mehreren Dialekten, die sich beträchtlich voneinander unterscheiden. Natürlich wurde Runasimi seit dem Beginn der Kolonialzeit vom Spanischen beeinflußt, fast alle technischen Begriffe sind europäisch, umgekehrt gingen viele Ketschuawörter ins Spanische über: *llama, condor, guanako, chinchilla, coca, chinín, guano, pampa* sind Wörter aus der Ketschuasprache.

Auch die meisten Ortsbezeichnungen in den Anden sind aus Ketschuawörtern zusammengesetzt. Folgende Liste gibt Aufschluß über die Bedeutung solcher Ortsnamen. *Machu* zum Beispiel bedeuted «alt» und *picchu* «Berg», *Machu Picchu* demnach «alter Berg». Weiter Beispiele:

bamba – Platz, Ort
caja – Bergpaß
cancha – Hof
capac – reich, mächtig
cota – Lagune
cucho – Ecke
chaca – Brücke
chacra – Garten
choque, cori – Gold
chuki – Speer
cocha – Lagune
collca – Vorratsspeicher
collque – Silber

cunti – Westen
hanca – Schnee
hatun – groß
hirca – Berg
huamán – Falke
huaylla – Wiese
huayna – klein, jung
hunaca – Fels
inti – Sonne
lacta – Land
llacta – Dorf
machay – Spalt, Höhle
machu – alt, groß
mama – Schwester, Mutter
manca – Gefäß
marca – Stadt, hochgelegenes Gebiet
mayo, mayu – Fluß
pacha – Land, Erde
pampa, bamba – Ebene, Feld
pata – Spitze, Gipfel
paucar – blühend
picchu – Berg
puca – rot
puquio – Brunnen
raju – Gletscher, verschneite Bergspitze
rimac – der Sprechende
rucu – alt
rumi – Stein
runa – Mensch, Volk
sacha – wild
tambo, tampu – Vorratslager an den Inkastraßen
tingo – Zusammentreffen von zwei Flüssen
urcu – Berg, Gipfel
willca – Abstammung
vilca, huilca – Drogenpflanze
yacu – Wasser, Fluß
yura, yuraq – weiß

Ernährung

Die Campesinos des Hochlandes ernähren sich noch heute ähnlich wie zu Inkazeiten. Die Nahrungspalette wurde durch Produkte bereichert, die die Spanier ins Land einführten: Weizen, Reis, Hühner, Schweine und Rinder. Trotzdem hat sich die Ernährungslage der Indianer seit der spanischen Eroberung verschlechtert; ihre Organisation (zum Beispiel für den Bau und Erhalt von Bewässerungsanlagen) wurde zerschlagen, die fruchtbarsten Ländereien geraubt, und einige bewährte Kulturpflanzen und Agrartechniken gerieten in Vergessenheit.

Heute noch stehen vorwiegend pflanzliche Produkte auf der Speisekarte. Die einzigen Haustiere, die vor über 450 Jahren wegen ihres Fleisches gehalten wurden, waren Meerschweinchen und eine Entenart. Tierisches Protein lieferten auch Wildtiere (Vögel, Hirsche, Vizcachas). Die Kleinkamele wurden nicht zu Nahrungszwecken gehalten; Lamas dienten als Lasttiere, Alpakas lieferten wertvolle Wolle. Die folgenden Produkte können noch heute in unzähligen Varianten auf jedem Andenmarkt gekauft werden.

■ Die **Kartoffel** ist zweifellos das wichtigste Gemüse der Anden. Es wächst bis in eine Höhe von 4000 m. In den peruanischen Märkten werden über 200 Kartoffelarten angeboten, die sich in tausende von Sorten, Größen, Farben und Geschmacksrichtungen weiter aufteilen. Neben der Kartoffel gibt es weitere Knollengemüse, die bei uns völlig unbekannt sind, aber ausgezeichnet schmecken: Die *oca* sieht aus wie eine gelbe Karotte und ist lila gesprenkelt; ähnliches Aussehen, aber einen anderen Geschmack haben *olluco* und *mashua.* Alle werden wie Kartoffeln gekocht.

■ **Chuños:** Die Kartoffel ist auch das erste Nahrungsmittel, welches schon vor 2000 Jahren zu Konservierungszwecken gefriergetrocknet wurde. Die Technik, welche die Einheimischen des Altiplanos von Peru und Bolivien damals verwendeten, hat sich nicht geändert: Nach der Ernte werden die Kartoffeln in einem großen Haufen nachts draußen den kalten Minustemperaturen ausgesetzt. Am Tag liegen sie dann in der warmen Sonne. Nach mehreren Tagen und Nächten wird die Haut der Kartoffeln entfernt und die letzte Feuchtigkeit rausgepreßt. Zu diesem Zweck werden die Kartoffeln mit den Füßen gestampft. Dann läßt man die Knolle sich mit Wasser vollsaugen, um die letzten Bitterstoffe loszuwerden, anschließend wird sie nochmals getrocknet. Das Endprodukt heißt *chuño* und ist bis zu vier Jahre lagerfähig.

■ Der **Mais** galt bei den zentral- und südamerikanischen Kulturen als heilig. In Ketschua heißt er *sara.* Er wächst bis in eine Höhe von 3500 m, im verhältnismäßig milden Klima um den Titicacasee gar bis auf 3900 m hinauf. Es gibt gelben, weißen, roten und schwarzen Mais. Am liebsten wird der Mais als alkoholisches Getränk genoßen, als *chicha,* das traditionelle Maisbier. Vor dem Trunk werden seit Urzeiten einige Tropfen den Göttern geopfert, eine Tradition, die noch heute sehr häufig zu beobachten ist. Oft opfern Busfahrer nach erklommener Paßhöhe dem Christus in der auf dem Paß stehenden, kleinen Kapelle einige Tropfen Chicha oder Schnaps.

■ Die **Quinoa** ist eine hirsenartige Pflanze, deren Körner einen Proteinanteil von über 15 Prozent enthalten. Ähnlich nahrhaft ist die **Kiwicha.** Ihre Körner sind noch kleiner als die der Quinoa. Die Kiwicha wurde von den Inkas so sehr geehrt, daß sie nach der spanischen Eroberung von der Kirche verboten wurde. Wer die Kiwicha anpflanzte oder aß, wurde hart bestraft. So gelang es, die «Teufelspflanze» vom traditionellen Speisezettel zu verbannen. Heute fördert die Regierung den Anbau von Quinoa und Kiwicha, um die Unterernährung der Landbevölkerung zu bekämpfen. Die Nasa, die nordamerikanische Weltraumbehörde, erwog sogar, Quinoa als Astronautenfutter ins All zu jagen.

Cajamarca

2750 m ü. M., 70 000 Einw.

Cajamarca liegt in einem Tal zwischen den Bergen Cerro Santa Apolonia und Cerro Cumbe. Hier nahm *Francisco Pizarro* den Inkakönig *Atahualpa* gefangen, um ihn einige

Monate später hinrichten zu lassen. Damit war das Ende des Inkareichs besiegelt. Erst um 1450 war die Region unter die Herrschaft des Inka *Pachacutec* gekommen und ins Großreich eingegliedert worden. Von den Inkabauten ist mit Ausnahme des Raumes, in dem Atahualpa gefangengehalten wurde, nichts erhalten geblieben. 25 km entfernt, in **Cumbe Mayo,** aber liegen Bewässerungskanäle, die von einem unbekannten Volk vor Beginn unserer Zeitrechnung erstellt wurden und heute noch funktionieren.

Das Landschaftsbild um Cajamarca ist den europäischen Alpen sehr ähnlich. Das milde, trockene und sonnige Klima begünstigt die Viehwirtschaft. Die Wiesen sind saftig grün und die Kühe scheinen glücklich zu sein. In der Region liegen Perus Musterfarmen, wo Milch, Butter und Käse produziert werden. Neben Kühen werden auch Rennpferde gezüchtet.

Unterkunft

■ **Hostal Bolívar** *, Jr. Apurimac 670. Sehr einfach; billigste Unterkunft der Stadt. Das Bett (Einzel- bis Viererzimmer ohne Bad) kostet 0.8 $. In den zwei Kollektivduschen gibt's nur Kaltwasser. Im Innenhof kann man Wäsche waschen.

■ **Hostal Jusovi** *, Jr. Amazonas 637, Tel. 29 20. DZ mit Bad 2.5 $. Kein Warmwasser. Das dazugehörige Restaurant liegt daneben.

■ **Hostal Plaza** *, Jr. Amalia Puga 669, an der Plaza de Armas, Tel. 20 58. DZ ohne Bad 2.5 $, mit Bad 3 $. Sauber. Warmwasser in den Kollektivduschen 6–10 und 16–22 Uhr. Einige Zimmer mit Blick auf die Plaza.

■ **Hostal Dos de Mayo** *, Jr. 2 de mayo 585, Tel. 25 27. Einfach. DZ mit Waschbecken 3 $. Warmes Wasser in der Kollektivdusche von 19 bis 21 Uhr. Auch Drei- und Vierbettzimmer.

■ **Hostal Peru** *, Jr. Amalia Puga 605, an der Plaza de Armas. DZ mit Bad 3 $. Sauber. Einige Zimmer mit Blick auf die Plaza. Nur Kaltwasser.

■ **Hostal Becerra** *, Jr. Arequipa 195, Tel. 34 96. DZ mit Bad ohne Dusche 3.5 $. Warmwasser nur in den Kollektivduschen von 6 bis 23 Uhr.

■ **Hostal Casa Blanca****, Jr. 2 de mayo 446. Tel. 21 41. Großes weißes Gebäude an der Plaza de Armas, gegenüber der Kathedrale. Altes Kolonialhaus mit schönem Innenhof. DZ mit Bad 6 $. Tag und Nacht Warmwasser. Im Haus Wäscherei und ein Trainingsraum mit Hanteln. Empfehlenswert.

■ **Für Genießer: Hostal Cajamarca** ***, Jr.2 de mayo 311. Tel. 92 25 32. Das Gebäude im Kolonialstil ist 110 Jahre alt. Großer Innenhof, die Zimmer sind stilvoll eingerichtet. DZ mit Bad 6 $. Warmwasser 7–10 und 19–22 Uhr. Restaurant, Bar und Reisebüro im Haus.

Essen

■ **Restaurant Salas,** Jr. Amalia Puga 637, an der Plaza de Armas. Hat zu Recht einen guten Ruf für gute und preiswerte Küche: frischgepreßte Fruchtsäfte, Steaks vom Grill, Teigwarengerichte und vieles mehr.

■ **Chifa El Zarco,** Jr. Arequipa 170. Chinesische und peruanische Küche, Steaks vom Grill, viele Biersorten. Preiswert.

■ **Restaurant El Sitio,** im Hotel Cajamarca, Jr. 2 de mayo 311. Turistisch rustikal eingerichtet. Gutes Frühstück und Steaks, das fritierte Meerschweinchen darf auch in diesem noblen Lokal von Hand gegessen werden. Geöffnet 7.30–15 und 18.30–22 Uhr. Gehobenes Niveau, die Preise sind angemessen. Erstklassige Bedienung.

■ **Restaurant Cajamarca,** Jr. 2 de mayo 311.
Bestes Restaurant im Ort, was sowohl die Küche, wie auch die Atmosphäre betrifft. Stilvolles Kolonialgebäude, man kann im Innenhof speisen. Große Auswahl. Die Preise entsprechen der Qualität.

Was sonst?

■ **Touristeninformation** (Foptur), Jr. Santisteban 144. Geöffnet Mo–Fr 8.30–13 und 14.30–17 Uhr, Sa 9–12 Uhr.

■ **Telefonamt,** Jr. Lima, an der Plaza de Armas.

■ **Postamt,** Jr. Lima 424.

■ **Banco de la Nación,** Jr. Tarapaca 647.

Sehenswert

■ Der Bau der **Kathedrale** an der Plaza de Armas wurde in der zweiten Hälfte des 17. Jahrhunderts begonnen und in der ersten Hälfte des 18. Jahrhunderts beendet. Die Kirchtürme aber wurden nie fertiggebaut. Da für Kirchen Steuern ans Mutterland Spanien entrichtet werden mußten, ließen die schlauen Bürger von Cajamarca ihr Gotteshaus unvollendet. Denn, so argumentierten sie, Steuern seien nur für fertig gebaute Kirchen zu bezahlen.

■ In der Kirche von **San Francisco** an der Plaza de Armas gegenüber der Kathedrale wurde der Leichnam *Atahualpas* begraben, möglicherweise aber von seinen Anhängern wieder ausgebuddelt und an einen geheimen Ort gebracht. Die Kirche verfügt über ein kleines Museum und Katakomben.

■ Im **Cuarto del Rescate** (Lösegeldzimmer), Av. Amalia Puga, soll Atahualpa den Spaniern gegen seine Freilassung angeboten haben, den Raum zweimal mit Silber und einmal mit Gold so hoch auszufüllen, wie seine Hände reichten. Diese Höhe ist heute mit einem roten Strich an der Wand gekennzeichnet. Das Versprechen wurde von Atahualpa zu einem großen Teil erfüllt, aus dem ganzen Inkareich, dem Tahuantinsuyu, kamen Lamakarawanen mit Gold und Silber. Doch bevor die größte Lösegeldsumme der Welt ganz eingelöst worden war, wurde Atahualpa unter fadenscheinigen Begründungen zum

Tode verurteilt. Das Zimmer ist von Mo – Di von 8.30 – 12.30 und 14.15 – 17 Uhr, Sa und So von 9 – 12 Uhr, geöffnet, Di geschlossen.

■ **Museo Arqueológico,** Jr. Arequipa 289. Die vier kleinen Räume zeigen Keramiken der Kulturen *Chimú, Mochica, Chavín, Chancay, Nazca, Cajamarca* und *Huari.* Alles ein wenig verstaubt, aber uns hat's gefallen. Geöffnet Mo – Fr 8 – 12 und 15 – 17.45 Uhr. Dienstags geschlossen. Manchmal ist auch samstag- und sonntagmorgens geöffnet.

■ **Archäologisches und Ethnologisches Museum,** im Conjunto Monumental Belén, Jr. Belén, 6. Block. Keramiken, Textilien, Skulpturen, Landwirtschaftsgeräte und präkolumbianische Nahrungsmittel, welche in der Umgebung von Cajamarca gefunden wurden, sind hier ausgestellt. In einem zweiten Raum Kunsthandwerk und Folklorekleidung von heute. Geöffnet Mo – Fr 8 – 13.30 Uhr. Di, Sa und So geschlossen.

■ Vom Hügel **Santa Apalonia** sieht man die ganze Stadt. Auf dem Hügel befindet sich der «Inkathron», ein in Stein gehauener Sessel. Er ist von einem Zaun umgeben.

■ **Baños del Inca:** In diesen Bädern kurte *Atahualpa,* als *Francisco Pizarro* mit seinen Männern in Cajamarca eintraf. Die Inkabauten sind verschwunden, aber die warmen Thermalbäder (kleine Privatbecken und ein großes Schwimmbad) laden heute noch zum Entspannen ein. Die grünweißen Mikrobusse mit der Aufschrift «Baños del Inca» fahren vom Jr. Amazonas und Colectivos vom Jr. Lima zu den Inkabädern.

■ In der Farm von **Collpa,** 11 km von der Stadt entfernt, werden zwischen 14.30 und 17 Uhr die Kühe zum Melken einzeln beim Namen gerufen, worauf diese gemächlich in den Stall trotten.

■ Die **Ventanillas de Otuzco** befinden sich 8 km von der Stadt entfernt, am Ufer des Río Chonta. Die Straße dorthin führt am Flughafen vorbei. Viereckige Nischen wurden hier in den Fels gehauen, in denen die Mumien von noblen Leuten aufbewahrt wurden. Die Erbauer dieser Gräber sind unbekannt, sicher ist, daß sie aus der Zeit vor den Inkas stammen. Die Nischen sind nach Osten, gen Sonnenaufgang, gerichtet.

Die *Tunas* (Feigenkakteen), die dort in Plantagen zu finden sind, haben Cajamarca den Ketschuanamen gegeben. Er bedeutet «Ort der Stacheln».

■ Zu den Aquädukten von **Cumbe Mayo** fahren keine öffentlichen Verkehrsmittel, man muß sich einer geführten Tour anschließen, ein Taxi nehmen, oder die 25 km zu Fuß (schöne Landschaften!) gehen. Unterwegs fährt (geht) man an seltsam geformten, natürlichen Felsformationen vorbei, die mit etwas Fantasie wie Mönche in der Kutte aussehen, und so heißen sie auch – *los frailones.* Die Aquädukte wurden auf einer Höhe von 3555 m in der Cordillera del Cumbe gebaut. Dank ihnen fließt

ACIO DE JUSTICIA

das Wasser statt zum Pazifik durchs Cajamarca-Tal in den Atlantik. Die Kanäle sind 35 – 50 cm breit und 30 – 65 cm tief in den Felsen gehauen. Zickzack-Kurven verringern die Fließgeschwindigkeit des Wassers, um der Erosion vorzubeugen. Die Kanäle sind noch nach über 2000 Jahren (das genaue Alter ist unbekannt) so gut wie unbeschädigt. Vor wenigen Jahren wurden, zum Teil parallel zu den antiken Kanälen, neue Bewässerungsanlagen aus Beton gebaut. Diese sind heute schon größtenteils abgenutzt.

■ **Reiseagenturen:** *Andina Tours* und *Atahualpa Inca Tours,* beide an der Plaza de Armas, und *Cumbe Mayo Tours* im Hotel Plaza führen halbtägige Touren (meist in spanischer Sprache) nach Cumbe Mayo (2.5 $), Ventanillas de Otuzco (2 $) und zur Hacienda La Collpa (2.5 $).

Daneben wird eine dreitägige Reise im Agenturwagen zu den Ruinen von **Kuelap** (16 Stunden Fahrt) angeboten; sie kostet 70 $ pro Person bei einer Gruppengröße von 5 Personen. Inklusive Essen und Unterkunft kostet der Trip 90 $.

Die Eroberung Tahuantinsuyus

Tahuantinsuyu, das Reich der Inkas, wurde in wenigen Monaten von einer Handvoll spanischer Soldaten erobert. Geführt wurden sie vom Abenteurer *Francisco Pizarro,* einem Mann von außergewöhnlicher Willensstärke. Er konnte weder lesen noch schreiben, war aber ein erfahrener Seemann und Soldat und hatte schon bei der Eroberung Panamas gegen Indianer gekämpft. Dort hörte er zum erstenmal von einem Land weit im Süden, von dem Gerüchte über riesige Goldschätze ausgingen. Bei den Goldschätzen handelte es sich wahrscheinlich um diejenigen der *Chimús,* eines Volks, welches ein halbes Jh. zuvor von den Inkas erobert worden war.

Der Inkakönig *Huayna Capac* und dessen ältester Sohn wurden 1525 von der Beulenpest, die die Spanier nach Amerika gebracht hatten, dahingerafft. Noch auf dem Sterbebett hatte *Huayna Capac* von der Ankunft weißer, bärtiger Männer erfahren. Handelte es sich um die weißen Götter, deren Ankunft seit langem prophezeit worden war? Nach dem Tod des Herrschers und des Thronfolgers entbrannte zwischen den Söhnen *Huascar,* der in Cuzco lebte, und *Atahualpa,* der gemeinsam mit seinem Vater in Quito residierte, Streit um die Erbschaft. Auf *Atahualpas* Seite waren erfahrene Generäle und ein großer Teil des Inkaheeres, *Huascar* wurde von der Priesterschaft Cuzcos unterstützt. Aus dem fünfjährigem Bruderkrieg ging *Atahualpa* als Sieger hervor. Seine Generäle hatten Cuzco erobert und den Inkaherrscher gefangengenommen. *Atahualpa* war nun der absolute Herrscher eines Reiches, welches von Kolumbien bis Chile reichte. Kein Blatt bewegte sich, und kein Vogel zwitscherte, wenn er es nicht wollte (Ausspruch *Atahualpas*).

Kundschafter berichteten ihm ausführlich über das Näherrücken der weißen Männer. Er war neugierig auf die seltsamen Gestalten und gab Befehl, den spanischen Trupp nicht anzugreifen. Es wäre ihm ein Leichtes gewesen, die wenigen Spanier in einem engen Tal von seiner Armee, immerhin 40 000 Mann, aufzureiben, doch er fühlte sich von den nur 168 Männern keinesfalls bedroht. Vielmehr beschäftigte er sich mit der bevorstehenden Ankunft seiner Generäle und seinem gefangenen Bruder, erholte sich in den Bädern von Cajamarca und bereitete seinen baldigen triumphalen Einzug in Cuzco vor.

Von Panama her segelnd, gelang es *Pizarro* erst beim dritten Versuch, erfolgreich in Peru zu landen. Bei Tumbes war er an Land gegangen. Die dort lebenden Indianer behandelten die Spanier freundlich, nur selten kam es wegen des unziemlichen Verhaltens der Spanier (Sucht nach Gold und Frauen) zu kleinen Scharmützeln. Der Seemann erfuhr bald vom Bürgerkrieg der Inkas und beschloß, auf dem schnellsten Weg Richtung Cuzco zu marschieren. Dabei kamen ihm die vorzüglich ausgebauten Inkastraßen zugute. Die Spanier ernährten und kleideten sich von den *tambos,* Vorratshäuser, welche von den Inkas entlang den Straßen zur Versorgung ihres Heers angelegt worden waren.

Am 15. November 1532 erreichten sie Cajamarca. Beim Anblick der unendlich scheinenden Anzahl der Zelte des Inkaheeres auf den umliegenden Hügeln mag den Spaniern das Herz in die Hosen gerutscht sein. Sie waren in der Falle, ein Entkommen schien unmöglich. *Pizarro* schickte seinen Bruder mit einem kleinen Reitertrupp zum Inkakönig, der in einem Zelt, 6 km von der Stadt entfernt weilte. Ein indianischer Dolmetscher übersetzte den Wunsch der Spanier, *Atahualpa* einladen und ihm dienen zu dürfen. Der Herrscher blieb ungerührt, doch die Dolmetscher teilten mit, daß ihr Herr vielleicht am nächsten Morgen in die Stadt zu *Pizarro* kommen werde.

Die Spanier verbrachten die schlimmste Nacht ihres Lebens, kaum einer von ihnen glaubte, den nächsten Tag zu überleben. Da faßte *Pizarro* einen wagemutigen Plan: Wie sein Vorbild *Cortés* (welcher in Mexiko den Aztekenherrscher *Montezuma* im Überraschungsangriff gefangengenommen hatte) wollte er sich *Atahualpa* schnappen und als Geisel behalten. Er versteckte seine Reiter und Soldaten in den Gebäuden rund um die Plaza. Mit einiger Verzögerung traf Atahualpa endlich mit einem Troß von Dienern, auf einer Sänfte getragen, ein. Nur der spanische Priester *Valverde* stand zu seiner Begrüßung bereit. Als *Atahualpa* die Bibel, die ihm der spanische Geistliche reichte, zu Boden warf, blies *Pizarro* zum Angriff. Dieser kam für die Inkas so unerwartet, daß nach wenigen Stunden Tausende von Indianerleichen die Plaza pflasterten und *Atahualpa* gefangen war, kein einziger

Spanier wurde ernsthaft verletzt. Die Inkageneräle waren unfähig, ohne den Inkakönig den Beschluß zum Angriff zu fassen.

Atahualpa versuchte, sich mit einem hohen Lösegeld freizukaufen. Dennoch wurde er nach einem «Gerichtsprozeß» zum Tode verurteilt. Auf der Plaza de Armas wurde Atahualpa mit einem Würgeeisen hingerichtet, nachdem er sich hatte taufen lassen, um der drohenden Verbrennung zu entgehen.

Eine bolivianische Nonne vertrat in einer interessanten Diskussion die Meinung, *Atahualpa* sei ein Märtyrer, weil er als Christ gestorben war. Würde es dem Inka wohl schmeicheln, von seinen Erzfeinden heiliggesprochen zu werden?

Die Spanier nahmen bald danach Cuzco ein, das Inkareich war erobert. Zwar leisteten die Nachfolger der Inkaherrscher in einem jahrzehntelangen Guerillakampf noch erbitterten Widerstand, doch die Herrschaft der Weißen blieb bis heute erhalten. Eine peruanische Guerillaorganisation setzt heute die Tradition ihrer Vorgänger fort und nennt sich nach einem Inkanachfahren, welcher nach erfolglosem Kampf in Cuzco von den Spaniern hingerichtet wurde, *Movimiento Revolucionario Tupac Amaru.*

Weiterreise

■ Die Fahrt nach **Lima** (857 km) dauert 15 Stunden (4 $). Busgesellschaften: *Tepsa,* Av. Casanova, Ecke Jr. Sucre. *Atahualpa,* Jr. Amalia Puga 847 (für den Kauf von Fahrscheinen, die Busse fahren von der Tankstelle Grifo El Che). *Expreso Cajamarca,* Av. Casanova 364.

Aero Peru fliegt dreimal wöchentlich mit Zwischenlandung in Trujillo nach Lima.

■ Nach **Trujillo** (301 km, 8 Std., 1 $) mit *Expreso Cajamarca,* Av. Casanova 364. *Empresa Diaz,* Jr. Ayacucho 753.

■ Nach **Chiclayo** (264 km, 8 Std., 2 $) mit *Empresa Diaz,* Jr. Ayacucho 753. *El Pelegrino,* Jr. Amalia Puga 821.

■ Nach **Chachapoyas:** Die Strecke ist nicht asphaltiert, die Fahrt ist anstrengend und abenteuerlich. Mit der *Empresa Diaz,* Jr. Ayacucho 753, fährt man in 5 Stunden zuerst bis **Celendín,** wo man in einem der vier Hotels im Ort übernachtet. Ab Celendín fahren frühmorgens (ab 5 Uhr) *Camionetas* in 20 Stunden über **Tingo** nach Chachapoyas.

Chachapoyas

1834 m ü. M., 20 000 Einwohner.
Chachapoyas ist ein kleines, nettes Städtchen am Osthang der nördlichen Andenkordillere. Es ist Hauptstadt des Departements Amazonas, das seinem Namen zum Trotz größtenteils in den Anden liegt. Doch da der Río Marañon, ein wichtiger Zubringer zum Río Amazonas, hier entspringt, bekam das Departement besagten Namen. Nur wenige Touristen

besuchen diese Region, denn die Verkehrsverbindungen sind außergewöhnlich schlecht. Unzählige, kaum bekannte archäologische Ruinen locken jedoch Abenteurer, allen voran die phantastischen Überreste von **Kuelap,** einer Stadt, die unserer Meinung nach den Vergleich mit Machu Picchu nicht zu scheuen braucht.

Unterkunft und Essen

Es gibt im Städtchen nur einfache Unterkünfte, komfortable Hotels fehlen.

■ **Hostal Johumaji** *, Jr. Ayacucho 711. Bestes Hotel im Ort. DZ ohne Bad 2.5 $, mit Bad (Warmwasser) 3.5 $.

■ **Hostal Marañon** *, Jr. Ayacucho 645. DZ ohne Bad 2 $, mit Bad 3 $.

■ **Hostal Dorado** *, Jr. Ayacucho 1062. DZ mit Bad 3.5 $. Warmwasserzufuhr oft defekt.

■ **Hotel Amazonas** *, M. Grau 565, an der Plaza de Armas. DZ ohne Bad 2.5 $, mit Bad 3.5 $. Zweistöckiges Gebäude mit Innenhof, einfache Zimmer.

■ **Hostal Kuelap** *, Jr. Amazonas 1057, ein halber Block von der Plaza de Armas entfernt. DZ ohne Bad 2 $, mit Bad 3.5 $.

■ Es gibt eine Reihe einfacher Restaurants. Empfehlenswert die

Chifa El Turista am Jirón Amazonas, nett eingerichtetes, kleines Restaurant mit preiswerten chinesischen Gerichten; nur zu den Essenszeiten offen. Überzahlt ist das Essen im **Restaurant Chacha,** Plaza de Armas; o.k. im **Restaurant Oh que bueno,** Jr. Ayacucho 1025.

Was sonst?

■ **PIP (Policía de Investigaciones),** Jr. Amazonas 1220.

Alle Ausländer sind verpflichtet, sich nach Ankunft hier registrieren zu lassen. Es dauert nur wenige Minuten; Paß mitnehmen.

■ **Telefonamt,** Jr. Triunfo 851.

■ **Postamt,** Jr. Amazonas 620.

■ Das **INC (Instituto Nacional de Cultura),** Jr. Libertad 1174, verkauft Hefte und Bücher zur Archäologie der Region.

Ruinen von Kuelap

Die Ruinen von **Kuelap** sind die wichtigsten des Nororiente (Nordosten) Perus. Obwohl sie einem Vergleich mit den Inkaruinen um Cuzco durchaus standhalten, sind sie wenig bekannt. Sie liegen abgeschieden von den üblichen Touristenrouten und sind nur schwierig zu erreichen. Die Reise von der Küste her ist anstrengend, zusätzlich muß man von Tingo aus drei Stunden zu Fuß gehen und über 1000 m Höhendifferenz überwinden. Die Stadt wurde im Gegensatz zur Inkaruine im Urubamba-Tal auf der höchsten verfügbaren Bergspitze gebaut und ist nur vom Flugzeug aus ganz überschaubar. Die tropische Vegetation, hinter und unter der die Mauern der Stadt liegen, ist genauso fantastisch wie die Ruine selbst.

Wie hin? Von der Plaza de Armas

Kuelap, die vergessene Stadt im Norden Perus; die Bedeutung ▶ der Verzierungen an manchen Gebäuden ist unbekannt.

in Chachapoyas fahren jeden Morgen Camionetas nach **Tingo** (nicht Tingo María), einer kleinen Ortschaft, 35 km und 2 Stunden entfernt, 0.6 $. In Tingo gibt es das sehr einfache **Hotel Tingo** *, DZ ohne Bad 2.5 $. Das **Restaurant Kuelap** ist gut und preiswert. Bald soll Tingo über eine Straße mit den Ruinen verbunden werden. Derzeit gibt es zwei Wege: Der kürzere Fußweg beginnt etwa 100 m nach dem Hotel Tingo zwischen zwei Häusern des Dorfes und führt stetig steil bergauf. Kuelap liegt auf 3000 m, 1200 m höher als Tingo. Die 10 km lange Strecke ist für Trainierte in drei Stunden zu schaffen; kein Wasser unterwegs. Auch in Kuelap gibt es nur Regenwasser, das von ein paar Familien in kleinen Zisternen gesammelt wird. Der zweite Weg führt erst 45 Minuten den Río Utcubamba entlang, dann beginnt der steile Aufstieg. Nach zwei Stunden trifft man auf einen Bach; wir empfehlen, das Wasser vor dem Trinken zu desinfizieren. Beide Wege sind einfach zu finden, ein Führer ist nicht nötig.

Unterhalb der Festung befinden sich ein paar Hütten des Instituto Nacional de Cultura, wo man für 0.5 $ pro Person übernachten kann. Betten und Decken sind vorhanden. Eine einheimische Frau kocht auf Vorbestellung einfache Mahlzeiten. Wer im Freien schläft, benötigt einen warmen Schlafsack. Verantwortlich für Übernachtung und Eintritt ist der Wärter *José Gabriel Portocarrero Chávez*. Er ist auch ein ausgezeichneter Führer. Die Ruinen sind von 8 bis 17 Uhr geöffnet. Eintritt 0.8 $.

Die weißen Wände, die man während des Aufstiegs für Felsen hielt, entpuppen sich aus der Nähe als eine riesige von Menschenhand erstellte Mauer. Sie ist 8 bis 20 m hoch und hat die Form einer Ellipse von 700 m Länge, 175 m Breite und einem Umfang von 1.5 km. Zum Bau der Mauer wurden Granitblöcke von 100 bis 200 kg Gewicht verwendet. Das Volumen des benutzten Materials ist dreimal größer als das der Cheopspyramide in Ägypten. In der Stadt befinden sich 425 Steinhäuser, fast alle sind rund, einige sind mit geometrischen Mustern geschmückt. Damals müssen über 2000 Menschen in Kuelap gelebt haben. Viele Häuser und Mauern sind mit Bäumen überwuchert, auf denen Bromelien und Orchideen wachsen. Blütezeit ist vor allem im März und April.

Kuelap wurde offiziell 1843 vom damaligen Richter von Chachapoyas entdeckt, doch die Einheimischen in der Umgebung kannten die Festung schon lange vorher. Erbaut wurde sie von den *Sachapuyos* (auch *Chachapoyas* genannt) zwischen 1100 und 1300 n. Chr., einige Archäologen schätzen, daß mit dem Bau schon um 700 n. Chr. begonnen wurde. Über Kuelap und das Königreich der Sachapuyos ist nur wenig bekannt. Ihr Reich erstreckte sich über das heutige Departement Amazonas mit Ausläufern in die Departemente von San Martín und La Libertad.

Im 15. Jahrhundert leisteten sie den eindringenden Inkas erbitterten Widerstand, bis sie 1475 von *Tupac Yupanqui,* dem zehnten Inkaherrscher, endgültig unterworfen wurden. Ein Großteil Sachapuyos wurde nach der Kapitulation niedergemetzelt. Spätere Rebellionen wurden von *Huayna Capac,* dem Nachfolger *Tupac Yupanquis* und Vater von *Huascar* und *Atahualpa,* niedergeschlagen.

Am rechten Ende der Ruine steht ein 9 m hoher **Wachtturm,** von dem man das Tal von Utcubamba überblickt. Am linken Ende der Stadt befindet sich ein sehr merkwürdiges, rundes Gebäude, **Tintero** genannt. Die Bedeutung des flaschenförmigen Raumes ist bis heute unbekannt geblieben. In der Mitte der Festung befindet sich ein größerer Gebäudekomplex, **El Castillo** genannt. Er besteht aus zwei Plattformen, die von einer 10 m hohe Mauer getrennt sind. Dieser Ort muß als Zeremonialplatz oder Mausoleum gedient haben, man hat hier mehrere Gräber gefunden. Auch in der Außenmauer der Festung sind viele Gräber eingelassen. Die seltsamsten Funde waren Mumien mit blonden Haaren. Heute noch findet man unter den Nachfahren der Sachapuyos hellhäutige Menschen, und zwar in abgelegenen Ortschaften, die kaum Kontakt mit den Spaniern hatten.

Weiterreise

■ Von der Küste her gibt's zwei Wege nach Chachapoyas: Erstens Über **Cajamarca** (Busgesellschaft *Empresa Diaz* oder per Lastwagen), **Celendín, Leimabamba** und **Tingo.** Diese Strecke dauert sehr lange und ist anstrengend, 2 Tage sollten für die Reise veranschlagt werden. Besser ist die Straße von **Chiclayo** über **Bagua** und **Pedro Ruíz;** für diese Strecke benötigt ein Bus 18–20 Stunden. In der Regenzeit (Dez./März) sind die Pisten oft gesperrt.

■ Nach **Chiclayo** (18–20 Std., 6 $) über **Pedro Ruíz** (2 Std.) und **Bagua** (5 Std.) mit *D. Olano,* Jr. M. Grau 561, Abfahrt fast täglich von der Plaza de Armas. Von Chiclayo Weiterfahrt nach **Lima** (11 $) möglich.

■ Selten fahren Camionetas direkt bis **Moyobamba** (225 km), gewöhnlich muß man in Pedro Ruíz und **Rioja** umsteigen. Die Bergurwaldpiste führt von Moyobamba weiter nach **Tarapoto** und **Tingo María.**

■ Flugverbindungen: ab Rioja nach Chiclayo und Lima.

Moyobamba

860 m ü. M., 15 000 Einwohner.
Die attraktive Kleinstadt im Bergurwald ist Hauptstadt des Departements San Martín. Sie gilt als Orchideenparadies. Das ganze Jahr herrscht in Moyobamba frühlingshaftes Wetter, die Temperatur schwankt zwischen 18 °C und 24 °C.

Unterkunft und Essen

■ **Hostal Mesía** *, Jr. Alonso de Alvarado 719. Sehr einfach. DZ ohne Bad 2 $.

■ **Hostal Monterrey** *, Jr. Manuel de Aguila 548, Plaza de Armas. Unfreundlich. DZ mit Bad 2.5 $.

■ **Hostal Cobos** **, Jr. Pedro Canga 404, ein Block von der Plaza de Armas, Tel. 21 53. DZ mit Bad 5 $. Sehr sauber. Empfehlenswert.

■ **Hostal Country Club** **, Jr. Manuel de Aguila 667, ein Block von der Plaza de Armas, Tel. 21 10. DZ mit Bad 5.5 $. Sehr sauber und freundlich. Einstöckig, große Rasenfläche, Apfelsinenbäume, kleines Schwimmbecken. Ist der sprechende Papagei noch dort?

■ **Hostal El Inca** **, Jr. Alonso de Alvarado 865, Tel. 20 63. DZ mit Bad 5.5 $. Freundlich. Zweistöckig, Zimmer um großen Innenhof. Kleine Sammlung an *Mochica*-Keramik.

■ **Für Genießer: Hotel Turistas** ***, Sucre, 25 Minuten zu Fuß vom Zentrum entfernt, Tel. 20 50. DZ mit Bad 8.5 $, Bungalow 15 $. Schöne Lage mit Sicht über das Tal des Río Mayo. Restaurant. Das Schwimmbecken kann gegen Gebühr auch von Nichtgästen benützt werden.

■ **Essen:** Gut schmeckt's im *Restaurant Moscú,* Jr. San Martín 461.

Was sonst?

■ **Telefonamt,** Jr. Benavides, Ecke Jr. de Alvarado.

■ Das **Postamt** befindet sich schräg gegenüber dem Hotel Cobos.

■ Zwei **Kinos:** Cine Viena an der Plaza de Armas und Cine Verde, Jr. 2 de mayo.

■ Die **Baños Sulfurosos de Oromina** (Schwefelbäder), 5 km von Moyobamba, haben von 6 bis18 Uhr geöffnet.

Weiterreise

■ Nach **Rioja** fahren Colectivos gegenüber dem Hotel Cobos ab (1 Std.). Von Rioja dreimal wöchentlich Flüge nach **Chiclayo** und **Lima.** Buchen kann man in Moyobamba bei *Aero Peru,* Jr. San Martín 377, und *Faucett,* Jr. de Alvaro 698.

■ Nach **Tarapoto** (124 km gut ausgebaute Piste) fahren Colectivos ebenfalls gegenüber dem Hotel Cobos ab.

■ Nach **Chachapoyas:** Meist keine direkte Verbindung. Erst nach **Rioja**, wo an der Plaza Colectivos auf der Suche nach Passagieren nach **Nueva Cajamarca** (1 Std.) sind; von dort in 11 Stunden (202 km) nach **Pedro Ruíz**. 54 km später ist man in Chachapoyas.

Tarapoto

356 m über Meer. 50 000 Einwohner. Die schnellwachsende Stadt Tarapoto ist ein wichtiges Handelszentrum für Agrarprodukte aus dem Urwald. Gehandelt werden Tabak, Trauben, Kokosnüsse und Kokablätter. Das Preisniveau ist hoch, da die Kokainbosse ihr Geld zum Teil in Tarapoto

ausgeben. Oft hört man kolumbianischen Akzent, die Hintermänner, die den Schmuggel in die USA organisieren, sind oft in Tarapoto zu Besuch. In der Nähe Tarapotos liegt der Ort **Lamas,** dessen Bewohner sind Nachfolger der *Chancas,* der Todfeinde der Inkas.

Die Durchschnittstemperatur in Tarapoto beträgt in der Trockenzeit (Juli bis September) 28–34 °C, in der Regenzeit (November bis April) 16–28 °C.

Unterkunft

Großes Angebot an Hotels, das Preisniveau ist hoch.

■ **Hostal Viluz *,** Jr. Cabo Alberto Leveaú 340, drei Blöcke von der Plaza de Armas. DZ mit Bad 3 $. Einstöckig, Türen und Fenster zum ungedeckten Gang.

■ **Unser Tip! Gran Hostal *,** Jr. Moyobamba 235, an der Plaza de Armas. DZ ohne Bad 3 $, mit Bad 4 $. Einstöckiges, altes Haus, hübscher Innenhof mit Garten und Schaukelstühlen, das beste Billighotel.

■ **Hostal Las Palmas *,** Jr. Grau 229. Einfache DZ ohne Bad 3 $. Verhältnismäßig sauber, harte Betten.

■ **Hostal America *,** Jr. San Martín 146, ein halber Block von der Plaza de Armas. Tel. 22 34. DZ mit Bad und Fenster auf Gang 4.5 $.

■ **Hotel Tarapoto **,** Jr. Miguel Grau 236, Tel. 21 50. DZ mit Bad 7 $. Sauber.

■ **Hostal Miami **,** Jr. Pedro de Urzúa 257. DZ mit Bad und Ventilator 8 $. Sauber. Cafeteria im Haus. Im Hotel können Ausflüge in die Umgebung gebucht werden.

■ **Für Genießer: Hotel Turistas ***,** Banda del Shilcayo, am Stadtrand, 20 Minuten zu Fuß vom Zentrum entfernt, auf der anderen Seite des kleinen Flusses, Tel. 22 25. Bungalows in gepflegter Gartenanlage 20 $, DZ mit Bad 11 $. Schwimmbecken, Sonnenschirme aus Palmblättern zwischen Kokospalmen und Mangobäumen, Bar, Restaurant.

Essen und Trinken

■ **Restaurant El Méson,** Plaza de Armas. Spaghetti, Huhn, Fleisch (wie wär's mit einem Filet mignon in Whiskysoße?), Rotwein aus der Region.

■ **Chifa Chalet Suits,** Jr. Manco Capac 234. Chinesische und kreolische Küche, gemütlich, Rotwein aus der Gegend.

■ **Vinos Santa María,** Jr. Martines de Campagñon 602. Seit vierzig Jahren werden in der Region erfolgreich Trauben angepflanzt, dreimal im Jahr wird geerntet. Da die Trauben nicht süß sind, wird der Wein meist gezuckert oder mit Honig gesüßt. Man hat die Wahl zwischen drei Rotweinen: *dulce* (sehr süß), *semi seco* (immer noch süß) und *seco* (empfehlenswert).

Was sonst?

■ **Telefonamt,** Jr. Augusto Leguia, Ecke Jr. Castilla.

■ **Postamt,** San Martín, 5 Blöcke

von der Plaza de Armas.

■ **Banco de la Nación,** Plaza de Armas.

■ **Billardsaal Las Vegas,** Jr. Jimenez Pimentel 132.

■ **Motorradmiete,** Jr. Ramón Castilla 128. Eine 125er-Suzuki kostet 2 $ die Stunde. Es muß eine Garantiesumme von 15 $ hinterlegt werden.

■ Der **Wasserfall von Ahuashiyacu** befindet sich 14 km von Tarapoto entfernt in Richtung Yurimaguas.

Lamas

«Lamas» bezeichnet sowohl eine Ortschaft als auch eine ethnische Gruppe, deren Mitglieder Nachfahren der *Chancas* sind. Während der Herrschaft *Viracocha Incas* (achter Inka) zog eine Streitmacht von 100 000 Chancas gegen Cuzco. Der greise König und sein offizieller Nachfolger *Urcon* hielten sich gegen diese gewaltige Übermacht für verloren und flüchteten nach Pisac.

Der jüngste Sohn Viracochas, *Pachacuti Yupanqui* (neunter Inka), übernahm die Verteidigung der Inkahauptstadt. Angeblich befanden sich in Cuzco zu diesem Zeitpunkt nur 700 Krieger. Ein Trick verhalf dem zukünftigen Inka zum Sieg. Auf ihrem Feldzug führten die Chancas die Mumie ihres Staatsgründers (*Uscohuilca*) mit. In einem Handstreich gelang es den Inkas, die Mumie zu entführen. Der Verlust ihres heiligen Symbols raubte den *Chancas* den Kampfesmut. Zehntausende von ihnen wurden vom Inkaheer in Yahuar Pampa (blutiges Feld) niedergemetzelt. Nun schlossen sich weitere Indianerstämme den Inkas an. So starben auf dem Rückzug der Chancas in der Schlacht von Ichupampa, der größten Schlacht im vorspanischen Südamerika, weitere Massen von Soldaten. Die Inkas verloren 30 000 Mann, hatten aber endgültig die Herrschaft über die Anden errungen. Der Chanca-General *Ancohallo* konnte mit einem Teil seines Stammes in den Amazonasurwald fliehen; einige Jahre später ließen sich die Chancas in Lamas nieder.

Die Lamas bewahrten viel von ihrer ursprünglichen Identität, alte Traditionen blieben trotz des spanischen Einflusses erhalten. **Lamas** gilt als «Hauptstadt der Folklore» des Departements San Martín. Wie hin? Colectivos fahren regelmäßig vom Jr. Castilla, gegenüber dem Telefonamt von Tarapoto, über eine gutausgebaute Piste zum 22 km entfernten Ort. Ein Besuch ist vor allem während eines der häufigen Feste lohnend: Karneval im Februar, das Fest der Schutzheiligen der Lamas am 16. und 17. Juli, Santa Rosa am 30. August. Traditionelle Hochzeitsfeiern finden meist samstags ab 6 Uhr morgens statt. Es gibt in Lamas noch kein Hotel.

Die M.R.T.A

Es ist 4.20 Uhr morgens. Ein roter Toyota-Kleinlastwagen und ein großer, zugedeckter Volvolastwagen fahren in das Dorf Juanjui, südlich von Tarapoto, ein. Als beide Wagen anhalten, springen an die hundert bewaffnete Männer und Frauen in olivgrünen Uniformen und schwarzen Stiefeln flink aus den Wagen und verteilen sich – immer zu viert – an die strategischen Punkte des Dorfes. Um diese Zeit sind die Campesinos wie gewöhnlich unterwegs zum Markt. Sie wundern sich über die jungen Leute, die mit automatischen Gewehren um die Hausblöcke flitzen. Um 4.30 Uhr ist der Polizeiposten der *Guardia Republicana* umzingelt. Nach wenigen Minuten ertönt eine Maschinengewehrsalve, die Kugeln schlagen ins Dach des Polizeipostens ein und verursachen einen Höllenkrach. Jemand schreit: «¡Rindanse carajo o mueren!», ergebt euch verdammt oder sterbt. «Kommt mit erhobenen Händen raus, und euch geschieht nichts. Wir wollen nur eure Waffen. Es lebe der bewaffnete Kampf der M.R.T.A.!»

Die *Movimiento Revolucionario Tupac Amaru* ist eine linke Guerillaorganisation. An diesem 6. November 1987 führen die rund hundert Männer und Frauen einen Coup durch, der in ganz Peru Schlagzeilen macht.

Die Guardia Republicana ergibt sich und wird entwaffnet. Zur gleichen Zeit nehmen die Tupacamaristen in einer präzise koordinierten Aktion das Kommissariat der *Guardia Civil* und den Posten der *PIP* (peruanische Untersuchungspolizei) ein. Nur ein junger Leutnant der Guardia Civil ergibt sich nicht und eröffnet des Feuer aus seiner Maschinenpistole. Er wird zum einzigen Todesopfer der Operation.

Viele Bürger von Juanjui sind durch den Lärm neugierig geworden und begeben sich zur Plaza de Armas. Dort hissen die Tupacamaristen eine rote Fahne mit Hammer und Sichel und der Inschrift «M.R.T.A». Andere Guerilleros dringen in die Polizei- und Militärgebäude ein und bemächtigen sich der Radios, Tonbandgeräte, Feuerwaffen und Munition. Die Stadtwände werden mit Parolen bemalt, die zum bewaffneten Aufstand auffordern. Zwei Polizeiwagen werden in Brand gesteckt. Ein Führer der M.R.T.A. ergreift auf der Plaza das Wort: «Das kapitalistische System ist die Grundlage der Ausbeutung. Die APRA (Regierungspartei) hat das Volk getäuscht. Sie formulierte die Parole 'Brot und Freiheit'. Wir aber meinen, daß die Freiheit nur für die Reichen existiert, während das Volk verhungert. Weil wir an diese Farce nicht glauben, haben wir uns entschlossen, die Waffen zu ergreifen und unser Leben für eine reale Änderung, für Gerechtigkeit und für ein besseres Leben unserer Brüder und Schwestern einzusetzen.» Anschließend wollen die Guerilleros über die Polizisten öffentlich Gericht halten, doch der Dorfpfarrer fährt dazwischen und verbürgt sich für die Polizisten, so daß alle von der drohenden Todesstrafe freigesprochen werden.

Bevor sich die Freiheitskämpfer zurückziehen, lassen sie noch einmal den bewaffneten Kampf hochleben. Sie «leihen» sich von den Händlern des Dorfs die Lastwagen aus und verlassen das Dorf in geordneter Formation. Es ist inzwischen 9.25 Uhr geworden.

Am folgenden Samstag, dem 7. November, um 10 Uhr morgens trifft Polizeiverstärkung in Juanjui ein, um die Bevölkerung zu «beschützen». Nun beginnt der Terror. Als erstes verhängen die Polizisten eine Ausgangssperre. Nach 21 Uhr wird auf alles, was sich auf der Straße bewegt, geschossen. Und dann die Hausdurchsuchungen. Die Polizisten dringen wahllos und ohne richterlichen Hausdurchsuchungsbefehl in die Häuser der Bürger und «beschlagnahmen» Tonbandgeräte, Radios und weitere Wertsachen unter der Begründung, daß ihre Besitzer keine Quittungen vorweisen könnten. Sagt ein Campesino: «Im Vergleich zu den Beamten sind die Guerilleros wahre Heilige!»

Weiterreise

■ Als wichtiger Verkehrsknotenpunkt besitzt Tarapoto gute Verkehrsverbindungen mit **Tingo María** (umsteigen in **Tocache**) und **Moyobamba.** Nach **Yurimaguas** benötigen Busse 6 Stunden, während der Regenzeit mehr.

■ Nach **Tingo María** mit *León de Huánuco,* Jr. Maynas 250, zwei Blöcke von der Plaza de Armas.

■ Nach **Moyobamba** (112 km gutausgebauter Piste, zur Hälfte asphaltiert) mit Colectivos vom Jr. A. de Morey, Ecke San Martín oder Miguel Grau.

■ Nach **Yurimaguas** (140 km) mit Bussen oder Colectivos ab Jr. Pedro de Urzúa, Ecke Jr. J. Olaya.

Häufige Flüge mit *Faucett,* Jr. Maynas 268, nach **Lima** (täglich), **Iquitos** (sechsmal wöchentlich), **Trujillo** (viermal wöchentlich), **Chiclayo, Pucallpa** und **Yurimaguas** (je zweimal wöchentlich). Zusätzlich fliegt *Aero Taxi Iberica* mit Kleinflugzeugen nach Yurimaguas, Juanjui und Tocache. Abflug, sobald das Flugzeug voll ist. Es kann jede Urwaldsiedlung angeflogen werden, wenn die ganze Maschine (fünf Sitze) gechartert wird. Büro im Flughafen. Colectivos zum Flughafen fahren ab Jr. Pimentel, Ecke Jr. Pedro de Urzúa.

Yurimaguas

182 m über Meer. 25 000 Einwohner. Yurimaguas ist eine kleine verschlafene Hafenstadt am Río Huallaga, einem Zufluß zum Río Marañon. Der Ort ist idealer Ausgangspunkt für mehrtägige Urwaldtrips per Boot. Auf Frachtschiffen ist Iquitos in wenigen Tagen flußabwärts erreichbar.

Unterkunft

■ **Hostal Florida** *, Avenida Jauregui 305. Sehr einfach. DZ mit Bad 2 $.

■ **Hostal Jauregui** *, Avenida Jauregui 507. Sehr einfach, nicht sauber. DZ ohne Bad 2 $, mit Bad 2.5 $.

■ **Hostal Leos Palace** *, Plaza de Armas 106, Tel. 22 11. DZ mit Bad 5.5 $. Altes zweistöckiges Gebäude, nackter Betonboden, sauber, Ventilator im Zimmer.

■ **Hostal Florindez** **, C. López 303. Geräumige DZ mit Bad und Ventilator 5.5 $, mit Klimaanlage 7 $. Sauber.

■ **Gran Hostal Yurimaguas** **, Jr. Tacna 114, Ecke Jauregui. Sauber, empfehlenswert. DZ mit Bad 6 $. Restaurant im Haus.

Was sonst?

■ **Telefonamt,** in der Calle Arica, einer Parallelstraße zur Av. Jauregui.

■ **Postamt,** Jr. Progreso, zwischen den Straßen Huallaga und López.

■ **Banco de la Nación,** Calle Comercio 131, ein halber Block von der Plaza de Armas.

■ Zwei **Kinos,** das Amazonico und das Rex.

Urwalddroge Ayahuasca

Ayahuasca ist unter den Medizinmännern im Amazonasurwald weit verbreitet. Die Droge wirkt stark halluzinogen, das heißt, sie ruft Visionen hervor. Die Leute, die damit umzugehen wissen, heißen *ayahuasqueros.* Jeder Ayahuasquero hat bestimmten Wochentage, oder vielmehr -nächte, an denen er Ayahuascazeremonien abhält.

Die Zubereitung der Droge dauert einen ganzen Tag. Zuerst werden die Stämme der Lianenart Ayahuasca (*Banisteriopsis Caapi*) zerhackt, zerquetscht und dann acht Stunden lang gekocht. Dem Gebräu werden *Chacruna-* und *Koka*blätter beigemischt, weitere Kräuter können beigefügt werden, jeder Ayahuasquero hat sein eigenes Rezept. Der Sud wird *purga* genannt. Er ist dunkelgelb und schmeckt sehr bitter. Die Dosis für eine Person beträgt ungefähr ein volles Glas. Die Wirkung tritt nach ungefähr zwanzig Minuten ein und hält mehrere Stunden an. Meist muß man sich nach einer halben Stunde übergeben, dies soll den Körper reinigen. Danach erscheinen einem Bilder, ähnlich einem Videoclip, bunt, in rascher Folge und für Anfänger nicht kontrollierbar.

Der Ayahuasquero benutzt die Droge allerdings nicht als Kinoersatz, sondern für seine Arbeit. Seine Aufgabe als Medizinmann oder *curandero,* wie er genannt wird, ist es, körperliche und seelische Krankheiten zu heilen. Dabei singt er alte, seltsam monotone Lieder in Ketschua und anderen Indianersprachen. Jedes Lied hat eine bestimmte Wirkung und heilt ein bestimmtes Leiden. In Trance kommuniziert der Magier mit den Seelen der verschiedenen Heilpflanzen. Außer den guten Curanderso gibt es die *brujos* oder *hechiceros,* die bösen Hexer. Ihr Job ist es, anderen Leuten Schaden herbeizuzaubern. Auch Sie erhalten regen Zulauf, von Leuten, die einen persönlichen Feind mit Hilfe des Ayahuasqueros unschädich machen wollen.

Ayahuasca ist keine Droge, die

man aus einer Laune heraus versuchen sollte. Die Halluzinationen sind oft sehr stark. Ein erfahrener Ayahuasquero ist meist ein guter Führer und kann Anfänger von einem drohenden Horrortrip rasch herunterholen.

Weiterreise

■ Der *Bootstrip* nach **Iquitos** dauert drei bis fünf Tage, je nach Anzahl und Dauer der Zwischenhalte. Im Hafen hinter der Plaza de Armas ein Boot suchen und den Preis mit dem Kapitän aushandeln, 9 $ – 15 $. Was mitnehmen? Hängematte, Sonnenhut, Mittel zur Wasserentkeimung, Wasserflasche, Insektenschutzmittel, Proviant (das Essen an Bord wird nicht immer hygienisch zubereitet), Angelhaken, genügend Toilettenpapier, viele Tramper bekommen Durchfall! Die Fahrt geht über den Río Huallaga und Río Marañon zum Río Amazonas.

■ Nach **Tarapoto** (6 $) fahren Busse morgens von der Banco Agrario, Av. Jauregui. Sie benötigen für den 140 km langen abenteurlichen "Feldweg" durch den Urwald in der Trockenzeit 6 Stunden.

■ *Faucett* und *Aero Peru* fliegen zweimal wöchentlich von **Lima** über **Tarapoto** nach Yurimaguas. *Aero Peru* hat zusätzlich zweimal wöchentlich einen Flug von und nach **Iquitos**. Der Flughafen ist zehn Minuten zu Fuß vom Zentrum entfernt. Zwei kleine Fluggesellschaften fliegen unregelmäßig nach **Lima, Trujillo, Tarapoto, Rioja, Tocache, Tingo María, Pucallpa** und zu allen Urwaldsiedlungen, die eine Flugpiste besitzen. Abflug, wenn alle Sitze ausgebucht sind. Im Notfall chartert man das ganze Flugzeug (vier bis acht Sitze). *Tausa (Transportes Aereos Unidos de la Selva),* Jr. Libertad 113, 150 m vom Flughafen entfernt. *Aero Taxi Ibérico,* Jr. Libertad 135, gegenüber dem Flughafen.

Iquitos

116 m ü. M., 350 000 Einwohner.

Iquitos ist die größte Siedlung des peruanischen Urwalds. Sie ist Hauptstadt des Departements Loreto, das das flächenmäßig größte Departement des Landes ist, aber nur über eine halbe Million Menschen beherbergt, von denen drei Viertel in Iquitos wohnen. Die Stadt befindet sich am rechten Ufer des **Río Amazonas** zwischen den Mündungen des Río Ytaya und Río Nanay. Iquitos liegt 1859 km von Lima entfernt. Bis zur Mündung des Amazonas in den Atlantik, 3646 km östlich, werden nur rund 100 Höhenmeter überwunden. Handelsschiffe bringen aus Brasilien ein riesiges Angebot an Waren nach Iquitos, keine andere Urwaldstadt wird mit Luxusgütern so preiswert versorgt. Seinen größten Aufschwung erlebte Iquitos während des Kautschukbooms zu Beginn dieses Jahrhunderts. Als es dem Engländer *Wickham* gelang, 70 000 Samen des

Iquitos

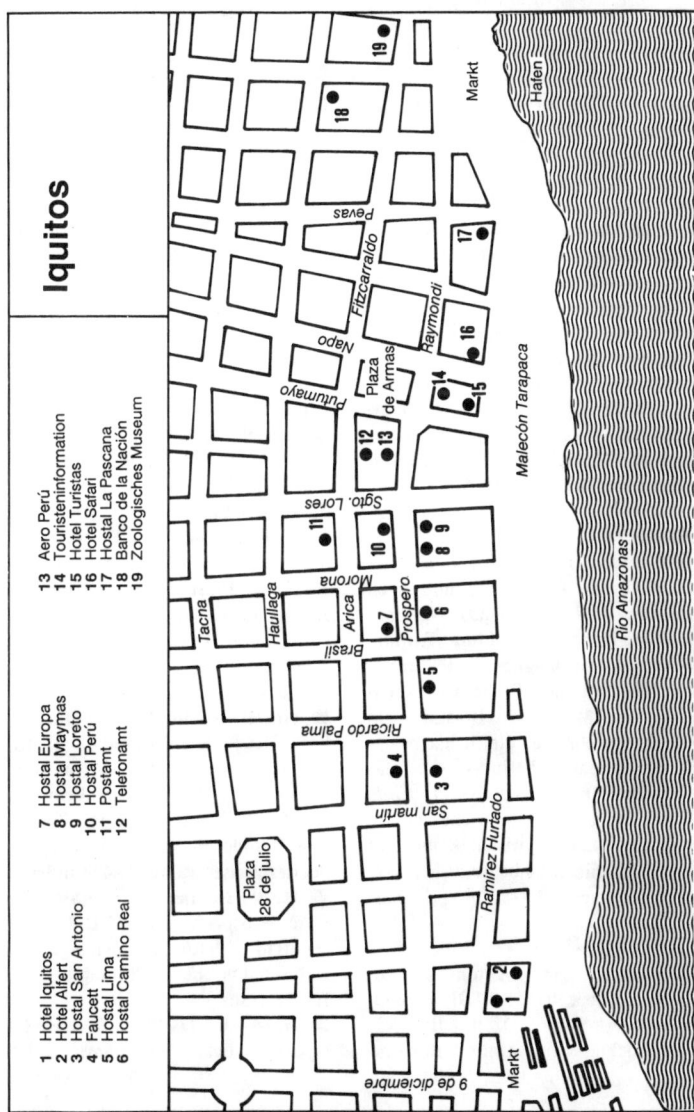

1 Hotel Iquitos
2 Hotel Alfert
3 Hostal San Antonio
4 Faucett
5 Hostal Lima
6 Hostal Camino Real
7 Hostal Europa
8 Hostal Maymas
9 Hostal Loreto
10 Hostal Perú
11 Postamt
12 Telefonamt
13 Aero Perú
14 Touristeninformation
15 Hotel Turistas
16 Hotel Safari
17 Hostal La Pascana
18 Banco de la Nación
19 Zoologisches Museum

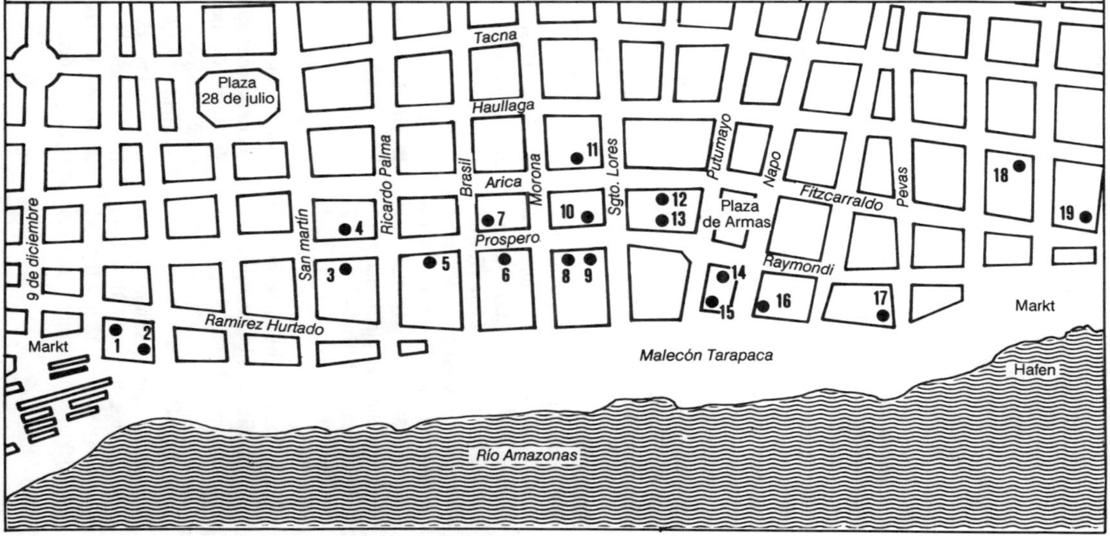

Kautschukbaumes außer Landes zu schmuggeln und in Malaysia in Plantagen anzupflanzen, rutschten die Kautschukpreise ins Uferlose. Schon 1905 kostete der malayische Kautschuk nur noch halb soviel wie der peruanische, der nur wild wächst und nicht in Plantagen angebaut wird.

Iquitos ist eine schöne und sehenswerte Stadt, der Dschungel im Umkreis von mindestens 50 km ist jedoch schon arg geschädigt und keinesfalls jungfräulich grün und wild.

Iquitos' Durchschnittstemperatur beträgt 28 °C, im Sommer (Juli bis September) kann das Thermometer auf 40 °C steigen. Die Regenzeit dauert von Dezember bis Mai.

Anreise

Fernstraßen nach Iquitos gibt es nicht. Boote fahren von und nach **Pucallpa** und **Yurimaguas.** Nationale Flüge kommen von **Lima, Trujillo, Pucallpa, Yurimaguas** und **Tarapoto.** Internationale Flüge von **Tabatinga** und **Manaos** in Brasilien. Im Flughafengebäude, gleich nach der Gepäckausgabe, befindet sich das Büro des *Amazonas Explorers Club.* Señor *Jaime Acevedo* spricht Deutsch und berät alle Touristen kompetent und kostenlos. Unbedingt bei ihm vorbeischauen!

Unterkunft

■ **Hostal San Antonio** *, Jr. Próspero 665, Tel. 23 52 21. Freundlich und preiswert. DZ mit Bad 3 $. Zweistöckig, kleine Zimmer mit Fenster zum Gang.

■ **Hostal Internacional** *, Jr. Próspero 835. Freundlich. DZ ohne Bad 4.5 $. Zweistöckig, die Wände der Gänge sind mit Stimmungsbildern vom Urwald bemalt. Ein Restaurant und Doppelzimmer mit Bad standen bei unserem Besuch noch im Bau.

■ **Hostal Alfert** *, Garzia Saenz 3, direkt am Fluß. Tel. 23 41 05. DZ mit Bad 4.5 $. Von den Zimmern 10 bis 14 im ersten Stock gute Sicht auf den Hafen von Belén und den Amazonas.

■ **Hostal Camino Real** *, Jr. Próspero 457. DZ mit Bad und Ventilator 5 $. Cafeteria im Haus.

■ **Hostal La Pascana** *, Pevas 133, zwei Blöcke hinter der Plaza de Armas, unweit des Amazonas. DZ mit Bad 7 $. Einstöckiges Gebäude in ruhiger Lage. Alle Zimmer mit Türe zum schön bepflanzten Innenhof, Sonnenschirme aus Palmblättern. Empfehlenswert.

■ **Hostal Iquitos** **, R. Hurtado 955. Neues Hotel, freundlich. DZ mit Bad 10 $. Dreier-, Vierer- und ein Fünfbettzimmer mit großem Balkon für 23 $. Wäscherei und Restaurant. Große Tanks garantieren fließendes Wasser während 24 Stunden.

■ **Hostal Europa** **, Jr. Brasil 222, Ecke Próspero, Tel. 23 11 23. DZ mit Bad, Telefon, Klimaanlage und Kühlschrank 17 $. Restaurant und Bar im Haus.

■ **Hotel Turistas** ***, Malecón Tarapacá, Ecke Putumayo, Tel.

23 10 11. DZ mit Bad, Klimaanlage und Telefon 25 $. Das Frühstück ist im Preis inbegriffen. Nur die Suiten für 48 $ haben Sicht auf den Amazonas.

Essen

■ **Restaurant Gran Maloka,** Malecón Tarapacá, gegenüber dem Hotel Turistas. Gute Küche, teuer. Sicht auf den Amazonas.

■ **Restaurant Nanay,** Próspero 147. Reichhaltiges Angebot, vor allem Fisch (*paiche, corvina*). Die Fruchtsäfte werden nur mit abgekochtem Wasser gemischt.

■ Das **Restaurant La Cabaña,** Jr. Próspero 555, führt eine Auswahl an typisch einheimischen Gerichten, wie die Fische *paiche, corvina, tucunare,* aber auch Steaks und Huhn.

■ Im ganzen Oriente Perus hat man Gelegenheit, *Urwaldschnäpse* zu versuchen. Sie sollen, in Maßen getrunken, sehr gesund sein. Der *Chuchuhuasi* wird aus Rum und der Rinde des *Chuchuhuasi*-Baumes hergestellt. **Siete Raíces** ist ein alkoholisches Getränk, dessen Bestandteile von Extrakten der Bäume *chuchuhuasi, cumecaba, clavohuasca, ipururo, cocobolo* und *mururé* stammen; dazu kommen wilder Honig und Rum. **Viborachado** ist Rum, in dem eine Giftschlange (meist eine Lanzenotter) eingelegt wurde.

Was sonst?

■ **Touristeninformation,** Próspero 163, an der Plaza de Armas. Geöffnet Mo–Fr 9–12.30 15–18 Uhr, Sa 9–13 Uhr.

■ **Telefonamt,** Jr. Arica 249.

■ **Postamt,** Jr. Arica, Ecke Morona.

Sehenswert

■ Auf der **Plaza de Armas** findet jeden Sonntagmorgen eine Militärparade und die feierliche Hissung der Nationalflagge statt. Das Denkmal in der Mitte der Plaza ehrt die Kriegshelden aus dem Pazifikkrieg (Salpeterkrieg) gegen Chile. An der Ecke der Straßen Próspero und Putumayo steht das **Eiserne Haus,** das vom Eifelturmerbauer, *Ingeniero Eiffel,* entworfen wurde.

■ Zu den schönsten Gebäuden Iquitos zählt das ehemalige **Palasthotel** an der Ecke Putumayo und Malecón Tarapacá, an der Uferpromenade. Es wurde nach 104jähriger Bauzeit 1912 fertiggestellt. Früher war es das beste Hotel der Stadt, heute gehört es den Militärs.

■ Der **Hafen von Belén** ist das Handelszentrum für Produkte aus dem Urwald. Die Häuser an der Wasserkant schwimmen auf dem Fluß und steigen und sinken mit dem Wasserspiegel. Auch wenn sie romantisch aussehen, sie gehören zu den Slums von Iquitos. In ihnen wohnen 30 000 Einwohner.

■ Die **Lagune von Quistacocha** liegt 13.5 km von Iquitos entfernt. An ihrem Ufer ein Zoo mit Fischzuchtbecken, wo der größte Süßwasserfisch der Welt, der *Paiche* aufgezogen wird. Weiter findet man halbwild lebende Affen, Schlangen, mehrere Aquarien, ein Museum mit ausgestopften Tieren (gut präsentiert), vor allem Vögeln und Säugetieren aus dem Urwald. Siehe auch Abschnitt Urwaldtiere, S. 381 und Abschnitt Von Würge- und Giftschlangen, S. 402. Im Zoo gibt's ein Restaurant, an der Lagune einen schönen, sandigen Badestrand.

■ In der Umgebung laden viele reizvolle Strände (vor allem während der Trockenzeit) an den Ufern von Lagunen oder Flüssen zum Baden, Fischen und Beobachten von Vögeln und Schmetterlingen ein. Fast alle Wege und Straßen, die von Iquitos hinausführen, enden nach wenigen Kilometern an einem solchen Ort.

Urwaldtrips

Mehr als ein Dutzend Veranstalter (Büros am Jr. Putumayo) bieten Urwaldtrips an, meist mit Übernachtung in einem luxuriösen Dschungelhotel (*lodge*). Diese Ausflüge sind teuer, sicher, bequem und unter Rentnern sehr beliebt. Was die Tierwelt betrifft, darf man nicht allzuhohe Erwartungen haben; Lebewesen sieht man kaum, wenn man als große, lärmende Menschenhorde durch den Dschungel streift. Manche Veranstalter bieten durchaus interessante Trips mit beschränkter Teilnehmerzahl, Übernachtung in einfachen Unterkünften, kompetenten Führern und gemäßigten Preisen an. Die Großstadt Iquitosdrückt dem umliegenden Dschungel einen ökologisch katastrophalen Stempel auf. Daneben wurden große Tiere so stark gejagt, daß sie auf mindestens 50 km um die Stadt sehr selten geworden sind.

Die meisten Touren laufen so ab: Fahrt per Schnellboot zur Lodge, Zimmerbezug, neben internationaler Küche werden im Restaurant einige einheimische Spezialitäten serviert. Während eines ersten Urwaldspaziergangs zeigt ein Führer Medizinalpflanzen, nachts werden vom Boot aus junge Kaimane beobachtet (eine starke Taschenlampe ist sehr nützlich). Weiter auf dem Programm stehen Vögelbeobachten (Feldstecher empfehlenswert) und Fischen mit «eigenem» Kanu. Problematisch sind die Besuche «echter Indianerdörfer», wo die Indianer wie exotische Tiere im Zoo betrachtet und fotografiert werden. Wenn die Touristen kommen, ziehen die Indianer ihre Jeans aus, um unseren Vorstellungen von «Wilden» zu entsprechen.

Was mitnehmen? Reisepaß, leichte (Baumwoll-)Kleidung, ein langärmeliges Hemd, T-Shirts, Gummistiefel (werden oft von der Lodge gestellt oder können beim Veranstalter gemietet werden), Trekkingschuhe oder hochgeschlossene Turnschuhe, Regenjacke und Hut, Badehose/-anzug, Insektenschutzmittel, Sonnenbrille, Taschenlampe, Kamera und viele Filme, Toilettenartikel. Tip: Am häufigsten sind Tiere nachts oder sehr früh am Morgen zu beobachten.

■ Das **Jungle Amazon Inn** liegt am Amazonas, 48 km flußabwärts von Iquitos. 40 Bungalows, alle mit Bad und Dusche. Zwei Tage mit einer Übernachtung kosten pro Person 125 $; drei Tage 155 $. Im Preis sind Transport, Unterkunft, Essen und Führungen inbegriffen. Reservation: Putumayo 132 oder in Lima, Av. Garcilaso de la Vega 732, Büro 401, Tel. 32 50 17.

■ Die **Amazon Lodge and Safari** hat ihre wichtigste Lodge 38 km stromabwärts und bietet Platz für 90 Personen. Die Preise (alles inklusive) pro Person: zwei Tage 52 $; drei Tage 73 $; vier Tage 115 $. Buchen an der Putumayo 165.

■ **Amazonas Adventure Tours** organisiert Dschungeltrips für diejenigen, die weniger Komfort, aber mehr Abenteuer suchen. Mit kleinen Gruppen von 2 bis 6 Personen und einem englischsprechenden Führer geht's in den Urwald, übernachtet wird in Unterkünften ohne Privatbad. Dauer und Route werden vorher besprochen, der Veranstalter ist sehr flexibel und richtet sich nach den Wünschen der Gruppe. Transport, Führer, Ausrüstung, Essen und Übernachtung kosten je nach Gruppengröße 30 bis 40 $ pro Person und Tag. Buchen am Jr. S. Lores 220.

■ **Amazonia Expeditions,** Jr. Putumayo 139. Die Lodge liegt am Río Yarapa und besitzt einen privaten Nationalpark. Man schläft in einfachen, offenen Hütten unter dem Moskitonetz, die Toiletten befinden sich im Freien. Die jungen Nordamerikaner, die die Sache leiten, wissen über Fische, Delphine, Medizinalpflanzen und Urwaldsurvival gut Bescheid. Während der Trockenzeit sind Urwaldwanderungen möglich, während der Regenzeit kommt man mit Kanus tief in die Wälder rein. Preis: 40 $ pro Tag und Person.

■ Die **Tamshiyacu Lodge,** Büro am Jr. Putumayo 184, liegt 55 km den Amazonas stromabwärts. In der Umgebung befinden sich drei weitere Camps. Die Lodge hat sich auf das Beobachten von Vögeln spezialisiert. Preis: von November bis Juni 25 $ pro Tag, von Juli bis November 30 $ pro Tag.

Dämonen des Urwalds

Ist man zum erstenmal auf einem Urwaldtrip, fällt es wegen der ständigen Geräuschkulisse schwer, nachts einzuschlafen. Es ist heiß und schwül, man liegt in der Hängematte unter dem Moskitonetz und hört seltsame Rufe und Laute. Für die Einheimischen sind die Urheber dieser Geräusche oft Dämonen, deren Legenden in der ganzen Selva verbreitet sind. Die einheimischen Begleiter werden euch gerne ihre Varianten der Geistergeschichten erzählen.

Der **Chullachaqui** ist ein kleines, koboldartiges Männchen mit großem Kopf und langen Gliedern. Sein Wesen ist affenartig, seine Augen sind groß und starr wie bei einem Reptil. Oft wird er wild mit einer Trommel tanzend beschrieben. Der Kobold kann sich aber auch in Menschen, Tiere oder Bäume verwandeln. Mit seinem Schabernack erschreckt der Chullachaqui einsame Wanderer dermaßen, daß sie in Panik geraten und sich hoffnungslos im Dickicht verirren. Trotz seiner Verwandlungsfähigkeit ist der Chullachaqui wegen eines Merkmals unverkennbar: Seine Füße sind verschieden, der eine ist ein gesunder Menschenfuß, der andere verkrüppelt oder ein Tierfuß. Vorsicht also, wenn man im Urwald einem Fremden begegnet, der einen Fuß hinter dem andern versteckt!

Der **Yacuruna** herrscht über die Unterwasserwelt. Der Wasserdämon lebt in prachtvollen Palästen auf dem Grund von Flüssen und Lagunen. Er sieht aus wie ein menschliches Wesen, seine Füße aber stecken in Schildkrötenpanzern, seine Augen leuchten, weil er phosphoreszierende Fische ißt, und er trägt eine giftige Lanzenotter als Gürtel. Ab und zu schwimmt er zur Wasseroberfläche, um Menschen, insbesondere Frauen zu packen und in die Tiefe zu ziehen, wo sie danach mit ihm auf dem Flußgrund leben.

Der **Bufeo colorado** ist der größte Flußdelphin der Amazonasregion. Er ist absolut ungefährlich. Trotzdem wird er von den Fischern der Selva Perus und Brasiliens gefürchtet, weil er Zauberkräfte besitzen soll. Der Delphin, so sagt man, kann sich in einen Menschen verwandeln. Als großgewachsener, elegant gekleideter Mann erscheint er auf Dorffesten, um junge Frauen zu verführen. Er hat dabei immer einen Hut auf, um die Atemlöcher auf seinem Kopf zu verbergen, die ihn verraten würden. Die verführte Frau gebärt nach dem Beischlaf mit dem Delphin ein Wesen, halb Fisch, halb Mensch, meist eine Totgeburt.

Die **Yacumama** lebt als riesige Anakonda in der Tiefe der Flüsse und Lagunen. Wenn sie zur Wasseroberfläche steigt, versinken ganze Schiffe in ihrem Strudel. Die Passagiere ertrinken oder werden von der Yacumama gefressen.

Die **Sachamama** ist eine landbewohnende Boa von gigantischen Ausmaßen. Sie ist so groß, daß sie oft mit einem umgestürzten Baumstamm verwechselt wird. Unzählige Geschichten erzählt man sich von ihr. In der Mythologie der meisten Indianerstämme spielt sie eine bedeutende Rolle.

Der **Tunchi** ist ein Nachtgeist. Es handelt sich bei ihm um einen auferstandenen Toten, der noch irgendeine Mission auf der Erde zu erfülien hat. Sein Ruf hört sich in der Nacht wie «fiin..., fiin..., fiin» an und verursacht bei vielen Menschen Angst und Schrecken.

Ayaimama heißt ein Vogel, den man oft im Morgengrauen hört. Über ihn erzählt man folgende Geschichte: Ein junges Paar lebte einst mit seinen zwei Kindern alleine im Urwald. Jeden Tag gingen die Eltern in den Wald, um Nahrungsmittel zu suchen. Eines Tages kehrten sie nicht mehr zurück. Die Kinder weinten bitterlich. Bevor sie den Hungertod erlitten, wurden sie in zwei Vögel verwandelt. Der Vogel ist selten zu sehen, doch in klaren Mondnächten hört man ihn rufen: «Ayaimama..., huishuhuarqui» – ach, Mutter, warum hast du mich verlassen?

Weiterreise

■ Täglich *Flüge* nach **Lima** und **Pucallpa;** mehrmals wöchentlich nach **Tarapoto, Yurimaguas** und **Trujillo.** Buchen bei *Aero Peru,* Próspero 248, oder *Faucett,* Próspero 630. Für Flüge nach **Brasilien:** *Cruzeiro do Sul,* Arica 273.

■ Per *Schiff* den Amazonas hinunter nach **Brasilien** oder stromaufwärts nach **Pucallpa** oder **Yurimagua.** Über den Río Napo nach **Ecuador** zu gelangen ist derzeit wegen Grenzstreitigkeiten nicht möglich. Der Hafen von Iquitos ändert seinen Standort im Laufe des Jahres je nach Wasserstand des Flusses. Die Decks der Flußdampfer sind meist hoffnungslos überfüllt; wer es sich leisten kann, bucht eine Privatkabine. Fahrpläne gibt es nicht, einfach Boote abklappern und die Kapitäne nach Zielort, Abfahrtsdatum und Preis befragen.

Chanchamayo-Tal

Das fruchtbare Chanchamayo-Tal liegt im Bergurwald und umfaßt die beiden Städtchen **San Ramón** (850 m über Meer) und **La Merced** (775 m über Meer). Beide sind nur 11 km voneinander entfernt; alle 15 Minuten verbindet ein Colectivo (blau-weißer Toyota-Kombi) die beiden Plazas de Armas. Das etwas größere La Merced ist ein wichtiger Umschlagsort für Kaffee, Tropenfrüchte und Kokablätter. Hier ist auch abends mehr los, und alle Überlandbusse und Lastwagen fahren von hier ab. Das Bevölkerungswachstum im Ort beträgt 6.5 Prozent pro Jahr, bedingt durch starke Einwanderungswellen. Entsprechend hoch ist das Preisniveau; die Grundstücke in der Stadt sind so teuer wie in Lima. Der Anbau von Koka in der Region verhilft auch manchem zu einem bescheidenen Reichtum. In San Ramón befinden sich die besseren Unterkunftsmöglichkeiten und der Flugplatz.

San Ramón

Unterkunft:

■ **Hostal Progreso** *, Jr. Progreso 366. DZ ohne Bad 2 $.

■ **Unser Tip! Hotel Chanchamayo** *, Jr. Progreso 291. DZ ohne Bad 2 $, mit Bad 2.5 $. Zweistöckiges Gebäude. Türen und Fenster weisen auf einen prächtig bepflanzten Innenhof.

■ **Hostal Selva** *, Jr. Paucartambo 231. DZ mit Bad 2 $, ohne Bad nur unwesentlich billiger. Die Zimmer verfügen nur über sehr kleine Fenster.

■ **Hostal Conquistador** **, Jr. Progreso 298. DZ mit Bad 4.5 $. Restaurant und Bar.

■ **Für Genießer: El Refugio** ***, Av. El Ejército 490, am Stadteingang, Tel. 20 82. Bungalows im Tropengarten, ein kleines Paradies. Viele

Bäume und Pflanzen sind angeschrieben. Orchideen und Seerosenteich. In einem Baum haust ein Nachtäffchen. Kleine Schmetterlings- und Vogelsammlung im Restaurant. Familiär und freundlich. DZ mit Bad 10.5 $.

La Merced

Unterkunft und Essen:
Die Billigunterkünfte in La Merced sind meist schmutzig, lärmig und muffig.

■ **Hostal El Palermo** *, Jr. Ayacucho 320. Billiger Bretterverschlag. DZ ohne Bad 1.5 $.

■ **Gran Hostal** *, Jr. Palca 419. DZ ohne Bad 3 $.

■ **Hostal Cristina** *, Jr. Tarma 576. DZ mit Bad 3 $. Keine Einzelzimmer.

■ **Hostal Rey** **, Jr. Junin 103, vier Blöcke von der Plaza de Armas, am Ende der Straße. Modern und sauber. DZ mit Bad 4.5 $.

■ **Restaurant Shambari Campa,** an der Plaza de Armas. Gute Atmosphäre unter Schilfdach und zwischen Tropenpflanzen. Fisch (*zúngaro* und Forelle), Cebiche, Steaks, Teigwaren, Cuy und viele einheimische Spezialitäten. *Uña de gato* ist ein Cocktail aus Pisco, Honig und Coca-Cola.

Weiterreise

■ Einen **Flug** mit Kleinflugzeugen der **Aero Chasqui** in kleine Urwaldsiedlungen sollte man sich nicht entgehen lassen. Kein Flugplan, die Kleinflugzeuge (4–8 Plätze) sind Colectivos, das bedeutet: abgeflogen wird, wenn das Flugzeug voll ist.

Colectivos (Autos) zum Flugplatz fahren ab der Plaza de Armas in San Ramón (gegenüber der Banco Popular). Die Fahrt dauert 15 Minuten und kostet 0.2 $.

Aero Chasqui fliegt täglich nach **Puerto Bermudez** (10 $ pro Person), ein- bis zweimal wöchentlich nach **Pucallpa** (21 $), unregelmäßige Flüge nach **Satipo** (8 $), **Pozuzo** (18 $) und **Iscozazin** (11 $).

■ Nach **Puerto Bermúdez** benötigen Minibusse oder Camionetas 9 Stunden. Abfahrt vom Jr. Tarma, zwei Blöcke unterhalb der Plaza de Armas in La Merced.

■ Nach **Lima** über **Tarma** verkehren moderne Überlandbusse. Die Busgesellschaften befinden sich in La Merced. *Transportes Chanchamayo,* Jr. Junín 128. *Los Andes,* Jr. Palca 599. Abfahrt jede Nacht.

■ Colectivos fahren stündlich nach **Tarma.**

■ 75 km von La Merced liegt **Oxapampa,** das Zentrum des Kaffeeanbaus. Nach weiteren vier Stunden im Minibus erreicht man das deutschstämmige **Pozuzo.** Im 19. Jahrhundert hatte die peruanische Regierung den deutschen Einwanderern eine Straßenverbindung versprochen. Diese wurde aber erst hundert Jahre später (1975) fertiggebaut. In Pozuzo spielen blonde und dunkle Kinder zusammen, manche Familien wohnen noch in Tirolerhäusern und erhielten sich sogar ihren Tirolerdialekt.

Puerto Bermúdez

Diese abgelegene, kleine Urwaldsiedlung (450 m über Meer) ist per Flug von San Ramón oder über eine Urwaldpiste von La Merced aus erreichbar. Das Dorf ist Ausgangsort für Flußtrips auf dem **Río Pachitea.** Wenn das Kleinflugzeug der *Aero Chasqui* landet, muß das Fußballspiel auf der nicht asphaltierten Flugpiste kurz unterbrochen werden.

Unterkunft

■ **Hostal Tania** *, am Flußufer. Einfach, sauber. Beste Unterkunft im Ort. DZ ohne Bad 3 $.

■ **Hostal "R"** *, auf der anderen Seite der Flugpiste. DZ ohne Bad 2 $.

Weiterreise

Unterhalb des Hostals Tania warten kleine Boote mit *Peke-peke-Motor* (Außenbordmotor) auf Fracht und Passagiere. Die meisten starten morgens, sobald das Boot voll ist (meist fünf bis zwölf Personen) und der Kapitän gegessen, seine Geschäfte erledigt und sich von seinen Freunden verabschiedet hat. Wer die Reise nach **Pucallpa** in einem Tag hinter sich bringen möchte, fährt per Boot zuerst bis zur Brücke **Lorenzillo** (4 Stunden, 5 $). Anschließend per Colectivo in einer halben Stunde nach **Palcazu,** wo Camionetas vom Markt in einem halben Tag durch bezaubernde Urwaldlandschaft bis Pucallpa fahren.

Andere geeignete Ortschaften, um vom Boot auf Camionetas umzusteigen, sind **La Constitución** (siebenstündige Bootsfahrt; einfache Unterkunft), **Zungaro** (Unterkunft) und **Puerto Inca** (Hotel). Es ist auch möglich, die ganze Strecke bis Pucallpa im Boot zu reisen.

Urwaldtiere

Der Urwald ist unheimlich reich an Tierarten, jedoch arm an Individuen. Tierherden gibt es praktische keine, und große Tiere sieht man nur selten. Der Dschungel ist das Reich der Insekten: der Ameisen, Termiten, Käfer und der stechenden Plagegeister; erfreulicher ist die Vielfalt an bunten Schmetterlingen und Vögeln.

Säugetiere:

Otorongo wird der selten gewordene **Jaguar** genannt. Mit einer Länge von 1.8 m und einem Gewicht von 75 – 135 kg ist er die größte Katzenart Amerikas. Er ist ein guter Kletterer, der sich gerne von einem Ast lautlos auf den Rücken seines Beutetieres stürzt. Pro Woche verzehrt er durchschnittlich ein Pekari (oder ein anderes Säugetier). Nur wenigen Menschen ist es bisher gelungen, Jaguare in freier Wildbahn zu beobachten, denn sie beanspruchen durchschnittlich ein Territorium von 15 km^2.

Der *tigrillo* oder **Ozelot** ist bedeutend kleiner als der Jaguar, doch mit einer Körperlänge von 1 m kann auch er Pekaris, Hirsche und größere Nagetiere überwältigen.

Der **Wollaffe** (*choro*) mißt 50–60 cm und hat ein wollenes, dichtes Fell. Wie die meisten Affen der neuen Welt besitzt er einen kräftigen Greifschwanz, den er als fünfte Hand einsetzt. Der Choro lebt von Früchten und Blättern, er gilt als friedlich und wird von den Eingeborenen häufig als Haustier gehalten.

Der **Klammeraffe** (*maquisapa*) bewährt sich dank seinen langen Gliedern als wahrer Urwaldakrobat, sein Greifschwanz ist länger als der Körper. Seine Hände haben keine Daumen, die ihn behindern würden, wenn er sich von Ast zu Ast schwingt.

Der **Musmuqui** oder **Nachtaffe** führt als einzige Affenart eine nächtliche Lebensweise. Mit seinen großen, eulenartigen Augen findet er im Dunkeln Insekten und kleine Vögel. Seine nächtlichen Rufe sind für ein Kerlchen von nur einem Kilogramm Gewicht außergewöhnlich laut.

Totenkopfäffchen (*frailes*) sind an ihrer Gesichtszeichnung zu erkennen, die ihrem Namen alle Ehre macht. Die ungefähr 1 kg schweren Tiere reiben sich selbst mit Urin ein, um sich Artgenossen zu erkennen zu geben.

Das **Kapuzineräffchen** (*machín negro, machín blanco*) zeichnet sich durch einen hohen Intelligenzgrad aus. Es zeigt große manuelle Geschicklichkeit und setzt zum Öffnen von harten Früchten Stöcke und Steine als Werkzeuge ein. Es ist 40–50 cm groß. Seinen Schwanz benützt es nicht zum Greifen.

Der **rote Uakari** (*huapo colorado*) wirkt wegen seines kahlen, rötlichen Kopfes häßlich. Er ist der einzige amerikanische Affe mit kurzem Schwanz.

Das **Zwergseidenäffchen** (*leoncito*) ist mit 85 Gramm Gewicht der kleinste Krallenaffe. Das niedliche Tier wird oft als Haustier gehalten.

Das **Faultier** (*perezoso, pelejo*) weist viele Sondereigenschaften aus. Da es sein Leben mit dem Kopf nach unten an einem Ast hängend verbringt, liegen nicht nur die inneren Organe für ein Säugetier ungewöhnlich, auch sein Haarstrich ist umgekehrt, es hat einen Bauchscheitel. In seinem Fell wachsen Grün- und Blaualgen, die ihm zur Tarnung dienen. Wegen seiner bedächtigen Bewegungen genügt es ihm, nur achtmal in der Minute zu atmen. Man unterscheidet das Zweizehen- und das Dreizehenfaultier. Der Unterschied zwischen beiden ist..., ja, richtig. Das altertümliche Faultier hat eine große Vergangenheit. In den Anden fand man versteinerte Überreste des *Megatheriums*, ein Riesenfaultier, das größer als ein Elefant war. In Ecuador wird das Faultier von Shuar-Indianern gejagt, sein Kopf wird zu Schrumpfköpfen für die Touristen verarbeitet.

Das **Gürteltier** (*armadillo*) schützt sich mit seinem Schuppenpanzer vor Feinden. Mit seinen starken Krallen öffnet es Ameisen- und Termitenhügel und schleckt die Insekten mit seiner langen Zunge.

Der **Ameisenbär** (*oso hormiguero*) ist ebenfalls ein hochspezialisierter

Urwaldtiere

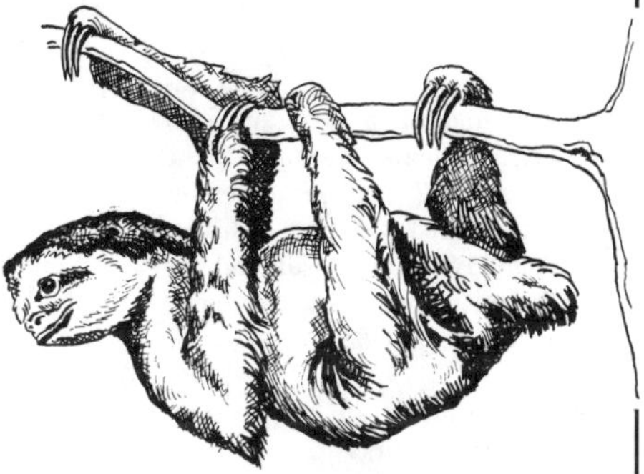

Faultier

Wollaffe

Klammeraffe

Ameisen- und Termitenfresser. Seine Krallen hält er scharf, indem er auf den Knöcheln geht, so daß sie den Boden nicht berühren. Mit den Krallen der Vorderfüße reißt er Insektennester auf und ist in der Lage, sich selbst gegen Jaguare zu wehren. Seine dünne, klebrige Zunge, mit der er Insekten aus ihren Gängen holt, ist beachtliche 0.5 m lang. Während der ersten Lebensmonate wird das Junge von der Mutter auf dem Rücken getragen.

Die **Nasenbären** (*achuni, coati*) durchstreifen auf der Suche nach Früchten, Vögeln und Insekten in Horden von bis zu 30 Tieren die Wälder. Mit ihrem langgestreckten Vorderschädel und ihren langen, beweglichen Schnauzen durchstöbern sie enge Baumspalten nach Nahrung. Die intelligenten Tiere werden oft als Haustiere gehalten.

Der **Tapir** (*sachavaca*) lebt als Einzelgänger oft in der Nähe von Gewässern, denn er ist ein ausgezeichneter Schwimmer. Sein Fleisch wird sehr geschätzt.

Die sehr kleinen **Spießhirsche** (*venado*) sehen eigentümlich aus, ihre Körper sind vorne niedriger als hinten. Dank ihres keilförmigen Körpers schlüpfen sie selbst durch das dichteste Gestrüpp. Das macht die Jagd auf sie schwierig. Wegen ihrer scheuen, nächtlichen Lebensweise sieht man sie nur selten.

Pekaris sind sehr gesellige Tagtiere, welche in Horden leben. Man unterscheidet zwei Arten: Das Halsbandpekari (*sajino*) und das kleinere Weißbartpekari (*Huangana*). Angeschossene Pekaris sind gefährlich!

Die **Beutelratte** oder **Opossum** (*zarigüeya, muca*) kann in seinem Beutel am Bauch bis zu 13 Junge aufnehmen. Wenn die Jungen etwas gewachsen sind, werden sie von der Mutter auf dem Rücken getragen. In vielen Büchern und Museen sieht man Abbildungen, in denen das Muttertier den Schwanz über ihren Körper zurückbiegt, damit sich die Jungen mit ihren Schwänzen daran festhalten können. Dieses Bild entspricht nicht den Tatsachen, die Jungtiere klammern sich nur am Fell der Mutter fest. Einige Beutelrattenarten leben auch in den Anden und an der Küste.

Die **Seekuh** oder **Sirene** (*manatí, vaca marina*) ist ein reiner Vegetarier und frißt im Tag an die dreißig Kilogramm Wasserpflanzen. Wo sie ausgerottet wird, kommt die Schiffahrt wegen des wuchernden Pflanzenwuchses in Schwierigkeiten. Das Fleisch der Seekuh wird von den Einheimischen sehr geschätzt.

Vampire gibt es tatsächlich. Alle drei Fledermausarten, die Blut trinken, leben in Südamerika. Nachts lassen sie sich in die Nähe eines Säugetiers fallen und krabbeln zu ihm hin. An einer Stelle, wo die Haut sehr dünn ist, beißen die kleinen Fledermäuse, ohne das Opfer zu wecken, zu. Die blutende Wunde wird ausgeleckt. Der Vampirbiß an sich ist ungefährlich, allerdings kann durch ihn

Urwaldtiere

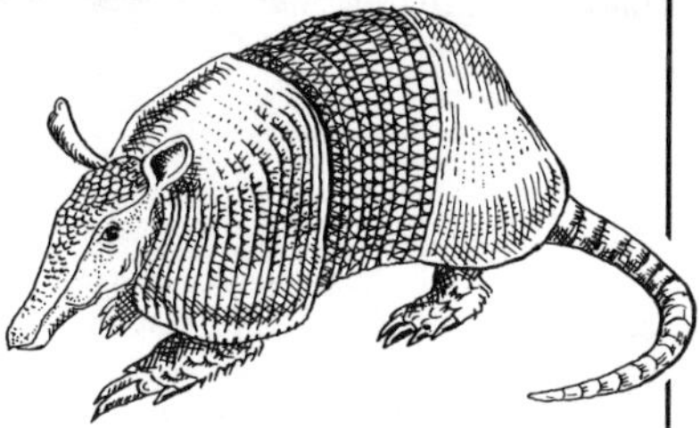

Gürteltier

Beutelratte

Nasenbär

Halsband–Pekari

Tollwut übertragen werden. Menschen werden fast ausschließlich in die Zehen gebissen.

Vögel:

Die **Harpyie,** den größten Adler der Tropen, erkennt man an ihrer Federhaube auf dem Kopf. Ihre kurzen, breiten Flügel eignen sich für waghalsige Verfolgungen der Beute durchs Dickicht. Der Greifvogel spielt in der Mythologie der Urwaldindianer eine wichtige Rolle, kommt aber auch in der alten Adenkultur von Chavín vor.

Die gelben oder bunten **Tukane** fallen wegen ihrer großen, bunten Schnäbel auf, die sie zum Pflücken von Früchten und Beeren benützen. Diese Urwaldclowns leben in Trupps von 10–15 Tieren.

Guacamayos sind große, prachtvolle **Ara-Papageien,** welche immer in großen, lärmigen Schwärmen leben. Man sieht und hört sie besonders in den Nachmittagsstunden gut.

Picaflor heißt der **Kolibri.** Von über 300 Arten lebt die Hälfte in Ecuador. Kolibris sind in ganz Amerika verbreitet; je weiter vom Äquator entfernt, desto seltener werden sie aber. Viele Arten bewohnen auch die Andenregion und die Küste.

Reptilien:

Die **Arrau-Schildkröte** (*charapa*) ist die typische Amazonasschildkröte, sie wird 1 m groß. Das Weibchen vergräbt ihre 300 Eier in eine Sandbank. Da ihr Fleisch und die Eier von den Einheimischen sehr geschätzt werden, ist die Charapa in besiedelten Regionen schon selten geworden. *Charapas* werden ganz allgemein auch Frauen und Mädchen der Selva genannt (was keine Beleidigung ist).

Viel kleiner (45 cm) wird die **Terekay-Schildkröte** (*taricaya*) und die sehr merkwürdig aussehende **Fransenschildkröte** (*Matamata*). Die Matamata wartet gut getarnt am Grund eines Gewässers bewegungslos auf Beute. Kommt ein kleiner Fisch vorbei, reißt die Matamata ihr Maul blitzschnell auf, der Fisch gelangt durch den Sog in ihren Schlund.

Der **Brillenkaiman** (*lagarto blanco*) hat seinen Namen von seinen wulstigen Überaugenrändern erhalten. Junge Kaimane sind häufig zu sehen; am besten nachts per Boot (ohne Motor) und mit einer starken Taschenlampe.

Riesenschlangen und Giftschlangen werden auf S.402 beschrieben.

Fische:

Der **Paiche** ist mit einer Länge bis zu 3 m und einem Gewicht von 200 kg der größte Süßwasserfisch der Welt. Sein Fleisch schmeckt ausgezeichnet.

Die meisten Horrorgeschichten über **Pirañas** sind frei erfunden oder übertrieben. Sie sind häufig und bei Indianern beliebte Speisefische. Vorsicht ist geboten, wenn man dem Fisch den Angelhaken rauszieht. Sein Gebiß mit den scharfen Zähnen sieht wirklich furchterregend aus. Wer barfuß ist, sollte die Fische nicht achtlos

Urwaldtiere

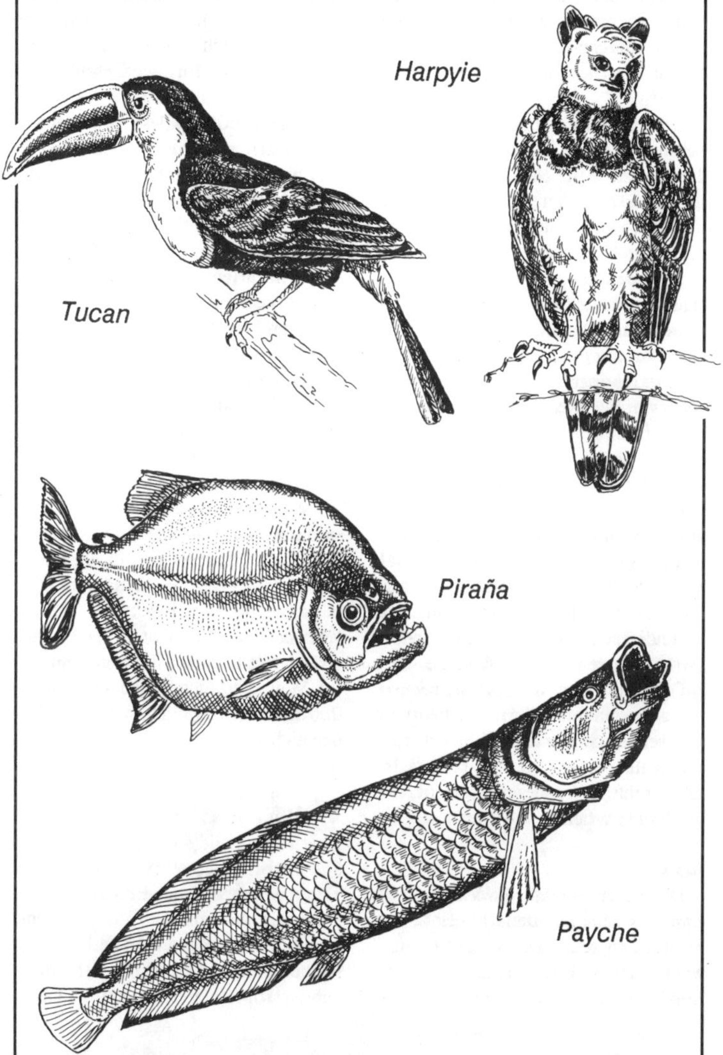

am Bootsboden liegenlassen. Die kleinen Kerle haben ein zähes Leben und können überraschend zubeißen. Im Wasser sind sie für Menschen ungefährlich.

Der **Kandiru** (*pez carnero*) ist ein Schmarotzerwels. Das dünne, kaum 2 cm große Fischchen haftet sich an die Kiemendeckel größerer Fische und lebt von deren Blut. Es kann jedoch auch in eine Körperöffnung eines badenden Menschen eindringen (Harnröhre, After, Vagina). Wegen seiner nach hinten gerichteten Stacheln kommt es kaum von alleine raus und muß operativ entfernt werden. Merkwürdigerweise wird der Kandiru besonders vom Uringeruch angelockt. Also: nie im Wasser pinkeln!

Der bis zu zwei Meter lange **Zitteraal** (*anguila*) ist am Kopf positiv und am Schwanz negativ geladen. Die Stromschläge dienen dem Zitteraal zur Orientierung im trüben Wasser, aber auch zum Beutefang und zur Verteidigung. Es wurden schon Stromschläge von 650 Volt gemessen.

Gefährlich ist der **Stachelrochen** (*raya*), wenn man ihm versehentlich auf seinen Schwanz tritt. Dort verfügt er über einen Giftstachel, der sehr schmerzhafte Wunden verursacht, die nur langsam heilen.

Insekten:

Der **Laternenträger** (*chicharra machaco*) ist eine Zikadenart, welche am Kopf einen sehr merkwürdigen Auswuchs hat, der so aussieht wie der Kopf eines Krokodils. Die Zikade ist harmlos, doch die Indianer glauben, daß sie stechen kann. Gegen den «tödlichen Stich» soll es nur ein Heilmittel geben: sofortiger Geschlechtsverkehr.

Lange Kolonnen von **Blattschneiderameisen** sind oft zu beobachten. Sie benötigen die Blätter für ihre Pilzkulturen, die sie in ihrem Bau pflegen. Besagte Pilzart wächst ausschließlich im Ameisenbau. Wieso in den Pilzgärten der Blattschneiderameisen keine anderen Pilze wachsen, möchten Wissenschaftler schon lange wissen.

Die **Skorpione** (*escorpión*) der Urwaldregion sind kaum gefährlich. Dennoch können auf Skorpionstiche bei gewissen Personen allergische Reaktionen auftreten.

Der Körperdurchmesser der **Vogelspinnen** (*tarántula*) beträgt bis zu 9 cm, die Spannweite ihrer Beine liegt bei 25 cm. Sie ernähren sich meist nachts von Insekten, am Tag verbergen sie sich. Trotz ihrer furchterregenden Klauen sind Vogelspinnen für Menschen nicht lebensgefährlich, ihr Biß wirkt ähnlich wie ein Wespenstich.

Tingo María

672 m über Meer. 40 000 Einwohner. Tingo María liegt im Bergurwald, in der «ceja de montaña», der Augenbraue der Berge, am rechten Ufer des Río Huallaga. Das Klima ist angenehm warm, doch regnet es bis zu 3 m

(3000 mm) im Jahr. Der Name «Tingo» kommt vom Ketschuawort «Tincocc» und bedeutet «Vereinigung». In Tingo María treffen sich denn auch die beiden Flüsse Huallaga und Monzón. María soll die erste spanische Einwohnerin der Stadt geheißen haben.

Berüchtigt ist die Region um Tingo María wegen ihres blühenden Kokainhandels, insbesondere **Uchiza,** eine Stadt in der Hand der Kokainmafia, gerät immer wieder wegen Scharmützeln zwischen Polizei, Militär und Gangstern in die Schlagzeilen. Für Touristen besteht jedoch in Tingo María selbst keine Gefahr. Die Kokainlaboratorien und die dazugehörenden Flughäfen befinden sich außerhalb der Stadt in kleinen Ortschaften wie **Tocache, Progreso, Uchiza, Monzón** oder **Agua Blanca.** Hier tragen die Männer nach Wildwestmanier Revolver, und ein Menschenleben zählt wenig.

Die Hügelkette in Richtung Huánuco, die von Tingo María aus sichtbar ist, hat die Formen einer liegenden Frau (links der Kopf) und wird deshalb **La Bella Durmiente,** die schlafende Schönheit (Dornröschen) genannt. Sie gehört zu einem 1965 gegründeten tierreichen **Nationalpark** (18 000 Hektaren). Auch die **Cueva de las Lechuzas** mit dem seltenen Vogel *guácharo* liegt in diesem Park.

Unterkunft

■ **Hostal La Cabaña** *, Av. Raimondi 634. DZ ohne Bad 3.5 $. Sauber. Fenster auf Innenhof mit Topfpflanzen und einem Trog zum Wäschewaschen.

■ **Hotel Diana** *, Av. Tito Jaime Fernández 542. Neues, großes Hotel. DZ mit Bad 4 $, auch Drei- und Vierbettzimmer. Empfehlenswert.

■ **Hostal Bella Durmiente** *, Av. Raimondi 841. DZ mit Bad 4 $, ohne Bad nur unwesentlich billiger. Sauber.

■ **Hotel Marco Antonio** *, Jr. Monzón 364. DZ ohne Bad 4 $, mit Bad 4.5 $. Hübsch eingerichtet. Empfehlenswert.

■ **Hotel Royal** *, Av. Benavides 214, Nähe Markt. Mittelgroßes Hotel, dreistöckig, mit Innenhof. DZ mit Bad 5 $. Auch Drei- und Vierbettzimmer. Empfehlenswert.

■ **Hotel Nueva York** **, Av. Alameda Peru 553, an der Plaza de Armas. DZ mit Bad 6 $. Eigenes Restaurant im Haus.

■ **Für Genießer: Hotel Turistas** ***, Carretera Huánuco, Km 133, Tel. 20 47. Von Tingo María sind es 15 Minuten zu Fuß, 1.5 Kilometer die Hauptstraße entlang Richtung Huánuco. Kommt man von Huánuco mit dem Colectivo, sollte man dem Fahrer mitteilen, daß man beim Hotel Turistas aussteigen möchte. Das Hotel ist von Urwald umgeben. DZ mit Bad und warmem Wasser 8.5 $, mit Bad, das mit dem Zimmernachbarn geteilt wird (*intermedio*) 7 $. Bungalow 14 $. Zusatzbett 3 $. Das Schwimmbad ist gegen Eintritt auch Nichtgästen zugänglich. Von der Hotelveranda aus sieht man frühmorgens und abends oft Kolibris. Achtung: Nach 16 Uhr stechen die Mosquitos.

Essen

■ **Parilladas Quique,** Alameda Peru 579, an der Plaza de Armas nach dem Hotel Nueva York. Zwischen 8 und 16 Uhr gibt's Fisch und Meeresfrüchte, zwischen 18 und 24 Uhr Steaks, Anticuchos, Huhn, Meerschweinchen und vieles mehr vom Grill.

■ **Restaurant Marco Antonio,** Jr. Monzón 368, neben dem gleichnamigen Hotel. Große Portionen, versucht mal *Pescado a la Chorillana.*

■ **Chifa Diana,** Av. Tito Jaime Fernandez 542, neben dem gleichnamigen Hotel. Gemütlich und freundlich. Huhn, Ente und Schweinefleisch mit allerlei Zutaten à la chinoise.

■ Einen romantischen Abend beginnt man im **Restaurant** vom **Hotel Turistas,** wo man teuer, aber exzellent speist.

Was sonst?

■ **Telefonamt,** Av. Pimentel 175, Fortsetzung der Av. Raimondi.

■ **Hauptpostamt,** Av. Alameda Peru, bei der Plaza de Armas.

■ **Banca de la Nación,** Av. Raimondi 190.

■ Zwei **Kinos:** das Tropical und das Raimondi, beide in der Av. Raimondi; für Brutalofreunde ein Muss.

■ Mehrere **Billardsäle** im Ort: El Porvenir und Las Vegas, Av. Raimondi 489 und 513.

■ **Disco La Azotea,** Av. Pimentel 618, zwischen Tingo María und dem Hotel Turistas. Eingang links von der Bar Bonanza. Keine Eintrittsgebühr, ein Longdrink kostet 1.5 $. Sehr dunkel. Harte Rockrhythmen wechseln mit Salsamusik ab.

Sehenswert

■ **Botanischer Garten,** auf der rechten Straßenseite zwischen Zentrum und Hotel Turistas. Geöffnet Mo–Fr 8–14.30 Uhr, Sa 8–11.30 Uhr. Unter anderem kann man hier den Unterschied zwischen dem großen südamerikanischen Bambus (*Dendrocalamus asper*) mit kräftigem Stamm und dem kleineren chinesischen Bambus (*Bambusa tuldoides*) studieren. Eintritt frei.

■ **Zoologisches Museum** und **Zoo,** in der Agraruniversität, zehn Minuten zu Fuß nach dem Hotel Turistas in Richtung Huánuco, an der linken Straßenseite. Das Museum ist nicht angeschrieben. Es befindet sich in der Sección Laboratorios. Geöffnet Mo–Fr von 8 bis 15.30 Uhr. Viele ausgestopfte Tiere aus dem Urwald, insbesondere aus dem nahegelegenen Nationalpark. Auch zwei präparierte *guácharos* sind zu sehen.

Hinter dem Museum, etwas versteckt, lassen sich in einem sehr kleinen Zoo Tierarten entdecken, die man noch nie gesehen hat.

■ **Cueva de las Pavas** (Truthahnhöhle). Zehn Minuten in Richtung Huánuco mit dem Colectivo des Comités Nr. 6 von der Av. Pimentel 115, wie die Fortsetzung der Av. Raimondi heißt, fahren. Fahrpreis 0.5 $. Der Fahrer hält vor einer kleinen Brücke. Links führt ein Weg den Bach aufwärts entlang. Nach zehn Minuten erreicht man die Stelle, die *cueva de las pavas* heißt. Entgegen dem Namen gibt es hier weder Höhlen noch Truthähne. Die Bäume beidseits des Wassers stehen nahe zusammen und lassen den Eindruck einer Höhle entstehen. Der Bach eignet sich gut zum Baden.

La Cueva de las Lechuzas

Die "Höhle der Eulen" liegt sieben Kilometer von Tingo María entfernt. Den Namen verdankt sie einem eulenartigen Vogel, der vom Aussterben bedroht ist. Der seltene Vogel nistet in der Höhle zu Hunderten, wenn nicht zu Tausenden und heißt *guácharo*, zu deutsch Fettschwalm. Obwohl der Guácharo auch *lechuza de la cueva*, also Höhleneule, genannt wird, ist er weder eine Eule noch sonst ein Raubvogel, er ernährt sich ausschließlich von Baumsamen. Neben den Guácharos leben im Inneren auch unzählige *loros* (kleine Papageien), Schwalben und Fledermäuse.

Wie hin? Von der Av. Raimondi die Straße (nach dem Telefonamt) zum Río Huallaga runter und die Brücke überqueren. Gleich nach der Brücke den Weg links einschlagen. Es folgt eine Stunde Marsch durch den Bergurwald. Der ganze Weg ist auch mit dem Auto befahrbar (Taxi). Von der Anhöhe überblickt man das Tal von Tingo María. Auf dem Weg viele Tropenvögel und Schmetterlinge in allen Formen und Farben. Nach einer weiteren Stunde erreicht man die Brücke über den Fluß Monzón. Gleich nach der Brücke nach links einbiegen. Schon nach zehn Minuten hört man das Gekreische der Papageien, die in der Höhle leben. Eine Treppe führt zur Höhle hinauf.

Stalaktiten hängen von der Decke herunter. Die Vögel schimpfen auf Eindringlinge ein, das Gekreische ist unbeschreiblich. Nicht nur wer Alfred Hitchcocks «Die Vögel» gesehen hat, bekommt jetzt leicht das Gruseln. Man schreitet in der Höhle wie auf einem Teppich; er besteht aus dem trockenen Kot und den Nüßen und Samen, die die Vögel fallen lassen. Auf dem Boden hat sich ein eigenes Ökosystem gebildet. Ein Heer von Insekten lebt von diesem «Abfall». Aber keine Angst, sie können weder fliegen, noch krabbeln sie die Beine hoch. Die Höhle ist rund 400 m problemlos begehbar, weiter ist sie weder erforscht noch in ihrer Gesamtlänge bekannt. Um die Vögel zu beobachten, ist eine starke Taschenlampe notwendig, denn sie leben 10–25 m hoch in den Wänden. Wie die Fledermäuse orientieren sich auch die Fettschwalme im Dunkeln mit Hilfe von Echolot, nur daß ihre Schreie auch für das menschliche Ohr hörbar sind.

Weiterreise

■ Die 230 km lange Strecke nach **Pucallpa** ist nur zum Teil asphaltiert, sie wird immer wieder durch den Regen weggespült. Nach 96 km überquert man einen Paß, den Boquerón del Padre Abad, 1757 vom Franziskanermissionar *Abad* entdeckt. Wasserfälle und kristallklares Wasser. Der Bus benötigt für die gesamte Strecke 8 Stunden. Folgende Busgesellschaften fahren täglich für 5 $ nach Pucallpa: *Ucayali,* Av. S. Ericson 116, fährt auch noch zu vielen kleinen Ortschaften in der Umgebung. *Etopas,* Av. Raimondi 174. *Leon de Huánuco,* Av. Raimondi, gegenüber der Busgesellschaft *Transmar.*

■ Auch die Straße nach **Lima** ist größtenteils asphaltiert, der Bus benötigt für die 550 km mindestens 18 Stunden (8 $). Warme Jacke oder Decke nicht vergessen! **Huánuco** (120 km und 5 Std.) eignet sich gut für einen Zwischenhalt. Es fahren *Arellano,* Av. Raimondi 605, *Tepsa,* Av. Raimondi 812, *Transmar,* Av. Raimondi 945, *Leon de Huánuco.*

Huánuco ist auch mit dem Colectivo erreichbar: Av. Raimondi 100. Zwar ein wenig teurer als Busse, aber schneller und häufiger. *Aero Peru,* Jr. Monzón 277, Tel 22 50, fliegt täglich in 40 Minuten für 22 $ nach Lima. Flüge in andere Städte ab Tingo María gibt es zurzeit nicht (kann sich ändern!).

■ Nach **Tocache** (172 km, 6 Std.) auf dem Weg nach **Tarapoto** mit *Ucayali* oder *Transmar* für 6 $ oder mit Colectivos (Fahrziele werden laut ausgerufen).

Pucallpa

154 m ü.M., 100 000 Einwohner.

Pucallpa ist die Hauptstadt des Departements Ucayali, das erst 1980 gegründet wurde. Auf Ketschua heißt Pucallpa «rote Erde»; diese kennzeichnet das Landschaftsbild in der Umgebung der Stadt. Mit einem jährlichen Bevölkerungswachstum von 5 Prozent gehört sie zu den am schnellsten wachsenden Städten Perus. Erdöl, Holzverarbeitung und die günstige Lage zwischen Atlantik und Pazifik haben ihr den Boom beschert. Die Pionierstadt liegt am rechten Ufer des Río Ucayali (was auf Ketschua «schmutziger Fluß» bedeutet), des wichtigsten schiffbaren Flusses von Peru. Zusammen mit dem Río Marañon bildet er später den Amazonas dessen Mündung am Atlantik liegt. Der Ucayali selbst entsteht aus dem Zusammenfluß von Río Urubamba und Río Tambo.

Obwohl schon fast eine Großstadt, sieht man in Pucallpa noch *Shipibo*-Frauen, immer barfuß und in traditioneller Kleidung: einer kurzen, bunten Bluse und einem Rock, auf dem geheimnisvolle geometrische Muster aufgedruckt sind. Um die Hüften eine Menge weißer Ketten. Sie treten als Souvenirverkäuferinnen auf.

Pucallpa besitzt das typisch drükkende, schwüle Klima des Amazonas Tieflandes, mit einer Durchschnittstemperatur von 26,7 °C, geringen sind die Temperaturunterschiede zwi-

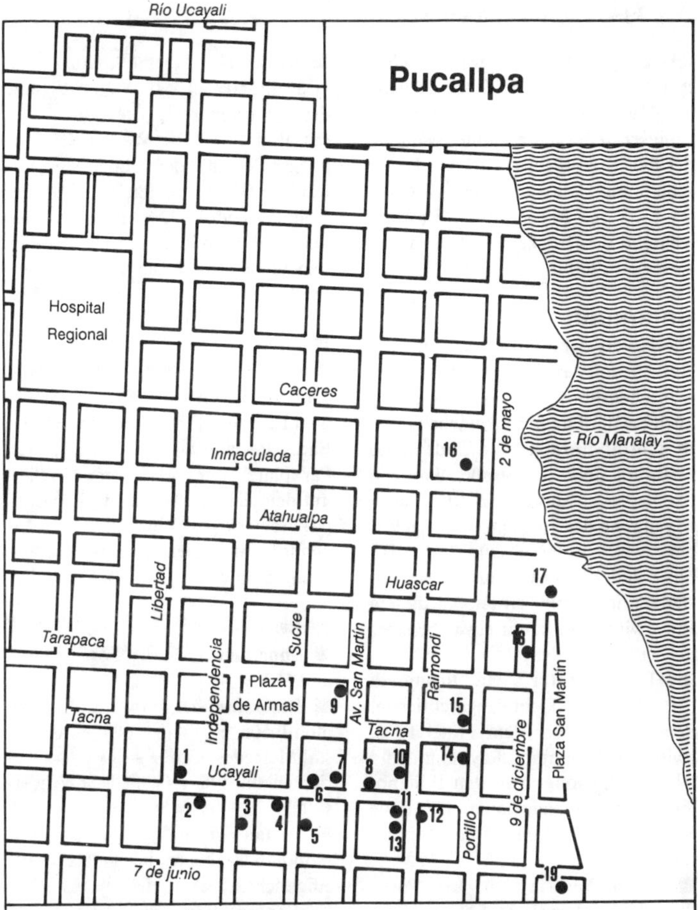

1 Kino Ucayali
2 Hostal Kombi
3 Zentralmarkt
4 Supermarkt
5 Rest. Sabores Perú
6 Bus, Colectivo nach Yarinacocha
7 Hotel Turistas
8 Kino Rex
9 Postamt
10 Bus Etopsa
11 Hotel Mercedes
12 Rest. Don José 2
13 Hotel Barbtur
14 Hostal España
15 Hostal Venecia
16 Touristeninformation
17 Hafenbehörde
18 Markt
19 Hostal Europa

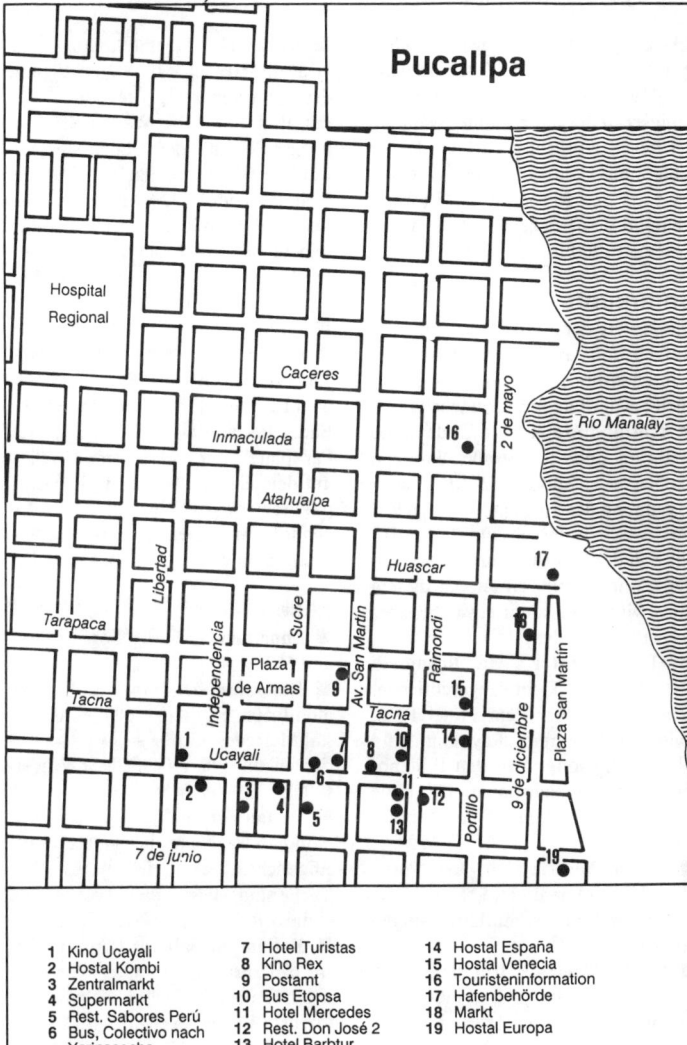

schen Tag und Nacht sowie zwischen den Jahreszeiten. Die Stadt ist während der Trockenzeit (von Juni bis August) sehr staubig und während der Regenzeit (Februar bis April) sehr schlammig. Die Luftfeuchtigkeit beträgt in der Regenzeit 82 Prozent, während der Trockenzeit 74 Prozent. Es regnet 1200 mm pro Jahr.

Unterkunft

Die Hotels der Billigklasse sind sehr einfach und lassen an Sauberkeit zu wünschen übrig. Unterkünfte gibt es auch bei der Lagune Yarinacocha.

■ **Hostal Europa** *, Jr. 7 de junio 1150, am Ende der Straße, Während der Regenzeit unweit des Río Ucayali; während der Trockenzeit liegen Felder zwischen Hotel und Fluß. DZ ohne Bad 2 $. In Ordnung. Die meisten Zimmer mit Fenster. Zu diesem Preis wird man kaum etwas besseres im Zentrum finden.

■ **Hotel Barbtur** *, Jr. Raymondi 670. Ist nur klein angeschrieben. Schräg gegenüber dem Hotel Peru, zwischen Restaurant Raymondi und Chifa Hongkong. Von den Billighotels eines der saubersten. DZ ohne Bad 4 $. Alle Zimmer mit Ventilator.

■ **Hostal Venecia** *, Jr. Crl. Portillo 482. DZ ohne Bad 6 $. Sauber, die Wände sind hübsch mit Urwaldtieren bemalt.

■ **Hostal España** *, Jr. Crl. Portillo 530. DZ mit Bad 7 $. Sauber, alle Zimmer mit Ventilator und guten, harten Betten.

■ **Unser Tip! Hostal Kombi** **, Jr. Ucayali 360, Tel. 51 70. In der Nähe des Zentralmarkts. Freundlich. DZ mit Bad 10 $. Die Wände der Eingangshalle und der Gänge sind mit Raubtierfellen behängt. Großer Swimmingpool. Um ihn befinden sich Käfige mit Äffchen, Tukanen und Papageien. Restaurant im Hause. Von den Hotels mit Schwimmbecken das preiswerteste.

■ **Gran Hotel Mercedes** ***, Jr. Raymondi 610, Ecke Jr. Ucayali, Tel. 61 91. Grüner Baldachin vor dem Eingang. DZ 15 $, natürlich mit Bad. Restaurant, Bar, Wäscherei, Parkplatz: nur, wer kommt schon mit dem eigenen Wagen nach Pucallpa? Achteckiges Schwimmbad im Innenhof, mit Liegestühlen, Tropenpflanzen und großem Mangobaum.

Essen

■ **Supermarkt,** Crl. Portillo 447 und 557.

■ **Restaurant Don José 2,** Jr. Raymondi 605, gegenüber dem Gran Hostal Mercedes. Große Auswahl an Gerichten und 20 verschiedene Fruchtsäfte!

■ **Restaurant Raimondy,** Jr. Raimondi 678. Nicht besonders nobel eingerichtet, aber die chinesischen Köche sind Meister ihres Fachs. Blick in die offene Küche werfen.

■ **Restaurant Sabores Perú,** Jr. Sucre 675. Fruchtsäfte, Omeletten, Fische (Paiche), Fleisch, Spaghetti, Pizzas, Eisbecher, Kuchen, Pisco Sour. Nicht ganz billig.

■ Frisches Brot und Apfelkrapfen gibt's bei **La Baguette,** Jr. 7 de junio 970, natürlich erst nachmittags, denn nicht alle peruanischen Bäcker sind Frühaufsteher.

Was sonst?

■ **Touristeninformation,** Jr. 2 de mayo 121.

■ **Telefonamt,** Jr. Ucayali 150.

■ **Postamt,** Jr. San Martín.

■ **Mofamiete,** Av. San Martín 405, gegenüber dem Postamt. Mietpreis für ein kleines Motorrad 2 $ pro Stunde.

■ **Diskotheken** befinden sich 10 Minuten (Taxi) außerhalb des Zentrums. Sie heißen Mandingo, La Bruja, Cashma und La Jungla, die Taxifahrer wissen Bescheid.

Lagune von Yarinacocha

Die Lagune von Yarinacocha ist 6 km von Pucallpa entfernt, 20 km lang und zwischen 400 und 950 m breit. Sie gehörte früher zum Flußbett des Ucayali. Gespiesen wird sie von den drei Flüssen Río Cashibocaño, Río Lobocaño und Río Pocacaño. Von **Callao,** dem kleinen Hafen von Yarinacocha, startet man zu Urwaldtrips oder zu einer Urwaldlodge. Viele Restaurants, die leckeren Flußfisch anbieten.

Wie hin? In Pucallpa fahren vom Jr. Ucayali/Ecke Jr. Sucre (zwischen Kino Rex und Zentralmarkt) regelmäßig Colectivos für 0.3 $ nach Yarinacocha. Auch Stadtbus Nr. 6 hält dort.

■ Was gibt's zu sehen? **Instituto Linguístico de Verano,** vom Hafen aus den Weg nach links nehmen, am Militärflughafen vorbei, Wegdauer ½ Stunde zu Fuß. Nordamerikanische Missionare haben sich hier ein USA-Dorf mit allem dazugehörenden Luxus gebaut, schöne Häuser mit Gärten, eine Schule für ihre Kinder und ein Krankenhaus. Mit kleinen Sport- und Wasserflugzeugen fliegen die Missionare zu entfernten Urwalddörfern, studieren die Sprache ihrer Bewohner und legen sie schriftlich fest. So entstehen Wörter- und Grammatikbücher von uns bisher unbekannten Indianerdialekten. Ziel des Aufwands: die Bibel in die jeweilige Stammessprache zu übersetzen, um die Einheimischen «aus der Finsternis ihres Unglaubens zu befreien». Daneben werden die Indianer in Gesundheitshygiene unterrichtet, um Epidemien und Kindersterblichkeit zu bekämpfen.

Das Instituto Linguístico de Verano ist werktags 8–12 und 14–17 Uhr für Besucher geöffnet. Eine Diashow führt in die Arbeit der Missionare ein. Die Bibliothek der Missionsstation steht jedem offen, der sich für Indianersprachen interessiert.

■ **Arte Shipibo,** Maroti Shobo, Jr. Aguaytia 443. Die Kooperative der Shipibo-Indianer verkauft handgefertigte Keramik. Gefäße in allen Größen kosten 3 bis 12 $.

■ **Hospital Amazónico Albert Schweizer,** vom deutschen Arzt Dr. Binder 1957 gegründet.

■ **San Francisco** ist ein Dorf der Shipibo-Indianer, eine Stunde per Boot (11 $ für das ganze Boot hin und zurück, geteilt durch Anzahl Passagiere) vom Hafen Yarinacocha entfernt. In ihren offenen Hütten warten die Frauen auf die Touristen, um ihnen Dekorationspfeile und -bögen, Keramik und Stoffe zum Verkauf anzubieten. Geduldig lassen sie den Besucherstrom über sich ergehen und verlangen auch schon mal Geld für eine Fotoaufnahme.

Urwaldtrips

In Callao bieten sich zahlreiche einheimische Führer für mehrtägige Dschungeltrips auf dem Ucayali und seinen Nebenflüssen durch lianenbehangene, schmale Gewässer an. Zu sehen und zu hören bekommt man bunte Vögel und einige Affen. Nachts beobachtet man Krokodile. Je nach Gruppenwunsch wird auch gejagt oder gefischt. Übernachtungen jeweils im Freien in der Hängematte oder in einer Indianerhütte. Preise: 18 bis 30 $ pro Person und Tag, je nach Gruppengröße. Essen, Treibstoff und die gesamte Ausrüstung sollten im Preis inbegriffen sein. Unbedingt vorher vereinbaren.

Auch der englischsprechende Franzose *Thierry Ghiles* und sein peruanischer Partner *Antonio Valera* können mit ihrem Boot «Delfín» engagiert werden. Für zwei Personen kostet ein Trip 26 $ pro Tag und Person, ab fünf Personen nur noch 18 $, Essen inbegriffen.

Am Hafen kann man Boote mieten zu 11 $ die Stunde oder 50 $ pro Tag.

Unterkunft

In Callao gibt es zwei Hotels, um die Lagune vier Lodges.

■ **Hostal Pescador** *, direkt am Hafen. DZ ohne Bad 3 $. Sehr einfach.

■ **Hostal Los Delfínes** *, Tel. 61 29. DZ mit Bad 6 $. Jedes Zimmer mit eigenem Kühlschrank und Ventilator.

■ **La Brisa Lodge,** verhältnismäßig luxuriöse, zu Fuß (15 Minuten) erreichbare Unterkunft. Großes, auf hohen Pfählen stehendes Restaurant mit riesigem Palmblätterdach. Dort speist man teuer, aber ausgezeichnet. DZ für über 25 $, Bungalow für vier Personen mit Bad 35 $. Die Lodge organisiert auch Urwaldausflüge, ebenfalls superteuer, aber gut geführt.

■ **La Cabaña Lodge,** schräg gegenüber der La Brisa, auf der anderen Seite der Lagune; sie ist die größte der vier Lodges. DZ mit Bad 26 $.

■ Unklar ist, ob die **Lodge Ucayali** gegenüber von San Francisco weitergeführt wird.

■ Und nun der Tip für diejenigen, welche sich die teuren Lodges nicht leisten können oder wollen: **La Perla Lodge,** unterhalb der Cabaña Lodge. Der Schwabe *Thomas Zirm* vermietet drei DZ zu 5 $ pro Person. Für 7 $ ist das Frühstück inbegriffen, für 10 $ gibt's Vollpension. Thomas lebt schon lange hier und weiß viel über den Urwald zu erzählen. Da er nur für sechs Personen Platz hat, ist er im Ferienmonat August oft ausgebucht.

Zu den drei letztgenannten Lodges kostet die Bootsfahrt vom Hafen aus 3 $ pro Boot.

Die Shipibos

Zur ethnischen Gruppe der Shipibos gehören um die 20 000 Menschen, die in rund 100 Dörfern entlang des Río Ucayali und seiner Nebenflüsse leben. Trotz jahrhundertelanger Kontakte mit Missionaren und Siedlern blieb viel von ihrer traditionellen Lebensweise erhalten. Nach wie vor wird ihr Lebensrhythmus von den Jahreszeiten (Regen- und Trockenzeit) und dem Wasserstand der Flüsse bestimmt. Während der Trockenzeit (Mai bis September) ist der Wasserstand niedrig, die Gewässer sind dann besonders leicht fischbar. Fische sind die wichtigsten Eiweißlieferanten, doch jagen die Männer auch Affen, Pekaris, Wild, Tapire und Vögel. In der Trockenzeit legen Schildkröten ihre Eier in selbstgegrabene Gruben, und ganze Familien suchen tagelang die Sandbänke nach dieser Delikatesse ab. Auf ihren *chacras* (kleine Äkker) pflanzen die Shipibos Yuca, Bananen, Camote (Süßkartoffeln), Mais und verschiedene Früchte an. Der Speiseplan wird durch Nüsse und Wildfrüchte aus dem Urwald ergänzt.

Zu den Festen der Shipibos bereiten die Frauen den *Masato,* einen Schnaps aus Yuca zu. Der Yucabrei wird lange gekaut und in einen Topf gespuckt. Der Speichel der Frauen leitet die Fermentation ein. Allgemeine Trunkenheit gehört zu jedem Fest. Die Shipibos meinen, daß ein nüchterner Mann seinen wahren Charakter verbirgt. Nur wenn man mit einem Menschen gemeinsam getrunken hat, lernt man ihn wirklich kennen. Wer nicht trinkt, gilt als unehrlich, denn er hat etwas zu verbergen. Viele Feste enden mit Schlägereien. Die Wahrheit ist eben nicht immer leicht zu ertragen.

Die Keramik und die Stoffe der Shipibos sind mit geometrischen Mustern bedeckt. In früheren Zeiten umgaben diese Muster das gesamte Leben. Auch Hütten, Boote und Paddel, Gebrauchsgegenstände, ja selbst Gesichter, Hände und Füße waren vollständig mit diesen Mustern bedeckt. Heute beschäftigen sich nur noch die Frauen und die Schamanen damit; die Männer aber haben ihre traditionellen Kleider abgelegt und kleiden sich europäisch. Töpferei ist die Domäne der Frauen. Die schwarzen Muster auf weißem Untergrund sind zwar auf jedem Gefäß verschieden, doch der Stil ist unverkennbar. Fehlt einer Frau die Inspiration für neue Muster, geht sie zu ihrem *Muraya*, dem Schamanen der Shipibos. Nach Zwiesprache mit den Geistern in der Hütte des Magiers reicht er der Frau einige Zeichnungen, die ihr als Vorlage für neue Muster dienen.

Der Schamane benutzt die magischen Muster auch zu Heilzwecken. Alles ist mit diesen Mustern bedeckt, das Innere des Hauses, das Dorf, der See, der Wald und der Himmel, doch nur der Schamane kann sie sehen.

Sichtbar werden sie für ihn mit Hilfe einer halluzinogenen Droge, welche aus der *Ayahuasca*-Liane gewonnen wird. Während einer Ayahuascasitzung ist *Ishi-Ibo,* die Seele der Ayahuascaliane, im Raum anwesend, sie produziert vor den Augen des Medizinmanns besagte Muster. Die Gesänge des Heilers sind die Übersetzung der visionären Zeichnungen ins Akustische, vergleichbar mit der Übersetzung unserer Musiknoten. Wenn seine Stimme den Patienten erreicht, findet eine zweite Transformation statt, denn die unsichtbaren Zeichnungen beginnen den Körper des Patienten zu bedecken. Bis der ganze Körper «bemalt» ist, werden mehrere Sitzungen durchgeführt. Auf diese Weise werden sämtliche Krankheiten behandelt.

Die Produktion geometrischer Muster scheint nicht subjektive oder kulturelle Ursachen zu haben, sondern wird durch die molekulare Struktur der Droge selbst hervorgerufen. Nicht nur die Shipibos sehen die Muster unter Einfluß der Droge, auch Ethnologen und andere interessierte Ausländer haben sie «gesehen».

Aufgrund der gesteigerten Nachfrage durch Touristen begann sich die Töpfereikunst zu verändern: Die Töpfe sind kleiner, die Muster einfacher geworden, und es werden exotische, ungewöhnliche Formen aus anderen Kulturen übernommen.

Weiterreise

■ Tägliche *Flugverbindungen* mit **Lima** und **Iquitos.** *Faucett,* Jr. 7 de julio 861.

Die Militärflugzeuge der *Grupo Ocho* fliegen unregelmäßig entfernte Urwaldsiedlungen an. Ihr Flughafen liegt bei Yarinacocha. *Taxi Aero,* Av. Raymondi 655, fliegt nach **Juanjui, Tarapoto, Tocache, Uchiza** und in andere Städte. Abflug, sobald die Cessna 206 ausgebucht ist. Bei *Ala del Oriente* in Yarinacocha kann ein Wasserflugzeug für 240 $ die Stunde gechartert werden.

■ Nach **Iquitos** gibt's keine Straßenverbindungen, die Stadt ist nur per Flug oder Boot erreichbar. Viele träumen von einem *Flußtrip* auf einem kleinen Dampfer von Pucallpa nach Iquitos. Zu ursprünglichen Urwalderlebnissen kommt man kaum, dazu ist der Fluß zu breit und seine Ufer zu zersiedelt; das Abenteuer liegt vielmehr in der Reiseart und den Verhältnissen an Bord: Das Deck ist mit Passagieren vollgestopft, man findet kaum Platz für die eigene Hängematte, und schon gar keinen Platz, um ein Moskitonetz aufzuhängen. Die Toiletten werden nicht gereinigt und sehen schon nach kurzer Zeit scheußlich aus. Zum Abwaschen und Kochen wird Flußwasser verwendet, die meisten ausländischen Traveller bekommen Durchfall. Der Trip dauert vier bis sechs Tage. Kein Schiff verkehrt regelmäßig, es bleibt nichts anderes übrig, als im Hafen von Pucallpa, **La Hoyada,** die Boote abzuklappern und mit dem Kapitän Abfahrtsdatum und Preis auszumachen. Eine Privatkabine kann manchmal gebucht werden. Sich nicht ärgern, wenn sich die Abfahrtszeit um einen Tag verzögert; peruanische Uhren laufen anders, insbesondere in der Selva. Mosquitoschutzmittel nicht vergessen; während der Zwischenstopps fehlt der Fahrtwind und die Mosquitos stechen erbarmungslos zu.

■ Busse von **Lima** benötigen während der Trockenzeit ungefähr 24 Stunden; in der Regenzeit von Dezember bis April kann die Reise zwei bis drei Tage dauern. **Huánuco** und **Tingo María** eignen sich für Stopps.

Eine interessante Alternative ab Lima: Fahrt per Bus über **Tarma** nach **San Ramón.** Anschließend Urwaldflug in Kleinflugzeugen der *Aero Chasqui* nach **Puerto Bermudez.** Bootstrip auf dem Río Pachitea. Umsteigen auf die Piste nach Pucallpa, die einige Kilometer entfernt entlang des Flußes verläuft; fast jeder Lastwagen nimmt Passagiere (gegen Bezahlung) mit.

■ Nach **Tingo María:** 230 km über gutausgebaute Piste. *Empresa de Transportes Ucayali,* Jr. 7 de junio 886, fährt täglich nach Tingo María, **Huancayo, Cerro de Pasco** und **La Oroya.** *Etopsa,* Jr. Raymondi 560, und *León de Huánuco,* 9 de diciembre 699, fahren täglich nach Tingo María, Huánuco und Lima.

Puerto Maldonado

256 m ü. M., 25 000 Einwohner.

Puerto Maldonado liegt am rechten Ufer des **Río Madre de Dios** und ist Hauptstadt des bevölkerungsärmsten Departements Perus, das ebenfalls Madre de Dios heißt. Sie ist die einzige größere Pionierstadt inmitten fast unberührten Urwaldes. Wegen der einmaligen Artenvielfalt der Fauna und Flora wurde ein riesiges Gebiet zum größten Nationalpark Perus erklärt, der **Manú-Nationalpark.** Er liegt an der Grenze zum Departement Cuzco und ist auch von Cuzco aus am besten zu erreichen.

In den nicht geschützten Wäldern Puerto Maldonados leben neben einigen Indianerstämmen Zehntausende von Goldwäschern, welche *mineros* genannt werden, obwohl sie nicht in Minen arbeiten, sondern in alten Flußläufen nach Gold graben. Meist ist es eine kleine Männergruppe, die einen Claim absteckt, ihn registrieren läßt und das Gold mit sehr einfachen Mitteln fördert (Pfanne oder selbstgebaute Waschanlage). Der Gebrauch von Quecksilber zur Trennung des Goldes von Unreinheiten vergiftet die Flüsse an manchen Stellen.

Wer Urwaldtrips plant, sollte sich seine Ausrüstung schon vorher besorgt haben, in Puerto Maldonado können bei allen Produkten Versorgungsschwierigkeiten eintreten, fast alles muß nämlich von Cuzco per Lastwagen oder Flug eingeführt werden.

Es können noch viele Jahre vergehen, bis die geplante Piste nach Brasilien realisiert wird.

Die Durchschnittstemperaturen um Puerto Maldonado schwanken zwischen 21 °C und 32 °C, nachts kann es überraschend abkühlen. Die Regenzeit dauert von Dez. bis März.

Unterkunft

Das Trinkwasser wird direkt aus dem Fluß in die Leitungen gepumpt, man sollte es vor dem Trinken kochen oder desinfizieren.

■ **Unser Tip! Hostal Tambo de Oro *,** Av. 2 de mayo 277, zwischen dem 4. und 5. Block der Av. Velarde. Das Hotel besitzt 4 DZ ohne Bad für 1.2 $ und 12 Einzelzimmer ohne Bad für 1 $. Es existieren genügend Badezimmer, je eines für 3 Zimmer. Die Zimmer sind einfach, aber in Ordnung. Viele Globis ziehen es vor, im großen Garten zu schlafen, das Camping ist erlaubt. Immer fließendes Wasser.

■ **Hostal Wilson *,** Jr.Gonzales Prada 355, Tel. 086. Restaurant, im Innenhof steht ein Papayabaum. DZ ohne Bad 2 $, mit Bad 3 $. Nur die Zimmer mit Bad sind mit einem Ventilator ausgestattet. Freundlich, zu empfehlen, wenn der nackte Betonboden in den Zimmern nicht stört.

■ **Hostal Kross *,** Av. León Velarde 721, Tel. 048. Die Zimmer sind besser als dies die ungepflegte Außenfassade des Hotels vermuten ließe. Trotz der nackten Betonböden sind sie sauber. DZ ohne Bad 2 $, mit Bad 3 $.

■ **Hostal Royal Inn *,** Av. 2 de mayo 333, Tel. 48. Sauber, alle Zimmer mit Ventilator. DZ mit Bad 3 $. Empfehlenswert.

■ **Hotel El Solar **,** Jr. Gonzales Prada 447. Das neuste Hotel im Ort. Eigenes Restaurant und immer fließendes Wasser. DZ mit Bad 4.5 $.

■ **Hotel Turistas ***,** Prolongación Av. Leon Velarde, Tel. 029. In schöner Lage am Stadtrand. DZ mit Bad 6.5 $, die Suite kostet 11 $. Schicker Speisesaal und gute Küche; von der Bar und von einigen Zimmern genießt man die Aussicht auf den Río Tambopata und den Urwald.

Urwaldlodges

■ Die **Tambo Lodge** * am linken Ufer des Río Madre de Dios ist in 30 Bootsminuten von Puerto Maldonado zu erreichen. Sie ist die einfachste und preiswerteste Lodge der Umgebung. Einfache Hütten ohne Türen, Palmblätterdach, die Betten (insgesamt 65) mit Moskitonetz. Es gibt Kollektivtoiletten und Duschen, zahme Papageien und Affen. Eine Übernachtung kostet inklusive Transport, Essen und kurzer Führung durch den Urwald, 35 $. 3 Tage mit 2 Übernachtungen kosten 40 $. 4 Tage mit etlichen Ausflügen und 3 Übernachtungen 75 $. Buchen im Hostal Moderno, oft wirbt ein Vertreter der Lodge im Flughafen, von ihm erfährt ihr alles weitere.

■ **Cuzco Amazónico Lodge,** am linken Ufer des Río Madre de Dios, 15 km flußabwärts von Puerto Maldonado. Die 42 Bungalows mit DZ und Bad stehen phantasielos in Reih und Glied. Fließendes Wasser, aber keine Elektrizität. Im größeren Gebäude befindet sich das Restaurant, ein Blick in die Küche wurde uns verweigert. Das Arrangement (Hin- und Rückfahrt, Unterkunft, Essen, kleine Führung durch den Urwald) für 3 Tage und 2 Nächte kostet 150 $. Buchen in Lima, Jr. Andalucía 174, Tel. 46 27 93, oder in Cuzco, Procuradores 48, Tel. 23 21 61.

■ **Explorers Inn** am Río Tambopata, 55 km von Puerto Maldonado entfernt. Im sechseckigen, zweistöckigen Hauptgebäude befinden sich Restaurant, Bar, Küche, Nahrungs- und Getränkelager. In 6 Bungalows befinden sich je 4 Schlafzimmer mit Bad, insgesamt 60 Betten. Fließendes Wasser und Elektrizität. Die Lodge liegt in einem Nationalpark zwischen dem Río Tambopata und dem Río La Torre. In den 5500 Hektaren sind wissenschaftlich registriert worden: 533 Vogelarten, 240 Baumarten, 103 Libellenarten, 80 Reptilien und Amphibienarten und 76 Säugetierarten. Wissenschaftler entdecken immer wieder neue. Buchen kann man in Lima: *Peruvian Safari,* Av. Garcilaso de la Vega 1334, Tel. 31 30 47, und in Cuzco, Calle Garcilaso 230. Buchung nur pauschal, man reist in einer großen Gruppe. Das Explorers Inn ist die teuerste der drei Lodges, doch die Unterkunft ist sehr komfortabel, die Führungen erfolgen durch Fachleute.

Essen

■ **Restaurant Rullman,** Av. Léon Velarde 658. Sauber, das Essen schmeckt gut. Wenn man Glück hat, gibt's Wild aus der Selva (*estofado de venado,* in der Saison Fruchtsaft aus *carambola.*

■ Das **Restaurant Joelito,** Av. Léon Velardes 361, führt nur Kuchen und Süßigkeiten.

Was sonst?

■ **Telefonamt,** Jr. Puno 670.

■ **Postamt,** Av. León Velarde 675.

■ **Banco de la Nación,** Calle D. A. Carrión 331.

■ **Kinos:** *Madre de Dios,* Jr. D. A. Carrión 3. Block, und *Grau,* Jr. Arequipa 1. Block.

Urwaldtrips

Das Gebiet von Madre de Dios gehört zu den unberührtesten Urwäldern der Welt. Hier hat man die besten Chancen, seltene Tiere zu beobachten, sofern man genügend Zeit hat. Urwaldunerfahrene Leute sollten nicht auf eigene Faust losgehen, sondern mit einem Führer gemeinsam eine Route planen und vorbereiten.

Empfehlen können wir den Nordamerikaner *John Baarda,* sein Haus liegt direkt am Hafen und ist mit «River Trips» angeschrieben. John fährt Besucher für 10 $ zur Lagune Sandoval, organisiert auf Wunsch auch mehrtägige Trips. Er reist mit kleinen Gruppen (2–4 Personen) und verlangt 8 $ pro Tag und Person.

Ein empfehlenswerter peruanischer

Führer ist *Arturo Balarezo Revilla,* Jr. Cajamarca: vom Krankenhaus den Weg zum Fluß Tambopata hinunter, blau-gelbes Haus. Er ist meist bei Flugzeugankunft im Flughafen anzutreffen. Ebenfalls kann man sich im Hostal Royal nach ihm erkundigen. Seine Urwaldtrips für 2 bis 8 Personen kosten 20 $ pro Tag und Person, wobei Benzin, Essen, Moskitonetz und andere Ausrüstungsgegenstände im Preis inbegriffen sind.

Von Riesen- und Giftschlangen

■ **Riesenschlangen** werden zu Unrecht gefürchtet. Sie bedeuten für erwachsene Menschen keinerlei Gefahr. Schlangen greifen aus freien Stücken nie Menschen an, sie versuchen immer zu fliehen. Wird ihnen der Fluchtweg abgeschnitten, wehren sie sich natürlich. Der Biß einer Riesenschlange ist harmlos. Wie alle Schlangen (mit Ausnahme der Eierschlangen) ernähren sich Riesenschlangen ausschließlich von lebenden Tieren. Diese werden erwürgt und in einem Stück verspeist. Obwohl Riesenschlangen wahre Muskelpakete sind, reicht ihre Kraft nicht aus, um erwachsene Menschen zu erdrücken, zudem schlingen sie sich keinesfalls gezielt um den Hals, sondern um den ganzen Körper. Die amerikanischen Riesenschlangen gehören alle zu den lebendgebärenden **Boas.** Ihre bekanntesten Vertreter sind die **Boa constrictor** und die **Anakonda**.

■ Die *mantona* oder **Boa constrictor,** auch Königs- oder Abgottschlange genannt, wird 3 bis 4.5 m lang. Wegen ihres regelmäßigen, hübschen Musters gehört sie zu den schönsten Schlangen überhaupt. In Europa wird sie oft als exotisches Haustier gehalten; in vielen Indianerhütten ist sie ein gerngesehenes Nutztier, welches Mäuse und Ratten verschlingt.

■ Die **Anakonda** ist, neben der asiatischen Netzpython, die längste Schlange der Welt, doch auch sie wird kaum länger als 9 m. Der Preis von 5000 $, den die New Yorker Zoologische Gesellschaft für den Fund einer über 10 m langen Anakonda ausgesetzt hat, konnte noch nie vergeben werden. Die Einheimischen nennen die Anakonda *boa.* Sie hält sich ständig in der Nähe von oder im Wasser auf. Ihre Nahrungspalette reicht von kleinen Säugetieren bis zu einem Krokodil. In einer einzigen Mahlzeit nimmt sie manchmal das Vierhundertfache ihres täglichen Nahrungsbedarfs zu sich.

■ In den Andenländern leben fünf gefährliche **Giftschlangenarten: Lanzenotter** (zwei Arten), **Klappperschlange, Buschmeister** und **Korallenschlange.**

■ Die *jergón* (in Bolivien: *yoperoboboj*) oder **gewöhnliche Lanzenotter** wird 1.8 m lang. Ihr Körper ist schlank und dunkel gefleckt. Der dreieckige oder umgekehrt herzförmige Kopf ist lanzenartig vom Körper abgesetzt. Diese Schlange verursacht 70 Prozent aller Giftschlangenbisse (siehe auch Kapitel «Gesundheit»)in

Schlangen

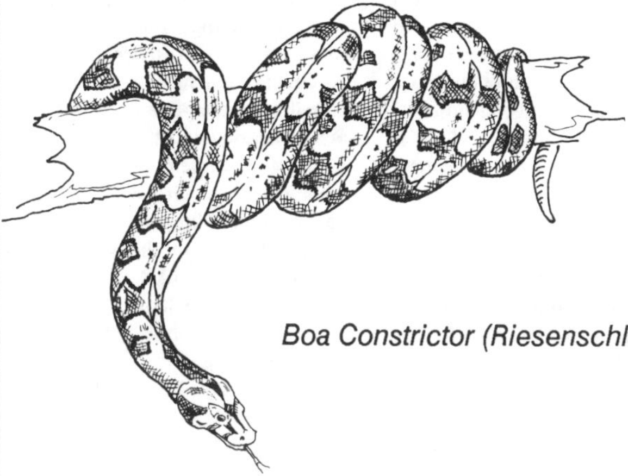

Boa Constrictor (Riesenschlange)

Lanzenotter (Giftschlange)

Südamerika. Ihr Gift wirkt hämotoxisch. Diese Lanzenotter lebt nicht nur in den Urwaldregionen, sondern auch in der Sierra (Gebirge). So haben wir auch auf dem vielbegangenen Inkapfad nach Machu Picchu zwei Exemplare beobachten können. Wer Schuhe trägt, ist vor dieser bodenbewohnenden Giftschlange ziemlich sicher.

■ Die *loro machaco* ist eine kleinere, grüngefärbte, **baumbewohnende Lanzenotter.** Die Tarnfarbe gibt ihr im grünen Blättergewirr optischen Schutz. Sie lebt nur im Urwald.

■ Die **Schauerklapperschlange** (*cascabel*) wird bis zu 1.8 m lang. Ihr Körper ist armdick. Ein surrendes Geräusch, verursacht durch die Klapper am Schwanzende, warnt herannahende Menschen. Sie lebt nur im steinigen Gelände der Sierra. Menschen werden nur selten gebissen. Ihr Biß ist unbehandelt jedoch besonders gefährlich, da das Gift doppelt wirkt – als Nerven- und als Blutgift! Nach brasilianischen Statistiken liegt die Todesrate von unbehandelten Bissen bei 75 Prozent.

■ *Coral* oder *nacanaca* wird die **Korallenschlange** genannt. Sie wird 60 bis 80 cm lang und besitzt am ganzen Körper ein Warnmuster von leuchtend roten, gelben und schwarzen Ringen. Die Korallenschlange führt ein sehr verborgenes Dasein unter Laub und Steinen; sie verbringt die meiste Zeit ihres Lebens unterirdisch. Bißverletzungen bei Menschen sind sehr selten, doch unbehandelt enden 10 Prozent der Bisse tödlich.

■ Die *shushupe* oder **Buschmeister** ist zweifellos das gefürchtetste Tier des Urwaldes. Mit einer Länge von 3.75 m ist sie die größte amerikanische Giftschlange. Ihr Körper wird so dick wie ein Oberschenkel. Sie lebt versteckt und lichtscheu in entlegenen Urwaldgebieten. Die Giftzähne einer ausgewachsenen Buschmeister sind über drei Zentimeter lang, durch kräftiges Zubeißen wird das Gift tief in das Gewebe hineingespritzt. Wegen ihrer Größe kann die Buschmeister bis zum Oberschenkel oder gar Oberkörper hochschnellen.

Weiterreise

■ *Faucett,* Av. Léon Velárdez 500, und *Aero Peru,* Jr. Cuzco 347, fliegen täglich über **Cuzco** nach **Lima.** Der Flughafen liegt 5 km außerhalb der Stadt, ein Colectivo zum Zentrum kostet 0.5 $.

Die 524 km lange Fahrt mit Lastwagen über unasphaltierte, abenteuerliche Wege von Puerto Maldonado über **Quincemil** bis Cuzco dauert im Idealfall 3 Tage, die Lastwagen bleiben unterwegs oft stecken. Während der Regenzeit ist die Strecke manchmal während Wochen unpassierbar.

■ Nach **Bolivien** und **Brasilien** geht's nur per Boot, es gibt keine regelmäßigen Verbindungen, man muß am Hafen rumfragen.

■ Zum 48,5 km entfernten **Laberinto** fährt viermal täglich *Expreso Laberinto,* 6. Block Jr. Puno.

BOLIVIEN

Geographie

Wenn man in Bolivien erzählt, man komme aus der Schweiz, und erklärt, sie liege im Herzen Europas und habe keinen Zugang zum Meer, hat man sofort Freunde. Denn auch Bolivien ist vom Meer abgeschnitten. Bloß daß im Unterschied zur Schweiz das südamerikanische Land überzeugt ist, einen legitimen Anspruch auf einen Teil der pazifischen Küste zu haben. Dieser wurde ihm aber von den Chilenen 1879 gestohlen. Auch an Brasilien, Argentinien und Paraguay hat Bolivien Gebiete abtreten müssen. Von den einst über 2 Millionen km blieben 1 098 581, was Bolivien immer noch 4.4 mal so groß wie die Bundesrepublik Deutschland macht.

Drei Großräume lassen sich grob unterscheiden: Der Altiplano zwischen der westlichen und der östlichen Andenkordillere macht nur 10 Prozent der Landesfläche aus, beherbergt aber 75 Prozent der Bevölkerung. Er erstreckt sich durchschnittlich auf einer Höhe von 3500 bis 4200 m. Die wichtigsten Städte hier sind La Paz, Oruro und Potosí. Die im nördlichen Teil mehrheitlich Aymara sprechende Bevölkerung lebt von der mageren Ausbeute der Landwirtschaft (Kartoffeln, Oca) und von der Viehzucht oder arbeitet in den Minen, wo Zinn, Silber und so weiter gewonnen werden.

An den fruchtbaren östlichen Andenausläufern, in den tiefeingeschnitteneen Tälern, liegen Cochabamba, Sucre und Tarija. Hier herrscht subtropisches und mildes Klima, das die Regionen mithin zu den fruchtbarsten Südamerikas macht. Es wachsen Koka, Kakao, Kaffee, Tropenfrüchte und Mais.

Fast unbesiedelt (mit Ausnahme der Stadt Santa Cruz, wo ein Siebtel der Menschen leben) ist der Oriente. Dieses Dschungeltiefland erstreckt sich über 70 Prozent der Gesamtfläche. Es gibt Kautschuk und Paranüsse her, und der Holzschlag schafft neben Weideland gleichzeitig ökologische Gefahren.

Bevölkerung

1989 dürfte die Bevölkerung die 7-Millionen-Grenze erreicht haben. Die Lebenserwartung bei Geburt beträgt für Bolivianer 51 Jahre, für Bolivianerinnen 54 Jahre. Von 1000 lebendgeborenen Säuglingen sterben 124 im ersten Lebensjahr, eine der höchsten Säuglingssterberaten des Kontinents (inoffizielle Zahlen schätzen die Sterberate mehr als doppelt so hoch).

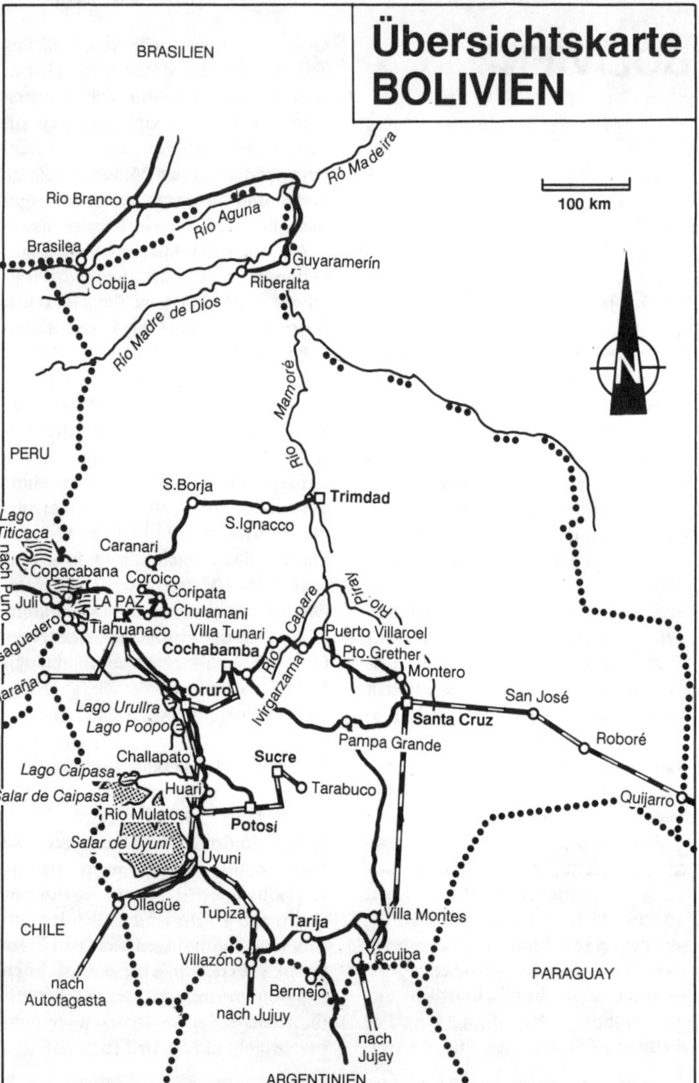
Übersichtskarte
BOLIVIEN
BRASILIEN
100 km
N
Ró Madeira
Rio Branco
Río Aguna
Brasilea
Guyaramerín
Cobija
Riberalta
Río Madre de Dios
Mamoré
Río
PERU
S.Borja
Trimdad
S.Ignacco
Lago
Titicaca
nach Puno
Caranari
Copacabana
Coroico
Coripata
Juli
LA PAZ
Chulamani
Desaguadero
Tiahuanaco
Villa Tunari
Puerto Villaroel
Río Piray
Río Capare
Cochabamba
Pto.Grether
Montero
Charaña
Oruro
Ivirgarzama
Lago Urullra
Santa Cruz
San José
Lago Poopo
Pampa Grande
Roboré
Challapato
Sucre
Lago Caipasa
Huari
Tarabuco
Salar de Caipasa
Rio Mulatos
Potosi
Quijarro
Salar de Uyuni
Uyuni
Ollagüe
Tupiza
Tarija
Villa Montes
CHILE
Yacuiba
Villazóno
PARAGUAY
nach
Autofagasta
Bermejo
nach Jujuy
nach
Jujay
ARGENTINIEN

Jeweils 1700 Menschen teilen sich einen Arzt, auf 13 000 Menschen kommt ein Zahnarzt.

Der Besuch der Grundschule ist bis zum Alter von 12 Jahren Pflicht und kostenlos. Doch es mangelt an (schlechtbezahlten) Lehrern. Ein Viertel der Bevölkerung (davon doppelt so viele Frauen wie Männer) kann nach offiziellen Angaben weder lesen noch schreiben.

Fast die Hälfte der Menschen, genauer: 43 Prozent, ist unter 15 Jahre alt. Etwa den gleichen Prozentsatz macht der Anteil der Menschen in den Städten aus. Im Vergleich zu anderen südamerikanischen Staaten leben aber noch wenig Leute in der Stadt. Angesichts der Massenarbeitslosigkeit in den Minenstädten und den Bestrebungen der Regierung, den Oriente zu kolonisieren, ist anzunehmen, daß der Menschenzustrom in den Dschungel anschwillt.

In keinem südamerikanischen Land ist der Anteil der indianischen Bevölkerung so groß wie in Bolivien: Er macht 42 Prozent aus, Mischlinge zwischen Indianern und Weißen (Mestizen) machen 32 Prozent und Weiße 14 Prozent aus. In die restlichen Prozente teilen sich Schwarze (in den Yungas) und Asiaten.

Wirtschaft

Im Februar 1985 erreichte Boliviens Hyperinflation die Monatsrate von 182.77 Prozent. Wenige Monate später, im August, entschloß sich die Regierung zu einer Währungsreform: Löhne und Preise im öffentlichen Sektor wurden eingefroren, etwa ein Zehntel der in öffentlichen Betrieben Arbeitenden wurde entlassen, einige unrentable Betriebe gar ganz aufgelöst, die Benzinpreise wurden angehoben, die Preise öffentlicher Dienstleistungen erhöht und keine öffentlichen Kredite mehr gewährt. Das staatliche Budgetdefizit sank von einem Anteil von 30 Prozent des Volkseinkommens auf 1.5 Prozent.

Diese bereits massiven wirtschaftspolitischen Maßnahmen wurden wenig später durch weitere ergänzt: etwa Neuverhandlungen über die Auslandschulden oder eine Strukturbereinigung krankender Branchen, wie zum Beispiel der verstaatlichten Minenindustrie. Die Reform war ein Erfolg. Parallel dazu wurde der Dollarwechselkurs freigegeben. Die Geldentwertungsrate sank innert zwei Jahren von 20 000 Prozent auf eine Jahresrate von 10 Prozent. Allerdings: Die Inflation ist fast besiegt worden, doch der Wirtschaftsaufschwung kommt nicht. Zu gering ist noch das Vertrauen der Unternehmer in den Staat, mit Investitionen wird gezögert. Die hohe Arbeitslosigkeitsrate, die irgendwo zwischen 20 und 30 Prozent liegt (noch größer ist die Rate der Unterbeschäftigung) und eine Folge der Wirtschaftsreform ist, birgt auch einen Zündfunken für eine Revolution. Wenn es der Regierung nicht bald gelingt, die Wirtschaft wieder auf Vordermann zu bringen und neue Beschäftigungsmöglichkeiten zu schaffen, ist die Fortsetzung der Krise schon angedeutet.

Regierung

Bolivien ist eine präsidiale Republik, dem Präsidenten stehen ein Vizepräsident und 12 Minister zur Seite. Die Legislative besteht aus dem Senat, in den jedes Department 3 Abgeordnete schickt, und der Großen Parlamentskammer, die 130 Mitglieder zählt. Seit der Unabhängigkeit im Jahr 1825 erlebte Bolivien mehr als 200 Regierungswechsel.

Präsident ist zur Zeit der über 80jährige *Victor Paz Estenssoro.* Er war erstmals 1952 zum Präsidenten gewählt worden und führte damals eine echte soziale Revolution durch, die den indianischen Minderheiten das Stimmrecht gab, Großgrundbesitz aufhob und internationale Firmen nationalisierte. Ein zweites Mal war er von 1960 bis 1964 an der Macht, eine dritte Amtszeit begann gleich anschließend, doch schon zu deren Beginn fegte ihn ein Militärcoup aus dem Regierungspalast. 1985 wurde er mit Unterstützung der Linken zum vierten Mal gewählt, nach der Wahl verbündete er sich überraschend mit den Konservativen unter Führung des Generals *Hugo Banzer* und begann mit eisernem Besen das Land zu kehren. Estenssoros Amtszeit endet im August 1989.

Geschichte

Erste menschliche Spuren in den Anden reichen rund 21 000 Jahre zurück. Bis etwa zum Jahr 2500 v. Chr. waren die Menschen Jäger und Sammler, nur zögernd machten sich Anfänge von Landwirtschaft und Viehzucht bemerkbar. Die dadurch ermöglichte Freisetzung von nichtproduktiven Menschen führte zur Schaffung erster Priesterklassen. Keramikfunde datieren ins Jahr 1800 v. Chr., Metallverarbeitung wurde ab etwa 1200 v. Chr. bekannt. Bald lernten die Menschen Bronze zu produzieren. Diesem Metall kam aber in Südamerika nie die gleiche kulturelle und militärische Bedeutung wie in Eurasien zu.

Während sich an der Nord- und Südküste Perus erste Hochkulturen ab etwa 800 v. Chr. zu entwickeln begannen, vergingen in Bolivien über 1500 Jahre, bis sich auf dem kalten Altiplano die Tiwanaku-Kultur voll entfaltete. Nach etwa 1000/1200 n. Chr. verschwand dieses vielleicht erste andine Großreich, das seinen Einfluß bis nach Zentralperu ausdehnen konnte, von der Bildfläche.

Nachfolger der Tiwanakus waren kleine unabhängige Königreiche. Die Expansion der Inkas in der Mitte des 15. Jahrhunderts beendete deren Macht. Doch die Inkas löschten die Aymaraindianer nicht völlig aus, sondern gewährten ihnen wie nirgends sonst in ihrem Reich Sonderrechte, ein Tribut an ihre militärische und politische Macht, die sie in den Dienst der Inkas stellten. Selbst die Aymarasprache blieb erhalten. Lediglich in den Valles von Bolivien spricht man Ketschua, eine Folge von Umsiedlungsaktionen der Inkas, um Rebellionen zu ersticken.

Die Spanier beschränkten sich bei der Kolonisierung Boliviens auf den Altiplano und die östliche Andenkordillere, die westliche Kordillere ist ausgesprochen trocken und verfügt kaum über Mineralien, geschweige denn über landwirtschaftliches Potential, und das Amazonas-Tiefland blieb gar bis in unser Jahrhundert hinein unzugänglich. Allerdings war, wie schon zu Zeiten der Tiwanakus oder Inkas, der Kontakt mit den Bergurwaldregionen sehr rege. Sie lieferten die Nahrungsmittel für die Minenarbeiter im Hochland, die über 200 Jahre lang für den Reichtum des Mutterlands Spanien verantwortlich waren. Nur nach und nach, zum Teil mit Hilfe der Kirche und auf Dekrete der spanischen Krone hin, wurde die Zwangsarbeit, zu der die Indianer verpflichtet sind, aufgehoben. Erst 1952 aber wurden sie als vollwertige Staatsbürger anerkannt.

Das Gedankengut der französischen Revolution und der Aufklärung erfaßte an der Jahrundertwende auch Südamerika. 1810 erklärte Venezuela als erster lateinamerikanischer Staat seine Unabhängigkeit. Die Kämpfe gegen Spanien dauerten zwar bis 1826, doch mit der Schlacht bei Ayacucho vom 9. Dezember 1824 war das Ende der Spanier besiegelt. *José de San Martín, Simon Bolívar* und *Antonio José de Sucre* waren die wichtigsten Generäle dieser unruhigen Jahre. Sucre wurde der erste Präsident Boliviens.

Festtagskalender

Die wichtigsten Feste und Feiertage Boliviens sind in La Paz das *Alasitas-Fest* am 24. Januar und im ganzen Land der *Karneval,* der jeweils im Februar stattfindet. Die farbenprächtigsten Karnevale sind in Oruro und Tarabuco zu sehen. Am 19. Februar ist *Vatertag,* die *Osterwoche* wird im ganzen Land gefeiert und ist neben Weihnachten die wichtigste religiöse Feier. Der 1. Mai ist der *Tag der Arbeit,* der 27. Mai *Muttertag.* Mitte Juni ist *Corpus Cristi* (Fronleichnam), am 21. Juni wird der *Winterbeginn* mit Hochfeuern im ganzen Land gefeiert. Am *5. August* pilgern die Gläubigen nach Copacabana, am 6. August gedenkt man des *nationalen Unabhängigkeitstages.* Der 2. November ist den Toten gewidmet, die darauf folgenden Feiertage sind *Weihnachten* und *Silvester.*

Außer am 2. November und am 25. Dezember sind trotz der Feiern die meisten Geschäfte geöffnet.

Literatur

■ Gerd und Elfried Möller: Bolivien, Pforzheim: Goldstadtverlag. Reiseführer für Autofahrer; Streckenbeschreibungen mit Kilometerangaben.

■ Carlos M. Rama: Historia de America Latina, Barcelona: Bruguera Verl. 1982. Überblick über Sozialgeschichte Lateinamerikas.

■ Thomas Binder: Südamerika 1, Köln: DuMont. Reiseführer über Kolumbien, Ecuador, Peru, Bolivien. Leicht lesbar, gute Lektüre zur Reisevorbereitung, aber geringer Gebrauchswert vor Ort.

■ Brian Fawcett: Die Andenbahnen, Zürich: Orell Füssli 1967. Überblick über die Meisterwerke der Technik in den Anden, anhand von Quellen und Augenzeugenberichten.

■ Moema Viezer: «Wenn man mir erlaubt zu sprechen», Bornheim-Merten: 1978. Erschütternder Bericht einer Frau aus einer bolivianischen Minenstadt.

■ Jorge Muñoz Reyes: Geografía de Bolivia, La Paz: Urquiso 1980. Ausführliches Buch über Landes-, Wirtschafts- und Humangeografie; zum Teil veraltete Angaben.

■ Maximilian Bruggmann (Hrsg.): Die Anden, Luzern: Bucher 1977. Großformatiger Bild- und Textband über die Andenstaaten. beiträge über ausgewählte Themen aus Geschichte, Kultur und Wirtschaft.

■ Herbert S. Klein: Bolivia, The Evolution of Multiethnic Society, New York: Oxford University Press 1982. Ein Ethnologe beschreibt die Indianerkulturen Boliviens.

La Paz

3640 m ü. M., 950 000 Einwohner.

In **La Paz** sitzt Boliviens Regierung, was die Stadt zur Hauptstadt macht, auch wenn diesen Titel offiziell Sucre für sich beansprucht. Die Stadt liegt in einem engen Talkessel. Der **Alto** auf 4000 m Höhe, über den alle per Bus, Zug oder Flug ankommenden Besucher fahren, beherbergt die Armenviertel. Wer es sich leisten kann, wohnt in den tiefer gelegenen Stadtvierteln, wo die Luft etwas dichter ist.

Die Spanier kamen hier erstmals im Jahr 1535 auf einer Expedition nach Chile vorbei. Gegründet wurde die Stadt ursprünglich in **Laja** zwischen La Paz und Tiahuanaco 1548 als Stützpunkt zwischen Potosí und Cuzco.

Der koloniale Teil ist schachbrettartig gebaut. Doch bald hielt die Bautätigkeit mit dem Zustrom der Menschen vom Land nicht mehr mit, architektonisches Chaos löste die Planung ab. Westlich des Kolonialteils liegt die Nobelavenida der Stadt, kurz Prado genannt. Nochmals westlich davon liegt das Indianerviertel, so genannt wegen der Indianermärkte, die sich hier in den Straßen befinden. Im Norden der Stadt befinden sich auch Bahnhof und Busterminal.

Unterkunft

Im kolonialen Zentrum:

■ **Alojamiento Torino** *, C. Socabaya 457, Tel. 34 14 87, sehr zentral. Das billigste Hotel im kolonialen Viertel. Die DZ sind groß, die EZ dunkel, alle sehr einfach, nachts kein Wasser. DZ ohne Bad 4.5 $.

■ **Alojamiento Búlgaro** *, Calle Colón 570, Tel. 35 42 98. Zentral. DZ ohne Bad 7.5 $, Einzelreisende können Zimmer teilen. Alle Zimmer um einen hellen Innenhof, empfehlenswert.

■ **Hostal Austria** *, C. Yanacocha 531, Tel. 32 89 15. Einfache, saubere Zimmer, z.T. mit Waschbecken. Einzelreisende können Zimmer teilen. DZ ohne Bad 7.5 $.

■ **Unser Tip! Hotel Neumann** **, C. Loayza 442, Tel. 32 54 45, zentral. DZ mit Bad 9 $, ohne Bad 7.5 $. Helle und gemütliche Zimmer. Eigene Cafeteria.

■ **Unser Tip! Hostal República** **, C. Comercio 1455, Tel. 35 79 66. DZ mit Bad 11 $, EZ 9 $, DZ ohne Bad 8 $. Ein kleines Hotel im Kolonialstil, eigene Cafeteria und ein TV-Raum.

■ **Unser Tip! Hotel Gloria** ***, C. Potosí 909, Tel. 37 00 10, neben der Casa de la Cultura. EZ mit Bad, Telefon, TV (Videoprogramme), Heizung und Bad zu 20 $, DZ 37–41 $, in jeder Beziehung einwandfrei, Restaurant im zweitobersten Stock.

Am Prado:

■ **Hotel Avenida** *, Avenida Montes 690, unweit der Plaza San Francisco, Tel. 37 60 17. Ein sehr sauberes und einfaches Hotel an recht zentraler Lage. DZ ohne Bad 8.5 $, mit Bad 11.5 $. Eigenes Restaurant.

■ **Residencial Plaza** *, Plaza Perez Velasco gegenüber der Plaza San Francisco, Tel. 32 21 57. Einfache, schöne und saubere Zimmer, zum Teil etwas laut, doch gibt es auch *interiores.* DZ ohne Bad 6.5 $.

■ **Hostería Claudia** **, an der Plaza del Estudiante, Av. Villazón 1965, Tel. 37 59 50. DZ ohne Bad 9 $, mit Bad 15.5 $. Große Zimmer mit Teppich, Waschbecken, Schrank und Tisch. TV gegen Aufpreis. Gut.

■ **Hotel Plaza** ****, Av. 16 de Julio, Tel. 37 83 11. Der nobelste Kasten im Land und die Konkurrenz zum staatlich geleiteten **Hotel Sheraton** ****, das weit weg vom Zentrum unterhalb der Plaza del Estudiante liegt. Im Plaza fehlt nichts, was ein an Luxus gewohntes Urlauberherz wünscht. DZ mit Bad 92 $, Einzelzimmer 75 $.

Im Indianerviertel:

■ **Hotel Panamericano** *, Av. Manco Kapac 454, Tel. 34 08 10, in Bahnhofsnähe. Einfache Zimmer mit Bad und im Winter auch Heizung zu 9.5 $. Eigenes Restaurant, Aufenthaltsraum mit TV.

■ **Unser Tip! Hotel Andes** *, Av. Manco Kapac 364, Tel. 32 34 61, in Bahnhofsnähe. Frisch renoviert, englischsprechende Besitzerin, eigenes Restaurant mit nationaler und inter-

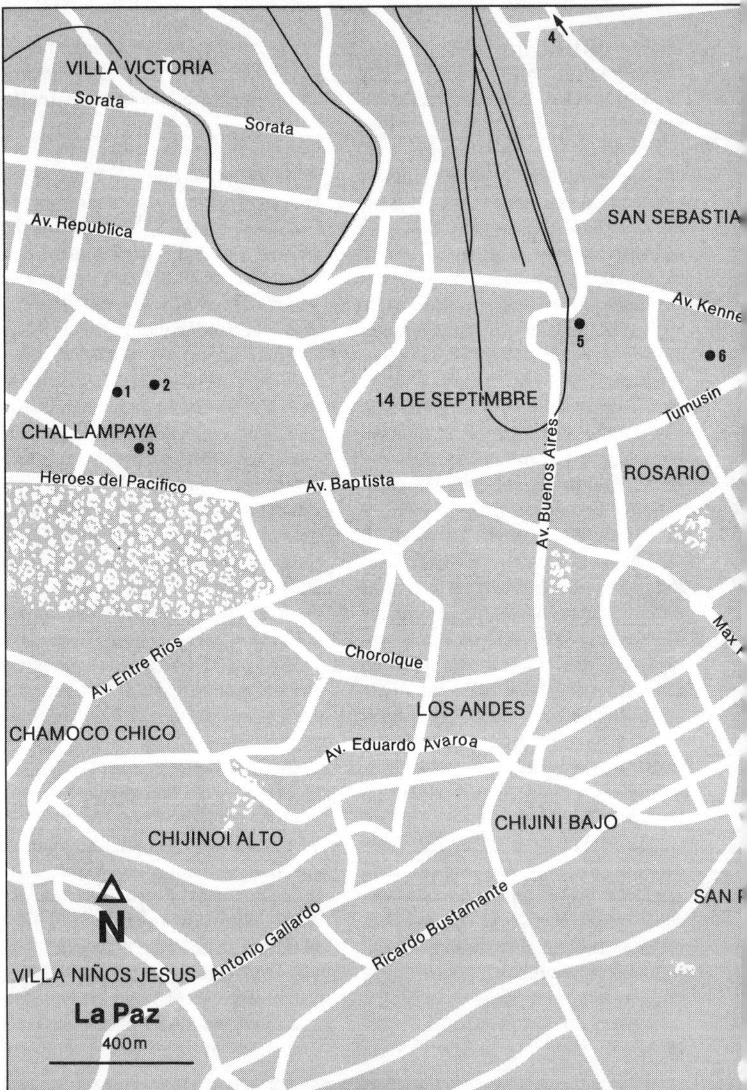

VILLA VICTORIA
Sorata
Sorata
Av. Republica
SAN SEBASTIA
Av. Kenne
14 DE SEPTIMBRE
Tumusin
CHALLAMPAYA
Heroes del Pacifico
Av. Baptista
Av. Buenos Aires
ROSARIO
Max
Chorolque
Av. Entre Rios
LOS ANDES
CHAMOCO CHICO
Av. Eduardo Avaroa
CHIJINI BAJO
CHIJINOI ALTO
SAN
Antonio Gallardo
Ricardo Bustamante
N
VILLA NIÑOS JESUS
La Paz
400m
1
2
3
4
5
6

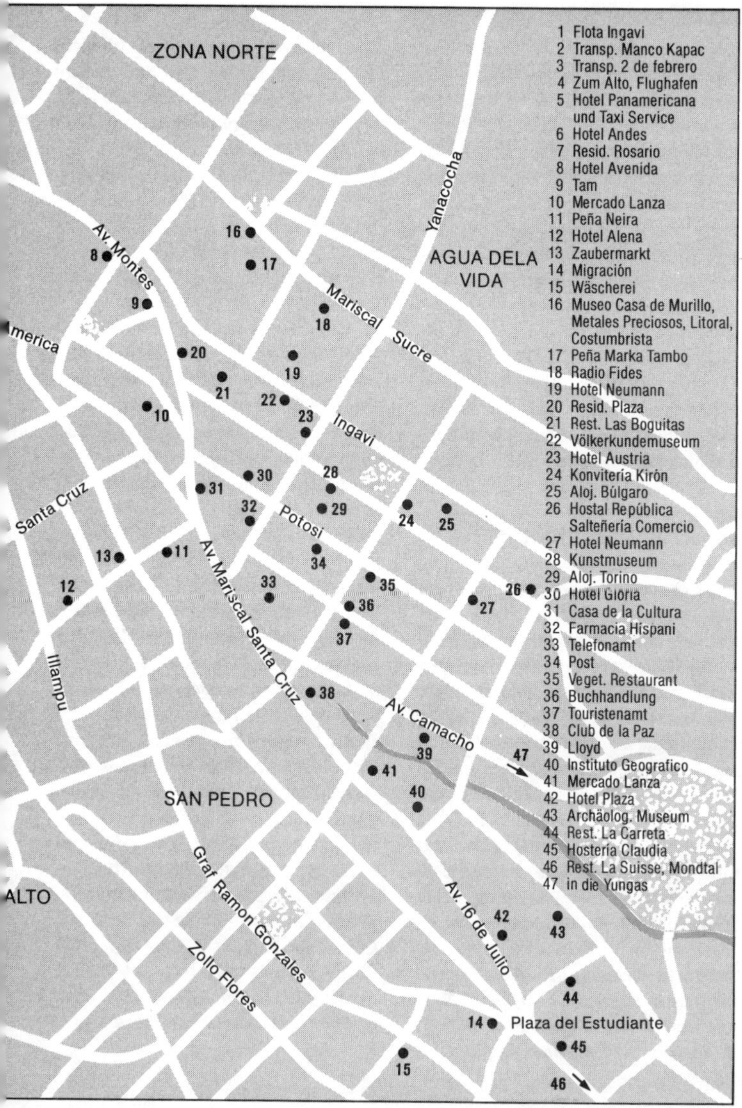

1 Flota Ingavi
2 Transp. Manco Kapac
3 Transp. 2 de febrero
4 Zum Alto, Flughafen
5 Hotel Panamericana und Taxi Service
6 Hotel Andes
7 Resid. Rosario
8 Hotel Avenida
9 Tam
10 Mercado Lanza
11 Peña Neira
12 Hotel Alena
13 Zaubermarkt
14 Migración
15 Wäscherei
16 Museo Casa de Murillo, Metales Preciosos, Litoral, Costumbrista
17 Peña Marka Tambo
18 Radio Fides
19 Hotel Neumann
20 Resid. Plaza
21 Rest. Las Boguitas
22 Völkerkundemuseum
23 Hotel Austria
24 Konvitería Kirón
25 Aloj. Búlgaro
26 Hostal República Salteñería Comercio
27 Hotel Neumann
28 Kunstmuseum
29 Aloj. Torino
30 Hotel Gloria
31 Casa de la Cultura
32 Farmacia Hispani
33 Telefonamt
34 Post
35 Veget. Restaurant
36 Buchhandlung
37 Touristenamt
38 Club de la Paz
39 Lloyd
40 Instituto Geografico
41 Mercado Lanza
42 Hotel Plaza
43 Archäolog. Museum
44 Rest. La Carreta
45 Hostería Claudia
46 Rest. La Suisse, Mondtal
47 in die Yungas
ZONA NORTE
AGUA DELA VIDA
Yanacocha
Av. Montes
America
Mariscal Sucre
Ingavi
Santa Cruz
Potosi
Av. Mariscal Santa Cruz
Illampu
Av. Camacho
SAN PEDRO
ALTO
Graf Ramon Gonzales
Zollo Flores
Av. 16 de Julio
Plaza del Estudiante

nationaler Küche (u.a. Joghurt). Die Zimmer sind einfach und sauber. DZ ohne Bad 7.5 $, mit Bad 9 $.

■ **Residencial Rosario ****, C. Illampu 704, Tel. 32 53 48. Das Rosario ist inzwischen teuer geworden, aber immer noch Gringotreff. Das Haus ist im Kolonialstil gebaut, recht verwinkelt, ruhig, sauber. Eigenes Restaurant. DZ ohne Bad 8 $, mit 13.5 $, EZ nur 20 Prozent billiger.

■ **Hotel Alem ****, C. Sagárnaga 334, Tel. 36 74 00. DZ ohne Bad 7 $, mit Bad 11 $, sehr gut sind die Zimmer mit Blick auf die ruhige Sagárnaga-Straße, alle sind mittelgroß mit Schrank und Tisch.

Essen

■ Vor allem im **Mercado Lanza** beim San-Francisco-Platz wird eifrig den ganzen Tag lang gekocht. Dazu jede Menge Fruchtsaftstände. Der *plato paceño* ist ein vegetarischer Teller mit Mais, gebratenem Käse, Kartoffeln, Pfefferschoten und Bohnen. *Salpicón de pollo* ist Huhn mit Salat, während die *sajta de pollo* ein Gericht aus Huhn, *chuños,* den gefrorenen Kartoffeln, und einer kalten Sauce aus Tomaten, Pfefferschoten und Zwiebeln ist. Sehr häufig gibt's das Billiggericht *saice,* Reis mit gehacktem Fleisch vermischt. Zwei beliebte Suppen: Der *locro* oder *sapallo* ist eine Suppe mit geriebenem Käse, Kartoffeln, Zwiebeln, Käse und Tomaten, der *chairu* eine Suppe mit Weizen, Mais und Chuños.

■ **Salteñería Comercio,** an der C. Comercio 1439, man kann draußen und drinnen sitzen. Nationale Küche, Menü um 1 $, Tellergericht ab 2 $. Zur Mittagszeit sehr beliebt. Unser Tip.

■ **Restaurant Las Boguitas,** an den Stufen, die von der kleinen Plaza Velasco am Ende der Calle Comercio hochführen. Ein kleines, sehr einfaches Restaurant, das große Portionen serviert.

■ **Churrasquería La Carreta,** Batallón Colorados 32. Es besteht aus zwei Teilen: einem schicken und einem einfachen. Im schicken Teil ist das Essen ausgezeichnet und wurde auch schon prämiert. Tellergerichte um 5 $, sehr guter Service.

■ **Restaurant La Suisse,** Av. Arce 2164, unweit des Hotels Sheraton, geführt von einem Schweizer, der, im Gegensatz zu früher, Globetrotters wieder unbeschränkt hineinläßt, denn seit die Inflation in Bolivien praktisch verschwunden ist, verdient man an ihnen wieder was. Fondue, Raclette, Rösti und Riz Casimir.

■ **Restaurant Vegetariano Manjari,** C. Potosí 1315/Ecke Colón, zur Mittagszeit sehr voll, da für rund 1 $ ein gutes Mittagsmenü geboten wird

■ **Confitería Kivón,** Plaza Murillo 542, ein nettes Café für Frühstück ab 7 Uhr oder nach dem Sightseeing.

■ **Confitería Club de La Paz,** Av. Camacho 1202, ein Café im alten Stil, wo sich alte Herren treffen, um in der Vergangenheit zu schwelgen, und wo der Kaffee ausgezeichnet ist.

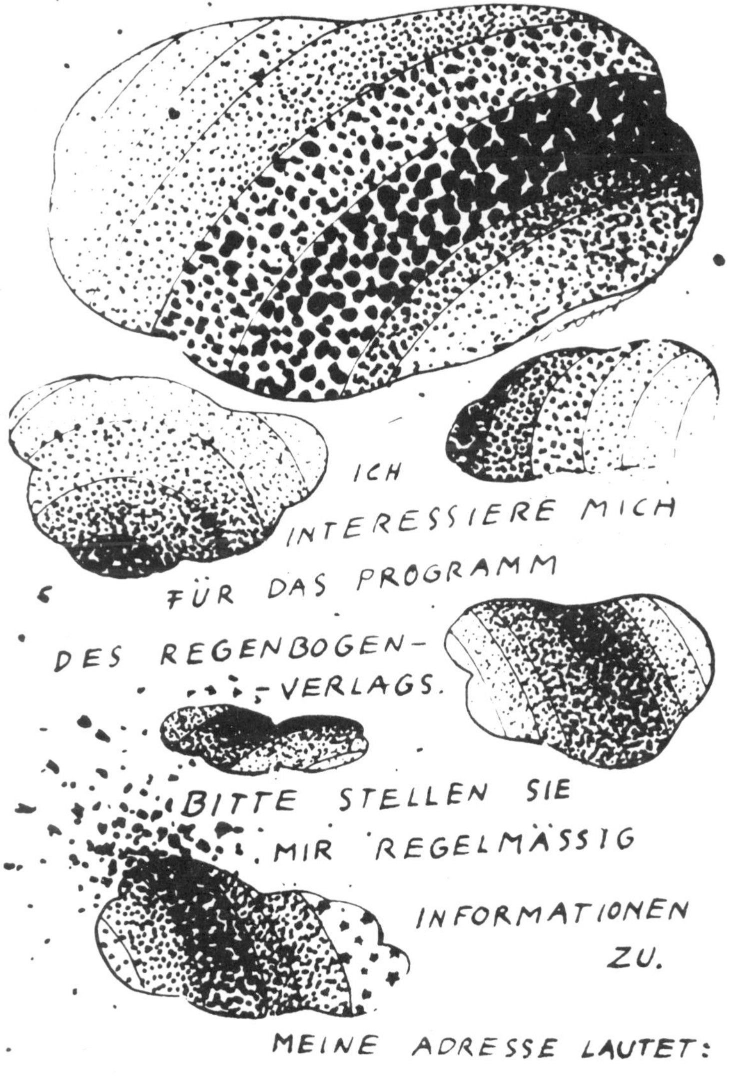
ICH
INTERESSIERE MICH
FÜR DAS PROGRAMM
DES REGENBOGEN-
-VERLAGS.
BITTE STELLEN SIE
MIR REGELMÄSSIG
INFORMATIONEN
ZU.
MEINE ADRESSE LAUTET:

Absender ______________________

____

____

____

PLZ / Ort ______________________

Besonders interessieren mich:

- ☐ Globetrotter-Reiseführer
- ☐ Städte-Führer
- ☐ Insel-Führer
- ☐ Kunst
- ☐ Küche
- ☐ Computer

PE/B/882E1

Bitte frankieren

Regenbogen-Verlag
Bodmerstrasse 9
CH - 8027 ZÜRICH

Unterhaltung

■ Es gibt zwei **Peñas,** die beide einen landesweit guten Ruf genießen, die **Peña Neira** im Indianerviertel unweit der Plaza San Francisco und die **Peña Marka Tambo** in der alten Calle Jaen. In beiden darf getanzt werden. Unser Tip: **Radio Fides,** C. Sanjinez/ Ecke Sucre. Da wird zweimal pro Woche Livemusik geboten, die direkt über den Sender geht; jeweils Do (andine Musik) und Mo (Salsa), Auskünfte über Tel. 35 91 91, Eintritt nur 0.5 $.

■ Die **Cinemateca Boliviana** an der Calle Pichincha/Ecke Indaburo ist ein Studiokino, das oft thematische Filmreihen im Programm hat.

■ Filme, Theaterstücke, klassische und Jazzmusik werden auch in der **Casa de la Cultura** aufgeführt, Av. Mariscal Sucre/Ecke Potosí. Das **Teatro Municipal** an der Plaza Wenceslao Monroy/Ecke Sanjinez hat spanische Schauspiele und Komödien auf dem Programm.

Was sonst?

■ Die **Touristeninformation** (IBT = Instituto Boliviano de Turismo) und die **Touristenpolizei** (Tel. 36 74 41) sind in der Calle Mercadero 1328 im Edificio Ballivian im 18. Stock. Geöffnet Mo–Fr 8.30–12 und 14.30–18.30 Uhr. Es gibt kaum schriftliche Informationen außer einem kleinen Stadtplan. Hilfsbereit.

■ **Telefonamt (Entel)** an der C. Ayacucho 267, Ecke C. Mercado. Täglich geöffnet von 7.30–24 Uhr.

■ **Postamt (Correo Central),** C. Ayacucho/Ecke Potosí. Pakete über 2 kg müssen in der *Encomiendas Internacionales* an der C. Potosí 940, schräg gegenüber dem Hotel Gloria, aufgegeben werden.

■ **Geldwechsel:** In ganz La Paz problemlos möglich, es gibt fast überall fliegende Händler. Umtausch von *Traveller Checks* in Cash mit nur 1 Prozent Verlust in der **Farmacia Híspani,** C. Yanacocha 319. *American-Express-Vertretung* in La Paz bei **Magri Tours,** Av. 16 de julio,Edificio Avenida, 5. Stock, Tel. 34 12 01.

■ **Aufenthaltsverlängerung:** In der Migración, Calle Landaeta an der Plaza del Estudiante. Mo–Fr 8.30–12.30 und 14.30–18.30. Verlängerung auf 90 Tage kostenlos.

■ **Botschaften** und **Konsulate:** Bundesrepublik Deutschland: Av. Arce/Ecke B. Salinas, Tel. 35 19 80. Schweiz: Av. 16 de julio 1616, Edificio Petrolero, 6. Stock, Tel.35 30 91. Österreich: Gleiche Adresse, 7. Stock, Tel. 35 86 83.

■ **Instituto Geográfico Militar,** Av. 16 de julio 1473, ein halber Block oberhalb des Cine Monje Campero. Einige wenige Karten. Geöffnet Mo–Fr 9–12 und 15–19 Uhr, sowie Samstagmorgens.

■ **Buchhandlungen:** Englische, deutsche und französische Bücher und Zeitschriften findet man in der Bücherei **Amigos del Libro,** C. Mercado 1315, dazu eine große Auswahl an spanischen Büchern über Bolivien. Solche auch in der **Librería La Paz,**

C. Colón 618 und **Librería Gisbert,** C. Comercio 1270.

■ **Sprachkurse** führt das Centro-Boliviano Americano am kleinen Parque Zenon an der Av. Arce unterhalb der Plaza del Estudiante. Es werden Ketschua und Spanisch unterrichtet. Tel. 34 25 82.

■ **Wäscherei** Lavandería Cinco Estrellas, C. 20 de octubre 1714, Mo–Fr 8–12.30 und 14–19.30 Uhr, Sa durchgehend bis 15 Uhr. Das Kilo Wäsche zu 1 $, Bügeln extra. 24-Std.-Service.

■ **Foto:** An der C. Potosí 1316 im Fuji-Haus arbeitet *Rolando Calla,* der sich mit Kamerareparaturen einen guten Ruf geschaffen hat.

■ **Auto mieten:** Wer ein Auto mieten möchte, wendet sich an die großen Hotels oder an eine Reiseagentur. Wer nicht selber fahren möchte, mietet beispielsweise beim **Taxi Service,** Av. Manco Kapac 460, Tel. 35 83 36, ein Auto mit Chauffeur, auch Geländewagen.

Rundgang durch La Paz

■ Die **Plaza Murillo** ist das Zentrum von La Paz. Neben der **Kathedrale** (Bauzeit 1830–1890) liegt der **Regierungspalast,** schräg rechts das **Parlamentsgebäude.** In die Plaza mündet die Geschäftsstraße **Calle Comercio,** die eine Fußgängerzone ist und am anderen Ende an der **Plaza Perez Velasco** endet.

■ **Kunstmuseum.** Das Museo Nacional de Arte an der Ecke Calle Comercio/Plaza Murillo ist von Mc–Fr 9.30–12.30 und 16–19 Uhr geöffnet, am Sa nur am Vormittag. Die Abteilung mit moderner Kunst und Skulpturen ist sehr klein, Herz des Museums ist zivile und religiöse Kolonialkunst.

■ **Völkerkundemuseum** (Museo de Etnografia y Folklore), Ecke Ingavi/Sanjinez, Mo–Fr 8.30–11.45 und 14.30–18 Uhr. Dieses kleine Kolonialhaus hat zuwenig Geld, um die ganze ethnographische Sammlung vorzustellen. Sehr anschaulich und liebevoll präsentiert werden die Lebensweisen der beiden Indianergruppen *Urus* und *Chipaya.*

■ **Museo Casa Murillo,** Di–Fr 9.30–12 und 14.30–18.30 Uhr. Sa/So 10–12.30 Uhr. Für dieses Museum und die drei anderen der Calle Jaen zahlt man einen Sammeleintritt, etwas über 1 $. Am Sa ist der Eintritt in allen vier Museen frei. *Pedro Domingo Murillo* gehörte zu den Revolutionären der ersten Stunde. In der Sala de Conspiración traf er sich mit Gesinnungsgenossen, um den bolivianischen Freiheitskampf gegen die spanische Kolonialmacht einzuleiten. Nach seiner Hinrichtung durch die spanischen Königstruppen soll seine unruhige Seele solange durch die Calle Jaen gegeistert sein, bis man an ihrem Anfang ein grünes Kreuz errichtete. Das Museum zeigt außer besagtem Revolutionszimmer Möbel und Gebrauchsgegenstände der Kolonialzeit, Karnevalsminiaturen und -masken.

■ **Museo de Metales Preciosos,** C.

Jaen 777. Anhand von Grafiken und Fundstücken werden die Entwicklungsstadien der bolivianischen Kulturen seit der vorkeramischen Zeit und die Entwicklung der Metallverarbeitung aufgezeigt. Im Goldsaal ist antiker Schmuck ausgestellt.

■ **Museo del Litoral Boliviano,** C. Jaen 789. Der schmerzliche Verlust der Pazifikküste ist Thema diese Museums. Alte Karten dokumentieren den Anspruch Boliviens an die Meeresküste, die heute in chilenischem Besitz ist.

■ **Museo Costumbrista,** Ecke Sucre/Jaen. Das koloniale Leben von La Paz wird hier zur Schau gestellt, anhand von Fotos, Gemälden, Gebrauchsgegenständen und Miniaturen. Sehenswert.

■ **Casa de la Cultura,** Ecke Mariscal Sucre und Potosí, hat zwei Ausstellungsräume, davon einer mit moderner Kunst, der andere für Wechselausstellungen. Offen von Mo–Fr 8.30–12 und 14.30–18 Uhr.

■ **Kirche San Francisco:** Der erste Kirchenbau auf der Plaza San Francisco wird für das Jahr 1548 verbrieft. Doch das Gotteshaus stürzte 60 Jahre später zusammen, und es sollte 136 Jahre dauern, bis genügend Geld beisammen war, um die heutige Kirche zu bauen. Ihr Hauptportal bildet ein wunderschönes Beispiel der Symbiose aus westlichem Barock und indianischen Motiven, die Seitenportale wirken etwas weniger überladen als das Haupttor.

■ **Calle Sagárnaga.** Diese Straße, die von der Plaza San Franciso hochführt, ist zweifellos die interessanteste Straße von La Paz. In ihr reiht sich ein Stand am anderen; angeboten werden bunte Süßigkeiten, Kräuter, Lamafötusse und allerlei Fläschchen. Neben eigentlichen Naturheilmitteln werden auch Zutaten für *preparaciones* verkauft. Je nach Zweck und Kaufpreis stellt die Verkäuferin ein unterschiedliches Gemisch aus Kräutern, Süßigkeiten und Zinnflocken zusammen, das die Käufer zu Hause oder in ihrem Geschäft zu einer bestimmten Tages- oder Nachtzeit im *brasero,* einem kleinen Tonofen, verbrennen. Das soll ihnen zu Glück verhelfen. Es gibt aber auch Preparationen für die *mesa negra,* den schwarzen Tisch. Mit solchen Preparaten kann man anderen Pech herbeizaubern.

■ **Museo de Arqueología,** C. Tiahuanaco 93, hinter dem Hotel Plaza. Di–Sa 9.30–12 und 15–19 Uhr. An den Außenwänden dieses Museums sind Kopien der Tiwanaku-Steinmetzkunst zu sehen; es wurde vom Archäologen *Arturo Posnansky* gegründet. Dokumentiert werden die Tiwanaku-Kultur und der archäologische Fundort. Der Besuch lohnt sich besonders *vor* dem Besuch der Ruinen von Tiwanaku. Wer keine Zeit hat, dorthin zu fahren, kann eine Nachbildung des **Templete Semisubterraneo** beim Stadion besichtigen, am Ende der Av. Simon Bolívar.

Alasitas-Fest

Jeweils am 24. Januar des Jahres spielen die Paceños verrückt. Frühmorgens pilgern sie in die Calle Tejada Sorzano. Dort stehen an beiden Straßenseiten unzählige Stände. Verkauft werden Miniaturen aller Art, kleine Häuser, Rindvieh, Lastwagen, aber auch Spielgeld, Bolivianos und US-Dollars. All dies muß man punkt zwölf Uhr mittags vom Pfarrer segnen lassen. Dann wird in naher Zukunft aus der Miniatur Wirklichkeit. Der Tag, an dem Zehntausende gleichzeitig in die Kathedrale an der Plaza Murillo wollen, um den Segen zu empfangen, heißt *Alasitas.* In der Indianersprache Aymara bedeutet *Alasitas* «Kauf mir was ab!».

Die Minidollars, die an diesem Tag umgesetzt werden, sind mehr als die Zentralbank an Reserven hat. Wenn die sich alle in echte Dollars verwandelten, wäre Bolivien alle Devisenschwierigkeiten mit einem Schlag los. Beliebt ist auch der Erwerb des *Ekekos,* ein dicker weißer Mann, vollbeladen mit nützlichem Zeug, vom Motorrad zum Mehlsack, Schutzpatron der Messe, Heiliger und Verkünder einer besseren Zukunft zugleich. Ein aus Stein gemeißelter Ekeko steht in La Paz prominent an der Plaza Perez Velasco.

Weiterreise

Per Bus:

Alle Langstreckenbusse (mit Ausnahme der Busse in die Yungas und zum Titicacasee) fahren vom Busterminal (Tel. 36 72 76) an der Plaza Antofagasta ab. Vom Zentrum über die Av. Montes und die C. Paraguay ist der Terminal in 30 Minuten zu Fuß zu erreichen, im Taxi 0.3 bis 0.5 $ (mit Gepäck) *pro Person.* Am Terminal kann man für unbeschränkte Zeit Gepäck unterstellen (0.25 $ pro Stück und Tag), sowie duschen (0.7 $).

■ Nach **Oruro:** Zwischen 6 und 21 Uhr fahren für knapp über 2.5 $ in guten 3 Std. mindestens acht Gesellschaften.

■ Nach **Cochabamba** und **Santa Cruz:** Die meisten Gesellschaften fahren zwischen 19 und 20.30 Uhr in 9 Std. nach Cochabamba, warten dort bis nachmittags um 16 oder 17 Uhr, um dann in weiteren 12 Std. bis Santa Cruz zu fahren, total Reisezeit ca. 34 Std. Nur *Transportes Bolívar, San Francisco, Cisne* und *Bolivia* haben Morgenverbindungen nach Santa Cruz zwischen 8 und 8.45 Uhr mit nur kurzem Aufenthalt in Cochabamba. Total Fahrzeit 25 Std. Preis bis Cochabamba 4 $, bis Santa Cruz 13.5–15 $. *Pullman América* hat als einzige Gesellschaft auch eine schnelle Nachtverbindung (25 Std.) um 19.30 Uhr für 18 $.

■ Um 18 oder 18.30 Uhr fahren mehrere Busse nach **Potosí** (12 Std., knapp über 8 $), manche weiter bis **Sucre** (20 Std., 11.5 $). *Flota Minera* und *Pullman América* haben zusätzlich eine Verbindung nach **Villazón** an der argentinischen Grenze (36 Std. bei 10 Std. Aufenthalt in Potosí,

14.5 $), *Pullman América* fährt auch nach **Tarija** (26 Std., 16 $).

■ Nach **Puno** kostet die Fahrt mit einem kleinen Agenturbus 12.5 $, nur bis **Copacabana** kostet sie 7 $. Von Globis empfohlene Agenturen: *Valmar Tours* (36 10 76), *Vicuña Tours* (Tel. 35 58 42), *Turisbus* (Tel. 36 95 42). Per öffentlichem Bus: Nach **Tiahuanaco** und **Desaguadero** an der peruanischen Grenze fährt *Flota Ingavi,* Calle C.P. Eyzaguirre/ Ecke José María Asín. Nach **Copacabana** fahren *Manco Kapac* und *2 de Febrero,* beide an der C. José María Aliaga. Alle drei Gesellschaften befinden sich in der Nähe des Friedhofs (cementerio). Vergleiche dazu auch das «Puno-Kapitel», Seite 291.

Per Zug:
Der Bahnhof liegt im Norden der Stadt an der Avenida Manco Kapac. Taxi ins Zentrum 0.3 $ pro Person.

■ Nach **Arica** gibt es neu einen *chilenischen* Schienenbus, der vom Bahnhof auf dem Alto abfährt und 46 $ kostet. Die Passagiere werden kostenlos vom Hauptbahnhof in La Paz per Bus zum Bahnhof auf dem Alto gefahren. Die Tickets für die Fahrt nach Chile gibt es am Bahnhof, allerdings nicht am offiziellen Schalter, sondern am Eingang, von einem Vertreter von *Atlas Tours* verkauft.

Der *bolivianische* Ferrobus nach Arica fährt Di und Fr morgens und benötigt 12 Stunden. Tickets werden 10–12 Tage vor Abfahrt verkauft. Ist der Schienenbus voll, kann man auf den Zug ausweichen, der bis **Charaña** an der Grenze fährt, und von dort per Bus weiter. Dieser Zug fährt jeden zweiten Dienstag.

■ Nach **Antofagasta** in Chile über **Oruro** und **Uyuni** fährt einmal die Woche ein Zug (34 Std., 27.5 $). Meist heißt es an der Grenze umsteigen, doch soll der Zug nach unbestätigten Berichten ab und zu auch durchfahren.

■ Nach **Cochabamba** gibt es dreimal die Woche einen Ferrobus (8 Std., 9 $ im Especial, 13.5 $ im Pullman).

■ Nach **Potosí** über **Oruro** fährt Di ein Ferrobus (11 Std., 10 und 15.5 $). Am Mi fährt ein billigerer Zug nach Potosí und **Sucre** (21 Std., 10 und 15 $) und dreimal pro Woche ein Zug bis **Villazón** (23 Std., 12 und 17.5 $).

Per Flug:
Der Flughafen liegt auf dem Alto auf 4000 m Höhe. Zur Plaza San Francisco fahren Kleinbusse für 0.5 $. Ein Taxi kostet pro Person 1 $. Vom Zentrum zum Flughafen fahren die Kleinbusse von der Plaza Perez Velasco gegenüber der Plaza San Francisco los.

■ Das Büro der *Lloyd Aereo Boliviano* liegt an der C. Camacho 1460, geöffnet Mo–Fr 8–13 und 14–19 Uhr, Sa 9–13 und So 10–12 Uhr. Für Inlandflüge wird im ganzen Land eine Flughafentaxe von 1–4 $ erhoben, für internationale Flüge

20 $, zahlbar auch in der Landeswährung. Es gibt praktisch zu allen großen Flughäfen Lateinamerikas internationale Verbindungen, darunter nach **Lima, Cuzco, Quito** und **Guayaquil.**

■ Das Büro der Militärfluglinie *TAM* befindet sich an der Av. Montes, unweit der Plaza San Francisco, geöffnet Mo–Fr 8–11.30 und 14.30–17.30 Uhr. Flüge zu fast allen Inlanddestinationen, oft müssen aber Zwischenhalte einberechnet werden. Die Flugtickets sind oft nur halb so teuer wie die Lloyd-Tickets, manchmal aber *gleich teuer.*

Umgebung von La Paz

Mondtal

Öffentliche Verkehrsmittel direkt ins **Valle de la Luna,** ins Mondtal, gibt es nicht. Mit einem Bus vom Prado abwärts fahren. Zwischen den Vororten **Obrajes** und **Calacoto,** genauer: an der **Plaza Humboldt,** aussteigen. Hier nach rechts und durch **La Florida** hindurch nach **Aranjuez** gehen (1 Std.). Bis hierher fährt vom Prado auch Trufi Nr. 11, allerdings sehr selten. Oberhalb von Aranjuez liegt das Mondtal. Wer abkürzen will, geht statt die kurvenreichen Straße entlang neben der Wasserleitung hoch.

Das Tal besteht aus weichem Erdmaterial, das Wind, Wasser und Wetter zu bizarren Türmen geformt haben. Sie sehen aus wie überdimensionierte Termitenhügel. Da sie sehr brüchig und erosionsgefährdet sind, sollte man nicht auf ihnen herumklettern. Vom Kaktusgarten zu Beginn des Mondtals führt eine Piste nach **Machalilla,** zum höchstgelegenen Golfplatz der Welt.

Chacaltaya

36 km von La Paz befindet sich das höchste Skigebiet der Welt, an den Hängen des **Chacaltaya** (5344 m). Doch nur wenige werden auf dieser Höhe die Ausdauer zum Skilaufen haben. Der **Club Andino Boliviano,** C. Mexico 1638, Tel. 32 46 82, organisiert Sa und So Fahrten mit Kleinbussen oder Geländewagen dorthin. Anmeldung mindestens einen Tag zum voraus. Das Paket inklusive Transport, Skiausrüstung (Schuhe bis Größe 41) und Benutzung des nur 350 m langen «Skilifts» kostet 22 $, die Fahrt alleine 9 $. Die besten Schneeverhältnisse findet man zwischen Dezember und Februar.

Mitnehmen: warme Kleider, sehr gute Sonnenbrille.

Tiwanaku-Ruinen

Flota Ingavi, Calle C.P. Eyzaguirre/Ecke José María Asín in La Paz, fährt mehrmals täglich über Tiahuanaco nach Desaguadero. Kurz vor dem Dorf Tiahuanaco liegt der Ruinenkomplex der **Tiwanaku-Kultur,** der bedeutendsten Boliviens, 73 km von La Paz entfernt, 3900 m über Meer. Der Komplex ist täglich von

Kopf im Templete Semisubterraneo in Tiwanaku ▶

9–17 Uhr geöffnet, Eintritt 2.3 $.

Gleich nach dem Eintritt ins Gelände sieht man den **Templete Semisubterraneo** aus dem 2. oder 3. Jahrhundert nach Christus, ein 2 m tief in den Boden eingelassener quadratischer Tempel. Aus den Wänden starren zum Teil stark verwitterte Fratzen zur Mitte des Quadrats, wo drei Stelen nach oben ragen. Die längste ist 2.55 m hoch und zeigt ein bärtiges Gesicht, für Andenkulturen sehr ungewöhnlich. Westlich (rechts) dieses Tempels liegt die **Kalasasaya,** der Haupttempel aus dem 5. Jahrhundert. Er ist über eine breite Monumentaltreppe zugänglich. Schon auf der Treppe sieht man eine große Statue in der Mitte des inneren Hofs, den Monolithen **Ponce,** 3 m hoch und mit ähnlichen Figuren bemeißelt wie das **Sonnentor,** der bekannteste Monolith des Ruinenkomplexes aus dem 6. Jahrhundert. Es steht in der Nordwestecke des äußeren Hofs. Es ist im oberen Teil mit einem Relief bedeckt, das eine zentrale Figur, umgeben von geflügelten Trabanten, darstellt (siehe unten). In der dem Sonnentor gegenüberliegenden Ecke steht der Monolith **El Fraile,** der «Mönch».

Neben der Kalasasaya erhebt sich ein 15 m hoher Hügel, der nur mit Mühe als Pyramide zu erkennen ist, genannt **Acapana.** Östlich der Pyramide (Richtung La Paz) liegt der sehr schlecht erhaltene Ruinenteil **Kantatayta,** der einst 30 mal 40 m maß. Westlich (Richtung Titicacasee) an die Kalasaya angeschlossen befinden sich die beiden Teile **Putuni,** auch Grabpalast genannt, und **Kheri-Kala.** Wenige Meter später trifft man auf das kleine **Mondtor,** ebenfalls aus einem einzigen Felsblock gebaut.

Geht man nach Süden (von der Straße weg) erreicht man die Gleise der stillgelegten Eisenbahnlinie La Paz–Guaqui, gleich dahinter steht ein kleines **Museum** und wenig später sieht man den Hügel **Puma Puncu.** Besonders auffallend sind die in die Felsen geometrisch eingelassenen «Verzierungen».

Tiwanaku-Kultur

«War Tiwanaku bereits ein Großreich lange vor den Inkas?», fragen Forscher. In den peruanischen Zentralanden, dem Zentrum der regionalen *Huari-Kultur* zwischen Ayacucho und Arequipa findet man die gleichen Symbolfiguren wie in Tiwanaku. Die Huari-Kultur dehnte ihren Einfluß um 1000 nach Christus gar bis an die Küste aus. Im Gegensatz zur Expansion der Inkas scheint es sich beim Tiwanaku-Reich um eine ethnisch-religiöse und nicht um eine kriegerische Expansion gehandelt zu haben. Nach dem ungeklärten Untergang der Tiwanakus kurze Zeit nach der Jahrtausendwende war lange keine Kultur auf dem Altiplano sonderlich dominant, die Inkas tauchten erst im 15. Jahrhundert auf.

Dennoch scheint es zwischen ihnen und Tiwanaku einen Zusammenhang zu geben. Ein Beispiel dafür zeigt *Wolfgang Müller* (Kleine Geschichte der altamerikanischen Kunst, Köln: DuMont Verlag 1988) in der Interpretation des Fries' auf dem Sonnentor: «Das Haupt der Gestalt krönt ein Diadem aus in Pumaköpfen und Regentropfen (?) endenden Strahlenelementen. Die pfeilähnlichen Objekte mit Kondorköpfen, die die Figur in den Händen hält, dürften Blitze darstellen. Der Kondor, der 'wie ein Blitz aus den Wolken' zu Boden stößt, und das zischende Fauchen und polternde Grollen des Pumas schlagen eine sinnbildliche Brükke zu Blitz und Donner, den Attributen der Wettergottheiten. Diese Kennzeichen und der regenspendende Tränenguß, den die Relieffigur der Vegetation zu entbieten scheint, stützen die Vermutung, man habe hier *Thonapa,* den alten Gewittergott und Regenbringer der Aymara, porträtiert. Vielleicht ist Thonapa das Vorbild des zur Inkazeit hochverehrten mythischen Kulturschöpfers *Kuntijsi Viracocha,* dessen Ketschua-Name in etwa 'Heiliges Feuer (geboren aus) Wellenschaum' bedeutet. Wenn man 'Wellenschaum' mit 'Wolken' (dem Schaum des himmlischen Ozeans) gleichsetzt und weiter unterstellt, daß sich 'Feuer' im vorliegenden Fall auf 'Blitz' beziehen soll, ließe sich der Streit um den Dargestellten in einem Kompromiß beenden. Daß die Inkas ausgerechnet Viracocha, den legendären Patron Tiwanakus, zum Kulturheros bestimmten, ist zusammen mit der vorgetragenen Hypothese einer Personalunion von Viracocha und Thonapa Beleg dafür, daß die Inka-Zivilisation teilweise auf alte Aymara-Traditionen zurückgeht.»

Im Gegensatz zu ihren Vorfahren, den *Urus* und *Chipayas,* waren die Tiwanakus, deren Ursprung auf 500–237 vor Christus zurückgeht, schon stark hierarchisch und arbeitsteilig organisiert. Sie lebten vom Anbau von Quinoa und Kartoffeln, von der Viehzucht (Lamas und Alpakas) und vom Fischfang. Um auf der trokkenen Ebene Landwirtschaft betreiben zu können, mußten sie ein kompliziertes Bewässerungssystem anlegen. Möglicherweise war der heutige Tiwanaku-Ruinenkomplex gar eine Hafenstadt, und der Spiegel des Titicacasees reichte bis zur Stadtmauer.

Copacabana

3841 m ü. M.

Copacabana liegt am Titicacasee. Zweimal im Jahr, am 2. Februar und am 5. August, pilgern Gläubiger aus ganz Südamerika zur Basilica und zur *Virgen de Copacabana,* Schutzpatronin Boliviens. Die meisten Touristen aber machen in Copacabana Zwischenhalt, um einen Ausflug zur **Sonneninsel** zu unternehmen. Sie gilt zusammen mit der **Mondinsel** als Geburtsstätte des Inkareiches.

Von hier aus sollen sich der Legende nach Manco Kapae und seine Schwester auf den Weg gemacht haben, um Cuzco zu gründen.

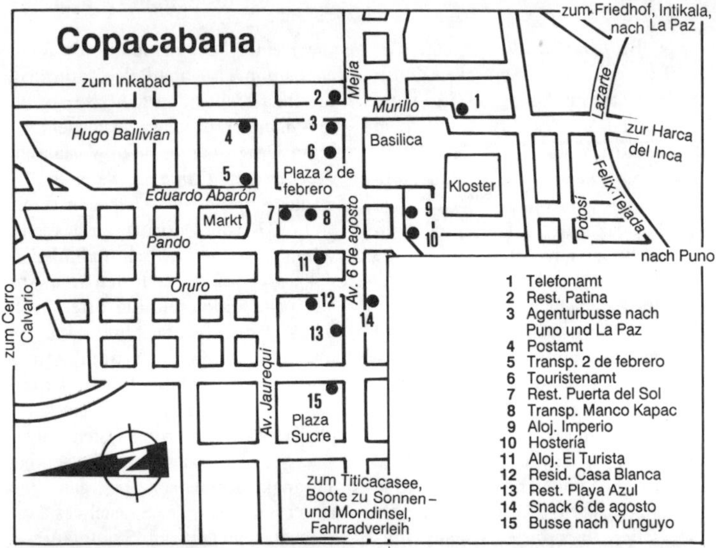
Copacabana
zum Friedhof, Intikala, nach La Paz
zum Inkabad
Mejía
Murillo
Lazarte
zur Harca del Inca
Hugo Ballivian
Basilica
Kloster
Plaza 2 de febrero
Eduardo Abarón
Markt
Felix Tejada
Potosí
Pando
Av. 6 de agosto
nach Puno
Oruro
zum Cerro Calvario
Av. Jaurequi
Plaza Sucre
zum Titicacasee, Boote zu Sonnen- und Mondinsel, Fahrradverleih
N
1 Telefonamt
2 Rest. Patina
3 Agenturbusse nach Puno und La Paz
4 Postamt
5 Transp. 2 de febrero
6 Touristenamt
7 Rest. Puerta del Sol
8 Transp. Manco Kapac
9 Aloj. Imperio
10 Hostería
11 Aloj. El Turista
12 Resid. Casa Blanca
13 Rest. Playa Azul
14 Snack 6 de agosto
15 Busse nach Yunguyo

Unterkunft

■ **Unser Tip! Alojamiento Imperio** *, ein Block von der Plaza in der Calle Eduardo Abarón/Ecke V. de Lemus, an der Basilica angebaut. DZ ohne Bad etwas über 3.5 $. Ein kleines Hotel mit Blumengarten und Sicht auf die Dächer der Basilica. Wer unser Buch vorzeigt, findet auch an den Festtagen garantiert ein Bett, hat uns der Besitzer versichert.

■ Ein halber Block daneben ist die **Hostería** *, ein über 200 Jahre altes riesiges Gasthaus mit etwa 60 Zimmern, in denen es allenfalls eine dünne Matratze und eine Glühbirne gibt. Pro Person 0.5 $! Wer seine eigene Liegeunterlage bringt oder auf dem nackten Fußboden schläft, zahlt die Hälfte. Kein Bad, aber fließend Wasser und Toiletten.

■ **Residencial Casa Blanca** *, die C. 6 de agosto hinunterlaufen, 2. Querstraße rechts in der C. Oruro. Ein kleines Hotel mit einfachen und sauberen Zimmern an einem langgezogenen Innenhof. DZ ohne Bad 2.3 $.

■ **Alojamiento El Turista** *, Calle Pando 378, Parallelstraße unterhalb der C. Abarón. Etwas teurer, Gringotreff. Kleine, saubere und gemütliche Zimmer, sonnige Dachterrasse. DZ ohne Bad knapp über 3.5 $.

■ Direkt an der Plaza ist die **Residencial Patria** **. DZ ohne Bad 4.5 $, eigenes, empfehlenswertes Restaurant. Gemütliche Zimmer, es gibt neu auch solche mit Bad zu 8 $.

■ **Hotel Playa Azul** ** an der 6 de agosto, kurz vor der Plaza Sucre. Teuerstes und bestes Hotel mit guter Küche. DZ mit Bad 18 $, ohne Bad 13.5 $. Die Zimmer ohne Bad sind überzahlt, die mit Bad empfehlenswert.

Essen

■ Vor allem abends kochen die Indianerfrauen vor dem **Markt** in der C. Jauregui leckere und billige Mahlzeiten.

■ **Unser Tip!** 2.5 $ kostet der Teller im **Snack 6 de agosto** in der Calle 6 de agosto in Richtung See. Das Essen ist ausgezeichnet und die Portion reicht leicht für zwei.

■ **Restaurant Playa Azul** im gleichnamigen Hotel bietet ein Menü für 2.5 $, à la carte für über 3.5 $. Freundliche Bedienung.

■ Gleich teuer ist das Essen im **Hotel Patria** an der Plaza. Frische Blumen auf jedem Tisch.

Was sonst?

■ **Touristenbüro IBT** in der Mitte der Plaza in einem sechseckigen Kiosk. Sehr hilfsbereit und einen Besuch wert.

■ **Telefonamt (Entel),** 2 Blöcke südlich der Plaza in der Calle Murillo.

■ **Postamt (Correos),** Ecke Calle Jauregui und Ballivian, an der Plaza 2 de febrero.

■ **Geldwechsel:** Da Geld und Kirche eng zusammenhängen, verkaufen die Frauen vor der Kirche nicht nur Heiligenbilder und Kerzen, sondern wechseln auch Dollars.

Sehenswert

■ **Basilica de Copacabana.** Im ganzen Land bekannt ist die *Virgen de Copacabana,* auch *Virgen de la Candelaria* genannt, Schutzpatronin von Bolivien. Ihr Standbild aus Gips (auch wenn's wie Holz aussieht) steht in einer kleinen Kapelle im oberen Stock der Basilica an der Hauptplaza.

■ **Cerro Calvario.** Der Cerro Calvario liegt eine steile halbe Stunde zu Fuß vom Ortszentrum entfernt. Reuige Sünder sammeln am Fuß des Hügels Steine zusammen und werfen bei jedem Kreuz entlang des Weges einen weg und mit dem Stein auch eine Sünde.

■ **Inkaruinen:** In der nahen Umgebung und gut zu Fuß erreichbar sind drei Inkaruinen. Die **Horca del Inca** ist ein Steinmonument, das wahrscheinlich astronomische Bedeutung hatte, denn zur Sonnenwende scheinen die Sonnenstrahlen genau zwischen den beiden natürlichen Säulen des Monuments durch. Wie hin? Auf der Calle Murillo an der Kirche vorbei bis zur Querstraße Calle Lazarte. Weiter ein Block die Calle Junin lang, dann nach links bis zu einer Wasseraufbereitungsanlage, dort nach rechts die in den Stein gehauenen Stufen hoch. Gleich nach einer Felswand, wo jemand «Banzer» geschrieben hat, biegt man nach rechts ab und ist keine hundert Meter weiter oben am Ziel.

Die Ruine **Intinkala** gegenüber dem Friedhof ist ein großer, natürlicher Stein, in den sitzartige Nischen gehauen wurden; er trägt denn auf Spanisch auch den Namen *Trono del Inca.*

Auch **El Baño del Inca,** das Inkabad, fehlt nicht: eine runde, über 1 m hohe Konstruktion, bestehend aus einem Monolithen, inmitten einer kolonialen Hacienda gelegen. Den See entlang nach Osten gehen, die Hacienda ist etwa 2.5 km vom Ort entfernt und von einer hohen und dichten Baumgruppe umgeben.

Sonnen- und Mondinsel

Die Motorboote zur **Sonneninsel** fassen acht Personen und fahren jeweils frühmorgens um 7 Uhr ab. Im Kiosk der Touristeninformation werden die Gruppen am Vorabend zusammengestellt. Bezahlt wird nicht pro Person, sondern pro Boot (36.5 $). Die Fahrt dauert pro Wegstrecke etwa 1½ Stunden.

Auf der Insel leben 250 Familien zur Hauptsache vom Anbau von Gemüse auf den einstigen Inkaterrassen. Die *minga* oder Gemeinschaftsarbeit ist noch sehr verbreitet. Bei unserem Besuch waren alle Männer des Dorfes daran, einige mächtige Eukalyptusbäume zu zersägen. Das Herrschaftshaus des einstigen Großgrundbesitzers dient heute als Übernachtungsstätte für Touristen (2–3 $ pro Person ohne Bad). Das Wasser wird einem aus der heiligen **Inkaquelle,** die oberhalb des Bootsanlegestegs fließt, in Eimern gebracht, wer davon trinkt, bleibt ewig jung; die Küche kann benutzt werden.

Die Fahrt zur **Mondinsel** muß bereits auf dem Festland gebucht werden, ansonsten es jetzt wieder zurück geht. Das Boot zur Mondinsel benötigt von Copacabana aus 3 Stunden pro Wegstrecke, es kostet 54.5 $ für acht Personen. Die Mondinsel war den Inkas ebensoheilig wie die Sonneninsel.

Weiterreise

■ Nach **Puno** über den Grenzübergang **Khasani/Yunguyo** mit den kleinen Agenturbussen aus La Paz. Abfahrt täglich um 14 Uhr von der Plaza 2 de febrero. Öffentliche Kleinbusse fahren von der Plaza Sucre bis nach Yunguyo. Von dort mit peruanischen Colectivos nach Puno. Siehe auch Abschnitt «Weiterreise» im Puno-Kapitel, S. 291.

■ Nach **La Paz** fahren *Transportes 2 de febrero* und *Manco Kapac* täglich dreimal zwischen 7 und 15 Uhr (4 Std., 2 $). Büros an der Plaza 2 de febrero.

Yungas

Nördlich von La Paz erstreckt sich ein Gebiet auf dem Übergang vom Altiplano zum Dschungeltiefland. **Yungas** wird die Region genannt; schon vom Bus, um so mehr aber vom Lastwagen aus, bieten sich atemberaubende Blicke auf steile, oft senkrecht abfallende Berghänge. Die **Südyungas** sind eines der wichtigsten Koka-Anbaugebiete Boliviens. In den **Nordyungas** werden hauptsächlich Zitrusfrüchte, Kaffee, Kakao, Yuca, Bananen und Gemüse angepflanzt. Wer nur wenig Zeit hat, wird einen Tagesausflug nach **Coroico** in den Nordyungas machen wollen, die etwas steiler und eindrücklicher als die Südyungas sind. Man kann – falls man sich beeilt – am gleichen Tag nach La Paz zurück. Es ist auch möglich, von den Nordyungas direkt in die Südyungas oder umgekehrt zu fahren, ohne zuerst nach La Paz zurückzumüssen.

Zwei Busgesellschaften fahren in die Yungas, *EMTA* vom Busterminal aus und *Flota Yungueña* von ihrem eigenen Terminal im Stadtteil Villa Fatima aus, Av. de Las Américas, kurz nach der Tankstelle. Truffis Nr. 2 mit den blauen Fahnen vor dem Kühler oder Mikro B fahren von der Calle Camacho direkt zur Busstation. Ein halber Block weiter oben, in der Parallelstraße zur Av. de las Américas, der C. Yanacachi, fahren auch *Lastwagen* in die Yungas los, sobald sie genügend Fracht und Passagiere haben.

Von La Paz geht die Fahrt zuerst in einer knappen Stunde aufwärts bis zur Paßhöhe **La Cumbre** (24 km) auf 4658 m Höhe. An der Christusstatue wird kurz haltgemacht und etwas Schnaps geopfert. Am Ausgang von La Paz, am Verkehrspolizeiposten **Transito,** wurde unser Bus angehalten und alle Passagiere mußten sich gegen *Gelbfieber* impfen lassen, wenn sie keinen Nachweis einer Impfung vorweisen konnten. Geimpft wurde mit Einwegspritzen.

Nach der Paßhöhe ist die Landschaft sehr karg und kalt, man sieht Lamas auf der Weide und ein paar kleine Seen und Teiche. In **Unduavi** (3180 m Höhe), nur 23 km von der Paßhöhe entfernt, ist die Vegetation bereits dichter. Gleich danach folgt **Chuspipata,** wo es rechts über **Puente Villa** (1240 m Höhe, 1½ Std.) nach **Chulumani** (1734 m Höhe, weitere 2 Std.) in den Südyungas geht. Bis Puente Villa sind es vom Paß 71 km und 3418 Höhenmeter, bis Chulumani sind es 96 km. Von Puente Villa aus kann man auch nach **Coripata** (1760 m Höhe) fahren und schafft von dort über **Arapata** die Verbindung mit den Nordyungas.

Nach *links* geht es von Chuspipata aus nach **Yolosa** (1680 m Höhe) und **Coroico** (1715 m Höhe), die dicht zusammen liegen, und weiter nach **Caranavi** (606 m Höhe) in den Nordyungas. Von der Cumbre bis Yolosa sind es 65 km und 2978 Höhenmeter, bis Coroico 72 km, bis Caranavi 172 km.

Südyungas

Puente Villa ist der tiefste Punkt auf der Fahrt von La Paz in die Südyungas. Etwa 200 m vor der Eisenbrücke steht rechts eine kleine Straßenbar. Sie gehört *Señora Gladys Uría,* die auch sehr einfache Zimmer (5.5 $ im DZ ohne Bad) im Haus hoch über der Straße vermietet. Sogar ein kleiner Swimming-Pool ist dort, und zelten kann man auch. Geht man nach der Bar die Haarnadelkurve nach links, stößt man auf die Straße nach **Coripata** und bald danach auf eine Brücke. Gleich danach nach links und weiter bis zum **Hotel Serima** ** gehen, luxuriöser ausgestattet, sehr ruhig, mit Swimming-Pool.

Von Puente Villa geht es wieder leicht aufwärts, schlecht gedeihender Mais, Kaffee und Bananen sind die wichtigsten Kulturpflanzen, bald tauchen die ersten Kokaplantagen auf (links sitzen). Die Kokablätter werden auf niedrigen, säuberlich angelegten Terrassen angepflanzt, wie sie schon die Inkas kannten. **Chulumani** ist 2 Stunden nach Puente Villa erreicht (Gesamtfahrzeit ab La Paz 4½ – 6 Std.).

Chulumani

Am Dorfeingang nach dem Tránsito nach links und man erreicht nach 100 m auf der Straße nach **Irupana** die kleine Residencial **El Milagro** **, gemütliche Zimmer mit vielen Bildern, 13.5 $ mit Bad. Schöner Garten und schöne Aussicht. Etwa 3 km weiter auf derselben Straße, und man stößt auf das **Genießerhotel San Bartolomé** ***. Mehrere Swimming-Pools, Bungalows für vier bis sechs Personen, 30 $ für zwei Personen. Reservation in La Paz Tel. 37 74 99. In Chulumani-Dorf in der Nähe der Plaza und der roten Municipalidad das **Hotel Panorama** **, einfache

Kleine Kokaverkäuferin in den Yungas von Bolivien ▶

saubere Zimmer, schöner Garten und grandiose Aussicht, winziger Swimming-Pool, DZ mit Bad 11 $, auf Wunsch mit drei Mahlzeiten. Im billigsten und einfachsten Hotel, dem **Hotel Bolívar** *, kostet das Zimmer ohne Bad für zwei Personen 4.5–5.5 $.

Jeweils morgens um 7 Uhr fahren sowohl *EMTA* als auch *Flota Yungueña* zurück nach La Paz. Will man in die Nordyungas, dann ist der sicherste Weg, zurück bis **Chuspipata** zu fahren und dort in einen Bus oder Lastwagen Richtung **Yolosa** zuzusteigen. Die Alternative: nur bis **Puente Villa** zurückfahren und dort in einen Bus oder Lastwagen nach **Coripata** steigen, von wo es noch 15 km bis **Arapata** sind. Ab Arapata häufige Verbindungen nach Yolosa in den Nordyungas. Allerdings ist der Verkehr zwischen Coripata und Arapata sehr spärlich, man müßte zu Fuß gehen oder ein Pick-up oder Motorrad (etwa 4.5 $) mieten. Wer steckenbleibt, kann in Coripata im **Hotel Florida** * gegenüber der Kirche übernachten: einfach, sauber, mit Swimming-Pool und sehr gutem Essen. DZ ohne Bad 5.5 $.

Nordyungas

Auf der Fahrt von **Chuspipata** nach **Yolosa** (links sitzen) tritt man in die Nordyungas ein. Die Schluchten und Berghänge sind noch steiler als in den Südyungas. In Yolosa halten alle Busse und Lastwagen, um Pause zu machen. Von hier dauert es nur eine Viertelstunde nach rechts bis **Coroico,** dem Hauptort der Nordyungas, wo man einen fantastischen Rundblick auf die umliegenden Täler genießt.

Coroico

Mehrere Unterkunftsmöglichkeiten: **Unser Tip! Hostal Kory** **, ein halber Block von der Plaza im gleichen Gebäude wie die *Flota Yungueña.* DZ ohne Bad 4.5 $. Gringotreff. Einfache, saubere Zimmer, Swimming-Pool, eigenes Restaurant, mehrere Terrassen und Balkone, um die grandiose Landschaft anzuschauen. **Hotel Prefectural** **, unterhalb des Kory gelegen, ebenfalls mit Swimming-Pool. Könnte ein toller Kasten sein, ist aber etwas vernachlässigt. DZ mit Bad 11 $, mit Vollpension 28 $. **Alojamiento Pijuán** * ist die einfachste Unterkunft am Ort. Sehr einfache DZ ohne Bad 2.8 $. Zwischen dem Hotel Kory und Prefectural liegt links das **Restaurant La Casa** unter deutsch-bolivianischer Leitung. Nicht genug, daß man die gleich tolle Aussicht wie vom Kory genießt, man kann auch essen: Raclette, Fondue, Steaks.

Wer am Morgen früh von La Paz loszog und noch vor Dunkelheit wieder in die Hauptstadt zurückfahren möchte, geht nach Yolosa hinunter und hält dort einen Bus oder Lastwagen in diese Richtung an. Bis Mitternacht gibt es fast durchgehend Mitfahrgelegenheiten.

Um per *Bus* nach **Caranavi** (3–5 Std.), der letzten Station in den Yungas auf nur 606 m Höhe zu fahren, muß man ebenfalls erst nach Yolosa hinunter. Die Fahrt nach Caranavi entlang des Río Coroico ist zwar sehr schön, aber nicht mehr so spektakulär. Caranavi bietet einem Touristenherz nur wenig, ist aber wichtiger Halt auf dem Weg von La Paz zum Departement Beni. Es gibt mehrere sehr einfache und mittlere Unterkunftsmöglichkeiten (gut sind **Residencial Caranavi** * und **Hotel Universo** *, DZ ohne Bad 4.5–7.5 $, mit Bad 9 $).

Koka

Die Kokapflanze ist ein fester Bestandteil der andinen Hochlandkultur, vergleichbar mit dem Kaffee in Italien oder dem Rotwein der Franzosen. Zu Inkazeiten war Koka der Machtelite vorbehalten. Nachdem diese von den spanischen Kolonialisten ausradiert worden war, wurde Koka zur Droge der Masse. Von den spanischen Kirche als Teufelsdroge zuerst verdammt, wurde sie bald wieder zugelassen, denn die schwere Minenarbeit war mit Hilfe von Koka, das Hunger und Durst, Hitze und Kälte vergessen läßt, leichter möglich.

Heute wird Koka überall in den Anden (mit Ausnahme von Ecuador) von der Landbevölkerung und den Minenarbeitern gekaut. Um die Droge zu aktivieren, muß sie zusammen mit einem Aschestein, der aus Kartoffeln und Quinoa (Andenhirse) hergestellt wird, gekaut werden. Dieser Stein heißt auf Ketschua *lejia* und auf Aymara *llujta.*

Die Kokapflanze gedeiht am besten an den Bergurwaldhängen Perus und Boliviens. In diesen Anbaugebieten lebt 40 Prozent der Bevölkerung direkt oder indirekt von der Pflanze. Im Zug der von Nordamerikanern unterstützten Drogenbekämpfungsaktionen werden allerdings immer mehr Kokafelder verbrannt. Doch das Geld, das für alternative Produktionen zur Verfügung steht, versickert in unbekannte Taschen, den arbeitslosen Kokakabauern droht der Ruin. Viele können auch gar nicht – selbst wenn sie wollten – zum Beispiel auf Kaffee oder Kakao umsteigen, das würden die Händler nicht zulassen. Zudem scheint es auch wirtschaftlich fraglich, ob der Anbau von Kaffee und Kakao angesichts deren niedriger Weltmarktpreise so sinnvoll ist.

Der duale Aspekt von Koka – einerseits Rohstoff für Kokain, andererseits Bestandteil der andinen Speisekarte – wird nicht so leicht zu überwinden sein. Solange die Nahrung der Hochlandindianer, sprich: deren wirtschaftliche Situation, nicht verbessert wird, ist auch Koka nicht zum Verschwinden zu bringen. Ernährungswissenschaftler haben zudem festgestellt, daß der Nährwert von Koka außerordentlich hoch ist. Koka hat im Vergleich zu alternativen pflanzlichen Produkten durchschnittlich 1.1 mal mehr Kalorien pro

100 Gramm, 1.66mal mehr Proteine, 1.25mal mehr Kohlenhydrate, 4.5mal mehr Ballaststoffe, 15.5mal mehr Kalzium, 3.37mal mehr Phosphor, 12. 7mal mehr Eisen, 81.5mal mehr Vitamin A und 10.6mal mehr Vitamin B (Riboflavin), aber weniger Fett, weniger Tiamin und Niacin (B-Vitamine) und weniger Vitamin C. Doch auch Bier enthält ja einen Haufen Vitamine, und wenige kämen auf die Idee, es könnte eine ausgeglichene Mahlzeit ersetzen. Zudem muß man bei solchen Vergleichen die relativen Preise von Koka im Vergleich zu anderen pflanzlichen Produkten berücksichtigen und auch die täglich konsumierte Menge.

Oruro

3706 m ü. M., 175 000 Einwohner. Oruro ist eine sterbende Minenstadt, eine Marktstadt und ein wichtiger Verkehrsknotenpunkt. Der Ort ist sehr ruhig, ja, fast langweilig. Ausnahme: die Zeit um Karneval, einer der farbenprächtigsten und sehenswertesten Südamerikas. Außerhalb dieser Zeit locken vor allem zwei sehr große Märkte.

1678 zählte die Stadt 80 000 Einwohner, weniger zwar als Potosí, aber mehr als Buenos Aires oder Santiago de Chile. Ähnlich wie Potosí hat der Ort schwer unter der Zinnkrise gelitten; für die zahlreichen arbeitslosen Minenarbeiter gibt's nichts zu tun. Viele stürzen in den Alkoholismus. Es scheint, als ob der Teufel *Huari* (siehe Reportage zum Karneval) den Kampf gegen das Gute doch noch gewänne.

Unterkunft

■ **Alojamiento Copacabana** *, Calle Galvarro 6352, Tel. 5 41 84, beim Bahnhof. Freundlich, sauber. Doppelzimmer können geteilt werden. 5.5 $ für zwei Personen.

■ **Alojamiento Porvenir** *, C. Aldana 317, Tel. 5 20 94, eineinhalb Blöcke vom Bahnhof. Zweifellos das schönste der einfachen Hotels, aber mit 6.6 $ im DZ und 1 $ extra fürs Duschen etwas überzahlt.

■ **Alojamiento Confort** *, C. León 151, Tel. 4 25 86, in der Nähe des Busterminals. Sauber, einfach, klein, nur mit kalter Dusche. DZ ohne Bad 4.5 $.

■ **Hotel Lipton** *, C. 6 de agosto 625, Tel. 4 15 83, in der Nähe des Busterminals. DZ ohne Bad 7 $, preiswert, gemütlich und auf jedem Stock ein TV.

■ **Hospedaje Mutual** *, C. Sucre 641, in Zentrumsnähe, Tel. 5 06 44. 5.5 $ im DZ ohne Bad. Empfehlenswert.

■ **Hotel Repostero** **, C. Sucre 370, Tel. 5 05 05. In Bahnhofsnähe. Freundliche Besitzer, schöner Aufenthaltsraum mit TV, kuschelige Betten in mittelgorßen Zimmern, DZ ohne Bad 8.5 $, mit Bad 12 $. Unser Tip in dieser Preiskategorie und besser als das gleich vor dem Bahnhof stehende Hotel Prefectural *.

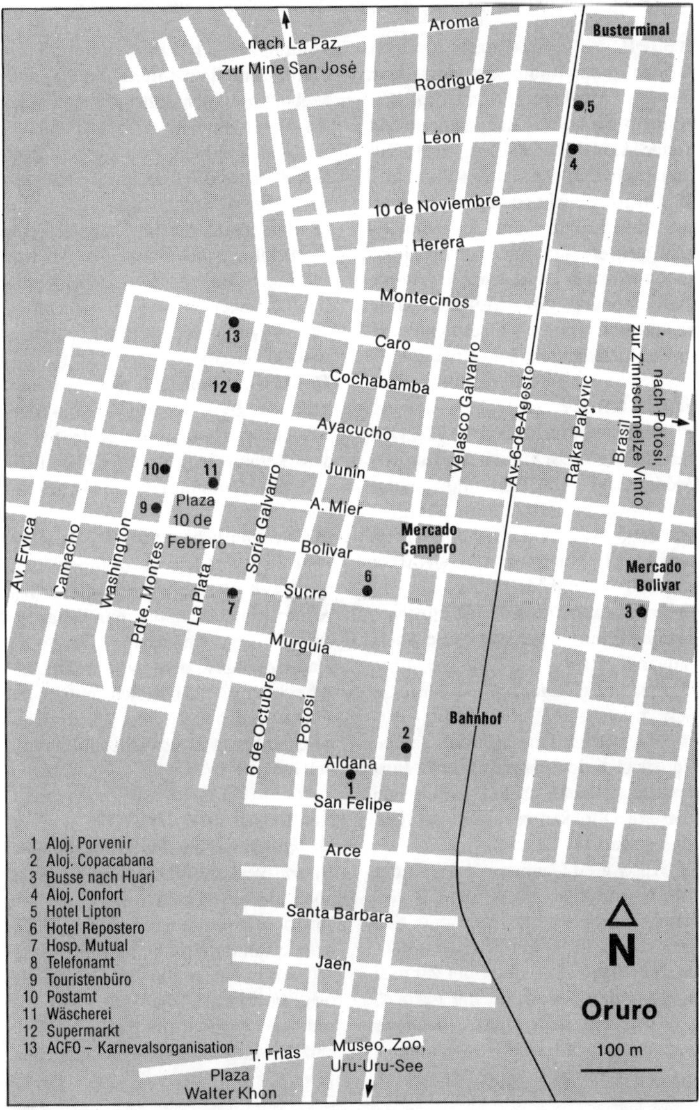

nach La Paz,
zur Mine San José
Aroma
Busterminal
Rodriguez
Léon
10 de Noviembre
Herera
Montecinos
Caro
Cochabamba
Ayacucho
Junín
A. Mier
Bolivar
Sucre
Murguía
Aldana
San Felipe
Arce
Santa Barbara
Jaen
T. Frias
Plaza
Walter Khon
Museo, Zoo,
Uru-Uru-See
Plaza
10 de
Febrero
Mercado
Campero
Mercado
Bolivar
Bahnhof
Av. Ervica
Camacho
Washington
Pdte. Montes
La Plata
Soria Galvarro
6 de Octubre
Potosí
Velasco Galvarro
Av.-6-de-Agosto
Rajka Pakovic
Brasil
nach Potosí,
zur Zinnschmelze Vinto
1 Aloj. Porvenir
2 Aloj. Copacabana
3 Busse nach Huari
4 Aloj. Confort
5 Hotel Lipton
6 Hotel Repostero
7 Hosp. Mutual
8 Telefonamt
9 Touristenbüro
10 Postamt
11 Wäscherei
12 Supermarkt
13 ACFO – Karnevalsorganisation
N
Oruro
100 m

Essen

■ Am besten und billigsten ißt man in den **Märkten.** Selbstverpfleger können auch auf den **Supermarkt Super Azul,** C. La Plata 5780, zurückgreifen.

■ Oruro ist nicht eben das, was man ein Feinschmeckerparadies nennt. Es gibt mehrere Restaurants, die einfache und gute Mahlzeiten servieren, ohne daß uns aber eines nachhaltig beeindruckt hätte. Tagesmenü um die 1.5 $, Teller ab 3 $.

Was sonst?

■ **Touristeninformation (IBT):** An der Plaza 10 de febrero unter den Arkaden. Sehr hilfsbereit und freundlich. Kleine Broschüre mit Stadtplan und Beschreibung der Sehenswürdigkeiten in Stichworten. Geöffnet von 8.30–12 und 14–18 Uhr.

■ **Telefonamt (Entel),** C. Bolívar, zwischen der C. La Plata und Soria Galvarro.

■ **Postamt (Correo):** C. P. Montes/ Ecke A. Mier.

■ **Öffentliche Dusche und Sauna:** An der C. 6 de agosto 512, nähe Busterminal. Täglich heiße Duschen von 9.30–18 Uhr, Sauna und Dampfbad Mi–So von 14–21 Uhr.

■ **Wäscherei:** Limpieza Dupal, Ecke La Plata und A. Mier. Auch Unterwäsche wird gewaschen.

Sehenswert

■ **Casa de Cultura,** an der Calle S. Galvarro zwischen C. Cochabamba und Ayacucho. Das ehemalige Wohnhaus des Zinnbarons *Simon Patiño* enthält mehrere Zimmer mit Möbeln aus der Jahrhundertwende, ein Rauchzimmer, ein Spielzimmer, eine alte Apotheke, eine kleine Kapelle und mehrere Schlafzimmer. Sehenswert, aber vernachlässigt.

■ **Der Zoo,** geöffnet täglich von 8–18 Uhr, ist ein paar Blöcke von der Plaza Walter Khon in Richtung Uru-Uru-See entfernt. Er ist klein, die Käfige sind mittelgroß, einfach, aber sauber.

■ **Museo Municipal,** gleich unterhalb des Zoos. Es war bei unserem Besuch im Umbau. Ausgestellt werden Keramiken, Mumien, Fossilien und eine Sammlung von Karnevalsmasken.

■ Die staatliche **Mine San José** ist zwar nicht auf Besucher eingerichtet, doch wer sich mindestens einen Tag vorher anmeldet und beharrliches Interesse zeigt, reinzugehen: Das sollte klappen. Abrunden kann man den Besuch mit der Besichtigung der **Zinnschmelze von Vinto,** 9 km außerhalb der Stadt. Zu erreichen mit Stadtbus D ab Plaza.

Karneval von Oruro

Es war einmal ein Teufel mit Namen *Huari.* Wie alle Teufel war auch er böse und wollte die Uru-Indianer um Oruro ins Verderben stürzen. Doch wundersame Rettung kam: in Gestalt der Göttin *Ñusta.* Sie verwandelte die riesigen Viecher, die Huari auf die Indianer losgeschickt hatte, in Stein und Sand, darunter eine Schlange, eine Kröte, eine Echse und ein Heer von Ameisen. Huari verzog sich geschlagen zurück in die Unterwelt. Ñusta selbst wurde in katholischen Zeiten zur *Virgen del Socavón,* der Jungfrau des Stollens. Als die Spanier die Indianer zur Minenarbeit zwingen wollten, machten sich diese die alte Legende zunutze. Sie verkleideten sich als Teufel und versetzten die Europäer in panische Schrecken: Das Innere der Berge sei Besitz von Huari und dürfe nicht angetastet werden, lautete die Botschaft. Die Spanier ließen sich, wie wir wissen, nicht lange foppen.

Der Karneval ruft jedes Jahr am Samstag vor Aschermittwoch die alte Geschichte in Erinnerung. Zu Beginn des 20. Jahrhunderts erhielt er seine moderne und nach und nach auch kommerzielle Form. Immer mehr Tanzgruppen formierten sich, angeführt von der *Gran Autentica Diablada.* Rund vierzig Gruppen nehmen am großen Umzug teil, Tausende von Tänzerinnen und Tänzern ziehen unermüdlich durch die Stadt. Während die Mädchen recht leicht gekleidet sind, tragen die Jungs mehrere Kilogramm schwere Kostüme und übergroße, bunte Blechmasken.

Besuch des Karnevals

Der Verlauf des Karnevals ist im Stadtplan eingezeichnet. Die Hausbesitzer stellen entlang des Umzugsverlaufs Holztribünen auf und verkaufen Sitzplätze. Entlang der Calle Pagador und Bolívar kosten diese 2.5 bis 4.5 $. Für die Plätze (7 $) an der Plaza 10 de febrero (mit Ausnahme der Plätze direkt vor dem Bürgermeisteramt) ist die Karnevalsorganisation (ACFO) verantwortlich, Büro an der Calle Caro 745. Direkt vor den Arkaden an der Plaza aber kostet der Platz 12.5 $. An der Avenida Civica, dem großen Platz vor der Kirche *Socavón*, hoch über der Stadt, kostet der Sitzplatz hingegen nur 4.5 $. Es geht sogar kostenlos: Einfach herumschlendern, sich setzen, wo Platz ist, aufstehen, wenn der Platz besetzt wird, wieder rumschlendern und so weiter. Fotografieren ist problemlos möglich.

Unterkunft am Karneval

Teure und Mittelklassehotels sind Monate vor dem Karneval ausgebucht, die billigeren erst ein bis zwei Wochen vorher. Die Preise steigen überall ums zwei- bis dreifache, und man ist gezwungen, drei Nächte zu buchen. Besser deshalb: eine Privatunterkunft suchen. Das Touristenbüro an der Plaza (Tel. 5 17 64) bringt Touristen und Zimmervermieter in geduldiger Telefonarbeit zusammen. Wer einen Schlafsackplatz sucht, zahlt 3 $, ein Bett kostet 7, 9 oder 13.5 $. Auch Kurzentschlossene sollten somit keine Probleme haben, etwas zu finden.

Ausflug zum Uru-Uru-See

Dieser erst wenige Jahrzehnte alte See ist ein wunderschönes Stück Natur. Von der Plaza Walter Khon fahren täglich mehrere Klapperbusse (Mi-

cros) Richtung **Toledo.**

Eine Stunde dauert die Fahrt bis **Chalacollo,** ein Dorf, fast ausnahmslos aus Lehm gebaut und mit Schilf überdacht; einzig die Kirche hat ein Ziegeldach. Während der Regenzeit reicht der Seespiegel bis dicht an die Straße und überspült sie zeitweise völlig. Links und rechts vom Bus fliegen und waten eine Unmenge von Wasservögeln, und wir haben sogar Flamingos gesehen. Der Ausflug nach Chalacollo und zurück läßt sich gut in einem halben Tag machen.

Die Seen von Oruro

Die Departemente Oruro und Potosí beherbergen ein System von Süß- und Salzwasserseen, die immer noch wachsen und schrumpfen. Der Titicaca- und der Pooposee sind nichts weiter als kümmerliche Überbleibsel des einstigen Minchínsees, der früher den ganzen südlichen Altiplano bedeckte. Der Pooposee ist rund fünfmal so groß wie der Bodensee, mit 18 Gramm pro Liter Wasser stark salzhaltig und nie mehr als 3 Meter tief. Sein einziger Abfluß ist der Río Lakajahuira, der das Wasser des salzigen Poopos nach Westen bis zum Caipasasee führt.

Nun ist aber der Fluß erstaunlicherweise süßer als der Poopo. Ist er also doch kein Abfluß des Sees? Anderseits schrumpft der See ohne Unterbruch, muß also einen Abfluß haben, denn die Verdunstung allein reicht nicht, um den Schrumpfprozess zu beschreiben. Die Erklärung: Der Lakajahuira-Fluß wird zusätzlich vom süßen Río Marquez gespiesen. Und: Der Río Desaguadero, der das Wasser des Titicacasees abfließen läßt, hat sich in den letzten Jahrzehnten entschlossen, nicht mehr bloß den Pooposee zu speisen, sondern gleich einen neuen See etwas nördlich zu bilden, den Uru-Uru-See: Der Poopo erhält somit weniger Nachschub als früher.

Auch der Caipasasee, Heimat der *Chipaya-Indianer,* ist am Schrumpfen und heute schon größtenteils ein trockener Salzsee (salar) von der Größe eines Bodensees.

Entlang des Pooposees leben heute Nachkommen der *Uru-Uru-Indianer,* die wahrscheinlich von den Inkas oder Tiwanakus vertrieben vom Titicacasee entlang des Río Desaguadero wanderten und bei Oruro landeten. Die Chipayas und die Uru-Urus werden meist als ethnische Gruppe zusammengefaßt. Eine Ausstellung im ethnographischen Museum von La Paz zeigt deren Leben und Gewohnheiten. Sie waren unter anderem Meister in der Nutzung und Umleitung von natürlichen Gewässern und gelten als Pioniere der andinen Landwirtschaft. Vielleicht sind sie sogar eine der ältesten Kulturgruppen Amerikas, auch wenn sie sich selbst als «Untermenschen» bezeichneten.

Weiterreise

■ Zwischen **La Paz** und Oruro fahren von 5 bis 20 Uhr zahlreiche Busgesellschaften die 3-Stunden-Strecke

◀ *Teufelsmaske aus Oruro*

(2.5 $). Mi–So morgens fährt auch ein Zug (4½ Stunden, 3 $ im Especial-Wagen, 4.5 $ im Pullman). Di, Do, Fr, So auch ein Ferrobus (3½ Stunden, 4.5 und 7 $).

■ Nach **Cochabamba** und **Santa Cruz:** In 4½ bzw. 19 Stunden fahren mehrere Gesellschaften in den bolivianischen Osten. Nach Cochabamba 3.5 $, nach Santa Cruz 6 $. Tip: Die Morgenbusse nach Santa Cruz sind schneller als die Nachmittags- und Abendverbindungen, da sie weniger lange Pause in Cochabamba machen. Per Zug nach Cochabamba geht's Mo morgens (10 Stunden, 2.5 und 3.5 $); Mo, Mi, Fr mittags per Ferrobus (4½ Stunden, 5 und 7.5 $).

■ Nach **Abaroa:** Fr abends ein Zug (14 Stunden, 4.5 $). Hinweis: Täglich ein Güterzug ab **Uyuni.**

■ Nach **Villazón** an der argentinischen Grenze Mi, Do, Fr, So ein Zug, Abfahrt abends (14–17 Stunden, 8.5 und 13 $).

■ Nach **Potosí:** Abfahrt um 19 Uhr in 10½ Stunden in die Minenstadt (6 $). Mi nachts auch ein Zug (9 Stunden, 5 und 7.5 $).

■ Nach **Sucre:** Täglich zwischen 9 und 13 Uhr. 11 Stunden, 10 $. Mi nachts auch ein Zug (über Potosí), Fahrtdauer 15 Stunden, 8 und 11.5 $.

■ Nach **Llallagua** auf der Strecke nach Sucre fährt *EMTO* einmal morgens und nachmittags, ebenso einmal nachmittags nach **Challapata** an der Straße nach Uyuni. Die gleiche Verbindung führen *Transp. 23 de marzo* und *Transp. Huari,* die es sogar noch ein Stückchen weiter, nämlich bis **Huari** schafft, rund 3 Stunden. Huari ist Ausgangspunkt für den Besuch des **Poopo-Sees.**

Südlich von Oruro

120 km südlich von Oruro, bei **Challapata,** teilt sich die Straße. Nach Osten geht's nach Potosí und Sucre, nach Westen über **Huari** am Poopo-See vorbei zur **chilenischen Grenze.** Zugreisende müssen nach Challapata noch etwa 80 km weiterfahren und zweigen erst bei **Río Mulatos** nach Potosí und Sucre ab. Bei **Uyuni,** rund 570 km südlich von Oruro, zweigen eine weitere Piste und ein Eisenbahngleis nach Chile ab. **Tarija** an den östlichen Andenausläufern liegt bereits 720 km von Oruro entfernt und **Villazón** an der **argentinischen Grenze** 800 km.

Uyuni

Uyuni ist eine Wüstenstadt auf 3669 m über Meer, fast ohne Verkehr, mit sehr breiten Straßen und selbst nur einige hundert Meter breit. Ein einsames Eisenbahngleis und eine wirklich sehr selten benutzte Straße führen an die chilenische Grenze **Abaroa/Ollagüe.** Rings um Uyuni sind Salzseen. Die Fahrt nach Chile ist eintönig und einsam. An der

Grenze tauchen schneebedeckte Vulkanspitzen auf; sie stehen in eigenartigem Kontrast zu den ebenfalls weißen Salzseen.

In Ollagüe sieht man in Sichtnähe mit Rauchfahne den **Volcano Ollagüe** (5830 m); und die höchste Mine der Welt **Aucanquilcha**, wo Schwefel abgebaut wird, liegt gleich gegenüber. Das reiche Mineralienvorkommen in dieser Wüstengegend war der Grund für den Pazifikkrieg von 1879, in dem Bolivien die Pazifikküste verlor.

Es gibt in Uyuni ein kleines **Postamt** und ein **Telefonamt,** einen ausgedehnten **Markt,** aber keine **Geldwechselmöglichkeiten.**

Unterkunft

Wer in Uyuni übernachten muß, tritt aus dem Bahnhof hinaus und sieht die Plaza vor sich; drei Billigpensionen zu 4.5 $ im DZ ohne Bad stehen dicht beieinander. Empfehlenswert das **Alojamiento Urkupiña ***, saubere Zimmer, keine Dusche wie die anderen auch, aber mit Wasser. Etwas teurer, 6.5 $ mit Gemeinschaftsdusche, das **Hotel Avenida ***, ebenfalls gegenüber dem Bahnhof.

Salzsee von Uyuni

Wer Zeit hat, kann von Uyuni aus den **Salar de Uyuni** besuchen. Lastwagen zum Dorf **Colchani** beim Salar fahren, sobald sie voll sind, von der Kirche Uyunis ab. Mit dem Fahrer den Preis aushandeln und sich von Colchani aus zum See weiterfahren lassen (wenige Kilometer), wo man zusehen kann, wie Salzziegel (*salpanes*) aus dem See geschnitten oder Berge von Salz (*granulados*) aufgeschüttet werden, um danach in der Mühle von Colchani weiterverarbeitet zu werden. Ganz nahe auch einige «Quellen» (*ojos*), Stellen, wo der an sich trockene See naß ist und kleine Wasserwirbel aufsteigen, wahrscheinlich Süßwasserbäche, die an die Oberfläche drücken, kaum eine wirkliche Quelle.

Grenzübergang Chile

Der Zug aus La Paz nach **Antofagasta** fährt am Samstag um 3 Uhr morgens von Uyuni ab. Eine weitere Verbindung gibt's am Mittwoch um 3.45 Uhr, die aber nur bis zur Grenze **Abaroa/Ollagüe** auf 3701 m über Meer führt (5 Stunden). Von dort fahren aber Samstag und Mittwoch auch Busse weiter zur chilenischen Küste. Täglich fährt auch ein Güterzug von Uyuni nach Abaroa, Abfahrtszeiten mehrmals täglich! erfragen. Mi und Sa kann man die bolivianischen **Grenzformalitäten** an der Grenze erledigen, sonst in der Migración in Uyuni.

Villazón

3447 m ü. M.

Villazón ist ein kleines Nest an der Grenze zu Argentinien. Es gibt ein Dutzend einfacher Hotels, zwei Kinos, ein Post- und Telefonamt, einen Bahnhof und einen Busterminal und sonst wenig zu bemerken.

Vom Bahnhof führt die Avenida Antofagasta zum Busterminal und zur Plaza 6 de agosto. Von dort führt die Av. Argentina zur internationalen Grenzbrücke. Vom Bahnhof zur Grenze sind's nicht mehr als 2 km, ein Taxi kostet pro Person mit Gepäck 0.5 $.

Unterkunft

■ **Alojamiento San Agustín ***, Av. Antofagasta 866, ein Block vom Bahnhof entfernt. Sehr einfach, sauber, keine Dusche, aber Fließendwasser. DZ ohne Bad 4.5 $.

■ **Alojamiento Oruro ***, gleich daneben. Ziemlich gleichwertig, hat zwar eine Dusche, aber meist kein Wasser.

■ **Residencial Martinez ****, an der Plaza. DZ ohne Bad 6.5 $. Einzelreisende können Zimmer teilen. Empfehlenswert, mit Warmwasserdusche, doch fragen, ob sie funktioniert.

■ **Grand Palace Hotel ****, gegenüber und von der Plaza sichtbar. DZ mit Bad 9, ohne Bad 6.5 $. Zimmer können geteilt werden. Saubere Zimmer um einen sonnigen, großen Innenhof, hat (fast) immer Wasser, auch fürs Duschen. Eigenes, gutes Restaurant.

Was sonst?

■ **Geldwechsel:** An der Av. Argentina, im 1. und 2. Block gibt's mindestens drei Wechselstuben, die abwechslungsweise auch sonntagmorgens geöffnet sind, wochentags von 6–18 Uhr. Kurs so gut wie in La Paz.

■ **Postamt (Correos),** zwischen Bahnhof und Plaza.

■ **Telefonamt (Entel),** im gleichen Gebäude wie die Post.

Weiterreise

■ **Per Zug** über **Tupiza** nach Oruro Mo und Do um 13.40 Uhr (12 Std., 13 $ im Pullman, 9 $ im Especial).

■ **Nach La Paz** Di, Fr, Sa ein Zug um 14.50 Uhr (21 Std., 17.5 und 12 $). Von **Tupiza** auf dem Weg nach La Paz gibt es auch einen Ferrobus nach **Potosí,** Do um 8 Uhr (10 Std.), Fr um 17.40 Uhr ein Zug.

■ Per Bus nach **Potosí, Oruro** und **La Paz** fahren von Villazón auch mehrere Busgesellschaften zwischen 16 und 17 Uhr. Die Straße ist schlecht und der Zug die bequemere Alternative, zudem mehr Landschaft, da er ein ganzes Stück bei Tageslicht fährt. Nach Potosí 12 Std., 7 $, nach Oruro 28 Std. bei 8 Std. Aufenthalt in Potosí (13.5 $). Nach La Paz 3–4 Std. dazurechnen, ebenfalls 13.5 $.

■ Nach **Tarija** (6 $) fährt *Expreso Veloz del Sud* Di, Do, So am Vormittag und Mo, Mi, Sa nachmittags. Von Tarija Flugverbindungen nach La Paz.

Grenzübergang Argentinien

Die internationale Grenzbrücke ist etwa 1 km von der Plaza in Villazón entfernt. Auf beiden Seiten der Grenze erhält man unmittelbar an der Brücke Ausreise- und Einreisestempel. Die Grenze ist von 8–12 und 14–18 Uhr auf bolivianischer Seite und von 7–19 Uhr auf argentinischer Seite mit unregelmäßiger Mittagszeit geöffnet. Der argentinische Grenzort heißt **La Quiaca.**

Von der Brücke geht's wenige hundert Meter auf argentinischem Boden weiter, und man sieht links die Bahngleise, die in den Bahnhof reinführen. So, Di und Fr um 10.20 Uhr fährt ein Zug in etwa 8 Std. nach **Jujuy.** Anschluß nach **Tucumán.** Direkt nach Tucumán (18 Std., 9.5 und 7 $) mit Anschluß nach **Buenos Aires** (Bahnhof Retiro, 30 Std., 25.5 und 19 $) gibt's jeweils Di und Sa abends um 21.37 Uhr einen Zug.

Tritt man aus dem Bahnhofsgebäude raus, befindet man sich an der Plaza de la Victoria, wo die Busgesellschaft *Panamericano* ihr Büro hat. Mehrmals täglich zwischen 7.15 und 24 Uhr Verbindungen nach **Jujuy** (7 Std., 7.5 $), die Busse um 7.15 und 13 Uhr haben garantierten Anschluß nach **Cordoba** und **Buenos Aires** (25 Std., 48 $).

Tarija

1905 m ü. M., 41 000 Einwohner.
Die *Tarijeños* oder *Chapacos* haben nur noch sehr wenig mit der indianischen Bevölkerung des Landes gemein. Kulturell und ethnisch sind sie näher bei den *Gauchos* von Argentinien, blonde Menschen sind keine Seltenheit. Die vielen grünen Plätze, das bepflanzte Ufer des *Río Guadalquivir* und das angenehm warme, aber nicht heiße Klima geben der Stadt einen Anstrich von Andalusien, wie Kenner der beiden Regionen versichern.

Liebhaber von Folklore und Musik werden es sich nicht entgehen lassen, zu einem der vielen Feste nach Tarija zu kommen: Die wichtigsten sind: der *Karneval,* die *Osterwoche,* die *Fiesta de la cruz* Anfang Mai, die *Fiesta de la Virgen Chaguaya* Mitte August, wo Alkohol übrigens während des ein Monat dauernden Festes nicht getrunken werden darf, und jeweils am zweiten Sonntag im Oktober die *Fiesta de las flores.* Einzigartig sind die dabei benutzten Blasinstrumente: die *caña,* ein drei Meter langes, mit Leder verstärktes Bambusrohr, und der *erque,* ein Kuhhorn.

Unterkunft

■ **Alojamiento La Terminal *,** am hinteren Ausgang des Busterminals, Tel. 2 57 95. Immer Heißwasser, eigenes Restaurant, sehr freundlich, einfach und gut.

■ **Residencial Miraflores *,** Calle Sucre 920, zentral, Tel. 2 49 76. Die Zimmer liegen um zwei Innenhöfe, in denen je ein Orangen- und ein Chirimoyabaum stehen. DZ ohne Bad 5.5 $. Empfehlenswert.

■ **Alojamiento 8 Hermanos *,** C. Sucre 782, Tel. 2 21 11. Sehr sauber, freundlich, einfache Zimmer, die auch geteilt werden können. DZ ohne Bad 5.5 $.

■ **Residencial Londres** **, C. D. Campos 1072, Tel. 2 23 69. DZ ohne Bad 7.5 $, mit Bad 11.5 $. Helle und große Zimmer, nett möbliert.

■ **Hostal Costanera** ***, an der Av. Las Americas 594 in Flußnähe, Tel. 2 28 51. DZ mit Bad 27.5 $, ein kleines, schmuckes Hotel mit nur zehn, sehr gemütlich eingerichteten Zimmern mit Farb-TV und Sicht auf den Garten. Sehr gut.

Essen

■ Es gibt zwei **Märkte**, einer im Zentrum und einer auf der *Loma*, dem Hügel im Westen der Stadt. Schon nahe an Argentinien, haben es sich die Chapacos angewöhnt, noch mehr Fleisch als im Rest des Landes zu essen, in allen Variationen, am liebsten aber am Sonntagnachmittag und gegrillt.

■ **Restaurant Villamontes,** Av. Belgrano 1054, neu und mittags gerammelt voll, mit Sitzgruppe im Garten. Gepflegter Familienbetrieb, gutes Essen. Dienstag geschlossen.

■ **Cabaña Don Pedro,** Av. Las Americas/Ecke Padrilla, unweit des Busterminals, geöffnet nur zu den Essenszeiten, freitags auch Folkloreshow.

■ **Cabaña Don Pepe,** C. D. Campos/Ecke Av. Las Americas, ebenfalls nur zu den Essenszeiten offen und am Freitag Show. Bambusdekor. Beide Cabañas servieren lokale Spezialitäten (*picantes*).

Was sonst?

■ **Touristeninfo (IBT):** Calle Saracho 685/Ecke Bolívar im Zentrum. Mo–Fr 8–12 und 14.30–18 Uhr, manchmal auch Sa 9–11 Uhr.

■ **Telefonamt (Entel),** C. Lema 231/Ecke D. Campos. ■ **Post (Correo),** an der Plaza L. de Fuentes.

■ *Lloyd,* C. Lema 615. Das *TAM-Büro* befindet sich in der C. Madrid 460.

Sehenswert

■ Es gibt in Tarija zwei Gebäude, die jemand mit viel Sinn für Kitsch, Stillosigkeit und einem Schuß Genialität gebaut hat, die **Casa dorada** und das **Castillo azul**. Die Casa dorada liegt an der Ecke Calle Ingavi und General Trigo ist ein mehrstöckiges Gebäude mit kleinen, silbernen, amerikanischen Freiheitsstatuen, welche in einer Reihe unter dem Dach stehen.

Um das Innere des blau-weißen Castillo azul zu betreten, benötigt man die Erlaubnis der Besitzer. Das Gebäude befindet sich an der Calle Bolívar, Ecke Calle Junín.

■ **Museo Universitario,** Calle General Trigo und Lema, offen von Mo–Fr 8–12 und 14.30–18 Uhr. Das Museum beherbergt im unteren Stock eindrückliche, mächtige Knochen von Mammuts (*cuvieronius andinum*), etwa eine Million Jahre alt. Die Region Tarija gilt als eine der fossilienreichsten Südamerikas. Meeresfossilien im Alter von 350 Millionen Jahren werden ebenfalls ausgestellt, sie wurden wohlbemerkt in den Andentälern gefunden.

■ Sehenswerter als die Kirche **San Francisco** sind die Klosterbibliothek, das Archiv und das Museum. Sie unterstehen dem freundlichen Pater *Gerardo Maldini,* der euch gerne herumführt. Das Museum ist ein kleines Schmuckstück; es beherbergt Kolonialkunst, eingerichtet im ehemaligen Krankenteil des Klosters.

■ Nach **San Lorenzo** fahren Sammeltaxis unterhalb des Hügels, auf dem der **Mercado de la Loma** steht, ab, sobald sie voll sind. San Lorenzo ist ein kleines Dorf auf dem Land, wo das Geburtshaus des Freiheitskämpfers *José Eustaquio Méndez* zu einem kleinen Museum eingerichtet wurde, geöffnet Mo–Fr 8–12 und 14.30–18 Uhr. 5 km davon der Badeplatz **Balneario Picacho,** wo's keinerlei touristische Infrastruktur gibt, wo aber ein schöner, zum Teil recht reißender Fluß durch die Natur fließt. Per Taxi hin und zurück von San Lorenzo aus 9 $.

Auf dem Weg nach San Lorenzo kommt man am **Balneario Tomatitas** beim Zusammenfluß von *Río Guadalquivir* und *Río Erquis* vorbei, an Wochenenden beliebtes Ausflugsziel.

■ **Agencia Kohlberg,** C. Ingavi 278/Ecke D. Campos. Hier kann man einen Termin abmachen, um das Kohlberg-Weingut zu besichtigen. Kohlberg ist zusammen mit der Marke *San Pedro* der beste Wein, den der sonnige Süden Boliviens zu bieten hat.

Grenzübergänge

■ Der **Busterminal** ist etwa 25 Minuten zu Fuß vom Zentrum entfernt, ein Taxi kostet 0.3 $.

■ Hinauf nach **Potosí** und weiter nach **La Paz** jeweils Mo, Do und Sa am frühen Abend Verbindungen (nach Potosí 11.5 $, 13 Std., nach Sucre 15 $, 20 Std., nach La Paz 18 $, 26 Std.).

■ Nach **Bermejo** an der argentinischen Grenze fahren, jeden Tag abwechselnd, mehrere Gesellschaften morgens oder abends (6.5 $, 8 Std.). Die argentinische Seite am anderen Ufer des Río Bermejo heißt **Aguas Blancas.** Von dort gibt es bis gegen 22.30 Uhr Busverbindungen nach **Orán** (1 Std.). Von Oran täglich um 22 Uhr ein Bus nach **Tucumán** mit Anschluß an **Buenos Aires** per Bus oder Bahn. Auch nach **Salta** (12 Std.) gibt es von Aguas Blancas aus mittags und abends je einen Bus. Kurz vor Salta kann man in **San Pedro** aussteigen und den Bus nach **Jujuy** nehmen.

■ Nach **Villamontes,** Kreuzung mit der Eisenbahn **Santa Cruz–Yacuiba** fahren zwei Busse in 13 Stunden, jeweils Mo, Di, Do, Sa morgens (8 $). Villamontes liegt mitten im heißesten Gebiet Boliviens mit Temperaturen von nicht selten 50° Celsius, aber auch mal Frost in Julinächten. Der *Río Pilcomayo* ist ab dort schiffbar und führt in den *Río de La Plata,* Hauptader des wichtigsten Flußsystems im Süden Südamerikas.

■ Nach **Yacuiba** an die argentinische Grenze, südlich von Villamontes, fahren in 13 Stunden zwei Gesellschaften am frühen Abend (9 $).

■ Und an die argentinische Grenze südlich von Uyuni, nach **Villazón,** fahren *Expreso Veloz del Sud* jeweils Mo, Mi und Sa morgens und *Transp. Gran Chaco* am frühen Abend (9 $, 13 Std.).

■ Nach **Salta** in Argentinien Mo und Do mit der Fluggesellschaft *Seal*. Inlandflüge nach **Camiri, Yacuiba** (17.5 $), **Bermejo** (19 $), **Cochabamba** (29.5 $), **La Paz** (35 $), **Santa Cruz** (26.5 $) und **Sucre** (22 $).

Potosí

4067 m ü. M., 107 000 Einwohner.
Das Klima in **Potosí,** der einst wichtigsten und reichsten Minenstadt der Welt, ist fast immer kalt, was nicht heißen will, daß die Sonne nicht scheint. Die Regenzeit beschränkt sich auf die Monate Dezember bis Februar, die kältesten Monate mit vereinzeltem Schneefall sind Juli/ August.

Die Stadt Potosí war einst mit über 150 000 Einwohnern größer als Paris oder London. Der Grund: Silber aus dem **Cerro Rico,** dem reichen, roten Berg, der die Stadt überragt.

Mit dem Reichtum, den der Cerro Spanien gebracht hat, ist aber auch eine Tragödie ohnegleichen verbunden, diejenige der Minenarbeiter.

Unterkunft

■ **Unser Tip! Alojamiento Ferrocarril ***, Av. Villazón, fast beim Bahnhof. Das beste Billighotel, tipptopp sauber, einfache Zimmer, freundlich; sonniger, langer Innenhof. DZ ohne Bad 4.5 $.

■ **Alojamiento Tumusla ***, am Mercado Chuqumia, zwei Blöcke vom Busterminal. Einfach, sauber, Warmwasserdusche inbegriffen. DZ ohne Bad 4.5 $.

■ **Residencial San Antonio ***, Oruro 136, recht zentral. DZ ohne Bad 5.5 $, Gringotreff, einfach, sauber, Zimmer auf ruhigen Innenhof, vielleicht inzwischen neue Zimmer mit Privatbad und TV.

■ **Unser Tip! Casa de Huéspedes San Agustín ****, Calle Bolívar 789, Tel. 2 52 49. Wunderschöne Zimmer mit echten Holzmöbeln, ohne Bad zu 9.5 $, mit Bad zu 13 $. Familienatmosphäre.

■ **Hostal Santa María ****, Av. Serrudo 244, Tel. 2 32 55. Sehr freundlich, Heizung im Korridor, der voll mit Pflanzen ist. DZ mit Bad 12.5 $.

■ **Hostal Colonial ****, Hoyos 8, fast an der Plaza. DZ mit Bad 18 $, Heizung und zum Teil mit TV, schöner Innenhof zum Tagebuchschreiben, Frühstückscafeteria, Gringotreff.

Essen

■ **Coffee Snack El Farol,** Tarija 28, gegenüber der San-Francisco-Kirche, das schönste Café Potosís. Vom Tischset über die Wanddekoration bis zur hölzernen Speisekarte hat der

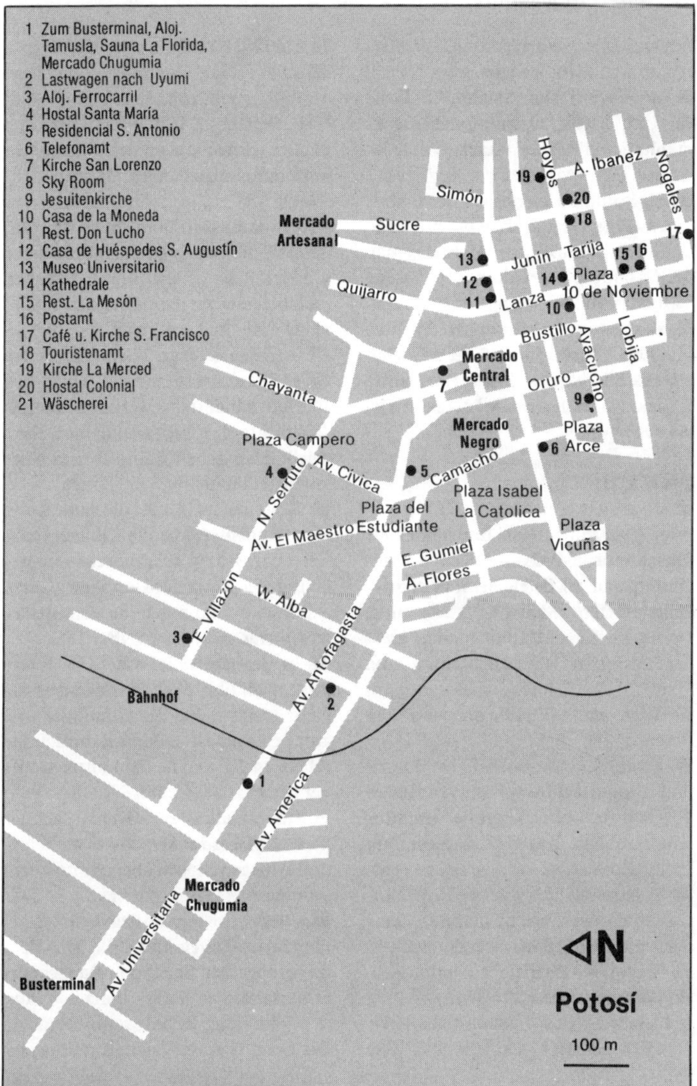

1 Zum Busterminal, Aloj. Tamusla, Sauna La Florida, Mercado Chugumia
2 Lastwagen nach Uyumi
3 Aloj. Ferrocarril
4 Hostal Santa María
5 Residencial S. Antonio
6 Telefonamt
7 Kirche San Lorenzo
8 Sky Room
9 Jesuitenkirche
10 Casa de la Moneda
11 Rest. Don Lucho
12 Casa de Huéspedes S. Augustín
13 Museo Universitario
14 Kathedrale
15 Rest. La Mesón
16 Postamt
17 Café u. Kirche S. Francisco
18 Touristenamt
19 Kirche La Merced
20 Hostal Colonial
21 Wäscherei
Hoyos
A. Ibanez
Nogales
Simón
Mercado Artesanal
Sucre
Junín
Tarija
Plaza
10 de Noviembre
Quijarro
Lanza
Bustillo
Ayacucho
Lobija
Mercado Central
Oruro
Chayanta
Mercado Negro
Plaza Arce
Plaza Campero
Av. Civica
Camacho
N. Serruto
Plaza Isabel La Catolica
Plaza del Estudiante
Av. El Maestro
Plaza Vicuñas
E. Gumiel
A. Flores
E. Villazon
W. Alba
Av. Antofagasta
Bahnhof
Av. America
Mercado Chugumia
Av. Universitaria
Busterminal
N
Potosí
100 m

Besitzer alles selbst gebastelt. Offen erst ab 14.30 Uhr, geheizt.

■ **Restaurant Don Lucho,** C. Bolívar 765, Menü zu knapp über 1 $. Freundlich. Freitag auch Folkloreshow.

■ **Skyroom.** Obwohl er nur drei Stockwerke hoch ist, reicht's für einen schönen Blick über die Dächer der Casa de la Moneda. Gutes Essen. Mittagsmenü unter 2 $.

■ **Restaurant El Mesón,** an der Plaza, Ecke Tarija und Linares. Das schickste Lokal am Ort, Gringotreff, Gericht ab 3.5 $, auch lokale Spezialitäten.

Was sonst?

■ **Touristeninformation IBT:** In der Fußgängerzone oberhalb der kleinen Plaza 6 de agosto, die sich an die Hauptplaza 10 de noviembre anschließt. Offen Mo–Fr 9–12 und 14–18.30, Sa 9–12. Hilfsbereit, kleiner Stadtplan und Broschüre zur Stadt.

■ **Telefonamt (Entel),** an der Plaza Arce.

■ **Postamt (Correo),** Ecke Lanza und Chuquisaca.

■ **Geldwechsel:** Fliegende Händler hauptsächlich in der Fußgängerzone Pasaje Boulevard.

■ **Wäscherei:** Limpieza Hoffman, gegenüber der Casa de las tres portadas an der Calle Bolívar 973. Mo–Sa 9–12 und 14–20 Uhr.

■ **Baño Sauna La Florida,** América 104, unweit des Busterminals, Tel. 2 38 71, geöffnet Do, Fr, So von 11–19.30 Uhr. Einfache Verhältnisse, sauber.

Rundgang durch Potosí

■ Die **Kathedrale** an der Plaza 10 de noviembre aus dem 16. Jahrhundert stürzte 1807 in sich zusammen. Zwei Jahre später wurde mit dem Bau der heutigen Kirche begonnen. Sie ist ein schönes Beispiel spanischen Barocks im Übergang zur Neoklassik.

■ Die **Kirche La Merced** in der Calle Hoyos, schräg gegenüber dem Hotel Colonial, stammt aus der Mitte des 16. Jahrhunderts, das Portal ist 100 Jahre jünger. Auffallend zwischen den Säulen am Portal und dem Mittelfenster die steinernen Herzen.

■ Besonders schön ist die **Calle Bolívar** in ihrem oberen Teil. Bemerkenswert: der **Balcón del Ahorcado,** wörtlich: der Balkon des Gehängten, und ein Stück weiter unten die **Casa de las tres portadas,** Haus der drei Tore.

■ In der Calle Bolívar/Ecke Junín liegt auch das **Universitätsmuseum,** geöffnet Mo–Fr 10–12 und 15–17 Uhr. Es enthält moderne, bolivianische Kunst und eine Sammlung andiner Musikinstrumente.

■ In der Calle Sucre befindet sich ein kleiner **Mercado Artesanal,** wo Woll- und Alpacapullover, aber auch Silberschmuck verkauft werden.

■ Die **Kirche San Lorenzo** gilt als älteste Spanierkirche der Stadt. Das Portal ist über und über von pflanzlichen Ornamenten bedeckt, die nicht aus dem andinen Raum stammen. An der Seite des zentralen Rundbogens zwei weibliche Figuren mit nacktem Busen, die den Bogen mit Händen und Kopf stützen. Weiter seitlich zwei salomonische (spiralförmige) Säulen, die sich je in einer weiteren weiblichen Figur mit indianischem Gesichtsausdruck fortsetzen und in einem korinthischen Kapitell enden. Den oberen Teil des Portals beherrscht der Erzengel Michael, flankiert von zwei Säulen ähnlich denen im unteren Teil. Zwei Musen spielen Charrango (kleine Gitarre) unter einem Himmel, besetzt mit Stenen, Sonnen und Monden, den alten Inkaheiligkeiten.

■ In der Calle Ayacucho steht die Fassade der **Jesuitenkirche,** die sich wie ein fünffach wiederholter römischer Triumphbogen in die Höhe erstreckt, 32 spiralförmige Säulen aufweist und von drei mit je einer Kuppel überdachten Türmen abgeschlossen wird.

■ Sehenswert sind auch Potosís Märkte, der **Mercado Central** und der **Mercado Gremial,** der Schwarzmarkt.

Casa de la Moneda

Öffnungszeit Mo–Fr 9–12 und 14–17 Uhr, Sa 9–14.30 Uhr. Besichtigung nur in geführter Gruppe möglich, etwa 2–3 Std. Führungen finden statt, sobald genügend Leute beisammen sind, die besten Chancen bestehen gleich nach Öffnung des Museums. Eintritt 1 $.

Was nützt einem das viele Silber, wenn man es nicht marktgerecht verarbeiten kann, sprich in klingende Münze umwandeln. Dazu diente die Münzstätte (Bauzeit 1759–1773). Das Gebäude wirkt mit den hohen Mauern düster und gefängnisartig. Im Hauptsalon sind Möbel aus den 1950er Jahren ausgestellt, alles Imitationen des Kolonialstils, und Gemälde aus der Kolonialzeit; darunter einige, die siegreiche Szenen der Kreuzzüge darstellen.

In zwei großen Sälen stehen riesige Holzmaschinen, die zum Pressen und Schneiden der Silberplatten dienten, nur mit Menschenkraft bedient. Im Numismatiksaal sind Münzen und Prägestempel verschiedener Epochen zu sehen.

Nicht ganz ins Bild passen weiter eine Mineralienschau, eine Sammlung von Fläschchen mit Erdölabwandlungen (Benzin, Petrol und so weiter), eine Archäologieschau und ein kleines Kriegsmuseum. Mit dem Besuch der Sammlung antiker Sekretäre mit Geheimfächern, Textilien und Miniaturpuppen mit den Trachten des Departements endet der Museumsbesuch.

Besuch der Minen

Der *EMTA-Stadtbus* Nr. 100 fährt von der Plaza 10 de noviembre direkt vor die Tore der Pailaviri-Mine. Die Führungen finden Mo–Fr um 9 Uhr morgens statt, 1.5 $.

Um eine Genossenschaftsmine auf eigene Faust zu besuchen, nimmt man den gleichen Bus bis ans Ende der Calle Surco oberhalb der Plaza del Minero. Kontakt zu den Arbeitern knüpfen und mitfahren; eine Flasche Schnaps ist ein angemessenes Eintrittsgeld. Hinweis: Die Stollen nur mit Helm besichtigen, man schlägt sich bei aller Vorsicht immer mal wieder den Kopf an.

Für den Besuch einer Genossenschaftsmine empfiehlt sich auch der junge Führer *Eduardo Garnica,* Tel. 2 31 38. Er verlangt pro Person 6 $ und holt dich vom Hotel ab.

Thermalquellen von Tarapaya

Weniger als 25 km von Potosí entfernt liegt die **Vulkanlagune von Tarapaya,** eine mit kaum 100 m Durchmesser fast kreisrunde Lagune, die die Einheimischen «Lagune ohne Grund» nennnen. In der Mitte des Sees soll es Wirbel geben, die die Schwimmer hinunterziehen und nach 24 Stunden gekocht wieder herauslassen. Solche Wirbel konnten wir aber nicht ausmachen. Das Wasser ist etwa 35° Celsius warm.

Wie hin? Mit Bussen oder Lastwagen ab Mercado Chuqumia in der Nähe des Busterminals. Die Fahrt dauert 20 Minuten. Kurz nach **Tarapaya** biegt die Straße nach links über eine Brücke ab und führt weiter nach **Oruro.** 100 m nach der Brücke rechts durch die Felsen hochgehen, wenige hundert Meter weiter ist die Lagune in Sicht, drei verfalle Hütten mit Ziegeldächern stehen dort.

Im Cerro Rico

Die bekannteste und älteste Mine Potosís ist die **Mine Pailaviri,** die der staatlichen *Corporación Minera de Bolivia (Comibol)* untersteht. Seit 1545 wird sie ununterbrochen ausgebeutet. 1952 wurden alle Minen verstaatlicht. Comibol ist seitdem die Instanz, die Schürfkonzessionen vergibt.

Die Minenarbeiter heben immer hervor, daß der Staatsbetrieb im Gegensatz zu den Genossenschaftsminen mechanisiert sei. Tatsächlich gibt es zwar einen leistungsstarken *Siemens*aufzug, doch die rostenden Rohre, das Wasser, das überall austritt, die alten und bis zu 40 kg schweren Preßlufthämmer, die die Arbeiter bei 40° Celsius Lufttemperatur und schlechter Sauerstoffzufuhr in den Fels jagen, lassen erahnen, was es mit den Arbeitsbedingungen wirklich auf sich hat. Erahnen muß man es, da man bei einem Besuch in der staatlichen Mine die Arbeiter selbst nicht zu sehen bekommt, wie man auch nicht weiter runtersteigt als ins Niveau Null, der Eingangshöhe. Schwer zu schaffen macht den *mineros* die Berufskrankheit *Silicosis* (Staublunge), die aus ihnen oft schon in jungen Jahren körperliche Wracks macht. Und bis der Betriebsarzt endlich einen Silicosis-Fall zugebe, vergingen Monate, ja Jahre, während denen der Minenarbeiter ohne Rente und ohne Arbeit lebe, erzählt der Berufsmann *Jaime Flores.* Auch tödliche Unfälle sind nicht selten. Der Mindestlohn eines

Arbeiter einer Genossenschaftsmine in Potosí ▶

Minenarbeiters steht bei 2.5 $ im Tag.

Noch krasser sind die Lebens- und Arbeitsbedingungen in den Genossenschaftsminen, wo auch Jugendliche arbeiten, alle mit Meißel und Pikkel. Ohne dauerndes Kokablätterkauen, das Hitze, Kälte, Hunger und Durst vergessen läßt, wäre die unmenschliche Arbeit nicht möglich.

Zur Tragödie der Kolonialzeit, während der Tausende von Minenarbeitern starben, darunter viele in den Silberhütten, wo mit Quecksilber hantiert wurde, kommt eine moderne dazu, verursacht durch die Marktkräfte: Nachdem auch in anderen Orten Lateinamerikas Silber gefunden wurde, verfielen die Preise, der Reichtum schwand. Aus der blühenden Metropole wurde eine Provinzstadt mit der höchsten Arbeitslosenrate des Landes. Doch Zinn war das Metall, das die bolivianischen Minenstädte vor der Katastrophe bewahrte – bis auch in diesem Bereich im Jahr 1985 die weltweite Krise kam.

Jahrelang waren die Zinnpreise durch den sognannten Zinnrat, in dem die wichtigsten Produzenten kartellartig zusammengeschlossen sind, künstlich hochgehalten worden. Das hatte neue Anbieter verleitet, auf den Markt zu treten, gleichzeitig hatten die Abnehmer begonnen, Zinn durch billigere Metalle, zum Beispiel Aluminium, zu ersetzen, und auch der Schwarzmarkt außerhalb des Zinnkartells florierte. Die Krise kam mit dem Höhenflug des US-Dollars im Jahre 1982. Da die Zinnpreise in Malaysia-Dollars gemessen wurden, war es für die Abnehmer durch den hohen US-Dollarkurs möglich geworden, Malaysiadollars sehr billig zu kaufen. Mit diesen bezahlten sie den Produzenten die gleich hohen (Malaysia-) Preise wie zuvor. Real bekamen diese aber immer weniger, denn die Malaysia-Dollars waren im Vergleich zum US-Dollar immer weniger wert.

Am 24. Oktober 1985, kurz nach 9 Uhr, ging dem Zinnrat in London die Luft aus, er hatte kein Geld mehr, um preisstützend Zinn aufzukaufen, der Handel an der Metallbörse wurde unterbrochen. Die folgende Strukturbereinigung ließ den Zinnpreis um fast 50 Prozent sinken. Unrentable Minen, darunter bolivianische, mußten schließen.

Weiterreise

■ Der Busterminal liegt etwa 30 Minuten zu Fuß unterhalb des Zentrums, der Bahnhof auf halber Strekke zwischen Zentrum und Terminal.

■ Nach **Sucre:** Do und Sa in der Früh ein Zug (5½ – 7 Std., 3 $ im Especial und 4 $ im Pullman). Nach Sucre per Bus: Abfahrt jeweils morgens um 9/9.30 Uhr (5 Std., 4 $) mit drei Gesellschaften.

■ Nach **Oruro** und **La Paz** (über Verkehrskreuz **Rio Mulato**): Do abends ein Zug (5 und 7.5 $ nach Oruro, 7.5 und 11 $ nach La Paz) und Fr morgens ein Ferrobus (7 und 10 $ nach Oruro, 10 und 15.5 $ nach La Paz). Nach La Paz per Bus: 14 Std.,

8 $, mehrere Gesellschaften fahren die Strecke, Abfahrt jeweils abends um 18/18.30 Uhr.

■ Nach **Uyuni**, an der Kreuzung zur chilenischen Grenze, fahren Busse und Lastwagen von der Kreuzung der Avenida Universitaria mit dem Eisenbahngleis. Mi und Do morgens Busse, sonst nur unregelmäßig Lastwagen und Camionetas. Nähere Auskunft im Büro von *Transp. Quijarro* an der genannten Kreuzung.

■ Nach **Tupiza** So um 2 Uhr morgens ein Zug (15 Std., 5.5 und 8 $) und Mi morgens ein Ferrobus (11 und 16.5 $). Nach **Villazón** um 18 Uhr (12 Std., 7 $) mit vier Buslinien.

■ Nach **Tarija** Abfahrt um 9 Uhr (21 Std., 10.5 $).

Sucre

2750 m ü. M., 104 000 Einwohner.

Sucre ist nach wie vor offizielle Hauptstadt Boliviens, doch außer dem höchsten Gericht haben sich alle öffentlichen Aktivitäten nach La Paz verlagert. Aus Respekt vor der glorreichen Vergangenheit wird die Stadt aber gehegt und gepflegt. Abends nach 21 Uhr drehen an der Hauptplaza 25 de mayo nur noch Studenten mit ihren Büchern im Laternenlicht ihre Runden.

Neben den vielen Kirchen, den Museen und einigen wichtigen öffentlichen Gebäuden ist Sucre für den Markt im 65 km entfernten **Tarabuco** bekannt, einem der ursprünglichsten des Landes – trotz der vielen Touristen, die mit den Campesinos zum Markt strömen.

Unterkunft

■ **Alojamiento Chuquisaca** *, Av. Ostria Gutierrez 33, Tel. 2 44 59. Etwa 500 m links vom Busbahnhof. DZ ohne Bad 4.5 – 5 $. Warmwasser, sauber, einfach, empfehlenswert.

■ **Alojamiento La Plata** *, Calle Ravelo 32, zentral, Tel. 2 21 02. Doppelzimmer ohne Bad 5.5 $. Einfache, saubere Zimmer, drei Innenhöfe. Noch besser sind die Zimmer im neuen Teil des Hauses, gleicher Preis.

■ **Alojamiento Avaroa** *, C. Loa 419, Tel. 3 19 32. DZ ohne Bad 5.5 $, einfach und sonnig, immer noch recht zentral, weniger als 10 Minuten zu Fuß vom Zentrum entfernt.

■ **Unser Tip! Residencial Bolivia** *, C. San Alberto 42, Tel. 2 43 46. DZ ohne Bad 8 $, mit Bad 11 $, jeweils inklusive Frühstück. Einfache Zimmer um einen dicht mit Pflanzen bewachsenen Innenhof. Einzelpersonen fahren aber billiger im gegenüberliegenden

■ **Residencial Oriental** *, C. San Alberto 43, Tel. 2 16 44. DZ ohne Bad 8 $, mit Bad 9 $, Frühstück nicht inbegriffen. Saubere, einfache Zimmer um zwei grüne Innenhöfe. Achtung: Auf den bei der Ankunft abgemachten Preis bestehen, der ist sonst bei Abreise höher als zuerst angegeben.

■ **Unser Tip! Hostal Sucre** **, C. Bustillos 113, Tel. 2 14 11. DZ mit Bad 17.5 $, EZ 13 $. Ein wunder-

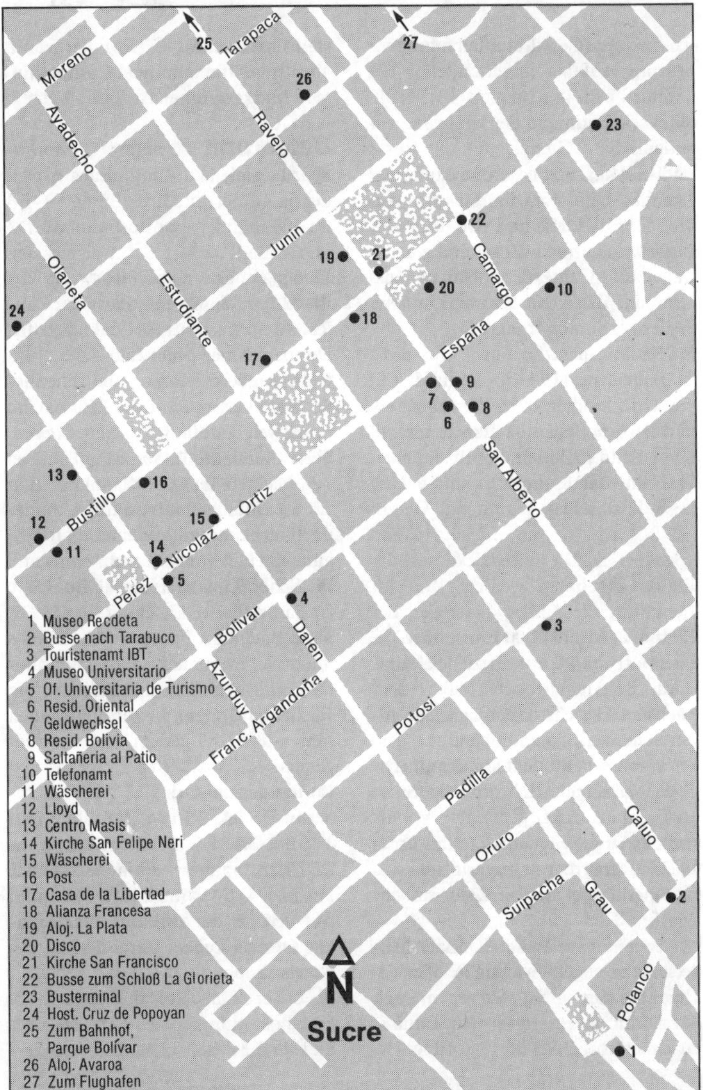
Moreno
Tarapaca
25
27
26
Ravelo
Ayadecho
23
22
Junin
19
21
20
Camargo
10
Olaneta
Estudiante
18
24
España
17
9
7
8
6
San Alberto
13
16
Bustillo
Ortiz
15
12
11
14
Nicolaz
Perez
5
4
Bolivar
Dalen
3
Azurduy
Franc. Argandoña
Potosi
Padilla
Caluo
Oruro
Suipacha
Grau
2
Polanco
1
N
Sucre
1 Museo Recdeta
2 Busse nach Tarabuco
3 Touristenamt IBT
4 Museo Universitario
5 Of. Universitaria de Turismo
6 Resid. Oriental
7 Geldwechsel
8 Resid. Bolivia
9 Saltañeria al Patio
10 Telefonamt
11 Wäscherei
12 Lloyd
13 Centro Masis
14 Kirche San Felipe Neri
15 Wäscherei
16 Post
17 Casa de la Libertad
18 Alianza Francesa
19 Aloj. La Plata
20 Disco
21 Kirche San Francisco
22 Busse zum Schloß La Glorieta
23 Busterminal
24 Host. Cruz de Popoyan
25 Zum Bahnhof, Parque Bolívar
26 Aloj. Avaroa
27 Zum Flughafen

schönes, weißes Kolonialhaus, sehr geschmackvoll eingerichtet. Alle Zimmer mit Telefon und TV. Frühstückscafeteria und eigene Reiseagentur.

■ **Hostal Cruz de Popoyan ****, C. Loa 881, Tel. 2 52 56. DZ mit Bad 16.5 $. Ein kleines Hotel im Kolonialstil mit großen Zimmern mit TV um einen stillen Innenhof, in dem ein Brunnen plätschert. Empfehlenswert.

Essen

■ **Salteñas** sind *die* Spezialität in Sucre. Obwohl der Name darauf schließen läßt, daß sie aus dem argentinischen Salta stammen, haben sie längst ganz Bolivien erobert. Es sind gebakkene Teigtaschen, gefüllt mit Gemüse, Rosinen, Oliven, Ei und Huhn oder Fleisch. Die Salteñas, die auf der Straße angeboten werden, sind oft fleischlos, nicht aber diejenigen der Restaurants und Snackbars. Wie die *Cebiche* in Peru werden Salteñas meist nur morgens gegessen.

■ **Markt:** Zwischen der Calle San Alberto, Junín, Camargo und Aniceto Arce, nicht besonders aufregend. Die Fruchtsaftstände befinden sich im Erdgeschoß, einige Eßbuden im oberen Stockwerk. Dort ist bis spät nachts geöffnet. Abends kochen Campesinas in den Straßen um den Markt.

■ **Salteñeria al Patio,** C. San Alberto, schräg gegenüber der Residencial Oriental. Gegessen wird im offenen Innenhof bei lauter Rockmusik. Nach 13 Uhr ist Schluß.

■ **Pizzeria Love,** C. Junin 905, nur abends geöffnet. Junge Besitzer, sanfte Hintergrundmusik und Kerzenlicht. Unser Tip.

■ **Restaurant El Solar,** C. Bolívar 800. Schick, gut und teuer (Teller knapp 4.5 $), gute Bedienung.

Unterhaltung

■ **Piano Bar Charleston,** an der Plaza Nr. 14, wo man sich vor oder nach dem Essen zum Cocktail trifft, manchmal bei Livemusik.

■ **Disco Viva María,** unangefochtene Nummer eins, an der Plaza San Francisco. Publikum: *Puro Camba*, alles Camba-Volk, so heißen die lebenslustigen Leute aus Santa Cruz.

■ Das **Centro Cultural Masis** an der C. Colón unterhält Schulen und Musikschulen auf dem Land. Wann und wo Schüler, zum Teil erst fünf Jahre alt, auftreten, erfährt man vor Ort.

■ Die **Alianza Francesa,** C. Aniceto Arce 35, hat ein kleines Kino, Bibliothek und ein kleines Restaurant, wo Pizza und *Coq au vin* serviert werden und sich viele junge Leute treffen. Bietet auch Spanisch-, Ketschua- und Portugiesischkurse.

Was sonst?

■ **Touristeninformation (IBT):** C. Potosí 102, Mo–Fr 8–12 und 14–18 Uhr, Sa auch am Flughafen. Die **Oficina Universitaria de Turismo** an der C. N. Ortiz, Ecke C. Azurduy bietet kostenlose Führungen durch ihre Studentinnen, die sich dadurch Punkte für den Abschluß sammeln.

■ **Telefonamt (Entel),** C. España, Ecke Urcullo.

■ **Postamt (Correo),** C. Argentina 50.

■ **Geldwechsel,** *Casa de Cambio Ambar/Dico,* Calle San Alberto, Ecke España. Schwarzmarkt um den Markt und an der Plaza.

■ **Wäscherei:** *Limpieza Americana,* C. Bustillos 158, oder *Lavandería Copacabana,* C. Dalence 87, beide verhältnismäßig billig.

■ **Sauna, türkisches Bad, Squashfelder** findet man im *Centro Raquet Club* an der Plaza. Offen von 7–23 Uhr.

Sehenswert

■ **Öffentliche Gebäude:** Wer einen Mini-Eiffelturm und Mini-Triumphbogen bewundern will, schlendert zum wunderschön grünen und schattigen **Parque Bolívar,** auf den die obersten Richter des Landes aus den Fenstern des **Justizpalastes** hinunterblikken. Weitere wichtige, öffentliche Gebäude sind der ehemalige **Regierungspalast** an der Plaza, das **Krankenhaus Santa Barbara** und das Hauptgebäude der **Universität.**

■ Das **Castillo de la Glorieta** liegt außerhalb der Stadt, heute von Militär besetzt und vor dem Zerfall. Das kleine Märchenschloß ist etwas stillos, zwar mit deutlich maurischem Einfluß, doch auch mit einer Prise Gotik und Jugendstil, und der Garten wurde wahrscheinlich von einem Franzosen angelegt. Die Prinzessin de la Glorietta unterhielt dort eine Schule für Waisenkinder. Stadtbus E mit der Aufschrift *Liceo Militar* fährt in ¼ Stunde hin, Abfahrt ab Ecke Calle Arce und Camargo.

■ **Casa de la Libertad,** an der Hauptplaza 11. Mo–Fr 9–12 und 14.30–17.30, Sa 10–12 Uhr, Eintritt 0.5 $, kostenlose Führung. Es ist eine Freude, den Führerinnen der *Casa de la Libertad* zuzuhören, wie sie über Generäle, Sieg und Niederlage sprechen, als ob sie selbst dabeigewesen wären. «Und hier in diesem Saal wurde Bolivien geboren», tönt es feierlich aus dem *Salón de la Independencia,* «in diesem Raum unterzeichneten am 6. August 1825 die Befreiungskämpfer die Unabhängigkeitsakte und lösten sich von der Kolonialmacht Spanien.» *Alto Perú* wurde nach dem Befreier Simon de Bolívar in Bolivien umgewandelt, wenig später wurde die Stadt *Chuquisaca* nach General Antonio José de Sucre in Sucre umbenannt.

■ **Museo Universitario,** C. Bolívar 698, Mo–Fr 8.30–12 und 14–18 Uhr. Das in einem großen Kolonialhaus untergebrachte Museum besteht aus fünf Teilen. Das *Archäologische Museum* zeigt Keramiken bolivianischer Kulturen in chronologischer Reihenfolge. Das *Anthropologische Museum* beherbergt Steinwaffen und Mumien, darunter zwei Menschen, die zusammen einbalsamiert wurden, und eine Sammlung deformierter Schädel. Im *Ethnographiemuseum* kann man Hunderte von Miniaturen in lokalen Trachten bewundern.

Blick auf Sucre von den Terrassen der Kirche San Felipe Nery ▶ (oben) Frau mit Kind in Tarabuco (unten)

Zwei Galerien zeigen *moderne Kunst* und *Kolonialkunst.* Die Architketur des Hauses bringt die Gemälde und Möbel aus der Kolonialzeit besonders schön zur Geltung.

■ **Museo de la Recoleta,** hoch oben im Südosten der Stadt. Mo–Fr von 9–12 und 15–17 Uhr geöffnet. Die Terrasse an der Recoleta-Kirche bietet eine weite Aussicht auf Sucre. Das Kloster aus dem Jahr 1600 hat vier Innenhöfe, die Bestandteil des Museums und alle reich an Blumen sind; in einem steht eine uralte Zeder, die einzige, die den Äxten der Spanier entronnen sein soll.

■ **Kirche San Felipe Nery,** Eingang durch das *Colegio María Auxiliadora,* Ecke Calle N. Ortiz und Azurduy. Besichtigung Mo–Fr 16.30–18 Uhr,während der Schulferien auch morgens. Der zweistöckige Innenhof des Klosters ist in blendendem Weiß gehalten. Eine Türe im oberen Stockwerk führt zum U-förmigen Chor der Kirche. Von den Terrassen und Dächern bietet sich eine schöne Sicht auf die Stadt.

■ **Kirche San Francisco,** Ecke Calle Ravelo und A. Arce. Sie ist eines der ältesten Bauwerke Boliviens und ersetzte im letzten Drittel des 16. Jahrhunderts die Kapelle von 1538. Sehenswert sind vor allem die Decke in ihrer geometrischen Verzierung im Maurenstil und das ungewöhnliche vergoldete Schuppenmuster an einem der Rundbögen.

Unruhiges Bolivien

Mit der Unabhängigkeit Boliviens, die in Sucre ausgerufen wurde, begann keinesfalls eine Zeit der Ruhe: Die Präsidenten (nur einmal wurde ein Frau an dic Spitze des Staats gewählt), die seither an der Macht waren, regierten mit einer durchschnittlichen Amtszeit von weniger als einem Jahr. Das Land wurde auch von mehreren Konflikten mit den Nachbarn geschüttelt: 1879 kommt es zum Grenzkonflikt mit Chile (Salpeterkrieg), Bolivien verliert seine pazifische Küste. Verhandlungen über die Rückgabe eines schmalen Korridors, der Zugang zum Meer böte, scheitern in den 70er Jahren am Veto Perus, denn der Korridor würde über ehemaliges peruanisches Gebiet führen (heute ebenfalls von Chile besetzt). 1903 verliert Bolivien den kautschukreichen Arce an Brasilien. Und im Gran-Chaco-Krieg mit Paraguay (1932–1935) muß Bolivien den Chaco im Süden des Lands abgeben.

1952 wird *Victor Paz Estenssoro* mit seiner Partei Movimiento Nacionalista Revolucionario zum Präsidenten gewählt. Er führt eine echte Revolution durch (siehe «Bolivien auf einen Blick») und verkracht sich bald mit dem Gewerkschaftsführer *Juan Lechín.* Lachender Dritter ist *Hernán Siles.* Als ihm wenig wirtschaftliches Glück beschieden ist, kommt 1960 wieder Estenssoro an die Macht. 1964 wurde er für eine weitere Amtszeit gewählt, aber gleich nach der Wahl von putschenden Militärs ins Exil verjagt. Andauernde Kämpfe zwischen Militärs, Zivilpolitikern und Gewerkschaften prägen daraufhin die politische Landschaft, mehrere Putsche folgen kurz hintereinander, bis 1971 General *Hugo Banzer* für etwas Ruhe sorgt. Er hält sich bis 1978, dem Jahr, in dem er zivile Präsidentenwahlen gestattet. Banzer wird zwar als Präsident abgelöst, bleibt aber ein wichtiger Machtfaktor, nur dank seiner Unterstützung regiert Estenssoro ungestört.

Markt von Tarabuco

Tarabuco ist ein kleines, verschlafenes Nest auf 3230 m Höhe. Jeden Sonntag blüht es auf und hält einen der schönsten Märkte des Landes. Fotografen und Fotografinnen, bitte übt Zurückhaltung! Wer zuerst freundlich um ein Foto bittet, bekommt durchaus nicht immer eine Absage.

Auffallend sind die Trachten der *Tarabuqueños:* Die Männer tragen zwei große Ponchos und darüber einen kleinen, den *Hunko*. Leuchtend rote Farben kontrastieren mit dem schwarzen Unterkleid. Dazu breite, silberbeschlagene Ledergürtel sowie Holzschuhe mit Sporen. Und: auf dem Kopf ein «Helm» aus dunkelbraunem oder schwarzem Leder, die einzige Kopfbedeckung dieser Art in ganz Südamerika. Die Frauen tragen zu schwarzem Faltenrock und Weste schwarze Mützen, die an der Stirn ebenfalls leuchtende Farben aufweisen.

Busse und Lastwagen fahren ab Sonntagfrüh vom Ende der Calle Calvo ab. Die Fahrt dauert rund zwei Stunden und kann trotz brennender Sonne kühl werden. Täglich fährt auch ein Schienenbus um 7 Uhr von Sucre ab. Zurück um 16 Uhr ab Tarabuco.

Jährlich um den 12. März herum findet hier ein zweiter Karneval statt, an dem über 4000 Campesinos teilnehmen. Höhepunkt ist das traditionelle Tanzspiel *Phujllay*. Es erinnert an die Schlacht *Jumbati* gegen die königlichen Truppen. Anführer der Rebellen war eine Frau, *Doña Juana Azurduy de Padilla.*

Weiterreise

■ Der **Busbahnhof** von Sucre liegt im Nordwesten der Stadt, Taxi 0.5 $. Der **Bahnhof** befindet sich unterhalb des Parque Bolívar, zu Fuß 20 Minuten vom Zentrum, Taxi dorthin sowie im ganzen Stadtgebiet 0.3 $ pro Person. Der **Flughafen** ist mehrere Kilometer vom Zentrum entfernt, Taxi pro Person 3.5 $.

■ Nach **Cochabamba** fahren mehrere Busgesellschaften am späten Nachmittag los (12 Std., 7.5 $). Von dort weiter nach **Oruro** (21 Std., 13 $) und **La Paz** (24 Std.,13.5 $). Die Strecke über **Potosí** nach Oruro und La Paz ist die Alternative zur Nordroute, Fahrpreise und -zeiten sind ungefähr gleich, unterschiedlich lang sind aber je nach Busgesellschaft die Pausen in Cochabamba oder Potosí. Die Route Potosí – Oruro – La Paz macht auch der Zug Do mittags. Bis Potosí 5½ Std. (Pullman 4 $, Especial 3 $), bis Oruro 16 Std. (11.5 und 8 $), bis La Paz 20 Std. (15 und 10 $).

■ Nach **Santa Cruz** mit und ohne den Umweg über Cochabamba (mindestens 24 Std., 15 $) fahren Busse am späten Nachmittag.

■ Nach **Uyuni** und **Tupiza** fährt der Zug Sa abends. Bis Uyuni 16 Std. (8 und 5.5 $), Tupiza 20 Std. (11 und 8 $).

■ **Flugverbindungen:** *Lloyd* fliegt nach **Camiri** (19.5 $), **Cochabamba** (19 $), **La Paz** (28 $), **Santa Cruz** (23.5 $) und **Tarija** (22 $). *TAM* fliegt nach **La Paz** (28.5 $) und **Santa Cruz** (24 $).

Lloyd-Büro: C. Bustillos 127, Tel. 2 11 40. TAM: C. N. Ortiz 118, Tel. 2 35 34.

Cochabamba

2570 m ü. M., 300 000 Einwohner.
Cochabamba ist das geographische Zentrum Boliviens. Ein angenehmes Klima mit einer Durchschnittstemperatur von 17° Celsius und fruchtbare Täler lassen fast alles wachsen, was das Herz begehrt. Schon zu vorspanischer Zeit, um etwa 1200 v. Chr., waren die Täler ein beliebtes Siedlungsgebiet. Auch die Inkas wußten die natürlichen Bedingungen zu schätzen. Sie hinterließen im Departement die Ruinen **Incallajta** und **Incarracay.**

In den nahen Steilhängen zum Urwald hin, den Yungas, die hier **Chapare** heißen, gedeiht Koka. Ein Großteil der Produktion geht in die nahen Minenstädte Oruro und Potosí. Der Rest wandert in die Kokainproduktionsanlagen im Dschungel, der sich im Norden anschließt. Flußdampfer und Kleinflugzeuge verbinden den Chapare mit dem **Beni,** wie das sich an Cochabamba anschließende nördliche Urwalddepartement heißt.

Unterkunft

■ **Alojamiento San Pablo** *, Junín S-691/Av. Aroma, unweit des Busterminals, Tel. 2 14 98. DZ ohne Bad 5.5 $. Einfach, freundlich, eigenes, billiges Restaurant. Gut.

■ **Alojamiento Junín** *, gleich gegenüber, Tel. 2 43 92. Billiger als das San Pablo und mit zumindest am frühen Morgen heißem Wasser. DZ ohne Bad 4.5 $. Sauber, sicher, kein Einlaß nach Mitternacht.

■ **Unser Tip! Residencial Florida** *, C. 25 de mayo S-583/Cabrera. Tel. 2 77 87. Kleines Hotel um einen grünen Innenhof. Sauber, sicher, Frühstückscafeteria und TV-Raum. Immer Heißwasser. DZ ohne Bad 7.3 $.

■ **Unser Tip! Residencial Elisa** *, Agustín López 834, zwei Blöcke vom Busterminal, Tel. 2 78 46. Einfache, saubere Zimmer. Garten mit Sitzgruppen. DZ mit Bad und Frühstück 9 $, ohne Bad 7.3 $.

■ **Casa de Huespedes La Coruña** **, Junín N-134, Tel. 2 17 91. Große Zimmer, Frühstückscafeteria, dicht bepflanzter Innenhof mit Vogelgezwitscher. DZ 13.5 $.

■ **Uni Hotel ***,** Baptista S-111, zentral. Tel. 2 24 44. Sehr schöne, große Zimmer mit Spannteppich, Telefon und Farb-TV. Eigenes Restaurant. Freundliche Bedienung. DZ mit Bad 36.5 $.

Essen

■ **Mercado 25 de mayo:** Zahlreiche Eßbuden in Unterabteilungen des Marktes beidseitig der Calle 25 de mayo. Gut, verhältnismäßig gute hygienische Bedingungen.

■ **Tea Room Zürich,** San Martín N-143. Bessere Patisserie oder sahnigeres Eis gibt es selbst in Zürich nicht. Der alte Besitzer ist ein eingewanderter Schweizer. Sein Sohn macht ihm Konkurrenz in der

■ **Confitería Berna,** San Martín N-209. Auch Mahlzeiten, Rösti aber nur auf Vorbestellung.

■ Entlang der breiten Av. Ballivian, die verstohlen auch «Avenida drogadicta» genannt wird, reihen sich zahlreiche Restaurants, die vor allem am Sonntag ein beliebtes Mittags- und Nachmittagsziel der Bevölkerung sind. Das **Restaurant Suiza,** Ballivian 820, Tel. 4 54 85, ist das exklusivste Restaurant der Stadt. Teller 5–8 $. Das **Restaurant Doña Pepa,** Ballivian 561, hingegen ist für die Zubereitung lokaler Spezialitäten bekannt. Man kann sich drinnen oder draußen hinsetzen.

■ Ausgezeichnet sind Essen und Service im **Gran Hotel Cochabamba** weit weg vom Zentrum bei der Plaza La Recoleta. Gericht 4–5 $. Das Hotel hingegen ist trotz der schönen Lage nur mittelmäßig.

Was sonst?

■ **Touristenbüro** und **Touristenpolizei** an der Plaza de Armas. Mo–Fr 8.30–12 und 14–18.30 Uhr, Sa 9.30–18.30. Freundlich, kleiner Stadtplan erhältlich. Ein kleiner Kiosk auch beim Telefonamt und im Flughafen.

■ **Telefonamt:** Ecke General Acha/ Ayacucho im Zentrum.

■ **Postamt:** Ecke Av. Ayacucho/ Acha.

■ **Geldwechsel:** Wechselstuben sind in der ganzen Stadt verteilt. Die mobilen Händler halten sich vor allem an der Ecke Av. Heroinas/C. San Martín auf. Traveller Checks im Uni Hotel wechseln.

■ **Krankenhaus:** Hospital General Viedman, Calle Aniceteo Arce, Tel. 2 81 08, 2 81 05.

■ **Wäscherei:** Am billigsten kommt das Waschen in der Wäscherei des Frauengefängnisses an der Plaza San Sebastián. Für die gefangenen Frauen ist dies der einzige Nebenverdienst.

■ **Buchhandlung:** Die Librería Amigos del Libro gibt es gleich dreimal, gegenüber der Post, am Flughafen und an der Av. Heroinas/España. In den beiden ersten eine kleine Auswahl an deutschen und englischen Presseerzeugnissen.

■ **Peña Disco Arlequin,** Av. Uyuni/ Pasaje M. Soracho, Tel. 4 48 02. Groß, gemütlich, gepflegt, gute Stimmung ab 23 Uhr. Eintritt pro

Person 4.5 $.

■ **Racquet Sauna Club,** im gleichen Gebäude wie das Hotel Regina an der C. Reza/Ballivian. Sauber, groß. Es gibt Sauna, Dampfbad und Squash-Halle.

■ **Museo Arqueológico,** 25 de mayo N-145, neben dem Hotel Boston. Mo–Fr 8–12 und 14–18, Sa 9–13 Uhr. Kostenlose Führung möglich. Das Museum besteht aus zwei Teilen, einer didaktisch aufgemachten Ausstellung aus der Keramik- und Vorkeramikzeit und einer Übersicht über bolivianische Indianerkulturen. Im Museum erfährt man auch, wie man am besten zur Inkaruine Incallajta kommt und ob der Zugang offen ist.

■ **Palacio Portales,** außerhalb des Zentrums an der Calle Potosí. Der Stadtbus ab Avenida San Martín mit der Aufschrift «Recoleta» fährt direkt dorthin. Der Palast wurde vom Zinnbaron *Simon Patiño* gebaut. Er war an der Jahrhundertwende einer der reichsten Männer Südamerikas. Er starb 1947. Der Palast ist heute ein Kulturzentrum. Öffnungszeiten Mo–Fr 17–18 Uhr, Sa/So 10–11 Uhr.

Das **Landhaus von Patiño** liegt in **Pairumani,** wo auch das Familienmausoleum steht. Besichtigung Mo–Fr 15–16 Uhr. Großartige Aussicht auf das Cochabambatal. Micros nach Pairumani fahren von **Quillacollo** (Wallfahrtsort mit großem Fest am 13. August) oder **Vinto,** 4 km von Quillacollo entfernt, ab.

Ausflüge

■ **Umgebung Cochabambas:** Östlich von Cochabamba liegen **Tarata, Cliza** und **Punata.** Von Punata kann man auf direktem Weg nach Cochabamba zurückfahren oder zuerst zwei kurze Abstecher nach **Arani** oder **Villa Rivero** machen.

Micros in die erwähnten Dörfer fahren von der Av. 6 de agosto, zwischen den Avenidas Barrientos und República. Im alten Kolonialdorf Tarata (sehenswerte Barockkirche) ist am Donnerstag Markttag. Markttag in Cliza ist am Sonntag, in Punata am Dienstag, in Arani am Donnerstag. Eine Besonderheit von Villa Rivero: Die Männer stricken.

■ **Inkaruine Incarracay:** Diese kleine, verfallene Ruine liegt etwa 5 km vom Dorf **Sipe Sipe,** das sich 27 km von Cochabamba entfernt befindet. Micros von der C. Agustín Lopez. Ohne Führer ist die Ruine auf dem **Cerro Inku** kaum zu finden.

■ **Inkaruine Incallajta.** Auf der Straße Richtung Santa Cruz bis Kilometer 119 fahren. Aussteigen und 13 km in Richtung **Pocona** gehen. Nach besagten 13 km ist man in **Collpa,** von wo es nochmal 10 km bis Incallajta sind.

Die Ruine liegt sozusagen auf einer Halbinsel, die von drei Flüssen gebildet wird. Wegen der gut zu verteidigenden Lage nimmt man an, daß es sich bei Incallajta um eine Festung oder ein wichtiges Kultzentrum handelte, wahrscheinlich vom Inka *Tupac Yupanqui* zwischen 1460 und

1470 gebaut. Der «Haupttempel» mißt 81 mal 27 Meter, was ihn zum größten bekannten Inkagebäude macht. Die Hauptmauer zählte einst 44 trapezförmige Nischen.

Weiterreise

■ Bei unserem letzten Besuch hatten alle Busgesellschaften ihr Büro an der Avenida Aroma (auch Av. Cívica genannt). Der Busterminal zwei Blöcke südlich, an der Av. Ayacucho, stand aber *kurz vor der Vollendung.* Unklar ist noch, ob auch die Busse in die nahe Umgebung und in den **Chapare** von hier abgehen. Wir haben deshalb auch die bisher üblichen Abfahrtsorte angegeben. Zu Fuß vom Terminal zum Zentrum sind es 30 Minuten.

■ Nach **La Paz** über **Oruro** (5 Std., 4 $) mehrere Busgesellschaften, Abfahrt gewöhnlich um 9 und 20 Uhr (8–9 Std., 5.5 $). Die häufigsten Verbindungen von und nach **Oruro** mit *Pullman Nobleza* und *Trans. Danubio.* Von Oruro aus Busse in den Süden nach **Potosí** und an die **argentinische** und **chilenische Grenze.** Direkt nach **Sucre** (12 Std., 6.8 $) über **Epizana, Aiquile** und **Tarabuco** fahren *Expreso Cruz Azul* und *San Francisco.*

■ Nach **Santa Cruz** (12–14 Std., 9 $) fahren alle Busse vorläufig noch durch die Andenhochtäler. Wenn die Straße durch die Bergurwaldregion **Chapare** fertiggestellt ist, werden wahrscheinlich beide Strecken befahren werden. *Pullman Punata* fährt von Santa Cruz direkt nach **Trinidad** im nördlichen Urwalddepartement Beni weiter.

■ *TAM,* C. Hamiraya N-122: Direktverbindung nach **Trinidad** (18 $), von dort weiter nach **Guayaramerín, Riberalta, Cobija, La Paz.** Weitere Direktverbindung nach **Santa Cruz** (19.5 $), von dort weiter nach **Puerto Suarez** oder über **Villamontes** nach **Yacuiba** und **Tarija.**

■ *Lloyd,* Av. Ayacucho/Acha, neben der Post. Verbindungen nach **La Paz** (24 $), **Puerto Suarez,** unweit der brasilianischen Grenze, **Santa Cruz** (26.5 $), **Sucre** (19 $), **Tarija** (29.5 $), **Trinidad** (24 $).

Chapare

An den Hängen der Cordillera Herradura nordöstlich von Cochabamba erstreckt sich die Bergurwaldregion **Chapare.** Ähnlich wie die **Yungas** im Departement La Paz bildet sie den geographischen Übergang zwischen Anden und Dschungel-Tiefland. Von Cochabamba auf 2570 m Höhe geht es über einen 3657 m hohen Paß und dann steil hinunter auf 300–250 m über Meer. Während die Yungas von La Paz sehr dicht besiedelt und ein wichtiges landwirtschaftliches Anbaugebiet sind (Kaffee, Koka), wird der Chapare erst zaghaft «erobert.» Das wird sich ändern, wenn die Teerstraße zwischen Cochabamba und **Santa Cruz** fertiggestellt ist. Das kann noch eine Weile dauern.

Bereits heute ist es aber möglich, durch den Chapare nach Santa Cruz zu reisen. Auf den fertigen Teilstükken fahren Micros, Motorrad- oder Fahrradtaxis. Zwischendrin werden die Reisenden mit Motorrädern und Fahrrädern befördert – mit schwerem Gepäck wohlgemerkt. Die reine Fahrzeit beträgt etwa 12 Stunden. Wer sich arg beeilt, schafft es vielleicht in einem Tag. Besser ist aber, in **Puerto Villaroel** oder **Ivirgarzama** zu übernachten.

Empfehlenswert in Puerto Villaroel die **Residencial Hamburgo** *, einfach, undichte Moskitofenster, DZ ohne Bad 4.5 $, eigenes Restaurant, laute Musik bis spät abends. Etwa 100 m links davon ein namenloses **Alojamiento** *, sehr einfach, aber ruhig, DZ ohne Bad 3.5 $.

In Ivirgarzama ist das **Alojamiento Venecia** * mit eigenem Restaurant, DZ ohne Bad 4.5 $, empfehlenswert.

Vom unteren Teil der Avenida República in Cochabamba (Paradero al Chapare) fahren Lastwagen und Busse in den Chapare, der erste Bus leider nicht vor 9 Uhr. Die Strecke führt über **Sacaba** nach **Villa Tunari** (5 Std.). 2 Std. später ist man in **Ivirgarzama** und 1 Std. danach in **Puerto Villaroel** am Río Ichilo. Dieser fließt in den Río Mamoré, so daß es möglich ist, bis nach **Trinidad** im Beni zu trampen. Flußaufwärts erreicht man in etwa einem Tag **Puerto Grether**, von wo es eine Piste nach Santa Cruz gibt. Von Ivirgarzama führt die zukünftige Straße direkt nach **Yapacaní**, **Bulu-Bulu** und **Montero.** Von Montero zahlreiche Verbindungen nach Santa Cruz.

Auf der ganzen Strecke muß mit Militärkontrollen gerechnet werden, denn der Chapare ist Anbaugebiet von Koka und Durchgangsstation für Kokaintrecks. Keine militärgrünen Kleider oder Armeestiefel tragen.

So macht man Kokain

Als ob sie einen Gartenteich anlegen würden, graben die Handlanger der Kokainhändler ein Loch in den Urwaldboden, etwa 1.5 m tief, 1 m lang und 1 m breit. In dieses Loch kommen etwa 20 Arrobas Kokablätter (eine *arroba* entspricht 12 kg) zusammen mit 6.5 kg *ácido muriático* (Salzsäure) und Wasser. Die Mischung bleibt 12 Stunden lang eingeweicht. Die entstandene Flüssigkeit wird danach abgesogen und in Fässer gefüllt, sie heißt nun *líuido de coca.* Um die Salzsäure zu neutralisieren, wird Kalk (*cal*) beigefügt. Wieder wird die Flüssigkeit abgeschöpft und in ein neues Faß umgeschüttet. Nun kommt Kerosen dazu. Die Masse wird nun mit den Füßen gestampft, bis sie zähflüssig wird. Dreimal wird dieser Vorgang wiederholt, nach und nach verdampft das Kerosen.

Die nun bereits recht trockene Paste wird durch ein Tuch filtriert. Das Ergebnis, die *pasta báica de cocaina (PBC)* ist bereits handelsfähig. Sie hat pro Kilogramm einen Marktwert von etwa 350 $, was sie zu einer sehr billigen Droge macht. Sie wird in den

Armenvierteln Südamerikas meist zusammen mit Tabak geraucht. Oft wird sie mit Salz oder Waschpulver gestreckt. In den USA kostet das Kilogramm nach der Zwischenstation in Kolumbien bereits 2500–5000 $. Obwohl der Großteil der Pasta- und Kokainproduktion in Peru und Bolivien stattfindet: Den Handel mit dem Westen fest in der Hand haben die Kolumbianer. Sie haben allerdings in letzter Zeit von Peru und Bolivien Konkurrenz bekommen.

Mit Hilfe von Salzsäure wird die Pasta in weiteren Prozessen zum *Kokainsalz* umgewandelt. Es kann nicht mehr geraucht werden, sondern muß geschnupft oder gespritzt werden. In Europa hat es einen Handelswert von rund 250 D-Mark pro Gramm, in den USA kostet das Gramm rund 80–100 $. Da der Drogenmarkt weltweit im Wandel ist – die Heroinsüchtigen sind überaltert, und es gibt im Vergleich zu den 70er Jahren immer weniger Heroineinsteiger –, sind die Drogenhändler auf der Suche nach neuen Kundenkreisen. Neukunden sind um so leichter zu ködern, je billiger man ihnen eine Droge anbieten kann. Mit Hilfe von warmem Wasser und Backpulver wird Kokain in den Industrieländern deshalb wieder zu einer Base zurückverwandelt, dem *Crack*. Es ist sehr viel wirksamer, etwa dreimal so billig wie Kokain und kann geraucht werden. Crack besitzt das größere Suchtpotential als Pasta oder Kokain. Die Drogenkonsumenten werden schneller abhängig und zu Stammkunden.

Noch billiger sind die sogenannten *Designer Drugs*. Sie werden vollkommen synthetisch hergestellt und haben auf Wunsch halluzinogene, stimulierende oder beruhigende Wirkung. Sie sind in einfachen Heimlabors herstellbar. Möglich, daß sie eines Tages die «natürlichen» Drogen Südamerikas und Asiens ablösen und das Drogenproblem dieser Kontinente lösen, doch ökonomische Krisen sind dann dort angesagt.

Santa Cruz

437 m ü. M., 575 000 Einwohner.
Wenn die Bolivianer sagen, **Santa Cruz** sei die schönste Stadt des Landes, dann denken sie nicht an Sehenswürdigkeiten, denn die gibt es dort nicht. Wenn die Bolivianer an Santa Cruz denken, träumen sie vom «Eldorado», das schon die ersten Spanier gesucht hatten, träumen sie von Naturschätzen, die den schmerzlichen Verlust des Meeres, das ihnen die Chilenen gestohlen haben, wieder wettmachen, träumen sie von Reichtum, Glück und leichtem Leben.

Santa Cruz ist der Inbegriff all dessen; sie ist die Stadt mit der höchsten Bevölkerungs- und Wirtschaftswachstumsrate des Landes. Sie ist auch die Hauptstadt des Kokains; und über die Herkunft des Geldes, um die teuren Straßenflitzer und Mädchen zu kaufen oder die Staatsfinanzen zu sanieren, stellt niemand Fragen.

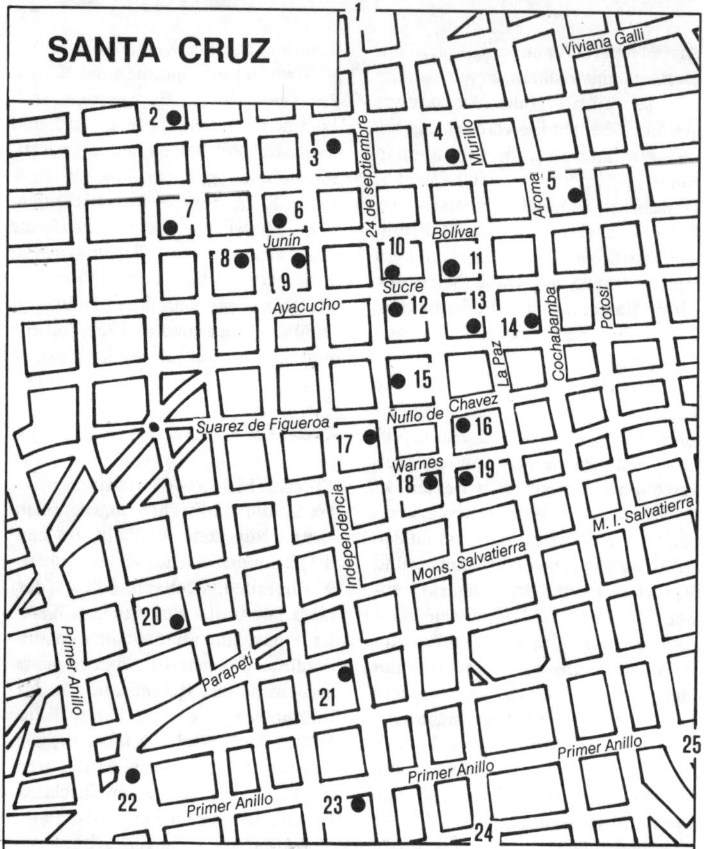

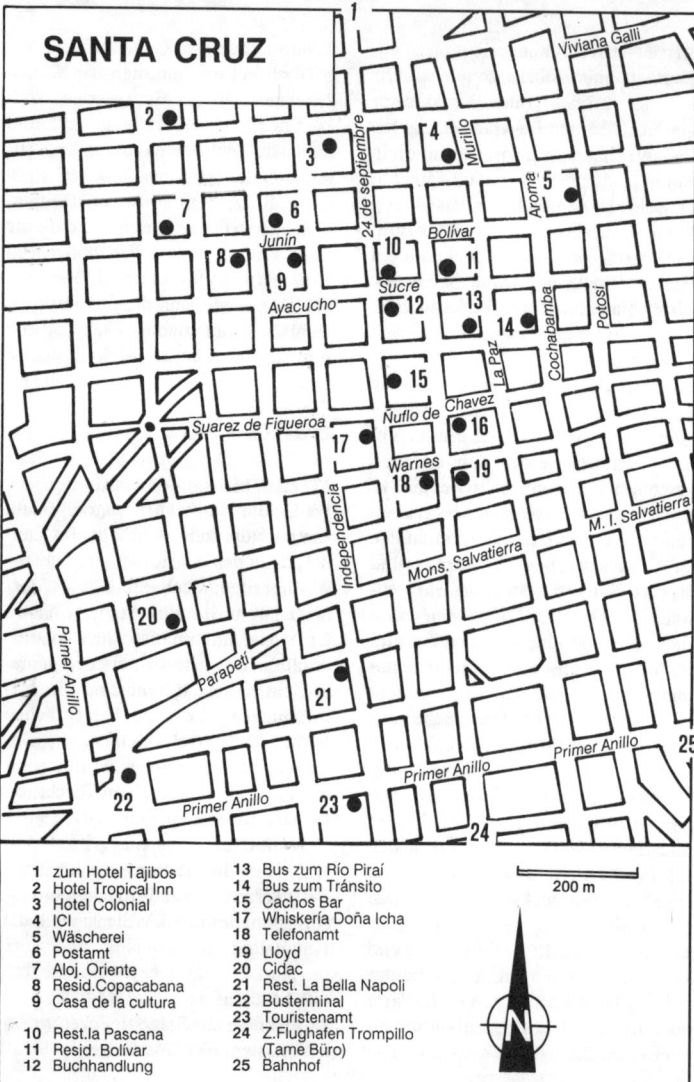

1 zum Hotel Tajibos
2 Hotel Tropical Inn
3 Hotel Colonial
4 ICI
5 Wäscherei
6 Postamt
7 Aloj. Oriente
8 Resid.Copacabana
9 Casa de la cultura
10 Rest.la Pascana
11 Resid. Bolívar
12 Buchhandlung
13 Bus zum Río Piraí
14 Bus zum Tránsito
15 Cachos Bar
17 Whiskería Doña Icha
18 Telefonamt
19 Lloyd
20 Cidac
21 Rest. La Bella Napoli
22 Busterminal
23 Touristenamt
24 Z.Flughafen Trompillo (Tame Büro)
25 Bahnhof

Unterkunft

■ **Alojamiento Oriente ***, C. Junín 362, Tel. 2 19 76. Einfache, saubere Zimmer, freundlich. DZ mit Bad und Ventilator 9 $, ohne Bad und ohne Ventilator 7.5 $.

■ **Unser Tip! Residencial Bolívar ***, C. Sucre 131, Tel. 4 25 00. DZ mit Bad 15.5 $, ohne Bad 8 $. Einfache Zimmer um einen ruhigen, tropischen Innenhof mit Hängematten und Sitzgruppe. Freundlich, Küchenbenutzung möglich. Globitreff.

■ **Unser Tip! Residencial Copacabana ***, C. Junín 217, Tel. 2 99 24, sehr zentral. DZ mit Bad und Ventilator 13.5 $, ohne Bad 9 $, Gut geführt, die Zimmer sind zweckmäßig eingerichtet, alles sehr sauber, am besten sind die Einzelzimmer auf dem Dach, eigenes kleines Restaurant.

■ **Hotel Colonial ****, C. Buenos Aires 57, Tel. 2 35 68. DZ mit Bad, Klimaanlage und Frühstück 19 $. Ein neues Haus, aber im Kolonialstil gebaut, mittelgroße, ruhige Zimmer, die Betten sind etwas klein geraten.

■ **Hotel Tropical Inn ****, C. España 351, Tel. 4 66 66. Alle Zimmer mit Klimaanlage und TV, Kühlschrank auf Wunsch ohne Aufpreis, große, gemütliche Zimmer, eigenes Restaurant im obersten Stock, wo deutscher Weißwein auf der Karte steht. DZ mit Bad 25 $.

■ **Für Genießer: Hotel Tajibos ******, Av. San Martí, am 3. Stadtring, Tel. 3 00 22. Schwungvoller Swimming-Pool, künstlich-künstlerischer Wassergarten, Disco, mehrere Restaurants, Bars, Konferenzsaal. Alle Zimmer um eine große Wiese. Preis: 98 $.

Essen

■ **Spezialitäten** in Santa Cruz sind *majarito,* ein Reisgericht mit Entenfleisch, *locro,* eine sehr schmackhafte Hühnersuppe, und *sonzo,* Yuca mit Käse am Spieß und überm Feuer gegrillt, ein wenig wie Raclette mit Kartoffeln, schmeckt wunderbar. An Restaurants herrscht in der Stadt wahrlich kein Mangel, hier nur eine winzige Auswahl:

■ **Restaurant La Pascana,** direkt an der Plaza, schräg gegenüber der Kathedrale. Man kann draußen sitzen, eine Limonade schlürfen und den Camba zugucken. Am Mittag Menü (3 $) in Selbstbedienung.

■ **Pizzeria La Bella Napoli,** C. Independencia 635. Der Besitzer macht den Mozarellakäse selbst und kommt wirklich aus Náboli... Pizza gibt's gewöhnlich abends, mittags nur auf Vorbestellung.

■ **Whiskería Doña Icha,** C. Rene Moreno, zwischen Suáez C. Figueroa und Pari. In gemütlichen Korbstühlen draußen oder drinnen sitzen und mit jungen Leuten reden.

■ **Cachos Bar,** ein weiterer beliebter Treffpunkt, Samstagnachmittag Musikprogramm zu Würfelspiel und Bier. Junges Publikum.

Was sonst?

■ **Touristenbüro (IBT):** Ecke Ñuflo de Chávez und Chuquisaca. Sehr freundlich und hilfsbereit. Unsicher, ob das Büro ins Gebäude der Zentralbank, Av. Irala/Ecke Velardo, wechselt.

■ **Telefonamt (Entel),** Ecke Warnes und Chuquisaca.

■ **Postamt (Correo),** C. Junín 150.

■ **Geldwechsel:** Es gibt an der Plaza 24 de septiembre mehrere Reisebüros und Wechselstuben, die auch D-Mark wechseln, Sa nur bis 12 Uhr geöffnet, So geschlossen. Fliegende Händler sind überall.

■ **Wäscherei:** Lavandería Romi, C. Quijarro 119/Ecke Bolívar.

■ **Artesanía:** Cidac, ein Kunsthandwerksladen, wird von Genossenschaftsmitgliedern, Handwerkern und Handwerkerinnen aus dem Departement Santa Cruz geführt. Neben Textilien, Hängematten und Wollsachen gibt es auch Holzspielzeug, Puppen aus Maisblättern, Keramik und Mobiles.

■ **Buchhandlung** Amigos del Libro mit einer kleinen Auswahl deutscher Bücher und englischsprachiger Magazine: C. René Moreno 26.

Sehenswert

■ **Casa de la Cultura,** täglich bis 22 Uhr geöffnet, an der Plaza, zeigt Wechselausstellungen mit moderner Kunst, hat einen Theater- und Kinosaal; um die Ecke im **Paraninfo Universitario** werden Workshops gehalten.

■ **ICI (Instituto de cooperación iberoamericana),** C. Arenales 583 (Casa de España), offen von Mo–Fr bis 18.30 mit der üblichen Mittagspause. Eine Mischung aus Kultur- und administrativem Luxuszentrum für Entwicklungshilfe. Bibliothek, Ausstellungen und Kinovorstellungen.

■ Sehr sehenswert ist der **Zoo** von Santa Cruz, der größte im Land; täglich geöffnet von 9 bis 18 Uhr. Die Stadtbusse Nr. 8 und 11 fahren hin, ein Taxi kostet pro Person 0.5 $. Der Zoo ist sehr großzügig angelegt und alle Tiere südamerikanischen Ursprungs.

Ausflüge

■ **Lomas de Arena** heißen die Sanddünen, etwa 10 km südlich der Stadt, die eine Süßwasserlagune umschließen – eine kleine Oase (ohne Palmen), wie sie auch der Sahara gut anstehen würde. Wie hin? Mit dem Stadtbus Nr. 11 von der Calle Cochabamba/Ecke Ballivian bis zur Haltestelle **Tránsito** am 3. Stadtring fahren. Von dort per Taxi weiter (12 km). Bei trockenem Wetter kommt ein Personenwagen ohne weiteres durch. Die Taxifahrt sollte ab Tránsito hin und zurück inklusive 1 Stunde Wartezeit nicht mehr als 10 $ kosten. Die Lagune ist keine 1.5 m tief und beherbergt sogar einige kleine Fischarten, denen das warme Wasser anscheinend wohlbekommt. Vor Ort einige Getränkestände.

■ Zum **Balneario del Río Piraí,** einem beliebten Badeort mit Dutzenden von kleinen Freiluft-Spezialitätenkneipen, mit Stadtbus Nr. 4 ab

Ecke La Paz/Ballivian bis Haltestelle **Villa San Luís.** Von dort per Sammeljeeps zum Fluß (0.2 $).

■ Zur **Inkaruine Samaipata** vom Busterminal täglich außer Do den Bus der *Flota Chiquitano* oder *Flota Camarapa* Richtung **Mairana** nehmen, in **Samaipata** aussteigen. Zu sehen ist ein beachtlich großer, aber vernachlässigter Ruinenkomplex: Mauern, ein mit Tiermotiven behauener Sandsteinfelsen, Wohnquartiere. Über die Bedeutung ist man sich im Unklaren: Festung oder religiöses Zentrum oder beides zugleich?

■ **Espejillos,** Felsbäder mit glasklarem Wasser. Leider kein Zugang mit öffentlichen Verkehrsmitteln: Bus vom Terminal Richtung **El Torno** und bei Kilometer 25 aussteigen (Dorf **San José**), von dort sind es weitere 23 km: Zu Fuß weiter oder Camioneta mieten, ein Personenwagen schafft das nicht. Autostopp am Wochenende möglich.

Weiterreise

Per Bus:

■ Der Busterminal liegt im Südwesten des Zentrums, Taxi 0.5 $ pro Person.

■ Nach **Cochabamba** (14 Std., 10.5 $) und weiter nach **Oruro** (18 Std., 14 $), **La Paz** (24 Std., 17 $) und **Potosí** (26 Std., 22 $) täglich am frühen Abend.

■ Nach **Sucre** ohne Umweg über Cochabamba Mo, Mi und Sa um 17 Uhr (18 Std., 15 $) mit *Transp. Andes* und *Transp. Unificado;* täglich mit mehreren Gesellschaften mit Umsteigen in Cochabamba.

■ Nach **Camiri** mitten im **Chaco-Gebiet** und auf halbem Weg nach **Yacuiba** an der argentinischen Grenze täglich um 18 Uhr ein Bus (11 Std., 10 $).

■ Nach **Trinidad** im Beni gibt's täglich zwei Busse am Nachmittag (15 Std., 14.5 $).

■ In den **Chapare,** die Urwaldsteilhänge zwischen Cochabamba und Santa Cruz, fahren Busse über **Montero** bis **Yapacaní.** Von dort geht's mit Bussen und Motorrädern weiter bis **Ivirgarzama** und **Puerto Villaroel.**

Per Flug:

■ Vom internationalen **Flughafen Viru-Viru** starten Maschinen in die meisten lateinamerikanischen Städte sowie nach Miami. Der Flughafen ist etwa 12 km vom Stadtzentrum entfernt. Vom Busterminal fahren grün und weiße Minibusse zu 1.5 $ pro Person, eine Taxifahrt kostet 5.5 $

■ *Lloyd* hat Inlandflüge nach **Camiri** (21 $), **Cochabamba** (26.5 $), **La Paz** (40 $), **Puerto Suárez** (50.5 $), **San Ignacio** (23.5 $), **Sucre** (52 $), **Tarija** (26.5 $), **Trinidad** (25.5 $), **Villamontes** (37 $) und **Yacuiba** (37 $). *TAM* fliegt nach **Villamontes, Yacuiba, Tarija, Cochabamba, Puerto Suarez, Trinidad, Roboré, San Matías, Sucre** und natürlich nach **La Paz.** Das *Lloyd*-Büro ist an der Ecke C. Warnes und Chuquisaca, Tel. 4 44 11. Büro von *TAM* im alten **Flughafen Trompillo.**

Grenzübergang Argentinien:

Der Zug nach **Yacuiba/Pocitos** fährt Mo, Mi und Fr um 14 Uhr (mindestens 15 Stunden, 5, 7.5 und 10.5 $), der Ferrobús Di, Do und Sa morgens (mindestens 12 Stunden, 9.5 und 14 $); der Zug fährt nach der Ankunft gleich zurück. Do und So mittags nimmt auch ein Güterzug Passagiere mit.

Grenzübergang Brasilien:

Nach **Quijarro,** dem letzten Ort vor der brasilianischen Grenze, fährt täglich außer Sa ein **Zug** am Mittag von Santa Cruz ab. (12.5 $ im Pullman, 10 $ in der ersten und 6 $ in der zweiten Klasse). In umgekehrter Richtung Abfahrt um 11.10 Uhr. Die Fahrt mit dem Zug dauert 20 bis 25 Stunden. Mo, Mi und Fr fährt in schnellen 12 Stunden auch ein Ferrobus nach Quijarro (Abfahrt 18 Uhr, 15 und 17.5 $). Zurück nach Santa Cruz jeweils Di, Do und Sa morgens. Ferrobustickets können eine Woche vor Abfahrt gekauft werden, Zugtickets erst am Vortag. Wer nicht schon ab 5 Uhr morgens Schlange steht, hat kaum Chancen auf ein Ticket, außer man kauft es mit entsprechendem Aufschlag einem der vielen Wiederverkäufer ab.

Wer per Flugzeug in **Puerto Suarez,** 14 km vor der brasilianischen Grenze, gelandet ist, zahlt zur Grenze im Sammeltaxi 2 $ pro Person. Die Militärs (*TAM*) fliegen Fr nachmittags nach Puerto Suarez (46.5 $) und Sa morgens zurück. Die bolivianische Fluggesellschaft *Lloyd* macht die Strecke Santa Cruz–Puerto Suarez für 50.5 $ am Di, Sa und So. Rückkehr am gleichen Tag.

Unterkunft: Wer an der Grenze übernachten will, findet in **Corumbá,** wie die brasilianische Grenzstadt heißt, zahlreiche Hotels. In Quijarro drängt sich nur das **Hotel Santa Cruz** * in Bahnhofsnähe auf.

Grenzübergang Quijarro/Corumbá: Am bolivianischen Bahnhof in Quijarro warten Sammeltaxis, die für 0.5 $ pro Person an die Grenze fahren. An der Grenze gibt's im Migrationsgebäude die bolivianischen Stempel (täglich von 6–18 Uhr bei unregelmäßiger Mittagszeit geöffnet). Zu Fuß über die Grenze (die Gebühr von 2 $, die der Mann am Schlagbaum den Touristen abknöpfen will, *nicht* bezahlen!) und mit dem Taxi (2 $) oder dem Stadtbus (Micro) zum Bahnhof von Corumbá, wo die brasilianische Grenzbehörde den Einreisestempel gibt (Mo–Fr 7–11 und 13–16 sowie 19–21 Uhr, Sa/So 6.30–8, 10–11.30 und 19–21 Uhr).

Verbindungen in Brasilien: In Corumbá gibt's mit der Busgesellschaft *Andorinha* (Ecke rua Antonio Maria und América) täglich drei Verbindungen über **Campo Grande** nach **Sao Paulo** (21 Stunden) und **Rio de Janeiro** (24 Stunden). Mit dem Zug geht's am Morgen früh nach **Baurú** (29 Stunden, 5 $ in der ersten, 9 $ in der zweiten Klasse und 19 $ im Liegewagen) oder abends nach **Campo Grande** (10 Stunden, 5.5 $ in der ersten Klasse, 10 $ im Liegewagen).

Nördliche Urwaldregionen

Pando und **Beni** sind die nördlichsten Urwalddepartemente Boliviens. Der Beni ist nach Santa Cruz das zweitgrößte Departement des Landes. Mit 213 564 km^2 nimmt er einen Fünftel der Landesfläche ein. Doch die Bevölkerungsdichte liegt bei nur 1.2 Einwohnern pro km^2, noch dünner besiedelt ist der Pando, etwa eineinhalbmal so groß wie die Schweiz.

Die Hauptstadt des Beni heißt **Trinidad**, diejenige des Pando **Cobija.**

Trinidad

236 m ü. M., 60 700 Einwohner.

Trinidad ist, wie ein einheimischer Arzt sagt, von Gott und der Regierung verlassen, und die Zeitungen sind teuer und von gestern. Obwohl ein Marktplatz, besonders für Vieh und Kokain, ist in der weitläufigen, kleinen Stadt nicht viel los. Der Hafen von Trinidad liegt 8 km entfernt und heißt **Puerto Almacén.**

Unterkunft und Essen

■ **Unser Tip! Hostal Triny **,** Calle Sucre 353 (neben TAM-Büro), Tel. 2 20 22. DZ ohne Bad, aber mit Ventilator 11 $, mit Bad 14 $ inklusive Frühstück. Ein kleines Hotel, freundlich, zentral. Hinweis: Zimmerschlüssel nicht am Brett an der Rezeption hängen lassen, da oft unbeaufsichtigt.

■ **Residencial Los Tamarindos **,** Calle Carrasco, Ecke Barace, Tel. 2 20 81. DZ mit Bad und Ventilator 15.5 $. Große, bequeme Betten, ein großer Innenhof, leicht überzahlt, doch gut geführt und freundlich.

■ **Hotel El Bajío ***,** Av. Nicolas Suarez 622, mehrere Blöcke von der Plaza entfernt, Tel. 2 13 44. Für alle, die Wert auf einen großen Swimming-Pool, Sauna und Dampfbad legen. Überraschend einfache DZ mit Bad und Klimaanlage 32 $, mit Ventilator 22 $.

■ Das beste Essen gibt's am **Mercado Central** am Ende der Calle Junín und am neuen, kleinen Markt Ecke C. Cochabamba und Sucre sowie am Hafen von Puerto Almacén. Ein gutes, kleines und einfaches Restaurant ohne Namen liegt neben dem Lloyd-Büro an der C. Santa Cruz 368 und wird vor allem von Einheimischen gerne besucht.

Was sonst?

■ **Touristenbüro (IBT):** C. Cochabamba 151, geöffnet Mo–Fr.

■ **Telefonamt (Entel),** an der Av. Barace/Ecke Plaza.

■ Daneben: Das **Postamt (Correo).**

■ **Geldwechsel:** In der *Farmacia San Antonio,* C. Sta. Cruz 382, oder bei Händlern an der Plaza.

Ausflüge

■ **Laguna Suárez:** Am Wochenende beliebter Ausflugsort, Hunderte von Motorrädern parkieren dort, und im Restaurant spielt eine Musikgruppe auf. Sogar Wasserski wird gefahren. Die Lagune liegt 4 km von Trinidad entfernt, ein Mototaxi dorthin kostet 1.5 $).

■ **Puerto Almacén.** Links und rechts der Straße nach Puerto Almacén bekommt man eine Vielzahl von Wasservögeln zu Gesicht, besonders dann, wenn es geregnet hat.

■ Wer nicht mit einer Agentur auf Jagd will (bitte keine Wildkatzen schießen), geht zur Universidad, um den kleinen **Zoo** zu besichtigen, etwas außerhalb der Stadt.

Weiterreise

■ Die meisten Boote ab **Puerto Almacén** fahren bis **Santa Ana:** flußabwärts über den Río Mamoré und hinein in den Río Yacua (1 Tag, 9 $). Seltener sind die Verbindungen nach **Guayaramerín** (20 $) und **Puerto Villaroel** (gleicher Preis). Ein Motorradtaxi zum Hafen kostet 2.5 $.

■ Busse nach **Santa Cruz** fahren von der Ecke Calle Sucre und Cochabamba abends zwischen 17 und 18 Uhr los (17 Std., 19 $).

■ In der Trockenzeit ist es auch möglich, bis **La Paz** zu fahren: über **San Ignacio, San Borja** und die **Süd-yungas.**

■ Von Trinidad gibt es in der Trokkenzeit auch eine Straße nach **San Joaquin.** Eine Straße von dort bis **Sao Paulo** in Brasilien ist im Bau.

■ **Flüge:** *Lloyd*-Büro an der C. Santa Cruz/Ecke La Paz. *TAM*-Büro an der C. Sucre 341. *Lloyd* fliegt nach **Cochabamba** (24 $), **La Paz** (28 $), **Santa Cruz** (25.5 $), **Guayaramerín** (30.5 $), **Riberalta** (30.5 $), **Santa Ana** (14 $), **San Borja** (19.5 $) und **Magdalena** (17.5 $). *TAM* fliegt nach **Cobija, Santa Cruz** und **Guayaramerín;** die Preise unterscheiden sich nur unwesentlich von *Lloyd.*

Guayaramerín

Ein kleiner Ort mit roten Sandstraßen und drei Kinos an der Grenze zu Brasilien. Freundlich trotz seiner Fast-Bedeutungslosigkeit. Wer eine Zwischenübernachtung vor oder nach dem Grenzübergang einschalten will, findet eine beachtliche Anzahl von Hotels. Vom Hafen fahren unregelmäßig Frachtboote nach **Trinidad (Puerto Almacén)** und weiter nach **Puerto Villaroel** im Gebiet des Chapare. Von **Guajara-Mirim,** wie der Ort auf der brasilianischen Seite heißt, führt eine Straße über brasilianisches Territorium nach Westen bis **Río Branco** und **Brasilea,** Grenzort mit **Cobija.**

Unterkunft

■ **Hotel Santa Ana** *, auf dem Weg zum Flughafen. DZ mit Bad 11 $, ohne 9 $. Freundlich, mit grünem Innenhof, Ventilator im Zimmer.

■ **Hotel Litoral** *, gleich gegenüber,

alle Zimmer mit Ventilator. DZ mit Bad 9 $, ohne Bad 7 $. Etwas einfacher, aber Moskitonetz im Zimmer.

■ **Hotel San Carlos** **, DZ mit Bad und Aircondition 23 $, mit Ventilator 18 $. Schöne Zimmer, gutes Restaurant im höchsten Haus am Ort.

Weiterreise

■ Drei Busgesellschaften fahren um 15 Uhr in 3 Std. nach **Riberalta**. *Transportes Danielito* hat kleine, schnelle, aber unbequeme Busse. *Transp. Riberalta-Guayaramerín* fährt unten am Hafen mit großen Bussen los. Die langsamste Alternative bietet *Transp. Beni-Mamoré.* Alle kosten um die 2.5 $. Schneller ist die Reise mit Camionetas; sie fahren von der **Plaza Herman Busch** bis etwa 18 Uhr. 4.5 $ kostet die Fahrt auf der Ladefläche, 7 $ in der Führerkabine. Auch Autos mit mindestens vier Passagieren fahren für 7 $ pro Person die Strecke. Eine Bootsfahrt kostet rund 20 $, alles inbegriffen.

■ Gleich teuer und etwa drei Tage lang ist die Bootsfahrt nach **Trinidad.**

■ *TAM* führt Flüge direkt nach **Riberalta, Trinidad** und **Reyes.** *Lloyd* fliegt nach **Riberalta** (23.5 $).

Grenzübergang Brasilien

Die Orte zu beiden Seiten des Río Mamoré heißen gleich, wenn auch mit unterschiedlicher Aussprache: *Guayaaramerín* in Bolivien und *Guayará–Mirim* in Brasilien. Die bolivianischen Stempel gibt's in der Migración am Hafen. Öffnungszeiten werden sehr locker gehandhabt. Generell von Mo–Fr 8–12 und 14–18 Uhr sowie Sa morgens. Außerhalb dieser Zeiten den Migrationschef zu Hause aufsuchen; die vielen Geldwechsler sind behilflich.

Über den Grenzfluß geht's per Schnellboot (1 $) oder mit langsameren Fähren auf die andere Seite. Achtung: Gepäck gut schützen, die Überfahrt kann naß werden. In Brasilien holt man sich die Stempel von der *Policía Federal* an der Av. Antonio C. Da Costa 842, mehrere Kilometer vom Hafen entfernt. Offen täglich von 8–12 und 14–18 Uhr. Taxi etwas über 2 $ die Fuhre. Nochmals 2 $, und man wird zum kleinen Busterminal gefahren. Zwischen 7 und 21 Uhr fahren zwei Busgesellschaften je dreimal nach **Porto Velho,** der nächstgrößeren brasilianischen Stadt (12 $, 7 Std.).

Riberalta

Riberalta, einstige Kautschukstadt, heute klein und unbedeutend. Zwischenstation auf dem Weg von und nach Brasilien, falls nicht Guayaramerín als Stopp benutzt wird. Über den Río Beni gibt's Frachtverkehr nach **Rurrenabaque,** und über den Río Madre de Dios geht's an die peruanische Grenze bei **Puerto Heath** und weiter bis **Puerto Maldonado.** In diesem Fall die bolivianischen Grenzformalitäten in Riberalta (in der *migración*) erledigen. Für die Fahrt bis Puerto Maldonado sollte man etwa zwei bis drei Wochen veranschlagen.

Riberalta ist klein, es wimmelt von Motorradtaxis, es gibt ein Telefon- und ein Postamt, eine schweizerische Mission sowie eine Flugpiste (Verbindungen nach Guayaramerín und Trinidad). **Geldwechseln** ist möglich an der Plaza in den beiden Läden Comercial Jáimez und im Bazar La Paz, Travellerschecks erst ab 500 $. Versuchen kann man es auch bei den Söhnen des ehemaligen Schweizer Konsuls, den *Heckers,* eineinhalb Blöcke von der Plaza.

Unterkunft und Essen

■ **Hotel Los Reyes** *, in der Nähe des Flughafens. Doppelzimmer ohne Bad 7.5 $, mit Bad 9 $. Einfach, mit schattigem Sitzplatz, schrulliger Besitzer, der den Ventilator, obwohl im Preis inbegriffen, nur ungern rausrückt.

■ **Alojamiento Lazo** *, die Alternative, falls das Los Reyes voll ist, wenige Blöcke von der Plaza. Vor der Tür kochen Frauen am Abend leckere Urwaldspezialitäten (etwa Flußfisch mit Reis und fritierten Bananen). DZ ohne Bad und ohne Ventilator 4.5 $, mit Ventilator 9 $. 14 $ für das DZ mit Bad und Ventilator sind aber deutlich zu viel. Innenhof, freundlich.

■ **Hostal Nor-Oeste** *, bestes Hotel am Ort mit sehr großen Zimmern, alle mit Bad und Ventilator. 14 $ für zwei.

■ Trotz oder wegen seiner Abgeschiedenheit ist das Essen in Riberalta teuer. Ausnahme: Die **Kochstände** vor dem Alojamiento Lazo und die **Pension Anita**: Von der Plaza bis zur Tankstelle hinunterlaufen, dort etwa 150 m nach links. Billig und gut, mittags schnell voll.

Weiterreise

■ Die Kleinbusse nach **Guayaramerín** von *Transportes Danielito* und Camionetas fahren von der Haltestelle außerhalb des Zentrums (per Motorradtaxi 0.25 $). Abfahrt der Busse 7 Uhr morgens. *Transp. Riberalta-Guayaramerín* und *Transp. Beni-Mamoré* haben ihre Büros im Zentrum.

■ *Lloyd*- und *TAM*-Büros im Zentrum. *Lloyd* fliegt nach **Cobija** (23.5 $), **Guayaramerín** (13 $) und **Trinidad** (30.5 $). *TAM* fliegt in direkter Linie nach **Guayaramerín, Trinidad, Santa Cruz** und **Cobija.**

■ Per Boot nach **Puerto Heath** an der peruanischen Grenze kostet die Fahrt 46 $ inklusive Essen. Nach **Rurrenabaque** kostet's um die 35 $. Anhaltspunkt: Eine Bootsfahrt im Oriente sollte inklusive Essen nicht teurer als der Flug sein.

Cobija

Über 63 827 km² verfügt das **Departement Pando,** aber nur über 50 000 Einwohner, wovon ein großer

Prozentsatz brasilianische Siedler sind. Überhaupt sind die Bindungen mit Brasilien enger als mit den übrigen Orten im eigenen Land. Nach La Paz gibt's beispielsweise vom Hauptort **Cobija** auf 260 m Höhe nicht einmal eine direkte Flugverbindung, und nach **Guayaramerín** im Norden des bolivianischen Departements Beni führt die Straße von Cobija über brasilianisches Territorium – vom brasilianischen Grenzort **Brasilea** an der anderen Seite des Flusses über **Rio Branco**. Heute zählt Cobija 5100 Einwohner.

Kautschuk und Paranüsse

In der zweiten Hälfte des 19. Jahrhunderts sorgte der Export von **Kautschuk** (*goma*) für einigen Wohlstand im Pando. Als es aber gelang, Gummi synthetisch herzustellen, wurde die Kautschukproduktion immer unrentabler. Dazu kam, daß man in Asien und später auch in Brasilien begonnen hatte, Plantagen anzulegen. Die Produzenten Boliviens, die die Kautschukmilch (Latex) von wildwachsenden Bäumen sammeln, konnten nicht mehr mithalten. Die Angst vor Aids erweist sich heute allerdings als neuer Wachstumsmotor für die Kautschukindustrie. Die Nachfrage nach Latex für die Produktion von Präservativen hat in kurzer Zeit den Kautschukpreis um das Zehnfache angehoben.

Kautschuk wird so gewonnen: Der *siringuero,* wie der Kautschukbauer heißt, ritzt die Rinde des Baums – die weiße Kautschukmilch tropft träge heraus. Ist die «Quelle» versiegt, dreht der Kautschukbauer über einem Feuer einen Holzspieß und läßt die Milch langsam auf ihn tropfen, bis sich um den Stecken ein zäher, klebriger Ballen gebildet hat. Der Kautschukbaum (*Hevea Brasiliensis*) kann übrigens mehrmals gemelkt werden.

Paranüsse (auch Brasilnüsse oder *castañas*) sind das zweite landwirtschaftliche Bein des Pando. Es ist der selbe Siringuero, der sie mit seiner Familie sammelt. Wie die Kautschukbäume wachsen auch diese Bäume nur wild. Fehlende Wege und dichtes Untergehölz erlauben die Ausbeute der Paranußbäume nur zu rund 30 Prozent. Zusammen mit der Grenzregion Brasilien und Peru ist es eine Fläche von etwa 100 000 km², auf der die kokosnußgroßen Nußschalen gesammelt werden.

Bis zu 25 kg sind es an einem Spitzentag, die ein Kenner seines Reviers sammeln kann. Eine Familie bringt es im Jahr durchschnittlich auf 5 Tonnen! Nur ein Zehntel aber macht das Endgewicht der Nüsse aus, die in den großen Schalen zu finden sind. Der Export erfolgt größtenteils über Brasilien als Zwischenland.

GIM ROCKY
CULTURISMO MASCULNO
Y
FEMENINO
Prog. DE DISMINUCION Y
AUMENTO DE PESO
PREPARACION FISICA PARA
OTROS
DEPORTES

Register

◀ *Werbeplakat für einen Fitnessclub in Cochabamba*

Inseln "selbst entdecken"

Globetrotter

Schwager / Treichler, **NEPAL**
ISBN 3- 85862- 014- 9 . . . . . . **22.80**

ECUADOR, PERU, BOLIVIEN
ISBN 3-85862-044-0 . . . . . ca.34.80

In jeder Buchhandlung

"Inseln"

Acubal/Stromer
FUERTEVENTURA/LANZAROTE
ISBN 3- 85862- 021- 1 . . . . 16.80

Stromer, **GOMERA/HIERRO**
ISBN 3- 85862- 022- X 19.80

Stromer, **GRAN CANARIA**
ISBN 3- 85862- 027- 0 . . . . 14.80

Stahel, **MALLORCA**
ISBN 3- 85862- 040- 8 . . . . 16.80

DODEKANES/Griech. Inseln
ISBN 3-85862-045-9 . . . . . . **16.80**

Naegele, **SARDINIEN**
ISBN 3- 85862- 034- 3 . . . . 14.80

Naegele, **KORSIKA**
ISBN 3- 85862- 033- 5 . . . . 14.80

"Globetrotter"

Möbius/Ster, **PORTUGAL**
ISBN 3-85862-046-7 . . . . . . **26.80**

Möbius/Ster,**SÜDSPANIEN**
ISBN 3-85862-019-X **26.80**

Klemann/Naegele, **SPANIEN**
ISBN 3- 85862- 023- 8 . . . . . . 24.80

Leon, **KALIFORNIEN**
ISBN 3- 85862- 031- 9 . . . . 24.80

Möbius, **PHILIPPINEN**
ISBN 3- 85862- 016- 5 . . . . 24.80

McQueen, **JAPAN**
ISBN 3- 85862-017- 3 . . . . 29.80

Möbius/Ster **THAILAND**
ISBN 3-85862- 038- 6 . . . . 26.80

Treichler/Möbius, **SÜDOSTASIEN**
ISBN 3- 85862- 024- 6 . . . . **32.80**

Schwager, **INDIEN- SRI LANKA**
ISBN 3- 85862- 015- 7 . . . . . . **26.80**